U0536172

# 张元济全集

## 第 10 卷

古籍研究著作

商务印书馆
2010年·北京

图书在版编目(CIP)数据

张元济全集. 第 10 卷, 古籍研究著作/张元济著. —
北京: 商务印书馆, 2010
ISBN 978-7-100-06965-6

I. 张… II. 张… III. ① 张元济－全集 ② 古籍－
中国－文集 IV. C52

中国版本图书馆 CIP 数据核字(2010)第 022995 号

所有权利保留。
未经许可,不得以任何方式使用。

ZHĀNG YUÁNJÌ QUÁNJÍ

张 元 济 全 集
第 10 卷
古籍研究著作

商 务 印 书 馆 出 版
(北京王府井大街36号 邮政编码 100710)
商 务 印 书 馆 发 行
北京瑞古冠中印刷厂印刷
ISBN 978-7-100-06965-6

2010 年 11 月第 1 版　　开本 787×1092　1/16
2010 年 11 月北京第 1 次印刷　印张 49
定价: 86.00 元

# 张元济全集(第10卷)·古籍研究著作

# 目　　录

浙江嘉兴、海盐先哲著述,海盐张氏先人著述
及藏弃、刊刻典籍序、跋、识语、校勘记等著作

经　部

　　明汲古阁刊本《说文解字》识语……………………………… 3

史　部

　　明嘉靖间刊本《荆川先生精选批点汉书》识语…………… 4

　　清柘柳草堂钞本《客舍偶闻》识语………………………… 5

　　明嘉靖元年浙江官刊本《嘉靖元年浙江乡试题名录》识语…… 6

　　明嘉靖二年官刊本《嘉靖二年会试登科录》跋………… 7

　　清光绪二十四年重刊本《嘉靖海宁县志》跋…………… 8

　　清道光二十五年海宁杨氏述郑斋重刊本《西台奏议》

　　　《黄门奏疏》识语……………………………………… 9

　　清抄本《续澉水志》跋…………………………………… 10

　　清嘉庆十四年刊本《徽县志》跋………………………… 11

　　排印本《入告编》跋……………………………………… 12

　　张元济手钞本《清绮斋藏书目》跋……………………… 13

　　瞿熙邦手钞本《清绮斋书目》跋………………………… 14

　　清吕无党抄本《金石录》题记…………………………… 15

子　部

　　宋刊本《纂图互注荀子》跋……………………………… 16

　　宋刊本《纂图互注南华真经》跋………………………… 17

明隆庆五年叶恭焕手钞本《负暄野录》跋 …………………………… 18
稿本《山居杂识初稿》跋 …………………………………………… 19
清嘉庆九年劈荔轩刊本《飞帛录》识语 …………………………… 20
旧钞本《北窗炙輠录》识语 ………………………………………… 21
清康熙漱六阁刊本《清异录》识语 ………………………………… 22
清康熙漱六阁刊本《名句文身表异录》识语 ……………………… 23

集　部

明万历十五年休阳程氏刊本《陶渊明集》跋 ……………………… 24
明嘉靖东壁图书府刊本《王摩诘集》跋 …………………………… 25
《杜工部集》识语 …………………………………………………… 26
清雍正十年松柏堂刊本《读杜随笔》跋 …………………………… 27
明嘉靖二年刊本《李文公集》识语 ………………………………… 28
清乾隆六年海盐张氏清绮斋刊本《王荆公诗笺注》识语 ………… 29
景印元大德本《王荆文公诗》跋 …………………………………… 30
景印元大德本《王荆文公诗》识语 ………………………………… 32
明嘉靖十八年刊本《淮海集》识语 ………………………………… 33
明嘉靖三十六年刊本《孙尚书内简尺牍编注》识语 ……………… 34
清康熙精刊本《白石诗钞》识语 …………………………………… 35
明正德十五年重刊本《沧浪先生吟卷》跋 ………………………… 36
景印明万历刻本《横浦文集》跋 …………………………………… 37
《横浦文集》《横浦心传》《横浦日新》《孟子发题》
　　《横浦家传》校勘记 …………………………………………… 38
旧钞本《江月松风集》识语 ………………………………………… 49
清道光二十五年刊本《龟巢稿》识语 ……………………………… 50
明万历刊本《恬致堂集》识语 ……………………………………… 51
明万历刊本《端简郑公文集》跋 …………………………………… 52
钞本《朱西村诗稿全集》跋 ………………………………………… 53
明万历二十九年修补嘉靖三十一年刊本《西村诗集》识语 ……… 54
清乾隆三年重刻本《西村诗集》识语 ……………………………… 55
手写正本《明彭孟公先生万历庚子浙江乡试卷》跋 ……………… 56

| | |
|---|---|
| 明科场原卷本《明彭德符先生万历乙卯科朱卷》跋 …… | 57 |
| 手稿本《茗斋集》跋 …… | 58 |
| 清康熙十九年序刊本《清啸堂集》跋 …… | 59 |
| 清乾隆八年刊本《澹虑堂遗稿》识语 …… | 60 |
| 抄本《石壑诗草》识语两则 …… | 61 |
| 清康熙四十九年精刊本《徐蘋村全稿》识语 …… | 62 |
| 清乾隆刊本《南陔堂诗集》识语 …… | 63 |
| 清乾隆海盐张慎写刊本《春星草堂诗稿》识语 …… | 64 |
| 清朱光暄十三古印斋钞本《陆太冲诗钞》跋 …… | 65 |
| 清刻本及钞校本《敬业堂诗集》跋 …… | 66 |
| 涵芬楼秘笈本《敬业堂集补遗》跋 …… | 67 |
| 排印本《西泠鸿爪》跋 …… | 68 |
| 清嘉庆二十四年刊后印本《榕园吟稿》跋 …… | 69 |
| 拜经楼钞本《吾亦庐文稿》识语 …… | 70 |
| 稿本《岙山堂诗集》跋 …… | 71 |
| 旧钞本《东斋诗删》识语 …… | 72 |
| 张元济手钞本《补梅居士诗选》识语 …… | 73 |
| 石印本《海盐张东谷先生遗墨》跋 …… | 74 |
| 清同治七年刊本《瑞芍轩诗钞》识语 …… | 75 |
| 排印本《寄庑楼诗》跋 …… | 76 |
| 张元济手钞《寄庑楼诗补遗》篇目及识语 …… | 77 |
| 排印本《寄吾庐初稿选钞》跋 …… | 79 |
| 稿本《检斋诗稿》跋 …… | 80 |
| 排印本《半农村舍诗选》跋 …… | 81 |
| 稿本《徐树百先生遗著》跋 …… | 82 |
| 排印本《常萼楼诗草》跋 …… | 83 |
| 清海盐张宗栟手钞本《唐人诗选》跋 …… | 84 |
| 清康熙三十四年汪立名刻本《唐四家诗》跋 …… | 85 |
| 清康熙十年吴氏鉴古堂刊本《宋诗钞初集》跋 …… | 86 |
| 稿本《明诗选》跋 …… | 87 |

钞本《胥溪朱氏文会堂诗钞》识语五则 …………………………… 88
张元济辑汇装刊本《海盐阖县历科试卷》目录 …………………… 89
清乾隆四十年海盐张氏涉园刊本《词林纪事》题辞及跋 ………… 91
清道光十五年乙未夏重修本《词林纪事》识语 …………………… 92
影印清道光乙未夏重修本《词林纪事》跋 ………………………… 93
排印本《海盐张氏涉园丛刻》跋 …………………………………… 94
排印本《张氏艺文》序 ……………………………………………… 96
排印本《涉园题咏续编》序 ………………………………………… 97
《涉园图咏手卷》题记 ……………………………………………… 98

# 其他古籍序跋

## 经部

宋绍熙刊本《礼记正义》残二十八卷跋 …………………………… 101
明嘉靖三十三年刻本《春秋繁露》跋 ……………………………… 102
宋本《韵补》跋 ……………………………………………………… 103

## 史部

景印宋本《汉书》第七十八至八十一卷识语之一 ………………… 104
景印宋本《汉书》第七十八至八十一卷识语之二 ………………… 105
《宋椠昭德先生郡斋读书志》跋 …………………………………… 106
《冯梦祯重校宋书》跋 ……………………………………………… 108
南宋绍熙间建阳刊本《隋书》残卷跋 ……………………………… 109
明新建李克家校刊本《国语》跋 …………………………………… 110
清抄本《三朝北盟会编》跋 ………………………………………… 111
手稿本《翁文端公日记》跋 ………………………………………… 112
　　　附　摘录凡例 ………………………………………………… 112
影印稿本《翁文恭公日记》跋 ……………………………………… 114
排印本《鄂韬载笔》序 ……………………………………………… 116
《刘氏传忠录补编》序 ……………………………………………… 117
题《张豫泉同年六十年前乡榜题名录》 …………………………… 118
景印《永乐大典本水经注》跋 ……………………………………… 119

明嘉靖刊本《长安志》跋……………………………………… 120
徐继畬地理著作两种序……………………………………… 121
嘉庆十年路镗续修《平湖县志》跋………………………… 122
法源寺刊本《续滕县志》序………………………………… 123
　　附　《续修滕县志》序………………………………… 124
法源寺刊本《续滕县志》跋………………………………… 125
　　附　《续修滕县志》跋………………………………… 126
太平天国《海盐县粮户易知由单》跋……………………… 127
《天父下凡诏书》跋………………………………………… 128
清宣统三年排印本康有为《戊戌奏稿》跋………………… 129
日本内藤虎次郎抄本《溃痈流毒》识语…………………… 130
《郎亭廉泉录》跋…………………………………………… 131
抄本《沈氏（曾植）门簿》跋……………………………… 132
宋本《金石录》跋…………………………………………… 133
《清仪阁所藏古器物文》跋………………………………… 135
题翁同龢临《茅山碑》……………………………………… 136
《浙江图书馆善本书目甲编》序…………………………… 137
排印本《番禺叶氏遐庵藏书目录》序……………………… 138
题葛书徵藏古印扇面………………………………………… 139

子　部

黄丕烈校本《贾子新书》跋………………………………… 140
群碧楼原藏明钞本《雪庵字要》跋………………………… 141
涵芬楼秘笈本《雪庵字要》跋……………………………… 142
景印宋本《程氏演蕃露》跋………………………………… 143
钞校本《意林》跋…………………………………………… 144
张元济辑校本《夷坚志》跋………………………………… 145
《夷坚志》校例……………………………………………… 147
《夷坚志》校勘记…………………………………………… 148
《夷坚志》刊误表…………………………………………… 152
元谢应芳手书佛经六种跋…………………………………… 153

谢应芳先生手书佛经六种捐献记…… 154
《吉云居书画录》跋…… 155
题《秀野草堂图》…… 156
题许玉年手绘《归耕图》…… 158
排印本《小蓬莱阁画鉴》序…… 159
题张月霄《诒经堂图》…… 160
题顾鹤逸画《海日楼图》…… 162
题颜骏人属书董玄宰所进《明思陵金笺画扇》…… 163
商务印书馆珂罗版《曼殊留影》跋…… 164
钞本《全芳备祖》跋…… 165
平湖葛氏传朴堂藏《今献汇言》跋…… 166
《张子青画册》跋…… 167
题康有为书联，为葛书徵…… 168

## 集　部

宋刊本《笺注陶渊明集》跋…… 169
景印宋本《杜工部集》跋…… 170
元刊本《唐陆宣公集》跋…… 173
景印宋绍兴本《宛陵集》跋…… 174
明正统四年刊本《宛陵先生集》跋…… 175
明刊清重修本《宛陵先生文集》跋…… 176
跋《万柳溪边旧话》，为尤春欣作…… 177
景印宋本、景宋残本《平斋文集》跋…… 178
明弘治刻本《刘屏山先生集》跋…… 179
传钞本《鲁斋先生集》跋…… 180
钞本《句曲外史贞居先生诗集》跋…… 181
明刻递修本《新注朱淑真断肠诗集前集》跋…… 182
题《夷白斋集》，为叶揆初…… 183
李天生《受祺堂集》识语…… 184
为许良臣题《许文恪暨仁山阁学应制卷子》…… 185
题颜雪庐先生遗墨…… 186

题《颜雪庐先生大考第一卷》后……187
手稿本《许恭慎公书札》跋……188
读许恭慎公书札手记……189
《谭文勤师会试墨卷及复试卷》跋……193
《高燮北先生殿试策卷》跋……196
题《陆文慎手卷》……198
为陈思明题康长素书札……199
再跋康长素与沈子培书……200
为刘忍斋跋康长素札……201
《吴绶卿先生遗诗》序……202
排印本《勤业庐吟稿》序……203
《古文苑》为朱菊生作……204
宋本《新刊诸儒批点古文集成》跋……205
商务印书馆排印本《戊戌六君子遗集》序……206
民国辛巳年刊本《吹万楼文集》评语……207
排印本《止葊诗存》序……208
商务印书馆排印本《岭南诗存》跋……209
题潘博山藏《缪小山辑友人手札》……210
影印汲古阁毛氏精写本《稼轩词》跋……211
汲古阁钞宋临安书棚本《梅屋诗余》识语……213
玻璃版影印元刊《琵琶记》识语……214

## 与古籍收购、藏弃、影印、出版相关之著述及文字资料

收买旧书广告……217
购书杂记十六则……218
《邵亭知见传本书目》批注……225
托、代傅增湘购书帐目三份……235
在孙毓修交来书目单上的批注……237
刊印《槜李文系》征集遗文启……238
重印正统《道藏》缘起……239

| 影印《续古逸丛书》二十种缘起 | 241 |
| 傅增湘寄存书籍记事 | 248 |
| 在傅增湘寄示樊樊山托售书目单上的批注 | 249 |
| 傅增湘提议《四部丛刊》改用版本各书单,商务印书馆经办人意见及张元济批注 | 252 |
| 在傅增湘寄示文奎公记书铺书目单上之批注 | 254 |
| 商务印书馆向常熟瞿氏铁琴铜剑楼租印善本书合同 | 255 |
| 与李伯纶谈话纪要 | 257 |
| 为拍摄日藏中华典籍与日本摄影师所订合同 | 258 |
| 国立北平图书馆刊行珍本经籍招股章程 | 260 |
| 为傅增湘搭印古籍事与商务印书馆出版部之问答 | 261 |
| 明弘治四年杨澄刊本《陈伯玉文集》题辞 | 262 |
| 汪兆镛辑《碑传集后编》目录补注 | 263 |
| 北平故宫博物院影印天禄琳琅善本书籍招股章程 | 264 |
| 张元济对于影印《四库全书》之意见 | 265 |
| 记影印描润始末 | 267 |
| 《百衲本二十四史》出书通启 | 271 |
| 在傅增湘开示双鉴楼藏书可供《四部丛刊·续编》选印书目上的批注 | 272 |
| 《雪窦四集》广告 | 275 |
| 在傅增湘寄示藏园借印善本书目单上的批注 | 276 |
| 《尚书正义》照相制版要则 | 278 |
| 《天下郡国利病书》编印例言 | 279 |
| 元明善本丛书十种提要 | 281 |
| 影印元明善本丛书十种启事 | 285 |
| 在傅增湘开示《国藏善本丛书》拟增删书目单上的批注 | 286 |
| 景印《国藏善本丛刊》缘起 | 288 |
| 景印《国藏善本丛刊》凡例 | 290 |
| 景印《国藏善本丛刊》第一辑提要 | 291 |
| 《涉园所见宋版书影》题辞 | 304 |

商务印书馆租赁《孤本元明杂剧》版权契约……………………305
在《国立北平图书馆善本丛书》第二集书目上的批注……………306
在《涵芬楼烬余书录》稿本封面上的批注…………………………307
捐赠上海市文物管理委员会古籍目录………………………………309
《海盐张氏涉园藏书目录》题辞……………………………………310
须印《四部丛刊》要旨………………………………………………311
续辑《槜李诗系》启…………………………………………………312

## 补　遗

书　信

致丁英桂（1件）……………………………………………………315
致马　衡（1件）……………………………………………………316
致王云五（93件）……………………………………………………317
致王云五　江畬经（1件）…………………………………………373
致王云五　李宣龚（1件）…………………………………………374
致王文韶　葛正卿等浙籍京官（1件）……………………………375
致王佐臣（1件）……………………………………………………376
致邓青山（4件）……………………………………………………377
致史久芸（2件）……………………………………………………379
致朱希祖（12件）……………………………………………………380
致朱梅森（1件）……………………………………………………385
致任绳祖（3件）……………………………………………………386
致刘伯峰（1件）……………………………………………………387
致刘宝书（1件）……………………………………………………388
致刘承幹（1件）……………………………………………………389
致许绍棣（1件）……………………………………………………390
致孙　壮（2件）……………………………………………………391
致孙毓修（2件）……………………………………………………392
致李亚农　徐鸿宝（2件）…………………………………………393
致李宣龚（6件）……………………………………………………394

致杨士琦(1件)…… 396
致吾鸿墀(1件)…… 397
致励乃骥(1件)…… 398
致吴元枚(1件)…… 399
致吴在章(1件)…… 400
致吴保初(1件)…… 401
致何炳松(1件)…… 402
致邹尚熊(1件)…… 403
致张叔良(1件)…… 404
致张美翊(1件)…… 405
致陆征祥(2件)…… 406
致陈鸿周(7件)…… 408
致陈肇祺(1件)…… 411
致金武祥(1件)…… 412
致周名辉(1件)…… 413
致赵万里(1件)…… 414
致赵凤昌(30件)…… 415
致赵守钰等(1件)…… 424
致赵叔雍(11件)…… 425
致查丰诒(1件)…… 429
致胡　适(1件)…… 430
致胡敦复　胡端行　杜定友(1件)…… 431
致柳诒徵(1件)…… 432
　　附　柳诒徵致张元济信(1件)…… 432
致冒广生(4件)…… 433
致袁世凯(1件)…… 435
商务印书馆致袁同礼(1件)…… 436
致袁翰青(1件)…… 437
致聂缉椝(1件)…… 438
致徐宗泽(1件)…… 439

致高凤谦(1件)…………………………… 440

致曹冰严(1件)…………………………… 441

致盛宣怀(2件)…………………………… 442

致韩靖盦(1件)…………………………… 443

致蒋钟麟等七人(1件)…………………… 444

致鲍庆林(1件)…………………………… 445

致鲍兴珩(2件)…………………………… 446

致鲍咸昌(2件)…………………………… 447

致潘宗周(1件)…………………………… 448

致戴孝侯(3件)…………………………… 449

致　竹怀(1件)…………………………… 450

致　翔卿(1件)…………………………… 451

致上杉伯爵(1件)………………………… 452

致卫礼贤(2件)…………………………… 453

致长尾槙太郎(2件)……………………… 454

致长泽规矩也(18件)……………………… 455

致冈根守坚(2件)………………………… 462

致石田干之助(1件)……………………… 463

致石田馨(1件)…………………………… 464

致石黑文吉(1件)………………………… 465

致吉川幸次郎(1件)……………………… 466

致宇野哲人(6件)………………………… 467

致杉荣三郎(1件)………………………… 469

致饭田良平(2件)………………………… 470

致松浦嘉三郎(2件)……………………… 471

致服部宇之吉(1件)……………………… 472

致岩井大慧(2件)………………………… 473

致岩崎小弥太(1件)……………………… 474

致泽村幸夫(1件)………………………… 475

致狩野直喜(2件)………………………… 476

致施永高(2件) …………………………………… 477
　　　附　施永高致张元济函(1件) …………… 478
致盐谷温(1件) ………………………………… 482
致荻野仲三郎(1件) …………………………… 483
致根津信治(2件) ……………………………… 484
致原亮三郎　山本条太郎(1件) ……………… 485
致铃木重孝(2件) ……………………………… 487
致高仓克己(1件) ……………………………… 488
致诸桥辙次(7件) ……………………………… 489
致黑井悌次郎(1件) …………………………… 491
致樽　井(1件) ………………………………… 492
致德富苏峰(6件) ……………………………… 493
致橘井清五郎(2件) …………………………… 495
致上海市人民政府文化局(2件) ……………… 496
致上海市地方协会特种委员会(1件) ………… 497
　　　附　中国红十字会总会正式收据No.1076(1件) ……… 497
　　　附　上海市地方协会特种委员会致张元济信(1件) …… 497
致上海市图书馆(2件) ………………………… 498
致上海市政府(1件) …………………………… 499
致上海贫儿院(1件) …………………………… 500
致《广东丛书》编印委员会(1件) ……………… 501
致日本东洋文库(1件) ………………………… 502
致日本京都帝国大学文学部(2件) …………… 503
致日本宫内省图书寮(3件) …………………… 504
致中华国货维持会(1件) ……………………… 505
致中国博物馆协会(1件) ……………………… 506
致沪西慈善团(1件) …………………………… 507
致国讯社(1件) ………………………………… 508
致重修天一阁委员会(1件) …………………… 509
致造纸工业原料联购处(1件) ………………… 510

致浙江省教育厅(2件)·················································511
致《清词钞》编纂处(1件)·············································512
致清政府外务部(1件)·················································513
致福建涵江火灾善后委员会(1件)······································514
无收件人(1件)·······················································515

诗 文
孙廷翰　沈卫　张元济　汪康年启事(1905年7月24日)···············516
汪康年　张元济　夏曾佑　叶瀚之声明(1905年8月16日)···············517
汪康年　张元济　夏曾佑　叶瀚之告白(1905年9月5日)················518
在江浙闽皖赣湘鄂粤桂九省政学商界欢迎江浙铁路
　　代表会上的演说词(1907年12月22日)·····························520
记江浙代表第一次与外部问答语(1907年12月25日)······················522
松坡图书馆筹办及劝捐简章(1916年12月)······························525
寿康有为六十诞辰(1917年2月26日)···································527
挽姚明辉母周太夫人联(1923年2月)····································528
在《华中营业股份有限公司营业项目》上的批注
　　(1926年8月25日)··············································529
题田挹珊《机丝夜月图》(约1927年)···································530
林畏庐先生遗族教育费募集办法(1931年10月)··························531
在商务印书馆信件批核单上之批注三件(1932年12月3日,
　　1934年9月2日,1934年10月30日)······························533
山深岁寒图(1932年)··················································536
为《四库大辞典》题辞(1932年)········································537
筹备梁燕孙先生纪念事物启(1933年4月)································538
挽陈宝琛联(1935年)··················································541
王一亭先生祭文(1939年1月22日)······································542
邱吉尔《第二次世界大战回忆录》第三册校勘记录
　　(1948年8月28日)··············································543
悼唐玉虬夫人钱珊若(1955年春)········································544
翁同龢像题辞·························································545

珂罗版《沈文肃公和林夫人遗像》题辞…………………………… 546
在凌福兴求职简历上的批注…………………………………………… 547

## 附 录

附录一　张元济年表………………………………………………… 551
附录二　张元济著作(专著、文集、书法作品)出版情况………… 600
附录三　张元济主持或参与编辑的主要书籍目录(不含教科书)…… 603
附录四　张元济参与编纂、校订的商务印书馆版教科书目录………… 606
附录五　尚待查找的张元济著作…………………………………… 613
附录六　张元济1941年捐赠上海私立合众图书馆书籍目录………… 615
附录七　张元济传记和研究专著文集目录………………………… 700
附录八　张元济研究主要参考书籍一览…………………………… 703
附录九　张元济研究论文、史料评介、回忆文章举例…………… 716

编后记………………………………………………………………… 763

浙江嘉兴、海盐先哲著述,海盐张氏先人著述及藏弆、刊刻典籍序、跋、识语、校勘记等著作

# 经　　部

## 明汲古阁刊本《说文解字》识语

　　是书为吾邑文鱼先生旧藏，且以宋本参校，惜内有三册系用他本补配。因其为乡先辈之手迹，故以银币十圆购之。时为己未中秋后六日，甫自常熟铁琴铜剑楼瞿氏看书归也。张元济。

（1919 年 10 月 14 日）

# 史　　部

## 明嘉靖间刊本《荆川先生精选批点汉书》识语

　　戊午夏，余至京作西山之游，遇朱逖先于大学，以此书为余家旧物，因以归余。书此以志不忘。

（1918年）

## 清柘柳草堂钞本《客舍偶闻》识语

　　民国十三年四月得于杭州抱经堂,计值银币六圆。付工重装,逾月始毕。端阳节后一日,张元济识。

(1924年6月7日)

## 明嘉靖元年浙江官刊本
## 《嘉靖元年浙江乡试题名录》识语

　　是由鄞县天一阁散出。吾邑郑端简公举是科乡试第一人。物以人重，余故收之。海盐张元济识。

## 明嘉靖二年官刊本《嘉靖二年会试登科录》跋

　　郑端简为吾邑闻人。余既得公年谱、奏议、文集及《吾学编》等书，得以多识前言佳行，良深欣幸。公举嘉靖元年浙江乡试第一人。天一阁藏书散出，余收得是年《乡试题名录》，公裒然居其首，次年联捷成进士。余又收得是册。是虽不能与《绍兴十八年同年小录》、《宝祐四年登科录》等观，而自吾邑视之，则不能不谓物以人重，且两录并存，尤为罕有。征文考献，洵足珍已。丁卯孟夏既望，张元济识。

（1927 年 5 月 15 日）

# 清光绪二十四年重刊本《嘉靖海宁县志》跋

《千顷堂书目》:《海宁县志》九卷,海盐董毂撰。蔡序称"碧里子"者即董君自号。董君著有《四存》,均冠以"碧里"二字。《盐邑志林》中有《碧里杂存》,余近又收《碧里疑存》、《达存》二种,是可证矣。《县志》董君传中,此节漏载。他日续修,当补叙也。张元济。

# 清道光二十五年海宁杨氏述郑斋重刊本
《西台奏议》《黄门奏疏》识语

以斋先生海盐县志亦列其名,或原籍欤。元济。

## 清抄本《续澉水志》跋

余尝以所收本邑文献凡数百种,施之合众图书馆。敦甫世兄嘉余此举,慨出所藏董穀《续澉水志》附于其后,补余所施之阙。原书抄手不高,颇有讹夺,病中未能校正,然其盛意不可忘也!爰题数言,兼以志谢。张元济。时年八十六。

(1952年)
(录自文稿及抄稿)

## 清嘉庆十四年刊本《徽县志》跋

　　是志为余五世族祖春溪公令徽县时所修。去年续修家乘,公支下本籍已无后人,其近支有远出甘肃者,登报布告,杳无答音,为之慨叹久之。近辑先代遗著,仅于《两浙輶轩续录》得公诗一首。公所著《寄吾庐诗稿》终不可得见。是书来自绍兴,中有公诗文数十首,因购存之,俾后之人有所考焉。辛酉仲冬,元济谨识。时年五十有五。

(1921年12月)

## 排印本《人告编》跋

是书原板久佚。今流传者只有嘉庆补刊本,且甚罕见,然舛误既多,字亦漫漶。因参考他书谨加订正,其有疑义者则空格,以方匡别之。至全书四编行款参差,今悉改归一律。宣统三年四月在上海商务印书馆用活字排印。既竣,识数语以示后人。

(1911年5月)

(原载《人告编》[清]张惟赤著,
上海商务印书馆1911年排印线装本)

## 张元济手钞本《清绮斋藏书目》跋

　　清绮斋者，余六世祖青在公读书之所。公尝覆刻李雁湖《王荆公诗笺注》，署曰："清绮斋藏板"者，以此。其宅在本城城隍庙西首，产归长房，为文甫族伯暨小庭、季辅诸族叔所居。虽经兵燹，庐舍未改。闻诸族伯叔言，幼时犹及见斋额三字，今已毁矣。明万历时，余十世祖大白公读书城南乌夜村，既建涉园，广贮图籍，绵历数代，至公之世而益盛。园为一邑胜境，公与群从兄弟弦诵其中，首刊《王荆公诗注》，诸弟亦各有著述，刊布行世。今所称《带经堂诗话》、《词林纪事》、《初白庵诗评》者，皆是征引繁博，想见当时弆藏之富。今虽化为云烟，犹遍及于海内藏书家。余亦于坊肆搜得数十种，均钤有六世叔祖詠川公、芷斋公印记。虽园中藏书为大白公支下所公有，而二公居园中最久，遇所心嗜之书，每加钤私印于上也。兹编所记，盖为公私有之物，故题"清绮斋"以别之。书凡一千五百五十九部，册数有漏记者，不能知其详，仅所记者已一万有奇。甘泉乡人《曝书杂记》所称之宋板六一、山谷、淮海三《琴趣》，及公所据以覆刻之元板《王荆公诗注》，亦不见于目内。盖遗漏甚多。或为后此所收，未及入目。然已有宋、元刊本五十余种，抄本二百九十余种，洵可云美富矣！涉园所藏，当嘉庆时为苏州书估陶氏五柳居捆载而去（余见黄荛圃某书后跋有此语）。张月霄《爱日精庐藏书志》刊于道光丙戌，犹云："清绮后人尚能世守陈编。"至道光癸卯，相距仅十七年，而管芷湘获见是本《书目》，已入于僧院敝簏。是其书已尽散矣。时国家尚称承平，而吾家何以衰退若此！余幼时及见之族中长老，多生于嘉、道年间，何以绝不言及此事？涉园遗书遍布海内，而清绮所藏除吾所见之六一、山谷《琴趣》及精抄《隶续》下册外，亦绝无仅有，且不见于他藏书家，是可异也。管氏原书忽为友人孙君失去，犹幸余借阅之始，先已录存。祖庭遗泽，不致湮没殆尽，可不谓呵护有灵乎。瞻望先型，窃愿永保勿替已。昆孙元济谨识。

## 瞿熙邦手钞本《清绮斋书目》跋

先六世祖青在公藏书甚富，不知于何时散失。余父及伯叔辈从未言及，盖为时甚久矣。余家并无存目，此为传录海宁管芷湘先生写本。诵其跋文，知涉园插架先散。顾涉园藏本尚时时见诸海内藏书家，独清绮遗书几于绝无仅有。此真千秋恨事矣。异日当印入《涉园丛刻》，以绵手泽。凤起世兄借录副本，将以储之铁琴铜剑楼中，附骥尾而名益彰，岂不幸欤。丙子秋日，海盐张元济。

（1936 年秋）<br>（录自瞿熙邦抄稿）

## 清吕无党抄本《金石录》题记

　　此为吕无党先生手抄校定之本,后六卷为他人所写,然易安跋语,"留"字皆为字不成,度必为吕氏子弟之笔。卷端有"古盐张氏"、"松下藏书"两印,是为吾家旧物。散出之后,先后为苏州五砚楼袁氏、千墨庵贝氏,暨侯官林文忠公收藏,去秋又流入京师琉璃厂书肆。江安傅沅叔同年助余搜罗先代藏书,以书来告,急请谐价,以银币二百元得之。甫议定而京津战事又作,邮筒梗阻,寄存友人孙伯恒许半年有余,昨始托人携归。碾玩再四,既幸先人手泽之得以复还,益感良朋介绍之雅。谨书数语,以示后人。丙寅四月十八日晨起,泚笔记。菊生张元济。按农师公讳嘉穀,为詠川公嗣孙,与余高祖为兄弟行。元济再识。

(1926年5月29日)

# 子　部

## 宋刊本《纂图互注荀子》跋

是书为余六世叔祖芷斋公所藏,有公名号及"涉园"、"遂初堂"印记,先是迭藏于泰兴季氏,秀水朱氏,由朱氏入于余家,继又归于太仓顾氏。目录首叶,"谀闻斋"、"竹泉珍秘图籍"二印记,皆顾氏之物也。辛亥国变,革命军入江宁,丰润张氏之书,闻太半为于右任所掠。于今岁寓京师,复以售人。傅沅叔同年得元本《困学纪闻》,绝精美,有于氏印记,此亦有右任之印二,度必为幼樵前辈旧藏矣。沅叔先为余购得残宋本《庄子》一部,与此相同,亦为余家旧物,尚在途中。涉园遗籍来归者,岁必数种,多沅叔为之介,可感也!丙寅仲冬月杪,张元济。

（1927年1月初）

## 宋刊本《纂图互注南华真经》跋

　　余既跋《荀子》,越十日而《庄子》至。与《荀子》同一板本,芷斋公及先后藏家印记,亦悉与《荀子》相同;惟阙去第八卷,又残叶较多,印本亦逊,为不及《庄子》耳。《荀子》之值为三百四十圆,此则一百八十圆。先人手泽,得以来归,虽縻重金,亦所不惜。涉园所臧,度必不止此二种。其他诸子,或尚在天壤间,余安得旦暮遇之乎!丙寅十二月初十日,元济谨识。

(1927年1月13日)

## 明隆庆五年叶恭焕手钞本《负暄野录》跋

　　是书为傅沅叔同年在京师为余购得,计出银币十四圆,可谓贵矣。今距钞录时已三百四十七年,即由吾家散出,亦百有余年。今仍得归故主,宁非至幸!余近来立愿收涉园旧藏书籍,由沅叔作合者几及十种。故人厚意,至可感也。丁巳除夕,涉园后裔张元济识。

(1918年2月10日)

## 稿本《山居杂识初稿》跋

著者不著姓名,卷中称朱虹舫阁学为季父,朵山给谏为兄,镜香大令为侄,是必为朱氏子。又所居为上水村,村在西郊外数里,为朱氏故居。著者又尝至京师与颜雪庐学士、徐小云比部相往还,知必为咸、同时人。阅至卷末潘树辰君之跋,乃知为保甫广文之外集。广文著有《听秋馆吟稿》,余亦得其原稿三册,附记于此。后学张元济谨识。

## 清嘉庆九年劈荔轩刊本《飞帛录》识语

　　此书为乡先辈所著所刻,夙未见过。江安傅沅叔来海上,于其寓中见之,因乞代购,以留先辈手泽。沅叔允之,计值银币四元。时庚申花朝,海盐张元济。

（1920 年 4 月 3 日）

## 旧钞本《北窗炙輠录》识语

辛亥十一月,傅润沅同年自京师来上海,往苏州访古书,偶见此本,知为吾家旧藏,因代购之,以归于余,至可感也。阳历正月十四日,元济识。

(1912年1月14日)

## 清康熙漱六阁刊本《清异录》识语

山阴诸贞壮先生惠贻。丁卯仲春三日,张元济谨识。

(1927年3月6日)

# 清康熙漱六阁刊本《名句文身表异录》识语

山阴诸贞壮先生惠贻。丁卯二月初三日。张元济谨识。

（1927年3月6日）

# 集　　部

## 明万历十五年休阳程氏刊本《陶渊明集》*跋

　　是书评点为余六世六叔祖思晶公手笔，眉端红蓝笔各条，与六世九叔祖芷斋公所辑《初白庵诗评》相合。盖据初白先生评本过录也。惟卷二、三、五、六眉端墨笔各条，则《初白庵诗评》俱不载。然颇似先生手迹。卷六《闲情赋》评语："不肖身及其酷"云云，确似先生暮年出狱后口吻。卷端题诗，明系思晶公手录，何以又有初白小印，殊不可解。按先生卒于雍正五年，思晶公生康熙五十年，先生殁时，公已十八岁。先生为余六世祖寒坪公题《四时行乐图》见《敬业堂续集·漫与集》下在康熙六十一年，越二年，又为题《扪腹图》见思晶公钞本《敬业堂续集》，刻本不载。是时先生诗名满天下，而公又从许蒿庐先生学诗。思晶公《藕村词存》，谓含厂公三十初度，蒿庐师有诗；又家刻《晴雪雅词》东谷公序，谓蒿庐馆涉园十余年。按思晶公亚于含厂公六岁，是十六七岁时，蒿庐必已设帐涉园矣。芷斋公称蒿庐于先生各种评语，手之不释。度公过录是集评点时，必在十六七岁。余七世祖妣陈太淑人为宋斋先生之女，先生与宋斋先生同里，少同学，往还唱和，至老不辍《敬业堂续集·余生集》下，丙午年尚有陈宋斋有《新年试笔见寄诗，即次去年中秋卤会二章韵再叠奉酬》、《花朝偕韩奕家德尹赴陈宋斋看梅之招》、《雨窗得宋斋见寄诗，期于中秋践廷益湖庄之约，次韵奉答》等诗。以意度之，必是公随陈太淑人归宁得见先生，以过录之本呈阅。先生奖掖后进，为加印记，且特增评语数则，特后来芷斋公辑《初白庵诗评》不为采入，不无可疑。意者偶未之见欤？卷末记《陶诗》画册一节，为含厂公手笔，余皆行草，亦必二公所书。特余获见者少，不能辨认矣。江安傅沅叔同年，今年春自京师南下，过苏州以银币二十圆为我得之。先人手泽，幸得珠还。良朋雅谊，至可感谢！时国变后十二年癸亥谷雨节，元济识。

（1923 年 4 月 20 日）

　　* 原书名《陶渊明集》，木质书夹板上有张元济题签《查初白先生评点明刊本陶渊明集》，系 1950 年代张元济患中风后字迹。目录及各卷卷首称《陶靖节集》。——编者

# 明嘉靖东壁图书府刊本《王摩诘集》跋

　　顾子起潜以所辑《明代版本图录》示余,中有《王摩诘集》一叶,钤我六世叔祖雨岩公二印,余欲知为谁氏所藏,以询起潜。一日书来,云是潘景郑世兄得自苏城者,初疑为元和惠氏故籍。按周惕先生与雨岩公同名,然名同而字实异。且卷耑有"红药山房"印记,是先藏花山马寒中家。花山距余邑仅二十余里。马氏书散,多为余先人所得。余六世祖重镌《王荆文公诗注》,其原本亦马氏物也。是书校笔,非出先人手,疑是明人所为。景郑举以相赠,余不敢受,已归之矣。又以涉园弆藏均已移庋合众图书馆,以供众览,因亦归之馆中,附于余家旧藏之列。余感其诚,兼徇起潜之请,谨书数行,以著是书渊源之自,并识良友盛谊焉。海盐张元济记,时年七十又五。

（1941年）

## 《杜工部集》识语

　　《杜工部集》六册,为余六世叔祖吟庐公手校,为同邑任氏所得,复归于余。卷一末叶有题记可证。张元济。

（录自抄稿）

## 清雍正十年松柏堂刊本《读杜随笔》跋

　　余七世本生祖妣陈太淑人,为宋斋先生之女。先生由海宁迁居海盐,其宅址所谓松柏堂者,为先大夫所得,即今之虎尾浜新居。是书《弁言》,有"御赐松柏堂"木印,是必刻于海盐宅中。卷末有先生后裔两跋,语重心长,惟恐陨坠。今竟散出,归于余处。冥冥中若有呵护之者。故家乔木,遗泽犹存。余得此书,既仰外家世德之长,尤深凿楹而藏之愿已!癸亥仲冬月廿五日,张元济谨识。

(1924 年 1 月 1 日)

## 明嘉靖二年刊本《李文公集》识语

　　是书有雨岩、芷斋两公印记。忠厚书庄主人李紫东出以示余,傅沅叔同年谓视成化本,尤难得。因以银币壹百十圆收之。己未孟秋,张元济。

(1919 年 8 月)

# 清乾隆六年海盐张氏清绮斋刊本
# 《王荆公诗笺注》识语

　　丁巳阳历十二月十二日,书友李子东以此书来。余以银币廿一元购得之。并前所得,此为弟十六部矣。时余正影印元本,刘翰贻世兄又以新收残宋本六册借余校对,即芑堂先生识语所载者。张元济。

（1917年12月12日）

（录自作者手书识语）

## 景印元大德本《王荆文公诗》跋

《王荆文公诗》李雁湖笺注,先六世祖尝得华山马氏元刊五十卷本,于乾隆辛酉之岁覆刻行世,中经洪、杨之乱,板久散佚,书亦不易得矣。余幼嗜此书,访求十余年,既官京师,始得之。是书自元大德刊行后,未有别槧。《四库》著录,亦吾家刻本。日本有翻雕者,然中土流传绝少。先人有言,是书之善,不独援据该洽,可号王氏功臣。又引乡贤姚叔祥语,谓:"藏书于家,但知秘惜为藏,不知传布为藏。"余悚然以是为惧。顾原书第三十卷第五十卷失去两末叶,亟思搜补,以偿先人未竟之愿,再谋剞劂。偶检宜都杨惺吾参赞《日本访书志》,有朝鲜活字本,完善无缺,且附《年谱》。亟遗书往索,既得杨君慨焉录寄。欣感交集,即思付印,会有欧、美之行,事遂中止。嗣江安傅沅叔同年自京师来访,谓道出苏州,见有元刊本,为季沧苇故物,已为余购留。展之,则第三十卷第五十卷两末叶均存,而《年谱》且有撰人名氏。沅叔劝以此本影印,谓留存须溪评点,虽违先志,然不失昔人面目,亦祖庭遗训也。余以失去他卷十余叶,仍非足本,未遽决。友人日本长尾雨山先生谓彼国宫内省图书寮有是书,可以摹写,且引为己任。不数月,以写真版来,所缺之十余叶,仅欠其一,复就江南图书馆所储残本补之。考雁湖初作此注,有魏鹤山序,先人尝以搜求未得为憾,后从长塘鲍氏钞录补刊,晚印之本,多有载此序者,而吾六世祖已不及见矣。乌程刘翰怡京卿,尝得残宋本,其魏序固存。余请于翰怡,许我假印,冠诸简端,亦以继先人之志也。惺吾初从朝鲜本录示刘将孙、毋逢辰两序,文中称荆公为文正,亦稍有不可句读者。余始犹疑之,迨余本撤装摄影时,《年谱》前夹线中,忽露残纸两段,因悟是必刘、毋两序之余,其足以致疑者,或朝鲜手民之误欤。因并存之。夫以一书之微,阅数百年将就湮没,乃有人起而绵续之,而又故留其缺憾,待百数十年后,仍假其子孙之手,使其先代所引为缺憾者,而一一弥之。其书欲亡,而卒不亡,是岂得谓造物之无意耶!抑亦血脉相承,虽更历数世,苟精神有所䜣合,而古昔之人,与生存者固隐隐有相通之道也。岁在壬戌,距乾隆辛酉为百有八十年。影印既竣,谨识其缘起如右。海盐张元济。

(1922年)

(原载《王荆文公诗》,1922年影印本)

## 景印元大德本《王荆文公诗》识语

是书景印既竣,士林争购。仅有存者,寄储于商务印书馆书栈,不幸尽毁于兵燹。是本由书肆收回,故有他人题词藏印。今以移赠合众图书馆,永久勿替。跂予望之!民国纪元三十年辛巳大暑节。张元济。

(1941 年 7 月 23 日)

(录自手书识语)

## 明嘉靖十八年刊本《淮海集》识语

　　此为涉园旧藏，卷耑有鲁良公、芷斋公印记。蟫隐庐主人罗子敬兄为余收得，费银币三十圆。书为嘉靖刊本，颇不易得。鲁良公印记又极罕见，甚可宝也。丁巳旧历九月二十七日，张元济识。

（1917 年 11 月 11 日）

## 明嘉靖三十六年刊本《孙尚书内简尺牍编注》识语

是书为涉园旧藏,有詠川公印记。丁巳仲秋,京师镜古堂携示傅沅叔同年。沅叔知为余家故物,出资二十四圆为余收回,意至可感。昨日邮到,书此纪幸。旧历八月初六日,张元济。

(1917年9月21日)

## 清康熙精刊本《白石诗钞》识语

书为新刊,因有余六世叔祖芷斋公印记,且卷中补钞各叶,与詠川公笔迹相肖,故留之。时辛酉四月二十六日,距蒋君重装时已四十九年矣。张元济。

(1921年6月2日)

## 明正德十五年重刊本《沧浪先生吟卷》跋

　　己未夏六月,友人王佩初孝廉自湘中来,携古书数种欲以出售。知是书为余家旧藏,允归于余。询其值,则银币三十圆也。余感其意,因如数畀之。此一月内,先在李子东处,见嘉靖本《李文公集》;嗣至苏州访沅叔,又获见残明缮《道藏》本《韩非子》,皆有芷斋公之印记,并是而三矣。讵不幸欤! 张元济识。

(1919 年 7 月)

## 景印明万历刻本《横浦文集》* 跋

　　先文忠公道德文章，照耀千古，生平著述，其见于《宋史·艺文志》及他书者，凡二十余种。余家所有者，仅《横浦文集》二十卷。端居诵习，幸免数典忘祖之咎。是书刊于明万历乙卯，卷端黄汝亨序，谓是海昌令方士骐覆新安吴康虞本。顾中有残阙，且字多讹舛，思得吴氏万历甲寅原刻，搜访有年，果得之。集后且附《横浦心传》三卷，《横浦日新》一卷，又施德操《孟子发题》一卷。卷叶俱完，与方本行款悉合。遍检藏家书目，大都不载。间有著录，亦与此同。盖世间传本，此为硕果矣。余近又收得明钞本《无垢张状元心传录》，以校吴刻，字句多有异同，且析为十二卷。卷九并题"自《谢逊志学说》后为于宪所编"。此为吴刻所不载，次行结衔为"皇朝太师崇国文忠公"，是必自宋本出，先后为钱叔宝父子、沈辨之、朱卧庵、黄尧圃诸家所藏；朱氏复加点校，颇多是正，惜仅存此一种。当时《文集》是否并刻，殆无可考，度必散佚久矣。岂惟宋椠，即有明两本，距今三百余年，亦寥落如晨星。吾乡钱警石求之至二十年，仅得其一。设不急谋传布，数十年后，恐将绝迹于天壤。缅怀祖德，能无悚惧！黄汝亨《序》谓："先生为渡江大儒，其学以未发之中为宗，以仁为有宋家法，而不受权贵之饵，不讳赵鼎之党；寒逆豫之胆，折和议之奸。澹泊简静，形骸俱遗。清明刚正，国家是急。使尽展其用，足以挽弱宋而奋中兴。"又云："宋之儒者，务明理而不尽明心，能研心而不能任事。能明能任，横浦庶几兼之，而不竟其用。其精义微言，幸是集存焉耳。"吴、方诸君景仰前徽，犹汲汲于剞劂，况余小子有继志述事之责乎？因取吴刻，并附校勘若干条，以付景印。是书既行，岂惟吾子孙得所圭臬，抑于今之世道人心不无裨益也。乙丑孟冬大雪节日，裔孙元济敬跋。

（1925 年 12 月）

（原载《横浦文集》，1925 年影印本）

---

\* 原书名《横浦文集》，书函面签为《景明万历本横浦文集》，书内各卷卷首称《横浦先生文集》。——编者

## 《横浦文集》《横浦心传》《横浦日新》
## 《孟子发题》《横浦家传》校勘记

| 文集卷二 | 第六葉 | 十三行 | 只今定何間 | 南宋文範何作河 |
|---|---|---|---|---|
|  | 第八葉 | 四行 | 蘭惠生深林 | 惠當作蕙 |
| 卷三 | 第三葉 | 七行 | 清風拂襟裾 | 南宋文範裾作裾 |
|  |  | 九行 | 簞瓢識　樂 | 又　識下有顔字 |
| 卷四 | 第十葉 | 四行 | 曾向華筵拆數枝 | 拆當作折 |
|  | 第十一葉 | 五行 | 誰知嶺下新來漾 | 漾當作樣 |
|  | 第十二葉 | 九行 | 閒看爐煙篆髻螺 | 髻當作髻 |
| 卷五 | 第四葉 | 十三行 | 糜爛其民而戰之 | 糜當作糜 |
|  | 第九葉 | 十行 | 每讀一事 | 國朝二百家名賢文粹讀作見 |
|  | 第十葉 | 七行 | 亦不過如夫子而已 | 又　已下有矣字 |
|  |  | 九行 | 亦不過如斯而已矣 | 又　斯作此 |
|  |  | 二十行 | 其高者談天說道 | 又　其作而 |
|  | 第十一葉 | 二行 | 邈乎其無有此學也 | 有下無此字 |
|  | 第十一葉 | 四行 | 無以知　凡二見 | 又　無均作何 |
|  |  | 五行 | 吾儕幸得享此 | 又　儕作人幸作倖 |
|  |  | 七行 | 儻惟懷疑惑之心 | 又　儻惟作況若 |
|  |  | 九行 | 實異物也 | 又　實作乃 |
| 卷六 | 第五葉 | 十九行 | 校計防間 | 文範間作閑 |
|  | 第六葉 | 九行 | 山川道里水土細微 | 又　道里水土作水土道里 |
|  | 第八葉 | 一行 | 仲康必賢於大康 | 大當作太 |
| 卷七 | 第二葉 | 十六行 | 而徂止其爲惡之機也 | 徂當作沮 |

| | | | | |
|---|---|---|---|---|
| | 第十二葉 | 十六行 | 此以犬彘草菅視民也 | 菅當作菅 |
| 卷八 | 第五葉 | 一行 | 爲軌於內 | 軌當作宄 |
| 卷九 | 第十一葉 | 一行 | 余余以日月玫之 | 次余字衍 |
| 卷十一 | 第二葉 | 十八行 | 平生錫晉文侯 | 生當作王 |
| | 第三葉 | 十一行 | 而巳實賴前後之人 | 巳當作己 |
| 卷十二 | 第一葉 | 十四行 | 然屈巳以和戎 | 巳當作己 |
| | 第五葉 | 十四行 | 然屈巳以和戎 | 巳當作己 |
| | 第九葉 | 十七行 | 背擔而立 | 擔字疑誤吳越春秋作垣 |
| | | | 委夫人以國政 | 夫人疑誤吳越春秋作大夫 |
| | 第十一葉 | 三行 | 時李正巳持兵十五萬 | 巳當作己 |
| | 第十四葉 | 十六行 | 爲巳用 | 巳當作己 |
| | 第十五葉 | 十九行 | 濱海則鬻私醯 | 醯似醝字之誤 |
| | | | 則巳捕之爲巳功矣 | 次巳字當作己 |
| | 第十八葉 | 七行 | 夏不得清 | 清當作清 |
| | 第十九葉 | 十一行 | 復門尸之私 | 尸當作户 |
| 卷十三 | 第五葉 | 二十行 | 召門弟曰 | 弟下似脫子字 |
| | 第七葉 | 六行 | 此舜恭巳正南面之象也 | 巳當作己 |
| | 第八葉 | 七行 | 正吾在巳之物耳 | 巳當作己 |
| | 第十葉 | 五行 | 夏克謹夫戒 | 夫當作天 |
| 卷十四 | 第一葉 | 十五行 | 或削去公子呂而書鄭伯 | 文粹呂作號 |
| | 第二葉 | 五行 | 無復見之行事 | 又　無作而 |
| | | 九行 | 夫子以王道注之筆削 | 又　注作寓 |
| | 第二葉 | 十六行 | 天之所爲也 | 又　天下有子字 |

|  |  |  |  |  |
|---|---|---|---|---|
|  |  | 二十行 | 魯舊史書先縠也 | 又 縠作穀 |
|  |  |  | 而春秋乃書荀林父 | 又 父作甫 |
|  | 第三葉 | 一行 | 魯舊史書孫林甯殖也 | 又 林下有父字 |
|  |  |  | 衛侯出奔齊耳皆聖心 | 又 耳作此 |
|  |  | 十二行 | 則知聖人之筆削知聖人之筆削 | 又 二人字均作心 |
| 卷十五 | 第三葉 | 十九行 | 實玄黃于匪 | 匪當作筐 |
|  | 第四葉 | 一行 | 取其殘而矣 | 而下似脫巳字 |
| 卷十六 | 第三葉 | 三行 | 一日克巳復禮 | 巳當作己 |
|  | 第五葉 | 十二行 | 行百里者半九十 | 文粹作行百里者九十者半 |
|  |  | 十九行 | 廉介潔雅 | 又 潔作絜 |
| 卷十七 | 第四葉 | 十三行 | 當以責人者責巳 | 巳當作己 |
|  | 第五葉 | 八行 | 乃悟顏子克巳之說 | 巳當作己 |
| 卷十八 | 第二葉 | 二十行 | 故有三歸反坫之失 | 坫當作坫 |
|  | 第六葉 | 十九行 | 第以處巳接人 | 巳當作己 |
|  |  | 二十行 | 至於克巳復禮之說 | 巳當作己 |
|  | 第十二葉 | 十六行 | 再會未由 | 未當作末 |
|  | 第十三葉 | 三行 | 獨以巳推孟子之言 | 巳當作己 |
|  | 第十四葉 | 十五行 | 皆反求諸巳 | 巳當作己 |
|  |  | 十六行 | 如使人人如巳意 | 巳當作己 |
|  | 第十七葉 | 十三行 | 行巳是非 | 巳當作己 |
| 卷十九 | 第一二三四葉 | 全篇己字多誤作巳 |  |  |
|  | 第五葉 | 九行 | 體之於巳 | 巳當作己 |
|  | 第六葉 | 十五行 | 惟學問克巳 | 巳當作己 |
| 卷二十 | 第二葉 | 二行 | 凜乎雖公 | 雖字疑誤 |
|  | 第八葉 | 十六行 | 權　州教授 | 文範權下有新字 |

《横浦文集》《横浦心传》《横浦日新》《孟子发题》《横浦家传》校勘记　　41

|  |  |  |  |  |
|---|---|---|---|---|
|  |  | 二十行 | 以單恩 | 又　單作覃 |
|  | 第九葉 | 十八行 | 無它殺 | 又　殺作德 |
|  | 第十葉 | 三行 | 自潯州來 | 又　潯作潯 |
|  |  | 九行 | 顧瑣應擢進士第 | 又　無瑣應二字 |
|  |  | 十行 | 次頑先公卒 | 又　頑作頏 |
|  | 第十三葉 | 三行 | 務趣辦以爲巳*功 | 巳*當作己 |
|  |  | 五行 | 有司特此以供公上 | 特似持字之誤 |
|  | 第十五葉 | 二十行 | 葬干郡之吹臺鄉 | 干當作于 |
| 心傳序 | 第二葉 | 一行 | 故人刁仲聲來丞邑黃巖 | 明抄本作來邑丞黃巖 |
|  |  | 五行 | 不謂其無所自者 | 又　自作用 |
|  |  | 六行 | 旣逢箇中人不復祕其藏 | 又　中作衆秘作得 |
|  |  | 七行 | 乃卓然有言曰 | 又　乃作而 |
| 心傳卷上 | 第一葉 | 五行 | 辨之不明 | 又　辨作辯 |
|  |  | 十九行 | 靴假此信 | 又·　信作言 |
|  | 第三葉 | 五行 | 問者見先生色變而遏 | 又　遏作退 |
|  |  | 七行 | 笑數泉石 | 又　數作傲 |
|  | 第四葉 | 十行 | 入廣赴調 | 又　調作任 |
|  |  | 十三行 | 若以口腹欲快意 | 又　以作恣 |
|  |  | 十六行 | 一士夫以居官 | 又　居作改 |
|  | 第五葉 | 六行 | 讀書時都不知門外事 | 又　作讀書時節不與戶外事 |
|  |  | 八行 | 因賦 清姿水石間 | 又　賦下有曰字 |
|  | 第六葉 | 十七行 | 予不覺失笑 | 又　失作發 |
|  | 第七葉 | 十行 | 君子無一點利慾 | 又　利慾作利欲心 |
|  |  | 十一行 | 時一餤其肉 | 又　餤作啖 |
|  | 第八葉 | 二行 | 抑崇不領 | 又　領作顧 |

|  |  |  |  |
|---|---|---|---|
|  | 十行 | 故是公不見他 | 又 故作固 |
|  | 十二行 | 公又不可執着 | 又 公作然 |
|  | 十三行 | 深中此病 | 又 此作予 |
|  | 十四行 | 越一日焚香寂臥 | 又 無焚香二字 |
| 第九葉 | 四行 | 若衝門楔 | 又 衝作衡 |
|  | 六行 | 乃一大蛇竟數尺 | 又 竟作長 |
|  | 七行 | 齒如棘刺 | 又 刺作荆 |
| 第十二葉 | 四行 | 只是所見不到故爾 | 又 所作人 |
|  | 十八行 | 則吾知其亦不免矣 | 又 以上爲卷第一 |
| 第十三葉 | 十六行 | 必與大臣謀 | 又 大作羣 |
| 第十五葉 | 四行 | 乃有分香賣履兒女子之態 | 又 無子字 |
|  | 十四行 | 如宋文一或輕舉 | 又 文下有繭字 |
| 第十七葉 | 十行 | 則覺痛痒處爲仁矣 | 又 無處字 |
| 第十九葉 | 一二行 | 皆云母　母與絕 | 又 兩母字均作毋 |
|  | 三行 | 故下語有圓有不圓也 | 又 次有字作與 |
|  | 六行 | 上母以梁事爲問也 | 又 母作毋 |
| 第二十葉 | 十三行 | 服巳　屈巳 | 兩巳字均當作己 |
|  | 十九行 | 更不曾理會修身行巳是何事 | 明抄本曾作肯 巳當作己 |
| 第二一葉 | 一行 | 孰非修身行巳之事 | 巳當作己 |
|  | 三行 | 科舉何嘗壞人 | 明抄本壞作害 |
| 第二二葉 | 十三行 | 得其說 | 又 其下有一字 |
| 第二四葉 | 十八行 | 是甚氣象 | 又 以上爲卷第二 |
| 第二五葉 | 二十行 | 麋費國用 | 麋當作糜 |
| 第二七葉 | 二行 | 亘彥範 | 明抄本亘作桓 |

《横浦文集》《横浦心传》《横浦日新》《孟子发题》《横浦家传》校勘记　　43

|  |  | 十八行 | 裴谞入奏事 | 又 | 入作因 |
|---|---|---|---|---|---|
|  | 第二九葉 | 九行 | 草太元 | 又 | 元作玄 |
|  | 第三十葉 | 十一行 | 適意處少 | 又 | 處作時 |
|  |  | 十三行 | 往往將佛書終日焚誦 | 又 | 無終日二字 |
|  |  | 二十行 | 而曾子於此 | 又 | 而作時 |
|  | 第三一葉 | 七行 | 於區別中孰則融化矣 | 又 | 孰作熟 |
|  |  | 十四行 | 學者當體認之 | 又 | 當作尚 |
|  | 第三二葉 | 四行 | 冀其同類以爲巳子 | 巳當作己 |  |
|  | 第三四葉 | 十九行 | 大茅長尺餘 | 明抄本茅作芋 |  |
|  |  | 二十行 | 猪牛麋鹿 | 又 | 牛作羊 |
|  | 第三六葉 | 十四行 | 而以理斷命故也 | 又 | 以上爲卷第三 |
|  | 第三七葉 | 二十行 | 名字藉藉 | 又 | 字作聲 |
|  | 第三八葉 | 九行 | 而皆足以致其効 | 又 | 効作效 |
|  |  | 十行 | 學者永其說 | 又 | 永作求 |
|  | 第四十葉 | 三行 | 巳固愛之 | 又 | 巳作己 |
|  |  | 十一行 | 克巳復禮 | 又 | 巳作己 |
|  | 第四一葉 | 八行 | 士大夫當盡如此耳 | 又 | 無盡字 |
|  |  | 十七行 | 以刑而惡 | 又 | 刑作罰 |
|  | 第四二葉 | 十二行 | 折情則義行 | 又 | 行作立 |
|  | 第四三葉 | 二行 | 猶能近即孝文之事 | 又 | 孝文作文景 |
|  |  | 十行 | 苟其得而忘其全 | 又 | 全作命 |
|  |  | 十三行 | 不止於能安分守而已 | 又 | 守下有己字 |
| 卷中 | 第四葉 | 四行 | 巳巳霸諸侯矣 | 上巳當作己次巳當作己 |  |
|  |  |  | 諸侯孰不畏巳 | 巳當作己 |  |
|  | 第四葉 | 九行 | 而因巳之能霸 | 巳＊當作己 |  |

| | | | |
|---|---|---|---|
| 第五葉 | 十行 | 要當冥之以術 | 明抄本冥作實 |
| | 十二行 | 方以不任事自愧 | 又　自作有 |
| | 二十行 | 其間號爲巧官者 | 又　官作宦 |
| 第六葉 | 三行 | 又何常遠人情哉 | 又　遠作違 |
| | | 此又不可不察 | 又　以上爲卷第四 |
| | 六行 | 謂大師贄也 | 大當作太 |
| 第七葉 | 一行 | 如此何以立事 | 明抄本立作涖 |
| 第九葉 | 六行 | 亦不至喜矣 | 又　喜作甚 |
| 第十葉 | 四行 | 而貧賤亦忘了 | 又　而作卽 |
| | 九行 | 未必欸艷畏慕 | 又　欸作艷畏作愛 |
| 第十一葉 | 二行 | 後世專以此此所以多失也 | 又　上此字作比 |
| 第十二葉 | 八行 | 雖諧詼奏賦 | 又　詼作詼 |
| 第十四葉 | 一行 | 方說得入世人往往 | 又　入作今 |
| | 十八行 | 漆光涓澤 | 又　涓作滑 |
| | 十九行 | 色多掩脢 | 又　脢作晦 |
| 第十五葉 | 一行 | 不復疑目 | 又　疑作凝 |
| | 十四行 | 泠光蘸水 | 又　泠作冷 |
| | 十八行 | 殆亦此理 | 又　此作是 |
| | 十九行 | 或云教小兒 | 又　云作問 |
| 第十六葉 | 九行 | 如何是生生曰 | 又　上生字作易下有先字 |
| 第十七葉 | 十行 | 恐其子亦効吾所爲 | 又　効作效 |
| | 二十行 | 故子貢謂 | 又　貢作夏 |
| 第十八葉 | 三行 | 此說有理 | 又　以上爲卷第五 |
| 第二十葉 | 三行 | 恩自已出 | 又　已作己 |
| 第二二葉 | 四行 | 先生以謂果無異否 | 又　果無作思知 |

|  |  |  |  |  |
|---|---|---|---|---|
|  | 十六行 | 今以小不可而怒之甚 | 又 | 可作至 |
|  | 十七行 | 不遜亦不惡 | 又 | 下不字作可 |
| 第二三葉 | 八行 | 遂日加提省 | 又 | 遂作逐 |
|  |  | 卒爲高第 |  | 第當作弟 |
|  |  | 但恐蘇子資質 |  | 明抄本但作吾 |
|  | 十二行 | 屋漏披汙 | 又 | 披作被 |
| 第二四葉 | 十五行 | 若道義之士 | 又 | 義作德 |
|  | 十六行 | 大起告訐 | 又 | 起作造 |
|  | 十九行 | 或問人有謗巳 | 又 | 巳作己 |
| 第二七葉 | 十六行 | 旣云選於衆 | 又 | 云下空二格 |
| 第二八葉 | 十九行 | 好辦必暗 |  | 辦當作辨 |
| 第三十葉 | 二行 | 難輕議也 |  | 明抄本以上爲卷第六 |
| 第三二葉 | 十四行 | 而躬行亦感 | 又 | 感作臧 |
| 第三三葉 | 十九行 | 何必竊以爲巳有 | 又 | 巳作己 |
| 第三四葉 | 五行 | 豈能使人之皆如巳哉 | 又 | 巳作己 |
|  | 十六行 | 似非凡卉可擬 | 又 | 凡作他 |
| 第三五葉 | 二行 | 皆不可以意匠 | 又 | 匠作象 |
|  | 八行 | 人之爲道而遠是道之在人 | 又 | 遠下有人字 |
| 第三六葉 | 十三行 | 此皆不明乎道而與物爲徒者也 | 又 | 而作之 |
|  | 二十行 | 則覺又可認着 | 又 | 又作不 |
| 第三七葉 | 十六行 | 有不相能意 | 又 | 能作容 |
| 第三八葉 | 十五行 | 唐元宗以宋景 | 又 | 景作璟 |
| 第四十葉 | 十九行 | 所以不欲苦言用意深者 | 又 | 用作思 |
| 第四一葉 | 十七行 | 亦自羞見矣 | 又 | 以上爲卷第 |

|  |  |  |  |  |
|---|---|---|---|---|
| | 第四二葉 | 三行 | 奈何欲効唐虞之治 | 又 効作效 七 |
| | 第四四葉 | 七行 | 然卒無實効 | 又 効作效 |
| | 第四五葉 | 十五行 | 非不知申公之當其心溺於好大 | 之字下似有闕字 |
| | 第四七葉 | 七行 | 特未可遽薄之 | 明抄本薄作傳 |
| | 第四九葉 | 十一行 | 轉相倣効 | 又 効作效 |
| | 第五一葉 | 七行 | 斂名在巳 | 又 巳作己 |
| | 第五二葉 | 四行 | 便以巳意生荊棘矣 | 又 巳作己 |
| | 第五四葉 | 一行 | 議者亦不可不察 | 又 以上爲卷第八 |
| | | 六行 | 無救人於患難者 | 又 於作之 |
| | | 八行 | 豈可以巳之私 | 又 巳作己 |
| | | 十行 | 特邇氣俠 | 又 俠作恢 |
| | 第五六葉 | 二十行 | 雖不可矜伐巳功 | 又 巳作己 |
| 卷下 | 第二葉 | 十六行 | 俗狀尤可厭見 | 又 見作死 |
| | | 二十行 | 知其不可以榮辱夫不可以榮辱 | 又 夫作矣 |
| | 第五葉 | 四行 | 孰得而不害 | 又 孰作焉 |
| | 第五葉 | 十七行 | 而人之益其病者昏自斯人者而爲之也 | 又 昏作皆 |
| | 第六葉 | 二行 | 巳而就枕 | 又 枕作睡 |
| | 第八葉 | 三行 | 互黨婢僕 | 又 互作友 |
| | | 八行 | 或黜或怒 | 又 怒作奴 |
| | 第九葉 | 十五行 | 似亦不虛 | 又 以上爲卷第九 |
| | 第十葉 | 十七行 | 取關中 | 又 關作吳 |
| | 第十一葉 | 十六行 | 得之則爲巳有 | 又 巳作己 |
| | 第十三葉 | 七行 | 曾不若一羸悖 | 又 若作如 |
| | 第十四葉 | 七行 | 便如衲子解悟 | 又 便作復 |

《横浦文集》《横浦心传》《横浦日新》《孟子发题》《横浦家传》校勘记

| | 第十五葉 | 十七行 | 此又特未可曉 | 又 | 無此字 |
|---|---|---|---|---|---|
| | 第十七葉 | 十三行 | 西臺流弊 | 又 | 臺作晉 |
| | 第十九葉 | 十四行 | 豈劾曹孟德 | 又 | 劾作效 |
| | 第二十葉 | 五行 | 或護巳之短 | 又 | 巳作己 |
| | 第二一葉 | 十一行 | 無不投病 | 又 | 以上爲卷第十 |
| | | 十三行 | 雖未見其効 | 又 | 効作效 |
| | 第二三葉 | 三行 | 令寄縑以祠焉 | 又 | 祠作助 |
| | | 十四行 | 君才十倍曹伾 | 又 | 伾作丕 |
| | 第二七葉 | 五行 | 漢武帝信公孫洪之譖 | 又 | 洪作弘 |
| | 第二八葉 | 十七行 | 克巳 凡二見 | 又 | 巳均作己 |
| | 第三十葉 | 六行 | 仲由從我去乘桴 | 又 | 我作此 |
| | | 十一行 | 朽木不可彫也 | 又 | 朽作朽 |
| | 第三一葉 | 三行 | 要令無助亦無忘 | 又 | 令作知 |
| | 第三二葉 | 十九行 | 爾自西行我自東 | 又 | 以上爲卷第十一 |
| | 第三四葉 | 四行 | 孰分上下與神祇 | | 祗當作祇 |
| | 第三五葉 | 八行 | 匡人於此莫如予 | | 明抄本匡作康 |
| | 第三八葉 | 十行 | 忠信篤欽非外物 | 又 | 欽作敬 |
| | 第四三葉 | 十三行 | 武王方始決成勳 | | 以上爲卷第十二 |
| 日新 | 第二葉 | 七八十行 | 秌稻 凡四見 | | 秌當作秋 |
| | 第三葉 | 十八行 | 汙尊杯飲 | | 杯當作抔 |
| | 第七葉 | 一行 | 此堯舜三伐所以爲盛也 | | 伐當作代 |
| | 第八葉 | 十九行 | 栢公二年 | | 栢當作桓 |
| | 第十葉 | 十八十九二十行 | 巳字 凡四見 | | 巳當作己 |
| | 第十九葉 | 九行 | 逆巳 凡二見 | | 巳當作己 |
| | 第二十葉 | 三四行 | 則反求諸巳 | | 巳當作己 |

|  | 第三一葉 | 十七行 | 復委巳以事桓公 | 巳當作己 |
|  | 第三三葉 | 二行 | 則今日之降城不足怪也 | 城似誠字之誤 |
| 孟子發題家傳 | 第三葉 | 八行 | 睟然見於面 | 睟當作睟 |
|  | 第二葉 | 三行 | 知天下學士姍巳 | 巳當作己 |
|  |  | 六行 | 平日立身行巳 | 巳當作己 |
|  | 第四葉 | 十三行 | 明經所以立身行巳 | 巳當作己 |
|  | 第九葉 | 七行 | 以適巳爲悅哉 | 巳當作己 |

（原載《橫浦文集》，1925年影印本。校勘記爲排印。）

\* 原文如此。——編者

## 旧钞本《江月松风集》识语

久闻王佩初有此书,携至海上,欲得善贾。索之不应。今日忽得陈叔通兄讯,购以见贻。良友雅意,可感之至。戊辰仲秋四日,张元济谨识。

(1928 年 9 月 17 日)

## 清道光二十五年刊本《龟巢稿》识语

此为余母十八世从祖龟巢先生遗集,仅诗十卷。厚菴舅祖刊印,凡四册。张元济谨识。

## 明万历刊本《恬致堂集》识语

　　存卷三至五、卷十一至十三、卷二十至二十二、卷二十九至四十。傅沅叔同年赠时为戊辰闰二月初旬。沅叔自京南来,下榻余家,旋赴苏州,携此以归,谓得自冷摊也。张元济。

（1928 年）

## 明万历刊本《端简郑公文集》跋

是为吾乡郑端简公遗著。检查《海盐图经》及《县志》,均不载卷数,盖当时亦未见及,故不之知也。博古斋主人柳蓉村出以相示,谓系常熟天放楼赵氏藏本,略有残缺,然确系原刊。因不多见,遂以银币三十元购之。景仰先哲,弥足珍贵。元济识。时辛酉仲冬。

(1921 年 12 月)

## 钞本《朱西村诗稿全集》跋

　　是书《四库》著录，所收即万历刊本。此为未刊以前抄存稿本。五古凡二十八首，刊者十四；七古凡四十七首，刊者二十三；长短句凡三十五首，刊者十四；五言律凡七十六首，刊者二十；排律凡五首，刊者一；七言律凡二百三十六首，刊者六十四；五言绝句凡一百四十七首，刊者二十五；七言绝句凡三百十五首，刊者八十三。是刊者仅什之三弱。然见于刊本而为抄本所无者，亦有五古、七古各二首，五言律十一首，七言三十首，五言绝句一首，六言二首，七言九首，又同见于两本者，亦微有异同。或先生在日，手自改订，外人传录，有先后多寡之别。故此本亦非全豹，而其孙搜辑所得，据以付刊者，又为当时别本也。今刊本极不易得，而此抄本乃增出三分之一，殆为世间孤本矣！海盐后学张元济谨识。

## 明万历二十九年修补嘉靖三十一年刊本《西村诗集》识语

　　徐君晓霞赠余一部,与此同出一板。目录第一、二叶因断板致错简,此未订正。张元济识。

## 清乾隆三年重刻本《西村诗集》识语

　　卷端有马墨麟重刻序。细看实非全刻,即刻亦用明板覆雕,且非一时所成。目录第四叶最显,亦最后。卷末有吴兔床手跋,暨补写遗诗一叶。名人真迹,可珍也。张元济识。

　　原书封面张元济识语:徐晓霞先生赠。元济。
　　原书目录页天头张元济批注:凡加○者皆钞本所无。

## 手写正本《明彭孟公先生万历庚子浙江乡试卷》跋

宗孟字孟公。海盐县志称："宗孟万历庚子辛丑联捷成进士。"庚子,万历二十八年也。此为乡试墨卷,与清代所用卷式不同,而与殿试卷则无别。试艺有表判,当时制度如是。卷面钤巡按御史印,制亦甚小,与清代官印迥别。公后官至河南道御史,巡按湖广。彭孙贻、孙遹皆公孙。张元济志。

## 明科场原卷本《明彭德符先生万历乙卯科朱卷》跋

　　德符先生名长宜,公孟侍御之长子,明万历乙卯浙江乡试举人,崇祯癸未进士,官上海县知县。清兵克南京,弃官还家,绝食死。弟期生同榜举人,丙辰联捷成进士,浒官湖西兵备佥事。清兵入关,南都继失,奉命守赣州,城破死难。期生子孙贻字茗斋,终身不仕。

## 手稿本《茗斋集》跋

　　茗斋先生博学能文,于学无所不窥;著述甚夥,然多不传。即以诗论,睹此巨帙,洵足惊人。嘉庆间,余族祖春溪公官甘肃时,刊先生幼年诗十卷,闻同邑某氏藏先生手钞定本全部,思续刊,求之不可得。余欲踵成公志,先后收得先生手稿如干种,暨他人传钞先生诗四巨册,然所阙犹多。鄂友徐君行可喜蓄书,知余欲刻先生诗,语余有是稿。余请携至海上,展视,则即先生手钞定本也。行可谓得自宦游鄂中海宁羊复礼许,余请以六百金为酬。行可许之。顾犹未全,补以余先所得传钞本,犹不足,则借余亲家葛君词蔚所藏先生诗十余册,按年辑补,又得诗四百余首。虽云未备,然所阙当无多矣。至是汇辑先生诗词、杂文凡得二十三卷,因印入《四部丛刊续编》中,今已通行海内,亦可稍偿吾春溪公未竟之愿矣。彭氏族人今多贾于海上者,余既印先生全集,访其后嗣,欲与商弆藏先生遗稿事,顾意甚落寞,一似不知其家世者。数典忘祖,可胜浩叹!是稿凡十二册,皆出先生手笔。卷面记此作第几卷者,即编入《四部丛刊》之次第,其第十三本则为辑自葛氏藏本之诗,凡四百有一首,新抄本也。葛氏藏书尽毁于此次兵火,此书亦必无存矣,伤哉!民国纪元三十年八月六日,张元济识。

# 清康熙十九年序刊本《清啸堂集》跋

　　是书余于数年前得之黄仰旃君手，来自海盐，仅前一册，凡三卷。近以事赴杭州，至抱经堂观书。估人谓新自嘉兴某地祝氏收得书若干种，中有是书后四卷，遂携之返沪。取前书互勘，互相配合。书头题字，同出一人之手。延津剑合，洵可喜也。民国二十二年四月二日，张元济。

## 清乾隆八年刊本《澹虑堂遗稿》识语

汪为休宁人而入海盐县学。甲子季春,徐晓霞赠。菊生张元济识。

(1924 年春)

## 抄本《石壑诗草》识语两则

(扉页)

此余未得刻本以前倩人所抄。元济

(书末)

诗境与石壑相似,何耘庐、榕园二人之好谀也。

丁卯正月二十六日校竟注。元济。
(1927年2月27日)

## 清康熙四十九年精刊本《徐蘋村全稿》识语

　　蘋村先生为余六世伯祖南垞公配徐孺人之祖,与皓亭公同年。卷中有赠螺浮公及题涉园诗数首。余求之十余年,终不可得。访之湖州藏书刘、蒋诸家,均称无有。今于无意中得之,可喜之至!丙寅夏日,张元济。

(1926年夏)

## 清乾隆刊本《南陔堂诗集》识语

此徐阶五先生遗集。先生为南垞公内侄。是书当存入宗祠，留示后人。张元济识。

## 清乾隆海盐张慎写刊本《春星草堂诗稿》识语

　　每卷之末均有"张慎南庐书"一行。南庐公为余五世叔祖，以善书名。洪杨乱后，手迹无存。得此犹可窥见一斑。张元济。

## 清朱光暄十三古印斋钞本《陆太冲诗钞》跋

　　此谈麟祥世兄所赠。格纸中缝有"十三古印斋"字样。前二册钞写甚精,后一册稍逊,不知为谁氏藏本也。此为十五卷,当系足本。惜卷首若干叶,稍有损阙。不知世间尚有他本,足以借补否？中与诸族祖唱和之作甚多,宜珍藏之。乙丑正月初三夜,张元济识。

　　偶阅朱晴岚<sub>光暄</sub>先生《健初诗钞》,知十三古印为先生所藏,是即先生斋名也。丙寅孟夏既望,元济再识。

(1925 年 1 月 26 日,1926 年 5 月 26 日)

## 清刻本及钞校本《敬业堂诗集》跋

　　查初白先生《敬业堂诗集》，刊于康熙五十八年，凡四十八卷，止《粤游集》，后附《余波词》二卷。续集《漫与》、《余生》、《诣狱》、《生还》、《住劫》五集，均未付刊。许君昂霄倩查蓉村就原稿迻录一分，藏诸箧中。先六世叔祖思曶公用最初刊本，评点一过，分红、蓝、黄三色笔，至精细。时许君在涉园授读，公从之游，因乞借所录五集稿本，补录于后，时为乾隆庚申季春月。公亲笔识于卷末。复用朱笔评点，装成一册，与刊本合为一部，凡得十一册。江安傅沅叔同年在京见之，知为涉园旧藏，展转为余购得。沅叔并于卷端，备载购置颠末，甚费周折，殊不易易。良朋挚谊，至可感也！是书全稿，先为吴兔床所藏，后归于福建沈爱苍。爱苍后人以归于合众图书馆。余复自馆中借出，与公所补录者对勘，凡删改评点及勾勒之处，与原稿大都相合。读公评校，知于先生服膺甚至。今将此评校全部，并钞补一册，舍于合众图书馆，俾得与先生原稿并厕厨架之列，永久保存。吾祖有灵，其亦可欣慰于地下也。一九五五年乙未三月二十一日六世从孙元济谨识。

## 涵芬楼秘笈本《敬业堂集补遗》跋

甲辰\*冬日，傅沅叔同年至自天津，同作天台、雁荡之游。途中语余都中旧家有藏书散出，中有评校《敬业堂集》，为涉园旧藏。余闻之神往。及沅叔北还，乃托代购，谓虽重值，不吝也。越两月而书至。卷中钤先六世叔祖思嵒公印记数方，丹黄杂施，评校极精审，且补录《续集》及《补遗》一册，皆公手迹。卷首附许君蒿庐识语数则。许君为公受业师，此必逐录。许君藏本中有诗六十一首，词五首，为刊本所不载。许君谓初白先生手自删削，在先生之意，固以此为不必存。然传至今日，则弥足珍贵。余方辑《涵芬楼秘笈》，因综为《补遗》，印入第四集。凡所圈点，悉仍原本之旧，固以餍好读先生诗者之望，亦以承蒿庐先生及思嵒公不敢任其废佚之志也。乙巳\*\*春二月，海盐张元济。

（原载《涵芬楼秘笈》第四集，上海商务印书馆1917年版）

\*"甲辰"，原作有误。1916年（丙辰年），傅增湘（沅叔）来沪，与作者同游天台、雁荡。
\*\*《涵芬楼秘笈》第四集1917年（丁巳年）出版。是跋撰写年份疑误。

——编者

## 排印本《西泠鸿爪》跋

　　余年十三,自粤东侍吾母归于家,以子弟礼遍谒族中长老。棣园曾叔祖居城隍庙前老屋,鬓发皤然,道貌岩岩。余进见时,砚青叔祖侍于侧,余拜而退,不敢交一言。洎年稍长,尝从诸伯叔从兄后,获与砚青公相接,然行辈卑幼,学业尤浅,犹未敢以文字相切劘。故其学之所造,未能详也。惟知公以能文名于乡,每学政岁科试,书院月课,辄居前列。公豪于饮,一举数十觥。既醉,则抵掌而谈,声若洪钟,意气豪放,有不可一世之概。尝出外游幕,未几,卒于严州,年四十有五,仅以青衿终其身,伤已!余索公遗文,得右诗如干首,皆侨寓杭州时所作。兴酣落笔,慷慨淋漓,读之想见其为人。虽非全豹,要可窥见一斑已。同时同居者,有梅君叔祖,于公为从兄弟,有声黉序,文名且出公上,亦坎坷不得志。卒后遗稿散佚,余求之数年,零篇断句,亦不可得。惧其名终湮没,因附记于此。戊辰春,族孙元济谨跋。

(1928年春)

(原载《海盐张氏涉园丛刻续编》,

张元济辑,1928年4月排印线装本)

## 清嘉庆二十四年刊后印本《榕园吟稿》跋

余先购得是集一部,后得此本,取校一过,卷八自《食菱》以下,增出二十一首。卷十自《同花桥金澜和敬仙如舣楼诗》以下增出十首。又十一、十二两卷,亦旧本所无。此外并无异同。然既非一版,应并存之。乙丑正月初三日,元济补记。

(1925 年 1 月 26 日)

## 拜经楼钞本《吾亦庐文稿》识语

此半叶原阙*，据朱逖先抄本补录于此。丙寅夏月，元济识。

（1926年夏）

* "此半叶"指原书正文第一叶前半叶。——编者

## 稿本《崟山堂诗集》跋

　　卷末《崟山偶录》一则，仅第一行十九字，又《除夕前一日有感》一首，亦同。又《癸亥冬日过官滩杜氏旧宅诗》，所作字尤见老态。他处亦间有相似者，大约先生手笔也。卷中夹有一叶，计诗六首。第一首为先生述母德诗，盖皆从他处补辑者。又卷中割截处颇多，必为当时忌讳之语，亦可见清初文字之祸之酷矣！乙丑正月初三日，张元济补记。

（1925年1月26日）

## 旧钞本《东斋诗删》识语

右为吴牧驺师手笔。书虽不全,然作者为名臣后裔,且诗笔亦佳,可宝也。戊辰十二月廿八日,张元济。

(1929 年 2 月 7 日)

## 张元济手钞本《补梅居士诗选》识语

  云槎先生为吾邑羽流之能诗者,辑有《历朝道家诗纪》,余得其残稿数册,其所为诗,甚罕见。余于友人处借得此册,因录存之。卷末有蚀损处,无可觅补矣。海盐张元济。甲子十一月初二日钞竟。

(1924 年 11 月 28 日)

## 石印本《海盐张东谷先生遗墨》跋

　　此余六世叔祖东谷公遗墨也。余友吴君芸孙得之海宁新仓里拜经楼吴氏，藏弆有年。今岁夏邮以示余，书凡三十五通，皆公与其孙婿吴崵宾先生者。先生名寿旸，为兔床先生次子，娶公之第二女孙。书中所述，大抵皆家庭琐事，亲戚情话，殊不足以窥见公之生平。然其训女孙之辞，于事亲，则曰："宜奔走代劳，不可退后"；于治家，则曰："宜勤俭习劳，事事留心"；于御下，则曰："宜宽厚，惜衣有衣穿，惜人有人使。"语语真挚，皆布帛菽粟之言，洵足为吾家典范矣。家乘称公著有《搴云楼诗集》，经乱散佚，不可复见。吉光片羽，弥足珍贵。因乞于芸孙，许余景印。谨识数语，以志盛谊，兼告后人。乙丑中秋日，族孙元济敬跋。

（1925年10月2日）

# 清同治七年刊本《瑞芍轩诗钞》识语

外舅祖许玉年先生诗,凡二册。我后人当保守之。张元济识。

## 排印本《寄庑楼诗》跋

　　查子肯堂既殁之二年，余闻朱逷先教授得吾师莼卿先生《寄庑楼诗遗稿》，贻书索阅。逷先自京师邮余，且属印行。余受而读之，凡古今体一百十七首，诗余二首，皆吾师殁后，肯堂掇拾丛残，以请富丈熙伯、高子吹万为之编订者。吾师天材卓越，于学无所不窥。纵笔为文，不假思索。豪气奔放，殊有濯足万里，振衣千仞之概。其所为诗，亦复相似。惜存稿过少，又多不著年月。肯堂趋庭日浅，钞录兹稿，每不知其作于何时，先后不免凌躐，编订者更难臆为更定；尚论之际，或无由知其与时俱进之诣。然读《病中口占》、《排闷》诸作，要可想见其怀才不遇，侘傺无聊之甚矣。吾师之殁，年未四十，肯堂能读父书，宜必有以继志而述事，顾又不获展其所长，而且殒于非命。天于吾师，既靳之以遇，又促之以年，而复夺其克家之子，何所以陋之者如是其甚耶！追怀函丈，倏四十年，世事沧桑，音容如在，而所以传吾师于后世者，乃仅仅在此，悲夫！丁卯岁暮，集字印成。受业弟子同邑张元济谨跋。

（1927年末）

# 张元济手钞《寄庑楼诗补遗》篇目及识语

## 补　遗

**五　古**

采莲曲　二首

南湖宋菱曲　四首

题顾慎安《独立看杏》小影

**七　古**

放歌行

织女叹

拟王建簇蚕辞

题《司春崖杏村花朝劝农图》

**四　言**

古琴铭

古剑铭

墨合铭

笔床铭

酒箴

**五　律**

舟过鸳鸯湖

寒夜有感

七　律

宵杵

炘甫砚兄新婚赋赠,有序

咏寒暑铖

瓶菊渐萎诗以吊之

酬子畴兄赠言

偶忆

栽菊

赏菊

采菊

簪菊

五　绝

寒夜独坐

九日偕富熙伯张仲左旗亭醉饮

七　绝

和汪峄山《探梅诗》

峄山以《红梅诗》见示漫赋

熙伯试卷堂备未售,诗以慰之,二首

熙伯招同人小饮,相约雪天重叙,即席口占,二首戏咏汤婆子

秋闱下第,读熙伯自叹绝句,即和,三首词

## 暮春感怀

余集印《寄庑楼诗》既成,谈君麟祥又以一钞本寄余。与此颇有出入。其为印本所无者,录目如右。其印本所有而抄本无者,则以朱笔作〇识之。至何以互异之故,则不可知矣。高君吹万曾撰一序,此本印成,余托葛亲家词蔚寄与高君二部。高君以书来谢,并附来序文。兹补录一通,装于卷首,兼以所遗各诗附录卷末。张元济识。戊辰闰二月廿七日

(1928 年 4 月 17 日)

## 排印本《寄吾庐初稿选钞》跋

古称三不朽：一曰立德；二曰立功；三曰立言。近而求之，吾宗兼斯三者，有吾族祖春溪公焉。公少家贫，年十七走京师，博升斗之禄以养父母。旋出官外省，以所积金付两弟买田，充甘旨之奉，谓不欲朘民脂膏以贻亲忧。既至甘肃从军，白崖山之役，与巩昌太守朱尔汉中伏，俱负重伤。太守麾公去，公不忍，卒负之而出。事亲交友若此，可不谓之立德乎！嘉庆初，公从四川总督宜绵讨白莲贼，分守开县，生擒贼首松筠。继督川陕诸军，檄公守徽县，捍贼有功，旋授徽县令，擢守平凉，均以循良著称。上登荐剡，戡乱致治，文武兼备，可不谓之立功乎！公嗜为诗，自言历三十年，得古今体二千余言。兹编所录，未及其半。同时陈、杨、卢、徐诸子推许备至，要可附于立言之列矣。余尝读吴兔床之记张徽县与陈宝摩之题公从戎图，钦公之为人。曩余议续修宗谱，访公后裔，同邑中已无一人，谱载有远出甘肃者。倩人入于西安、兰州登报征求，无应者。然以报施常理论之，吾不敢信公之无后也。辛酉冬，重修宗祠，落成公墓，去城远迹而求之，幸未湮没。因亟赎所失墓田归诸宗祠，以时享祀。夫以公之明德昭著，有功于国，距今不过百年，在宗族乡党中姓字已若存而若亡，然则功与德之能不朽者，固不若言之传世之尤为久远也。余求公诗文不可得，初仅见《徽县志》所录公所为诗数十首。窃以为兹稿必在世间，未几果得之，亟付手民，集字印行，庶几公之立言得以传于后世。然诸子序跋或谓其笃行根本，以至性发为至情而不汩没于习俗，或谓其政成言志，可作报最之编，则所以传公者又岂仅立言之不朽哉。戊辰仲春，族孙元济谨跋。

（1928 年 3 月）
（原载《海盐张氏涉园丛刻续编》，张元济辑，1928 年 4 月排印线装本）

## 稿本《检斋诗稿》跋

　　检斋先生为吾郡诗人之一。此稿本三册,余得自苏州书肆。计《检斋诗稿》八卷、《需次集》一卷、《拾遗》一卷,凡分二册。又一册诗皆前二册所有,盖初选未定之本也。昨至魏塘,遇王步畇同年,出示咸丰刊本《检斋诗稿》,谓为陈氏所藏,且言先生裔孙凤伯君闻余得其先德手稿,亟思备价赎还。余请携归。比对稿本,诗凡七百五十九首、词四阕。刊本仅得二百首,且无词。稿本原注选刻等字与刊本悉合,卷一首叶并粘小纸,谓"此即给谏所阅"云云,与刊本后跋所称请钱星湖给谏选定之语又合,是为陈氏家藏原稿无疑。余释褐以还,足迹所至,锐意收罗先世著述,所获无几,时以为憾。凤伯君年少英俊,数典不忘,甚殷向慕,因以原书三册寄步畇同年赠之。合浦之珠既还,晏子之楹可凿。先人手泽,子孙永保,且未刊之诗尚有五百余首,倘凤伯君能续为刊行,不令湮没,则尤鄙人所属望无已者也。己巳十月十二日,海盐张元济识。

(1929 年 11 月 12 日)

(录自抄稿)

## 排印本《半农村舍诗选》跋

　　右诗为余族父文圃公撰。公少有文名,早岁入邑庠,旋食饩。自幼喜为诗,兼善绘事;性孤介,与人落落寡合。余归自粤东,见公时已年逾四十矣。尝设肆卖药,躬自操执,不辞劳瘁,业不振,旋舍去,徙居于邑之西乡,足不履城市。某岁新年,余往谒贺,棹小舟,行小港中,曲折不得达,入夜始抵其处,公以酒饭饷。余族祖母、族母暨弟妹辈团坐一室,融融泄泄,公语:"余乡居甚乐也。"未几,又还居城中。公素喜道家言,至是心益专,学益进,且屏其家人,独居于城南福业寺,闲与朋辈习静谈玄,盖微有厌世之意矣。公仅一子,未授室卒,公痛之甚,逾月亦逝。女一,先适人,且寡居。闻余有《涉园丛刻》之辑,以公诗数册畀余,卷端有公自撰丙寅序。其李、徐、二陈诸公序言,亦皆成于癸酉以前;后此数十年所作,悉未编定。稿殊错杂,略加整治,起同治丙寅,迄光绪丙午,得诗三百五十九首,析为四卷。其诗冲和恬淡,天籁自鸣,不事修饰,与白香山、陆放翁两家为近。公自序曰:"诗之至者在乎道性情。"又曰:"偶有所触,直抒胸臆。"斯言也,可谓自知也已!戊辰仲春,族孙元济谨跋。

(1928年3月)

(原载《海盐张氏涉园丛刻续编》,<br>张元济辑,1928年4月排印线装本)

## 稿本《徐树百先生遗著》跋

逊清光绪十年岁次甲申,余应童子试,入县学。是年徐树百先生以拔萃贡成均。余闻师长言,先生岁科常居前列,邑中治经者,唯先生与张莱仙二人,而先生尤深。余少也贱,未获望见颜色。先生居乡,余居城习举业,于经学茫无畔岸,未敢贸然请谒。通籍后,遂居京师益相睽隔。戊戌政变,褫职南下,橐笔于外,先生旋亦下世。同一里闬,但未能亲炙受益,甚且惜也。余旅沪喜搜辑乡贤著述,得先生《谷音水亭吟草》、《已壬丛稿》,把卷闲吟,如亲謦欬。十余年前,其嗣楚如君书来,以先生所著《自怡斋文钞》、《六书形借》、《史记论语学》、《春秋名字解诂补》、《公羊札记》、《国策续校》、《荀子续校》、《庄列骈言》凡九种见示,谓将先后梓行,索余序言。时方多难,中更倭乱,迄未握管。室庐被夺,不宁厥居,原稿幸未寄佚。楚如乱后,踪迹莫由闻知,欲以原璧归,不可得。某日有署名燮祥,自称楚如之子者,踵门投谒,谓其尊人谋刊大父遗书未成,赍志以殁,检其父与余往还书札,知有遗稿若干种存余家,因出以还归之。燮祥又言,继志述事,人子之职,苟力所能及,即将从事剞劂,乃督余序甚急。余夙未潜心经学,于先生遗著,乌能赞一辞,然诺言具在,不当却。余昔搜得本乡先著经义者,亦仅有郑晓之《禹贡图说》,钟韶之《论语逸解》,陈言之《易疑》,毕弘述之《六书通》,陆以诚之《毛诗草鸟左旨》、吴东发之《群经字考》,《商周文拾遗》、陈说之《诗经述》、《易卦玩辞述》、方涪之《禹贡分笺》,崔应榴之《吾亦庐稿》,寥寥数本。其他见于志乘者,大都无存,而先生独能学行晦盲之际,伏处潜修,追踪曩哲,且能有所成就,可为乡党光矣。燮祥生当晚近,毕业于□□大学,唯科学之是务,与吾国固有之学术,判然两途。世人方厌故喜新,君独数典不忘,护持先人手泽,更谋所以传贻于后世,其祖若父在天之灵,实式凭之。有志竟成,余日望之已。三十七年十一月七日。

(录自文稿)

## 排印本《常萼楼诗草》跋

　　仲良叔祖与余幼共笔砚,攻举子业,造诣至深,顾屡蹶棘闱,未博一第。仅以食饩终胶庠。既遭鼎革,偶藉祠官掾吏以自给。抱关击柝非所志也。余追随数十年,甚服其学养深醇,绝不以穷通得丧自扰天怀。可谓加人一等。既归家衖,设帐授徒。杖履悠闲,翛然自得,为宗族乡党所推重。今春以所作诗一册示余。余受而读之。语平而粹,味淡而腴。卷中忆母哭姊诸什,非至性过人者不能道其只字。反复终卷,令人穆然意远。战事既作,余羁居海上,不获常承教益,时以为憾。今读其诗,正不啻旁侍□杖面聆训诲也。置案头数月矣。顷将寄还,谨识数行,以志倾仰。中华民国三十三年五月二十日侄孙元济敬跋。

（录自原书,张元济图书馆藏）

## 清海盐张宗楠手钞本《唐人诗选》跋

　　甲寅正月,孙星如兄得其友某君自硖石来信,云有吾家詠川、芷斋两公手钞许嵩庐先生所选《唐诗》,可以出售。余即请寄阅,辗转稽延,逾月始至。只存五言律、七言律、五言排律、五言绝句、七言绝句、四言、六言、杂言八种,而五古、七古均已无存。且每卷首叶均注一"唐"字,则《唐诗》之外,必更有后来诸代之诗之选,今都散佚,不得复见,至可惋惜。嵩庐先生为两公从游业师,卷中丹黄殆遍,必系当年习诵之本。余生也晚,不获辨先人手泽。然遇"亦"字、"渭"字均缺末笔,可决为两公手录无疑。因以重价购之。愿吾后人,保守勿失也!甲寅阳历三月二日晨起书此。元济。

(1914 年 3 月 2 日)

## 清康熙三十四年汪立名刻本《唐四家诗》跋

　　吾郡张公束先生少善词翰，驰骋文场。咸丰膺拔萃科贡成钧，旋以县令官江右，循声卓著。迨光绪末年罢官还里，刊有《寒松阁诗文词集》。年届八秩，杖履优游，故乡人士有高山景行之望焉。此《四唐人集》均先生手校本，据《全唐诗》揭其异同，复取《唐诗纪事》、《乐府诗集》、《唐人万首绝句》暨他书为之参订，并考其游宦所及之区及酬唱诸人仕履之迹。全书用朱、墨点勘，密行细字，到底不懈。卷末各志年月，盖初至章贡，入官之时犹未忘书生结习也。李越缦称其诗"溯王、韦，沿波钱、李，承小长芦之绪论，与秋锦相伯仲"。观是校笔，益可证矣。朱君菊人得自禾中，出以示余。展读一过，谨书数言，以志景慕。岁在阏逢涒滩律中中吕之月＊，海盐张元济。

（1944 年 5 月）

（录自抄稿）

　＊阏逢，甲；涒滩，申；律中中吕，孟夏之月。即甲申年农历四月。——编者

## 清康熙十年吴氏鉴古堂刊本《宋诗钞初集》跋

  此为吾六世叔祖吟庐公收藏之本,卷端重编目录,为叶井叔所更定,而卷中评语,则许蒿庐先生依陆氏本迻录者也。首册有"鸥舫珍臧"印一方,鸥舫公为公之长子,工诗文,能世其家学。此书不知何时散出。光绪之季,余为商务印书馆设图书馆,建楼庋书,题曰涵芬。购会稽徐氏书五十余橱以实之,而此书适在其中。余见而慕之,然以其为公有之物,不敢遽请为私有也。前月偶至博古斋,见有同样之书,即依吾家藏本过录者,且有海宁管芷湘先生评点手迹,因以银饼四十枚购得之。商诸主者,用以易归。吾家旧物,先人手泽,经百数十年,流传于外,而复能为其子孙所有,岂非冥冥中有呵护之灵耶!书面有"天字第一五九八号"数字,即涵芬楼编目之号也。丁巳四月既望记。元济。

  谨按卷耑目录为吟庐公手笔,而书眉评语,则詠川公所录者也。丙寅五月十八日,元济又识。

(1917 年 6 月 4 日,1926 年 6 月 27 日)

## 稿本《明诗选》跋

　　石匏先生跋称彭氏旧藏,有五七言古诗二册,续获七言律一册。先生自藏五言律五七言排律一册,因以归之彭氏,合为全璧。今余所得者,又有五七言绝一册,在石匏先生跋语所记之外。然五七言古,则固合装一册也。意者,先生跋中误脱"绝诗"二字乎?不然,何得以全璧称之。自道光戊子至今又八十七年矣,而此书仍完而未散,可喜之至。重装既竟,书此识幸!甲寅阳历七月十八日,张元济。

(1914 年 7 月 18 日)

## 钞本《胥溪朱氏文会堂诗钞》识语五则

此在余未购得刊本以前倩人所抄。张元济识。(书于扉页)

丙寅九月十三日校。菊生,张元济。(书于第一册书末)

丙寅九月二十七日校读一过。张元济。(书于第二册书末)

丙寅九月二十八日灯下校竟。张元济。(书于第三册书末)

丙寅九月二十九日灯下校毕。张元济。(书于第四册书末)

(1926年10月19日,11月2日,11月3日,11月4日)

# 张元济辑汇装刊本《海盐阖县历科试卷》目录

朱孙垣　乾隆四十九年南巡献诗召试
陆用滋　乾隆六十年乙卯恩科乡试
陈敬五　嘉庆三年戊午科乡试
朱孙垣　同前
周兰枝　同前
朱宗城　嘉庆六年辛酉科乡试
吴凝瑞　嘉庆十二年丁卯科乡试寿榜
朱昌颐　道光五年乙酉科顺天乡试
朱昌颐　道光六年丙戌科会试
缪有本　道光十二年壬辰补行辛卯正科乡试
黄际清　道光十四年甲午科乡试

（以上第一册）

支清彦　道光十五年乙未恩科乡试
顾德龄　道光十九年己亥预行庚子正科乡试
朱元勋　道光二十年庚子恩科乡试
张凤墀　同前
朱泰修　道光二十四年甲辰恩科乡试
颜宗仪　咸丰二年壬子科乡试
郁　铭　咸丰三年癸丑科会试
朱丙寿　咸丰八年戊午科乡试
黄绪昌　同治四年乙丑补行辛酉正科壬戌恩科乡试
王学苏　同治四年乙丑补行辛酉正科壬戌恩科乡试
顾仁荣　同前

（以上第二册）

陆　鏊　同治五年丙寅科岁贡
朱昌泰　同治六年丁卯正科并补行甲子科乡试

徐师谦　同前
朱泉徵　同治十二年癸酉科拔贡
朱福诜　光绪五年己卯科乡试
孙云章　光绪十一年乙酉科乡试
朱兴沂　光绪十四年戊子科乡试
吴椿寿　光绪十四年戊子科岁贡
谈庭梧　光绪十五年己丑恩科乡试

（以上第三册）

徐士培　光绪十七年辛卯科乡试
王宗基　光绪十九年癸巳恩科乡试
任德修　光绪二十年甲午科乡试
朱兴汾　光绪二十三年丁酉科乡试
冯黄中　同前
许清澄　光绪二十九年癸卯科乡试
朱　襄　宣统元年己酉科拔贡

（以上第四册）

# 清乾隆四十年海盐张氏涉园刊本
## 《词林纪事》题辞及跋

题辞：思岩公辑《词林纪事》

民国九年岁次庚申十月，宗祠落成，奉此珍藏，垂示后世。二十一世孙元济。

跋：此书余六世叔祖詠川公所刊，殊不易得。余每遇家刻书，如《王荆文公诗注》、《带经堂诗话》、《初白菴诗评》，必出资收回。此书得之最迟，兹为第一部。元济谨识。

（1920 年 11 月）

## 清道光十五年乙未夏重修本《词林纪事》识语

癸丑七月得自日本东京文求堂,计值日币十二圆。此为第三部。元济。

(1913 年 8 月)

(录自作者题识手迹)

## 影印清道光乙未夏重修本《词林纪事》跋

　　涉园林泉台榭之盛，与夫藏书之富，康、乾以来，著称浙右。先比部公盛年归养，优游林下，率子弟读书其中，延海宁许蒿庐先生为诸子师。先生善倚声，余六世叔祖詠川公从之肄习，尝取先生所辑《晴雪雅词》梓以行世。其书评骘精审，学词者奉为圭臬。公得力于先生之教，喜为长短句，晚年成《词林纪事》一书，于《词苑丛谈》、《古今词话》之外别树一帜，多引师说，书末并附先生所著《词韵考略》，初刊于乾隆戊戌，至道光乙未重修，两次版行，流布甚广。乃曾几何时，洪杨构乱，雕版毁失，百无一存。余搜求是书，凡数十年，至今仅得五部。近岁余有《涉园丛刻》之辑，因覆印之，俾免湮没，亦后人缵绪之责也。卷末附刊宋张炎《乐府指迷》、陆韶《词旨》二书，均为世所罕见。卷中引用之书凡三百九十五种，同时诸昆弟复互出善本，藉相考证。开卷庄诵，想见当时天伦之乐，与夫涉园藏弄之盛。抚今思昔，如在天上，尤不能不感慨系之已。丙寅重阳日族孙元济谨跋。

（1926年10月15日）

（原载《词林纪事》，1926年影印本）

## 排印本《海盐张氏涉园丛刻》跋

　　余幼时在粤东,闻先大夫言:"吾家世业耕读,自有明中叶族渐大,而以能文章掇科第者,首称符九公;然绝意仕进,潜心义理经济之学,门弟子极盛,咸称曰大白先生;尝筑屋城南,读书其中,今所谓涉园是也。入国朝,螺浮公官京师,直言敢谏,有奏议《入告编》行于世。汝年既长,宜取而习之。"又言:"螺浮公不乐仕宦,引疾归田,即城南书屋拓而充之,颜曰:涉园。既以体若考作室之心,且以示后人继述之义。历皓亭公暨箦谷公,皆秉承先志,未跻通显,遽辞簪绂,先后归隐,增葺故园,林泉台榭,极一时之胜;啸歌之暇,率族中子弟读书其中,盖犹是符九公之志也。"又言:"吾涉园藏书极富,积百数十年,未稍散失。嘉、道之际,江、浙名流,如吴兔床、鲍渌饮、陈简庄、黄荛圃辈,犹尝至吾家,借书校雠。青在公博通群籍,性耽吟咏,尤喜刻书;群季俊秀,咸有著述,剞劂流布,为世引重。自更洪、杨之乱,名园废圮,图籍亦散佚罄尽,而先世所刻书,更无片板存焉矣!"言次若不胜欷歔也者。余心感动,至今不能忘。年十四,待吾母归居于乡。春秋暇日,尝偕群从昆季出城访涉园废址。至则林木参天,颓垣欲堕;途径没蓬蒿中,小池湮塞,旁峙坏屋数椽,族人贫苦者居焉。踯躅墙畔,偶于苔藓中见石刻《范忠贞诗》,摩挲读之,徘徊不忍去。既觅得《涉园题咏》,吾母督令摹写,乃与伯君从兄合成之。其他所刻书,则渺不可得。阅数年,又假得《入告编》,开卷庄诵,乃知吾螺浮公立朝大节,有非常人所能及者。圣祖践阼,方在冲龄,权奸柄政,盈廷结舌,而螺浮公乃有《恭请亲政》一疏。清朝入关之始,满、汉不无歧视,雷霆万钧,孰敢抗违?而螺浮公乃有"刑部审鞫录供,不宜但凭满官执笔",及"人民投充满洲,余地发给壮丁,不许复圈民地"之奏。吾于是益晓然于致君泽民之道,而懔然于吾父诏以诵习之意。释褐而后,世方多难,先帝励精图治,而魁柄已移;当国之臣,不学无术,至以汉肥满瘠之旨,标示一世。追怀祖德,愈益慨愤。先帝诏言时事,不自揣量,封章数上,忤触当道,放归田里。亦欲闭门屏迹,息影故庐,依祖宗之邱垄,迹童时之游钓;而田园已芜,归耕无术。来居海上,嚣尘湫隘中,恃笔砚以自给。缅想昔时林泉台榭之胜,杳不可即；时一还里，往来于荒烟蔓草之间，俯仰陈迹而已！海上为商市渊薮，故家遗物，群萃此邦，因稍稍获睹先世遗稿，搜求数年，卷帙略备，而涉园所藏刻书，亦有归于故主者。余既不德，不克善承堂构，而先人手泽所寄，犹不为葆存之谋。高曾矩矱，将自我而坠失，岂不重滋罪戾乎！吾父之殁，逾三十年，而耳提面命，如在昨日。兹刻既成，吾潸然泪下，不能自已矣！宣统三年，岁次辛亥六月，裔孙元济谨跋。

(1911年7月)

(原载《海盐张氏涉园丛刻》，宣统三年六月上海商务印书馆排印线装本)

## 排印本《张氏艺文》序

吾国有史以来，历数百年必有大乱。乱之方生，士大夫习于颓靡，恇怯无所措，而犷悍无识之徒，风起云涌，竟以武力相尚，本其残酷之性，济以平日忿怨之气，所至之处，一切破坏，无所顾惜。吾辈生古人后，欲求一千百年前之宫室器物而瞻望焉，摩挲焉，不可得也。焚书之祸，嬴秦而后无复再见，然试检历代之艺文志，其书之存于今者有几？盖不亡于帝王之火而亡于民众之火矣。而犹诩诩然夸于世界曰我四千年之文明古国也。能不羞乎！？能不羞乎！？余家海盐号称旧族，历数百年读书种子不绝，家乘所纪先人遗著凡数十种。中经洪杨之乱，大半散佚。余搜求数十年，所获仅什二三，最后得《张氏艺文》二卷，为桂桓公、华胥公之作，明季朴全公所刊。一称天香馆，一称鼎泰堂。意必汇刻先世遗集，不仅限此二种，不然如以成公之被荐贤哲、克明公之刻意经籍、敬哉公之旌奖德寿、龙洲公之遗爱八闽、亲泉公之崇祀乡贤，宁无一字之留贻者？是必闯献之乱祸及文献，犹甚于洪杨。先人手泽为家乘所不载、不传于今者，不知凡几也。余生也晚，丁兹世变，惧祖德之陨坠，旧存家集先后印行已如干卷，其专集就佚或偶有题咏散见他书者，咸为茸录次之，凡得三十八人，仍以天香馆、鼎泰堂诗冠于首，总称《张氏艺文》，承朴全公志也。继自今民智日启，世局演进，其必不复有闯献洪杨之乱。兹之所集，吾子子孙孙其或能永保勿失乎。戊辰春，海盐张元济谨叙。

（1928年春）

（原载《海盐张氏涉园丛刻续编》，
张元济辑，1928年4月排印线装本）

# 排印本《涉园题咏续编》序

　　余家涉园,为大白公读书之处,创于明万历之季,逮螺浮公始观厥成。林泉台榭,为一邑之胜。历康、雍、乾、嘉四朝,修葺不废。四方名士至余邑者必往游,游则必有题咏。嘉庆丙寅,鸥舫公集而刊之。又数十年而洪、杨难作,园始毁。然至于今,出南郭访其遗址,崇冈崔巍,危石欲堕,登揽潮之峰,犹可以远望大海也;问濠濮之馆,龚合肥书额虽不得见,而老屋数楹犹峙立于希白池畔,而池亦未尽淤也。若榆、若桐、若松、若桂、若杉、若梅,虽不尽存,而丛篁古木,周遭掩映,树之大可数围者,依然参天而拔地也。徒以工钜力薄,未能兴复。俯仰盛衰,慨然兴叹。昔皓亭公官京师,系怀斯园,尝绘为图,置诸左右,以寄卧游之意。今图犹藏宗人所,顾朽敝甚,不堪触手。余请出赀重装,至再至三,迄不获命。余甚惧夫园既废,而图复将毁也。每念昔时繁华胜境,裙屐络绎,四时佳日,觞咏称盛,昔人游览诸作,散见集中,多有为前刻所未及者,余悉录而存之。桐乡冯孟亭先生图记谓东谷公当壮岁时,倩查日华别摹缩本,自以小楷备录诸公之作,总万余言,求诸同族,咸无所知。去夏忽遇于海上,输金赎归,展而读之,公所录虽不全,然可补前刻之阙者,凡二十余篇。又近人诗词杂咏园中事物者,亦时有所见。不忍舍弃,因连类而及之,略变前例,辑为上下二卷。集印既终,复有所获,则为补遗,附录于后。开卷庄诵,如见康、雍、乾、嘉之盛,则斯园虽废而终不废也。余今将以所赎之图,遍乞友朋贶以篇什。百朋之锡,异日更为是编之续。斯园将藉以长存,而斯图亦随以不朽,岂不懿欤! 戊辰春日,海盐张元济。

(1928年春)

(原载《海盐张氏涉园丛刻续编》,<br/>张元济辑,1928年4月排印线装本)

## 《涉园图咏手卷》题记

余家涉园经始于大白公,至螺浮公而逋观厥成。皓亭公倩王补云绘为长卷,遍征当代名人题咏。今此卷犹在客园公支琴垞叔所。客园公次子东谷公尝倩查日华别摹缩本,冯孟亭先生为文记之。兹图末署名者为龙山查昉,图后录叶星期先生记一首,为东谷公手迹。前后有公印记五方,是确为冯记所称缩本无疑。惟记称公自以小楷备录诸公之作,总万余言,今仅存叶星期先生一记,又后附张榕端、吴熙、陈尊、秦瀛、梁同书、吴璥、吴锡麒、朱瑞椿、阮元、刘凤诰、林则徐诸公题词,皆非本人原书,且亦非东谷公所录,殊可不解。谨按东谷公以嘉庆庚申殁于杭州府学训导任所。卷中自吴毂人先生以下数人所题,均在公殁以后。意者之数公之墨迹,均为人割盗,并东谷公所录前人诸作,连类而及,仅星期先生一文,幸而留遗耶?抑此图先付装潢,诸公所题,书于别纸,后人特逐录于此耶?是均不可知已。去秋张君树屏语余,曾见之于徐君轶如斋中。余乞假观,今春始获一见。树屏且言可为祊田之归。会挚友钱君铭伯移居沪上,为余作缘,往复再四,乃以银饼四百枚得之。嘉庆丙寅,鸥舫公尝集《涉园题咏》梓以传后。日长无事,将付重装,因检所载诗文,涉及是图者,悉录于后。其有散见于他书者,亦附及焉,所以继东谷公之志也。丁卯季夏九日,裔孙元济谨识,时年六十有一。

(1927年7月7日)

# 其他古籍序跋

# 经　　部

## 宋绍熙刊本《礼记正义》残二十八卷跋

（见张元济著《涵芬楼烬余书录》经部，载本书第 8 卷第 191 页。原文书于涵芬楼原藏宋刊《礼记正义》首页。撰文年份为"庚午春"，即 1930 年春。）

## 明嘉靖三十三年刻本《春秋繁露》跋

去岁商务印书馆景印《元明善本丛书》十种,第七种为《两京遗编》,其中《春秋繁露》仅八卷。

沅叔同年以所藏赵维垣足本寄余。检视,则两本行款悉同。余未及考赵氏为何时人,审其版式,当在有明正、嘉之际。《两京遗编》卷首有万历十年胡维新序,是必据赵本覆刻;胡序明言《春秋繁露》八卷,岂误认耶。抑以为罕见,即残本亦姑刻之也。赵氏自称出宋本,刻之汭阳。沅叔以黄荛圃据钱遵王影宋钞本校《大典》本复校,知是本实出《大典》上。卷六第十七《俞序篇》,第十八《离合根篇》,《大典》本错简,是本不错。卷十六第七十五《止雨篇》,《大典》本阙一百八十字,是本尚存一百四十四字。惟卷十第三十五《深察名号篇》错简,卷十四第六十五《郊语篇》缺十八字,赵本与《大典》本均误,赖钱本是正。其他订补字句,亦殊不少。涵芬楼藏明钞本一部,为海盐胡宪仲故物,半叶十行,行十八字,与钱本相合。余取与沅叔所校,逐字比对,知两本同出一源。虽胡本间有不逮钱本之处,然胜于钱本者实多。因取所校有异同者,粘签于上,以待复核,稍有出于沅叔所校外者,但亦未能遍也。将以是书寄还沅叔,因识如右。

民国纪元二十有七年五月二十七日,海盐张元济。

(据作者手跋,载国家图书馆藏明嘉靖三十三年周采刻本《春秋繁露》,转录自崔富章、崔涛《〈春秋繁露〉的宋本及明代传本》,《文献》2005 年第 3 期)

# 宋本《韵补》跋

　　右吴棫《韵补》五卷，瞿氏《藏书目录》谓："讹脱虽甚，然尚是宋椠。明人翻刻，以许宗鲁本为最精善，如东韵'杠'字'幢'字，支韵'咦'字，是本原未讹误，许本却误改。"陈氏《书录解题》言："朱侍讲多用其说于《诗传》、《楚辞注》，其为书详且博矣。又有《毛诗补音》一书，别见《诗类》，大归亦若此。"陈氏又于《毛诗补音》称"其援据精博，信而有证。朱晦翁注《楚辞》亦用棫例，皆叶其韵"云云。朱子于棫所著书，虽有微词，然亦仅言："有推不去"，又言："往往无甚意义，只恁地打过去而已。"《四库提要》乃深诋之，谓朱子所据非此书。今《毛诗补音》已亡，无可为证。然陈氏既谓大归若此，则同一人所著之书，即有优劣，亦不至相去甚远。书中"燔"字，"汾沿反"；"官"字，"俱员反"；"天"字，"铁因反"，陈氏谓不必如此改字。是于其书亦有所不满。然何至如《四库》所指"庞杂割裂，谬种流传"之甚也！顾亭林撰《韵补正》谓："读之月余，其中合者半，否者半。"又云："才老多学，而识未能一以贯之。故一字而数叶，若是之纷纷。"又云："以余谫陋，独学无朋，使得如才老者与之讲习，以明六经之音，复三代之旧，亦岂其难？"斯可谓持平之论。而是书声价，得此自明。徐蒇《序》引才老之言曰："吾书后复增损，行遽不暇出。"然则才老亦未尝以此自足也。读者可以知所择矣。

（1934 年 1 月）*

（转录自《涉园序跋集录》，张元济著，<br>顾廷龙编，古典文学出版社 1957 年 7 月版）

---

*《涉园序跋集录》所辑是跋，未见撰文日期，现据 1934 年 1 月 28 日、31 日张元济致丁英桂信（载本书第 1 卷第 31、32 页）推定。——编者

# 史 部

## 景印宋本《汉书》第七十八至八十一卷识语之一 *

刘翰怡世兄假李木斋前辈所藏宋刻《汉书》四卷，托本公司为之景印，将以上木，补其所刊四史之阙，赠此一分，留作纪念。

癸亥八月　菊生识<br>（1923年9月）<br>（录自手迹原件，上海图书馆藏）

---

\* 上海图书馆藏景印宋本《汉书》第七十八至八十一卷线装一册，系由商务印书馆据李盛铎（木斋）藏宋白鹭洲书院刻本影印。据癸亥年八月八日、十一日、廿八日张元济致刘承幹信（载本书第1卷第429、430页）可知为书于当月印就。现上海图书馆藏有相同之本两册，识语之一及识语之二分别题写于两册封面上。

——编者

## 景印宋本《汉书》第七十八至八十一卷识语之二

刘君翰怡景刊宋本四史,其《汉书》阙四卷,属余向李木斋前辈借建本补配,先制石印本,以备上木,赠余两册,顷由书椟检得,谨以一册,转赠起潜仁兄。

辛巳春日　张元济题识<br>（1941 年春）

（录自手迹原件,上海图书馆藏）

## 《宋椠昭德先生郡斋读书志》跋

　　此书为宋淳祐袁州刊本，故宫博物院图书馆所藏，盖沉埋者六百余年矣。按是书今行世者，有衢本、袁本之别。晁公武门人姚应绩，取原书编为二十卷，南充游钧得蜀本，传刻于衢州，是为衢本。赵希弁于公武原志四卷之后，复以家所藏书，摭其未备，别撰附志，益为五卷，嗣衢本出，复取所增入者，厘为后志二卷，淳祐己酉、庚戌，先后刊于宜春郡斋，是为袁本。康熙末叶，海宁陈师曾得旧抄元本，据以刊行。《四库著录提要》颇有贬辞，疑即是刻。迨嘉庆间，瞿中溶得不全旧抄衢本，一时传为秘笈。钱大昕、孙星衍、阮文达、顾千里、钱泰吉诸老，乃至近人王先谦，莫不右衢而左袁。或以所收书多几及倍，或以袁志四卷为不全初稿，或谓袁志子部佚去五类，或谓后志非赵氏原书，抨击蜂起，殆无完肤。余友姜子佐禹语余，为此言者，大率未遑详玩原书序跋所致。杜鹏举序，有"公武校井氏书凡四卷"之语；黎安朝序，亦有"昭德先生读书志四卷盖所得南阳井氏书"之语；赵希弁序，更明言姚君所编，杜序独缺而不著，先生自序，有所谓"合吾家旧藏<small>此衢本自序之文<br>袁本自序无此四字</small>得若干卷，疑与尺素不存"之语，自相抵牾，云云。希弁当时已不敢定此二十卷为公武续笔，今数百年后，反可疑此四卷为不全稿乎？衢本所收，凡千四百六十一部，袁本卷一至四，凡千三十三部，后志二卷，又四百三十五部。此四百三十五部者，赵希弁序自称摘自衢本。以其数言彼此相抵，袁多衢者且七，安有衢本多几及倍之事乎？宋本卷三小说类《鸡跖集》，正当第十四叶末行；神仙类《群仙会真记》，正当第三十五叶首行。后志释书类《辅教编》与《玄圣蘧庐》，介于前后两叶，又适各为起讫，故《幕府燕间录》至《天隐子》二十叶，得以错入其间，迨写者变易行款，致无痕迹可寻。陈氏仓卒付刊，不加纠订，遂使前志佚去五类，而后志重出。馆臣不察，误为残阙。瞿中溶已窥见之，惜犹未能全数是正。是则后人之过，而与原书无涉也。抑余更有进者：袁本附志诸书，《马氏经籍考》俱未采录。传贻至今，岂非瑰宝？前人谓衢书多于袁，实则此附志之四百六十九部，皆袁多于衢者。顾千里又讥汪氏覆本，小学类中有不可通者,当画分六段,其更定次第,与袁前后志合者,殆十有七八。是袁本"舛驳棼乱"之名,且可以移赠衢本矣。古书之可贵,从来[编者按,"来"疑为"未"字之误。参见本书第9卷《景印宋淳祐袁州本〈昭德先生郡斋读书志〉跋》]有不贵其最初之原本,而反贵其后人改编之本者。余夙为袁本不平,今获见宋刻,更足正错简之讹。因翻旧案,以告世人之愿读是书者。

(1929年6月)

(原载《图书馆学季刊》,第三卷,第三期。1929年6月出版)

## 《冯梦祯重校宋书》跋

　　休文《宋书》毕二三年矣。余初阅数篇,犹有错误。会友人布衣姚叔祥自檇李见访。叔祥故博雅,即以委之,乃手对旧本,参以《南北史》、《通典》、《通志》等诸书,稽二三月始得竣事。凡补旧阙七十字、增一百九十余字,正一千一百余字。余点划差讹而改正者约数千字已。余又从叔祥所更定处复加校勘,而所为是正者尚多有之。以此信校雠之难。古人喻之扫尘,愈扫愈有。果然。《宋书》至是亦可以称善本矣。

（约 1930 年或 1936 年*）

（录自文稿）

　　* 文稿未署撰写年份。文端"休文《宋书》毕"指作者校勘《百衲本二十四史·宋书》。据 1928 年 2 月 15 日作者致傅增湘信（载本书第 3 卷第 354 页）,言"又校阅《魏书》、《宋书》、《陈书》、《齐书》均已竣事,亦各撰有后跋"。可推定"毕二三年矣"约在 1930 年。也有可能指《百衲本二十四史·宋书》出版后二三年,则在 1936 年。

——编者

## 南宋绍熙间建阳刊本《隋书》残卷跋

　　宋建阳坊刻正史，余所见有涵芬楼之《史记》、德化李氏之前、后《汉书》及《晋书》、日本图书寮之《三国志》、常熟瞿氏之《隋书》、《北史》、《新唐书》、吴兴陆氏之《北史》、江安傅氏之《五代史记》，笔法、行款皆与此同。惟《南史》未见耳。瞿氏《隋书》亦残阙。此甚初印，可宝也。壬申重夏，海盐张元济识。

（1932年夏）
（录自手迹影印件，载《近代藏书三十家》，
苏精撰，传记文学出版社1982年版）

## 明新建李克家校刊本《国语》跋

　　钱遵王举天圣本周语"昔我先王世后稷"及"左右皆免胄而下拜"二语，谓公序本脱"王"字、"拜"字为逊。此亦为公序本，检二字均脱，然汪远孙撰明道本考异谓二本亦互有优劣。明代所刻有张一鲲本，有金李本，有许宗鲁本，有葛端调本，有卢之颐本。此为新建李克家所刊，极罕见。旧藏拜经楼吴氏，兼有兔床先生手校之字。可珍也。公鲁仁世兄命题，张元济识。

（1937 年 3 月 20 日*）

（录自作者手书跋文影印件，载《台湾中央研究院善本题跋真迹》）

*作者手书跋文影印件无撰文日期。此处撰文日期录自作者手书文稿。——编者

## 清抄本《三朝北盟会编》跋

　　余友陶君星如示余以家藏写本《三朝北盟会编》。卷首有彭文勤跋，云为杭州瓶花斋吴氏旧藏，后为文勤所得，即用为《四库》底本。余昔为涵芬楼收得是书写本两部，一为泰兴延令书室季氏旧藏，系明人手写。卷中遇宋讳避至"惇"字，或缺笔，或注"庙讳"，而宁宗讳则注"御名"二字，盖源出宋时最初刊本。又一部为长水知不足斋鲍氏抄本，且经以文先生校正，所据知出瓯亭先生校笔。是本正与涵芬所藏前后衔接。余得寓目，可称眼福。惜原书被《四库》馆臣窜易，凡稍涉指斥金人词句，几无一字留遗。前人言《四库》书多不可信，得此可以证明。宣统季年，蜀藩许涵度又据吴本雕印，虽悉从库本，而凡经馆臣改削之字，仍一一记明，作为夹注，使人得睹庐山真面，亦可谓有心人矣。星如并以许氏刻本假阅，因附记焉。星如语余，是书为其先德得自京师，携之蜀中。曾经烽火，幸未丧失。其后由蜀而赣而苏，迭遭兵燹，均失而复得。此为世间珍秘之本，自当有神物护持。而手泽长存，尤足为传家之宝。还瓿之日，谨识数语如右。中华民国纪元二十又九年元月七日，海盐张元济。

（录自抄稿，原书藏上海图书馆）

## 手稿本《翁文端公日记》跋

　　民国肇兴十有五载,岁在乙丑,余乞得翁文恭师手书日记,为之景印行世。时逾五载,倭寇为虐,虞山被扰,翁氏文物散佚殆尽。余于上海书肆收得《翁文端公日记》二十五册,起道光五年,迄同治元年,间有残缺。此四十余年中,实为清祚衰落之际。外患如英人鸦片之战,攻占广州、舟山,焚毁圆明园,偪成城下之盟,陷我为半殖民地;内忧如洪杨之乱、淮捻、滇回之乱先后迭起,蔓延十余省。维时军政之废弛,吏治之颓靡,财政之支绌,几于无可措手。清廷虽仅免覆亡,而祸根实已遍于朝野。宣宗偏信满员奕山、英经、耆英、琦善等,昏庸误国,迄未省悟;端华、肃顺之同在枢府,窥见西后蓄意揽权,思患预防,力谋阻抑,机事不密,卒被歼除,遂成牝朝乱政之局,皆可于此窥见概略。原书纪载繁琐,因摘其有关史事者,以著于篇。浙江海盐,张元济。

(约 1951 年)*

## 附　摘录凡例

　　一、京外官升调降黜纪述至详。京官录至讲读科道,外官录至监司为止。其他从略。

　　二、朝觐仪注尤涉繁缛,如驾出、迎送、谢恩、奏事、站班、陪祀等,所在地点、应用服色、行何仪节,全属浮文。概不采入。

　　三、恭理丧仪、勘修工程、收发饷银、验收粮米、大挑举人、拣发人员,均以王公大臣亲莅厥□。虚应故事,无裨吏治,作者屡承申命,兹亦从略。

　　四、考试为清代人才从出之地,如乡、会、殿试、朝考,及举人、贡士试复试、庶常散馆大考、翰詹考试、试差考送、御史军机、总署章京、内阁中书、学正学录、官学教习、所试题目、阅卷人员、取录名额,原记均极重视。以其有关抡才要政,故仍著录。

　　五、判阅文牍为京朝官最繁重之事,作者官大理寺时,尝一日画稿至百数十件。官、户、工部时亦然。依画葫芦,疲精劳神,无裨实事。录之所见官事之涂□。

六、清初八旗素称劲旅。至道咸之际,京东不靖,檄调入关,均先会集京师,分拨各地,以资战守。沿途滋扰,□□抢夺□□,到京后复由公家供给食宿,兵丁均有跟伕,多者约居兵额十之六七。兵卒携带仆从又谓奇事,录之以见营制颓废欤。

七、京朝风尚,酬酢往来不容疏忽。凡贺喜、祝寿、问疾、吊丧之事,几于无日无之。悉行删削。

八、作者文字优长,兼工吟咏。记中间有所作诗词,均可传诵。挽联寿语亦极矜炼,名贵,均予录存。

九、作者于法书名画、古书版刻及精校名抄出于名家手笔均能辨别真赝,考订源流,足资赏鉴。录之以助读者雅兴。

(录自作者亲笔改定之抄稿)

\* 撰文年份据 1951 年 5 月 26 日作者致夏承诗信(载本书第 3 卷第 22 页)确定。——编者

## 影印稿本《翁文恭公日记》跋

有宋名臣，以文学政事显者，曰欧阳修，曰司马光。求之近今，足与媲匹者，其惟吾师翁文恭乎。虽然，吾读《宋史》，未尝不叹二公遭际之隆，而悲吾师之独厄也。英宗初立，光献临朝，大臣奏事有疑未决者，辄曰公辈更议之，未尝出己意，时左右交搆，母子几成嫌隙。修与韩琦从容谏诤，后遽释然还政。哲宗嗣位，宣仁垂帘，光任使相，谏行言听，尝自称母后当阳，非国家美事。兢兢业业，卒成元祐之治。此固二公之忠诚感格，而亦后之贤明，有以诉合于无间也。文恭当同、光两朝，洊登枢要。维时冲人践阼，母后临政，强敌凭陵，国势寖弱，士大夫昌言变法，新旧交争，渐成门户之见。国步艰难，与二公所处正同。公以一身楷柱其间，而卒不免于得罪以去。其困心衡虑，必有甚于二公者。世之人莫由知之。迄于今时移世易，亦几淡焉若忘矣。公之从孙克斋，以公手书《日记》示余。余受而读之，四十余年大事，粲然具备。小心寅畏，下笔矜慎。然纪载所及，偶有一二流露之处，观微知著，益不能不叹公之遭际为可悲也。史称光献性慈俭，尝谏止仁宗正月望夕张灯。宣仁听政，即散遣修城役夫，止禁廷工技，文思院奉上之物无问巨细，终身不取，是自奉至约也。而公之时，内廷之供奉何如（参看第二十三册九十三、四叶及九十六、七叶，第二十七册七十九及八十叶）？光献于左右臣仆，毫分不以假借。神宗乳媪为宋用臣等游说，宣仁峻拒，至欲斩媪，是御下至严也。而公之时，宫壸之禁约又何如（参看第二十五册六十叶，第二十六册五十五叶）？安石变法，光献痛言民生疾苦，祁王侍侧，颂为至言，劝神宗不可不思。贤王忧国，与圣母有同心也。而公之时所信任之亲贵又何如（参看第二十三册十八叶）？苏轼得罪光献，称为宰相才，戒勿冤滥。文彦博既老，宣仁起之，遣使迎劳，是诚有知人之哲也。而公之时所擢用之人才又何如（参看第十三册一百八叶，第三十四册五十九叶）？呜呼！公既不见容于朝，遽被谴谪，正人退而金壬进，遂酿成庚子之祸。回銮以后，天子幽囚，权臣柄政，国事益败坏不可问，而公亦抑郁以终。于以知文忠、文正生际圣明，得行其志，以致君而泽民，垂令名于千古者，其中固有天幸在也。余既悲公之遇，且痛世人知公者少,因请以《日记》行世。克斋韪余言,畀余景印。鸠工岁余,今始竟事,敢述所见,以告读者。乙丑仲秋,门下士海盐张元济谨跋。

(1925 年 10 月)

(原载《翁文恭公日记》,翁同龢著,

上海商务印书馆 1925 年 7 月版)

## 排印本《鄂轺载笔》序

旧制,子、卯、午、酉岁八月,直省举行乡试。先期礼部以试官请于朝,天子乃命翰林官或进士出身之科道部曹二人,往司厥事,甚盛典也。光绪二十九年岁癸卯,吾友李守一编修受朝命充湖北乡试正考官,至于今三十有八年,距君之殁亦十有三年矣。哲嗣崧峻将以君奉使时日记曰《鄂轺载笔》者刊印行世,问序于余。余受而读之,乡闱典则经述綦备,足以考见一朝选士之制。命题校艺,晨夕将事,必敬必慎,唯陨越之是惧。是科副考官饶编修芝祥,中道闻讣,奔丧去职,而君以一身肩其任,故忠勤倍著。取士如额,所得多知名之辈,诚可谓无辱君命者也。试事既竣,越二年,又奉命赴日本考察学务,旋授广西提学。既到官,创设全省小学校,为数至夥,考绩称最。且以时局艰危,非变法不足以自拯,非破格用人不足以有为,屡上书请赦戊戌党人,一时称为敢言。君之能倡导新学,焦劳国事,固与寻常词臣不同,而是编者亦不足以尽君之生平矣。民国纪元二十九年五月,馆愚弟张元济拜序。

(原载《鄂轺载笔》,线装排印本,上海图书馆藏)

## 《刘氏传忠录补编》序

　　人与人相处，必当先尽其在我者，而后彼此之间乃可以相感而通。语云："尽已谓忠"，其义彰矣。人有恒言曰忠信、曰忠恕、曰忠贞、曰忠义。人生美德，不可胜述，而要皆以忠先之。忠之时义大矣哉。我为东方古国，有君者逾四千年，君臣之义冠于五伦。为臣当忠，著为彝训，行之不替。忠之一言，几为为人君者所专享，与为子者之孝其父母正同。民国既建，帝制遂亡，世人乃喝喝然曰吾今无君矣，吾乌乎用吾忠。于是膺御侮之。任者稍不遂意，则起而倒戈矣。有守土之责者，志有所□，则弃城而遁矣。下逮临民之官，昧其天良，则□下而媚上矣。恬不知耻，竟以无君之说文其奸，而有心世道者亦莫敢昌言以触众忌。不知鲁论言忠凡十三见，而举事君者止对灵公一言及之，且《大学》揭桀纣之暴民，易卦诵汤武之王命，其所论述君臣之义与其俗所见迥殊。吾知孔子生于今日，必恶恶友邪说，彼行益能昌明其吾道一贯之旨也。宋儒真西山曰："圣贤之言忠，不专于事君。为人谋必忠也。于朋友必忠告也，事亲必忠养也。至于以善与人，以利教民，无适而非忠也。"《刘氏传忠录》首载此序，今刘子逸樵将踵续录而增补之，犹是此旨。余恐世人之不解其真意也，故为之阐述如右。至刘氏三世先贤之行谊具在录中，兹不赘。三十七年十二月二十五日

（录自文稿）

## 题《张豫泉同年六十年前乡榜题名录》*

  光绪己卯岁，余年十三，随官粤垣，寓纸行街，从谢榴生先生读，学为举业。是秋乡试榜发，一夕灯下，余父出广东闱墨，指第一名陈伯陶所为文为余讲解，言次若不胜企羡者。余私自揣，他日余亦必为此以娱吾亲。翌年，侍母回海盐，其年余父以襄理陵水县事，积劳病殁任所。越九年己丑恩科，余获中式。本省乡试闱墨出刊余首艺，余仅得捧呈吾母，而吾父已不及见。又四年壬辰，余举进士，睹同榜陈伯陶名，追忆己卯秋夕侍吾父诵广东闱墨事，历历如在目前，而吾父弃养已十有二年矣。迨晤子砺同年，语以是事，真如旧识。豫荃同年，先与子砺同登乡榜，是年又同举进士，顾以病未与殿试，其后又改官外省，故踪迹较疏，国变后来居上海，时一相见，始知与子砺为儿女亲家。子砺第十一女适其第七子俊堃，尝与其兄良士以年家子礼来谒。余见之如见故人。今岁余移居霞飞路，距豫荃寓所近，过从较密。旧事举乡试满六十年当重赴鹿鸣宴。豫荃今岁躬与其盛会，新得当年坊刻题名录一叶，朋辈竞为诗，以张其事。豫荃以示余，余所识榜中人仅崔磐石前辈、刘问刍、谢漱六三君，顾皆已作古人，子砺亦已于八年前下世，独豫荃为仅存之硕果，且精神矍铄，强健无殊五六十许人，转瞬壬辰周纪，重宴琼林，亦意中事。余欲为之贺而愧不能诗，因记其与是榜之因缘，兼豫为十三年后随君同会琼林之左券焉。张元济，二十八年九月七日书。

（录自文稿）

* 文稿末作者原注：名其淦，广东东莞人。——编者

## 景印《永乐大典本水经注》跋

　　是为嘉靖重录之本。全书收入"贿"韵"水"字中，起卷一万一千一百二十七，终一万一千一百四十一，凡十五卷。此盖依《大典》全书篇帙之多寡定卷册之厚薄，故与原书分卷不同。嘉靖迄今四百余年，几经兵燹而煌煌巨册犹在人间，首尾完善，一无残逸，不可谓非艺林盛事。《四库总目》谓原出宋椠善本，戴震以朱谋㙔本校上是书，补其阙漏者二千一百二十八字，删其妄增者一千四百四十八字，正其臆改者三千七百一十五字，虽讹夺倒互，随在皆有，而善长遗籍，得藉是以还旧观，抑亦世间鸿宝矣。戴校定本自聚珍版印行，举世奉为圭臬。同时有赵一清之《水经注释》，大旨相合。《四库》亦著于录。《提要》于其注中有注，双行夹写之说，甚有微词。赵氏成书在前而出书在后，戴氏反之，于是二家争端以起。袒戴者谓依据《大典》原本，经注分别之三例，为戴氏所发明。袒赵者谓分经分注，见于全氏之七校本，而赵氏因之，戴氏窃据润饰，伪托《大典》，以掩其迹。主前说者有孔氏继涵、段氏玉裁、程氏易畴；主后说者有魏氏源、张氏穆、杨氏守敬；而调停其间者为王氏先谦。聚讼纷纭，几为士林一大疑案。今何幸异书特出，百数十年之症结涣然冰释。是书之幸，亦读者之幸也。高宗亲题谓："虽多割裂，按目稽核，全文具存。"又曰："《永乐大典》所载之书散入各韵，分析破碎，殊无体例，是亦其一。"余诵其言，初疑必以一水名分列一韵，今睹是本，乃知不然。于此益信为学之道之不可以耳食矣。海盐张元济。

（1935年12月）

（原载《续古逸丛书》之四十三，《永乐大典本水经注》，上海商务印书馆1935年12月版）

## 明嘉靖刊本《长安志》跋

（见张元济著《涵芬楼烬余书录》史部，载本书第 8 卷第 282 页，撰于"壬子秋日"，即 1912 年秋。）

## 徐继畲地理著作两种序

　　五台徐松龛先生，道、咸间名臣也。博闻强识，尤长舆地考证之学。所著《瀛环志略》，为中士言外志者之先河，久已家置一编，不胫而走。晚年益究心东西北边徼诸地，尝取班、范《地理》、《郡国》二志，与《一统志》互证参稽，间下己意，纂成"两汉沿边十郡"及"幽、并、凉三州"《今地考略》二书，意在疏通今古，俾言边事者得所考镜。削稿既竣，迄未行世。今从孙吉午，惧先著之就湮，亟谋付诸剞劂，手稿本来索一言。元济知识阇昧，地学夙鲜研讨，于先生之书之懿，无能有所阐述。独念当先生著是书时，海禁初开，疆圉犹谧，凡所列汉时诸边郡，非我行省，即我近藩，当轴者视之固晏然衽席地也。曾不百年，而门闼洞开，东西强邻，鹰瞵鹗视，昔之行省近藩，或则视为机肉禁脔，宰割已定，或方张周结之网，盘远势以皋牢之甚者，唤我族类，为虎伥，为雉囮，冀以逞其耿耿驰逐之私，使我谋国之士，日燋然于边事外交，徽绕纷挐而不可解，于以叹事变之至，如环无端。而一二前哲，深识远鉴，以匡居著述之意，动人以绸缪固圉之思。其为虑，信非逡人所能及。惜乎先生此书，未及与《瀛环志略》同时踵出，而今读者恨发矇之已晚也。民国二年仲春，海盐张元济谨序。

（录自手迹影印件，载徐继畲著《两汉志沿边十郡考略·两汉幽、并、凉三州今地考略》，台湾广文书局据中央研究院历史语言研究所藏本影印，1978年版）

## 嘉庆十年路镩续修《平湖县志》跋

　　有清末叶,余始为涵芬楼收书。积二十年,方志一门凡得一千四百余种,总二万余册。不幸闸北之役尽化劫灰。先是余亲家平湖葛君词蔚缵承先业,传朴堂藏书之富,骎骎乎为浙西之冠。词蔚亦喜集方志,彼此假缺,互假抄藏。涵芬楼所储平湖县志仅有乾隆年间高、王二本及光绪初彭润章新修者,而葛氏乃独有此嘉庆十年路镩续修本,因借而迻录之,庋诸楼中。涵芬一炬,人无不为海内方志惜。不意阅六年而日寇再至,传朴弆藏随之散佚。至是而浙西藏家之方志殆尽矣。书征姻台语余,方寇至时,此本适携出检阅,故未及于难,因出以相示。余以痛涵芬者痛传朴,然又未尝不幸传朴犹有此硕果之存。因书数行,以留此一段公案。余收书数十年,仅获见此一本。物罕见珍,吾尤愿葛氏贤子孙之能世守勿替也。乙酉孟秋,日寇乞降后之第二日,海盐张元济,时年七十九。

(1945年8月16日)

(转录自《张元济诗文》,商务印书馆1986年10月版)

## 法源寺刊本《续滕县志》序

　　有清之季,余为东方图书馆搜集全国方志历二十年,凡得二千一百余种,并边远各区计之,已十具其九。民国既建,四方议修新志者,书缺有间,每驰书假贷。图书馆借抄者尤络绎不绝。窃谓于吾国文献之征稍有裨助。不幸闸北之役毁于兵火,百无一存。丁兹大难,戎马蹂躏,书焚版毁,孑遗几何? 循此以往,不亟修葺,殆真有杞宋无征之慨矣。山东滕县生君克昭远道莅访,携其新刊本邑续志示余。余喜其先得我心也。受而读之。按《滕县志》今存者康熙十二年、五十五年、道光二十七年三本。是编为高仲琙前辈所纂,踵道光《志》而作。凡已见者,不复叙,阙者补之,略者详之,断自道光之末,讫于宣统三年。水利与民生有关,铁路为新政之要,一因一创,载笔特详。人民国后,则高君延柳、生君克中所续。事未改易者咸循囊例,最近倡始者别定新名,盖运当鼎革,政体攸殊,固不容混前后为一也。克昭渊雅好古,复以所集金石拓本涉于本邑掌故者详加考核,附刊编末,尤足补前《志》所未备。而余窃有感者:今之方志,比于古者列国史书。史以纪事,事必责实,而彰善瘅恶之意即行于其中。余所见方志隐恶扬善,多举名宦循吏,章氏《七难》,慨乎言之。余于是益叹仲琙前辈为不可及也。旧《志》有《职官谱》、《宦绩志》,此则并为《官师》,贤者表之,不贤者纠之。旧《志》已引其绪,此则仍严其辞。是非衡乎大公,毁誉准诸舆论。是可为修志者之正鹄矣。世风日降,廉耻沦亡,赃官污吏踵趾相接,士大夫膺笔削之。责者倘能于赏罚不行之日而以文字之褒贬代之,亦吾夫子修《春秋》之志也。斯《志》也,岂不可为之先导乎。清赐进士出身前翰林院庶吉士海盐张元济。

(1940 年代初)

(据作者手书序文影印件,载《续滕县志》,辛巳秋八月法源寺刊本)

　　\*《涉园序跋集录》(张元济著,顾廷龙编,古典文学出版社 1957 年 7 月出版)辑有《续修滕县志》、《续修滕县志代》两文。《张元济古籍书目序跋汇编》(张元济著,张人凤编,商务印书馆 2003 年 9 月出版)沿用《涉园序跋集录》所记之文字,唯篇名改为《续修滕县志序》、《续修滕县志跋》,并注明后者为张元济代滕县生克昭所撰,又据《序》内"上年闸北之役,毁于兵火,百无一存"语推定两文撰于 1933 年。

　　法源寺辛巳秋八月(按即 1941 年 9 月)刊本《续滕县志》有张元济序、生克昭跋各一篇,文义与上述两文基本相同,但字句歧异甚多。因《涉园序跋集录》未注明文章出处或所据,故难以考定所以产生歧异之原因。现分别将《续修滕县志》、《续修滕县志跋》附于《续滕县志序》、《续滕县志跋》之后,供读者参考。

《续滕县志跋》已为《涉园序跋集录》编者顾廷龙先生认定为张元济代笔之作,本书亦一并编入。

据法源寺刊本刊刻及跋文撰写年月,可推得《续滕县志序》应撰于1940年代初。《张元济古籍书目序跋汇编》称"1933年",不妥。——编者

## 附 《续修滕县志》序

有清之季,余为东方图书馆搜藏全国方志,历二十年,凡得二千一百余种,综有二十有二行省,并边远各区计之,十有其九。民国既建,腹地议修新志者,书缺有间,每驰书相假,图书馆借钞者又络绎不绝。窃自幸于文献之征稍有裨助。上年闸北之役,毁于兵火,百无一存。丁兹大难,戎马蹂躏,万方一概,几何循此以往,不亟修葺,殆真有杞宋无征之慨矣! 山东滕县生君克昭,远道莅沪,携其新刊《续志》示余,喜其先得我心也,受而读之。按《滕县志》今存者,有康熙五十五年修,道光二十七年所重修本。是编为高仲珹前辈所纂,踵道光《志》而作,凡已见者不复叙,阙者补之,讹者正之,断自道光之末,讫于宣统三年。水利与民生有关,铁路为新政之要,一因一创,载笔特详。入民国后,则高君延柳、生君克中所续,凡未改易者,悉仍曩例。最近倡始者,别定新名,盖运当鼎革,政体攸殊,固不容混前后为一也。克昭渊雅好古,复以所集金石拓本涉于本邑掌故者,详加考核,附刊编末,尤足补前志所未备。而余窃有感者:今之方志,比于古者列国史书,史以记事,事必责实,而彰善瘅恶之意,即行于其中。自来方志隐恶扬善,多举名宦循吏,章氏《七难》,慨乎言之。余于深叹吾仲珹前辈为不可及也! 旧志有《职官谱》、《宦绩志》,此则并为《官师》。贤者表之,不肖者纠之。旧志已引其绪,此则益严其辞。是非衡乎大公,毁誉准诸舆论,是诚为修志者之准的矣。世风日降,廉耻沦亡,赃官污吏,踵趾交错,士大夫膺笔削之责者,倘能于赏罚不明之时,而以褒贬代之,是吾夫子修《春秋》之志也! 斯意也,岂不可为之先导乎?

(转录自《涉园序跋集录》,张元济著,
顾廷龙编,古典文学出版社1957年7月出版)

# 法源寺刊本《续滕县志》跋[*]

右《滕县续志》，同邑高仲珹先生著也。先生清季史官，道德文章，为世推重。是书经始于癸酉，越一载而成。其义例精审，足与康对山、陆清献、陆祁孙诸家后先辉映。稿成，藏县署，未梓。岁戊寅，遭兵燹，署中图籍散佚。问是书，无知者。昭搜求久之，不可得。一日张金元、吴象揆二君来告，曰书固在，今藏张君守斌家也。昭亟与杨君知性迻录副本，先生哲嗣延柳君谋刊之，顾费无所出。先是奉军因战事坏城垣，先生捐赀修葺，昭与先兄克中尝各助田五十亩，岁以所获供缮修费。昭因取所助田五十亩鬻钱，得今币五千二百圆，以充剞劂之用。同属一邑公事，移彼就此，知我者当不我罪也。先生夙受知于安陆陈文恪公，馆其家者有年。庚辰春，昭携《志》稿走京师，将镌之梓，获见文恪冢嗣墨香部郎，知为先生高足弟子。因出稿，乞其雠校，慨然允诺。张教授少元邃于经史，以治小学称于时。昭复匄其校阅稿中重刊《通纪》二十一叶，其所订正者尤多。旧《志》故无金石一门，昭往来京津数年，搜得吾邑出土周金文四十事，汉印五钮，暨汉、晋、唐、宋画像、碑碣、拓本二十六通，思附印卷末。夙慕天津王纶阁、东莞容希白、胶西柯燕舲诸君子嗜古多识，躬往就正，备承教益，且为之审慎抉择，别类编次，既制版摹印，幸得附先生骥尾焉。不幸世乱日滋，物力逾绌。曩者鬻田之资用犹未足，昭复废斥祖产，哀集十万余圆，乃得不溃于成。王君斗瞻言于天津，华壁臣大卿闻而嘉之，为之题耑以彰其盛。昭何人斯，敢荷此任，乃由诸大君子诱掖奖劝，玉成其事，虽艰阻备尝，卒能竟先生未竟之志。张君守斌受谢县长锡文之命，弃藏无致。一邑文献，赖以不坠，其功尤不可没也。书既成，因述其原委如右。甲申秋八月生克昭识。

（1944年9月）

（原载《续滕县志》，辛巳秋八月法源寺刊本）

[*] 参见《法源寺刊本〈续滕县志〉序》注。——编者

## 附 《续修滕县志》跋

　　右《滕县续志》，同邑高仲珹先生著也。先生清季史官，道德文章，为世推重。是书经始于癸酉，越一载而成。其义例精严，足与康对山、陆清献、陆祁孙诸家后先辉映。稿藏县署未梓，岁戊寅邑遭兵燹，署中图籍散佚，询是书无知者。昭搜求久之不可得，一日张金元、吴象揆二君来告曰："稿固在，今藏张君守斌家也。"昭亟与杨君知性取录副本，邑绅高君延柳等谋刊之，顾费无所出。先是，先生有修城之议，昭尝助田五十亩，议成，未兴工。因取田鬻钱，所得币五千二百圆以充剞劂之用。同属一邑公事，移彼就此，知我者当不我罪也。先生昔受知于安陆陈文恪公，馆其家者有年。庚辰春，昭携《志》稿走京师，将镌之梓，获见文恪冢嗣墨香□□，知为先生高足弟子，因出稿乞其雠校，慨然允诺。者中名下士，张君小元邃于经史，以小学称于时，昭匄其校阅重刊，稿中《通纪》订正无讹，得张君之力尤多。旧《志》故无金石一门，昭往来京、津数年，搜得自吾邑出土，周□汉印，暨汉、晋、唐、宋画像、碑碣拓本如干种，思附印卷末。凤慕天津王伦阁、王斗瞻，东莞容希白，胶西柯燕龄诸君子嗜古多识，躬往就正，备承教益；且为之审慎抉择，别类编次。既制版景印，克附先生之骥尾焉。不幸世乱日滋，物力愈绌，前者鬻田之资，用犹不足，昭复废斥祖产，哀集钜万，乃得不溃于成。逊清遗老华璧臣京卿，素负书名，闻而嘉之，为之题耑以彰其盛。昭何人斯！敢荷此任！乃由诸大君子诱掖奖劝，以成其美。虽艰阻备尝，卒无废事，得竟先生之志。张君守斌受谢县长锡文之属弃藏无斁，一邑文献，得以不坠，其功尤不可没！书既成，因述其原委如右。

（转录自《涉园序跋集录》，张元济著，<br>顾廷龙编，古典文学出版社 1957 年 7 月出版）

# 太平天国《海盐县粮户易知由单》跋

余童时侍母自粤东回海盐,时洪杨之乱甫就敉平,清廷方诩其中兴之盛。洪氏遗迹划削惟恐不尽,故"太平天国"之称,绝未入于余耳。偶见有太平天国钱,"國"字作"囯",与右单所刊同。钱形制甚小,且至窳陋,未久亦不复再见。右单又有乡官之名,乡人多有曾充是职者,每讳言之。余年幼未能问其职掌,今其人亦无一存焉者矣。颜氏家居南郭,未遭兵燹,房栊无恙,故是单获全,亦仅存掌故之资也。庚寅初冬,张元济,年八十四。

(1950 年 11 月)

(录自手迹照片)

## 《天父下凡诏书》跋

　　原书每半叶九行,行二十二字。句读圈点及人名旁加直竖,提行格数悉依原式。文字有不通处亦不改动,惟确知其误者,则标注于下。又第一叶后半、二叶前半跨钤"旨准"大方印,广约方四寸。"旨准"二字广约方二寸,外环龙文。本书十五叶又半叶零一行。中华民国二十一年八月四日在庐山录竟。张元济。

　　　　　　(原载《太平天国诗文钞》,下册,罗邕、沈祖基编,
　　　　　　　上海商务印书馆1934年2月国难后第一版)

# 清宣统三年排印本康有为《戊戌奏稿》跋

  光绪二十四年戊戌四月，余以徐子静学士之荐，与长素先生奉旨同于二十八日预备召见。是日晨，余至颐和园朝房谨候，长素已先在。未几，荣禄踵至，盖亦奉召入觐也。长素与荣谈，备言变法之要。荣意殊落寞，余已窥其志不在是矣。有顷，命下，荣与长素先后入。既出，余入见。一室之内，独君臣二人相对。德宗首问余所主办之通艺学堂之情状，次言学堂培养人才之宜广设，次言中国贫弱由于交通之不利，痛言边远省分须数月方达，言下不胜愤慨。余一一奏对。约一刻许，命退下。旋闻翁常熟师罢斥之命，为之惊骇。自是长素多所陈奏。迨既奉停科举、设学堂之谕，余劝长素勿再进言，姑出京，尽力于教育。长素不听，且陈奏不已，益急进，遂致有八月六日之变。夫以数千年之古国，一旦欲效法欧、美，变易一切，诚非易事。然使无孝钦后之顽梗，又无庸劣守旧之大臣助长其焰，有君如此，上下一心，何至酿成庚子之拳乱。即辛亥之革命，亦何尝不可避免。和平改革，勿伤元气，虽不能骤跻强盛，要决不至有今日分崩之祸。每一念及，为之恨恨！今长素之殁已逾十稔，回首前尘，犹如昨日，而婴党祸首，只余一人尚存！手此一编，不禁感慨系之已！中华民国三十年八月十二日，张元济。

（转录自《历史文献》，第三辑，上海图书馆历史文献<br>研究所编，上海科技文献出版社 2000 年 4 月版）

## 日本内藤虎次郎抄本《溃痈流毒》识语

此书为日本内藤虎次郎所赠,恐今后无以慰两死友之望矣。菊生。

(录自抄稿)

## 《郋亭廉泉录》跋

此汪柳门师手录亲友、门生馈赠银簿。顾起潜既得此帐，以视冒鹤亭。鹤亭为撰长跋于后。非身历其境者，固不能言之亲切若是也。以今言之，除俸银米折外，皆非所当得者。然衡之当日，情似未允。起潜复属余题数字于简耑，余何敢貌为苛论。爰定此名，冀稍副其实耳。壬辰夏五月，张元济病中倚枕书。

（1952年6月）
（录自文稿）

## 抄本《沈氏(曾植)门簿》跋

世人知有蓝皮书、白皮书,不知前清京师时尚有黄皮、红皮两种本子。黄皮者,今报房每日印张之京报,所载为当日之宫门钞、明发谕旨暨发钞京外臣工之章奏,后改名《谕折汇存》。红面者,京官宅子之门簿。阍人记每日来访之客之姓名、住址及来访之原因,或见或否,有时并及其宫[官]职及与主人之关系,以备酬答之用。二者均为居官者每日必读之物。是为吾郡沈子培先生宅中之门簿,时在光绪二十九年。先生方官外务部,卜居于宣武门外上斜街,旋即简擢江西广信遗缺府,出京赴任,道出天津、上海、扬州、九江、南昌,沿途所记,可以考见一时之人物。吾友顾君起潜得诸故纸堆中,持以相示。留阅数日,因记数语归之。一九五一年十月十七日,海盐张元济,时卧病已一年又十月矣。

(转录自文津、权儒学《张元济、冒广生、顾颉刚等关于〈门簿〉与〈廉泉录〉的题跋》,《文献》1986 年第 3 期)

## 宋本《金石录》跋

赵明诚《金石录》三十卷，宋椠久亡。世传钞本，以菉竹堂叶氏钞宋本为最善。钱馨室自言借文休承宋雕本钞完，识于第十卷后，独吴文定本，人未之见，莫知其所从出。后人重刻：清初有谢世箕本，讹舛甚多，殊不足观；缪小山得汲古毛氏本，行款均据宋刻，为仁和朱氏刊行；余家藏有吕无党钞本，曾印入《四部丛刊》。尝借瞿氏所藏顾涧蘋校本对校之，二本大抵不离乎叶、钱所传录者。近是卢雅雨本最为通行，然亦仅据何义门校钞宋本，并未亲见宋刊。《读书敏求记》称冯砚祥有不全宋椠十卷，余颇疑即文休承所曾藏者。冯书散出，迭经名家鉴藏，先后入于朱文石、鲍以文、江玉屏、赵晋斋、阮文达、韩小亭家，卒乃归于潘文勤。其十卷，即原书跋尾之一至十，实即全书之卷第十一至二十也。当世诧为奇书，得之者咸镌一"金石录十卷人家"小印，以自矜异。一时名下如翁覃溪、姚伯昂、汪孟慈、洪筠轩、沈匏庐诸人，均有题记。《滂喜斋藏书记》备载无遗，各以卢本互校，是正良多。虽宋本亦有讹误，然迥非其他诸本所能几及。文勤自言异书到处，真如景星庆云，先睹为快。获睹之人，亦以为此十卷者，殆为人间孤本矣。而孰知三十卷本尚存天壤，忽于千百年沈薶之下，灿然呈现，夫岂非希世之珍乎！是本旧藏金陵甘氏津逮楼，世无知者。目录十卷，跋尾二十卷，完好无缺。宋时刊本凡二，初锓版于龙舒郡斋，开禧改元，赵不谫重刻于浚仪，且惜易安之跋未附，因以为殿；刘跋之序成于政和七年，必早经剞劂在前，今皆不存，想已遗佚。然窥见全豹，只欠一斑，固无伤也。滋可异者，潘本诸人题记，所引宋本文字，余取以对勘是本，多有不符。如：卷第十四，《汉阳朔垰字跋》，洪校引"尉府灵壁阳朔四年始造设已所有"十四字，甘本"四年"字下"始造"字上多"正朔"二字。又《巴官铁量铭跋》，翁校题下"韩晖仲"，此作"韩注仲"，甘本却作"韩晖仲"，不作"韩注仲"。又《汉从事武梁碑跋》，洪校引"故从事武掾掾字绥宗掾体德忠孝"十四字，谓《隶释》本上"掾"字不重，"绥宗"下无"掾"字，此本与碑合。甘本上"掾"字却重，"掾"字下更有"讳梁"二字，"绥宗"下亦有"掾"字。卷第十五，《汉州辅墓石兽膊字跋》，姚校谓："'天禄近岁为村民所毁'，'天'

作'夫'。"甘本却作"天",不作"夫"。卷第十六,《汉车骑将军冯绲碑跋》,翁校谓:"'谣',此作'诬'。"甘本却作"谣",不作"诬"。又《汉帝尧碑跋》,沈校引"龙龟负衔校铃"六字,谓:"卢本作'校铃'。"案《隶释》碑文正作"铃"。甘本固作"铃",但作"投铃",不作"校铃"。卷第十八,《汉司空宗俱碑跋》,汪校引"官秩姓名"四字,谓:"'官'误作'呈'。"甘本固作"官",但"官秩"字下,"名"字上,却无"姓"字。姚伯昂又言:"本中'傅'字俱作'傳',亦系刊刻之未精。"案甘本卷第十六,《汉淳于长夏承碑跋》,"太傅胡公歆其德美",又《汉廷尉仲定碑跋》,"太傅下邳赵公,举君高行"。下文"傅"字又一见,卷第十九,《汉逢府君墓石柱篆文跋》,"汉故博士赵傅,逢府君神道"。下文"傅"字又四见。此八"傅"字,右旁俱作"專",但上半"甫"字,有点者二,无点者六,从无作"專"者。安有"傅"俱作"傳"之误乎? 依此言之,甘本与潘氏十卷必非同出一版。沈匏庐又谓潘本恅草漫漶,乃当时坊刻,雠校未精,翁覃溪定为南宋末书贾所重刻。江郑堂又疑为浚仪重刊本,语当可信。且是本字体劲秀,笔画谨严,镌工亦极整饬,绝无恅草之迹。是非浚仪重刊,必为龙舒初版矣。洪迈《容斋四笔》云:"赵德甫《金石录》,其妻易安李居士作《后序》,今龙舒郡库刻其书,而此序不见取。"是本无易安《后序》,是亦一证也。原书中缝,屡记书写人龙彦姓名,刻工亦记有数人。惟书曾受水,墨痕污渍,摺纹破裂,装工不善补缀,致其他字迹多难辨认,未能据以考订刊印时代,为可惜耳!赵敦甫世讲得之南京肆中,以此罕见珍本,不愿私为己有,属代鉴定,并附题词,将以献诸中央人民政府。崇古奉公,至堪嘉尚。爰抒所见,质诸敦甫,兼就正于世之读者。辛卯立夏节日,海盐张元济。

(1951年6月)

(录自《宋本金石录》,影印本,中华书局1991年1月版)

## 《清仪阁所藏古器物文》跋

有清之初,吾郡朱竹垞以经小学昌明于时,乡贤承风。至乾嘉间,以搜罗金石文字为经小学集考订辨证之资,则自吾宗叔未解元始。解元所居去吾邑不二三十里,家有清仪阁,考藏古器物文。自三代迄清,凡钟鼎、碑碣、钵印、砖瓦,乃至文房、玩好之属,多为欧、赵、洪、娄、王、刘、吕、薛诸家所未及者。且诸家每详于石而略于金,或专于金而阙于石。阁中所藏则皆搜集并存,手自摹拓,疏证翔实,尤出诸家之上。解元为阮文达入室弟子。师资既富,又当时同学若吴侃叔、朱椒堂、张文渔父子及其戚串徐同柏类皆通金石学识、古文奇字,与之上下议论,互相观摩,博考约取,积久而取益精、用益宏。清仪阁之著录溢乎研经室矣。夫讲求金石之学浙中最盛,吾郡以文物著称,甲于浙西。自竹垞以经小学开于先,而解元又集金石学之大成,精神呵护,终使裒然巨帙如昭陵茧纸,发见人间洵希世之珍,照乘连城未足谕也。徐子晓霞获此重宝,思所以永绵乡先生之手泽,以为自来金石著录,皆钩摹缮写、枣木传刻,展转失真。原拓形神,往往愈去愈远,实为憾事。乃付涵芬楼为之影印,与墨本不差累黍,出而公诸同好,摩挲方册,不啻与清仪阁默尔晤对,共敦古欢,而晓霞表扬乡先生之功,即亦同垂不朽矣。海盐张元济。

(1925年)

(原载《清仪阁所藏古器物文》,涵芬楼1925年景印徐钧藏本)

## 题翁同龢临《茅山碑》

先师翁文恭公书名满天下,得其寸缣片楮者,无不珍如拱璧。宗庆世兄以公所临《茅山碑》见示。虽随意挥洒,而刚劲之气流露于翰墨之间,古谊忠肝,足与平原相颉颃。展对再四,钦仰无穷。宗庆于乱离之际,抱持而出,得使手泽常存,尤足珍也。壬午清明前三日张元济敬题。

（1942 年 4 月 2 日）

（录自原件照片）

## 《浙江图书馆善本书目甲编》序

　　陈子叔谅长浙江省立图书馆有年。去岁冬于馆创设全浙文献展览会，余往观者再。虽公私藏弆未能尽致，然縢帙满前，吾浙文物之盛可以概见。越二月，以所辑馆藏善本书目甲编示余。余惟浙中藏书素负殊誉。宋元之世绵邈勿论，于明有钱塘妙赏楼高氏、嘉兴万卷堂项氏、山阴淡生堂祁氏、会稽世学楼钮氏、鄞万卷楼丰氏、天一阁范氏、兰溪少室山房胡氏。于清有仁和小山堂赵氏、玉玲珑阁龚氏、寿松堂孙氏、欣托山房汪氏、椒园沈氏、丹铅精舍劳氏、琳琅秘室胡氏、结一庐朱氏、钱塘瓶花斋吴氏、振绮堂汪氏、抱经堂卢氏、蜨影园何氏、嘉惠堂丁氏、海宁道古楼马氏、得树楼查氏、向山阁陈氏、拜经楼吴氏、别下斋蒋氏、嘉兴静惕堂曹氏、清仪阁张氏、秀水潜采堂朱氏、平湖味梦轩钱氏、小重山馆胡氏、石门讲习堂吕氏、桐乡文瑞楼金氏、裘杼楼汪氏、知不足斋鲍氏、归安芳椒堂严氏、咫进斋姚氏、皕宋楼陆氏、乌程暝琴山馆刘氏、德清鉴止水斋许氏、鄞云在楼陈氏、双韭山房全氏、抱经楼卢氏、山阴鸣野山房沈氏、瓟瓜堂周氏、萧山十万卷楼王氏、湖海楼陈氏。即吾海盐，如胡孝辕之好古堂、张文鱼之石鼓亭、马笏斋之汉唐斋、黄椒叔之醉经楼及余家之涉园。当其盛时亦尝充箱照轸，辉耀一世。或百年或数十年，堂构凋零，五厄时至，销沉飘堕，莫可究诘。琳琅万卷，化为烟云。东观石渠，徒留后人凭吊之迹。独天一兀峙，岿然灵光，而菁华亦既耗竭矣。七阁之建，逾二百载，东南存者，厥唯文澜，虽中更丧乱，而鸿编巨简，散者复聚，佚者复完，典册有灵，神物呵护，省馆得是以为之基。主其事者钱、单二子，精研国故，思有以光大之，博收广采，日有增益。叔谅规随，克竟其志。自宋迄明，精椠名钞凡得六百余种，而浙人著述有四之一，其在今日洵难能而可贵矣。自兹以往，倘能尽集乡贤遗著，荟萃一堂，更取宋之临安书棚、元之西湖书院、明之闵凌二氏、套板诸旧本而附益之，使全浙之文献充实光辉，与湖山而益寿，岂不懿欤。吾知叔谅必有取于是矣。民国纪元二十有六年二月，海盐张元济拜序。

（原载《文澜学报》第 3 卷，第 1 期，1937 年 3 月 31 日发行）

## 排印本《番禺叶氏遐庵藏书目录》序

　　本馆筹设于抗倭之际，旨在保存国粹，联合气谊相投之友，各出所藏，以期集腋。吾友叶君遐庵自港旋沪，力予赞助。三十二年五月即举所藏地理类书籍相赠。空谷足音，良可喜慰。君宏才硕学，五膺阁席，凡交通、经济、文化、教育诸大业，多所建树。即以藏书一端而言，系统分明，博搜精鉴。其尤为专嗜者，盖有三类：当年掌领交通，周咨乡邑，整理古迹，瞻礼梵音，因收名山胜迹、寺观、书院、乡镇之志，蔚成大观。是即捐赠本馆之一部分也。此外有清人词集类，为从事《清词钞》之选辑，备一代风俗之史，若别集、总集，通行者咸列插架，并有罕见秘笈为海内所无。又有美术、考古类，拟撰《识小录》，为经眼文物之考证。若国内外所著有关我国文物之图谱、照片，广事搜罗，几无不备，不幸于今春运粤途中毁于沙面之火。专藏三类已失其一矣。去秋，君将返棹珂里，检理平生师友手札，及亲历诸事文书，郑重交馆珍庋，足征君之勤求文献，垂老不倦。而于本馆信赖之笃，尤感知音。兹先以地理类目录编纂告成，计九百六种，三千二百四十五册，付诸石印，以便检阅。君颐养之暇，不遗在远，复书来将以存沪藏书陆续见贻，同人咸为感奋。他日词钞写定，其词集类倘亦举以付馆，俾与地理类合成双璧，岂不懿欤！尝念专藏之难，必日积月累，锲而不舍，始克有成，断非一时一地，咄嗟可以立办，况丁丧乱，文物摧毁之余邪。南雷所谓"读书难，藏书尤难。"于今益信。上海为通都大步，尚乏完善之图书馆，宁非憾事！甚愿合各家之专藏，以成一馆；合专藏之馆，以萃于一市，庶收分工合作之效，盖亦我合众命名之意也。质之遐庵，以为何如？中华民国三十七年八月一日，海盐张元济，时年八十有二。

（原载《番禺叶氏遐庵藏书目录》，上海私立合众图书馆 1948 年 8 月印行，线装排印本）

## 题葛书徵藏古印扇面[*]

竹垞、羡门两公同举康熙鸿博,为吾郡有数人物。书徵姻台搜辑古印,各得其名印数方,摹贴扇头,堪称雅玩。

元济<br>(约 1940 年代)<br>(录自原件照片,原件葛贤镔藏)

[*] 文题为编者所加。——编者

# 子　　部

## 黄丕烈校本《贾子新书》跋

　　戊辰秋，友人莫楚生殁于苏州。不数月而藏书尽散。余友潘博山得此书于肆中，定为黄荛圃先生所校，携至海上以示余。余谓博山所识为至确也。卷一后有朱笔八字，曰"成化癸卯乔缙本校"；墨笔亦八字，曰"正德九年陆相本校"。之二本今皆不可得见，虽校出之字有时似不逮卢本，然孰敢谓卢必是而乔、陆皆非哉？乡贤手泽，善本遗文，博山其珍视之。海盐张元济。民国十七年[*]七月四日。

（录自抄稿）

[*] 文端"戊辰秋"（即1928年秋）及其后内容与撰文年份相矛盾。今皆照录。——编者

## 群碧楼原藏明钞本《雪庵字要》跋

　　海内知有群碧楼久矣。余得宋刻《披沙集》，既归诸孝翁，于是群碧楼之外又得一三李盦。余与孝翁早有翰墨因缘，今夏入都，余得是书，复以还诸故主。孝翁旋以假余印入《涵芬楼秘笈》中。使是书不为客所携出，则余不知有是书，何从而假诸孝翁，为云影印？又使厂估不以示余，则将不知流落何所，孝翁因有亡羊之叹而是书亦不获列入《涵芬楼秘笈》中藉以行世矣。孝翁云："凡事若有前定"，其信然欤！涵芬楼获印是书，已感幸不置，何敢再有他求。今将寄还孝翁，敢祝是书永永为群碧楼中之物。海盐张元济。

(1918年)*

（录自作者手书跋文影印件，载《台湾中央研究院善本题跋真迹》）

*作者手书跋文无撰文日期。文内"今夏入都"等记载，系1918年事。——编者

## 涵芬楼秘笈本《雪庵字要》跋

　　今夏游京师,阅市,见明抄《雪庵字要》,有毛汲古印,黄荛圃跋,问价殊不奢,喜而购之。旅愬展玩,见副叶无存,只留残脑,疑莫能明也。适上元邓孝先太史过谭,出此相赏。太史一见,诧为故物。云原有手跋,检之则无。予曰:"君之手跋,已为售者撕去,以灭其迹矣,不见残脑之犹存乎?"太史乃始恍然。予谓此无足奇,读《士礼居题跋记》,则荛圃亦常遇见此等事,遂以其书辍赠。且请于太史曰:"殆天欲以群碧楼中所藏人间孤本,传布艺林,故作是狡狯乎?得借印入所辑之《涵芬楼秘笈》,则幸甚。"太史曰:"诺。"杀青既就,漫书其事,以记因缘。至是书之见于《汲古阁秘本书目》,书法之逼近雅宜山人,荛翁与太史之跋详之矣。今不复赘。戊午十月,海盐张元济识。

(1918年11月)

(原载涵芬楼秘笈本《雪庵字要》,辑入《涵芬楼<br>秘笈》第九集,上海商务印书馆1920年6月版)

# 景印宋本《程氏演繁露》跋

　　陈氏《书录解题》杂家类:《程大昌演繁露》十四卷,续六卷。《宋史·艺文志》入类事类,卷数同。《四库总目》正编增为十六卷,续编六卷。此为宋刻,无续编、正编之称,仅存十卷,必非完本。特不知所阙者尚有如干卷。张氏《学津讨原》所刊者十六卷,取校是本,分卷大略相合。然余决其非同出一源。何以言之？是本卷十"嘉庆李天鹿"、"辟邪"两条,《学津》本乃见于十五、十六卷内,此不同者一；是本卷四"旌节"、"梅雨"、"佛骨",卷十"笄"、"时台"、"台榭"、"吴牛喘月"、"韦弦"、"养和"凡九条,《学津》本均无之,即续编亦不载,此不同者二；尤异者卷九"箭贯耳"一条、卷十"金吾"、"百丈"、"先马"三条,《学津》与是本同而又重见于十四、十五卷内。是必为后人所窜乱,而非程氏原书可知。《四库》本余未获见,倘编次与《学津》本同,则所谓十六卷者亦未必可信。惜此仅存十卷,恐亦不足为证耳。《儒学警悟》有是书六卷,适当《学津》本之十一至十六卷。然其卷六之"玉食"一条,则见于《学津》之第一卷；"压角"、"铜柱"二条则见于第十卷；而"玉食"、"铜柱"二条文字且全不相合,又"蟠冢"、"立仗马"、"两汉阙"三条,均不见于《学津》本。然则《儒学》本仅存之六卷亦必有所窜乱而非程氏之原书矣。卷三"北虏于达鲁河钩鱼"条,"虏"字《学津》本均改"契丹"或"北"；卷四"父之称呼"条,"虏呼父为阿多","虏"字又改"回",此则纯避清代之忌讳。今欲睹程书真面,盖非是本莫属。虽有残阙,亦可珍已。民国纪元二十有六年秋月,海盐张元济。

(原载《续古逸丛书》之四十五《宋本程氏演繁露》,上海商务印书馆1938年6月版)

## 钞校本《意林》跋

　　民国五年五月，友人以旧书数种见示，中有《意林》一部，为谭仲修先生校本。徐仲可同年谓先生晚年病腕，卷中书势倚纵者，为先生手迹。其字体工整者不知为何人所校。翌日以示吾友陈叔通。甫阅数页，即言为其令叔谔士先生遗墨，因语余，仁和许迈孙拟刊是书，倩先生为之校订，今家中尚藏有稿本，又常与仲修先生从事本省书局，平日以校勘之事相切劘，故录副以就正于先生。先生又以己所见者增补于上也。余惟古书散佚，固当亟为刊布，然校勘不精，则尽失古人之意，虽刊布亦奚足贵。是书经两先生手校，参互考订，无一字之苟且。朱墨烂然，望而知为珍秘之本。叔通无意得见其先世手泽，尤为欣幸，并出其所藏稿本，以相印证。余因购而归之，以作两美之合焉。周氏校注本近刘聚卿已刊入《聚学轩丛书》中，《涉闻梓旧》则依宋本补刊第六卷。涵芬楼均有其书，疑此校必有出两书外者，暇时当再从叔通借校也。海盐张元济。

（1916 年 5 月）

（转录自《张元济诗文》，商务印书馆 1986 年 10 月版）

# 张元济辑校本《夷坚志》跋

　　洪文敏著《夷坚志》，据陈振孙《书录解题》：甲至癸二百卷，支甲至支癸一百卷，三甲至三癸一百卷，四甲四乙二十卷，大凡四百二十卷。《宋史·艺文志》仅录甲、乙、丙六十卷，丁、戊、己、庚八十卷者，盖未见全书也。卷帙繁多，积久散逸。元陈栎《勤有堂随录》谓："坊中所刊仅四五卷"，明杨士奇《文渊阁书目》虽有四部，然均注残阙。胡应麟《少室山房类稿》则称："今止存武林雕本五十卷，暨王参戎之钞本百卷，其他均不可得。"惟陈第《世善堂书目》有全书四百二十卷，为自宋迄今官私藏目所仅见。然是书前后流传之端绪，无可考见，殊未敢信。朱国桢《湧幢小品》又称："今行者仅五十一卷，"且谓："病其烦芜而芟之，分门别类，非全帙"云云。是即建安叶祖荣之《新编分类夷坚志》，与胡氏所见之武林雕本，盖同为一书。有明嘉靖清平山堂刊本亦极罕见。其书杂取诸志，融冶为一。《四库全书提要》指为《志》中之一集，盖亦未睹其书也。《四库》著录亦仅原书之支甲至支戊。惟徐乾学《传是楼宋元版书目》有《夷坚志》八十卷，后为严元照所得为甲、乙、丙、丁四《志》，版刻于宋，中有元人刊补之叶，窜入《支志》、《三志》之文。按沈天祐序谓："洪公刊于古杭之本，分甲、乙至壬、癸为十《志》。"又谓："杭本与闽本详略不同，所载之事，亦大同小异。"又谓："摭浙本所有，补闽本所无。"是或杭本汇辑诸志，并无《支志》、《三志》之别。沈氏遂任取若干，以补其缺，亦未可知。要之，沈氏所见只甲、乙、丙、丁四《志》，又与此四《志》大同小异之十《志》，其余固均已无存矣。严氏之书，后以归阮文达而自留所录副本，阮氏影写进呈，其刊本辗转归于陆心源。心源刊之，此四《志》始复行于世。乾、嘉之际，吴县黄丕烈藏书最夥，先后得宋本支甲、支壬、支癸若干卷，又旧钞支甲至支戊五十卷，支庚、支癸二十卷，《三志》己、辛、壬各十卷。宋本不知散落何处，而旧钞百卷，暨严氏所录副本八十卷，均归吾友湘潭袁伯夔。洪氏所著四百二十卷，今存于天壤者仅此矣！涵芬楼所藏凡四本，一明姚江吕胤昌本，无刊版年月；一清周信传本，刊于乾隆四十三年；一明建安叶祖荣分类本，刊于嘉靖二十五年；一明钞本，无年月。吕、周二本，均以甲乙编次，分为十集。惟吕本称《新刻夷坚志集》各一卷；周本称《夷坚志》分一集为上下，而不分卷；吕本多于周本者，凡二十四事。而周本所独有者，亦十八事。然所分十集甲乙次第，与黄氏所藏之《支志》、《三志》并同。亦与胡应麟所得四甲中之一，周《支志》亡其三，《三志》亡其七者相合。黄氏谓："取两集以配全，而其□俱不全本。"不知明人先已为之。黄氏旧钞与吕、周二本，互有增损，是必当时传钞之讹。明人刻书，大都以意改窜，此盖欲泯其残阙之迹，故并《支志》、《三志》之名而削之。今《四库全书》仅存支甲至支戊，使非睹黄氏旧钞，又谁知支庚、支癸及《三志》己、辛、壬之尚在人间乎？建安叶氏本与明钞本同出一源，词句略殊，门类悉合，虽于原书篇第尽已更变，而所辑各事，见于今存各卷中者，颇有异同，足资考订。江阴缪小山前辈尝取黄氏旧钞，校正吕、周二本，怂惠印行。余思文敏遗著，冠冕说部，飘零坠失，读者憾焉，因有辑印全书之意。伯夔既以所藏严、黄二本假余，乃尽发涵芬楼所藏，参互校雠，陆氏所刊《初志》，固多是正，而黄氏《支志》、《三志》之讹文夺叶，藉各本以补正者，亦自不少。建安叶氏《分类本》所辑不见于今存百八十卷中者，尚有二百七十七则，因辑为二十五卷，名曰《志补》。此为洪氏原书，后人分类编次，虽仍甲乙之称，已非旧贯，固不能辨其出于何志矣。见闻所及，如赵与旹之《宾退录》，阮阅之《诗话总龟》，周密之《志雅堂杂钞》，岳珂之《桯史》，唐顺之之《荆川稗编》，焦竑之《焦氏笔乘》，江瓘之《名医类案》，徐𤊹之《榕阴新检》，王沂之《稗史汇编》，陈廷桂之《历阳典录》均有采辑。又续得三十四事，辑为一卷，名曰《再补》。此则诸书征引，标所从出，故亦知为文敏原书也<sup>惟原书所引并无标题，此系依事仿拟，非文敏原文。</sup>古人著述及收藏书目，涉及是书者，咸加采录，并汇辑诸本序跋，附列于后。综计全书存者为《初志》甲、乙、丙、丁，《支志》甲、乙、丙、丁、戊、庚、癸，《三志》己、辛、壬；益以搜补之二十六卷，仅逮原书之半。今者世不经见之书，日出不穷，安知此已佚之本，异日不复见于世？即不然，掇拾丛残，赓续有得，亦可辑为《三补》《四补》以餍读者之望。此则区区之愿，有待于海内贤哲之助者已！庚申腊月，海盐张元济跋。

（1921年1月）

（原载《夷坚志》，商务印书馆 1927 年 6 月初版，排印线装本）

## 《夷坚志》校例

甲、乙、丙、丁四《志》据严元照影宋手写本。《支志》甲、乙、丙、丁、戊、庚、癸,《三志》已、辛、壬均据黄丕烈校定旧写本。所补廿五卷则以叶祖荣《分类本》为主,而辅以明钞本。至《再补》一卷,则杂取诸书,均于条下注明从出。

篇中校注引严元照所校者曰"严校",黄丕烈所校者曰"黄校",其未知为何人所校者则曰"原校"。严、黄两氏均校勘专家,下笔审慎,凡所校订,采数采列。

校时参用各本,其为叶祖荣所编者曰"叶本",陆心源所刊者曰"陆本",吕胤昌、周传信所刊者曰"吕本"、"周本",其援引他书者则载其本书之名。

原据诸本错简、阙文,他本有可补正者,咸加甄录,并就本文记明起讫及若干字数,其文字异同而义涉两可或较胜者,则取注于原文之下。惟叶本讹字颇多,明钞本亦所不免,间从他本改订。

原文有不甚可解者,或审为脱误者,均以所疑附注于下。未必有当,聊备参考而已。

排比工竣,复校时见有与前条同例,为初校所未及者,别撰校勘记附于卷末。亦有原本无讹而为手民所误者,不及一一更正,并附刊误表于后,阅者谅之。

全书卷帙既繁,校阅数年,时有作辍。前后歧误,知必不免。学识浅陋,愆谬尤多。倘蒙指正,幸甚感甚。

(原载《夷坚志》,商务印书馆1927年6月初版,排印线装本)

## 《夷坚志》校勘记

|  |  |  |  |
|---|---|---|---|
|  | 甲志 |  |  |
| 卷一 | 第四葉 | 後一行 | 兼它非晚句疑誤 |
| 卷二 | 第六葉 | 後十二行 | 公笑有接道人句疑誤 |
| 卷三 | 第六葉 | 後六行 | 范入謝句下親字疑誤 |
| 卷六 | 第一葉 | 後十二行 | 日下二字按三志已此條重見作目下 |
| 卷七 | 第二葉 | 前十二行 | 仍以千五百金償之句按金當作錢 |
| 卷十 | 第三葉 | 前十行 | 累貲爲嶺表冠句按貲當作資 |
| 卷十一 | 第五葉 | 後十二行 | 黑色深淺句按黑當作墨 |
| 卷十二 | 第三葉 | 前十一行 | 豈宜久此句此字疑誤 |
| 卷十四 | 第一葉 | 前四行 | 登紹興四年進士第句按下句爲宣和甲辰紹興當作紹聖 |
| 卷十四 | 第一葉 | 後十三行 | 羣仙指點未題處句未字疑誤 |
| 卷十六 | 第一葉 | 前十二行 | 更與檢善看句看字疑誤 |
| 卷十八 | 第一葉 | 後三行 | 我稍工陳六也句按稍當作梢 |
| 卷十九 | 第四葉 | 後四行 | 白是李氏句按白當作自 |
| 卷二十 | 第五葉 | 前十行 | 命詢肩輿者食句下疑有脫字 |
|  | 乙志 |  |  |
| 卷二 | 第三葉 | 前八行 | 惟砥糠句按砥當作舐 |
| 卷三 | 第六葉 | 後七行 | 舉體皆潰瀾句按瀾當作爛 |
| 卷七 | 第二葉 | 前十三行 | 腰以上猶是枯脂句按脂當作臘 |
| 卷九 | 第四葉 | 前十一行 | 陳王悟失按甲志一阿保機射龍條作悟室 |
| 卷九 | 第五葉 | 後二行 | 凡執事之人句按几當作凡 |
| 卷十二 | 第四葉 | 前一行 | 人影雜沓按沓當作沓 |
| 卷十二 | 第七葉 | 前十二行 | 魚撥剌不已句按剌當作剌 |
|  | 丙志 |  |  |

| | | | |
|---|---|---|---|
| 卷一 | 第七葉 | 前一行 | 侵淫見骨句按侵當作浸 |
| 卷六 | 第二葉 | 前八行 | 夫人在素幃裏風涎暴作句疑有誤字 |
| 卷十一 | 第三葉 | 後三行 | 送去時句送字疑誤 |
| 卷十四 | 第六葉 | 前九行 | 束草然巨石句疑有誤字 |
| | 丁志 | | |
| 卷四 | 第三葉 | 前九行 | 家問尋銀杵句按問當作聞 |
| 卷十 | 第二葉 | 前三行 | 撚紙張五寸許句按張當作長 |
| | 支甲 | | |
| 卷三 | 第六葉 | 前五行 | 安得素休句按呂本作索休 |
| 卷五 | 第四葉 | 後五行 | 醒然按呂本作洒然 |
| 卷六 | 第六葉 | 後十一行 | 當時所增之數句疑有脫誤 |
| | 支乙 | | |
| 卷一 | 第四葉 | 後六行 | 盡室裭怖句按裭當作誂 |
| 卷三 | 第五葉 | 後十三行 | 其胥陶生句按胥當作壻 |
| 卷六 | 第二葉 | 前二行 | 氣霧蒙蔽句氣字疑誤 |
| 卷七 | 第三葉 | 後十一行 | 行法禳遂句按遂當作逐 |
| 卷八 | 第一葉 | 後九行 | 獨行就舟下似當疊舟字 |
| 卷九 | 第三葉 | 前十行 | 而頭濠中句疑有脫誤 |
| | 支景 | | |
| 卷一 | 第一葉 | 後六行 | 閉沓不敢正視句沓字疑誤 |
| 卷二 | 第四葉 | 後九行 | 籍人力磨治句按籍當作藉 |
| 卷六 | 第一葉 | 前四行 | 嘗過太慈寺句太字疑誤 |
| 卷九 | 第二葉 | 前十三行 | 旁注桶字疑誤 |
| 卷十 | 第四葉 | 後五行 | 貨之於屠者孔生木於東湖傍按呂本木作叔疑是牧字 |
| | 支丁 | | |
| 卷一 | 第二葉 | 前七行 | 偕南臺寺供佛句偕字疑誤 |
| 卷二 | 第二葉 | 前三行 | 類場二字重見疑衍 |
| 卷二 | 第六葉 | 前五行 | 罄祈禱請皆莫應句罄字疑誤 |
| 卷五 | 第二葉 | 後十二行 | 看經與道士着句着字疑誤 |

| | | | |
|---|---|---|---|
| 卷九 | 第六葉 | 後九行 | 舟登岸飲酒句舟下似有脫字 |

支戊

| | | | |
|---|---|---|---|
| 卷一 | 第五葉 | 後十二行 | 達導詣一刹句達字疑衍 |
| 卷一 | 第六葉 | 前十三行 | 其二衣綠袍文牘句疑有脫誤 |
| 卷二 | 第五葉 | 後一行 | 大小娘子入王數載句按王當作土 |
| 卷七 | 第二葉 | 後七行 | 以口吹之超身句之字疑誤 |
| 卷十 | 第一葉 | 後六行 | 請記其氣句氣字疑誤 |
| 卷十 | 第六葉 | 後四行 | 翁子次子小二者句上子字疑衍 |

支庚

| | | | |
|---|---|---|---|
| 卷二 | 第一葉 | 後七行 | 今天柱寺及瘞基也句按及當作即 |
| 卷四 | 第三葉 | 後五行 | 碎爲灰地句地字疑衍 |
| 卷四 | 第四葉 | 前十三行 | 臨安爲僦吳山一新宅句按呂本臨作林 |
| 卷七 | 第四葉 | 前四行 | 遂進以丹補煖之藥句疑有脫誤 |
| 卷七 | 第五葉 | 前一行 | 舉子正於下拜句於字疑誤 |
| 卷九 | 第二葉 | 前九行 | 魚撥剌去來如前句按剌當作剌 |
| 卷九 | 第六葉 | 後三行 | 而不能識爲異人者句者字疑衍 |

支癸

| | | | |
|---|---|---|---|
| 卷二 | 第三葉 | 後二行 | 但年方五年句按下年字當作歲 |
| 卷六 | 第四葉 | 後六行 | 有田去城昌百里句昌字疑誤 |
| 卷七 | 第三葉 | 後七行 | 不應萌此念之句之字疑衍 |
| 卷七 | 第六葉 | 後九行 | 棄行化於福泉句棄字原本作弃疑是去之譌 |
| 卷九 | 第一葉 | 前十一行 | 吾欲賑濟名官句疑有脫誤 |

三志己

| | | | |
|---|---|---|---|
| 序 | 第一葉 | 前六行 | 黃雍父在之館時句之字疑誤 |
| 卷一 | 第五葉 | 前二行 | 使可就寢句按使當作便 |
| 卷二 | 第六葉 | 前三行 | 周世亨寫經按世字目錄作四 |
| 卷九 | 第二葉 | 後八行 | 而蛤殼來示句疑有脫誤 |
| 卷九 | 第三葉 | 後十三行 | 陸治一室處之句按陸當作傅 |

| | | | |
|---|---|---|---|
| 卷九 | 第四葉 | 前二行 | 陸折簡邀諸生句按陸當作傅 |
| 卷十 | 第一葉 | 後十行 | 盡爲彭氏之掩取有也句疑有脫誤 |
| 卷十 | 第二葉 | 前十二行 | 遣介迎像至萬居句疑有脫誤 |

三志辛

| | | | |
|---|---|---|---|
| 卷五 | 第二葉 | 後十行 | 人皆以死證句以下疑有脫字 |
| 卷五 | 第四葉 | 前三行 | 奔歸家及已三鼓句按家及二字當乙轉 |
| 卷六 | 第一葉 | 後五行 | 吾言不妄言句上言字疑衍 |
| 卷六 | 第六葉 | 前九行 | 已有去募人買肉矣句疑有脫誤 |
| 卷九 | 第四葉 | 前五行 | 顯爲辨餘直句按辨當作辦 |
| 卷十 | 第四葉 | 後十二行 | 夾注今模說按前後各卷均作余模 |

三志壬

| | | | |
|---|---|---|---|
| 卷一 | 第一葉 | 後六行 | 出持胡南漕節句按胡當作湖 |
| 卷一 | 第四葉 | 後二行 | 六輩人句按上文只有四人六字疑誤 |
| 卷一 | 第六葉 | 後七行 | 蔡用特恩句蔡字疑是篆之譌 |
| 卷二 | 第一葉 | 後十三行 | 陳年二多讀書句二字疑誤 |
| 卷五 | 第二葉 | 前四行 | 傍錢有兩垛句按錢有二字當乙轉 |
| 卷五 | 第四葉 | 後十一行 | 故天機嚴秘句按故當作顧 |
| 卷五 | 第五葉 | 前十三行 | 密計於書册句按計當作記 |
| 卷八 | 第四葉 | 前二三行 | 謝起罪句疑有脫誤 |
| 卷九 | 第一葉 | 前十二行 | 竟以送熊句下歸字疑誤 |
| 卷九 | 第一葉 | 前十三行 | 頗負識鑒句下無字疑是然之譌 |

志補

| | | | |
|---|---|---|---|
| 卷六 | 第二葉 | 前十二行 | 又罪業隨輕重減省句按明鈔本省作貸 |
| 卷九 | 第二葉 | 前一行 | 不復知如幾何歲月也按明鈔本無如字 |
| 卷十九 | 第五葉 | 前九行 | 少須正月句按明鈔本須作頃 |
| 卷廿二 | 第四葉 | 後五行 | 謂其老云句老下似脫父字 |

(原載《夷堅志》,商務印書館1927年6月初版,排印線裝本)

## 《夷坚志》刊误表

|  |  | 乙志 |  |  |
|---|---|---|---|---|
| 卷五 | 第一葉 |  | 後八行 | 同官某也句下脫原注二字 |
|  |  | 丙志 |  |  |
| 卷十三 | 第一葉 |  | 後十行 | 夾注葉本下脫作字 |
|  |  | 丁志 |  |  |
| 卷八 | 第三葉 |  | 後八行 | 歲在壬戌句下脫原注二字 |
|  |  | 支甲 |  |  |
| 卷三 | 第五葉 |  | 前十二行 | 曳鞾持手板句曳下脫黑字 |
|  |  | 支乙 |  |  |
| 卷四 | 第三葉 |  | 前一行 | 獲薦上脫年字 |
| 卷九 | 第四葉 |  | 後十三行 | 夾注相字疑誤下脫按字 |
|  |  | 支庚 |  |  |
| 卷四 | 第六葉 |  | 前一行 | 俄有龍自北水水柵過句下水字衍 |
| 卷五 | 第四葉 |  | 前一行 | 未生男句未下脫幾字 |

（原載《夷坚志》，商务印书馆1927年6月初版，排印线装本）

## 元谢应芳手书佛经六种跋

　　右为毗陵元儒谢应芳先生手书《佛经》六种。吾母系出毗陵谢氏,为先生十八世从孙。是物藏余舅家,活几何年矣。余外曾祖游宦粤东,携以至粤。传云外祖无子,是物遂归余母。先生生于元末,至今历六百载,手泽如新,展卷敬阅,宝光胜溢,令人心目俱眩,真神物也。庚寅季秋,海盐张元济谨识。

（1950 年 10 月）

（录自作者手书跋文复制件,原件藏国家图书馆）

## 谢应芳先生手书佛经六种捐献记[*]

  右余舅家远祖谢先生应芳手书《佛经》六种。先生生于元季,殁于明。史氏列之明代儒林,事迹具载《明史》本传。此写经之由来已详见前跋,谢氏子孙世守已历两朝,洎入寒家,亦将百载。余流寓沪渎,迁徙靡常,设有散佚,何以对吾母!世间尤物,总当归诸国有。北京图书馆今之石渠天禄也。奇书异简,勤加爱护。扃镭严慎,无水火盗贼之患。名人法书,藏弄尤宜。今介友人携之京师,转为献纳。北行有日,谨书数言于后。一九五三年四月,海盐张元济。

(录自作者手迹复制件,原件藏国家图书馆)

---

[*] 原件右侧,尚有作者手书"总凡一百有六叶,缺去一叶者,因第五叶复出也。"文题为编者所加。——编者

## 《吉云居书画录》跋

　　海昌世家陈氏，系出宋检校太尉忠武军节度使高琼，故其郡望不曰颍川，而曰渤海。吾邑与海昌毗邻，陈氏自宋斋先生于清康熙时移居邑中，其后裔遂兼籍海盐。余家与陈氏，世为婚媾。余本生七世祖暨高、曾二祖均婿于陈氏，而良斋先生又为余次曾祖姑之孙。先生为海盐县学生员，联举咸丰辛亥、壬子两科副贡。既不得志，乃以同知官江苏。先是先生曾祖去海盐之苏州，留居于彼者数世。中更洪、杨之乱，虽至戚罕通音问。余生也晚，故于先生行谊宦绩均不详。顾子起潜示余是编，知先生嗜好殊俗，喜以书画自娱。高情远致，令人想见王、谢门风。所录虽皆近世之作，然多为名家手笔。余闻友人潘博山尝于苏州获睹名人遗墨，多有钤先生印记者。则兹之箸录，要不过断珪残璧，而未能窥见全豹也。吾邑故家以收藏著者：于明有郑端简、胡孝辕、姚叔祥，于清有黄椒升，马笏斋暨余家之涉园。然大都专重经籍，罕有以书画称者。得先生是编，可以为《志乘》光矣。李君英年读而悦之，输资印行。原稿辗转迻录，间有讹夺，起潜既予订正，复据所见补辑若干则，附于卷末。属为题记，故述其梗概如右。中华民国三十一年十一月，海盐张元济跋。

（录自文稿）

## 题《秀野草堂图》

　　始余读俟君先生《元诗选》,继为涵芬楼搜集善本,得先生藏书,有秀野草堂印记者若干种,景仰不能忘。先生八世从孙起潜君自北平来上海,掌合众图书馆事,余询先生遗书,知丧失殆尽,为之慨叹不置。一日,起潜以所得《秀野草堂图》卷见贻,且历记其所以得之之由。余受而读之,既竟,乃作而言曰:大矣哉!吾中国圣人之教孝也,《记》之言祭也,曰斋之日,思其居处,思其笑语,思其志意,思其所乐,思其所嗜。是子孙之于祖考,虽不及见,然神志相接,历数十年,或数百年,总若有一贯之机缄,以维持于不敝。若无凭,若有凭,感而遂通,如响斯应,往往见于事物之间。无凭者吾勿论,其有凭者,吾将以起潜之得是图,及吾之所遇证之。起潜自言先生所刊所藏,洪杨之役,荡焉无存。尝与群从力事搜罗,冀保先泽。是图已流入江西泰和萧氏,散出后又几经转徙,始出现于上海。使不现焉,则起潜妻弟潘君景郑必无由获见,使景郑仍居苏州,则亦无从知之,又乌从而收之?此得不谓之有凭耶?余家涉园为余十世祖大白公读书之所,经始于明万历间,至九世祖螺浮公、八世祖皓亭公经营而光大之,清康熙时尝倩王补云先生绘为长图,遍乞当世名人题咏,其后藏于族人某许,余请展视,则纸墨黯敝,亟须重装,而族人者不之允,且弆藏益秘。余意此终必成虚愿矣!未几友人张君树屏来告,言在徐君轶如所,得见查日华所绘缩本,卷端有余六世从祖东谷公手书吴江叶星期《记》。介余往观,果为吾家旧物。会挚友钱君铭伯移居莅沪,钱与徐固有葭莩谊,因作缘以归于余。是图不载《家乘》,余先是亦绝未闻知。响使树屏不获见于徐氏,徐氏或不允铭伯之请,又乌能为祊田之归?此得不谓之有凭耶?三四年来,兵火不熄,族人某居室尽燔,原图亦化为劫灰。余犹忆图中旧有韩文懿手书题记,余所得缩本,亦有阮文达、梁山舟、秦小岘诸子诗文,与《秀野》互相辉映。顾皆为后人迻录,以视起潜所得,悉为本人手迹,其相去不啻天壤矣。涉园故有藏书,与秀野同。洪、杨未起,先已散佚,余先后搜辑,益以友朋所馈,综计凡得数十种。先人印记暨校勘之笔,朱墨灿然,弥足珍重,今悉以归于合众图书馆,丐起潜为我护持,俾不至复有散失,良以世间宝物,秘诸私室,总不及纳诸公家之能久存。此查氏所绘副图,已成硕果,余亦以踵先人遗籍,庋之合众图书馆中,庶几神物呵护,不至为原图之续乎。余请以斯意为起潜晋一说,未知起潜以为何如也?

(1942年10月28日)*
(转录自《涉园序跋集录》,张元济著,
顾廷龙编,古典文学出版社1957年7月版)

\*《涉园序跋集录》所收是跋未见撰文日期。现据1942年10月28日作者致顾廷龙信(载本书第3卷第42页)确定。——编者

## 题许玉年手绘《归耕图》

　　谨按，外舅祖许公玉年著有《瑞芍轩诗钞》，道光十一年庚寅*，有《仲冬出嘉峪关留别颜鲁舆星使师兼呈惺甫宫保》五古四首，中有"忆别尚书公，时秋岁在丑，贻我蚕眠堂，归耕诗廿首。命我绘作图，更继声于后"等句。越三年，又成五律四首，题为《为颜惺甫宫保作归耕图并题四律寄呈保阳》。按，颜惺甫名检，广东连平州人，由乾隆拔贡官礼曹，出守江西吉安，洊升直隶总督，加兵部尚书衔。在任以永定河三汛安澜，又加太子少保衔，故公诗有宫保及尚书公之称。公诗作于庚寅。鲁舆名伯焘，检子，由嘉庆庚午顺天举人，甲戌进士，官翰林院编修，戊寅典四川乡试，旋简授陕西延榆绥道。道光十年，由直隶布政使署陕西巡抚，朝命往肃州。时回疆有事，大军西征，与陕、甘总督杨芳受命督师出关，公方参杨侯戎幕，故出关时有留颜鲁舆诗，鲁舆西驻，以转饷故，称曰星使，但从未典试吾浙，又未分校礼闱，与公不当有师生之谊，或因同时昆弟受知而及耳。是图题"宫保将由金城就养"。保阳今甘肃肃州，唐宋时均称金城。惺甫时已退休，必就养直藩官舍。鲁舆移陕暂摄抚秦州，必从之西行，且远至兰州，或有他事，乘其子远行，随之而往，亦未可知。回事底定，鲁舆仍回直藩任，计必同奉侍其东旋，故此图成于癸巳，故云"寄呈保阳"。当时所作四律必附图后，不知何以失去？今此图为宝骅内侄收得。祖庭手泽，墨彩如新；越百十有二年居然珠还合浦，展阅之余，欣快无任，因补录原作四律于后。

（1945年）**
（录自文稿）

---

　　*"道光十一年庚寅"，原文有误。
　　** 文稿未署撰写日期。据文内"此图成于癸巳"、"越百十有二年居然珠还合浦"语，推得为1945年所撰。——编者

## 排印本《小蓬莱阁画鉴》序

吾邑李乾斋先生,以画名于嘉、道时,尤为钱塘戴文节公所重,郡、县志乘皆有记载。所著论画诸书,辗转阙失,经后人搜辑编次,改定今名。画虽艺事,然亦一邑文献所关,久佚不传,甚可惜也。乃语其贤孙介商务印书馆为之出版。书分七卷:曰宗派,曰鉴赏,曰画学,曰画法,曰画友,曰自述,而殿以所著题跋。盖画理既赅,而先生之文采亦由此得见矣。书成,因为略志数语,至其论画精诣,则读者共见,余不敏,不复赘云。后学张元济谨序。

(原载《小蓬莱阁画鉴》,民国二十三年
四月商务印书馆版,排印线装本)

## 题张月霄《诒经堂图》

余既掌商务印书馆编译之五年,先后得会稽铸学斋徐氏、长洲十砚斋蒋氏遗书,乃建涵芬楼以庋之。其后又得太仓谞闻斋顾氏书千数百种,而以诒经堂写本《续经解》为最可贵。诒经堂者,昭文张月霄先生藏书之所也。曰《续经解》者,所以继通志堂而作也。书凡数百巨册,稍有欠阙,然存者尚什之八九。余为之补写,顾有罕见之本不易得,故犹未卒业。余欲竟月霄之志而未逮也。余友宗子戴,侨居常熟,尝与数其邑藏书故事。及张氏,子戴语余其尊人湘文先生曩得《诒经堂图》,藏弆有年矣,未几,以图展观之,则蒋、朱、张、李诸序咸在是,此图大抵为是书作也。余先是以全书总目写寄子戴,都八十六种,析之则言《周易》者二十,言《尚书》者十,言《毛诗》者十一,言三《礼》者十四,言《春秋》三传者十五,言《四书》者九,言《孝经》者一,言《五经总义》者六,凡一千四百四十五卷。别有《诗传音释》二十卷,《诗说解颐正释》二十三卷,《诗传通释》二十卷,《新刊礼记纂言》不分卷。《春秋胡氏传纂疏》十一卷不在目内。丁氏《善本书室藏书志》有《易讲义》、《左氏摘奇》二书,与涵芬楼本同版。匡外俱有"昭文张金吾写定续经解"等字,似当时写定者不止一部。然按蒋、朱、张三序,皆称七十余种;李序则云千二百余卷,后之题者又云千六百卷,而月霄自序仅云如干卷。盖随见随录,原无额限,编纂之始,为格较宽,后经删定,重写定本,刊落诸帙,遂多流播,诸人序题异辞者,时有先后,故数有多寡,大抵皆在未经写定前。其目外五种暨丁氏所藏,殆又为被删之初本也。朱槐庐《行素堂目睹书目》亦载是书,乃八十八种,所增者为《尚书疏义》、《春秋纂疏》,顾有数种撰人、卷数既殊,书名亦微有歧异,而佚去撰人名氏者且九种。意者顾氏草草写付,原多漏略,朱氏未获目睹,故臆为增订以实之欤。常邑人士喜为簿录之学,余闻赵能静先生家富藏书,其题词深以不知是书书名、种数为憾。余故详著之,俾见斯图者,得为文献之征。子戴居是邦,与其贤士大夫游。其能助余搜补残佚,复成完书,更与其乡人共谋剞劂,以传诂经之名于不朽乎。余日望之已。戊辰五月,海盐张元济记。

(1928年6月)

(录自文稿)

## 题顾鹤逸画《海日楼图》

倪君寿川酷嗜吾友顾君鹤逸之画,辗转得其为沈子培先生所绘《海日楼图》,重付装潢,遍征时人题咏,因及于余。余与培老累世交谊,同官京华,时往请益,厥后培老转官江西、安徽,余已罢官侨沪,彼此音问不绝。逮国变后,培老亦移居海上,过从尤密。每谈及国事,未尝不太息痛恨,至于流涕。丁巳复辟之役,所谋不遂,郁郁南归。余往慰藉,则瞠目相视,呜咽不能成声,盖公固知其不可而为之者。余以是益壮其志,而悲其遇也。公未尝一日忘故君,故作是图以见志。此所成于后六年,殆非其最初者。余尝见有四五本,盖历时愈久而抚心亦愈蹙矣。公即殁于是岁。越八年而鹤逸亦相继去世。沧桑变易,几令人不可思议。迄于今东海扬尘,浮云满蔽,崦嵫益薄,虞渊待沈。使二公者尚在人间,睹兹世变,又不知作何感喟也。嗟乎!孤忠自效,鲁阳之戈莫麾;妖焰弥空,后羿之弓谁挽。展斯遗帙,能不黯然。三十三年二月十六日。

(录自文稿)

## 题颜骏人属书董玄宰所进《明思陵金笺画扇》

　　董玄宰进思陵画扇,纸用金制,杨见山言为内府所造。纸质金地,坚致灿烂,精妙绝伦,无论今日不可复得,即在三百年前亦非凡品。东坡题澄心堂纸云:"一番曾作百金收。"骏人吾兄属于笺上作字,余以有佛头着粪之嫌,谨以此句移题归之。民国三十五年十一月三十日。

（录自文稿）

## 商务印书馆珂罗版《曼殊留影》跋

　　清初丰台女子张曼殊嫁毛西河检讨为小妇，益都冯相国助之催妆，一时朝士咸有歌诗。嫁后七年病殁。病中自知不起，尝作《曼殊留视图》。既没，西河复别撰志、传，广征题咏，名流好事，与冒辟疆《影梅庵忆语》相同，文见《西河集》中。张山来采入《虞初新志》。韵事流传，至今脍炙人口。二百余年来，真迹谓不复存。十七年冬，偕中华学艺社社友郑君心南访书海外，获见此册于东京内野皎亭先生许，图已渝黯，有西河手书《曼殊葬铭》、《金绒儿（曼殊从婢）从葬铭》、《曼殊别传》及图跋凡四首，诗词题序可二十家。与《虞初新志》笺注所引姓氏词句多合。末有嘉庆间王宗炎跋，盖犹当日征题原本，转辗流入东瀛者。清初朝野胜流不易得见之真迹，赖此以存，至有文艺价值，不仅风流文采之足重也。因从乞借摄景归，付玻璃板印行传世云。中华民国十九年五月，海盐张元济记于上海涵芬楼。

（原载《曼殊留影》，中华学艺社发行，<br>商务印书馆印刷，民国十九年九月初版，手迹影印本）

## 钞本《全芳备祖》跋

吾友美国施永高博士为农学专家,喜搜求吾国植物学书,知涵芬楼藏有宋人所著《全芳备祖》,属为迻录。余适购得旧钞前集一部,且经校勘,颇审慎,惜不知其姓名。因取涵芬楼所藏后集,钞补足成之,并为详校,冀免讹夺。篇中用黑笔注于行侧者,为写官误钞,随时改正之字。校者据涵芬楼本,见有讹字,则以朱笔书之于旁。仍有所疑,复取诸家专集,及《古今图书集成》互证之。有可勘正者,则书于眉端或空格之内。其或与原书所据不同,未能断定者,则加一疑字以别之。虽不敢谓一无讹误,要可称为较善之本矣。写录者上海胡绍益、方孤愤,校勘者奉贤庄羲、昆山胡文楷。时中华民国十四年十二月,海盐张元济。

(录自手跋复印件,原书藏美国国会图书馆)

## 平湖葛氏传朴堂藏《今献汇言》跋

《明史·艺文志》杂史类高鸣凤《今献汇言》二十八卷,《四库》杂家类存目仅八卷,《提要》云据其目录所刊凡为书二十五种,乃首尾完具,不似有阙。北平图书馆所藏与通行汇刻书目均二十五种,而书名异者乃十之四五。是编为余亲家葛词蔚兄所藏,乃有三十九种,较《明史》、《四库》所纪及北平藏本均有增益。原书分装八册,有书签者三。首册题"内集",注黑地白文"忠"字;七、八两册题"外集",注"征"、"伐"二字。北平藏本《双溪杂记》、《菽园杂记》二种合装一册,书签犹存,亦题"外集",所注字形已损,约略可辨为"乐"字。核其册数当为第六,然则外集四册当以"礼"、"乐"、"征"、"伐"四字为记。以此推之,内集四册中有"忠"字,当亦必从《论语》中选用。《论语》中以"忠"字合成四言者,唯"忠信笃敬"及"文行忠信"二语。余友周越然尝得一部,数种与是本同,惟是本首册三种乃在《井观琐言》之后,约当第三册。然则书签所注当为"文行忠信"四字而非"忠信笃敬"矣。原书虽无总目,然以书签考之,当为完书。余为商务印书馆辑印《丛书集成》,词兄发箧相假。景印之时,司其事者不加审慎,乃以阿拉伯数字编印叶号,并以粉笔略施描润。虽仅有二种,而原书真面已损。还书之日,词兄墓有宿草,愧无以对死友。反因以重值,乞越然斥其所藏将以相易。咏莪姻台谓可不必,但属纪数言,俾后之读者得知此之由来。余重违其意,因书此以志吾过。词兄有灵,幸宽宥之。中华民国纪元二十有六年七月二十八日。

(录自文稿及打字稿)

## 《张子青画册》跋

　　南皮张子青相国谥文达,余壬辰朝考受知师也。翁文恭师典是科春闱,余即出公门下,深感知遇。逮值译署,公以枢臣兼管署事,尤荷眄睐。岁戊戌四月二十八日,余蒙德宗景皇帝召见西苑,甫退,即闻公奉严旨罢斥回籍,而余亦旋罹党祸去官,是后即不复相见矣。文达师画笔清超,为世所重,顾不常作。文恭师书名满天下,喜亲笔研,故求者每无不应。余先是尝假得文恭师日记数十册景印行世,题文达师画事具载记中,其诗亦均收入《瓶庐诗稿》,久已传播人口,余又乌能赞一辞。回忆五十年前亲承杖履,辟咡之诏,铭心不忘。今二公英灵久归天上,白头弟子犹活草间。睹兹沧海横流,正不仅山颓木坏之感已也。李君英年得此八帧,出以相示。展读既为之黯然。民国纪元三十又二年元月,海盐张元济。

（录自抄稿）

## 题康有为书联，为葛书徵

　　书徵姻台自撰楹帖，属长素先生书。葛氏藏弆之富，甲于吾郡，不仅如帖中所云。不幸六年前中日衅起，平湖被陷，传朴堂书散佚殆尽，即印章亦毁去三分有一。中有方正学银印，尤可惜也。长素书法为海内所称，无待赘言。此盖为其出亡归国后所书。回忆戊戌首夏，长素与余同日先后召对西苑，乃不数月而朝局遽变，先帝幽囚，长素逋逃异域，余亦削职南旋，忽忽四十余年。清社久屋，故人亦墓木已拱，而余犹偷活草间。悲夫！书徵出示兹帖，展玩再四，如对故人，因识数行于侧，书竟为之黯然。民国纪元三十有二年立秋后四日，海盐张元济，时年七十又七。

（录自原件，葛贤锁藏）

# 集　部

## 宋刊本《笺注陶渊明集》跋

　　是书余于宣统三年在京购得，以归涵芬楼。初固认为元本也。庚申春日，傅沅叔同年来沪，至楼中观书两日，出此示之，认为宋本。细审之，则字体刀法，确有不同。繙阅一过，贞、慎、朗、恒、桓等字颇有阙笔者，微沅叔诏我，几令此书受屈矣！海盐张元济。

（1920 年春）

（录自抄稿。抄稿据涵芬楼原藏宋刊本
《笺注陶渊明集》末页作者手书跋文）

# 景印宋本《杜工部集》跋[*]

少陵诗圣，丁安史之乱，坎壈身世，流离陇蜀，毕陈歌咏。沈雄魁垒之音，感人而动物，故当时号为诗史。至其才力富健，变风变雅，穷高妙之格，极豪逸之气，包冲澹之趣，兼峻洁之姿，备藻丽之态，实积众流之长，为千古宗仰而不替。《本传》有集六十卷，而《艺文志》著录集六十卷、小集六卷。至宋宝元间王原叔洙始取秘府旧藏及人家所有之《杜集》，裒为二十卷。嘉祐四年，苏州郡守王君玉琪得原叔家藏及古今诸集，聚于郡斋而参考之。吴江邑宰河东裴如晦煜取以复视，遂镂于版。自后补遗、增校、注释、批点、集注、分类、编韵之作，无不出于二王之所辑梓。原叔曾否刊行，无由闻见。惟赖君玉剞劂行世，遂为斯集之鼻祖。毛氏汲古阁所藏宋本，递传至于潘氏滂喜斋，今归上海图书馆。相传为嘉祐间刊，然以讳字避至"完"、"構"观之，是刻当在南宋初矣。检校全集，计二十卷，补遗一卷。宋刻两本相俪，缺卷为毛氏钞补，亦据两本。其一存卷一第三、四、五叶，卷十七至二十及补遗，每半叶十行，行十八至二十一字。毛氏钞补自卷一第六叶起至卷九，卷十五、卷十六，每卷先列子目，目后衔接正文。其二为卷十至十二，每半叶十行，行二十字。毛氏钞补卷十三及十四，每卷先列子目，目后重衔书名、卷次及诗体、首数各一行。两本字体、纸墨均甚相似，骤不易辨。但从行款、注例审之，显有不同。又检刻工，前一本有洪茂、张逢、史彦、张由、余青、吴圭、洪先、张谨、牛实、刘乙、宋道、徐彦、施章、田中、张清、吕坚、王伸、方诚、骆昇、葛从、朱赟、蔡等。就余所寓目之宋椠校之，与衢州本《三国志·魏书》、绍兴本《管子》、绍兴本《临川先生文集》同者一人，与南宋初补刊本《礼记郑注》同者三人，与南宋本《尔雅》同者四人，与绍兴明州本《徐公文集》同者五人，与南宋本《陶渊明集》同者七人，与绍兴明州本《六臣注文选》同者八人，与南宋初年刊《资治通鉴目录》同者十二人，与绍兴茶盐司本《资治通鉴》同者十七人。于是确定为绍兴初年之浙本无疑。《直斋书录解题》谓又有遗文九篇，治平中太守裴煜刊集外，此存《补遗》一卷，可证是为覆刻君玉之本也。复考配本，间有"樊作某"、"晋作某"、"荆作某"、"宋景文作某"、"陈作某"、"刊作某"、"一作某"等,与钱牧斋谦益《笺注》所载吴若《后记》云:"凡称'樊'者,樊晃《小集》也;称'晋'者,开运二年官书也;称'荆'者,王介甫《四选》也;称'宋'者,宋景文也;称'陈'者,陈无己也;称'刊'及'一作'者,黄鲁直、晁以道诸本也。"若合符节。是必吴若刊本可无疑义。吴记作于绍兴三年六月,当即刻于是时。两本雕版,异地同时。此本刻工有杨茂、言清、言义、王祐、熊俊、黄渊、杨诜、郑珣、翟庠等,尚未见于他书。盖建康府学所镌者也。吴本虽后于王本,牧斋已推为近古,由今观之,两本实为希世之珍。近人之疑吴本为乌有,而深讥虞山之作伪者,观此亦可冰释。览毛斧季扆跋文,知子晋晋先借得宋版,命苍头刘臣影写一部。廿年后斧季从吴兴贾人收得原本三册,其缺佚倩甥王为玉据刘写者影钞足之。箧藏遂有两帙。今喜此书尚留人间,延天水一脉之传。夷考君玉原本刊于嘉祐四年,《吴郡志》云:"时方贵《杜集》,人间苦无善本,琪家藏本雠校素精,俾公使库镂板,印万本,每部值千钱。"彼时传本不谓不多,竟无遗存。幸七十余年后有覆刻,有重校,不则恐绝响人间矣。从残存三册核之,知当时已为胖合之本。钱氏述古堂亦尝景写一部,而卷一尚存宋刻第一、二叶之王洙《〈杜工部集〉记》,意者毛、钱交挚,殆即斧季撤赠者。此本今藏北京图书馆。曩余主商务印书馆时,曾创景印古籍之举,先后成《四部丛刊》、《百衲本二十四史》,更仿遵义黎氏之例,博访罕传珍本,辑为《续古逸丛书》,求集腋于真影,广学人之津梁,成书四十六种。抗战中辍,忽逾廿稔。维我新邦肇建,万象焕明,古刻瑰宝,迭出重光。自中央创导科学研究,重视遗产,广搜善本,勉以流通。今岁欣逢我馆创建六十周年,谋继前功,以资纪念。窃谓杜诗上承风骚,广洽民情,本现实之精神,辟诗歌之康庄,辉煌成就,允垂久远。去年成都筑工部草堂,鼓舞群仰。名山羽翼,悠待球珍。爰借上海图书馆所藏《杜工部集》,赵宋孤椠,传世冠冕,摄景精印,列为《续古逸丛书》第四十七种。其卷一王记之宋刊,卷十二第廿一后半叶、卷十九第一、二叶及补遗第七、八叶之钱钞,均据北京图书馆藏本照补者。不图期颐之年,犹得亲与其役,旧业重理,抚卷叹赏。不辞荒伧,聊志颠末于后。盛世昌明,继是有成。余虽耄老,尚能凭轼以俟之。公元一千九百五十七年八月一日,海盐张元济,时年九十有一。

(原载《续古逸丛书》第四十七种<br>《宋本杜工部集》,商务印书馆 1957 年 12 月版)

\* 是跋由顾廷龙执笔。——编者

## 元刊本《唐陆宣公集》跋

　　本册据翻宋本校过。钞配各叶,讹误太多。即宋刻各叶,亦有讹字,并据覆本校正。庚申七月,张元济。

（1920 年 8 月）
（录自抄稿。抄稿据涵芬楼原藏元刊本
《唐陆宣公集》末页作者手书跋文）

## 景印宋绍兴本《宛陵集》跋

《宛陵集》最先为谢景初所类次，凡十卷；次为欧阳修所掇，凡十五卷。均见欧公序。次为六十卷本，见晁公武《郡斋读书志》及陈振孙《书录解题》。《解题》又言有《外集》十卷，吴郡宋绩臣序谓皆前集所不载，陈氏訾其不实。余颇疑此与六十卷本各自单行，故搜录偶致复出。《宋史》本传又有《宛陵集》四十卷，其十九世裔孙昚历康熙丁卯重刻六十卷本时，采入遗著，欲谋搜补。然本传并不先言有六十卷。余又疑元脱脱修《宋史》时，必尝见一四十卷本，故据以为言，非必于六十卷外，更有四十卷也。今十卷本、十五卷本、四十卷本、又《外集》十卷，均不传。传者独此诗五十九卷，文赋一卷之本。欧公序言："圣俞既殁，得其遗稿千余篇，并故旧所藏，掇其尤者六百七十七篇，为一十五卷。"故《四库提要》谓增编之本，未详何人所为。余友夏君剑丞语余，依梅氏出处之迹，前二十三卷，当即景初及欧公所选之本，与后三十六卷之诗，各为起讫，其次第亦无甚凌躐，盖必彼时坊贾搜辑所遗，与谢、欧所选汇刻而成。宋绍兴十年重刊是本，汪伯彦跋：圣俞之诗，"其工欧阳文忠公已序于集首，此不复道"云云。殆已见卷数不符，故为是浑括之语。迨明正统袁旭重刻，不得其故，乃强改欧公原序，以事迁就。万历再刻，沿袭讹谬。自时厥后，遂亦习非成是矣。是本遇"桓"字注"渊圣名"，"構"字注"御名"，卷末汪跋具存，并有嘉定十六年修校诸人衔名一叶，正是绍兴原刊，惜殘佚已多，存仅及半，然已有诗八十七首，为明刻二本所无，而二本殊无删削之迹。余及疑宋明之际，必更有一删订之本，为其所自出，特亦不传于今日耳。戊辰岁秋，余访书东瀛，得见此于内野皎亭君家，审为人间孤本。借影携归，嗣获读岛田翰跋，谓彼邦尚有元代翠岩精舍覆绍兴本，无可访求。莫邵亭《知见书目》亦云，有元刊本，半叶十行十九字，与是刻行款正同，疑即所谓翠岩精舍本，但不著藏者姓氏。今亦不知流落何所矣。余得此影本已逾十稔，叠经兵燹，屡濒于险，恐复亡失，爰付印行。先是剑丞借观，为加校订。费君范九、胡君文楷复略有增益，合制《校记》，并附于后。世之读者，庶一览焉。民国纪元二十有九年五月一日，海盐张元济。

（原载《宛陵先生文集》，涵芬楼据中华学艺社照存残宋本影印）

# 明正统四年刊本《宛陵先生集》跋

　　是书据《邵亭知见传本书目》有元刊本、明正统己未知宁国府袁旭廷辅刊、明姜奇芳刊。按元刊当即翠微精舍本,海内外迄今未见。姜刊盖即万历间梅氏祠堂刊本。当《四部丛刊》景印时,求一统本,竟不可得,乃以万历本实之。其后以日本所藏宋绍兴原刊残本景印问世。互校之下,此本自有佳胜、可补宋本之误者。如:卷十三页一行后六"送李学士知广安军敩""军"字;卷三十七页一行后七"敩寄松林长老一目",其与宋本相同。可正他本之误者,如:卷十五页一行前十"读永叔撰薛云卫碣",他本"卫"误"衢";页二行前一"梁山军",他本"山"误"州";卷十八页四行后五"朝车走辚辚",他本"朝"误"胡";同页行后七"往返相磨毂",他本"毂"误"榖",页十三行后六"素质水纹纤",他本"纹"误"绞"。其余尚多异同,足资研考。故此本不仅以雕板之难得为重,即宋刊亦不足掩其善也。

(约 1950 年)*
(录自张珑抄稿)

　* 文题为编者所加。抄稿原题为:"宛陵先生集六十卷　明正统四年(一四三九)刊本　二十四册。"抄稿未见撰写时间,现据抄录人张珑回忆确定。——编者

## 明刊清重修本《宛陵先生文集》跋

是本与万历颜刊本行款全同,然细辨并非补刊,实系翻板。盖亦必刊于明代,至康熙丙寅李文江学使始取交梅氏后裔重修者耳。枝凤修补时尚有《重修先都官诗集纪略》一篇,又十九世裔孙昔历《搜刻先都官遗集目录》,又《历代修辑姓氏》,是本皆轶去矣。

中华民国二十九年三月十四日　海盐张元济识

(录自原书,上海图书馆藏)

## 跋《万柳溪边旧话》，为尤春欣作

曩余为涵芬楼搜书时，于《四库全书总目》见传记类存目中尤君玉先生《万柳溪边旧话》。卷首有族祖伯雨先生书讳一行，自称"门人"。因此渊源，欲得其书，且楼中已有旧抄文简公《遂初堂书目》，更思觅一旧本，以为之配。一日，有书估持一旧抄本来。启视卷耑，印记累累，且有校笔。取知不足斋刊本勘之，则毫无殊异。殆迻录鲍本，伪托旧抄，以复乎观听，且印记亦多赝鼎，遂却去之，自是亦不复再见。迨闸北之变，楼中藏弆尽化劫灰，并旧藏之《遂初堂书目》亦归乌有矣。今见幹臣同年所修《尤氏宗谱》中有是书，可称善本。跋言未睹明刻，仅据鲍刊校以祠本及诸本（中有云一本者不知何刻）雠对，精审不遗一字，且补入明邵宝序，复冠以杨维桢、元户部尚书魏元郡公墓志铭，考定世系，足正《四库总目》之误。尤可宝者，后附《扩元迩谐》、《玄元近话、续话》二书，均极罕见，高曾矩矱，历历在目，读之令人生水源木本之思。此不独尤氏之家珍，抑凡为人子孙者，对之皆当懔然于籍谈数典之教也。先始祖文忠公《横浦文集》明万历后别无刊本，而《中庸说》、《孟子传》尤为罕秘。前者仅存于东土，后者录入《四库》，均已残缺。余亦访得宋刊残本，景印流传。幹臣辑印是书，喜其先得我心之所同然。因书数语于后。

（1944 年 10 月）*

（录自文稿）

\* 文稿不署撰写年月，现据 1944 年 10 月 18 日作者致尤春欣信（载本书第 1 卷第 279 页）确定。——编者

## 景印宋本、景宋残本《平斋文集》跋

是集宋本久佚。毛晋刻《空同词跋》已云"予恨未见其集",则前明季年传本已微。《四库》以汪如藻家本著之于录。同治癸酉泾县洪氏从丁禹生中丞钞藏阁本转录校梓,始行于世。其本有文无诗,奏疏亦阙,与《宋史·咨夔本传》"有外内制奏议诗文行世"之说不合,非足本也。洪刻末附校记谓"据彭文勤钞本、藤溪祠堂元人钞本契勘",不云卷目异同。邵位西《四库标注》载"路有钞本,振绮堂有钞本",亦不著篇帙多寡,则旧传钞本亦无殊于《四库》也。此本卷一之十,卷十五之十八,卷二十三之三十二,凡二十四卷,为景宋残本,常熟瞿氏所藏。近世著录,俱未之见,仅存孤本也。卷十一之十四,卷十九之二十二,为宋椠原本,全书藏日本内阁文库,中土已佚。十七年冬,求书虞山,先借得景宋残本二十四卷,景印之。越岁东渡,复从内阁文库补借宋本八卷以归,遂成完帙。数百年已佚之书,至是乃复显于世,亦书林快事也。景宋本卷一之八,赋;卷九,记;宋本卷十一之十四,杂文、奏状;卷十九之二十二,外制。以上十七卷皆今行阁本所无。阁本三十二卷即出其余十五卷所改编,紊乱失次,全非旧第。逐目对勘,尚佚各体文十三首,所存殆不及半。《四库》馆臣不求甚解,往往以割裂残本滥竽充数。书贵宋刻,不其信欤!民国十九年五月,海盐张元济。

(1930 年 5 月)

(原载中华学艺社辑印古书之三《平斋文集》,民国十九年七月初版,中华学艺社发行,商务印书馆影印)

# 明弘治刻本《刘屏山先生集》跋

　　常州刘子逸甫、逸樵以其先德宋《屏山先生集》示余,且言先生后七世孙迁居于常州之东乡芳茂山下,聚族而居,迄于今二十有八世矣。光绪间,族人等刊其遗集以行,今复得明弘治本,欲覆锓以传于世,索余一言。余受而读之,首胡宪序,次《屏山集跋》,又家藏《刘病翁遗帖跋》,又《刘公墓表》,皆先生弟子朱文公笔也。次张磻谥议,郑起潜复议,次弘治十七年崇祀公移。全集文凡九卷,赋、诗、词凡十一卷,与光绪刊本编次相同,而分卷略异,盖彼出于正德刻本,此居其前。以书贵初刻律之,固当较胜。旧传有崇安至元庚辰刊本,惟天禄琳琅自云有之,然其书不存,且其题记亦无以证其确为元刊。是则弘治所刻,在今日固无最古之本矣。先生道德文章举世钦仰,余何敢妄赞一辞。逸甫昆仲追怀祖德,发挥而光思之,著述垂诸久远,且益求精审,以补前人之所未逮。大贤遗泽,自当流衍于无穷也。其书旧为嘉兴李聘、长洲顾湘舟、海盐黄锡蕃所藏。李、顾均藏弆至富,黄氏为余邑先哲,与百宋主人相契,赏鉴亦精。余获睹此,尤深幸也。时民国纪元二十六年八月十四日国军与日本战于上海第二朝,炮声隆隆不绝。

（录自文稿）

## 传钞本《鲁斋先生集》跋

　　始余得是书于太仓顾氏时,觀敝甚,几不能触手。《附录》中有十七叶已撕去,前后各存一角,因重装之。此嘉靖刊本不可得,借得正德本,编次虽稍异,然所阙各文均在,可以参补。钩稽配合,泯然无缝。惟考《岁略篇》行款不合,且溢出近百字,因挤入所阙行内,前后仍相衔接,然原本当不若是也。此外脱文,莞圃先生未补得者,并据录入。海盐张元济。

（录自抄稿。抄稿据涵芬楼原藏传钞本<br>《鲁斋先生集》末页作者手书跋文）

# 钞本《句曲外史贞居先生诗集》跋

（见张元济著《涵芬楼烬余书录》集部（见本书第 8 卷第 430 页）。撰于"甲子冬日"，即 1924 年冬）

## 明刻递修本《新注朱淑真断肠诗集前集》跋

此书为江阴何秋辇同年所藏。秋辇逝后,其子邕威亦相继下世。其家不能守,尽举所有归于涵芬楼。诸家所藏,都属钞本;此为元人旧刻,古色古香,至堪珍重。友人徐君积馀藏有后集,版刻相同,叶号亦复衔接。假此景印,俾成全璧。藉竟沈、黄二君之志,甚可喜也!于其归还之日,书此识之。丙寅秋日,海盐张元济。

(1926 年秋)

(录自抄稿。抄稿据涵芬楼原藏明刻递修本<br>《新注朱淑贞断肠诗集前集》末页作者手书跋文)

## 题《夷白斋集》，为叶揆初

《夷白斋集》仅明弘治有张习刊本。习自序言："《夷白文集》三十四卷（疑即三十五卷之讹），本留吴下士大夫家，秘不获见。仅购得其半，又从他处辑得百数十篇，编为十二卷，刊行于世。"《四库》著录者三十五卷，又《外集》一卷。《总目》引朱存理《楼居杂著》，谓："得钞本于王东郭家，临写一部，计二百九十六番。"又云："尚宝李公前修郡乘时，复得海虞人家本一册，有遗文三十五篇，余悉录之。与王氏本相校异同，为拾遗一卷"云云。常熟铁琴铜剑楼瞿氏藏旧钞本为泰兴季氏旧物，黄荛圃刊《延令书目》称为元钞。余尝假为景印，列入《四部丛刊·三编》。全书番数与存理所言正合，是必同出一源。又《外集》文三十五篇，与存理所辑《拾遗》亦同，但尚有古今体诗一百十七首，存理跋概未之及，故《四库总目》疑为后人有所更定。然何以正集番数与遗文篇数又适相合？王东郭本今不可得见，只可以疑传疑矣。是本旧为汲古阁毛氏所藏，转入于爱日精庐，见张氏藏书志，与季本对勘，编次悉合，而文字颇多歧异。其所从出必为一别本。钱遵王《读书敏求记》云，稿本藏叶林宗，曾传系一部，或疑此从钱本传录。然既云稿本，必当较胜。此殊不然。卷中朱笔所校，即以季本为据，盖张氏后得季本，见其异同之字较前本为长，故取而校正之。揆初吾兄近得之海虞旧家，出以相示，询余校笔是否出于月霄先生之手。余未能辨，不敢妄答，然精慎缜密，下笔不苟，必为名人之笔无疑。揆初其珍重藏之。中华民国二十有七年十二月三日，张元济谨识。

（录自文稿）

## 李天生《受祺堂集》识语

　　富平李天生,文章气节,焜耀寰宇。乙亥夏初,与友数人来游关中,吾友张君扶万示我先生手书诗幅,知即《受祺堂集》所阙卷四之作。惓惓君国,读之令人生敬。扶万既以印本见贻,又复睹此真迹。谨书数语,以志钦仰。

（1935 年）

（录自文稿）

## 为许良臣题《许文恪暨仁山阁学应制卷子》

　　余妇叔祖文恪公、从伯仁山公当嘉道两朝先后入翰林,供奉南斋,渥被知遇。此皆当时应制之作。良臣姻台其后搜辑装潢出示,一片承平雅颂声,回首凤池,真不胜今昔之感,此后恐不可复得。岂独君家之世宝,抑亦艺林之掌故也。珍重弆藏,愿以相勖。民国纪元二十有八年二月二十五日,海盐张元济。

(录自文稿)

## 题颜雪庐先生遗墨[*]

雪庐先生为道咸间名翰林。中觏洪杨之乱，所留墨迹稀如星凤。乐真世兄迩在邑中搜得两帧，装潢出示，可以窥见当时馆阁风尚，且所书皆为处世箴言，岂惟家珍，抑亦世人所当共宝已。光绪四年，岁在戊寅，距今六十五年矣。邑后学张元济谨识。三十二年九月三日。

（录自文稿）

[*] 文稿有作者旁注：为乐真，其曾孙也。——编者

## 题《颜雪庐先生大考第一卷》后

  按此次大考，系咸丰九年九月十二日降旨，十六日在正大光明殿考试，十七日派出阅卷大臣彭蕴章、周祖培、瑞常、赵光花、沙纳、全庆、匡源、刘崐凡八人。十八日提晓，列入一等者二名，雪庐先生首列，次为周学源，原拟四名，第二为许彭寿，第三为潘祖荫，经钦定移置二等末。二等共二十二名，三等四十名，四等一名。二十三日引见一等二人，均以侍讲学士升用。二等前列黄倬升侍讲。夏同善、景其浚升庶子。杨秉璋、孙如仅、马恩溥升侍读。梁肇煌、杜联升侍讲。杨荣绪、瑞联、任兆坚、张之万、沈秉成、冠嘉相记名，遇缺提奏。其赏缎匹者谭钟麟、洪昌苏、冯誉骥、罗嘉福、鲍源深、蓝拔奇，而钦定移置在后者亦蒙赏给。列三等降级罚俸者丁绍、周衍、秀麒、庆恩、吉延煦、马元瑞、王凯、泰宝珣、范希淳、周誉芬、张讷、汪朝荣、钱桂森、王渉、董文焕、张正椿、福之、苏勒布。改官内阁中书者一人，则列四等之干光甲也。其事距今八十五年，时移世易，先朝掌故，几等云烟，过此以往，恐无有人能言之者矣。乐真世兄出示此卷，余嘉其能述祖德，因详考备录如右。民国纪元三十三年十月三日，张元济。

  按大考者为考核词臣之举，惟翰林院、詹事府各员由进士授职者方得参与。考试无定期，特旨举行。自少詹至编检一律应试。既奉旨后（不？）得告假，其告假在前者仍须补考。先由阅卷大臣拟定等第，再呈御览核定。其考列在前者不次超擢，居下等者降黜不等。令至严，典至巨也。

（录自文稿）

## 手稿本《许恭慎公书札》跋

　　叔和娅兄贤配闰卿女士，裒辑外舅许恭慎公历年书札，装成六册，以遗其息。子猷贤甥藏弆者有年矣。岁丁卯八月，子猷携以示余。余受而读之，虽皆家常琐事，然大抵为布帛菽粟之言。其慰勉娅兄者，则曰"持家余暇，温习经史"；曰"志坚力果，终有获福之时"；曰"推肥取瘠，善处伦常"；曰"慎择交游，上海不必常到"。诏女士者，则曰"克勤克俭，善事兄嫂，勿稍任性，稍大意"；曰"戒忿怒郁结"；曰"删除烦恼，随事欣然"。此于治家保身，接物应世，皆至理名言，后生所当奉为圭臬者也。朋旧戚族有贫困者，存问赒恤，惓惓不置。而于治生之事，则十六年中仅仅三见。购置居宅，尤守俭约。中正巷有地三十亩，仅欲其半。议未成，改而之九曲巷，只出钱万串，脩葺乃限二千金。身居朊仕，而硁硁若此，尤可见昔贤之风谊矣。书凡七十六通，而用笔矜慎，不稍苟且，虽对卑幼而语气温和，无丝毫疏忽处。公之福德，尤不可及。余入居甥馆，已在公殁后。睹兹遗墨，玩诵不释。谨跋数行，以识景仰。海盐张元济，丁卯小除夕。

（1928年1月21日）

（录自抄稿）

# 读许恭慎公书札手记*

第一册　起己卯九月廿六日　止庚辰十一月十一日。（十六）**

己卯九月廿六日　春卿卷未出房。克俭克勤,善事兄嫂,勿稍任性稍大意。

十月廿二日

十二月初五日　伟侄媳到京。秀官七岁,云官三岁。

庚辰二月初十日　持家余暇,温习经史。

三月初九日

四月十七日　花农高捷

五月初一日

六月朔　巽官生

六月十五日　巽官弥月

七月初二日

七月廿日

八月初二日　阅看本章

八月杪

八月廿六

九月十四

九月廿五　择交□学

十一月十一日

第二册　起庚辰　十一月廿七日　往苏就医,中正巷地。（十三）

十二月廿三日　中正巷地

辛巳正月十九日　转□即日□□

二月廿二日

又廿三日　盛官逝

三月廿四日　教贞大春

三月十三日　宜奶妈行

疑四月,四月廿九日　罢副宪

五月廿九日

七月十三日

闰七月廿四日

同月廿五日

辛巳十月十五日止

第三册　起辛巳十一月廿三日　春明岁回浙应试。推肥取瘠,善处伦常。(十三)

壬午正月初十日　叔和拟北闱

六月廿九日

十一月初七日

癸未正月十七日　子原来京

三月初三日　子原始到

三月廿二日　甲申,似入枢廷。忠甫丁忧。

五月廿五日　中法战争。养老事。无□期,当在四册十月廿六日、十一月十五日信后。

七月初八日　方姨母病重

七月廿六日　方姨母故

八月初十日　甲申,伟人生经五。

八月廿七日

九月十五日止

第四册　起癸未九月十九日(十二)

十一月廿五日　光景颇窘。泰来。

十月廿六日　志坚力果终获福。泰来。

甲申正月十八日　王赓翁丁忧。叔和拟北上料理喜事。

乙酉二月初九日　鹏从檀先生读,认十二字,授《周易》六十句。慎择交游,上海不必常到。

乙酉二月十三日　檀授鹏诗

乙酉三月朔日　叔和不可勉强北上。鹏缔姻。

三月二十日　徐小云将娶黄氏媳

四月十四日　仲耆送亲到京

五月廿一日　吴氏五小姐嫁事

六月廿三日　叔和故。此是乙酉年事。

七月初一日　止邦生捐官

第五册　起乙酉（十一）

丙戌二月十二日　托买丽参

乙酉十二月廿一日、廿四日　明年皇上亲政。疑是戊子，或丁亥，亦未定。问叔和吉地。仆岁查最苦者。

丙戌四月十四日　与二月十二日同一年。丽参事。论叔和葬事。买大红缎。

乙酉九月十六日　春卿中举。廖姑太太拟送百五十两。

乙酉十二月初九日　春卿刻朱卷

丙戌八月廿日　梅侄定十一月娶媳。汉官周岁。

丁亥，否则戊子，十一月抄　春卿能否入闱？外施针灸。盼明岁□捷。

戊子十月十二日　入闱四十日，外施针灸。有"入闱四十日"云云，必是戊子。

戊子五月初十日　小姑母吉期。地震。

丙戌八月廿六日　送梅侄贺仪

丁亥九月初八日　叔和除座。凌初平治春痰。子寿二伯母安葬。

第六册　起似乙酉七月初四日　稚麟回南。请刘元卿治春痰。（十一）

丁亥十一月廿八日　陈姑太太出嫁前事。春得凌初平治。

似丙戌，不全。似二月间信。春豫备入闱。廖似知贡举。丙戌。

丙戌闰四月廿一日　子寿二伯母作古，在五册四月十四日之后。寄来红缎三尺。

己丑八月初五日　三叔续娶。两信连

丙戌九月十七日　梅侄娶媳，送百元。

廖姑太太还一百五十两。春病，外施针灸。

庚寅九月廿九日　有武会试。仲弢丧子。叔和安葬。

庚寅冬至前一日　仲弢作古。移新建西院。

辛卯正月廿七日　派长升、志余二人往接。明年为南仲完娶。

辛卯五月初三日　接前信。一万四千两,房价不敷,作罢。

癸巳八月初三日　告知七月廿日为春卿纳妾。

（1928 年 1 月 21 日）

（录自手稿）

\* 是文为作者阅读其岳父许庚身(许恭慎公)书札六册所作笔记,文稿附于作者所撰《手稿本〈许恭慎公书札〉跋》抄稿之后。题为编者所加,写作时间据《手稿本〈许恭慎公书札〉跋》文末原有"丁卯小除夕"确定。

\*\* 手稿内各册手札第一行下方栏外注有数字,今以圆括号表示。疑为各该册手札之件数。

——编者

## 《谭文勤师会试墨卷及复试卷》跋

　　茶陵谭文勤公,余壬辰会试复试及朝考受知师也。此为吾师咸丰丙辰会试墨卷暨复试卷。瓶斋世兄出以相示,属为题记。吾师之勋业文章,叶焕彬、叶柏皋、汪颂年三同年均阐述,无复赘言。窃惟科举为历朝大政,沿及有清,措施益密。今停罢已三十余年,一切制度,知者渐鲜,过此以往,恐遂湮没。谨就见于卷中为余所知者,缕述如下,或亦关心国故者所乐闻欤。按会试例于丑、辰、未、戌年三月举行,首场钦命《四书》文三题,首《论语》,次《中庸》,次《孟子》。如首题用《大学》,则移《论语》于次。又五言八韵排律诗题一,试期在初八日至初十日。二场《五经》题各一,首《易经》,次《书经》,次《诗经》,次《春秋左传》,次《礼记》。试期十一日至十三日。三场策问五道,以古今政治学术为题,不拘门类。应试者依次条答,不录全题,但书第几问。试期十四日至十六日。经、策诸题,则正、副考官所命也。科场事为礼部主管,会议设知贡举,掌闱中事务,满、汉各一人。先期由礼部奏请钦派。故三场试卷,卷面均钤礼部之印及钦命知贡举之关防。是科满知贡举为礼部右侍郎宝鋆,汉员无考。据《会典》,试卷由提调官豫备,卷尾用印卷官紫色戳记。此三场卷末,均有印卷官关防。其上有横行"湖南"二字者,盖以识别省分,不与下文"印卷官"三字连读也。应试者例向礼部投卷,自于卷端填注本人姓名、年岁、籍贯、某科乡试中式、暨三代。届期赴文场,候唱名领取,持卷归号。号舍分东西二行,以千字文编列。此卷卷面首场有"西昃拾肆",二场有"东玉贰肆",三场有"西薑贰"各小红印,即所指定之号舍也。题纸既下,先于卷中白纸起草,就有纵横红格纸誊正。每艺之末,侧书添注若干字,涂改若干字,最后更记其通共之数,真草俱毕,离号赴至公堂交卷。至公堂者,知贡举提调各执事官治事总汇处也。执事官又分为受卷所、弥封所、誊录所、对读所,所官均以正途出身之阁部寺院司员奏充。此三场卷面,均钤有"受卷所官工部额外主事陈鸿翕"紫色长戳,即当日至公堂上收卷之一人也。受卷所官既受卷,以卷送弥封所,所官就本人所填履历,直至"红印草稿止此以便弥封"一行处止,摺叠加封。封口上下,各钤以弥封官关防。此为中式之卷,已于填榜时核对红号,撤去弥封之纸。然首场卷内紫色关防余沖,犹隐隐可辨。红号者,弥封后,取《千字文》每字编列一百号,每一人三场墨卷与朱卷,必用同字同号。此三场试卷,正稿前均印有"贰"、"叁"二字,独二场"贰"字上,有不全笔画作"长"形者,疑是千字文"长"、"良"二字,其所以残缺或全不见者,盖适印在弥封纸上,于拆封时被揭去耳。誊录所有书手,由直隶总督于所属各州县正身书吏抽选应差;对读所有对读生,由顺天学政于附近各学新进生员选送,弥封所糊名后,以墨卷送誊录所,所官令书手用朱笔依墨卷誊写。誊写既竣,同时以朱墨二卷送对读所,对读生取而互校之。朱卷有误书处,用黄色笔改正,于是外帘之事毕。此首场及三场卷末,有朱书"清河县书手宁中清",二场有"曲周县书手王冕堂"各一行,即所谓誊写朱卷之人。又首场有黄书"良乡县对读生果书麟",二、三场有"平谷县对读生张冠英"各一行,即所谓朱墨互校之人也。旧制二场《五经》文,三场策问后,各默写前一场某艺某段若干字句,均由考官于所发题纸开明。此卷仅二场经艺后录首场首艺起讲,二场诸艺不复见于三场策问之后。我辈试时,亦复如是。盖变易已久矣。第一场卷面正中,有墨书"第壹百叁拾捌名"七字,此为拆弥封时考官所题中式之名次。是科正考官,工部尚书协办大学士彭蕴章,江苏长洲县人;副考官工部尚书全庆,满洲正白旗人;左都御史许乃普,浙江钱塘县人;内阁学士刘崐,云南景东厅人;同考官则吴江殷兆镛,太仓陆增祥,汤溪贡璜,祥符张桐,大兴陈泰初,瑞安孙衣言,宛平邵亨豫,吴县潘祖荫,江夏彭瑞毓,昆明萧培元,大兴俞奎垣,钱塘吴凤藻,武陟毛昶熙,满洲衍秀,仁和龚自闳,仁和金钧,仪征谢增,新乡郭祥瑞也。是岁放榜在四月初九日,中式者凡二百十六人。会元马元瑞。阅五日,新贡士在保和殿复试,《四书》文一,五言八韵诗一,题皆钦命。诗文不点句,不记添注涂改字数,亦不弥封,然仍不欲使阅者知某卷为某人之作,故试卷卷面钤礼部之印。中以浮签记新贡士姓名,令于交卷时揭去,致留空白一方,别以片纸写所作诗首句,下记本人姓名,随卷交纳。俟进呈钦定名次后,取出核对,始予揭晓。是科复试阅卷者:文庆、彭蕴章、朱凤标、何彤云、赵光、杜翮、朱嶟、全庆、沈兆霖、景廉，徐树铭凡十一人，见于翁文端《知心斋日记》。不知何以独用奇数？又复试取列一等第一者，为赵有淳云。

（约 1940 年）*

（转录自《涉园序跋集录》，张元济著，
顾廷龙编，古典文学出版社 1957 年 7 月版）

---

\*《涉园序跋集录》所辑是文，未见撰写日期。据"今停罢已三十余年"语推算，约撰于 1940 年前后。——编者

## 《高夔北先生殿试策卷》跋

　　同学高贞一出示其尊翁夔北先生殿试策卷，属题。卷故藏礼部衙门，此因经鼎革后散出，其乡人许君得之京师，归诸贞一。手泽如新，兼存国故，致足珍也。按殿试为有清取士大典，自光绪三十年甲辰科后，永远停罢，迄今四十余年，一朝典制，渐就湮没，不胜慨叹！谨就所亲历，并参以昔人记录，略述大要，俾世人有所考证焉。清制每逢丑、辰、未、戌年三月，集各省举人于京师，举行会试。榜发后，复试。无疵者，始得赴殿试。试期在四月二十一日。先期一日，礼部奏请颁派读卷大臣八人。时被派者：为福锟、张之万、翁同龢、潘祖荫、景善、徐郙、廖寿恒、沈秉成，卷背墨印，即诸大臣之姓也。奉命后，即集南书房拟策题八道进呈。经御笔选用其四，复就选定者，拟具制策。再呈进，发下，即同赴内阁衙门大堂，写刻题纸。监试御史莅场，护军统领将内阁前后门封闭，关防严密。中书二人分缮毕，授工匠刊刷，终夕竣事。翌日黎明，内阁学士入，捧题纸出，至保和殿，陈于东堂案上。读卷大臣朝服随出，序立于丹陛下。时新贡士集中左门，听候点名授卷。卷由礼部印制，故底叶有印卷官二人衔名。凡粘接处背面，均钤有礼部堂印。卷面署应殿试举人臣某某，卷内首叶填注年岁、履贯并三代脚色，均礼吏所办，非本人自书也。领卷后，鱼贯入，至保和殿，安设考具毕，复出，序立于丹陛下。读卷大臣为首者，入殿捧题纸出，授礼部堂官。礼部堂官由中路至丹陛，设于案上，读卷大臣率诸贡士行三跪九叩首礼，读卷大臣退。礼部司员分发题纸，诸贡士跪受，复入殿内，就坐对策。殿上原设矮桌，高仅尺许，东西对向。桌上均粘贡士姓名。定制，当依所定位次，趺坐地毡上，据桌撰写。然应试者，均自携折叠考桌，就地支起，高逾二尺，即以考箱作坐具，舒适多矣。在殿上各呼相识接席联坐，谈笑自若，凌乱无序。监试之大臣数人，徘徊于殿门内外，熟视无睹。想皇帝亲临，当不尔尔。盖临轩策士之举，久已视为具文矣。试策程式，起用"臣对臣闻"四字，末用"臣末学新进"至"臣谨对"二十余字。全卷凡八叶，叶各十二行，行字无定数。然相沿均二十四字，行必到底。以七叶四行为合格，必着一甲。第高下全凭书法，故所对多敷衍词头，凑合字数，而专注意于缮写。全卷凡一千九百余字，卷纸甚厚，字体亦巨，无论撰作，即誊写亦甚不易易矣。发题在日出以后，尽一日之力，试卷写竟，先呈监试王大臣，于卷末画押。携考具出，至中左门，翰林院派收掌四员，驻彼交卷。收卷后，即付弥封。原卷端两叶有折叠痕，并用纸捻穿钉，加印弥封官关防。今虽揭去，然余纸尚存，可验也。翌日读卷大臣上殿读卷，按卷数均分，每人各得若干。就所设矮桌展阅。阅毕，复彼此互阅，称为转桌。各就眼力所及，各于本人姓下作一圈，或尖或点，以定高下。惟圈不见点，尖不见直。反是则为凌躐，应受处分。检阅是卷背有墨印八人之姓，即是科所派读卷大臣。凡二圈六尖，即转桌既毕，乃公定前十本，亲粘签书定甲第。其余则各标识排定，交内阁供事粘签。是卷卷背弥封官关防，纸侧所粘黄签"第二甲陆拾玖名"者，即是相传殿试书法，以黑大方光为上。先生书法秀劲，不合时趋，故仅得二圈，余皆为尖，不能列入高第也。凡两日阅卷毕，次日具摺，由内阁呈进前十本。读卷大臣同时入觐，候钦定。间有将原定次第更动者。是科一无更动，即就御案前拆去弥封，以次呈阅。读卷大臣退至南书房，写具名单进呈。候发下，读卷大臣携至乾清门外按名呼唤。诸贡士均齐集，候于阶下，闻呼者即出班，随诸大臣入宫引见而出。读卷大臣复退至南书房，用朱笔判前十人甲第。至内阁大堂写黄榜，饬供事将其余各卷拆去弥封，由诸大臣分判甲第。是卷卷面有朱笔"第二甲陆拾玖"七字，即读卷大臣所书也。传胪亦为大典，皇帝升太和殿，读卷大臣及百官均朝服行礼。鸿胪寺官引新贡士序立宣制。第一甲赐进士及第，第二甲赐进士出身，第三甲赐同进士出身。复引第一甲三人出班就六七品品级山跪，余不出班行礼。其实新贡士除一甲三人外，到者绝少。盖亦视同具文矣。胪唱后，礼部奉黄榜出午门，置龙亭内，舁亭至东直门外张挂，并由内阁复呈进全榜《题名录》，交礼部刊刻之。礼部抄录策题及各进士甲第名次交工部，国子监镌碑，树立于圣庙大成门外。至是而殿试事毕。殿试后，复有朝考，别定高下，与殿试甲第参核授职。此别为一事，故不论。

（1945 年 1 月）*

（录自文稿）

---

* 文稿不署撰写年月，现据 1945 年 1 月 18 日作者致颜文凯（乐真）信（载本书第 3 卷第 504 页）推定。——编者

## 题《陆文慎手卷》

  嘉定陆伯葵先生于余为七科前辈。余馆选后，以后辈之礼晋谒，未获相见。其后于廖仲山师家偶一晋接，嗣余与粤友设通艺学堂于宣武城南，其长公子芝田来共学，因得闻先生行谊甚详，时深向往。戊戌政变，余以新党落职，匆匆南返，叹亲炙而无由，即芝田亦稀通音问矣。萝庵贤婿为先生外孙，出示此卷，为先生手书，叙其家世及生平事迹，而系念温如同年之言行及所以勖勉萝庵与其二兄者尤深。卷末读书养志、植品择友、识时择术、兄弟妯娌和睦为主。布帛菽粟之言，可为家范，可为座右铭。萝庵昆仲世宝之。

二十六年十一月九日。

（录自文稿）

## 为陈思明题康长素书札

　　右为故友康君长素与吾郡沈子培先生书札三十二通。其寻常通问者八,中有一通为丁巳除夕前一日,时距宣统复辟已半年矣。又请评书画者七,乞文及书者各三。培老学术渊雅,诗文卓然名家,书法尤得汉魏人神髓,脱尽尘俗。至昔人所作书画,一过目即能辨其真赝。一代学人,固不仅以一艺名也。外此有十一通,多涉时事,大抵为复辟前后作。或还沪上,或居青岛,所作词气甚愤,殊有抑郁谁语之慨。语多隐晦,非他人所能揣测,且不记年月,更无从定其先后。然所指诸人有可知者:"秀实"当为段祺瑞,曰"止"者当为瞿子玖相国;曰"涛"者当为沈涛园,名瑜庆;曰"聘"者当为王聘三,名乃征,曰"葱"者当为刘葱石,名世珩;曰"甘"者当为汪甘卿,名钟霖;曰"孺"者则为麦孺博,名孟华;"潘生"为潘飞声,名□海,均长素门下士也。余与长素政见不尽相合。戊戌变法,诏罢科举、设学堂,余劝其南下一意兴学,长素不从,急进不已,卒酿八月六日之变,至日落虞渊,余以为绝似日挥一戈之事,故复辟之事一无所知。然二公惓惓于故国故君之意,至可敬,亦可悲也。迩者海日楼藏弃尽散,武进陈君思明得之沪壖。故人手泽,不致湮没。书此记幸。

(1944年9月)*<br>(录自文稿)

---

\* 文稿不署撰写年月。罗品洁致作者便条,有作者批注:"陈宝恒,字思明。丁巳除夕,通候八,乞诗三、文三,时事十一,评书画七。"所言与本文内容吻合。作者批注注明日期"33/9/21"(载本书第2卷第458页),可据以推定是文撰写年月。——编者

## 再跋康长素与沈子培书

　　前跋写竟,陈君又以长素书札十三通见示,均与培老者。录常通问者二,请评书画者三,介绍者一,讽谏者二:一劝勿专作棒喝,此确能道出培老真相之病;一言其久于总署,又未游外,故重视外人。此却得失参半。培老岂专重外人者? 然非君子之交固不能作此直言也。其涉于时事者五通,大都在复辟以前。书多作商榷语。其时参政院尚存,故欲先作军民合作以动之。又言各督反对"大树"岂敢。又言"曹吴北望,安能妄动","曹"必指曹锟,"吴"必指吴佩孚矣。又言"所求已遂,其气自消"。但先有一信称"大树",此声称又云"南京",必指冯国璋言。又言"未知桓侯与憎更有以何法"。"桓侯"指张勋,"憎"则指胡晴初名。嗣瑗与余为僚婿,憎仲为其别字,其人忠于清室,彼时固在冯幕中也,必与闻复辟之役。外此属友白子文则不知何人。甲申寒露节日,元济再识。

(1944 年 10 月 8 日)
(录自文稿)

## 为刘忍斋跋康长素札

　　吾友刘君忍斋示余康君长素与沈培老尺牍一通，作于戊午二月七日，盖在复辟事败后一年，其时当已还居沪上。书言乞□东游，似有东渡日本之意。然后此似未成行，不久亦移居青岛。所谓"美森淀"者，必为复辟事败，避居在使馆界内之客馆。长素以光绪十五年举广东乡试，其题为《五有三者必世而后仁》，其文曾刊入闱墨，一时传诵，故培老历数十年后尚能追忆也。长素欲乞培老写成征题，作为八股废后佳话。文人绨习，犹可想见。回忆戊戌之岁，累□□，属行新政。陕西宋芝洞[栋]侍御奏废八股，设学堂。诏下之时，长素留居日下，日日鼓吹变法甚力。余谓长素，八股既废，千百年之锢习一旦扫除，聪明才智之士必将争入学堂，讲求实学，一二十年后人才辈出，新政之行，易如反掌，力劝长素作一结束，不必更求其他，即日南下，尽力兴学。而长素不从，且益急进，竟酿成八月六日之变。就令余言得行，亦未必□阻格，然终当不至如后来之剧，而拳祸不作，而我国亦不至成为今日之□。吾不长素与培老谈及艺股时，犹忆及□□否也？回首前尘，可胜浩叹。长素论及书法，确不落时下窠臼，谓生平永不临《争坐帖》，盖犹是其卑唐之见，然其所以卑唐者，乃谓唐碑多已磨刓，所见者皆翻变之枣木，谓人不宜摹临，并非谓唐人不能书也。长素固言善学右军者，惟清法累变，能师右军之所师，此言所□，与清□血脉亦同。其言外之意未尝亦推重颜书也。余在他处见长素与培老书数十通，多作隐语，他人多不可解。如此书所言："某某不见，吾亦不望之"，亦不知所指为何人也。三十三年十一月二十九日。

（录自文稿）

## 《吴绶卿先生遗诗》序

　　吾不见绶卿久矣。去岁夏,余以事入都,思访之,继知其治军于外,不果往。越两月而绶卿被刺于石家庄。无识与不识皆痛惜之,佥谓绶卿不死,京津大局必早底定,武汉南北两军亦不致激成恶战,然则绶卿死而因之死者且千万人。语云:死有重于泰山。其绶卿之谓矣。犹忆十四年前,拳乱方炽,绶卿与陈君锦涛、温君宗尧会于余居,谋所以安定之策。绶卿解衣磅礴,意气激壮,发语悲愤,尝以手抵案不止。此情此景,犹在目前。今绶卿以身殉国,而澜生、钦甫亦均能奔走国事,肩任艰巨。余独优游海上,甘自暇逸,真愧对吾死友也。谢君炳朴从绶卿戍边有年,以其遗诗来示余。余不能诗,然读之益追念绶卿不置。绶卿不必以诗传,而能使后之读者想见其为人,则是编之辑未始无助也。中华民国元年三月,海盐张元济敬题。

　　(原载《东方杂志》第 8 卷第 10 号,1912 年 4 月 1 日发行)

## 排印本《勤业庐吟稿》序

香山、东坡、剑南、石湖诸家之诗,谐婉闲适,其境以宦成身退之时尤多,故吟咏虽关性情,亦视所处地位何如耳。海昌吴君芸孙,绩学君子也。奉母读书,园林栖逸,与孺人为鹿门之隐,生平未尝急近功利。今岁余回里,得一奉手。别后,以其家兔床先生手校旧书,函示借读,并寄其自编《勤业庐吟稿》属为弁言,转商务印书馆为之排印。诗自光绪甲申迄近年之作,都凡六卷,虽不必出于香山、东坡、剑南、石湖诸家宗派,而以生平未近功利,又能读书养性,雅言娱亲,故其音谐婉,其旨闲适,少作无率易之弊,晚年无衰飒之句,历四十年而体格不变,亦可谓自成一家者矣。吾知铅椠既竟,必当传诵一时。因乐而书之,俾附简末云。乙丑,海盐张元济。

(1925年)

(原载《勤业庐吟稿》,吴昌年著,1925年排印线装本)

## 《古文苑》为朱菊生作

　　是书淳熙时所刻,为无注本。至绍定时章樵为之训注,析为二十一卷,刊成于嘉熙丙申。今淳祐重修刊本尚存,二十年前余辑印《四部丛刊》,曾假诸铁琴铜剑楼瞿氏景印行世。瞿氏又有影写宋刻无注本,《志》称原刊本,为赵凡夫旧藏。纸墨鲜明,字画端措。其子灵均钩摹一本。叶林宗见而异之,录成一册。其后陆敕先又假诸林宗,命诸童子历三日夜而毕,仅存其款式而已。此本有灵均手跋,并钤名号印章,盖即最初钩摹之本。全书用朱笔校订,补阙正讹至极。审其笔迹,颇与灵均卷末所记宋讳相肖,疑亦灵均所为。末叶何义门手跋,谓为毛斧季所赠,盖已由小宛堂而入于汲古阁矣。惟凡夫所藏宋刻,其后即不复见,今恐未必尚在人间。然则能窥见是书宋本真面者,仅此而已,可不宝诸。甲申初春,海盐张元济。

（1944年2月）<br>（录自文稿）

# 宋本《新刊诸儒批点古文集成》跋

余年来喜购古书而见闻寡陋，得之难，识之亦不易。辛亥冬，傅沅叔同年来沪上，至涵芬楼观余所搜得旧籍，因相与讨论版本，聚首数月，几无日不相过从，甚可乐也。沅叔嗜书过于余，尝躬走苏杭宁绍，游览山水之暇，辄诣书肆搜览丛残，多有所获，且为余购善本不少。一日语余，有书估自苏州来，携有《古文集成》一部，书系宋本，曾藏江建霞前辈许。余亟趣观，精彩夺目。检视行款，与《四库提要》悉相合。凡宋人指斥金源之语，均经墨笔删改。宋本书之可贵，人谁不知，而当日馆臣至不惜点窜其文字，此其故可以想见，留遗至今，尤足动人感喟。急劝沅叔购之，毋令失之交臂。今沅叔将携以北行，余既幸有此眼福，及亡友之书得所依托，而又深喜吾良友之得此秘籍以归也。因书数语以识之。壬子新历五月一日，海盐张元济。

（1912年5月1日）

（录自抄稿）

## 商务印书馆排印本《戊戌六君子遗集》序

丙辰余将谋辑《戊戌六君子遗集》，先后从归安朱古微祖谋、中江王病山乃徵、山阴王书衡式通、闽县李拔可宣龚、南海何澄意天柱得谭复生、林暾谷、杨叔侨[峤]、刘培村四参政、杨漪村侍御遗箸；独康幼博茂才诗若文未之或见，仅获其题潘兰史《独立图》绝句一首。屡求之长素，谓家稿散漫，且无暇最录，以从阙为言。然培村之文，经病山驰书其弟索久不获，漪村之诗，则止于壬午以前，书衡求后集于其嗣子，亦不可得也。戊戌距今才二十年，政变至烈，六君子之遇害至惨且酷，其震骇宇宙，动荡幽愤，遏抑以万变，忽忽蹈坎阱，移陵埋谷，以祸今日；匪直前代之钩党株累，邪正消长，以构一姓之覆亡已也！故輓近国政转变，运会倾圮，六君子者，实世之先觉；而其成仁就义，又天下后世所深哀者。独其文章若存若亡，悠悠者散佚于天壤间，抑不得尽此区区后死者之责，循斯以往，将湮于丛残，旧文益不可辑，可胜慨哉！默念当日，余追随数子辇下，几席谈论，旨归一揆。其起而惴惴谋国，盖恫于中外古今之故，有不计一己之利害者，而不测之祸，果发于旋踵。余幸不死，放逐江海，又二十年，始为诸君子求遗稿而刊之。生死离合，虽复刳肝沥纸，感喟有不能喻者矣！复生遗箸尚有《仁学》一卷，《石菊隐庐笔识》二卷，兹编所录，止于诗文。丁巳初夏，海盐张元济谨识。

（1917 年 5 月）

（原载《戊戌六君子遗集》，张元济编，上海商务印书馆 1917 年版）

## 民国辛巳年刊本《吹万楼文集》评语[*]

　　大文捧诵，觉其意境恬逸，每读一篇，辄欲求其次，惟恐或尽。曩读归震川文，有此情景，不知何以如此相似。继检得归震川年谱序，乃知先生曾浸淫于其文者，故能有此吻合也。

（约 1941 年）

（转录自《高燮集》，高燮著，高铦　高锌　谷文娟编，<br>中国人民大学出版社 1999 年 8 月出版）

---

[*]《吹万楼文集》，高燮著，金山高氏藏版，民国辛巳年（1941 年）刊成，全书 18 卷，分订 6 册。《高燮集》前言载有"张元济评语"，但不注明所据。据行文语气，可能摘自张元济致高燮的感谢信，当书于刊成后不久。因编者未查到原件，仅能转录此片段文字，并沿用"评语"二字作为本文文题。——编者

# 排印本《止葊诗存》序

今人言诗者,有新旧之别。何谓旧?恪守前人法度,选词贵雅,运事必审,声调气韵,或崇魏晋,或摹唐宋,隐然各有其疆域,非习之数十年,不能达其堂室者,是为旧诗。何谓新?出口成文,纯任自然,句之短长,殊无定式,多不用韵,等于常谈,其体仿自西洋,是为新诗。二者之间,严守畛域,互为诋斥,几有不能并立之势。余窃非之。夫诗以言志,言志者所以抒写其性情,而非用以彰文字之美,若必逞妍斗巧,则是桎梏其心思,而何有于言志?然必如新诗之尽废格律,毫无可以吟咏之趣,则竟写散文可已,而又何有于诗?余不能诗,而独喜读《白氏长庆集》。展卷吟玩,深有感于吾心,谓是为诗人之诗。不图今又于周君止葊得之。止葊之诗冲和雅淡,置之《长庆集》中,殆无少逊。其《凫茈咏》、《枵腹吟》及悯世、慨世、劝世诸作,则白氏之讽喻诗也。其《趣园吟》、《山居杂咏》、《知足歌》、《七十述怀》、《病中自广》及告诸子写入生圹诸作,则白氏之闲适诗也。其《悯华侨》、《叹灾民》、《哀族难》、《悔过吟》诸作,则白氏之感伤诗也。止葊先官直隶,有政声,民国既建,长财政,多所擘画,尤以振兴实业为务。其宦迹与白氏若相类,若不相类,而从政不得行其志,洁身引退,暮年多病,栖心释梵,则全与白氏合。其所作诗大都成于退居之后,自言以香山、放翁诗为养心药饵,故濡染于白氏者尤深。史称:"乐天诗词,书于观寺、邮候、墙壁之上,道于妾妇、牛童、马走之口,缮写、模勒、衔卖于市井,村校儿童,竞习歌咏。"斯集既成,流播之广,殆将如是。是则止葊之诗,其必可于新、旧二者间各据一席,且可为之沟通也乎。民国纪元三十七年十月世姻愚弟海盐张元济拜序。

(原载《止葊诗存》,周学熙著,1948年7月排印线装本)

# 商务印书馆排印本《岭南诗存》跋

元济幼随宦广东,颇留意此邦文献。南园前后五子集,乾隆间重刊,久经散佚,即明末遗老脍炙人口之句,亦仅散见于《感旧篦衍集》中。虽屈翁山、丁勖庵、王蒲衣、梁崇简辈,皆尝有志采辑,而未见传书(见学海堂黄子高谈粤诗绝句)。道光末,温谦山舍人辑《诗文海》,上起曲江,下迄冯黎,都凡九百余家,颇称详赡。嗣是而《粤诗搜逸》、《鸿雪轩十三家》继起,搜遗补缺,尤足补《诗海》之未逮。然《诗海》版,近经焚毁,市肆购至数十金,且不易得,而向日所编《广东诗粹》、《岭南风雅》等书凡数种,胥湮没无存。此吾友何翙高同年所以有兹编之选也。《诗文海》志在网罗文献,务求详尽,以人存诗,卷帙繁重,多束高阁,仅备检查。虽以古人如元遗山之《中州集》、钱牧斋之《列朝诗》、阮文达之《两浙轴轩录》,皆不免榛兰并采之憾,体制则然也。兹编以诗存人,主约而精,取便讲诵。嘉道后作者:《楚庭耆旧集》、《学海堂集》具有存书,所采从略。而宋、明遗老之作,甄选独富。殆由身世之感,针磁相投。而明、清之际,亦粤诗极盛时代也。余因读此编,别有感焉:余先后旅粤二十余年,稔其土俗,窃怪粤人善歌,好为窈窕眇曼之音。海滨日落,蛋船姑嫂倚棹为粤讴,缠绵悱恻,节拍天然(俗称咸水歌)。瑶峒月夜,男女隔岭相唱和,兴往情来,余音袅娜,犹存歌仙之遗风。一字千迴百折,哀厉而长(俗称山歌,惠潮客籍尤盛),嫁女前夕,姊妹恋别,哭以当歌。随口成文,如古谣谚(古称坐堂词,俗称送嫁曲,又妇女送殡哭临亦然)。乡村秋获,星月在天,村农醵钱,席草地,唱木鱼(俗称大棚),十数童子,联腔合唱,跌荡激越,声泪俱下。语浅俚而情遥深,时得楚《骚》、古乐府遗意。广东音韵之妙,殆出天性,故于学诗尤近。王渔洋谓其僻处岭南,不染江左习气,犹未尽也。粤自张曲江开有唐一代正声,陈白沙讲学江门,复重诗教。故历代名臣硕儒,殆无不工诗者。故即此一编,而广东名人古迹,已十得七八矣。其诸谈粤乘者所不废欤?诗随选随钞,行辈先后,未及诠次,亦汲古阁《六十家词选》例也。海盐张元济谨跋。

(原载《岭南诗存》,邹崖逋者钞读,商务印书馆1925年4月初版)

## 题潘博山藏《缪小山辑友人手札》

比闻吾友潘博山得缪小山先生所辑朋辈书札数十册于北平，昨介其戚顾君起潜携一册见示。中有余书十六通，大都作于光宣之际暨民国初年者，皆讨论收书及通假藏书之事，中有三通为记室汤君颐叔代笔。当时所见多为湘中袁氏漱六、丰顺丁氏持静斋、满洲盛氏意园之物，琳琅满目，亦已幻若云烟矣。册中凡九人，存者满洲宝瑞臣，今在长春；山阴蔡鹤颀，侨居香港；武进董授经，今在北平。南北暌隔，邈不相见。余如萍乡文芸阁学士、山阴俞恪士观察，稍长于余；吴县王扞郑、湘乡李亦园、萧山汤蛰仙三君皆余壬辰同榜，年齿亦相若，今尽化为异物。故交零落，世事沧桑，为之黯然。中华民国二十八年十二月二十二日，海盐张元济识。

（录自文稿。又载《艺风堂友朋书札》，<br>上海古籍出版社 1981 年第 1 版）

# 影印汲古阁毛氏精写本《稼轩词》跋

　　光绪季年,余为涵芬楼收得太仓谀闻斋顾氏藏书,中有汲古阁毛氏精写《稼轩词》甲、乙、丙三集,诧为罕见。取与所刊《宋六十一家词》相校,则绝然不同。刊本以词调长短为次,此则以撰作先后为次也。久思覆印,以缺丁集不果行。未几,双照楼景印《宋金元明人词》,刊是三集,顾不言其所自来,而行款悉合。意必同出一源。然何以亦缺丁集,殆分散后而始传录者欤？吾友赵斐云据抄明吴文恪辑本补印丁集,同一旧抄,滋多误字。拾遗补缺,美犹有憾。去岁斐云南来,语余近见某估得精写丁集,为虞山旧山楼赵氏故物,正可配涵芬楼本,且或为一书两析者。余踪迹得之,介吾友潘博山、顾起潜索观,果如斐云言。毛氏印记与前三集悉同,且原装亦未改易,遂斥重金得之。龙剑必合,不可谓非书林佳话矣。娅婿夏剑丞精于倚声,亟亟假阅,谓与行世诸本有霄壤之别,定为源出宋椠。余初不能无疑,回环复诵,乃知毛氏写校即一点一画之微,亦不肯轻率从事。丹铅杂出,其为字不成,暨空格未填补者,凡数十见,盖为当时校而未竟之书。然即此未竟之工,尤足证其有独具之胜。如乙集:《最高楼》第三首,《答晋臣》"甚唤得雪来白倒雪,□唤得月来香杀月",诸本空格均作"便",而是本涂去者却是"便"字。《水龙吟》第一首（第二见）,《过南剑双溪楼》,"峡□□江对起",诸本"峡"下二字,均作"束苍",而是本涂去者上为"夹"字,下却是"苍"字。《鹧鸪天》第二首,《席上再用韵》"落日残□更断肠",诸本空格均作"鸦",而是本涂去者却是"鸦"字。又第三首,《败棋赋梅雨》,"漠漠轻□拨不开",诸本空格均作"阴",而是本涂去者却是"阴"字。丙集:《木兰花慢》第二首,《题上饶郡圃翠微楼》,"笙歌雾鬓□鬟",诸本空格均作"风",而是本涂去者却是"风"字。《踏沙行》,《赋稼轩集经句》,"日之夕矣□□下",诸本"夕矣"下二字均作"牛羊",而是本涂去者却是"牛羊"二字。《雨中花慢登新楼有怀昌父斯远仲止子似民瞻》,"旧雨常来,今□不来",诸本空格均作"雨",而是本涂去者却是"雨"字。揣其所以涂改之故,必为误书而非本字。诸本臆改,适蹈其非。其他窜补与既涂之字,绝不同者,为数尤夥。原存空格,亦大都填注,无迹可寻。以上文之例推之,决不能与原书吻合。得见是本,殊令人有犹及阙文之感矣。《稼轩词》为世推重,余既得此仅存之本,且赖良友之助,得为完璧,其何敢不公诸同好。剑丞既为之书后,胡君文楷又取行世诸本勘其异同,撰为《校记》,其为是本独有而不见于他本者,亦一一胪举,今俱附印于后,俾阅者有所参核。范开《序》谓"裒集冥搜,才逾百首。"是编乃有四百三十九首。梁任公疑丙、丁二集未经范手厘订,然即甲、乙二集,亦已得二百二十五首,或范《序》专为甲集而作,乙集而下,续《序》不无散佚。又诸家所刊在是编外者,有词一百七十九首,岂即出于范《序》所言近时流布海内之赝本欤?吾甚望他日或有更胜之本出,得以一释斯疑也。民国纪元二十有九年二月四日,海盐张元济。

(转录自《1911—1984 影印善本书序跋集录》,
北京图书馆善本组编,中华书局 1995 年 4 月版)

## 汲古阁钞宋临安书棚本《梅屋诗余》识语

夏历辛未正月廿五日,海盐张元济观。

（1931 年 3 月 13 日）

（录自杜泽逊抄稿）

## 玻璃版影印元刊《琵琶记》识语

董授经先生赠。丙寅正月二十八日,元济记。

此元刊《琵琶记》,甚不易得。兹用玻璃版精印,真面具存,可珍也。

(1926 年 3 月 12 日)

(录自原书)

与古籍收购、藏弃、影印、出版
相关之著述及文字资料

## 收买旧书广告

（1909年3月16日）

兹为保存国粹起见，拟搜罗旧学书籍。无论经、史、子、集，只须版本精美，的系旧刊，或据善本影抄，或经名人手校，均可收购。海内藏书家有愿割爱者，祈将书名、册数、撰人姓氏、序跋姓氏、刊印时代、行款、纸色、有无残缺损破、欲得售价若干，逐项开示，迳寄敝寓。信资自给。合用者即当函商一切，否则恕不答复，伏乞雅鉴。

上海新垃圾桥浜北长康里
沿马路武原张公馆谨启
（原载《教育杂志》第一年第二期，宣统元年二月二十五日，商务印书馆发行）

# 购书杂记十六则

(1909—1912 年)

编者按：《购书杂记》，上海图书馆藏，著录书名《涵芬楼购书杂记》，稿本，采用荣宝斋出品竖式帐本，共84叶，半叶12行，红色框线，分上、下两栏。所记大多为友人或书估送来之书目，上栏记书名、册数，下栏记版本状况。张元济手迹与他人手迹杂陈，更有未识是否张元济手迹之文字。今选该书记事十六则，确系张元济手迹者，编入本书，次序先后悉循原书。文题为编者所加。

## 一

在《苏氏易解》八册至《吴诗集览》十二册，共一百四十三种书名后记述

以上系湖南湘潭袁漱六藏本，由王曦隅介绍交来，索价万金。以价太昂，遂还之。

缪小山亦曾看过，谓真西山《文章正宗》的系宋本，《昼帘余论》、《吕东莱集》次之。《张伯颜文选》、《本草》、《冲虚至德真经》亦真元本。各史书皆三朝本之早印者，《南北史》、《隋书》尤佳，可值三千金，至多为五千元，云云。

## 二

南仲经手送来《北堂书钞》，抄本，十四册。

校过。每册有"王宗炎印"，毫无损伤，索五百元。

半叶十二行，十八字、廿字、廿二字不等。卷一百卅九《车部总载》，卷一百五十八至一百六十《穴泥沙石》均大字无注，与爱日精庐藏书所载同。仪顾堂题跋有此书。

取陈禹谟补本核对，其《凡例》所指各条一一符合，则此的系据原本录出

矣。

十一日送还,未还价。

## 三

北京后门外鸭儿胡同广化寺西边路北栅栏门董宅来信:

元本《史记》一部。卷首有董浦序。蒙古中统二年版,共四十册。每页廿八行,行廿五字。

按是书有两刻本,一海宁吴槎客藏钱警石《校史记·杂记》谓"犹避宋讳",又"每叶末行外上角标题篇名《田敬仲世家》作《后齐世家》,其他尚有讹脱不少"。一为海源阁杨氏所藏,与前一种所举各节均不合。

又中统二年尚称蒙古,迨至元八年十一月始改国号曰元。董浦序"中统"上署"皇元"二字,自是后人追改。然既署"皇元",则犹是元缮可知。

有明建阳尹覆本,标题款式全经窜易。皕宋楼藏每页栏外标题篇名"明游明本"即从此出。

## 四

沂州李小岩寄来《宋文鉴》十册。己酉十一月廿四日。每叶廿六行,行廿一字。白棉纸。缺卷一至十五,卷卅二至四十,卷四十七至五十四,卷八十九至一百十二,卷一百廿一至一百廿八,卷一百卅六至一百四十三。此书最先有建宁书坊刊本,文字颇多脱误。嘉泰甲子梁溪沈有开参校订正,刊于徽州郡斋。嘉定辛巳赵彦以东莱家本改补三万余字,刊而新之。端平元年,刘炳复重修刊行。常熟瞿氏藏有嘉泰本,最可贵。皕宋楼有端平修本,亦不易得。此为明天顺八年严州府张邵龄据宋本翻雕之本,书名划去"圣宋皇朝"等字亦间有存者,而"文鉴"二字均低二格,痕迹犹未尽泯,或谓出自建宁坊刻,然为明代最早刊本矣。

## 五

己酉十月初二陈达衢(枚肃)交来旧书,十月初二日收九十册。

《近光集》至《孟子外书》共七十六种

右书索价千三百元,云已有人还壹千。惟照以上满量估计,尚不及一半,不过二百余元,已覆谢,并将原目送还。惟拟单购先代所藏《陶集》及所刊《词林纪事》两种,询价若干,由我私购。得覆不能析售,只可作罢。

十月初九日 菊生注

## 六

己酉十一月十六日沈芝芳交阅

(此处天头记)辛亥五月廿四日交来《通鉴纪事本末》一册,系第二本。半页十二行,行廿八字。"太上御名"两见,"桓"字缺,"殷"字不缺。棉厚纸,仪顾堂跋:"淳熙严州本,每页廿六行,行廿四字;淳祐湖州大字本,每页廿二行,行十九字,均版心有字数及刻工姓名。"与此皆不符。续查此系明湖广巡抚丰城李栻翻宋严州小字本,又称岳州本。

## 七

己酉十二月初九至城内谀闻斋顾氏看书

| | |
|---|---|
| 北窗代枕编　抄　二册一函 | 八元 |
| 读画录　蔬香亭清课抄本　一册 | 一元 |
| 明抄穆天子传　一册一函　有印记　卷页甚少 | 四元 |
| 文房肆考　乾隆刊本　二册 | 一元 |
| 续金陵粹编　明刊　八册不全 | 二元 |
| 杜工部草堂诗笺　宋刊　十二册 | |

缺第一、二、十、十二、十六、十七、十八、十九。第三册系抄配。瞿氏有

此书,只后半部。　　　　　　　　　　　　　　一百二十元

李长吉集句解定本　明刊　二册　　　　　　　　一元

玉壶冰　抄　明都元敬集古　一册　　　　　　　二元

玉豁生樊南文集 新刻本　八册　　　　　　　　　一元

续礼记集说　抄本　四册,自卷六十一至七十,余均缺　十元

唐书　元板明配　五十七册

　　目全缺,本纪十三卷全缺,志五十六卷全缺。

　　表缺《宰相表》篇三至十,又十一下。列传缺篇十一至十三,二十一至二十五,三十五,三十六,四十五至四十七,五十二至五十八,一〇一至一〇三,一二〇至一二二,一二五,一三一至一三六,一四一,一四二上,一四七下,一四八。

释音只有卷一至九,余缺。录全缺。　　　　　　三十六元

隋书　十册　缺卷一至十三,十五,廿二至廿九,卅三至八十五。只存十卷。
　　　　　　　　　　　　　　　　　　　　　　十元

　　另有丛书袖珍本,约四十册,又医书两种。

## 八

　　宋史　首二册,疑是元刊明补,有汲古阁印记,伪造。

　　辛亥二月十七日,苏州专诸巷孙永年托朱永昌送来。据朱君云,孙君有书七、八箱,亦拟售去。已函询,如可出示,当往看。

## 九

　　辛亥三月初,扬州文富堂邱绍周交来:

分类补注李太白诗,衬订四十本,十一行,廿三字,小字同。白棉纸。圈点并混改。索二百五十元,还一百二十元。

山堂考索,明慎独斋本,黄纸,有顾千里竹垞、覃溪诸人印章。索一百八十元,还八十元。

白云稿，天右朱右，明初人。《四库》发还本，只五卷。抄本，比丁氏抄本少六卷，让至七十元。未还价。

世说新语，明翻宋本，染黄色纸。索一百零十元，未还价。

仅购入《扬子法言》、《玉台新咏》、《华夷花木鸟兽珍玩考》、《两罍轩钟鼎款识》、《阮刻列女传》、《张氏玉篇广韵》、《松陵绝妙诗选》共八种，计一百三十元。

余托配《武英殿丛书》，元每册半元。邱云绵纸《世德堂六子》约四、五十元。

## 十

辛亥四月初六日从陈养田，徽州人，在法大马路公泰当内，购入：

明板吕泾野集，不全，卅本 ⎱
明本六书正为、说文，八本 ⎰ 八元。

## 十一

辛亥十一月十九日，苏州南显子巷廿四号潘仲午来信，有：

元板胡注资治通鉴，二十匣，嘉靖初年印。索价五百元。

元板礼记纂言，四匣。

## 十二

同日，陈渭泉送来：

吴郡志，首册一本。言有廿四本，衬订，索价三百元。半叶九行，行十八字。有赵汝汈序、三序，有总目一叶，目录六页，目录后有校勘人名四行，为刘九思尚有一人、李起、汪泰亨、李宏。序首行下有"汪士钟藏"印记、"沈与文印"、"姑余山人印"、"徐乾学健庵"等印。全书共六百七十三叶，计卷二十缺第一、二叶，抄补一百零一叶。明板补配卷四三、四□五叶；四八，二。

辛亥十一月廿一日渭泉又送宋版《后村集》一册，云全书四十册；《诗人玉屑》一册,册数未详;《曹子建集》四册、《玉台新咏》四册,价尚未知(系徐仲明书,住苏州桃花坞八十三号,沈念岵介绍)。星如代查,《后村集》与《仪顾堂题跋续编》所载"每叶二十行,行二十一字"者相同;又谓"卷一至十六皆淳熙庚戌腊月以前作,卷十七、八《诗话》,卷十九、二十《诗余》,二十以后皆文",与此本亦合。但此本将《诗余》移在《诗话》前,用朱笔改为卷五十,而改《诗话》原卷十七者为卷五十一,不知何故。卷端有"汪士钟"、"阆源真赏"两朱文方印。考《艺芸精舍书目》,确有此书,列入宋本。惟题"刘刻后村集六十卷",又与陆氏所载不同。

《诗人玉屑》据丁氏书目,此当是明武林复古生谢氏刊本,每页廿二行,行廿一字。

《曹集》及《玉台新咏》系寻常本,不记。

## 十三

壬子阳历七月卅一日为沈子培向刘少卿购元板《国朝名臣事略》一部,计十五卷,共二百卅二叶,有"吴翌凤"、"郁泰峰"、"汪厚斋阆"及"安乐堂"诸印记。计银一百五十五元,亦丁氏持静斋故物也。

## 十四

壬子八月二日,清江韦枢堂持来《罗鄂州小集》一部。全书约百叶,十一行,廿一字,字系赵体,共五卷,又附录一卷,认为洪武本。

## 十五

翁覃续纂《四库提要》稿本,由广东分馆于壬子阳历七月中旬寄到第一函之一,十一页;二十函之五,十二页;又目录一本。开明共二十四函,每函六册,依目录检查,共约一千五百九十六页,有书一千零四种。另有武英殿刻聚珍版书目六函末,第二次分书三十四种七函首,附记书目十三函首,共五十四页,开价五千元。第一次还八百元,让至二千六百元;第二次加为一千元;

第三次又加二百元,如用广东钞票,可作为千五百元。九月廿八日去信,加至毫子二千元。信内言明照毫子算,如购妥,即照目录点明抽出,箱子托妥当人带来。

## 十六

壬十一月五日卞瑞芝来言,有《指海》,余言可值百元;

又有《百川学海》,余言如早印,书精,亦可出百元。

又言《戏鸿堂印谱》五集,余言十余元一集。渠言开价百元。余言每集可在十元外。

(录自《购书杂记》,稿本,上海图书馆藏)

# 《邵亭知见传本书目》批注*

(1911—1925 年)

书目副页批注：上栏朱笔数目为蒋氏书目号数，下栏朱笔及上栏墨笔为涵芬楼精本书目号数。蒋书\*\* 难印者以△为记。

### 仪礼集说十七卷　　元敖继公撰

壬子十月十七日，汤伯和携一部来。中缝上有字数，下间有刻工姓名。双鱼尾，上作❖形，下作❀。半页十二行，行十八字，注均低一格。的是元刊。索一百六十元。惜蛀损太甚，且有缺叶。还之。

### 详注东莱左氏博议二十五卷　　宋吕祖谦撰　　其门人张成招注

壬子十二月，见一巾箱，每页廿行，行廿字，小字双行。字数同总目。每卷上有花牌，每篇次第上有黑地白字。共百六八节。有璜川吴氏印。似明覆元本。索价过昂，未留。

### 春秋左传句解六十卷　　宋林尧叟撰

癸丑年四月，见一大字本，十行廿二字，曾藏无锡邹念乔、常熟翁同书家。疑是元本。标题作"《春秋经左氏传句解》卷之○"。同年七月十五日，冯昆圃（孤岭路廿九号）又携来一册，有季沧苇印，行款同前。

### 论语全解十卷　　宋陈祥道撰

江南图书馆有一部，系袁漱六藏钞本，曾送四库后发还者。壬子五月初五日，书估杨复堂携来一部，亦钞本。棉纸，蓝格，有吴兔床及拜经楼印。

### 乐书二百卷　　宋陈旸撰

辛亥十二月廿四日，在汲修斋见二庆元刊本，行款相合。前有杨万里序四页,次为礼部刊书牒文,次为进书表及《乐书序》,次为吏部尚书臣执中等十几人看详议,又次为诏目录。共四十八册。

结衔为迪功郎建昌军南丰县主簿林宇冲校勘,字体殊劣,图亦不精。有"五砚楼"、"苏州袁氏家藏"、"建安杨氏传家图书"三印。

### 三国志六十五卷　　晋陈寿撰

癸丑年四月七日,见一元本,十行廿二字。

### 六朝政事纪年

辛亥七月,在京见《六朝政事纪年》,用编年体载梁、陈、隋、后周、后汉、唐事,又称《六朝宝训政事纪年》。四库未收,无撰人名氏,精钞本。有"知不足斋鲍以文藏书印"、"修竹斋收藏图书印"、"臣莘印"、"商丘宋氏收藏善本印"、"刘氏善喜海一字燕藏书印"。首叶有"道光元年重阳日客次南昌王筠记"一行。

### 通鉴纪事本末四十二卷　　宋袁枢撰

己未二月,见宋刊大字本,半页十行,行十九字。高英尺十寸半,页宽七寸七分。每字约五分见方。"徵"字、"玄"字缺末笔,"郭"字、"敬"字不避。

### 蜀鉴十卷　　宋郭允蹈撰

辛亥七月,书贾魏子敏携一部来,缺卷四至卷八。每叶十六行,行十六字。无方序。然不敢断为元刻也。

### 诸葛武侯传一卷　　宋张栻撰

壬子十二月一日,在刘澂如处见宋本一部,有荛圃跋。

### 元朝名臣事略十五卷　　元苏天爵撰

昭文张氏元本,余于壬子六月见之。半叶十三行,行廿四字,系自丰顺丁氏散出者。瞿氏有此书,亦余志安刊本。有"士礼居藏印"。丁氏有校元统本。

## 通鉴总类二十卷　宋沈枢撰

壬子六月,见丰顺丁氏散出一部,宋本,十一行廿三字,小黑口。中缝有字数,鱼尾下为书名、卷数,又下为门类。叶数间有刻工姓名。前有嘉定元年楼钥序。瞿氏有元至正苏州郡庠后刻本,明印。又书中有圈句,宋本无之。惟宋本于"桓"、"敬"、"殷"、"徵"、"讓"等讳均不避。

## 脾胃论三卷　金李杲撰

辛亥七月,在京师翰文斋见有《济生拔萃方》一部,每叶廿四行,行廿四字。仅存《针经摘英》、《云岐脉诀论治》、《珍珠囊》、《医学发明》、《脾胃论》、《此事难知》、《医垒元戎》、《阴证略例》、《保命集论》、《活法机要》、《卫生宝鉴》、《杂类名方》十二种。缺《针经节要》、《云岐针法》、《流注指要》、《洁古家珍》、《斑论萃英》、《田氏保婴集》、《兰室秘藏》七种。索价百五十两。

## 书品一卷　梁庾肩吾撰

己未年,在来青阁购得所谓《画苑珠林》者计十五种。除○出各种外,尚有《续画品录》、《后画录》、《图画歌》、《山水论》不见。本目录系明嘉靖刻本,非全书也。按○出者为下列各种:《古画品录》、《书品》、《续画品》、《贞观公私画史》、《历代名画记》、《唐朝名画录》、《笔法记》、《五代名画补遗》、《宋朝名画评》、《益州名画录》、《画史》、《画继》。

## 法书要录十卷　唐张彦远撰

壬子新五月,见一何义门校汲古阁本。跋称:"康熙丙戌借得内府宋椠陈思《书苑菁华》略校一过,后又得吴岫方山所藏万历旧钞本覆校一过。改正不止一、二处,且第十卷错谬尤甚。复脱去数帖。因以谭公度所藏《墨池编》抄本参校之。"卷首标明抄本每叶十行,每行十六字,然非影抄。

义门无印记。但有"孙尔准平叔校本"、"武原马氏藏书"、"马玉堂笏斋"等印。汤伯和经手,索价二百元。

## 唐朝名画录一卷　　唐朱景元撰

癸丑七月,在朱秉乾处见一明翻宋本,与《五代名画补遗》、《宋朝名画评》合订一册。十一行,廿一字。宋讳皆避。白棉纸。

## 图绘宝鉴五卷续编一卷

壬子新五月,见有明印残本《书法钩玄》一册,只存卷三、四。有黄荛圃跋,"毛子晋"、"毛斧季"印记共五十五番。荛圃跋称"以百余钱得之"。余还价十元,已百倍原值矣。

## 日知录三十二卷　　清顾炎武撰

辛亥七月,在京见《日知录之余》一部,共四卷,系邵腴仙借抄士礼居本。

## 论衡三十卷　　汉王充撰

辛亥七月,京贾送一通津草堂本来。白棉纸,每叶廿行,行廿字。板心下有"通津草堂"四字。

## 示儿编二十三卷　　宋孙奕撰

丁巳五月,汤阶青携一抄本来。顾千里据宋本校甚详,自谓为:"足当此书世间第一本矣。"

## 自警编九卷　　宋赵善璙编

癸丑阳五月,见一宋刊本,十行廿字。有三分之二为汲古阁补抄,持静斋散出,十行廿字,大字。

## 翰苑新书前集七十卷后集上二十六卷后集下六卷别集十二卷续集四十二卷　　不著撰人

辛亥七月,在京见一部,系明抄本。《前集》缺卷廿六至卅二,《后集·上》缺卷一至六,《别集》缺卷一至六,现存三十八本,缺四本。陆皕宋楼有此书,亦抄本,不著撰人名氏。瞿氏有《前集》、《续集》。

### 楚词集注八卷辨证二卷后语六卷　宋朱熹撰

辛亥七月,在厂肆见一大字本。每叶八行,每行十七字,小字双行。衬订十本,索价六十两。云明元本,似未确。

### 陶渊明集八卷　晋陶潜撰

辛亥七月,在厂肆见一部。书名《笺注陶渊明集》,元刻本。每叶十八行,行十六字。卷首有昭明太子序,末有李公焕《集录总论》。

### 鲍参军集十卷　南朝宋鲍照撰

壬子阳历六月,陈蕴山送来明板一部,十行十七字,似明初本。毛斧季据宋本校。宋本每幅廿行,行十六字,小字不等。有"虞山毛扆手校"长方印、"黄丕烈印"、"荛圃"、"士礼居藏"、"席玉照读书记"、"爱日精庐张氏藏书记"等印。校甚详。卷末有毛斧季手迹一行。

### 黄氏补注杜诗三十六卷　宋黄希原本子鹤成之

辛亥七月在京见一《四库》。

### 草堂诗笺五十卷　宋鲁訔撰

壬子六月,见一《杜工部集》,五十卷,无注,缺目录。有《外集》,仅一卷,疑亦不全。每叶二十行,行二十字。字为颜柳体。白棉纸印,似嘉靖前刊本。刘葆良携来。

### 王右丞集注二十八卷附录二卷　唐王维撰

辛亥七月,在京见一奇字斋本,即系嘉靖卅四年锡山武陵顾伯子刻,题《类笺唐王右丞诗集》。共十卷,首小引,次进鲁书表,次列传,次世系,次凡例,次正讹,次年谱,次同咏,次赠题,次诗画评,次目录。每叶十八行,行十八字。

**李元宾文编三卷外编二卷**　　唐李观撰

辛亥七月初六日,在厂肆正文斋见一钞本,有知不足斋印。《外编》卷二缺《帖经日上王侍御书》一首,余亦间有缺文。

**樊川文集二十卷外集一卷别集一卷**　　唐杜牧撰

壬子六月,见丰顺丁氏藏本。明刊,十行十八字。沅叔有嘉靖翻宋本,十行十八字,有詠川公印记。允余另购一部互换。

**寇忠愍公诗集三卷**　　宋寇准撰

十一年七月,在北京孔群书社见一弘治本。给价壹佰元。

**文正集二十卷别集四卷补编五卷**　　宋范仲淹撰

辛亥七月,在正文斋见一部,不全。《政府奏议》末有元统二年八世孙文英跋。每叶廿四行,行二十二字。

**伐檀集二卷**　　宋黄庶撰

壬子二月,为傅沅叔购得嘉靖刻本一部。卷首有皇祐五年十二月青社自序,首叶第二行为"前宁州知州婺源叶天爵刊行",第三行"知州九溪乔迁订补"。末叶有诸孙荦跋。半页十二行,行廿一字。

**文忠集百五十三卷附录五卷**　　宋欧阳修撰

壬子十二月廿三日,扬州书估陆汉卿携一部五十卷来。题《欧阳文忠公集》,次行题"临川后学曾鲁得之考异"。半叶十二行,行廿一字。卷一末行有"熙宁五年秋七月男发等编"。查各家书目,惟海源阁有之,亦称不经见之本。

乙丑十一月十五日,苏州人吴尧善字舜臣约至贝勒路同益里三弄第十号张东荪家看一宋本。仅见首尾两册。有周必大跋(卷首无序,仅有徐乾学印章二方),每半叶十行,行十五六字不等。字大悦目,纸墨俱佳(用薄皮纸),惜补抄者有十一二卷。《金石录》十卷完全抄配。此外阙叶抄补亦数十番。索价三、四千元。此系庆元二年刊本。此书后为傅沅叔所得,价二千二百元。

**忠宣文集廿卷奏议二卷遗文一卷附录一卷补编一卷**　宋范纯仁撰

辛亥七月,在正文斋见一部。每叶廿四行、行二十字,卷首有四明楼钥序。

**王荆公诗注五十卷**　宋李壁撰

余家藏本。壬子正月在位西先生子伯䌹处见有目录一册。位西先生有长跋在卷端,言得于京师,价只八金。书中并无印记。邵跋云,卷三十、五十末页均缺,亦无年谱。以是知为余家旧藏。

**老圃集二卷**　宋洪刍撰

辛亥七月初六日,在厂肆正文斋见一《四库》稿本,缺去第一页、第二半页。

**豫章文集十七卷**　宋罗从彦撰

辛亥十二月廿四日见一部。题曰《豫章罗先生文集》。共十七卷。首有年谱,为进士曹正道编次、校正。半叶十三行,行廿三字。黑口本。卷一《经解》原全阙,卷九、卷十三亦有原阙者,但无序跋,不能定为何时刊本。然纸墨甚古,断为元本无疑。有"泰峰"、"田耕堂藏"两印,目录五叶,年谱三,卷一1,卷二13,卷三12,抄一,卷四12,卷五11,抄二,卷六11,抄一,卷七12,卷八11,卷九10,抄一,卷十13,卷十一7,卷十二5,卷十三4,卷十四6,卷十五5,卷十六9,卷十七5,抄一,共一百四十七叶,除去抄六叶。

**晦庵集一百卷续集五卷别集七卷**　宋朱熹撰

辛亥七月,在翰文斋见一嘉靖壬辰刊本,有饶平苏信卿序。白棉纸。每叶廿四行,行廿二字。目录后有婺源潘潢题语。据云《文集》一百卷,《续集》十卷,《别集》十一卷。未见全书,每卷后有考异。

癸丑七月,文求堂寄来二本,十行十九字,"徵"、"擴"、"殷"、"玄"、"贞"

等字皆避。然墨色极淡,薄棉纸,似非宋印,且有抄配镶补。卷三末有《考异》。全书五十六册,索值六百四十元。

戊午冬,澄海高氏以所得丁氏一部来售。每页廿二行,行廿二字。索价二千元。

### 止斋文集五十二卷附录一卷　　宋陈傅良撰

辛亥七月,在京见一正德元年林长繁本。每叶廿六行,行廿三字。卷首有王瓒序,有曹叔远原序,卷末有曹叔远跋,正德林长繁跋。

阅林跋,似此书张伯纯并未刊行,林即携张稿至永嘉付梓者。

### 蠹斋铅刀编三十二卷　　宋周孚撰

丁巳五月,汤阶平携一影宋抄本来。不精。九行十八字,有缺笔。《四库》底本。

### 后村集五十卷　　宋刘克庄撰

壬子年,上海沈念岵携一部来,系元板。十行廿一字。只见两册:(一)《诗余》原卷二十,改作五十,《诗话》原卷十七,改作五十一;(一)《诗话》原卷十八,改作五十二,《玉牒初草》原卷四十三,改作五十三。原卷二十末页有"门人迪功郎新差明州司法参军林秀发编次"一行。每册首叶有"汪士钟印"、"阆源真赏"两印。

### 雪矶丛稿五卷　　宋乐雷发撰

辛亥七月,在正文斋见一《四库》稿本,有翰林院典籍厅关防。卷首有自序,末有嗣孙宣跋。

### 梅屋集五卷　　宋许棐撰

许为海盐人。辛亥七月初六日在厂肆正文斋见一《四库》底本,有"翰林院印"。《葛无怀小集》一卷,宋葛天民撰,丁有景宋抄本,《四库》未收。

同日又见有宋杨至质《勿斋集》一种,分上、下二卷,亦有翰林院印。

### 古梅吟稿六卷　　宋吴龙翰撰

辛亥七月,在正文斋见有吴龙翰《古梅遗稿》《四库》底本一册。有翰林院印,卷首有程元凤序。

### 玉斗山人集三卷　　元王奕撰

辛亥七月初六日,在京厂肆正文斋见一《四库》稿本。有翰林院印。

### 续轩渠集十卷附录一卷　　元洪希文撰

辛亥七月初六日,在正文斋见一残本,为淡生堂抄本。有"山阴祁氏藏书之章"、"旷翁手识"、"澹生堂经籍记"三印。又有"子孙永珍"一行。卷首有翰林院印。惜仅存卷一、二,卷五、六,余均佚。

### 道园学古录五十卷　　元虞集撰

辛亥七月,在厂甸见一部。白棉纸本。半叶十二行,行廿三字。疑是景泰覆本,然未见首册。

### 道园遗稿十六卷　　元虞集撰

壬子八月廿一日,见一元刊《伯生诗续编》,凡三卷。卷上为四言三首,五言四首,七言十八首;卷中七言八句四十五首;下卷七言绝句五十六首,五言八句十四首,五言绝句十二首,附题叶氏四爱堂诗卷序及吴全节、马祖常、高履亨、夏文泳、揭傒斯、王伦徒、谢君与、王士点诗,又伯生钱梅野诗序及诗一首(诗已不全)。目录后有"是集乃学士晚年所作皆常作尤为得敬刻之梓与骚坛共之时至元后庚辰刘氏日新堂谨识"四行。半叶十行,行十五字。字仿赵体,行书凡五十一番,内钞补十三番,极精。为岛田翰所得,价廿五元。

### 篁墩集九十三卷　　明程敏政撰

辛亥七月,在厂肆得见一部。卷首有像,次画像记,次诰命,次传。北海汎东之撰,附门生大庚张九逵识语。白棉纸。半页十一行,行廿一字。

### 梦泽集二十三卷　明王廷栋撰

辛亥七月，京贾魏子敏送一部来。白棉纸。系万历壬寅追淳刻本。每叶廿行，行廿字。

### 古文苑二十一卷　不著编辑人名氏

辛亥七月，在厂甸文琳堂见一明本。白棉纸。印有抄补闽藩张琳序，冒称明本。索价八十两。半叶十行，行十八字。

### 三苏先生文粹七十卷

戊午冬，澄海高氏以所得丁氏一部来售。每页廿八行，行廿六字。索价四百元。

### 宋文鉴一百五十卷

严州本。每叶二十六行廿一字。出自建宁坊本。明天顺八年，严州府张邵龄翻雕，拜经楼藏，后归杭州丁氏。

癸丑六月，见一残宋刻大字本。十行十九字，避讳甚严。中缝有"甲午重刊"字。按甲午为理宗端平三年。

### 崇古文诀三十五卷　宋楼昉编

壬子二月，见一部。有宝庆丁亥端月既望延平姚瑢序二页，目录十三页。标题《新刊迂斋先生标注崇古文诀》，次行有"松陵后学吴邦桢邦杰校正"一行。半页九行，行十九字。旁有评语及粗线。

（转录自顾廷龙《张元济访书手记辑录》，<br>载《出版史料》1991年第2期）

\* 张元济于辛亥(1911)至乙丑(1925)年间，为涵芬楼访求善本古籍，为辑印《四部丛刊》、《百衲本二十四史》等古籍丛书准备底本，将部分本人所见善本、傅增湘有藏之本及据各家书目标注之行格，批注于宣统元年东京田中氏铅印本《邵亭知见传本书目》上。1987年顾廷龙以其中"所记凡系岁月者"，撰成《张元济访书手记辑录》，载《出版史料》1991年第2期。现以顾文所选辑张元济文字编入本书。

\*\* 蒋书为密韵楼蒋氏藏书。

——编者

# 托、代傅增湘购书帐目三份[*]

（1913 年 7 月 9 日）

代付：买杨惺吾书四百元　《李》、《颜》二集四十四元　定《古学汇刊》三元　《续墨客挥犀》十二元　又天津分馆拨付四十元（购《明大诰》等用）付朱秉乾卅四元共五百卅二元

一月卅收一百元（来信注明邓拨书价，故前帐未列）　一月十四收二百元　二月廿九收一百元（来信未言明，故收尊帐）四月廿五收一百元　《劝善书》十四元　《写经》售价四十八元　《大义觉迷录》廿元　《洪武大诰》卅六元　《甲乙汇略》、《流寇编年》、《明季甲乙两年汇略》廿四元　共收六百四十二元。前以一百拨邓帐，故云收五百四十二元，应找上九元。今再以一百元付邓帐，则尚欠九十一元，新购《陶学士集》不在内。

二年七月九日存抄

（1914 年 7 月 17 日）

收项

《陶学士集》廿二元　大生纱厂息一百卅五元八角四分六　《明后书金刚经》廿元　天津分馆拨来三百元　《启札天章》四十元　抄本《谢山集》五十二元　《明记野史》（四函）二十元　《刘梦得集》四十六元　共六百卅五元八角四分六，续查明购杨氏书时，曾将书价扣还一百元（杭州所借）故应除去。

元济再记

付项

复《宋五代史》四元二角　交缪小翁刻书二百元　王雪岑《柳州集》一百

元　李宝泉廿八元　罗纹纸三元六角　邮费二角二分五　向杭州分馆借用一百元（原二百已收回一百）　旧负九十一元　拨杭州翰墨斋四十元　共五百六十七元零二分五　除收应找六十八元八角二分一

元济三年七月十七日结

（1914 年 12 月 9 日）

收《唐人集》十本八元　《皇明政要》六本、《奏疏辑要》十五本、《诏敕》十二本六十四元　《大典》一本八十六元　《佛经》三本四元　天津汇下一百元　大生厂息合洋银三百卅八元五角一分　共收六百元零五角一分

付杭州用二百元　《梅山续稿》一本三元　李宝泉廿元　陈韫山（《墨子》价）四元　郑长发（《通鉴》价）二百九十九元八角　陈韫山（《欧集》价）四十四元　郑长发廿四元　共付四百九十四元八角，除收实存壹百另五元七角一分

三年十二月九日结　张元济

（录自《张元济傅增湘论书尺牍》，商务印书馆 1983 年 10 月版）

\* 标题为编者所加。——编者

# 在孙毓修交来书目单上的批注*

（约 1917 年）

《六臣注文选》六十卷（宋赣州刊本）

《渊颖吴先生集》十二卷附录一卷

《伯生诗续编》三卷

《皮子文薮》十卷（明刻本）

《栟榈*先生文集》二十五卷（旧钞本）

《朝野新声太平乐府》九卷（影写元本）

《太平宝训圣政纪年》五卷①

《王文公集佚*文》一卷

《南雷余集》一卷（传钞本）

《敬业堂集外诗》三卷（传钞本）②

张元济批注：

① 本馆去年曾买得钞本一部，不知有无异同？拟借一对。

② 此有先六世叔祖题跋，烦欲假一阅。

（录自原件）

* 此件系打字稿书目一页，"栟榈"、"佚"三字为孙毓修手迹，上海图书馆归入《孙毓修尺牍》中，张元济批注系手迹。据此可推定为孙毓修送请张元济审阅之书目单。此中《敬业堂集外诗》三卷及张元济批注内容，可能书于1917年张、孙编辑《涵芬楼秘笈》，张元济撰《敬业堂集补遗》跋之时。标题为编者所加。——编者

# 刊印《槜李文系》征集遗文启

(1921年8月)*

嘉兴忻君虞卿辑成《槜李文系》四十六卷,久未刊行。同人以乡邦文献攸关,怂恿付梓。原书起自汉,迄光绪中,虑犹有阙,亟思增补,并拟广至宣统季年,继代为书。海内宏达,同州诸彦,藏有旧嘉兴府属先正文字,无论已否成集,咸请录副见示。篇帙较繁,则择其尤者。更乞编次仕履,附采言行,作为小传,以识生平。分任收稿者:京师金君籛孙、杭州陈君尚旃、龚君未生、嘉兴王君蔀畇、嘉善钱君铭伯、海盐谈君麟祥、平湖张君厚芗、石门陈君瀛客、桐乡沈君耆洛,并于各省及上海商务印书馆设代收稿处,转寄上海葛词蔚、张菊生两君汇成。如蒙代辑遗文,即祈就近送交各处,但截至辛酉年终为止。原书凡例及姓氏总目已编印成册,分赠同志。如承索阅,请函致各收稿处,即当寄奉。伏维公鉴。嘉郡同人谨启。

(转录自《张元济诗文》,商务印书馆1986年10月版)

* 撰文年月据《张元济诗文》。——编者

# 重印正统《道藏》缘起

（1922年）*

　　道家之书荟粹成藏，始自六朝。历唐、宋、金、元，递有增辑。卷帙繁夥，靡可殚究。其详见于至元十二年《道藏尊经历代纲目》刻石。至明正统十年，重辑全藏，以千文编次，自天字至英字。万历三十五年《续藏》自杜字至缨字，三洞四辅十二类，都五百二十函，五千四百八十五册。经厂刊版，率用旧规。传至有清，旧庋于大光明殿，日有损缺。迨庚子之乱，存版尽毁。各省道观藏本亦稀。京师白云观乃长春真人祖庭，为北宗灵宇，独存全藏，几成孤帙。虽经、箓、符、图，类属晚出，而地志、传记，旁及医药、占卜之书，或出晋、宋以前，或为唐人所撰。清代《四库》既未甄收，藏书家亦鲜传录。其中周秦诸子，半据宋刊，金元专集，尤多秘笈。乾嘉学者研索及斯，只义单辞，珍侔星凤，采辑未竟，有待方来。至若琼简琳文，玄言毕萃，非资博览，曷阐真源。宗教学术，所系重已。仆等远怀神契，近闵颓波，深惧古籍就湮，幽诠终閟。因议重印，用广流传。经东海徐公慨出俸钱，成斯宏举。特与商务印书馆订约，专承印事。合并梵夹，改为线装。摹影校勘，三载克毕。海内闳达，尚垂察焉。

　　　　发起人　赵尔巽　康有为　李盛铎　张　謇　田文烈
　　　　　　　　董　康　熊希龄　钱能训　江朝宗　梁启超
　　　　　　　　黄炎培　张元济　傅增湘　同启

（转录自《1911—1984影印善本书序跋集录》，
北京图书馆善本组编，中华书局1995年4月版）

　\* 撰文年份据1922年9月9日、9月27日张元济致傅增湘信（载本书第3卷第309、310页）推定。——编者

## 附件　重印正统《道藏》广告

　　道家之书荟粹成藏，始自六朝，历唐、宋、金、元，递有增辑。至明正统十

年，重辑全藏，万历三十五年又辑续藏，都五百二十函，五千四百八十五册。清时庋版于大光明殿，日有损缺。迨庚子之乱，存版尽毁，各省道观藏本亦稀。京师白云观独存全藏，几成孤帙，凡地志、传记及医药、占卜之书，或出晋、宋以前，或为唐人所撰。《四库》既未甄收，藏家亦鲜传录。其中周秦诸子，半据宋刊金元，专集尤多秘笈。宗教学术，所系甚重。兹由海内闳达发起重印，经东海徐公慨任印赀，特属敝馆承印发售，以广流传。预约之方，谨具于左，伏祈公鉴。

书　式　全书约十万页　分装一千二百册　照六开本式　用上等粉连史纸石印　书根上加印书名册数

出书期　全书分六次出齐　自十二年十月至十四年六月　每四月出书一次

预约价　一次全交　每部七百二十元

　　　　三次分交　每次二百八十元

　　　　三次分交　（一）预约时　（二）十三年二月　（三）十三年十月

书橱价　另备书橱四架　楠木制九十元　桧木制六十六元　用否听便

样　本　内附缘起、预约简章及预约定单　承索　请附邮资三分

发售预约　十二年阳历三月截止

　　　　发起人　赵尔巽　康有为　李盛铎　张　謇　田文烈
　　　　　　　　董　康　熊希龄　钱能训　江朝宗　梁启超
　　　　　　　　黄炎培　张元济　傅增湘

商务印书馆启

（原载1922年12月14日《申报》）

# 影印《续古逸丛书》二十种缘起

（1922 年）

涵芬楼前印蜀大字本《孟子》、北宋本《南华真经》，早已见重艺林。近又访得秘笈二十种，仍遵前式，影印流通。并谋购求者之便利，同时付印，开售预约。念此版本之罕见与纸墨之精审，惟《古逸丛书》堪相比拟。因取丛刊之体，以续黎氏之书。预约之方，具如别纸。兹举其目如左。夫天水旧椠已不易觏，矧兹二十种者，皆四部之要书，不传之秘册。历经宋元明清名家奉藏、题识，具有渊源，动瞩骇心，可宝孰甚。摄影传神，无异真迹，与旧时仿宋写样上版、辗转失真者，不可以道里计。海内同志，必以先睹为快也。

涵芬楼启

## 北宋本尔雅疏十卷三册

宋刻《尔雅疏》，乾嘉间吴中有二本，一藏士礼居黄氏，一藏五砚楼袁氏。士礼居本后归陈氏向山阁。此本有仲鱼图记，是即经籍跋文所载本也。比通行注疏本佳处，详见经籍跋文。考《玉海》，咸平三年二月，命国子祭酒邢昺等重定《尔雅义疏》。四年九月表上，十月命摹版印行。此本遇太祖、太宗、真宗讳，皆阙末笔，而仁宗以下讳，不阙。其为咸平刊本无疑。归安陆氏重开本，非出影刻，不足据也。

## 北宋本说文解字三十卷标目一卷五册

此本旧藏王兰泉司寇家，后归士礼居。《百宋一廛赋》著录。段懋堂大令撰《汲古阁〈说文〉订》，所据之王氏本即此。书中恒、贞等字皆不阙笔。盖北宋真宗时镂版，大徐本第一刻也。间有南宋补叶，版心有重刊字样。卷末有阮文达分书手跋，谓："毛晋所刊即据此。凡有舛异，皆毛扆妄改。"以今证之，毛刊祖宋大字本，惟平津馆、籐花榭两刻，皆以此重开。今与宋本比对，籐花本固讹误百出，平津本亦多所窜改，与孙氏序云"依其旧式，不敢妄改"

者,未能相符也。今以原椠摄影付印,固自丝毫不走。据此校订,庶见许氏之真,洵近世一大奇书也。

### 宋本龙龛手鉴四卷三册

辽释行均字广济,集按《梦溪笔谈》、《郡斋读书志》,并称《龙龛手镜》。今题"手鉴",当是宋人重刻,避翼祖嫌名改之。书中亦避宋讳。辽人著述罕传。是本字大悦目,镌刻精雅,允推秘笈。正不必如《读书敏求记》、《天禄琳琅》之托辽板,以见重也。

### 宋本诸葛武侯传不分卷一册

南轩此传,不载文集。自宋以后,诸家簿录惟《直斋书录》、《也是园书目》载之。近世罕有传本,矧宋刻邪!此本字划精劲,模印清朗,尚是侍讲初雕本。其文阐发武侯生平,考证极确,允推信史。卷首跨行大字题"汉丞相诸葛忠武侯传",卷终书名亦如之。宋讳玄、贞、匡、慎俱阙笔。迭经宋元以来名家收藏,前后印记甚多。卷尾黄荛圃有跋,并见《百宋一廛赋》及《书录》。

### 北宋本文中子中说十卷一册

卷中避宋讳至贞字,盖北宋刊本。密行小字,刻划精严,与瞿氏铁琴铜剑楼藏《冲虚至德真经》同种。缪氏《书影》摹宋初安仁赵谏议宅刊《南华真经》,卷末有"一样□子"四字。以此例之,知此本亦北宋汇刻本也。有钱牧斋、叶林宗手跋。

### 宋绍兴本汉官仪三卷一册

不著撰人。集西汉迁官故事为博戏,不与应劭、卫宏之书同科也。卷末又附二叶,有无名氏书后云:"吾幼年集此,仲原父为之序,书遂流行。及后四十五六年,予年六十,为亳州守,阅旧书,复增损之。"《挈经室外集》据此,为宋刘攽撰。末有"绍兴九年三月临安府雕印"一行,盖初刻在北宋,此改定重刻本也。《四库》未收,惟《天禄琳琅》后编载之。叶数自一至五十六,皆长号,今首叶已失,意即原父序也。道光中歙鲍氏刊本,盖据钞帙,大非宋本面目。

### 宋淳熙本啸堂集古录二卷二册

卷前有李邴汉老序，后有元人补书淳熙丙申曾机伯虞跋，书尾有元统改元干文传手题墨迹。是书出吕大临《考古图》、黄长睿《博古图录》后，在薛尚功《钟鼎款式考》之先。考订精审，摹刻谨严，当时已推为金文善本。惟流传绝少，著录家多不之及，仅《直斋书录解题》一见。明代覆刻本篆文多误，且不恒觏，况为天水原槧邪！向与王复斋《钟鼎款式》同庋阮氏小娜嬛仙馆。翁覃溪学士、阮芸台相国前后俱有题识。

### 宋本新雕注疏珞琭子三命消息赋三卷校正李燕阴阳三命二卷一册

每卷首皆跨行大字题：新雕注疏珞琭子三命消息赋卷第上、第中、第下，卷尾亦如之。次行皆低六格，题"宜春李仝注东方明疏"。每叶二十四行，行大二十字，夹注二十五字。有嘉祐四年己亥李仝序。校定李燕《阴阳三命》，每叶二十八行，行三十四字，与《珞琭子》衔接，不另叶起，分卷处亦不隔流水，书名及题上皆冠一鱼尾。按《郡斋读书志》载："《珞琭子》五卷，皇朝李仝（刊本误全）、东方明撰。"五卷者，盖并李燕书言之。近世未见有著录者。黄尧圃跋谓《读书敏求记》载此书。然《敏求记》本，乃王廷光、李仝、释昙莹、徐子平四家之书，与此截然不同。前后有唐子畏题字及传是楼印记，尧圃跋语所云"胜朝登学圃堂，国朝入传是楼"。墨迹、图章尤足为此书引重者也。

### 宋本老子道德经古本集注二卷二册

题"前玉隆万寿宫掌教南岳寿宁观长讲果山范应元集注直解"。有后序一首，题"湛然堂无隐谷神子范应元薰香谨序"。按焦竑《庄子翼》采撷书目，有范无隐《讲语》，注应元字善甫，蜀顺庆人。序中引及《晦庵参同契》，是生在朱子之后。其书《道藏》未收，焦竑《老子翼》亦未及。诚道家秘册也。标题"老子古本"，中如"烹小鲜"，此作"烹小鳞"；"王大"，此作"人大"。偶拈数处，已大胜时本矣！中缝无书名，惟于叶号上加上、下等字，以识卷数。经文顶格，注低一格。引用旧注人名，皆作白文，注下云云，以○隔之，则直解也。阙笔至敦字，是光宗时雕本。收藏有"锦帆泾上人家"一印。锦帆泾，为吴郡盘门内城濠之名，或元时南园俞氏旧藏欤！

## 宋本曹子建集十卷三册

每卷题：曹子建文集卷第几。第一卷首次行低七字，题"魏陈思王曹植撰"。凡赋四十三篇，诗六十三篇，杂文九十篇。子建集明初活字本无《七步诗》者，已为难得。此本字大悦目，宋刻之至精者。《四库提要》称宋宁宗嘉定六年本。凡赋四十四篇，诗七十四篇，杂文九十二篇，与此本不合。书中慎字省笔，而敦、廓字不省。尚是嘉定以前刻本也。

## 宋蜀本张文昌集四卷一册

卷首题"张文昌文集"，次行题"张籍字文昌"。每卷题前皆标"杂诗"二字。《直斋书录》所载与明人刻本，均作《张司业集》八卷，编次亦截然不同。与下载皇甫持正等六种，皆有楷书"翰林国史院官书"长方木记及"颍川刘考功"藏书印。莫友芝云，刘燕庭藏宋刻唐三十家文集，系刘公㦤及翰林院官书。与此正同。惟书内无东武印记。则此又三十家以外之本矣！翰林国史院印，瞿氏《铁琴铜剑楼目录》以为明代钤记。考翰林国史院，惟元有此制。是在元时已极珍重，况今又历五百余年耶！七种款式皆同，纸墨如一，盖模印亦出于一时。流转迄今，稀如星凤。惟聊城杨氏有《孟浩然集》，常熟瞿氏有残本刘文房、刘梦得、姚少监集。今一朝而得完善者七种，洵艺林之佳话、书城之鸿宝矣！

自《张文昌集》至司空表圣七种，均同一板刻，其字划、纸墨与宋时京杭、建本不同，诸集编次亦异。瞿目有川本之说，以未得佐证，犹作疑辞。按《直斋书录·王右丞集》注云："蜀刻六十家，多异于他处。"《丁卯集》云："蜀本有拾遗二卷。"《一鸣集》云："蜀本但有杂著，无诗。"所举皆与此本合。为蜀刻可无疑矣。至雕刻年代当在宋光宗之世，以《皇甫持正集》中敦字阙笔知之也。黄荛圃跋谓南宋初年刻者，未确。

## 宋蜀本皇甫持正集六卷一册

汲古阁本、艺风堂本第五卷，《吉州刺史厅壁记》下有《睦州录事参军厅壁记》，此本不载，想别有所本也。

## 宋蜀本李长吉文集四卷一册

总目第二行题"李贺字长吉",每卷次行皆标"歌诗"二字。前有京兆杜牧序,中缝书名均作行书"诗歌"。次第与瞿氏藏金本《李贺歌诗编》同。惟金本题目中多脱字,且有讹误。

## 宋蜀本许用晦文集二卷遗诗拾遗附二册

上卷七言律,下卷五言律句。卷首第二行皆题"杂诗",间有自注,字句与他本异者,注一作于其下。下卷后有总录三叶,记自别本。补入篇数题"政和辛卯吴门昇平地弟水轩方回手校"。所举有括苍叶氏、白沙沈氏、京口沈氏、华亭曾氏诸本及拟玄天竺本事等集。贺方回又跋云:"用晦自序本三卷,凡五百篇;后世传本止两卷,三百七十六篇。"此本贺氏增至四百五十四篇,为最多。末后附遗诗(总目称遗诗,卷中又题拾遗)拾遗,凡六十篇,不知何人所辑。《直斋书录》言,蜀本有拾遗二卷,陈氏所见即此本也。

## 宋蜀本郑守愚集三卷一册

目录及卷首皆标"郑守愚文集",下空数格,题"云台编"。次行题"郑谷字守愚",中缝标郑几、谷几。每卷次行皆题"杂著"。前有自序谓:"拾坠补遗,编成三百首,分为上中下三卷,目之为云台编云云。"

## 宋蜀本孙可之文集十卷一册

目录次行题"孙樵字可之",中缝标可之几。首载中和四年自序。其编次:一卷赋,二卷、三卷书,四卷以下皆题杂著。明正德丁丑震泽王氏刊本,行款与此同。而卷二与卷三互易,自当以宋刻为正。汲古阁本卷八《唐故仓部郎中康公墓志铭》,脱杨岩以下二十四字,此本独全。

## 宋蜀本司空表圣文集十卷二册

目录及卷首皆题"司空表圣文集",下空三字题"一鸣集"。中缝亦题一鸣几,目录次行题"司空图字表圣"。前载自序末题有:"唐光启三年泗水司空氏中条王官谷濯缨亭记"。此本有文无诗。《直斋书录解题》云:"蜀本但有杂著,无诗。"此本一卷至四卷、七卷至十卷,皆题"杂著",然则陈氏所见即此本矣!

### 宋本颐堂先生文集五卷一册

《读书敏求记》云:"王灼《颐堂集》五卷。灼字晦叔,号颐堂,遂宁人。隐居不仕。著此集及《碧鸡漫志》、《糖霜谱》。"按《碧鸡漫志》、《糖霜谱》,今有传本,而《文集》则不传。此即述古旧藏,海内孤本也。卷一为古赋,卷二、卷三、卷四为古诗,卷五为近体诗。后有"乾道壬辰六月王抚幹宅谨记"一条。

### 宋本窦氏联珠集一册

唐褚藏言编窦氏五子常、牟、群、庠、巩诗为集,不分卷,亦无目录,析每人诗为一卷。诗首各有小传。此宋淳熙五年王崧写刻本,诗作楷体,跋作行草,字迹极古雅,宋刻中最精善之本。宋讳贞、朗、眺、徵、曙、樹、结、構,均作阙末笔。汲古阁刻本有脱误徵,此本无以订正也。旧藏士礼居,《百宋一廛赋》载之。

### 宋本山谷琴趣外篇三卷一册

汲古阁本《山谷词》一百八十一首。此本多"满庭芳调"《妓女》一阕,凡一百八十二首,次序先后亦与汲古本不同。按宋人词集题"琴趣"者罕见。通行汲古阁本晁无咎词尚存此名,想所据尚是旧本。朱竹垞《词综序例》,载山谷、闲斋二家,《四库提要》所载,又多欧阳修、叶梦得二家,亦并题"琴趣外篇",惜不详所见是何本也。今醉翁、闲斋、无咎,吴氏已据影宋钞本摹刻。此宋刊山谷一家与吴氏新雕本比较,款式悉同,惟吴刻仅依影宋钞本,此据宋椠影印,自更可贵。山谷词之大家,而宋刻流传惟聊城杨氏有宋乾道刊大全集,一卷本单行本今惟见此。《曝书杂记》引钱天树手批《爱日精庐藏书志》,谓:"古盐张氏有宋版琴趣外编,乃欧阳、山谷、淮海三人之词稿。"今淮海未见,欧阳不完,惟山谷岿然独存,岂非仅见之秘笈哉?

## 附录巳印续古逸丛书二种
### 宋大字本孟子十四卷七册

　　经书单注本,明清两朝多有影宋刊本,独《孟子》未见。士礼居仅得影钞本音义刊行,海内已惊为秘笈。此本字大如钱,阙笔至构字。盖孝宗朝重刊北宋蜀大字本也。验其印记,尚是元时松江儒学官书,后入梁蕉林相国家,即孔氏微波榭本《孟子》跋中,所欲借而未得者。诚甲部之瑰宝矣!

### 宋本南华真经十卷五册

　　世行《庄子》,皆以世德堂刻为祖本。其本原于宋元间坊雕纂图互注本,讹误最多。涵芬楼藏南宋椠本卷一至六,凡六卷,北宋椠本卷七之十,凡四卷。珠联璧合,首尾完善,洵为书林佳话。南宋本附音义,每页二十行,行大十八字,夹注二十四字。上下小黑线,左栏外标篇名。北宋本不附音义,每叶二十行,每行大十七八字,夹注二十二三字不等。玄、弘、敬、恒等字皆阙笔,而真、樹等字不避,尚是仁宗前刻本也。

　　(原载《续古逸丛书样本》,商务印书馆1922年线装排印本)

## 傅增湘寄存书籍记事*

(1926年8月17日)

傅沅叔寄存。民国十四年六月一日。

宋本《陆放翁集》三函

宋本《黄容集》四函

宋本《韩文公外集》一函四本

宋本《击壤集》七本

宋本《周易本义》二本

宋本《白帖》十六本

宋本《五代史》廿四本

宋本《客亭类稿》五本

宋本《舆地广记》二本

元本《吕氏春秋》一函四本

元本《名儒草堂诗余》一函三本

鲍校三种一匣

明钞《墨庄漫录》二本

高丽活字本《南唐书》一匣五本

明本《拾遗记》五本

十五年旧历六月初九日在怡和渝点还沅翁,尚有《龙龛手鉴》一书为此单所无,另一单有之,查存公司库中,异日当觅便寄还。民国十五年八月十七日。

(录自手稿)

* 标题为编者所加。——编者

# 在傅增湘寄示樊樊山托售书目单上的批注*

(1927年6月4日)

《北海集》,四十六卷,附录三卷,计五本,宋綦崇礼。
《都官集》,十四卷,计二本,宋陈舜俞。[张批:有]
《缘督集》,二十卷,计四本,宋曾丰。[张批:有]
《涉斋集》,十八卷,计二本,宋许纶。
《横塘集》,二十卷,计三本,宋许翰。
《碧梧玩芳集》,二十四卷,计三本,宋马廷鸾。[张批:有]
《榘庵集》,十五卷,计三本,元周恕。
《初寮集》,十卷,计二本,宋王安中。
《墙东类稿》,二十卷,计四本,元陆文圭。[张批:有]
《中庵集》,二十卷,计三本,元刘敏中。
《伊滨集》,二十四卷,计三本,元王沂。
《王魏公集》,八卷,计一本,宋王安礼。[张批:有]
《文庄集》,三十六卷,计五本,宋夏竦。
《澹斋集》,十八卷,计三本,宋李流谦。
《忠穆集》,八卷,计二本,宋吕颐浩。
《敝帚稿略》,八卷,计二本,宋包恢。
《养吾斋集》,三十二卷,计五本,元刘将孙。
《庄简集》,十八卷,计四本,宋李光。
《相山集》,三十卷,计四本,宋王之道。
《吾吾类稿》,三卷,计一本,元吴皋。
《积斋集》,五卷,计一本,元程端学。
《青崖集》,五卷,计二本,元魏初。
《性情集》,六卷,计一本,元周巽。
《子渊集》,六卷,计一本,元张仲深。

《东安集》,四卷,计一本,元滕安上。

《秋岩诗集》,二卷,计一本,元陈宜甫。

《兰轩集》,十六卷,计二本,元王旭。

《双溪醉隐集》,六卷,计二本,元耶律铸。

《畏斋集》,六卷,计一本,元程端礼。

《西岩集》,二十卷,计二本,元张之翰。

《浮山集》,十卷,计二本,宋仲并。

《鹤林集》,四十卷,计六本,宋吴泳。

《郧溪集》,二十八卷,计四本,宋郑獬。[张批:有]

《紫山大全集》,二十六卷,计七本,元胡祗遹。

《香山集》,十六卷,计二本,宋喻良能。

《山房集》,九卷,计二本,宋周南。

《紫微集》,三十六卷,计六本,宋张嵲。

《楳埜集》,十二卷,计三本,宋徐允杰。[张批:有]

《宫教集》,十二卷,计二本,宋崔敦礼。

《云溪居士集》,三十卷,计五本,宋华镇。[张批:有]

《金氏文集》,二卷,计一本,宋金君卿。

《臞轩集》,十六卷,附逸诗一卷,计四本,宋王迈。

《涧泉集》,二十卷,计四本,宋韩淲。

《方舟集》,二十四卷,计四本,宋李石。[张批:有]

《尊白堂集》,六卷,计二本,宋虞俦。

《大隐集》,十卷,计二本,宋李正民。[张批:有]

《日涉园集》,十卷,计二本,宋李彭。[张批:有]

《东涧集》,十四卷,计二本,宋许应龙。

《青山集》,八卷,计二本,元赵文。

《瓢泉吟集》,五卷,计一本,元朱晞颜。

《文忠集》,六卷,计一本,元王结。

《勤斋集》,八卷,计一本,元萧㪺。[张批:有]

《庸庵集》,十四卷,计一本,元宋禧。

《樗隐集》,六卷,计一本,元胡竹简。

《东塘集》,二十卷,计四本,宋袁说友。

[张批:傅沅叔寄来樊樊山托售书目,云尚有十余种未曾列入,索价六千元,称多数系四库清本。张元济　十六年六月三日]

[张批:书凡五十五种,共一百四十一本。本馆所有者只十二种,共三十五本。商之同人,多以为际此时局,金融停滞,凡此不亟之支出,拟一概停止。机缘不巧,未能应命,负歉之至。并祈向樊山先生婉言为幸。十六年六月四日复。]

(录自《张元济傅增湘论书尺牍》,商务印书馆 1983 年 10 月版)

* 标题为编者所加。——编者

## 傅增湘提议《四部丛刊》改用版本各书书单，商务印书馆经办人意见及张元济批注[*]

(1927年6月27日)

甲、已改。

《孝经》 改用周氏宋刊本。

乙、已印，不及改。

《诗外传》 傅有芙蓉泉书屋本。

《盐铁论》 沈羹梅有真涂桢本。

《中论》 傅有弘治本。

《慎子》 傅有明刻本。

《杨仲弘诗》 彦明允有元刊本。

丙、可改待酌。

留有存版六种。 此六种除《东维子》仅录校记、《昭明》、《寒山》姑仍其旧外，余书三种叶数均不多，虽有存版，改照废弃有限，拟请借到傅书再酌。

《吴越春秋》 傅有正德本。 原用万历本，太习见。

《越绝书》 傅有双柏堂本。 原用万历本，太习见。

《白虎通》 傅有元刊初印本。 原用缪氏元本，多烂版描修之迹。[张批：此书与《风俗通义》同时刻本，确多断烂。]

《梁昭明太子文集》 刘聚卿新刊影宋本最佳。 原用明辽藩本。[张批：商借新刻本似亦可也。]

《寒山子诗》 周叔弢翻宋本颇精。 原用高丽刊本。[张批：商借新刻本似亦可也。]

《东维子集》 傅有据洪武本校本，可录为校记附后。原用旧抄本，误脱极多，有脱至十余行者。

未留存版四种。 此四种本须另照，既可别借善本，自以改易为佳。

《李卫公文集》 朱竹石刻本佳。 原用明刊本，此本多误。

《禅月集》 傅有影宋本,即徐本所从出。 原用景宋钞本,武昌徐氏藏书。[张批:此书仍可向徐氏借照。]

《吴渊颖集》 沈羹梅有盛伯羲旧藏元刊小字本,甚精。原用嘉靖刊本。

《西昆酬唱集》 傅有嘉靖本,极佳,比时刻订正近百字。原用旧抄本。

十六年六月二十七日

\* 书名及版本系傅增湘之建议;甲、乙、丙三类分类及各类处理办法为商务印书馆经办人之意见;张元济批注以[ ]表示。标题为编者所加。——编者

## 附　傅增湘致张元济函

菊公鉴:连奉手示。小儿病承逐日探视,极感。第久不收口,闻之极为焦虑。此在中医看法必是气体虚弱所致,或当服补气血之品,不知西医何以治之?不收口(前后已月余矣)而又发热,恐成疮痨(此俗名也)。希切与医生一商为要。《丛刊》借书原是十六种,不知何以只开八种,岂此外以影本再复耶?兹照单检出七种,余者须至天津检付津馆矣。然其中有两种已不属敝处者,则只可用复印矣。此外少有意见。若尚未付印,公又以为然者,皆可办到也,盼速示及。再者,前交伯恒兑千元,计尊处必已收到。兹再兑上二百元,乞代付医院费用。若尚不足,可示及,当再兑来。钞本《宋元人集》中有四十种是未刻者。然昨借来《双溪醉隐集》、《吾吾类稿》二种,较之刻本均大胜,恐是《四库》初成书时馆中抄存之本。然五千终觉太贵(为册约一百五十六,每册百余叶)。公意何如?可惜红格写手不精,不能付印耳。公处不收,则恐归日本矣。《洪范政鉴》刻要赎回,照片完时再与交涉。近见毛氏精写宋本《旧闻证误》二卷,比《四库》本多数十条。缪小山刻过。索百四十元,只三十余叶耳,然却极好印。以后再印大本丛书,影宋精本如毛氏者亦可加入也。木老《汉书》容询之。《道藏》结算久未致来,乞代一催。《困学纪闻》敝处要五十部久未到,京馆亦尚缺书也。各处共售若干?印工敷开付否?俟此刻亦无款付。若短少数,续售再拨还何如?小儿病换中医治若何?若此间请孙景周世兄治,不过数帖膏即愈耳。近日北方局面正将变化,侍不能南来。若半月内有办法者,或可到申一行耳。此候台安。侍增湘拜启 十六年六月九号

(录自《张元济傅增湘论书尺牍》,商务印书馆1983年10月版)

## 在傅增湘寄示文奎公记书铺书目单上之批注[*]

（1927 年 9 月）

《晋书》 四十本,(元本明印,不甚清朗,然尚可用)八百元。(每半叶十行,每行廿字)

《唐会要》 廿四本,(钞不甚旧)三百元。

《西汉会要》 廿四本,(尚旧,有数册是补钞)四百元。(可付印配蒋书,似照宋本抄,行款则非旧矣)

《唐律疏义》 十本,(旧钞,从元本出)三百元。(不必购)

文奎公记开来至少之值。前单《晋书》开二千元。

别见钞本《唐会要》,颇旧,可付印。墨格,十二巨册,十二行,二十五字,行格式颇旧,要二百四十元。不如收之。[张批:略少可办。]

又见钞本《五代会要》一部(归安陆氏藏本),墨格,十行,二十四字,字颇旧,可付印。要一百廿元。 此二种非文奎书也。

宋本《欧阳文忠集》十二函附便寄呈,为影印之用。[张批:须查京馆照片,以免重复。]

[*] 标题为编者所加。 ——编者

## 附 傅增湘致张元济函

菊公前辈阁下:故宫印书事由梦旦兄面述,不更赘及。文奎公记书目想入览,然其价离奇,佳本难得者亦不多见。属查询《晋书》各价,别纸开呈。顷见伯恒,开去所要各种,其中合用者恐亦不多。钞本书每本四五十元以至百元,实太昂。刻因秋节过,迫待还债,或稍减亦未可知(《危太朴诗》一薄本开价百元,宋人集如《字溪》、《淡轩》等亦百元一册,而抄并不好,远不及前函所云《宋元五十六家》之可用也)。来单所开各种,他处间可访,将来俟其开价后寄下一阅。若其太昂,当别为搜求也。馆中借到诸书已校,先奉还六种,附单乞察收。别寄去《吴越》、《越绝》、《东维子》三种,亦望酌用。此上秋安。侍增湘拜上(丁卯)八月廿日

（1927 年 9 月 15 日）

（录自《张元济傅增湘论书尺牍》,商务印书馆 1983 年 10 月版）

# 商务印书馆向常熟瞿氏铁琴铜剑楼租印善本书合同 *

（1927 年 11 月 14 日）

立合同书主瞿良士、发行人商务印书馆为租印善本书事议定条款如下：

第一条　书主允将收藏之善本书租与发行人印行。

第二条　两方议定：宋元本书、宋元人写本书每部在十册以内者，每册赁金贰拾元；在十册以外者，每册赁金拾伍元。明本书、抄本书、校本书每部在十册以内者，每册赁金拾元；在十册以外者，每册赁金伍元。

第三条　发行人应纳赁金，於领取借书之日如数交付，另出收书收条。每书一部填具一张，载明版本、册数及本书实值，交付书主收执。

第四条　书主收到赁金，另出收款收条，交付发行人收执。

第五条　发行人应将原书保存。凡封面、副叶、衬纸或夹签等均不令损坏散失，於校对完毕后缴还书主，领回收书收条。

第六条　如有损失赔偿之数，照租赁数十倍计算，但全部在二十本以上或最精在四本以下者，应酌量增加至三十倍为止。

第七条　发行人允於印行时如登报广告毋庸叙及书主。

第八条　原书拆卸后，旧装规模已失，书主允收回自行精装，由发行人送所印书一份偿装订之费。

第九条　宋、元、明本中间有抄配者，仍照宋、元、明本计租费。如发行人已得他书配入，则於交书时照数剔除。

第十条　书主允於影印本出版后十年内不将所租印书另行印行，或租借与他人发行。

中华民国十六年十一月十四日。

　　　　　　　　　　　　立合同　书　主　　　瞿良士
　　　　　　　　　　　　发行人　商务印书馆代表　王云五

保证人　　　　　　宗子戴

张元济

（录自合同复印件）

---

\* 张元济 1927 年 11 月 2 日致宗子戴信有"敝公司借印瞿氏善本一事，辱荷周旋，同深感幸。兹拟具约稿，敬呈台核。……如蒙良翁核准，不须重写，即请署名盖章"等语（载本书第 2 卷第 524 页），据以确定合同为张元济亲拟。标题为编者所加。——编者

## 与李伯纶谈话纪要[*]

(1928 年 10 月 2 日)

　　十七年十月二日饯李君伯纶于九江路十三号如意小饭馆。伯纶出一书致予与高翰翁,所售书事相委。余请示以方针,伯纶言前语韩君定价四千番,若减去数百番,亦无不可。余问可否以三千五百为标准,伯纶诺之,并言昔年购书帐尚在苏州,如能觅得,当属家人寄来。余复问韩君,昨来言只愿买刻本,是否可分析?伯纶曰可。余问前估之价,刻本(再加入未估者)、抄本约可各得一半,倘从前购进之价,不止此数,当如何?伯纶属余斟酌。余又声明,书存敝公司已自保火险,可无虑,(云尚欠翰翁代款未还,甚歉)惟公司曾声明不能负责,因难免有意外之事,如去岁之战祸者。伯纶谓此非人力所能为,亦无可如何之事。余又问敝馆拟印《丛刊》续集,将来如觅不到善本,拟借印数种。伯纶谓自可照办,并交余书目一册备考。又言其弟字仲文,现在上海,当属异日过访,如通信可寄北京协和医院转递。

　　张元济记　十七年十月十三日访高翰卿兄,以此及李信示之。

(录自手稿)

[*] 文题为编者所加。——编者

# 为拍摄日藏中华典籍与日本摄影师所订合同

(1928 年 11 月 18 日)

立合同 张元济 郑贞文 因摄照书籍相片事商订契约如左:
汤岛写真场 户塚正幸

一、书页照片由照相人制成阴纸(negative paper)计价八折(纵英尺六寸零分,横英尺拾寸零分)者,每张日金肆拾钱;四折(纵英尺拾寸零分,横英尺拾贰寸零分)者,每张日金柒拾钱,不另给工资。(半折每张日金壹圆叁拾钱)

注意:八折者有字之处最低不得过五英寸捌分之叁,最阔半页不得过四英寸八分之叁。

二、如在工场以外照相时,应由委托人另给照相人以下列各费:

甲、搬运照相机械每一处往返各一次之车资。

乙、东京府内外出照相每日一次之午膳费(以五十钱为度)。

丙、东京府内每日往返一次之电车费之实费。

丁、东京府外外出照相时必须之车费、宿费、膳费之实费。

三、照相人于照相时应十分慎重处理原书。如必须拆开时,经借书人许可,得拆开之。但应由照相人照原式装订,如有损伤情事,一切由照相人负责。惟遇天灾、不可抗力时,不在此限。

四、相片务求明晰,以所交样张为标准。如模糊不及原样时,得由委托人退还照相人再照,不再给费。

五、照相人每照二三百张相片时,应知会委托人代表长泽规矩也、马宗荣二君,约期到汤岛写真场当面点交,包裹完善,由代表人邮寄。邮费一切由委托人负担。

六、委托人于委托照相之时,应预计[付?]拟照片数价款之约半数于照相人。每次收到相片后,应再寄各该次之相片价款之半数于照相人。于最后之一次清算。至第二条各款费用,由照相人于每两个月之终开具清单,交委托人代表核定，寄沪后清算。

　　七、应照之书随时由委托人之代表偕同照相人前往书主处借书，点明册数、页数，交照相人，由照相人出具收据与代表，照毕即由照相人交与代表转还书主。不得有误。

　　八、本合同以双方签字之日发生效力，至委托人拟照之书完毕时为止。

中华民国十七年
　　　　　　　　　拾壹月十八日午后四时于东京帝国ホテル。
日本昭和叁年

　　　　　　　　　委托人　　　张元济　　　郑贞文
　　　　　　　　　委托人代表　长泽规矩也　马宗荣
　　　　　　　　　照相人　　　汤岛写真场　户塚正幸
　　　　　　　　　见证人　　　姜　崎　　　宇野哲人

　　　　　　　　（录自上海档案馆藏原件）

# 国立北平图书馆刊行珍本经籍招股章程

(1930 年 4 月 10 日)

第一条　同人等因鉴于学术界之需求，拟请国立北平图书馆印行珍本经籍，仿《知不足斋丛书》例，以若干种为一集，并得继续刊行至数十集。

第二条　开办费暂定为一万元。除由该馆筹拨一部分作垫款外，余由发起人先行认股，并求助于海内外之赞成者。

第三条　此项开办费共分二百股，每股五十元。同人及赞成者或认一股至数十股，均听各人自便。

第四条　书籍印成后，其发行权及版权均归该馆。认股者均得按定价核折分书。如有认股而不愿分书者，尤拜高谊。

第五条　前十集发售后，如有盈余，当再拟目续印他书，并续招新股，一如前例。

第六条　刊行书籍以罕见及有价值者为标准。

第七条　本章程即日施行。如有未尽事宜，得由发起人随时商洽改订。

发起人　任鸿隽　江　瀚　朱希祖　李煜瀛　李宗侗
　　　　李四光　沈兼士　易培基　周诒春　周作民
　　　　马　鉴　马叙伦　胡　适　容　庚　陈寅恪
　　　　陈　垣　傅斯年　傅增湘　张　继　张元济
　　　　张星烺　杨　铨　叶恭绰　福开森　刘　复
　　　　蔡元培　谈荔孙　蒋梦麟　罗家伦　袁同礼
　　　　　　　　　　　　　　　　　　　　　　同启
　　　　　　　　　　　　　　　　　　十九年四月十日

收款处　北平金城银行或北平图书馆

(录自章程原件)

# 为傅增湘搭印古籍事与商务印书馆出版部之问答[*]

(1930 年 7 月 7 日、7 月 8 日)

十九年七月七日菊公问,七月八日出版部答。

问:傅沅叔君先后寄到高丽纸二千张,为搭印旧书之用。已否收到?其纸有新旧之分否?

答:高丽纸二千张已收到。张数点过,并无短阙。其纸均系旧纸,但不十分旧。(十九年七月二十三日又交去九百张,系赵君万里携来者。次日补送回单,经丁君英桂签收。元济记。)

问:傅君又寄来拟搭印旧书清单,于本月五日寄上。已否收到?

答:搭印旧书清单二纸收到。共书十二种,各印一部。书名列左:《本草衍义》、《东坡集》、《清明集》、《武经七书》、《乐善录》、《历代地理指掌图》、《欧公本末》、《北硐文集外集》、《颖滨大全集》、《诗集传》、《册府元龟》、《群经音辨》(十九年七月十五日又通知加书两种,即《南齐书》、《新五代史》)。

问:傅君又问《欧阳修集》何时可以开印,印时亦搭印高丽旧纸一部。

答:《欧集》尚未开印。印时应搭印高丽旧纸一部。谨接洽。

问:傅君又属高丽纸中有五百张尺寸略大,用以印版心宽大之书。如有破损剔出勿用,将来应寄还。

答:高丽纸二千张中尺寸略大者,仅有四百张。此四百张遵当用以印版心宽大之书。至剔出破损之叶,或酌量裁小,搭印六开书或原张寄还,俟后再定。

丁英桂敬托

(录自《张元济傅增湘论书尺牍》,商务印书馆 1983 年 10 月版)

[*] 标题为编者所加。——编者

## 明弘治四年杨澄刊本《陈伯玉文集》题辞[*]

(1931 年 10 月)

沅叔同年六秩大庆,寄此奉祝。

辛未九月　张元济

(录自手迹复印件)

[*] 标题为编者所加。——编者

# 汪兆镛辑《碑传集后编》目录补注<sup>*</sup>

（约 1931 年末）

现在收得以下诸人碑传、行述等：

| | |
|---|---|
| 彭蕴章行述 | 程学启行状 |
| 陶　模行述 | 陈庆云行述 |
| 赵慎畛行状 | 蒋久庆行状、神道碑 |
| 李　垣事略 | 彭玉麟行状 |
| 景　廉行状 | 张其光行状 |
| 童　华行述 | 杨天龄行状 |

（录自手迹）

<small>* 本目为作者于汪兆镛编《碑传集后编》目录抄稿眉端之批注。批注日期据汪氏题记撰文日期推得。文题为编者所加。——编者</small>

# 北平故宫博物院影印天禄琳琅善本书籍招股章程

（1931 年）*

第一条　同人等因鉴于学术界之需求，拟请北平故宫博物院影印所藏天禄琳琅宋元本善本书籍，以若干种为一集，并得继续刊行至数十集。

第二条　开办费暂定为二万元。除由该院筹拨一部分作垫款外，余由发起人先行认股，并求助于海内外之赞成者。

第三条　此项开办费共分四百股，每股五十元。同人及赞成者或认一股至数十股，均听各人自便。

第四条　书籍印成后，其发行权及版权均归该院。认股者均得按定价核折分书。

第五条　前十集发售后，如有盈余，当再拟目续印他书，并续招新股，一如前例。

第六条　影印书籍以罕见及有价值者为标准。

第七条　本章程即日施行。如有未尽事宜，得由发起人随时商洽改订。

发起人　易培基　谭延闿　于右任　吴敬恒
　　　　江　翰　张乃骥　李煜瀛　蒋梦麟
　　　　王宠惠　李宗侗　张乃熊　蔡元培
　　　　胡汉民　古应芬　叶恭绰　张元济

（录自章程油印件）

\* 年份据1931年9月9日故宫博物院致张元济信及张元济在该信上之批注确定。——编者

# 张元济对于影印《四库全书》之意见*

（1933年8月）

教育部以文渊阁《四库全书》未刊珍本委托商务印书馆印行流通，北平图书馆方面则主张用善本以代库本各情形，已叠志本报。记者昨特往访张元济君，探询其对于此事之意见。兹将张君谈话略述如次。

记者始询此次影印《四库全书》，洵为我国文化上之盛举，但选印书本，各方面意见尚未一致，不知尊意如何？张君答谓：《四库全书》素为世人所重视者，因其中有辑自《永乐大典》尚未刊行之本及宋、元、明代曾经刊行近甚罕见之书。此次教育部专印《未刊珍本》，办法自甚正当。现在此书仅存三部。近岁战争之事层见迭出，若不及早印行，设有意外，岂不可惜。拭目观成，想世人均同此心也。

记者复询张君个人对于采用善本之意见。张君答谓：流通善本，为余之夙志。如商务印书馆先后印行之《四部丛刊》、《续古逸丛书》及《百衲本二十四史》，均余主持其事。现在垂老之年，犹日夕从事校勘。癖好所在，不能自已。近见八月五日贵报所载袁君谈话及北平图书馆致教育部函，其要点有三：（一）应与文津阁本一一比勘，择善而从，每书并附校勘记。按校勘记办法，甚表同意。至于一一比勘，择善而从，不特非短时间之所许，假如文津、文渊有异同，而疑莫能明，不得不取证于他本。他本或不可得，或得而仍不能决定，又不可任意窜改，似此殆无成书之日。不如先印库本，以为流通保存之用。然后再印古本，以便互相校勘。另印校勘记单行本，使得一书可收数书之用。近日有人极力主张刊印校勘记，反对校改古书，似亦不为无见。（二）采用最古之本，以存其真。本馆可担任向各藏书家商借。按能印最古之书，库本当然可废。但古本散存各地，商借非易。如因古本不能即得，竟将库本阁置不印，似属非计。此次刊印库本，正以印本较少，或竟无印本，一失即不可复得，故如此其亟亟。并非既印库本，即不再印古本。向来有价值之书，版本不厌其多。即如商务印书馆先印殿本《二十四史》，再印《百衲本二十四史》，且外间《二十四史》版本甚多，并不相妨。（三）《四库》集部概无目录，翻检为难。平馆补辑目录业已竣事，自应排印于卷首。按此事极端赞成，如可借印，读者受益不少。日前鄙人曾为讨论此事，复北平图书馆袁守和、赵斐云二君书，所有愚见具详于此，等语。

（原载 1933 年 8 月 10 日《申报》）

\* 商务印书馆 1986 年版《张元济诗文》载《就影印〈四库珍本〉答记者问》，张元济谈话内容与本文完全相同，惟谈话时间考订为 1934 年，未注明考订依据，当误。——编者

## 记影印描润始末

(1933年12月)

　　自雕版活字兴,有裨于书籍之流通者,功效至巨。其法昔人言之详矣。影印之术传自泰西,先以原书摄影,继以化学药品镀于石版或金属版上,以机器压印,与原书毫发无异,视雕版活字尤便。然以印新本则易,以印旧本则难。新出之书原甚清朗,纸墨偶有损剥,字形遂受侵蚀。工人持刀笔恣意修补,其误亦与雕版活字无别。至于旧刻,版多刓损,甚者文字几不可辨,墨沖旁溢,瘢垢盈纸,若不葺治,恐难卒读。昔年总理衙门影印《古今图书集成》,所以有先就底版描润之举也。百衲诸史,多为宋元旧刻,其漫漶视《古今图书集成》不啻什百。前岁已印之前、后《汉书》、《三国志》、《五代史记》版刻较多,《辽》、《金》二史去今未远,所选本亦稍完善,有待描润者鲜,独南北七史仅有眉山一刻,天水旧椠竟成孤帙,其元明递修者乃至号为邋遢本(即如《宋书》,最初者为绍兴原刻,次浙中补版,所补亦不止一次;入元又补,今所知者有至元版;明补有弘治、嘉靖、万历三版。甚至同一叶中有两朝或三朝凑合者,约计不下十余版。)。垢蔽情状,可以想见。描润之事,不容稍忽。请详言之。原书摄影成,先印底样,畀校者校版心卷第叶号。有原书,以原书,不可得则以别本。对校毕,有阙或颠倒,咸正之。卷叶既定,畀初修者以粉笔洁其版,不许侵及文字。既洁,复校。粉笔侵入文字者,记之,畀精修者纠正。底样文字有双影、有黑眼、有搭痕、有溢墨,梳剔之。梳剔以粉笔。有断笔、有缺笔、有花淡笔,弥补之。弥补以朱笔。仍不许动易文字。有疑,阙之,各梳于左右阑外。精修毕,校者复校之。有过或不及,复畀精修者损益之。再复校。取武英殿本及南北监本、汲古阁本与精修之叶对读。凡原阙或近磨灭之字,精修时未下笔者,或彼此形似疑误者,列为举疑,注某本作某,兼述所见,畀总校。总校以最初未修之叶及各本与既修之叶互校,复取昔人校本史之书更勘之。既定为某字,其形似之误实为印墨渐染所致,或仅属点画之讹者,是正之。否则仍其旧。其原阙或近磨灭之字,原版有痕迹可推证者,补之。否则宁阙。阙字较多,审系原版断烂,则据他本写配,于阑外记"某行若干字据某某本补",复畀精修者摹写。校者以原书校之,一一如式。总校复校之。于是描润之事毕。更取以摄影,摄既修片,修既制版。制版清样成,再精校。有误,仍记所疑,畀总校。总校复勘之,如上例。精校少则二遍,多乃至五六遍。定为完善可印,总校于每叶署名,记年月日,送工厂付印。此描润经过事实,以眉山七史为尤繁重。今取《宋书》底样、清样各一页附后,俾资参较。区区之见非曰有当,亦欲与读者共商榷之尔。中华民国二十二年十二月,海盐张元济。

(原载《百衲本二十四史影印描润始末记》,

上海商务印书馆 1933 年 12 月排印本)

## 附一:修润古书程序

一、遇有断笔、缺笔、花笔、欠周到之笔,均须朱笔描修。

二、描朱笔画须与各该字原有未修之笔画姿势相仿。粗细、疏密、润涩,凡此笔与彼笔(如连横、连直之类)、此旁与彼旁、此字与彼字宜求相称。

三、如书中有避讳之字(另附清表),描时须注意,勿误认作缺笔描补。

四、如遇模糊之字,有疑义者,不描。但必须于眉端或左阑外空白处注明。

五、遇有印章盖过之字,如印章应留,则盖过之字可以不描。

六、边阑行线不必描。

七、遇有不应填粉之阑线、行线或笔画误被粉笔经过留有粉痕之处,均须朱笔加描还原。

八、遇有污点漏未填粉之处,须随手用粉笔补填。遇有双影、黑眼,尤须注意,应用粉笔钩点描好。

九、描朱后原有墨痕露出若芒刺者,应用粉笔修盖。

十、凡原版断裂,有数字连接者,无论纵横,除批明可描者外,应留断痕,切勿于断痕处描朱,致将字形拉长。

十一、板片陈旧,每字直竖有横裂纹者,应一律用朱笔描补。

十二、遇"宀"、"口"、"日"、"弓"、"臣"一类之字,起讫处均应连接,不宜开口。

十三、点画过于臃肿者,应用粉笔梳剔。又过细者,应用朱粉分别填补,务令清楚停匀。遇有形劣纠正戳记之字,尤宜注意,先用粉笔烘托,再用朱笔修补。

十四、两字笔画起讫误连,或同在一字中之笔画不应连而连者,均应用粉笔隔断。其隔断之处仍须修润,使无痕迹。

## 附二:修润要则

一、用朱不可淡,用粉不可堆积。

二、忌露出笔锋,致失古意。

三、忌露出修过痕迹。

四、除断笔、缺笔(除避讳字外)、花笔、欠周到之笔,应用朱笔描补,此外切不可将朱溢出墨迹之外。

五、有过于粗肥之笔,与四周之字或本字不相称者,应用粉笔修润。如用粉偶然过分,仍用朱笔补足。总之"匀称"二字至为紧要。

六、各页字体不同,修润之时务照本页字体,切不可使用自己笔意,庶修成之后与原书初印本一样。

七、朱墨两色照相不能分别,故用朱笔描过之后,周围留有墨迹者,仍须用粉笔将墨迹填去,否则照出后仍与未描朱同。

## 附三:填粉程序

一、填粉时当处处为描朱地步着想。

二、所用之笔不可令干。不用时须随手洗净,保持其锋。

三、蘸笔须浓淡适宜。

四、运笔时勿将应有笔画盖过,致将来描朱多费工夫,或致遗漏。

五、填时除点笔外,不可停顿,致粉质堆起,照相时或因此发生微影。

六、黑眼应用笔点清,挤笔应用笔梳清。如万不得已无法梳清,不妨将太挤之画约略填粉,留俟描朱时重描。

七、纸瘢、细污、黑影,不论字外内,均须盖去。

八、所有句读黑点,悉行填粉,切勿遗漏并伤损原字。

九、填粉不可侵犯匡线、行线。

十、整个黑钉无字者,不可填粉。

十一、填时须自左至右逐行挨次顺填,庶免遗漏,或为衣袖所擦。

十二、填成一面即自复一过,如遇有漏填,或填未盖没,仍有透露之处,即行补填。

(附件三则转录自《张元济诗文》,商务印书馆1986年10月版)

## 《百衲本二十四史》出书通启

(1933年12月)

《百衲本二十四史》第三期出书

《宋书》卅六册 《南齐书》十四册 《梁书》十四册 《陈书》八册 以上均宋蜀大字本

《百衲本二十四史》多选宋元旧刊,缩影精印,第一、二期书前已出版,第三期出书预告于上列四种外,尚有《周书》等。不意正在影印,突遭国难,进行中阻。复业以来,仍本原定计划,将第三期书展期于本年年底出版,并声明或有更动。《周书》原本已毁,迄未访得,余书分别商借,重行修润葺补,尤费时日(详情见《记影印描润始末》及所附样张),以故届期印成之书,只有上列四种。再《宋书》原仅有宋刊六十七卷,今又增得二十三卷,合并声明。

商务印书馆谨识*<br>廿二年十二月

(原载《百衲本二十四史影印描润始末记》,
商务印书馆1933年12月排印线装本)

\* 据1933年12月13日张元济致丁英桂信(载本书第1卷第28页),可推定是文为张元济所撰。文题为编者所加。——编者

# 在傅增湘开示双鉴楼藏书可供《四部丛刊·续编》选印书目上的批注*

（1934 年 7 月）

《新唐书纠谬》（万历本，赵开美刊）[张批：借]

《雍录》十卷（嘉靖安国本）[张批：已借到]

《苏州府志》五十卷（洪武刊本，国内只有三部，余皆抄本）

《长安志》二十卷（嘉靖本）[张批：本馆有]

《东京梦华录》十卷（明弘治本）[张批：借]

《孔子集语》三卷（天一阁本）

《法要书录》二十卷（嘉靖本）[张批：借]

《砚笺》四卷（张刃庵钞校本）[张批：借]

《曲洧旧闻》十卷（明楚山书屋本）[张批：借]

《扪虱新话》十五卷（明抄本）

《闻见近录》一卷（宋刊本）

《剧谈录》三卷（明翻宋本）[张批：已照]

《柳州外集》一卷（宋刊本）

《薛涛诗》一卷（明万历洗墨池刊本，少见）[张批：借]

《东莱先生诗集》三卷、《外集》一卷（宋刊本）

《范香溪集》二十卷（元刊本）

《南轩先生集》四十四卷（明翠岩堂刊本，又嘉靖缪辅之刊本）

《王鲁斋集》二十卷（明黑口本，比阁本多数卷）

《黄四如集》五卷（明嘉靖本）

《新语》二卷（天一阁刊本）

《虎钤经》二十卷（天一阁本）

《书法钩玄》四卷（嘉靖本）[张批：借]

《演繁露》十六卷（嘉靖程煦刊本）

《寓简》十卷(明本,极少见)[张批:借]

《甲申杂记》一卷(宋刊本)

《侯鲭录》八卷(芝窗书院本)[张批:已印过,宋人小说]

《阮嗣宗集》二卷(明嘉靖范钦刊本)[张批:借]

《黄御史集》十卷(明曹学佺刊本)

《罗豫章诗》十七卷(明嘉靖复元本)

《斐然集》三十卷(经钽堂钞本)

《莪丰集》一卷(宋刊本)

《文溪集》二十卷(嘉靖刊本,又旧钞本)

《须溪先生记抄》八卷(明嘉靖本,棉纸初印)[张批:借]

《湛然居士集》十四卷(明影元本)[张批:已印过]

《藏春集》四卷(明正德本,棉纸清朗)

《揭曼硕集》三卷(旧影元写本)[张批:已印过]

《友石先生集》五卷(明黑口本)

《密庵稿》十卷(明洪武刊本,比四库本多四卷)[张批:借]

《诗准》四卷《诗翼》四卷(明万历刊本)

《名儒草堂诗余》三卷(元刊本)

《邵氏闻见录》二十卷(明抄本)[张批:借]

《近光集》四卷(旧抄本,较阁本为大佳)[张批:借]

《静居集》六卷[张批:借]

《履斋示儿编》二十三卷(明潘膺祉如韦堂刊本,鲍氏本以前只有此刻)

《五色线》三卷(明刊本,较汲古阁本多一卷)

《南江文钞》十二卷(邵晋涵,少见)

《书林外集》七卷(明黑口本)

《番阳李俟庵集》三十卷(旧钞本)

《龟巢集》二十卷(旧钞本,卢氏抱经楼藏,甚工)[张批:借]

《三体宫词》三卷(万历刊本,少见)[张批:借]

《钟嵘诗品》三卷(明繁露堂刊本,少见)[张批:借]

《春秋集传纂例》十卷(明翻宋本,陆存斋推为善本)

《方铁庵文集》四十五卷(明黑口本)

《眉庵集》十二卷[张批：已借陶氏本]

《北郭集》十卷（以上皆明成化张习刊本，少见）[张批：借]

《记纂渊海》一百九十五卷（明抄本，此书四库所收只明刊一百卷，其下九十五卷无刊本。记昔年为涵芬楼买明抄本续集百卷，不知尚存否？）

《吊伐录》二卷（钱遵王精抄本，阁本乃辑自《大典》）[张批：借]

\* 标题为编者所加。——编者

## 附　傅增湘致张元济函

菊生前辈同年阁下：得诵惠书，知命驾匡庐，既逭炎威，复饶清兴，起居安适，撰述精弘，至为健羡。前者属检敝藏可入《续刊》各书，兹在山中就记忆所及录如别纸。其加标记者拟异时汇入《古逸续编》中。各书均审写印清整可以付印者，乞参订去取先后，随时见告，即便检奉。其余尚有《四库》以外各书及续收善本，俟通检一过，再以奉闻。"松下清斋"试写一榜奉上，未知堪入清睐否？侍今年仍于香山赁屋，但人事纷扰，时须来往城中。月来雨候甚勤，气候尚非甚热，悬想南中亢旱酷烈，居民其何以堪。我辈乃享受清凉，殆如天上矣。衡山游记方在属草，若能在山中半月，当可脱稿。手此。即候颐安。

年侍生增湘拜启<br>七月二十日

（录自《张元济傅增湘论书尺牍》，商务印书馆1983年10月版）

## 《雪窦四集》广告[*]

（1934 年 10 月 18 日）

雪窦四集

  颂古集 拈 古   宋 刊 本

  瀑泉集 祖英集   二册九角

《四库》著录，《祖英集》二卷，宋释重显撰。《提要》称："重显戒行清洁，其时多语涉禅宗，胸怀洒脱，韵度自高。"又称其"风致清婉，非概作禅家酸馅语"。是为南宋宁宗时刊本，于《祖英集》外，又增《颂古》、《拈古》、《瀑泉》三集，均为《四库》未收之本。

（原载 1934 年 10 月 21 日《申报》）

[*] 1934 年 10 月 18 日张元济致丁英桂书（载本书第 1 卷第 48 页）云："又《雪窦四集》广告已撰送推广科矣。"据此，可确定广告系张元济所亲撰。——编者

## 在傅增湘寄示藏园借印善本书目单上的批注*

（1934 年 12 月）

藏园借印善本各书目

成化本《北郭集》三册　［张批：与静居集同］　二百廿三页

成化本《静居集》三册　［张批：纸色黯，尚可照］　一百七十一页

嘉靖本《刘须溪记抄》四册　［张批：似天启、崇祯本，非嘉靖］　一百廿一页

嘉靖本《书法钩玄》四册　［张批：清朗可照］　九十八页

明本《新唐书纠谬》四册　［张批：印本极佳，惜序并举五代史纂误已佚］　二百六十七页

旧钞《龟巢集》二十册　［张批：旧钞，易印］　九百五十九页

明楚山书屋刻本《曲洧旧闻》四册　［张批：墨淡纸渝，恐照不好］　一百廿九页

明万历栖云阁本《三家宫词》一册　［张批：清楚，稍有佚字］　三十三页

明洪武本《密庵集》四册　［张批：太模糊，照相前须考虑］　二百十一页

旧抄本《近光集》一册　［张批：纸黯敝，有缺方，须先查，设法访补。否则不能用］　一百零八页

明嘉靖本《法书要录》二册　［张批：分上、下卷，只可分订四册］　二百廿九页

明万历本《薛涛诗》一册　［张批：稍模糊，尚可照］　廿八页

明钞本《邵氏闻见录》四册　［张批：易照］　二百零六页

明天一阁本《阮嗣宗集》二册　［张批：可照。有批点，须加修工］　六十八页

钞校本《砚笺》一册　［张批：张绍仁藏，可印］　六十九页

明繁露堂本《诗品》一册　［张批：墨晕不重，可照。但卷页甚少］　二十二页

明弘治本《东京梦华录》二册　［张批：字淡且毛，难照］　五十六页

明活字本《寓简》二册　［张批：分上、下，纸稍黄，可照］　一百零五页

述古堂精钞本《吊伐录》二册　［张批：精钞，易印］　一百五十四页

明弘治本《藏春诗集》二册　［张批：印本淡，有数页纸色黯，应用隔色镜照。卷四二页有裂痕，注意。］　一百四十八页

共二十种，六十七册。

* 标题为编者所加。——编者

## 附　傅增湘致张元济函

菊生前辈阁下：今乘便奉上善本书二十种，附列目录，统祈查入。如付印时，各书恸有题记，似可抄以附印。大抵皆在《群书题记》中也。此上文祺。增湘拜启　二十三年十二月十五日

前岁闻馆中影印《大典》本《水经注》业经讫功，惟久未见发行。其中有四册原为侍所藏，亟欲以先睹为快，拟求检取打样本一分（如有印成之本尤妙），早日见寄，以慰渴望，至叩至感。增湘副启

（录自《张元济傅增湘论书尺牍》，商务印书馆 1983 年 10 月版）

## 《尚书正义》照相制版要则

(1935 年 10 月)*

一、日本所加眉批、旁训及其他记录文字一切削去。

二、日本所加句读，无论正点、侧点及连字之点，一切削去。

三、原书卷二缺第二十六页，卷六缺第二十七页，请撤出勿照，另行抄录，并商格式再行抄录。

四、卷首封面阴面系日本人注释文字、卷末内藤虎跋文均撤出勿照。《解题》一册更无庸议。

五、文字原来残缺者、脱落者、模胡者、匡线断缺者悉仍原式，均不修补。惟认为墨污者可修净。

六、卷叶次第模胡或失去者，应照原书字体套补，以便排订。

(录自打字稿)

*《四部丛刊·三编》本《尚书正义》于 1935 年 10 月出版。——编者

# 《天下郡国利病书》编印例言[*]

（1936年3月）

一、本书为未成之稿。原不分卷。《四库总目》一百卷，坊刻一百二十卷。黄氏题词谓"俱不足信"，并据原书面叶所标"某省府"，决为原分三十四册。第十四册已佚。今即遵用原编册数。其原阙者亦仍其旧。

二、原编册数未有次第。黄氏定为起自北直，而苏松、常镇、江宁、庐州、安庆、凤宁、徽淮、徐扬、河南、山东、山西、陕西、四川、浙江、江西、湖广、福建、广东、广西、云南、贵州、交阯、西南夷、九边四夷而止。今即从之，以第先后。

三、原编册数厚薄不均，且第十四册已阙。循是分册数必间断，殊有未宜。后人析为六十册。装本亦嫌过薄。今并附注及《亭林年谱》，编为五十册，冀稍匀整，非于原编册数有所变更也。

四、原本山东、河南二省起处各阙数叶。黄氏就传写本各为补录。今江西省篇帙独少，与传写本、刻本相对，阙形胜、水利二篇。云南省亦阙形胜一篇。贵州省阙总舆图记、疆域二篇。今悉据传写本景补，亦黄氏非敢伪为补所当补意也。

五、顾氏自序言"有得即录"，故每篇多自为起讫。书非原装，凌乱尤甚。例如北直隶"辽镇形势"，当与"昌镇形势"相接者，原编乃误隔十五叶。湖广省有"宫殿名称"一篇，当属于承天府者，原编乃误置全省图经之下。叶旁编注号码，必后人改装时所为，未敢认为原定次第，故均略为订正。

六、原稿随手撮录，纸有余幅，亦往往厕入他文。并非同出一书，而性质又不相合者，兹均别为一叶，但仍以类相从，不令先后歧错。

七、顾氏手稿多作蝇头小楷，密行细字，骤视几难辨析。今摄照概加展放，排比时原行过长者，析一行为数行，过短者并数行为一行。

八、校注之字或在行间，或在上下阑外，其为添补遗漏、涂改讹误，或于文义必须加入，始能明晓者，仍以原字或展放之字留于原位。其在阑外者，则移至行间适当之地。其为补充事实、订正疑异者，无论文字多寡，概作附注。即于行间原位或其适当之地，旁标"注几"字样，另印"附注"一册，以免拥挤，兼便对观。

九、附注编号每原编一册，各为起讫，并记明所在叶数。

十、校注之字，亦有非顾氏手书者。编印附注不敢强为分别。黄氏谓"某省某府以及备录二字其为亭林手书与否，任人以字迹辨之。"吾于校注亦云。

十一、校注之字大小原不一致，摄照更见参差。附注或用原字，或用展放之字，且辑自各册，排列成行尤为错落不齐。阅者鉴之。

十二、原稿涂改甚多，除改笔加盖字身，致摄照后点画模胡难于辨认者间就所修正外，其余悉仍原式，以存真相。

（原载《四部丛刊·三编》本《天下郡国利病书》）

\* 原文不署作者姓名。据张元济 1936 年 2 月 22 日致丁英桂信（载本书第 1 卷第 70 页）可确定为张元济所撰。——编者

# 元明善本丛书十种提要

（1937 年 4 月）

**济生拔萃**　十九种　十九卷　元杜思敬辑　元刊本

是书见于《曝书亭集》者六卷，见于日本《经籍访古志》者十八卷，均引延祐二年杜思敬《序》。是必同为一书，然均未全。《千顷堂书目》与《皕宋楼藏书志》，皆十九卷。后者且列举所辑书名：一、《铖经节要》，二、《洁古云岐铖法》《窦太师先生流注赋》，三、《铖经摘英》，四、《云岐子脉法》，五、《洁古珍珠囊》，六、《医学发明》，七、《脾胃论》，八、《洁古家珍》，九、《此事难知》，十、《医垒元戎》，十一、《阴证略例》，十二三、《伤寒保命集类要》，十四、《癍论萃英》，十五、《保婴集》，十六、《兰室秘藏》，十七、《活法圆机》，十八、《卫生宝鉴》，十九、《杂方》。此犹是元代刊本，完全无缺，洵为秘笈。

**今献汇言**　三十九种　三十九卷　明高鸣凤辑刊

《明史·艺文志·杂史类》："高鸣凤《今献汇言》二十八卷。"《四库》杂家类存目仅八卷。《提要》云："据其目录所刊，凡为书二十五种。乃首尾完具，不似有阙。"北平图书馆所藏，与通行汇刻书目，均二十五种，而书名异者乃十之四五。是编多至三十九种，较《明史》《四库》及见在仅存之本，均有增益。其中《拘虚晤言》、《江海歼渠录》、《医闾漫记》、《平定交南录》、《平吴录》，版心上有"献会"二字；《比事摘录》、《菽园杂记》，有"会"字；《守溪长语》，有"献言"二字。存者均不过一、二叶。然可见书名原作"会言"。不知何时改"会"为"汇"。此无刊书序跋，又无总目，是否完璧，不敢断也。

**历代小史**　一百六种　一百六卷　明李栻辑刊

栻字孟敬，丰城人，嘉靖乙丑进士。官浙江按察副使。所著有《困学纂言》。是书《四库》著录，凡一百五种。是本增《大业杂记》一种。博采野史，以时为次。自路史《汉武故事》起,至明中叶之《复辟录》止。每种一卷,遗闻逸事,为稗史类钞等书中所未收者颇夥。各书虽多删节,不无遗憾,但重要节目,悉加甄录。序称中丞赵公所刊。《四库》馆臣不能考知为谁。察其版式,当刊于隆、万间也。

**百陵学山** 一百种 一百十二卷 明隆庆王文禄辑刊

文禄字世廉,海盐人,嘉靖辛卯举人。著有《廉矩》、《竹下寱言》、《海沂子》等书,收入《四库》。是编乃其汇刻诸书、以拟宋左圭《百川学海》者,故以《百陵学山》为名。《四库存目》作《丘陵学山》。原书目录后文禄短跋,有"原丘陵改百陵"、"对百川丘宣圣讳改百尊圣"之语。盖馆臣所见为初刊未全本也。目录以《千字文》编次,自"天"字至"罪"字,凡百号。其中《钱子法语》《巽语》二种,原名《语测》,实为一书。《四库提要》则谓自"天"字至"师"字,凡七十四种。卷首王完序,亦言以《千字文》为编,凡数十种。序作于隆庆戊辰。文禄短跋作于万历甲申,相距十有七年。是定名《百陵》,实在刻定百种之后也。

**古今逸史** 四十二种 一百八十二卷 明吴琯校刊

琯新安人,明隆庆进士。是编分"逸志""逸记"。"志"分为二:曰"合志",凡九种;曰"分志",凡十三种。"记"分为三:曰"纪",凡六种;曰"世家",凡五种;曰"列传",凡九种。凡例有言:"其人则一时钜公,其文则千载鸿笔。入正史则可补其阙,出正史则可拾其遗。"又言:"六朝之上,不厌其多,六朝之下,更严其选。"又言:"是编所书,不列学官,不收秘阁,山镌冢出,几亡仅存。毋论善本,即全本亦希;毋论刻本,即抄本多误。故今所集,幸使流传,少加订证,何从伐异党同,愿以保残守阙云耳。"在明刻丛书中,此可称为善本。

**子汇** 二十四种 三十四卷 明万历周子义等辑刊

儒家七种:一、《鬻子》,二、《晏子》,三、《孔丛子》,四、《陆子》(即《新语》),五、《贾子》(即《新书》),六、《小荀子》(即《申鉴》),七、《鹿门子》。道家九种:一、《文子》,二、《关尹子》,三、《亢仓子》,四、《鹖冠子》,五、《黄石子》

（即《素书》），六、《天隐子》，七、《元真子》，八、《无能子》，九、《齐丘子》。名家三种：一、《邓析子》，二、《尹文子》，三、《公孙龙子》。法家一种：《慎子》。纵横家一种：《鬼谷子》。墨家一种：《墨子》。杂家二种：一、《子华子》，二、《刘子》。原书前后无刊版序跋，仅《鹖子》、《晏子》、《孔丛子》、《文子》、《慎子》、《墨子》，有本书前后序，均题潜庵志。归安陆心源定为周子义别字。其人于隆庆、万历间，官南京国子监司业。按南监本《史记》、《梁书》、《新五代史》，均余有丁与子义二人联名校刊。是书或同时锓版。黄虞稷《千顷堂书目》子部杂家类，有余有丁《子汇》三十三卷。此为三十四卷。疑黄目传写偶误，否则所见或非足本也。

**两京遗编**　　十二种　　六十五卷　　明万历胡维新辑刊

　　维新浙江余姚人，嘉靖己未进士，官广西右参议。万历间，维新任大名道兵备副使，以其地为古赵魏之邦，文学素盛，因辑是编。值洹水令原君兴学好文，遂命鸠工聚材，即其县刻之。所刻者，《新语》二卷、《贾子》十卷、《春秋繁露》八卷、《盐铁论》十卷、《白虎通》二卷、《潜夫论》二卷、《仲长统》一卷、《风俗通》十卷、《中论》二卷、《人物志》三卷、《申鉴》五卷、《文心雕龙》十卷，总称之曰《两京遗编》。按序凡十二种。惟《四库全书总目》仅有十一种，无《春秋繁露》。所据为内府藏本，或有残缺，此无足论。是编以所采皆汉文，故以"两京"名其书。然著《人物志》之刘劭为魏人，著《文心雕龙》之刘勰为梁人，而亦列入者。则序中固自言以其文似汉而进之也。

**夷门广牍**　　一百七种　　一百五十八卷　　明万历周履靖辑刊

　　履靖字逸之，嘉兴人。好金石，专力为古文辞。编篱引流，杂植梅竹，读书其中，自号梅颠道人。性嗜书，间从博雅诸公游，多发枕秘。是编广集稗官野记，并裒集平生吟咏暨诸家投赠之作，号曰"夷门"，自寓隐居之意。刊成自序，则万历丁酉岁也。序称所辑有《艺苑牍》、《博雅牍》、《尊生牍》、《书法牍》、《画薮牍》、《食品牍》、《娱志牍》、《杂占牍》、《禽兽草木牍》、《招隐牍》，终以别传。寓"闲适"、"觞咏"二类于其中。凡一百有七种。《四库存目》称《尊生》、《书法》、《画薮》三牍，皆未列入。是本所载，一一俱存。盖馆臣仅见残本，故误为八十六种耳。

**纪录汇编**　　一百二十三种　　二百十六卷　　明万历沈节甫辑　　陈于廷刊

　　节甫字以安，号锦宇，乌程人。嘉靖己未进士，官至工部左侍郎。天启初追谥端靖。《明史·艺文志·杂家类》："沈节甫《纪录汇编》二百十六卷"，与此合。是书刊于万历丁巳。卷首阳羡陈于廷序云："顷余按部之暇，得睹沈司空所裒辑《纪录汇编》若干种。虽稗官野史之流，然要皆识大识小之事。因亟登梓，以广同好。"按是编均采嘉靖以前明代君臣杂记。卷一至九，为明太祖至世宗之御制诗文。卷十至十五，记君臣问对及恩遇诸事。卷十六至二十三，英宗北狩景帝监国之事也。卷二十四五，世宗南巡往还之纪也。卷二十六至三十四，则太祖、成祖平定诸方之录。卷三十五至五十六，则中叶以来绥定四夷之绩。卷五十七至六十六，则巡视诸藩国者之见闻。卷六十七至九十六，则明代诸帝政治之纪载。卷九十七至一百二十三，则名臣、贤士、科第人物之传记。至卷一百二十四以下，或时贤之笔记，或朝野之遗闻，或游赏之日记，或摘抄，或漫录，或志怪异，或垂格言。要皆足以广见闻而怡心目也。

**盐邑志林**　　四十一种　　六十五卷　　明天启樊维城辑刊

　　维城字允宗，黄冈人。万历丙辰进士，官至福建按察司副使。是编乃其官海盐县知县时辑历朝县人之著记。凡三国，三种；晋，二种；陈，一种；唐，一种；五代，一种；宋，三种；元，一种；明，二十九种。刊成于天启三年。卷首有樊氏及朱国祚序。朱序称乡绅胡孝辕助之搜访，姚士麟、刘祖钟各出秘本，捐橐佐之云云。按海盐县，秦置，属会稽郡。自东汉、三国，历晋、宋、齐、梁，均属吴郡。古代疆域甚广。故吴之陆绩、陆玑，陈之顾野王，均吴郡人。而当时所居，皆为海盐辖境。至晋干宝为新蔡人，五代谭峭为泉州人，则皆流寓邑中，故其撰述均列入也。

　　　　（原载《影印元明善本丛书十种样本》，商务印书馆1937年4月版）

# 影印元明善本丛书十种启事

(1937 年 4 月 1 日)

本馆自前岁开始印行《丛书集成》,就无量数之丛书,选其中实用与罕见者百部,取精去冗,依类排比;复按《万有文库》之式排印或缩印,以期普及,且便取携。发行以来,荷国内外人士与图书馆之赞助,得以不胫而走。惟两年以来,迭承海内藏书家垂询,以是集所选丛书中有多种为元明佳椠,且极罕见,平时斥巨资求之而不可得者;如能于《集成》本廉价普及之外,更选如干种悉以原式景印,保存真相,当为好古者所乐闻。敝馆对此建议,深表同情。兹选定《济生拔萃》、《今献汇言》、《历代小史》、《百陵学山》、《古今逸史》、《子汇》、《两京遗编》、《夷门广牍》、《纪录汇编》、《盐邑志林》十种,用手制连史纸景印;书式为四开本,字体与原书大小殆无二致。仍就可能范围,从廉发售。在昔重金难致之孤本佳椠,今后尽人得以百分一二之代价,置之几案。在未备《丛书集成》者,固可由是而撷其精华;在已备《丛书集成》者,更可藉此进窥原书之面目,而益增其浏览之兴趣。至于图书馆之已备有《丛书集成》者,今更得此景印真本,一以应公共阅览,一以供永久保存,尤为二美兼备。今将景印丛书十种之提要、子目及其样张附列于后,敬祈公鉴。

中华民国二十六年四月一日

上海商务印书馆谨启

(原载《影印元明善本丛书十种样本》,商务印书馆 1937 年 4 月版)

# 在傅增湘开示《国藏善本丛书》拟增删书目单上的批注*

（1937年5月）

　　菊公前辈阁下：昨日守和、森玉、庚楼、斐云诸人集于园中，商定《国藏丛书》目录事。决定删去大部者数种，加入十数种，以冀仍符千册之数。兹述其大略，祈酌采定是幸。

　　删去各书如左：

　　《唐音统签》（此侍所主删，以其不过《全唐诗》之先驱也。）［张批：可缓］

　　《心经》、《政经》（光绪间有殿本）

　　《南北史合注》（此傅孟真所主张）

　　《玉海》（侍拟异时印四开本）［张批：可缓］

　　《识大录》（此为《龙飞纪略》之改名）

　　《道学源流》（可缓）［张批：以上均删］

　　《按辽疏稿》（有明刻本）

　　《四镇三关志》（平馆拟印明代志书，故提出）［张批：如印《山海关志》，此拟配入］

　　后增各书：

　　《事林广记》（元本，少见，与明本不同。日本有刻本，亦不赅备。）［张批：已选在内］

　　《宣和画谱》（元本，极少见，视嘉靖本为佳。长沙叶氏有书谱，他日可合也。）［张批：因无书谱，故未选］

　　《吴文正集》（此宣德本，有蒙古文序，少见。）［张批：纸墨黯敝，难于制版］

　　《四书集义精要》（四库本不足）［张批：原选定，被漏去］

　　《汲冢周书》（元刘桢本，少见）［张批：未见原书，据云在展览会，到会又不见］

　　《周易玩辞》（此书确为宋本，可校通志堂本。北平馆中宋本完全而清朗

可印者只此及童蒙训耳。)〔张批:疑非宋刻,故未选。既公认可,即照加。〕

《诸臣奏议》(此中重要文字甚多,取各部参配当可全。如有缺叶,可留空叶。此次不印,恐永无印行之日耳。)〔张批:印迟,纸黯,不能用〕

《献征录》(碑传之大观,极有用。)〔张批:本馆有此书,以非难致,故未选〕

《龙虎山志》〔张批:黯淡,制版难〕

《金陵新志》〔张批:缺卷三中、下,又缺叶甚多〕

《息机子杂剧》(元本,少见)〔张批:以无总目,疑未全,故不选〕

《神庙留中奏疏》(此董其昌所编,极有用)〔张批:已选入〕

《千顷堂书目》(此最足本,比张氏刻异同极多)〔张批:蓝色笔甚多,无法照像〕

《西游记孤本》〔张批:请同人与通行本对勘,据云异同无多,且首册甚多烂版〕

《宋史全文》(此书可补宋史及长编,但印本不佳,恐修版难了)〔张批:已补入。但明本印不佳,难制版〕

以上各书只要印本尚清。仍盼加入。但曲子、小说非侍所主张也。别有北大增明人集三部。侍所选录。亦取其有用耳。

增湘拜启。二十六年五月十一日。

《周易玩辞》(确为宋本。书既完整,印本亦清朗,似可加入。此书只有通志堂本,大可校勘。)

《诸臣奏议》(宋版难得,其中多一代关系文字。原书虽有残缺,然各处访求,或取活字本,当可补全。)

沅叔附志

(转录自《张元济傅增湘论书尺牍》,商务印书馆1983年10月版)

＊标题为编者所加。——编者

# 景印《国藏善本丛刊》缘起

（1937 年 6 月）

　　昔周官分职，太史、外史，各设专司。凡邦国经籍图书，皆掌之于官。稽之汉制，如石渠、石室、延阁、广内，皆贮之外府者也。兰台秘书及麒麟、天禄二阁，皆藏之内禁者也。沿及晋隋，下逮唐宋，虽建制不常，而职掌如旧。牙签缥袠，宫省深严。匪独内府中经，使人望如天上，即馆阁之书，亦非词垣近从，不得寓观。文章公物，视同禁脔。隘矣。赵宋以降，雕板盛行，偶值好文之朝，时降刻书之敕。然经史之外，镌校无多；胄监所颁，传播未广。文籍之散佚，亦学术之忧也。近世海宇大通，技术新异。镌印之业，因之勃兴。历代图书，藉以流布。连车充栋，无虑万签。语其显赫，如《四库珍本》，多为未见之书；《四部丛刊》，至于三续未已。珠渊玉海，霑溉弥闳。顾新旧两京，官库所存，夙称鸿富。秘藏逸典，冠绝一时。溯其源委，则今之故宫博物院，拥有秘阁文楼之胜，实古之内禁；北平图书馆，推为群玉策府之宗，即古之外府。而南北国学所储，亦七略所谓太常博士之书也。举先后六朝，历年数百，宸衷所征求，臣工所进御，州郡所括访，柱史所留贻，集宫殿台阁之珍，充甲乙丙丁之库，神物呵护，存此菁英。设令久付缄縢，何以发扬典籍。用是载披簿录，妙选精华，勒为丛书，公诸当世。其甄采之旨，首取群经疏义、历代典章，以及经世鸿编、名儒遗著，而典类艺术之品，亦附著焉。其版本之类，则取宋元古刊、名家妙迹，以及孤行秘笈、罕觏异编，而旧本精善之帙，亦兼采焉。凡经之部九，史之部十有八，子之部九，集之部十有四。都为卷者二千有奇，合成一千册。咸摄原书，付诸石印。微减板匡，并臻画一，缩为中册，藉便取携。既佥议之攸同，庶观成之有日。昔者文渊著录，囊括群书，归之《四库》，蔚为钜观。然徒侈美于缥缃，未遑登之梨枣。迨武英开版，用聚珍之字，成丛刻之编，而辑录之书，多出《大典》，以传遗佚为事，初无版本可言。兹编之成，庶兼两美：所采皆学人必备之书，所摹为流传有绪之本。非仅供儒林之雅玩，实以树学海之津梁。搜奇采逸，期为古人续命之方；取精用宏，差免坊肆滥竽之诮。敢述引言，聊抒悃臆。海内贤达，幸垂教焉。

中华民国二十六年六月

景印国藏善本丛刊委员会谨识

（原载《景印国藏善本丛刊样本》，

商务印书馆1937年印行，线装排印本）

## 景印《国藏善本丛刊》凡例

(1937年6月)

一、国立北平图书馆、国立北平故宫博物院、国立中央研究院历史语言研究所、国立北京大学所藏善本,多世间罕见之书,不敢自秘,兹先择五十种景印,以供士林之用。

一、是编所录多属精椠名钞,然仍以希有及切于实用者为主,并无偏重版本之见。

一、旧时版刻,每多漫漶。是编依据原本,略加修润,以期悦目。其原已磨泐,无可辨认者,只得悉仍其旧。间有为后人标抹句读者,则概从削除,不使稍损原书真相。

一、原本阙卷欠叶,均经加意访求。或得同式印本,或取其他旧椠,俾成完璧。若孤本仅存,无从补配者,亦援抱残守缺之例,不愿割爱。

一、每书卷末,附撰跋文,或叙述源流,或考证旧文,以为读者探讨之助。

一、景印、发售,委托上海商务印书馆悉心经营,冀收流通之效。

(原载《景印国藏善本丛刊样本》,<br>商务印书馆1937年印行,线装排印本)

# 景印《国藏善本丛刊》第一辑提要

（1937年6月）

## 经　　部

**周易玩辞十六卷**　　国立北平图书馆藏宋刻本

　　宋项世安撰　书成于宋嘉泰二年之秋。兼明象数，于伊川《易传》外别树一帜。传世有通志堂经解本。此则元初俞玉吾琰读易楼藏本，宋刻宋印，并世无两，洵秘笈也。

**附释文尚书注疏二十卷**　　国立北平故宫博物院藏宋刻本

　　唐孔颖达撰　此宋建安魏氏刻本。半叶九行，经文行十六字，注疏双行二十二字。卷一末有"魏县尉宅校正无误大字善本"一行。以宋讳阙避字考之，当是光宗时锓梓。墨光纸润，建本之上驷也。分卷自卷九以下与单疏及浙东庾司本有异，而与金平水本及十行本则同，殆注疏附释文之祖刻。十行本即自此出，而讹夺浸多。后来传刻各本更无论矣。自来藏家未见著录。原阙卷十七至二十，以十行本补。

**周礼疏五十卷**　　国立北平故宫博物院藏宋刻本

　　唐贾公彦撰　此宋两浙东路茶盐司刻本。半叶八行，经文行十四至二十一字不等，注疏双行二十二至二十六字不等。序半叶十二行，行二十一字。每卷首行题"周礼疏"。分卷五十，皆仍单疏之旧。注疏编次之法亦与后来不同。考北宋时群经注与疏本各单行，南宋初越中始合而梓之。此本自宋历明，递有补板，为明初板入南监时所印。原板"桓"字阙笔而"慎"字不减，显是高宗朝刻。盖注疏合刻始于越本，此又合刻之最初一种也。书中可以校正后来各本之误者,随在皆是,不可胜举。《周礼单疏》佚而不传,此本诚上秘笈矣。

### 仪礼要义五十卷　　国立北平故宫博物院藏宋刻本

宋魏了翁撰　宋魏了翁所撰《九经要义》,理宗时其子克愚刻之徽州,此其一也。半叶九行,行十八字。宋刻宋印,完整如新。旧为严元照所藏,阮元购进内府。元照曾手钞一帙,藏书家皆从之传录。顾广圻为张敦仁校刊《仪礼注疏》,即取以校补景德官本单疏之阙,世推善本。了翁此作意在举要删繁,以便寻览,于每篇析取注疏之文,各为条目。其原为联文不能分隶者,则列目于眉上,端绪分明。有删节而无改窜,故学者极重其书。得传钞本,珍同球璧,况此原椠孤帙耶。

### 春秋集注十一卷纲领一卷　　国立北平故宫博物院藏宋刻本

宋张洽撰　此临江军官刻本。半叶十行,行十八字。小字双行二十七字。前有临江军牒、尚书省劄张洽申临江军使状、申尚书省状及小贴子。此最初刻本也。板燬于景定庚申,元延祐间洽孙庭坚复重刊于郡庠。又宋德祐乙亥卫宗武据董氏录本锓锌于华亭义塾,为是书之别本。通志堂即从之翻刻,实不逮此原本之精善也。

### 孟子注疏解经十四卷　　国立北平故宫博物院藏宋刻本

此宋浙东刻本。半叶八行,经文行十六字。注疏双行,行二十二字。宋讳"擴"字减笔,宁宗时刻也。浙东庚司所刊注疏,旧只《易》、《书》、《周礼》,绍兴壬子黄唐提举是司,增刻《毛诗》、《礼记》,共为五经。庆元庚申沈作宾分阃浙左,更刻《左传》于郡治,合五而为六。此书与《论语》同刊,又出《左传》之后。其在庚司抑在郡治,则不可考。是疏出邵武士人伪托,因孙奭《音义》为之。此本《正义序》全录孙书原文,不易一字,未尽掩作伪之迹。至十行本始加点窜,面目一变,则又伪中之伪。后来各本踵缪沿讹,莫可究诘。清武英殿本始据《音义》校正,亦未明著其所以然,仅以脱误视之。非睹此本,孰知疏与序之伪不出一手耶?伪疏虽浅陋不足道,以板本论,则此最初佳刻,固不可废也。

## 四书集义精要三十六卷　　国立北平故宫博物院藏元刻本

元刘因撰　此元至顺元年江南行省官刻本。半叶九行,行十七字。是书明张萱《内阁书目》作三十五卷;《一斋书目》则作三十卷;清朱彝尊《经义考注》云"未见";《四库全书》据残本著录仅存二十八卷,至《孟子·滕文公》上篇而止。可见流传极罕,完帙殊不易遘。此本写刻精工,初印完好,尤堪珍秘。因此书取卢孝孙《四书集义》删繁择要,勒成一编,故苏天爵以"简严粹精"称之,实治朱氏学者不可不读之书也。

## 类篇四十五卷　　国立北平故宫博物院藏明景宋钞本

宋司马光等撰　此明景宋钞本。半叶八行,行十六字。注双行二十字。开版宏朗,所据盖宋代官刻也。是书通行本皆祖清曹寅所刻,朱彝尊跋曹书,仅称"据善本重刊",而未明言何本,可知其非出于天水名椠。各家著录亦未见宋本,则此明人影写,下真迹一等者,亦仅存遗笈矣。此书虽依仿《说文》而作,然部首既有增加,分隶不无出入,非复许氏旧规,开后来变乱之渐,实字书中一大转关。治小学者所宜究心也。

## 切韵五卷　　国立北平故宫博物院藏唐写本

唐王仁昫撰　此本《平声》上、下及《上声》中有阙佚。《去》、《入》二声俱全。首题"朝议郎行衢州信安县尉王仁昫撰,前德州司户参军长孙讷言注,承奉郎行江夏县主簿裴务齐正字",前有王仁昫、长孙讷言二序,盖王氏用长孙氏、裴氏二家所注陆法言《切韵》重修者,故兼题二人之名。考王氏此书自宋以来世久无传,今法京图书馆藏有敦煌古写残卷,不谓中土尚有此书,信足与敦煌本媲美矣。

# 史　　部

## 宋史全文续资治通鉴三十六卷附宋季朝事实二卷　　国立北平图书馆藏元刻配明天顺本

不著撰人名氏　此出元人所辑，以编年体叙有宋一代史事。靖康以前，取诸李焘《长编》；高、孝二代，取诸留政《中兴圣政草》及无名字《中兴两朝编年纲目》；光、宁二代取诸刘时举《续宋编年资治通鉴》；度宗、少帝、端宗及广王事迹别名《宋季朝事实》者，则出元人所撰。《四库总目》谓"此二卷有录无书，《永乐大典》亦未采，今仍其阙"云云。是本完全无缺，且为元刻，略有残佚，以明天顺丰城游明本配。

## 崇祯长编六十六卷　　国立中央研究院历史语言研究所藏旧抄本

不著撰人名氏　此书《培林堂书目》、《楝亭书目》、《禁书总目》等皆载之，俱无撰人及卷数。据朱彝尊作《汪楫墓表》，"充明史纂修官，公请监修总裁官仿宋李焘先撰《长编》，然后作史。乃取崇祯十七年事，凡诏谕、奏议、文集、邸报、家传，辑为《长编》。由是十六朝史材皆备。"又《乔莱墓表》，"纂修《明史》，念崇祯乏实录，与同馆四人先撰《长编》，以资讨论。"并见《曝书亭集》。知此书盖即汪、乔诸氏在史馆时所创修。而乔莱作《倪检讨灿墓志铭》云："充《明史》纂修官，余等所编《崇祯长编》，公博采遗闻，增其阙略。"见《碑集传》。是此编之成，灿亦与有力焉。《清史稿》于汪楫、乔莱、倪灿等传，皆不及此书。顾于《万言传》附《万斯大传》云："尝与修《明史稿》，独成《崇祯长编》当据国史馆附传。"则纂修四人之中，盖以万言之力为多，惜皆不明著卷数。是本共存六十六卷，记事止崇祯五年。以《明实录》惯例及本书体例一月为一卷考之，知全书约当有二百零五卷也。商务印书馆旧印《痛史》中有《崇祯长编》两卷，仅存崇祯十六年十月至十七年三月帝自缢止。虽卷数窜乱，已非原来之旧，而审其体裁，与此当是一书。此书之传本，今日可见者亦止此而已。虽残编断帙，零落不完，然崇祯朝无实录，此书出于明史馆，当时所见之史料必多,为《明史》之所依据,则今日视之,其宝贵为如何耶。有"东武孟学山氏校阅珍藏"印。

### 汲冢周书十卷　　国立北平故宫博物院藏元刻本

晋孔晁注　此元至正十四年嘉兴路总管刘廷幹贞刻本。半叶十行,行二十字。前有四明黄玠为贞所作序,又有宋嘉定十五年丁黼跋,盖据丁本重刊也。宋椠今不可见,以此最为近古,自非明代诸刻所及。原书自内阁大库旧档中检出。大库遗书,率皆残编断简,似此完帙,殊不易遘。硕果仅存,弥足宝已。

### 皇明诏令二十一卷　　国立北平图书馆藏明嘉靖刻本

明傅凤翔辑　载诏令自太祖至世宗嘉靖二十六年止,较霍韬所辑之《皇明诏令》尤为详备。以校《明实录》,时有异同,可备考文证史之助。

### 督师奏疏十六卷　　国立北京大学藏明刻本

明孙承宗撰　起天启二年,迄六年。承宗以辅臣督师山海关时作也。承宗大节凛然,彪炳史策。文集一百卷,奏议三十卷,茅元仪、范景文尝刻之,今未之见。世行文集二十卷,其孙之澋掇拾于兵燹之余,非完本也。是集虽只一时之作,在奏议亦非全豹,然谋国忠忱,筹边硕画,略见一斑。书无序跋,不知何人所刻。间有阙叶,无从补完。孤帙仅存,亦足宝已。

### 国朝诸臣奏议一百五十卷　　国立北平图书馆藏宋刻本

宋赵汝愚辑　前有《进书劄子》及《自序》,录北宋诸臣奏章,分类编辑。始事于汝愚守闽郡时,成书于知成都日。凡十二门:曰君道,曰帝系,曰天道,曰百官,曰儒学,曰礼乐,曰赏刑,曰财赋,曰兵制,曰方域,曰边防,曰总议。此淳祐间福建路提举史季温重刻本。明季版入南监,正德间锡山华氏会通馆活字本,讹谬舛踳,几不可读。知明人所见已非善本。此帙出内阁大库,尚是明初印本,远出华氏本及《四库》本上。治宋季东都史事者,当以此书为鸿宝矣。

## 历代名臣奏议三百五十卷　国立中央研究院历史语言研究所藏明永乐刻本

明黄淮杨士奇等辑　此永乐间官刊本，辑录历代臣工奏草。上起商周，下迄宋元。以类为归，共分六十四门。全书体制较赵汝愚《诸臣奏议》尤为闳肆。其中资料大都采自文渊阁藏书。宋元时名臣所作奏草，其原集已佚者，大都可于此书求之。如宋徽宗时陈次升所著《谠论集》、高宗朝张浚所著《魏公奏议》，原书世久无传，《永乐大典》所载亦非完帙，学者可据此书以补《大典》本之不足，洵快事也。原版至清康熙朝尚存宫中，今所见有康熙朝印本，字迹模黏，不可卒读。此本字迹清朗，当是有明中叶印本。

## 神庙留中奏疏汇要四十卷　国立北平图书馆藏明抄本

明董其昌辑　此书纂辑有明神宗一朝留中奏疏，每篇系以笔断。凡宰臣所上藩封、河渠、食货、边防诸封章可资后世借镜者，靡不录入，以六部为次。著手于天启二年，至四年告成。原书迄未刊行，仅笔断载入《容台集》后。此明崇祯朝红格写本。孤本流传，良足宝已。

## 宋遗民录十五卷　国立北平图书馆藏明嘉靖刻本

明程敏政撰　前列王炎午、谢翱、唐珏三人事迹及其遗文，七卷以后，附录张弘毅、方凤、吴思齐、龚开、汪元量等八人。末卷记元顺帝为宋瀛国公子，引余应诗，袁忠彻诗以实之。此书明刊世极罕见。黄丕烈、吴枚菴辈所见者，亦仅传抄本。末有叶德辉长跋。

## 国朝列卿纪一百六十五卷　国立北平图书馆藏明刻本

明雷礼撰　胪列明季职官，起自洪武之初，迄于嘉靖四十五年，内而内阁部院以至府司寺监长官，外而总督巡抚，皆以拜罢年月为次。上标人名而各著其出身，并附载其居官事迹为行实。旧为李越缦藏书，有"李蒓伯读书记"诸印。

## 国朝列卿年表一百三十九卷　国立北平图书馆藏明刻本

明雷礼撰　与前书相辅而行。

## 山海关志八卷　国立北平图书馆藏明嘉靖刻本

明詹荣辑　分地理、关隘、建置、官师、田赋、人物、祠祀、选举八门，冠之以图。记明季山海关至黄花镇驻兵处及兵数至详。上海涵芬楼旧有此书，已燬于兵火之劫。此为粤中曾氏故物，宇内恐无第二本也。

## 四镇三关志十卷　国立北平图书馆藏明万历刻本

明刘效祖撰　明季设辽东、宣府、大同、延绥四镇，又有居庸、紫荆、倒马为内三关，雁门、宁武、遍头为外三关，皆北陲连防重地。旧志零落，未能穷其源委。效祖此作，精审详赡，远过前人，诚今日治边疆史事者不可少之书也。

## 龙虎山志三卷续编一卷　国立北平图书馆藏元刻本

元元明善撰　皇庆二年明善官翰林学士时奉敕所修。《续志》乃周召所撰。原书世久无传，《四库存目》著录本，内容多所窜乱，已非明善原本之旧。此则内阁大库故物，近世收藏家所未见也。

## 大元圣政国朝典章六十卷新集至治条例不分卷　国立北平故宫博物院藏元刻本

不著撰人名氏　此元至治二年建阳书坊刻本。半叶十九行，行三十字。密行细字，槧印并工。此书历来著录皆传钞本，清末法律馆始据钞本精刊行世。取与此本对勘，讹夺不少。书重初刻，非虚语也。后附《都省条例》，出元人手钞，尤为名贵。

## 皇明制书二十卷　国立中央研究院历史语言研究所藏明万历刻本

明张卤校刊　明万历七年，巡抚保定等府右副都御史张卤取《大明令》、《御制大诰》、《诸司职掌》、《洪武礼制》、《礼仪定式》、《教民榜文》、《资世通训》、《学校格式》、《孝慈录》、《大明律》、《宪纲事类》、《稽古定制》、《大明官制》、《节行事例》十四书合刊为二十卷。虽刻本不早,而校刊颇精,流传亦罕。有明一代之开国规模于此盖可见矣。世别有康应乾刊本《皇明制书》,仅八种十卷,虽内容与此略同,而种数相差甚多,不如此本善也。

**经国雄略四十八卷**　国立中央研究院历史语言研究所藏明弘光刻本

明郑大郁撰　此书作于弘光元年,为考十三:曰天经、畿甸、省藩、河防、海防、江防、赋徭、赋税、屯政、边塞、四夷、奇门、武备,都四十八卷。首有郑芝龙序曰:"是编搜罗今古,援证天人,与夫山川形便,安攘富强,极之帆海绝徼,靡不详载考图,俾留心经国者读此,备知穷变度险,孚号忠志,协佐中兴。"以书中排斥夷狄,诋吴西平结虏恢复一策,故有清一代,遂罕见流传《边塞考》曾入《禁书总目》。惟孔广陶《三十有三万卷堂书目略》中央研究院历史语言所藏稿本有之,入子部杂家类杂考之属。盖此书本备中兴士夫射策之用,以国难方殷,颇有恢荡匡复之言,非真能规画恢复者。故孔氏入于此也。书中矜衔夸大,自是明末策士习气,然取材广博,多有非他书所能见者。而边塞四夷诸考,尤可为考史之助。凡例谓"图得考始明,考因图益张"。故尤重绘图,凡舆地、关塞等皆有图,而《武备考》中之枪炮、舟车诸图,又可见当时武器形式与西洋战具输入之一斑矣。

**大明律例三十卷附录一卷**　国立北平图书馆藏明隆庆刻本

明太祖敕修　洪武六年,太祖诏刑部尚书刘惟谦等详定奏上,篇目一准于唐,为法制史必修之书。《四库存目》著录本,从《永乐大典》录出。此则明季原刻,殊罕见也。

# 子　部

**盐铁论十卷**　国立北平故宫博物院藏明弘治刻本

汉桓宽撰　此明弘治十四年涂祯江阴覆刻宋本。半叶十行,行二十字。

世传桓书刻本,以此为最古最善。明代各本皆从之出。而更易行款,失其旧观。清嘉庆间张敦仁曾以原本景摹流传,顾广圻为任校勘之役,亦称善本。惟涂刻存者无几,学者罕窥真面,致有误认明九行本为原刊,而以真涂本为重刻,转疑张、顾为误者,殆同叶公之好龙耶。

**童蒙训三卷**　　国立北平图书馆藏宋刻本

宋吕本中撰　历述师友遗闻,多格言至论,宋时重之。卷末有题记四行,文曰:"绍定己丑郡守眉山李塈得此本于详刑使者东莱吕公祖烈,因镵木于玉山堂,以惠后学。"知乃绍定重刻本。都玄敬藏书,后归海源阁。明时有覆本,行式无异,然较之原刻,则东施效矉矣。

**宣和画谱二十卷**　　国立北平故宫博物院藏元刻本
**宣和书谱二十卷**　　国立北平图书馆藏明刻本

不著撰人名氏　《画谱》为元吴文贵杭州刻本。半叶十行,行十九字。书、画二《谱》,世行有明杨慎刻,后来各本皆从之出,颇有讹夺,不为尽善。此本纸墨雕工与宋临安睦亲坊陈道人所刊《唐宋人集》极相类,其为元初杭州刻本无疑,即大德六年吴文贵与《书谱》合梓者,古本之仅存者也。《书谱》元刻久佚,以嘉靖本配印于后。

**永乐琴书集成二十卷**　　国立北平故宫博物院藏明抄本

明成祖敕修　此内府写本。半叶十一行,行二十二字。集琴典之大成,采摭详备,足资博识。朱阑玉楮,写绘极工,当是原修缮进之本。典重与《永乐大典》相埒,而精美过之。数百年不出宫禁,故世无传本。清修《四库全书》亦莫知著录,真人间未见书也。

**孔氏六帖三十卷**　　国立北平故宫博物院藏宋刻本

宋孔传撰　此宋乾道丙戌韩仲通泉州刻本。半叶十二行,行十四字。注双行二十八字。唐白居易纂《白氏六帖》三十卷,孔氏继之而有是作。南宋末坊间合两书重编为一百卷,刊印行世,殊失旧观。此本据韩序,知书成于绍兴之初,至仲通守泉南,始为校刊于郡庠,乃此书初刻本也。原阙第十一卷。

**玉海二百卷词学指南四卷**　国立北平故宫博物院藏元刻本

宋王应麟撰　此元至元三年庆元路儒学官刻本。半叶十行,行二十字。其板至清初尚存,递经修补,每下愈况,几不可读。此帙尚是元时初印,纸墨精好,胜后印本多矣。

**纂图增类郡书类要事林广记四十二卷**　国立北平故宫博物院藏元刻本

元陈元靓撰　此元建安椿庄书院刻本,以较元至正本及日本元禄本,编次颇有出入。宋元间民间游艺、歌曲习尚,均可于此书见之。《四库全书》失收。

**山海经十八卷**　国立北平故宫博物院藏元写本

晋郭璞注　此元至正二十五年曹善写本。乌丝栏,半叶十一行,行二十二字。注双行三十余字。每篇后附图赞,与宋《中兴馆阁书目》合。书法秀劲而超逸,名贤手迹,历久长新。钞本中无上妙品也。此书世行各本,皆不附图赞。《道藏》本有赞而不全,且多窜乱。宋尤袤刻于池州者,其板明初入南监。今虽罕见,尚有传本,惟图赞亦阙。前人校辑以严可均《全晋文》本为最备,然舛误仍不能免。严氏自以无从考定为憾。此本十八篇之图赞,厘然具在,毫无讹夺,真前人欲求观而不得者。埋晦多年,一朝复显,岂非艺林快事耶。

## 集　部

**元丰类稿五十卷**　国立北平故宫博物院藏元刻本

宋曾巩撰　此元大德八年丁思敬南丰刻本。半叶十行,行二十字。南丰集世鲜善本,各家书目著录之元刊,大率皆明本也。此本校勘详审,字大悦目,刊工遒劲,不下宋椠。设非序跋具存,鉴藏家或且以宋本目之。宋椠全帙今不可见,此本断推甲观矣。

## 栟榈先生文集二十五卷　国立北平故宫博物院藏明刻本

宋邓肃撰　此明正德十四年罗珊永安刻本。半叶十行,行二十字。肃志节之士,为太学生时,以献诗讽谏花石被逐,知名当世。王明清《挥麈录》称肃集三十卷,此本仅二十五卷,即以《花石诗》冠首,当是后来重编,然较清《四库》所收之十六卷本多出诗九卷。各家著录,亦无有早于此者,自是世行肃集最古之本矣。

## 演山先生文集六十卷附录一卷　国立北平图书馆藏旧抄本

宋黄裳撰　此书卷数与《直斋书录解题》合,盖犹宋时原本。平阙之式甚古,当从宋椠传录。乾道初季子玠哀辑成帙,建昌军教授廖挺刻于军学,即此本祖刻也。裳所作诗文,骨力坚劲,不为委靡之音。此本初为曹倦圃溶藏书,后入怡府,转归东郡杨氏海源阁,亦劫后仅存之秘笈矣。

## 雪窗先生文集二卷附录一卷　国立北平图书馆藏明嘉靖刻本

宋孙梦观撰　嘉靖间裔孙应奎知江阴县时所刻,《奏议》《故事》各一卷。《四库全书》著录本即从之出。海源阁故物。有"明善堂览书画印记"、"安乐堂藏书记"、"东郡杨彦合珍藏"诸印。

## 玉楮诗稿八卷　国立北平图书馆藏明刻本

宋岳珂撰　凡诗三百八十五首,起理宗嘉泰戊戌,迄庚子,皆珂五十八岁前所作诗。卷后自记云:"此集既成,遣人誊录,写法甚恶,俗不可观。欲发兴自为手书,但不能暇。二月十日偶然无事,遂以日书数纸,至望日访友过海宁,携于舟中,日亦书数纸,迨归而毕,通计一百零七版。"云云。而卷首题"十六世孙岳元声等藏墨",知从手迹上版也。有"袁廷梼印"、"五砚楼藏"、"陈氏西畇艸堂藏书印"、"陈塿印"诸印。

## 中庵先生刘文简公文集二十五卷　国立北平图书馆藏元刻本

元刘敏中撰　《元史》载敏中《中庵集》二十五卷,此本与之合,盖原刻也。《四库全书》著录本从《永乐大典》录出,仅得二十卷。以视此本所载,得失详略之殊有如霄壤,可谓无上之秘笈矣。初为怡府藏书,后归东郡杨氏海源阁。有"怡府世宝"、"杨绍和"诸印。

### 江月松风集十二卷　国立北平故宫博物院藏钞本

元钱惟善撰　此即相传之钱氏手书稿草也。是集前代未尝墨板,故在明不甚显。此本明末藏曹溶家,清初归洞庭翁氏。好事者争就迻写,流传遂广。原书不知何时进入内庭,外间莫从复窥真面。辗转传录,亥豕益繁。光绪八年钱保塘始据旧钞校刻,十五年内丁丙又据曹氏钞本刻之《武林往哲遗书》中。取与此本对勘,皆有讹误,难称完善。是以学者得一清初名人手录副帙,珍重有逾琬琰,矧此唯一祖本,不尤宝中之宝耶。

### 成都文类五十卷　国立北平故宫博物院藏明刻本

宋程遇孙等编　半叶十行,行十八字。所录上起西汉,下迄孝宗淳熙间,搜采极为宏富,实开明季周复俊《全蜀艺文志》之先河。世传只有此本,亦颇罕见。考蜀都文献者不可不备之书也。

### 皇明经世文编五百四卷补遗四卷姓氏爵里一卷　国立北京大学藏明崇祯刻本

明陈子龙、徐孚远、宋徵璧等选辑　起自明初,迄于末季,采录历朝各家奏议、文集篡集成编,以人为次,不别部类。有明一代经世大文略具于此,中叶以后边事尤详。亦有原著已佚,遗文赖此仅存者,实治明代史学者不可少之书。本书卷帙繁重,世无二刻。清乾隆间复经禁燬。以故传本极希,宇内有数之秘籍也。

### 新刊名贤丛话诗林广记前集十卷后集十卷　国立中央研究院历史语言研究所藏元刻本

元蔡正孙撰　此书元刊本世不多见,通行明初十行大字本,已非原刻面目。惟弘治丁巳张鼐刻本与此行款相同而刻手拙劣,错字累累,与此相校,直有天渊之别也。书以诗话为主,因诗话而录诗,为当时学诗者之绝好读本。标点整齐,触目清朗,尤可见一代读书与雕版风气。

**息机子杂剧选二十五卷**　　国立北平图书馆藏明万历刻本

　　明息机子辑　　息机子姓氏及事迹无考。共收元明杂剧二十五种,中如《张公艺九世同居》一剧乃久佚之本。他与臧晋叔《元曲选》重出者,文字亦与臧选时有出入,盖未经臧氏删订之原本。治元剧者幸勿以残佚少之也。

**词林摘艳十卷**　　国立北平故宫博物院藏明万历刻本

　　明张禄辑　　此万历二十五年都中所刊,校徽藩本时有异同。所录元明剧曲套数都不注作者主名,当据他本补之。开版清朗,且加圈点,极便诵习。

**旧编南九宫谱十卷**　　国立北平图书馆藏明万历刻本

　　明蒋孝辑　　此为传世南曲谱之最古者。明季徐天池草《南词叙录》时未见其书,其罕传可知。宋元南戏佚文多赖之以传。

**曲律四卷**　　国立北平图书馆藏明天启刻本

　　明王骥德撰　　此书自吴江沈宠绥《度曲须知》征引以来,治南词者莫不引为绳墨。顾方诸馆原刊世久罕传,《指海》本及近代武进董氏《读曲丛刊》本卷一《越调》内脱去一叶,为世诟病。此本初印精美,完整无缺,以较《指海》本不可同日语矣。

（原载《景印国藏善本丛刊样本》,<br>商务印书馆 1937 年印行,线装排印本）

## 《涉园所见宋版书影》题辞[*]

（1937年6月）

陶兰泉赠
　　　　张元济
　　　　丁丑五月
移赠合众图书馆
　　　　元济

（录自原件，上海图书馆藏）

[*] 标题为编者所加。——编者

# 商务印书馆租赁《孤本元明杂剧》版权契约\*

（1938年12月）

立租赁版权契约。教育部代表郑振铎，商务印书馆（下称商馆）。

今因教育部藏有也是园旧藏抄校本、刻本《元明杂剧》六十四册，商馆为流通起见，愿出资租赁。兹特订立契约如下：

一、商馆允出租金壹千元，印成之后另送全书十部与教育部。

二、教育部以全书移交商馆，由商馆出具收条，并保险壹万元。保险费由商馆担任。

三、商馆将本书分期出版，其中若干种已有流行之本，印否由商馆自行决定。

四、商馆声明用商务印书馆名义，于收到后一年内出齐。版式及售价由商馆自定。教育部允以应收租金一千元作为购买本书之用，书价照特价计算。

五、教育部对于本书，允于十年内不收回自印，亦不另租他家印行。但收回自印或另租时，应将商馆印存之书照售价同时收回。

（录自契约抄件）

\* 1938年12月29日张元济致李宣龚函称："借印元明杂剧，应正式订立契约。兹依据以前往来信所举各节拟具数条，别纸附呈。"据以确定契约为张元济亲拟。

契约稿正文之后，尚有以下文字："以下去信说明，原计两星期照完，此时恐办不到。又出版用商务名义。至郑君要求书内声明为教育部所藏，应请王总经理核定。"——编者

# 在《国立北平图书馆善本丛书》第二集书目上的批注*

（1940 年 6 月 19 日）

［书目右侧空白处李耀南红铅笔附言］
奉敝馆守和馆长嘱,将委托影印之善本丛书第二集各种叶数开呈。鉴核。李耀南①呈②。

## 国立北平图书馆善本丛书第二集③

| | |
|---|---|
| 《滇台行稿》 四卷 | 二百二十五叶 |
| 《黔草》 二十一卷 | 一千一百叶 |
| 《西南纪事》 | 五十二叶 |
| 《黔南类稿》 八卷 | 四百七十五叶 |
| 《铁桥志书》 二卷 | 一百六十九叶 |
| 《桂胜》 十六卷 | 二百十叶 |
| 《殿粤要纂》 四卷 | 三百四十一叶 |

又傅沅叔先生加入《桂林郡艺文志》八卷及《百粤风土记》,该二书由傅先生迳寄。

张元济批注：

① 号照亭
② 六月十六日
③ 请照打三分,一存馆,一交下,一寄港处（可暂缓）,俟丁君查明印刷难易之后,同时配入再寄。

（录自原件）

* 原件内无书写年份。现据 1940 年 6 月 19 日张元济致傅增湘信（载本书第 3 卷第 415 页）确定。标题为编者所加。——编者

# 在《涵芬楼烬余书录》稿本封面上的批注

(1937年5月—1949年11月)

编者按:《涵芬楼烬余书录》稿本共十册,上海图书馆藏。正文为中文打字稿。有张元济墨笔、朱笔批注,内容大致为改正错字、改写个别段落及排印格式等。本书第8卷已编入《涵芬楼烬余书录》,依据商务印书馆1951年5月初版本,故上述稿本中改稿等文字不再录入。惟稿本第二、三、七、八、九、十各册封面张元济批注之文字,有助于确定该书定稿、发排时间,故辑录于下。(第一、四、五、六册封面无张元济批注。)所署年份为民国纪年。

第二册(经部)封面批注

  发 排 张元济 38/11/15 (墨笔)

第三册(史部)封面批注

  覆 校 38/11/7

  乞发排 38/11/15

  张元济 38/11/6 (均墨笔)

第七册(集部)封面批注

  张元济 26/5/12 覆校 (朱笔)

    38/11/11 又覆一过 (墨笔)

  可以发排 38/11/16 张元济 (墨笔)

第八册(集部)封面批注

  张元济覆校 26/5/13 (朱笔)

  抽去一页,移入史部 38/11/11 晚又覆一过 (墨笔)

  可以发排 张元济 38/11/18 (墨笔)

第九册(集部)封面批注

  张元济 26/5/13 覆阅一过 (朱笔)

  抽出三页 38/11/12 又覆过 (墨笔)

可以发排　38/11/18　张元济　（墨笔）

第十册（集部）封面批注

张元济覆校　26/5/13　（朱笔）

可以发排　38/11/18　（墨笔）

（录自原件）

# 捐赠上海市文物管理委员会古籍目录

(1952 年 7 月)

乾隆原刊《词林纪事》　张宗楠辑　十二本
乾隆原刊《带经堂诗话》　张宗柟辑　八本
乾隆原刊《初白庵诗评》　张载华辑　八本
新辑《涉园丛刻》初编　元济辑　八本
又　续编　元济辑　八本，失去一本。印成未久，尚在书栈，即为日寇所燬，故致残缺。
景印元刊《王荆公诗注》　元济印　十本
景印明刊《横浦文集》　张九成著　元济复印　八本
景印宋刊《三国志》　二十一本　刘承幹印
景印元刊《程雪楼集》　十本　董康印
日本景印唐人写名馆《□词林》. 十二本，《唐三藏法师传》　四本
右共十一种

张元济具

(录自《收藏大家》，郑重著，上海书店出版社 2007 年 4 月版)

## 《海盐张氏涉园藏书目录》题辞

（1950 年代）*

珑孙留阅。菊生寄与。

（录自原件）

* 题辞字迹显见书于 1950 年代，作者患中风以后。——编者

## 须印《四部丛刊》要旨

（1950 年代初）*

以前各编偏重版本，续印应偏重实用，多采有关历史、地理、技术、六艺书。

凡名人著述从未刊印，或曾经刊印而今已绝迹者。每编仍拟以三百册为度。

底本除国家图书馆不易搜求，应就北京选定后，请将书全书页数及印刷情况详细见示。如有新图并开明彩色套□，纸幅可仍用中国连史、毛边二种。

（1950 年代初）*
（录自文稿）

\* 文稿不署撰写时间。辨认文稿字迹，显见书于 1950 年代初患中风之后。——编者

# 续辑《槜李诗系》启 *

迳启者,自沈客子先生辑《槜李诗系》后,陆陆堂杨蘋香诸先生皆有意为之赓续,至胡云伫先生始有成书,迄今又将百年。王云卿、张厚香诸先生又拟辑《再续槜李诗系》而未竟厥志。中经变故,几度沧桑,遗文零落。同人等不揣谫陋,妄拟当仁,上补元明,下迄近代,勉为钞篹,已有七百馀家。凤仰台端注意乡邦文献,所藏先德遗著及嘉郡先哲未入沈、胡两选者,请为搜集。如卷帙较多,并乞择要甄采,并录其履历、行谊、别号及遗闻轶事等一并寄示,实深感祷。至生存不录,系循选家向例,尚希鉴察。

      钱熊祥  金兆蕃
      卢学溥  徐清扬
      张元济  陶昌善  同启
      朱彭寿  屈 彊
      吴乃琛  孙振麟
      项乃登  张宗弼
          (录自排印件)

* 文题为编者所加。原件不署撰写日期。——编者

补  遗

# 书  信

## 致 丁 英 桂

【1】 故宫博物院复信阅过,缴还。孙伯恒君亦有信来,一并呈上。此事各信(连合同)请检寄,呈王先生阅看。午后将与晤商。复上
英桂仁兄台鉴

         弟张元济顿首
        二十一年十二月二十六日

借照瞿□□书,今报告七种,均非甚要之书,不知尚有好书否?

## 致 马 衡

【1】 叔平仁棣同学阁下：昨诵手书，谨悉唐人写王仁煦撰刊谬补缺《切韵》、元曹善写《山海经》二书，均蒙慨允敝馆印行，甚为欣幸。贵院前摄影本《切韵》未悉现存何所？敬祈指示，即派人诣前领取。至原用朱、墨两色，□否□摄，俟见原摄底片后再行决定，并乞转知贵院沪库管理员，届时敝馆如需参看原本，准予随时到库借阅，是所感荷。手此布复，祇颂大安。

张*

* 信稿共有三处批注：
 1、左上角日期栏，填写"二十五年一月九日"。
 2、右下角张元济批注：照缮。张元济。25/1/9。
 3、右下角紫色印戳：中华民国廿五年一月九日已缮。

——编者

# 致 王 云 五

【1】　《衲史》中《南齐书》，系借自傅沅叔君。记得曾结送版税一次。后来未知曾续结否？去岁年底已出书一次，应请饬查。弟将与通信也。此上
岫庐仁兄台鉴

弟张元济顿首

二十三年一月十六日

【2】\*　就令一页作四页，亦尚有五千三百余叶，断卖不去，只可婉复马叔平，同时说明理由，乞酌。
岫庐先生

张元济

二十五年四月三日

前借□□《山海经》应定期，其原在尊处。

\* 此信系在《石渠宝笈》正编、续编、三编印刷工料估价单上之批注，内容当指影印《石渠宝笈》一书而言。——编者

【3】\*　岫庐先生大鉴：奉手教，展诵不胜惭悚。弟对于公公[司]方愧未能尽其心力，乃我兄如此推挹，实觉汗颜。承赐《文化史丛书》四种，捧读面叶，业已出版，无可挽回，只可赧颜忍受而已。谨留一部，以志嘉惠。缴还一部，伏乞收回。贱体适有小恙，不克多述，容再诣谢。复颂台安。

弟张元济顿首

(1936年)十二月五日\*\*

\* 本卷补辑张元济致王云五信第[3]至[61]、第[63]至[93]，共 90 件，均录自《张元济致王云五的信札(一九三七年至一九四七年)》，王学哲编，台湾商务印书馆股份有限公司 2007 年 5 月出版发行，非卖品。其中原信不署书写年份者，一部分由编者考订，并加注考订依据；另一部分据《张元济致王云五的信札(一九三七年至一九四七年)》，本书不一一加注考订依据。

\*\* 原信不署书写年份。为祝贺张元济先生七十寿诞，商务印书馆于 1936 年 12 月 1 日起陆续出版《中国文化史丛书》。

——编者

【4】　岫翁阁下：本月十二日、十五日、十六日叠上三函，均附季芸信中，托其转呈，计荷詧及。仲明来说之印件忽云从缓，弟深恐有人专利，宜设法阻止。我处无纸，弟意先将纸张买存(有五百数十令)。据李、黄二君云，总

有用处。同时并将管见转致在事诸人采用。闻主顾不久将有汉、湘之行,我兄或能与之一商也。十六日信言小媳将取道汉口飞港回沪。闻新华银行王志莘兄亦到汉,或同取此道。乞派人往询,能同行最妙。统祈推爱照拂。专此。即颂旅安。

弟张元济顿首<br>(1937年)十一月十八日*

\* 原信不署书写年份。1937年日本侵略军在上海发动"八·一三"事变后,作者儿媳葛昌琳及孙女张珑滞留庐山,无法回沪。经王云五及商务汉口分馆同人安排,经汉、港,于同年底返沪。

——编者

【5】岫庐先生阁下:本月十五日寄上一函,计先达到。前日得本月十七日手教,展诵谨悉。节约之举,即在平时,亦应厉行,况在今日。尊意注重私人方面,尤为扼要。但此事在港行之,必能收效,在沪则恐难。我公能以一身为模范,故人易景从,此间殊少以身作则之人也。即以公家方面言,在沪亦殊有掣酌。前日开会,弟曾参加旁听。各人条议,均多可采之言,但席上曾有人言,此等事言易而行难,必须有实行监督之人。此可谓一言破的。人不能耐烦,不肯做恶人,便不能胜监督之任。此等人才,亦岂易言者,且亦不能求之中下级也。此层唯望我兄随时加以考察耳。港处今岁开支可望平衡,闻之甚慰。弟意加价一层,亦宜未雨绸缪。明加不易,只可随时暗加,想早在荩筹中矣。兹有数事奉达如左:

一、本馆同人有节约会之议。前月在某中学开会,捕房捕去,羁押多时,结果有二人押送出境,系送至温州。本人要求调至港厂。人事科当有详报。据史久翁称,此辈确无别项目的。弟已面告节约委员会,此十余人完全为私人节约运动,致受无妄之灾,本会应加以奖慰。至于蒋、宋二人被逐出境,闻有自行赴港之意,想卓裁必已筹及矣。

二、舍内侄许宝骏译有《胶粘人造丝制造法》一书,由弟介送沪处审查,不甚许可,且云本馆已有一书正在排印。韦君批令修改再议。弟谓不宜作此模棱之语。知已寄至港处核定,如与排印一种相差无多,不如直捷退去,千万勿以为弟所介绍,稍与迁就。

三、吾国俗语词典太少,虽国语推行会有所编纂,然多偏重读音,注义太略,且亦选择不广。弟近来无事,且有感于《辞源》续编遗弃弟所搜补材料太多(此事前曾奉告),因思搜集旧小说及各省方言俗谚之书,复参以平日见闻所积,数月以来,已辑得数千条。原拟用人补充《辞源》,然以俚语太多,且长句亦不少(谚语中七字二句者甚多,且有更长者。),又有记忆所得者,不易考得出处,与《辞源》体裁不合,故拟加采一部分极通用之名词,别为一书,用极浅白之文字注释,期合普通人之用,似可于今之字书中别树一帜,拟名为《通用名词习语浅释》。现仅粗具规模,未悉何日可以成书。不知本馆能与印行否?

再高叔哥世兄经港赴湘谋事,闻拔翁亦加阻止,同一无效。弟恐赴湘亦无益耳。

手此布复,敬叩侍祺,潭祉均吉。

弟张元济顿首

(1938年)八月二十二日*

再,丁斐章君于垫发股息事持论甚正,力言其利多害少,会议时屡驳翰卿之言,殊为可佩。闻即日来港,必访我兄。晤时乞提及前事,兼致谢意为幸。再上

岫庐先生台鉴

弟张元济顿首

(1938年)八月二十二日**

\* 原信不署书写年份。信中述及商务两名职工被捕房押送出境,系1938年事。参见1938年8月19日作者致丁英桂信(本书第1卷第105页)。

\*\* 此附笺所署书写日期之笔迹、风格,与1938年8月22日信完全一致,而与1939年8月22日信迥异,故编入此处,作为1938年8月22日信之附笺。

——编者

【6】 岫翁台鉴:本月廿二日复上寸函,计荷垂詧。蔡公椿兄来沪,述及起居,拔翁又出示本月廿三日信,知兄能勉自刻抑,为之稍慰。处此之时,犹能并力治事,藉以忘忧,此等精神,实不可及,令人钦佩无极。前函陈明,拟于下月中旬开董事会一次,奉询我公有无提告[议]及报告之事,想复示已在途中。公椿既到此,届时拟请参与,报告本馆在港及所至各处情形。又月初得郑振铎兄来信,商印《元明杂剧》事。弟当即复去,以报告尊处决定为辞,惟时心绪烦乱,竟忘将此事上达。此书虽有二百余种,为不传之作,但此时印出,实难销售,且须缴出租费壹千元(但不是现款,仍须改给印出之书),(七月初致郑君振铎信,曾约定用为购买本书),自宜婉辞拒绝,但此时仍须

赡养工友，不能不为人谋事，则与其印近人所作有时间性之书，不如印此较有价值可以永久之书稍为稳妥。附去郑君来信一纸、弟复信两纸、又夏间估价单一纸（阅过统乞发还），究竟如何办理，请裁夺示下，以便答复郑君为荷。再写此信时，适接舍亲张小棠君来信，云闻本馆将在澳门开分馆，欲为其婿谋事。本馆失地分馆同人甚多，焉能进用外人？姑将各条呈阅，请就近婉复张君为幸。敬请老伯母大人福安，兼颂潭安。

弟张元济顿首
（1938年）十一月二十九日

【7】岫庐先生阁下：十一月廿二日、廿九日叠上两函，计先后达览。前月杪，拔翁函告近日扶助会又来纠缠，并将所要求之事函达尊处。翌日久芸兄来详述该会近日举动，大有挟党部以相陵之意，并交阅该会致拔翁之信，信中"请勿更调外埠"及"公司歧视"，又"同人福利反多摧残"之语固属不合，然若使当时即行退回，必致立起冲突，甚或激成事变。故拔翁权充收下，并允代达，且告以公司情形，不应为此要求之语。久芸兄谓要求三事，弟一条为正文，其余二条不过用作陪衬，见好同人。又该信云港政府已正式承认分会，颁给钤记证（究竟港厂近日有何举动？）。以前示港府举动恐属虚言，一虚则无往不虚，即该信所举之批示、批令恐亦不足置信。即令不虚，而本馆并未接到予以便利之函，自可不认。即有来函，是否可以接受，亦大有考虑之余地。弟恐尊处接拔翁信即时答复，而该会来信如何处置一时无所指示，则该信留存馆中似已默认，该会不免更多纠缠。故于昨日电陈数语，文曰："拔艳日函陈同人要求事，请缓复，函详。济。"计当达到。鄙意拟请我兄将该信逐层驳斥，并请拔翁将该信退回。前日拔翁之暂收，正可见经理之不欲专擅，将来我兄之退回亦可见总经理之正当主张，彼此权责正自分明，拔翁必不致有所误会。且此后应付，拔翁亦更易于措置也。是否有当，敬乞卓裁。敬颂潭福，并请老伯母大人颐安。

弟张元济顿首
（1938年）十二月三日

【8】岫庐先生阁下：十一月廿二日、廿九日、十二月三日叠上三函，本月七、八日间又寄一信，述筱芳来弟处非正式的辞职事。昨晚得电示，知已递到。电文如下："函悉。筱兄辞职倘无法留，鄙意拟由总处聘为顾问，勿用

董会名义。继任人拟暂不提。函详。"谨已聆悉。筱芳对弟所言,不过预陈所见,系非正式的。渠系请假半年,此时假期尚远。渠似别有营谋,看去似未成熟,一时不至提出董会。好在时日尚为从容,此时即开董事会,亦绝不可道及此事。至弟前函所云"留一空名",亦仍是不敷衍中之敷衍耳。郑振铎来商影印《元明杂剧》事,应如何答复之处,乞即示复。弟曾问史久芸兄,私人节约,有何效果。据云办公时吃烟并未改动。尊处能否发一通告,直捷禁止? 若仅仅劝告,终归无益也。又闻尊处印有节约手册,云将纸版寄沪印分,候至月余,尚未寄到,想出版科忘却。是否弟所误闻? 亦乞一查。再前托转致桂林胡久忠君信,已得复电,其住宅可以租借,心为一安。承公代托,不胜感谢之至。专此。敬请老伯母大人福安,并颂潭福。

弟张元济顿首
(1938年)十二月十六日*

\* 是信不署书写年份。据:1.郑振铎商影印《孤本元明杂剧》系1938年下半年之事;2.商务印书馆1939年9月27日举行第438次董事会,决定经理夏鹏(筱芳)请假出洋期间,由鲍庆林代理经理职(据《商务印书馆董事会会议记录簿》,稿本,商务印书馆藏),可确定是信书于1938年。
——编者

【9】 岫庐先生阁下:十二月十九日介绍美人范海碧君托带一函,至廿七日又复上一函,计先后达到。互助会纠葛事,前于廿七日信略陈管见,其后工部局邢女士又来访拔翁,并呈一信,信中全为工人说话,兹由史久芸兄寄呈。鄙意驳复之信最好用英文,配带汉文,免致繙译有所不达。又本馆进用全部工人,实非必需,半为顾全工人生计。此间于答复邢女士时,似未特别注重。鄙见针锋相对,正在此点。未知卓见以为何如? 窃有虑者,工部局既经干预,且该局近来但求无事之心理甚重,以后必甚烦难。但我处拿定主意,彼亦无可如何。只须临时应付得法耳。我兄来信务望详细指示(一切未尽事宜统托公椿兄面罄),俾同人有所遵循,至祷至盼。景印《也是园元曲》事。尊意以为可行,当即函达郑君,并拟具正式契约送与阅看。保险万元(郑君要求保三万元,请兄酌定,或签定契约,开示尊意,空出一字,再与磋商。),租期十五年,系新增之条件,其余则已见于去年七月二日弟致郑君信中,统祈核定,即缮具正式契约交下。专此。敬叩老伯母大人新岁大喜,并颂潭福。

弟张元济顿首
二十八年元月三日

【10】　岫庐先生阁下：本月十三日肃上一函，计荷垂詧。兹有数事奉达，伏乞台鉴。外致伯嘉兄信一件，亦祈过目，饬交为荷。

一、鄙意阳历新年已将一月，拟开董事会一次，报告去年营业情状，请饬该管部分开示大略。今年似不能不开股东会，我兄如何主张，并祈示及。如开会，拟在何时何地？昨闻拔翁言，奉馆杨君竟电伯恒，不允到平，并拒绝乾三前往。可谓跋扈已极，思之愤愤。

二、我兄复工部局邢女士信，义正词严，至为钦佩。据报，邢女士亦无可辨[辩]驳，看去似可暂行结束。前四日中午，史、黄诸君（有两桌人）正在沪处客室吃饭，忽有旧工人当场掷粪，污及八人。拔翁来告，谓徐百齐君云，不过拘禁一月、半月。弟意不宜如此轻视，必须请著名律师声助，当请拔翁从速办理。次晨黄仲明君来电话，谓可不必，数日之前陆君懋功亦被人掷粪，并未报捕。鄙见亦斥其非。弟答以公司若不尽力，无以对同人。又约拔翁同访陈霆锐。霆锐允即到堂相助。后闻已判徒刑八月，想史久翁必有详报。在平常，原应大事化小，小事化无，但在此多事之秋，却不宜专主消极。未知卓见以为何如？

三、影印《元曲》契约，祈核定发下。

四、前托转桂林分馆代送胡君信已得有回信，费神感感。

伯母大人福体想甚安健，祈请安，并颂潭福。

弟张元济顿首<br>二十八年一月二十三日

【11】*　前函缮就，尚未封发，续得手教（无月日），谨诵悉。影印《元曲》契约蒙签定两分，业经收到。保险两万元，顷已去信告知，并将契约送去。俟郑君复信到后再行奉复。工部局邢女士得尊函后，闻颇满意。又闻互助会拟派人至港，向杜君请愿，不知果实行否？前来示拟为拔翁向银行预备透支事，拔翁坚不允许，已详前函，兹不复赘。再颂岫翁仁兄台安。

弟张元济顿首<br>二十八年一月二十四日

* 此信似为上信之附笺。因日期相差一日，故未合并。——编者

【12】　岫翁如晤：前月廿四日肃复寸函，计荷督及。廿七日又奉到廿一日手书，谨诵悉。兹奉复如下：

一、为拔翁预备透支一事，遵照尊意转达。拔翁坚执如前，谓良心不许，环境亦不能，并言出租之屋可氶收租金一年，水泥公司亦分派积金数千，目前可以敷衍。属为详达，心领盛意。

二、蔡公椿君是否不致他往，步宋君之后尘？甚为悬念。港处事繁，得力人亦无多。如蔡君他去，我兄未免太劳。不知有无相当之人可以作为后备否？

三、互助会先后两班有人来港，并闻党部之范君亦偕来，不知兴何风浪？甚念甚念。

四、前函拟开董事会，未知尊意以为何？现在已届二月，或索性再迟一个月，报告去年帐略。能同时决定开股东会最好，否则开会日期下次再定。未知尊意以为然否？统祈核示。开股东会颇有问题。公不在此，弟思之不禁徬徨无计。

前寄呈影印《也是园元明杂剧》估价单乞录存后发还为荷。

近日忙于迁居之预备，不克多述。敬叩侍福，并颂潭祉。

弟张元济顿首<br>（1939年）二月三日

【13】　岫庐先生阁下：十七日得电示，知十三日所发一函已荷督及。属缓开董会，遵候我兄提案寄到再定期。久芸兄昨日来寓，云奉电召赴港，想必为工人之事，或即考虑升折之事。弟语久芸兄，如议及此事，最好请从缓。久兄云我公已允工人代表俟过春销后考虑。现在沪上生活实在艰难，且中华自今年起已一律恢复原数，世界书局始终并未减折，云云。中华将上海工厂易名改业，且在沪产业并未受损，至世界则所有工人改为馆外代做，与我公司情形不同，何能援以为例？沪馆春销今岁尚好。弟未见与去年之比较，但弟意以全公司计，必有减无增。就使无减，或有增，今年秋销必缺货，明年春销更不知如何。升折一定，无再降之理。弟又想到去年曾建一议：同人薪工以廿六年"八·一三"以前为标准，营业减额与薪工减折为比例，隔几个月一算，或升或降。此议极为粗略，未蒙采取。弟亦未曾细想。不知此时尚值得考虑否？姑妄言之。又今岁股东如再借息，或同时对于同人亦有一样点缀，似比径行升折亦稍活动。姑陈管见，藉备裁酌。人到病危之时，旁观者总盼其多活一日好一日。以后国人苦况恐不堪言。弟亦盼其提早吃苦，免

得公司完了吃苦更甚。闻同人在办事时照常吃烟,遇喜庆事仍不肯改茶点。奈何奈何。

弟张元济顿首<br>二十八年三月二十日

【14】 岫庐先生有道:前月廿五日奉到二十日所发手书并提案,均敬悉。本月一日又奉电示(即日电复)。六日史久芸兄返沪,出示前月廿九日续示,并改定提案,亦经诵悉。久兄见告,我兄因时局艰难,同人不能体谅,致多感触,精神上甚为痛苦,无任驰念。弟本拟即速南行,奉候起居,无如近来贱体甚有变动,胃肠病已经数月,诊治无效。腹中少饿,胸膈即觉胀闷,急欲得食,否则浑身不适。医生谓病在十二指肠,不易施治。又精神稍有刺激,上床即不能睡。每一小时小溲多至一、二次,量多而色淡,次日腰脚为之酸软。移居不过一月,如此者已有四夕,故惴惴不敢出门。惟望我兄善自排遣。所有困难,亦属现在题中应有之义,诸事顺天而行,或可稍舒胸臆,未知卓见以为何如?前日开董事会,各案照来稿提出,均通过。高翰翁首谓升折议案七百〇一元之但书断不可行。各人一律赞同。久兄并代吾兄陈说,各人坚欲撤去。想久、仲二君当有详细报告。翰翁并言公司经此大难,去年有此成绩,实属意想不到,升折一案,似尚应从宽。经弟驳阻,徐寄顾君亦以为不宜,应照原案通过。散会后即由沪处电达,计荷詧及。奉馆情形,亦由拔翁报告,各人均无异言。合并陈明。闻汪精卫君有一文发表,题为《举一个例》,在香港华南(或南华)日报发表,拟祈觅示一分,至为感荷。手复。顺颂潭福。务祈珍卫。

弟张元济顿首<br>(1939年)四月十日

徐寄翁并云港处馆厂并不升折,仅仅变更搭发国币,恐难满同人之意。久翁当将在港讨论情形详述一过。寄兄云,尊处统盘筹算,董会不宜变动,应照原案通过。众人均以为然。

伯母大人福体想甚康健。叱名请安。

【15】 岫庐先生如晤:前月十七日奉十一日发手书,谨诵悉。因甫于四月十日复上一函,故未即复,想蒙鉴宥。迩来贵体想康健如恒,堂上起居亦必纳福,至为驰念。前日晤公椿,知建设公债印件业经接得;又阅琢如信,知

工潮亦已平息,为之欣慰。闻奉天及西南各省生活程度增高甚钜,分馆同人薪水本低,颇形窘迫。曾与拔翁言,可否调查当地物价(指必需品)与沪、港比较,如实在昂贵,可否酌与临时津贴。想已函陈,不知有办法否？又借印《也是园元明杂剧》已向郑君振铎处领到半部。弟检查一过,恐只能排印,因原书校订之处甚为复杂,且行款尤为参差,抄笔亦欠工整,石印殊属不宜。如整理行款,订正格式,非行家不办。馆中无此人材。与拔翁商,拟请王君九兄担任(前印《奢摩他室曲丛》即请伊校对),总送润资三百至五百元。拔翁想亦函达。昨君兄已有复信,兹托打呈。报酬之数,拟总送四百元,未知尊意以为可行否？谨候示遵。外寄小婿信一件,祈饬附寄渝馆。贱体近稍强,足纾廑注。敬叩老伯母大人福安。并祝潭福。

弟张元济顿首
(1939年)五月四日

【16】 岫翁吾兄如晤：奉到五月三十日手教,言论透辟,舍鱼而取熊掌,以事势论,只得如此。笺末有"质直之言,尚祈鉴谅"云云,我辈共事,惟求事之有济,弟有见不到处,正盼吾兄之纠正*,断不敢自以为是也。伯恒兄处,已与拔兄联名复去一函,并将尊旨反复说明,另将所举六条参酌来书大意,代为答复,已由拔兄寄呈,计荷詧及。对于工友要求七月考虑之说,已有布置,闻之欣慰。东北、西南各省物价增涨,同人生活艰难,可否按照各地情势酌给津贴,能否于考虑之中同时与以考虑,祈酌之。**前日蒋仲莆来言两事：一、公司所出尺牍,渠于夜间教课,不合实用,缘由响壁虚造之故。如商业一类,最好将公司与人往来各信改头换面,较为切实云云。鄙意不独商业,其他各类,世事大变,亦应早为预备,俟时局一定,酌予增修,便可出版,以免落后。二、以后生计艰难,求学趋重谋生,未必看重学校文凭,函***授最好分科云云。此层似尤切要。鄙意以后我国复兴,唯有重农,人民生计亦惟此可靠。分科宜以耕牧林业为要,而各种小工业次之。人人可以解决吃饭问题,则来学者必多。本馆现成书籍亦复不少,教授需用此等专门人才,求之亦尚不难。如尊意以为可行,便可即日着手。专此布达,敬颂台安。

弟张元济顿首
(1939年)六月八日

\* 此处下端有作者原注：附复伯嘉兄信，乞转交。
\*\* 此处下端有作者原注：即沪上厂家亦有酌加津贴者。
\*\*\* 此处下端有作者原注：下接眉端。（以下文字即书于书笺之上端）
　　　　　　　　　　　　　　　　　　　　　　　　　——编者

【17】岫庐先生阁下：本月八日肃上寸函，内陈函授分科之议，计荷垂督。旋得拟购厂地电报，又奉十四日释明购地理由详函，均敬诵悉。先是得电，后久芸来谈，弟即速拟计画，分为三门：一、地价；二、建筑，须如何建筑方能合用，此项建筑须费钱若干方能邀工部局之允准；三、可以节省现行租金若干。计画一成，即召集董事会议。讵料计画尚未拟就，而该地已为他人购去。弟仍索阅计划，乃已停止。弟以为不可，姑仍照两亩地之计画，作一标准，一面照常进行。如果有地，可以即日召集紧急会议，免有耽阁，再行失去机会。后久兄交到计划，并建筑预算，又现行吾厂栈租金表。弟即属速行寄呈，并将经过情形先行报告，计当达览。又久芸来说，有人介绍又有一地，与前地极近，地位亦极佳，将近五亩，兼有大洋房一所，索价十四万五千。现设侨光中学，另贴般［搬］费二万元。地较大，价总数亦多。弟意亦不在乎。但现在令人迁居极难，诉讼经法院判令迁移，逾期强制执行，房客硬不遵行，法院无法，捕房亦不管，竟成僵局。此重庆路庆余里之事。况侨光为一学堂，假教育之名而行营业之实，其难于对付可以想见。弟告拔、久两兄，该地不必进行，免致弄巧成拙。仍一面再行访觅。房屋有现成者，固便使用，然总不如空地之较为干净。久兄亦经报告，想荷詧及。未知卓见以为何如？再小女两个月后即将生产，向来乳汁极薄，必须雇用奶妈。重庆愿为奶妈者，几无一人不染梅毒，故只得改用奶粉。当地极为缺乏。拟请吾兄推爱，在港代购 Lactogen 牌奶粉一打，托交公司运货车，由海防转至昆明，再由昆明转至重庆。未知可以办否？小婿专函来托，故敢奉渎。倘蒙俯允，感同身受。所有购价及其他费用，统由弟如数照缴。琐琐上渎，无任惶悚之至。专此布复，祗颂台安。晋叩老伯母大人万福。

　　　　　　　　　　　　　　　　　　　　　　弟张元济顿首
　　　　　　　　　　　　　　　　　　　　　（1939年）六月廿九日

【18】岫庐先生如晤：前月廿九日肃上壹函，越三日而伯嘉兄至，奉同日发手书，并提案，展诵祗悉。并据伯嘉兄补充各节，此自为无可如何之办法。即与拔翁决定于六月［日］\* 开董事会。高翰翁首先赞成，而寄颐、凤石

二君谓前途实太悲观,虑难为继。伯兄历举依目下情形,今年尚有五百万元之营业。众意谓决难如愿。弟亦甚虑必大打折扣。凤石因请续开一会,详加考虑,再行决定。昨日午前开会,已照原案通过。详细情形,伯兄当能详述,兹不赘陈。惟弟尚有虑者,薪额即令复原,而币价日落,再过几时,难有〔免〕又有要求。弟曾在会议席上提出,可否预告同人,非营业维持至何数目,公司实无力再为同人打算,以杜后日之纠纷。众意以为不必。弟亦恐徒说无益,但同人不知节约,而艰苦之境迭起无穷,再过数月,难免不又起纠葛,想吾兄必有善策预为未雨之绸缪也。今晨访伯兄,托面陈数事,关于开源者:一、推广南洋营业,二、多接外来普通印件;关于节流者:一、再减购稿费,二、改每日新书专印关有农工各科小书(即前函所陈分科之函授书),每册售价不逾二、三角。此外尚有小小节目,亦托伯兄代陈,不复详述。再,前函托购奶粉运至重庆,不知能办否?两个月内最好能到,否则恐不及济急。又小婿久滞渝中,终非良策。渠在巴黎大学习医,来信托问香港能许其悬牌应诊否?亦祈见示。琐事上渎,惶悚无地。敬叩侍福潭祺。

弟张元济顿首

(1939年)七月十日

\* 原文为"六月"。商务印书馆第435次董事会会议于1939年7月6日举行。(据《董事会会议记录簿》,稿本,商务印书馆藏)——编者

【19】 岫庐先生阁下:七月三十一日肃上一函后,本月四日为内地停止汇款事,又上一函,计荷詧及。史久翁回,询悉慈闱纳福,我兄康健,兴会如常,至为欣慰。久兄出示大函,计三十叶。我兄于全局之事无不思深虑远,措置周详。即沪处编译、印刷、发行诸事,极至细微之处,亦无不全神贯注,指示周密,至深钦佩。惟弟于来示所指之事、所派之人,大都茫无端绪,愧不能为拔翁稍效寸分之助。但偶有所见,则知无不言,言无不尽,此则所堪自勉者耳。近日装订部突有纠纷,沪处当有详报。此事肇端实由于郁厚培处理失宜(鄙见以为亦应记过),致与以可乘之隙。昨拔翁出示致尊处电稿,当复拔翁一面严阵以待,一面视若无事。嗣闻业已复工,但恐以后藉端生衅之事必当纷来。丁英桂调往戈登路厂,静安(寺)路厂由厚培担任,其下未知有无可以从旁辅助之人,弟甚以为虑。伯嘉兄剪示港报所载中华启事,闻被裁者在五百人以上。此等举动,未免忍心害理,实在不敢

赞成。港政府何以竟肯帮忙,殊不可解。久芸述及以后该局改用大电机,证券印刷无法与之竞争。鄙见我辈惟有另辟新途,未知我兄有何高见?手肃布复,敬颂潭安。

弟张元济顿首
(1939年)八月十五日

再,近为儿女之事,屡渎清神,实深感悚。前蒙代购 Lactogen 乳粉一打,并抽出两罐,托何柏丞兄由飞机带渝,业已收到。小女产期约在本月中下旬。乳娘检验,几全有暗病,无一可用。当地乳粉再四搜罗,只得六磅,加以何柏翁带去两磅,约可敷最初两个月之用。前日得伯嘉兄信,知由海防至昆明,运送至少需两个月。该乳粉十磅,系七月十五日由港运出,计期至快须在九月二十日前后方能到达昆明,由昆明至重庆如能在一个月中赶到,尚可勉强接上,否则殊为可虞。兹拟请吾兄再饬代购一打(或两磅,或三磅一罐者,请酌量运输情形及能储藏时期之短长,代为决定。)。伯嘉兄见告,尚有港[海]防、重庆运路一道,由海防用汽车经由同登,直达重庆,约二十日可到。最好改经此路,运费昂贵,亦只得认付。万一此路不通,闻久芸兄言,吾兄月杪当取道海防转昆明,乘飞机至渝,可否俯念新生婴儿得以延续其生命,为之酌带数磅,到渝由分馆转交舍亲孙逵方。此则虽为陈请,实不收其惭愧者也。专此奉恳。再颂岫庐先生台安。

弟张元济顿首
(1939年)八月十五日

外复伯嘉兄一件,祈转交。

【20】 前函缮就,因昨日无邮船,故未发。今日公司于上午怠工,连弟处信亦不许送。午后二点三刻打电话到公司,接者非原来接线之人,答云:"今日怠工,对不起,明日再打来。"云云。怠工扣薪,久芸乃谓难办,然则此接电话之人明明系有形之事,何以云难办? 果如所云,竟可以终日无事,到期拿薪水,岂非至妙之道? 拔翁送来若辈印刷品一分,竟是谩骂口气。弟不敢不以上闻。今附去,请台阅。狂吠之言,不值得与之生气也。鄙意"八·一三"后不裁一人,我公可谓苦心孤诣。中华此次裁汰至二千余人(据公椿所言),若辈毫不知警。我本不愿仿行,今竟如此举动,似不能不另求办法。鄙意拟任其怠工,不必劝解,亦无从劝解,拟听其延长过去,至不得意时,当

召集董事会。董事会有何办法？但此形式上之事亦不能不做。拔公谓此次恐成僵局，只好由董事会议决关门，但无人能担起如许重任。未知我公有何高见？不决裂之外未知有何办法？沪处发行所连为一气，与印刷所分离，故今工厂未闻有怠工之事。闻工厂已派代表三人至港，想此信到时，必已先到。未知我兄如何应付？如有电报，请寄拔翁府上，或敝寓，以免弃置或延阁。是为至祷。再上岫庐先生台鉴。

弟张元济顿首

二十八年八月二十二日午后三点半

【21】 岫庐先生阁下：本月四日肃复寸函，托公椿带呈。嗣知其所乘之船在码头逗留两日，计达到必在今晚或明晨矣。我兄冬电（亦系急电）是日（即四日）傍晚始到。电局声明系被华线耽阁所致。先是得兄二日弟二次急电，迳致拔翁者。其时处所弟二次怠工形势纷扰，处所同人竭力向厂方煽惑。弟意必须先向厂方畀以安慰之方，于三日午后即约拔翁、久芸来寓，属其先招顾兆刚密告已定有平籴办法，一俟冬日函中附来办法到后，即行先向厂方发表（其时处所尚在怠工）。拔、久二人均以为然。迨四日下午我兄冬信仍不见到。是日有船进口，知必误期。伯嘉又得我兄澳门来电，知所发之信被邮局折回，不知下次邮船又须耽阁几日，恐厂方迫不及待，又生变故，因于五日与伯嘉商定，将所拟平籴办法作为尊处不及写信，只匆匆附入伯嘉函中（作为四日进口之船递来），属其交弟，于五日傍晚收到。弟即于六日清晨携示拔翁，声明系附在伯嘉信中寄来，因邮船期迫，不及写信与弟。此中经过情形如此。今日复接吾兄二日所发一信，系致弟与拔翁者。函中并附来平籴办法。因有以上提前已将原稿交出之经过，此信只可由弟捺住，务祈接洽。拔翁昨日邀伯嘉、庆林、久芸、仲明诸人详拟关于平籴手续。弟意近日米价已跌，最低跌至二十余元，近又升至三十余元。此办法如于米价涨至五十元之时发表，同人必可翕然。现已跌至二、三十元之间，似以二十元作为底价，稍嫌于"救济"二字之意略有欠缺。鄙意拟改为十五元，至超出之数，弟拟以三十为额，而同人仍主四十元。弟不愿多争，此层业经决定。此外略有补充，并无变更。定于明日即行发表。弟二次处所怠工现已复工，仍本不咎既往之旨，一体待遇，想伯嘉诸君必有详报，兹不赘述。再弟二次怠工，弟主张与前不同，主硬不主软，无如拔翁软之又软，一日所发扣薪通告，弟意急

工执委、组长即无耻肯来声明,亦仍照扣。其先拔翁尚在游移,以为果来声明,只好故作痴聋,其后并定为(疑是仲明献议)无论来声明与否,一律暂照尊处一日免扣之电办理,但仍候尊处解决(不是此二字,弟记不得。)。钱已发出,如何能再行追回?恩则归己,怨则归人,弟再四力争,谓无异饮鸩解渴,终不肯听。来信与弟等于决裂。弟复托伯嘉进最后之忠告,仍不见听。弟只得知难而退。此事甚愧对吾兄也。复颂大安。

弟张元济顿首<br>(1939年)九月七日

【22】岫庐先生阁下:本月七日复上一函,系由敝处径寄,计先达览。顷始奉到八月三十日所发手教,展诵袛悉。此信前后十日始达,可谓迟极。弟二次急工以后,弟力主从严,科长、股长出来调解,如公司无办法,愿自减薪水补贴低级同人,闻举代表进谒拔翁。弟急电告拔翁,当时他人代接,云饭后卧床,属隔二小时再通电话。弟即以拒勿接见科、股长代表,听者似系其妾,讵知以后仍旧接见。弟同时并约庆林来寓,告以此事。庆林亦不甚了解弟意。次日拔翁又接见急工代表,并到敝寓说明经过,言外似以弟昨日电告之言为非。其时弟二次亦已复工。弟谈及扣薪之事,拔翁尚主张果照通知肯来声明,可以不问其他。弟力主执委、组长即无耻肯来声明,总须照扣,又去信力争,不意次日又由仲明拟一通告,即不声明者亦不扣,属庆林、伯嘉携来,拔翁又亲笔缮致弟一函,谓设有第三次急工,公司名誉扫地之语(即十次百次,亦有何可羞?弟恐不久仍要再来。),其他辞句令弟甚为难堪。一切情形,伯嘉当代详告。弟于七日去信,亦略言及,兹不赘陈。弟于此事无法贯彻其主张,愧对吾兄,负疚无极。久芸尚知利害,惟曾言无人肯为撑持。拔翁对弟尚且如此,他可知矣。吾兄亦不必焦虑,且看大势如何,再图补救。手复。敬请大安。

弟张元济顿首<br>(1939年)九月九日

【23】岫庐先生阁下:九月九日肃复寸函,交由伯嘉兄转寄。昨日开董事会,一切详情伯嘉想能代达,兹不赘陈。拔翁办事不肯负责,素所深知。但迩来举动如此,殊出意料之外,恐系身体衰弱,性情因而改变。惟时局如此艰难,而左右者又不能为公之助,殊可憾也。前托购"勒克吐崖"乳粉二磅

或三磅一罐者一打,设法运至重庆交与小婿孙逵方,未知已否购定运出？前日得逵方来信,除前蒙代购一磅罐一打之外,尚须用三磅罐一打半,合共有五十四磅。如此可以足用。统祈转饬馆员代为核准购就（除去最前一磅罐一打之数。恐以后无货或大贵,故欲于此时趸数购足）,设法运渝。该帐即转至上海,无任企祷之至。本日董事会有公函,托伯嘉带呈,表示信任之意。伏乞垂詧。敬叩侍福。

弟张元济顿首
（1939年）九月十二日

【24】 （上缺）

三、现在同人会、互助会双方对峙,公司不承认,而势力自在。弟有一妄想,索性令其照法律正式改组工会,合并为一,举出代表,以后公司有大改动,正式与之商量,似比现时彼此互争,公司受其暗中之阻力、双方之摩擦,似较简捷。但弟于工会法绝少研究。如此办法,究竟利害何如？此于公司将来应付时局大有关系,亦乞裁核。

四、同人续定契约,鄙见宜一律改为三个月,亦不宜过于参差。如正、二月均有届满者,不访将正月届满者移至二月再订（仍旧三个月）,则此两个月续定之契约可于四月届满,或将正月届满者改为四个月,未知可行否？

九月十九日　弟张元济顿首
二十八年九月十六日*

敬再启者：该同人会复陈霆锐信,弟已属百齐兄抄呈。为公司计,为我兄名誉计,均不能不以法律起诉。惟应用如何步骤,如何预备？沪港两处遥隔,所有簿据,不在一起,应如何预为布置？彼方提不出证据,我方应否提出反证？弟于近来法律全不措意,统祈指示为幸。

该同人会对平籴办法仍多辨[辩]论,其无理取闹者甚多。惟昨日闻有一条,似尚有理。据谓百元薪水与职员最低之薪水同一负担,而所得之薪水已高数倍,平籴仍享同等利益,未免厚于高级而薄于低级,云云。弟认为有理。实则五六十元以上与以下,可以分为两级。以下者照额定,以上者照额打一折扣,似更周密。但此时业已颁布,且有"试行六月"之语,能否中途改变,将高级者已得之权利予以剥削,殊觉为难。弟不敢以人废言,故特奉闻,敬请裁夺。

该同人会十四日所发通信，指摘伯嘉此次来沪，因公暂借共支一千六百三十五元五角，其中船票费支五百三十五元五角，弟阅之骇然，当向庆林兄查问，果有其事（即公椿返港船价亦支出三百九十四元五角。公椿似非奉公来沪，或系自支暂借，可以不问。）。伯嘉此举，殊属不合，应请我兄予以告戒。弟记得去年曾寄我兄一信，请早日规定职员往来乘船等级。时至今日，不容再缓，并祈垂鉴。弟为此事有致庆林一信，抄录呈览。

弟张元济顿首<br/>二十八年九月十六日

＊两处日期不同，均照录原件。——编者

【25】 顷闻翰卿又来公司，招久芸、仲明与谈，必欲依同人会之意，将平籴代价券改发现钱。经久芸、仲明加以拒绝。此公可谓老悖，而史、黄二公不为所屈，可谓难得。现在改用平籴券，由各人自由买米，高下任便，即吃包饭者亦可将此券折于包饭作。包饭作主亦不能不买米也。彼辈必欲改发现款，毫无理由，不过欲争最后之胜利，翰高[卿]、庭桂必欲为之袒护，是何居心，诚不可解。弟一息尚存，必当力持。此为公司纪纲计，亦为股东利益计，决不能任少数怀有他意之股东肆其鬼蜮也。再上岫庐先生台鉴。

弟张元济顿首<br/>二十八年九月十九日

【26】 昨日无外邮，故信写好，未能封发。今晨闻知昨日分发平籴代价券，总处及发行所填报调查表者原只有数十人（据称有三、四百人，其余未填），人事科依表发给，该同人会恃众强索，已收者亦即交出。惟出版科有二人不允，该会派人坐守其旁，又聚有多人在会客室地方助威，扬言不交要打。该两人与同人会人大声争辨[辩]。拔翁今日来弟处，反言邹尚熊君不制止其部下人之声张，而于该会之举动则伴作痴聋，自言形如木鸡。似此星星之火，已成燎原之势（闻有王永榜君被殴）。工厂于平价券已无问题，若见公司如此懦弱，难免别有举动。恐长此拖延，势将不可收拾。顷发去一电（电局登报，香港可收华文电。闻尊处来电亦用华文）。文曰："昨发平籴价券，彼等恃强抢夺，闻有被殴者。当局束手，非驾来恐难收拾。盼复。济。养。"想已达到。似此情形，非将为首滋事之人尽数开除不可。弟本不敢恳请大驾来沪，但恐庆林兄回沪，我兄即委以大权，恐亦人手不够（只有久芸可以相助）。

即令伯嘉同来,恐亦呼应不灵。弟故谬然陈请,恐愈拖长愈难办也。拔翁对弟言,即日辞职。弟答以庆林不在此,无他言。拔翁旋言再等数日。鄙见拔翁果辞职,当开董事会,请其告假休养,一面请庆林代理。庆林行时,弟告以主持怠工诸人必须严办。渠意不必太急。弟请其将鄙见代达左右,请兄裁夺。但有昨日之事,似恐不能不办矣(办后尚须有长时之镇压,亦恐不易。)\*。

再庆林于汉文方面恐不够用,仲明不可靠。庆林不能动笔,甚为可危。如兄能来,固无问题。若有不能,必须令伯嘉同来方可。又同人诽谤之事,陈霆锐律师有信致弟。据该同人会复信,可以起诉,但此等妄人,不值与之计较,云云。弟意我兄立场必须起诉,即于复董会内声明已委托陈霆锐君具状。弟当凭兄信召集董事会,由董事会出来劝阻。前次董会,徐寄顾本有"此种妄言,不值一看"之言,董会又有"信任不渝"之语。弟即拟本此意,请董会劝公打消诉(讼)之意,则事由董事起意,于公地位亦仍坚强,未知卓见以为何如?

弟张元济顿首
二十八年九月二十二日

\* 此处及信端均缺。——编者

【27】 岫庐先生阁下:九月廿一日寄上一函,又寄同人会印刷品一卷,计荷詧及。以上系由敝寓直寄。此后托沪处附寄之信,信封内均加内封,信封外均加贴弟名印章,以防私拆,务祈于拆阅之前先行察看一过。本月廿五日发上有电,文如下:"有电悉,拔屡辞,拟给假。长函到。某君与庆至戚,恐碍庆面,拟不差出。乞改缮飞寄。诽谤事请于函内声明自诉,由董会复请取消,似较妥。庆寝到。"想已递达,但未奉复电,甚为悬念。长函中所指某君,必系筱芳。惟其建议租赁房屋,将闸北制版厂迁移,弟已不甚记忆。又云诽谤之事,背后有人唆使,看去亦似暗指某君。鄙见渠与庆林至戚,现在正值借重庆林之时,恐不免伤其情感,且翰卿性成阴险,难免不借此挑唆,活动庆林,且激动筱芳,势必别生枝节。又同人诽谤事,函中有暂时隐忍之语,弟意亦觉有未妥。该同人会复陈律师信,语气凶横,翰卿居心叵测,渠见我兄不与计较,此君素以小人之腹,度君子之心,难免不认为事属有因,不知与同人会又有何种勾结,致愈演而愈甚,将来仍不免终于起诉。弟故换一办法,请兄声明自诉,于复董会函中说明必须由个人起诉。弟接到此信,当再召集董

事会，由董事会认为此等妄言不值与之争辨[辩]，董会信任不渝，合词请与予消。如此办理，则同人会知兄意甚坚，必欲诉诸法律，其所以不起诉者，全由董事会之拦阻，且知不足以动摇董事会之听，或可自息。即翰卿一人，亦不敢暗中作怪。斟酌再四，似于事较为有益，故电文有"较妥"之语，未知卓见以为何如？至盼示复。庆林云曾见此长函稿，但约略一看，记不甚清。我兄致拔翁信，亦略言不起诉，但辞意甚简。

庆林于廿六日午刻始到。弟前接到二十三日电（以后来电，务请注明韵目。），属于寝日开董会，弟恐船期万一延缓，故俟庆到后再发通告。庆到后即到弟处，出示我兄函件并所拟办法。庆肯负责，且于我兄所定办法之外有所补充，亦颇有见地，至为可慰。廿七日开董事会，弟先期往访丁斐章、徐寄庼、徐凤石，一一与之接洽，开会时颇为顺利。拔翁提出辞职，众人挽留，请其在家休养一、二月，仍可随时到馆，不必办事，仍暗示维持公司之意。未知拔翁肯允否？此君究系君子，即必欲辞去，亦决不至别有举动，致与公司有损。但久病之后，性情有变，弟与说话，必须格外审慎。此外尚须对付翰卿，尤为苦事。庆林离沪之后，翰卿带同庭桂往访徐寄庼，托其向弟疏通，容许同人会之要求。寄庼漂亮，不为所惑。弟于是不得不向翰卿周旋一次，与之辨[辩]论三小时。庭桂前后来弟寓三次，刺刺不休。弟亦往答一次。此等无谓之周旋，最为难过。总之皆受拔翁之赐也。

廿一日发平籴代价券，同人会恃强抢夺，情势甚为凶横。拔翁次日至弟处，自言形如木鸡。当时左右无人，毫无办法。弟闻当时同人会用汽车由戈登路栈房装来所谓老司务多人，预备示威，闹至总务处。竟在三层楼会客室附近大呼"票子如不交出，打死他，咬死他。"又有人至出版科，偪令科员某某二人交出平价券。二人不允，语言冲突。拔翁告弟，竟言二人不交则已，不应大声相争，并以此责邹尚熊不加阻止。真不知是何用意？有王永榜者，得券后，先打钟出馆。主计部朱慰？宣？* 走至街中将伊截回，随从多人，并将王君殴击。回馆后，朱君婉劝，先不许，又受姓名之人拳击，始交出。其他不法之举不一而足。使拔翁果稍稍振作，不至事事推诿，决不至此。仲明不善辅佐，咎无可辞。庆林值此混乱之后，正不知如何收拾，而为之助者，人手太少。闻同人会向众人募捐，郭梅生竟捐五元，可云荒谬。其他高级职员，捐输者恐不甚少。

(1939 年 9 月末)**

\* ？号两处为原文所有。

\*\* 是信缺末页，故未知书写日期。信中有九月廿一日馆内冲突之详细记述，又有"本月廿五日发上有电"，廿七日开董事会之经过，可以推得此信当书于1939年9月末。

——编者

【28】　岫庐先生阁下：本月四日寄上一函，由馆附入号信寄呈，计荷督及。此信仍有内封，系弟亲笔外封，封口处仍贴私人印章方纸，请注意。兹有数事奉达如左：

庆林代小芳职。查小芳月薪六百元，代理通例支半薪。是否加送百元已足？乞速复。

拔可坚辞，自递董事会信后，即未到馆。料去必不复来。庆林于拔可旧管各事，多不接洽，且亦非所长，势必大权旁落，甚为可虞。似非伯嘉来此相助不可。然公司现尚平靖，若伯嘉突如其来，庆林难免误会。奈何奈何？

闻平籴代价券已经接受，然尚有要求。究竟不知如何？数日未见公司中人，咸云可告一段落。然乎？否乎？

同人会印刷品自本月一日起弟不复寄，已托久芸径寄，不知曾收到否？

此间喧传港厂开除一工人。其人手持铁棍，将殴伯嘉。乃收回成命，改为记过。弟闻之不信，然言者确凿。同人会闻之必大悦。敬叩

老伯母大人福安，并颂潭福。

弟张元济顿首

二十八年十月九日

【29】　岫庐先生阁下：昨日奉到本月六日手教，傍晚又接覃电，均敬诵悉。谨奉复如下：

一\*、庆林薪水原系四百元，小芳则六百元。弟九日去信言及多出之二百元，照代理通例，减半致送，则为壹百元，合之本职四百元为五百元，征取我兄意见。后始查知久芸、康生月薪均已支至四百元，另加车费五十元，则五百元之数似有未合。与拔翁谈及，拔翁意必须照小芳薪数致送，故以覃电奉达。今得复电，正与尊意相合。即由弟函知沪处，我兄可不必再来信。续开董会时，当请追认可也。（此信亦有内封并印记。外封亦有印记。）

二、前月十九日长函，蒙重缮发下，业已收到。弟仍不欲传观，恐翰卿出示他人。拟俟有机会开董会时再于席上传阅。翰卿、庭桂经弟屡驳，哑口无言。煽惑股东恐无甚效力。

三、港厂忽生纠纷,业经消弭,闻之甚为欣慰。弟九日去函言及此事,系闻之仲明,弟殊不信,据云系辅卿来信如是云云。昨得大函详细见告,即向久芸查究仲明之言从何来。据云辅卿之信,即系致久芸者,并无先已开除,后因行凶,重新收回改作记过之语。不知仲明何以误看,弟不敢谓其有意造谣,大约系戴有有色眼镜所致。倘使其对他人亦如此云云,则不免有所影响矣。港处如尚印通讯录,鄙意似可将经过详细登载,俾众周知。

四、承示印书节省纸料(前此已承见告),又减少印数,新书销路可靠,闻讯尤为快慰。然弟终虑疆土日蹙,困穷日甚,有如许工人造成如许货品,终觉可虞。即如前日登报,最近出版之《丛书集成》第五期,不过装箱存栈而已。拔翁受其同乡数人诘问,拼命督催。弟再四解释,曾言以英国之誉望,尚不免于赖债,我馆何妨稍为拖欠。卒不见听,终被催成一期。拔翁固可对同乡,而公司则受损匪浅矣。弟见原料日贵,煤汽、电力无一不长,设造成之货稍有积滞,受累匪细。昨日丁英桂来言,石印部无事可做,拟印《册府元龟》,弟甚不赞成,已详告久芸请其面陈。此外并有减工之议,统祈裁酌。

五、现在公司维持"八·一三"以前局面,此为目前无可如何之办法。战事解决,我馆力图复兴,以鄙意度之,必须减少一半人,甚或可减少四分之三。此本系极大难事,惟其愈难,正当愈先筹画,否则中华可以复兴,我馆终于困毙。此或为弟之过虑,然心所谓危,不敢不言,亦已请久芸密陈,并祈鉴及。

六、前此弟曾建议全公司人员必须写日记单。伯嘉云业已计画,不知曾已施行否?

适之信已收到。前曾托代赠《校史随笔》一部,不知已否寄去?小婿信蒙转渝,感极感极。敬叩

老伯母大人福安,并颂潭祉。

世兄辈有在德国留学者,战事起后行止如何?甚以为念。

弟张元济顿首<br>二十八年十月十四日

*是信手迹影印件第一页,即第一、二、三段,未见顺序数,而第二页之"四"、"五"、"六"则显见。为保持全信风格一致,此处"一"、"二"、"三"三顺序数由编者添加。——编者

【30】 岫庐先生大鉴:前月廿九日奉廿三日手教,诵悉世兄劬学,兼肯

任事,曷胜钦仰。有是父必有是子,可为德门贺也。论分送平籴办法与股东一事,弟因彼辈宣传甚力,公司太过静默,无论股东、非股东多不直公司之所为。弟接触过多,故与尊见有所不同。今既不发,亦不再详渎矣。久芸兄回,诵前月三十日续示,并聆久兄详述一切,敬悉。缩印《衲史》,弟觉此书未免过于委屈。然为公司营业计,未敢阻止。但全书字形大小各各不同,即欲缩印,鄙见亦应分为数种。四史将来或可单售,拟从宽广。七史字最大,拟照来样。《晋书》,新、旧《唐书》字太小,最难布置。已属英桂君分别缩成数种格式,印行寄上,以备参酌。杨氏《水经注》,弟认为确有价值,可以影印。望速与书主商议办法。旬日后拟开一董事会,一、提出拔翁屡次坚辞之信,一、传观我兄答复同人诬指各件之信。余不多述。敬请老伯母大人福安,并祝潭福。

弟张元济顿首<br>二十八年十一月四日

伯嘉兄均此不另。

此信无内封,但外封仍粘名章。

【31】　岫庐先生阁下:本月四日肃上一函,由分庄科附呈,计已先达。函中陈明拟旬日后开董事会,报告拔翁坚辞,并传观我兄驳复同人会诬指十款之信。(此信有内封,有印章,祈注意。)近闻拔翁迭接我兄坚留之信,似有活动之意。以弟观之,馆事由庆林一人担任,汉文方面恐亦不能放心。我兄如以为拔翁仍可留任馆事,应否以董事名义致董事一函,表示尊意。弟当于开会时同时提出。是否可行?敬祈裁夺示下,并盼速复。前数日交英桂君筹画缩印《衲史》事,至今未复来。想筹画亦非易事。前者,弟建议影印元明剧本,不料抄本错字太多,行款又甚参差,现虽请王君九君校阅,然求人之事,只能适可而止。此次照相底子因为省钱,系用蓝色印纸。弟不能不抽取复看,然近来目力太差,每看数页,便须罢手。出版又有期限,不胜焦急。公司竟无可以相助之人,奈何奈何。外信一纸,乞转交伯嘉兄为荷。敬叩老伯母大人福安,并颂潭福。

弟张元济顿首<br>二十八年十一月八日

【32】　岫庐先生大鉴:本月四日、八日叠上两函,均由公司转寄,计荷

誊入。前日《中美日报》张君若谷来信,言辑有《马相伯先生年谱》,欲以版权让与本馆。弟复以收稿之事由兄主持,当为代达。复信及来信均属公司录呈台詧,计已先达。弟思此书当有销路,但出版必须迅速。弟当代看书稿。如果合用,尊意以为可以收印者,即便付排,从速出版。张君昨晚已将书稿送来,自言系震旦学生,曾亲炙马君甚久,前在《大美晚报》,今在《中美日报》任编辑。其所编年谱,多穿插国内外大事,文字亦尚妥顺,所采材料均注明出处。但稿字太小,弟目力不及,不能细看全书,是否可用,不敢决定,只可由公司可以胜任者任审查之事。又张君开出三条件:一、迅速出版;二、要印四开本,用中国书式;三、每千字五元,全书约十万字云。弟意二、三两项稍觉难行。尊意如何,请速示。如欲购印,如何磋商?能电示界以全权,则可免耽搁。亦乞裁酌。无论函电均请复至敝寓,因馆员办事恐有疏忽也。专此。即颂台安。

弟张元济顿首
(1939年)十一月十二日早

同人会所出之《半月瞭望》馆中已寄呈否?可云混帐。

再,缩印《衲史》,昨丁君英桂来言,业经估计大概如下:四史及《晋书》、两《唐书》及宋、明两史之表,用两页成一面,余则照来样之四页半成一面,约计较原估增加二分之一(原估一万四千余,此则二万稍强。)。已属赶印样张,详开估单寄奉。鄙意最好用中国纸,稍留此书之身分。丁君云,如用中国纸可无须出钱另购。又涵芬楼藏有汲古阁毛氏精抄《辛稼轩词》甲、乙、丙三集,缺去丁集。现在通行者只有十二卷本。世人认四卷本极为难得。弟久欲印入《四部丛刊》,因尚欠一集,迟迟未行。顷访得苏州书估收得丁集,亦系毛氏旧抄。弟已托人取来一看,正可与本馆所藏之甲、乙、丙配成完璧(竟是原配),但书只有三十六页,索价至一百四十元,贵得离奇。弟拟还一百元,未知尊意以为如何?乞示复。此不急,勿用电复。又石印事闲,弟拟选前此照存之书,有名可销而册数无多者试印试销,并乞核示。

弟张元济顿首
(1939年)十一月十二日

【33】岫庐先生阁下:十五日得删电,即于十八日召集董事会。拔翁已将辞意打消。我兄九月十九日辨[辩]驳所谓同人会诬指各节详函亦经传观,并宣读一过。众意咸请不值计较,已有公函奉复,计荷詧及。翰翁又言

已见《半月瞭望》，谓若辈不知轻重，终非佳兆。弟当言服役于公司之人与公司成一敌对之局，甚为不好。当告庆林，务必整饬纲纪，但不知能否实行耳。庆林某日来告，同人会拟正式成立，遍发志愿书，伊已约各科长等告知不能入会。闻已有填写志愿书者，次日即收回，云云。此等科长，竟贸然填写志愿书，可谓溺职，究竟细情不知若何。人事科有无报告？星星之火，可以燎原。凡事之始，总不能躲懒、怕事也。《马相伯年谱》事，得尊电后已去信告作者：一、可以速出版；二、只能照本馆已出各种年谱版式（但鄙意不照小六开本）；三、允给版税百分之十五。但尚未有回信。如不允版税，再与磋商售价、数目。原稿尚须略加修改。前日又得十六日来示，谨诵悉。贱体已痊，承注感谢。缩印《衲史》，今日已寄去样张三分，分大小三种版式，又中华、开明比较样张各两纸，又已废《晋书》样张一纸，又清单一纸，由馆径寄，想已先到。将来四史于全部预约完成后，或可继续单行。统祈核夺。估价单英桂允午前交来，俟到再封发（另纸附呈，请看背面）。敬请老伯母大人福安。并颂潭祉。

外寄小婿信一件，乞附入渝馆号信。

弟张元济顿首<br>（1939年）十一月二十五日

【34】岫庐先生阁下：前月廿五日寄上一函，同时又另寄《衲史》缩印样本，计均达览。《马相伯年谱》业与著作人商妥，给与版税，不出稿费，用本馆以前出版各种年谱版式。弟略加缮阅，需有稍加修改之处，又由馆员加校，已交还本人修正，速即送来排印。一切已由沪处详报，兹不赘陈。前次函中曾告知弟于三十年前为公司收得旧抄《辛稼轩词》甲、乙、丙三集（精抄本），缺去丁集，久思印行，以无从配补，只可作罢。近访得苏州书估收得丁集，前日取到，竟是原配，连装订均属相同，已以一百二十元购入。此为吾国词学大家之著作，四集本又为海内孤本，已与拔翁商定，即日付印。用《丛刊》版式，手工连史纸，藉救石印工荒。此外亦选得数书，均系小种、可望有销路之书，同付石印。拔翁当有函详述，亦不赘陈。接重庆孙婿来信，言渝馆儿童用书甚为缺乏，乞属该管员注意。专此。敬叩老伯母大人福安，并颂潭祉。（此信无内封）

弟张元济顿首<br>（1939年）十二月五日

【35】　岫庐仁兄阁下：本月十一日奉到前月三十日发、十四日又奉到本月六日发两次手书，均敬诵悉。近来外国邮船减少，邮程稽递，即此可见。兹将各事奉达于后：

一、毛氏精抄《稼轩词》已以一百二十元购入，拟即付印。部数约在三、四百部，估价单尚未见。

二、缩印《衲史》，弟本意并不赞成。六日来示言用华纸印，可稍维持原书之身分，鄙见认为可以不必。前函赞成丁君华纸之议者，因可售去积存华纸，又可省去添买洋纸之费耳。今闻连史纸存数无多，且不患无用处，鄙见用洋纸售价总可稍贱，且此等版式总以洋装为宜，故弟未敢即行决定。又拔翁不主张全部缩印，只缩印四史，用九开本式，此却可以稍维持原书之身分，但成本甚昂，销路亦恐无多（留待将来，此事可做。），且与全部缩印销路有碍。但弟因此却又有所触引，目下尽管影印全史，而将四史留存中缝，备他日印九开本时，省去一番缩照工价，虽版式与后廿史不同，然购用此等缩印本者，于版式未必讲究。姑陈所见，敬备采择。来示又言预约或特价，鄙见预约可先收现款，但恐出书期限已失信用，未必能为人所信任，或将第一批书印成之后再售预约，则购者一面付款，一面可取一部分书，于心亦可少餍。一切统祈裁夺。究用何种版式，何种纸张，若干部数，决定后即径开印单付出版科。

三、本月十一日发上一电，电文另纸附陈，想荷詧及。明知揽印无策，不过借此或可推动乙方开工续印，以免市面之枯竭，不知尊意以为如何？彼方真天之骄子，令人益恨裙带之流毒。上海报纸于此事纷纷议论，今剪呈报纸两分，乞詧阅。公团自印辅币，政府决不能允准。然延至市面大不了之时，亦难免不有此举。万一有此，港厂能承办否？此亦无聊中之一想法耳。

四、前日晤陈仲恕君（叔通之兄），言其女（现充上海教会学校四处教授）有家事教科书两种，由本馆发行，言出版时将其凡例及参考书目删去，于用书之教师、学生大为不便，言下甚为不满。弟取阅已出之一种，其编辑大意全是本馆刻版文章，无所谓凡例。向出版科查问情形，云须向港处查问。尚有师范用一种，于廿五年一月十一日购入，将近四年，教育部审定即有耽搁，何以不向追问？弟查已出一种第一册，售至二十余版，则师范用本当亦必有销路,且此等书无地域之分别,到处可销,延搁甚为可惜。务请查明催印为幸。

弟张元济顿首
(1939 年)十二月十五日 *

\* 是信不署书写年份。"毛氏精抄《稼轩词》已以一百二十元购入"语显见与 1939 年 12 月 5 日信内容紧接。——编者

【36】 岫庐先生阁下:叠上数函,计均达览。黄仲明君归自香港,昨来寓,询知起居康适,甚慰。惟闻老伯母大人稍有清恙,近日已痊愈否? 敬念无似。兹有数事奉达如下:

一、蒋慰堂君来,云拟办之事已与我兄谈过。弟未能担任。兹有复蒋君信稿一纸,寄呈台阅。乞阅过发还。

二、叶玉虎君寄来在港举行广东文物展览会征品简章,并列大名。本馆只有《番禺崔清献公全录》一书可以应征(明本亦罕见),已将首尾两册托蒋慰堂君带呈。弟又有家藏澹归和尚所书立轴一幅,为先八世祖寿辰,撰词致贺,极为珍贵。澹师为贵省流寓,且有盛名。玉虎郑重征求,兼以我兄赞助,故愿出家珍陈列,亦托慰兄带呈。请兄督收,并饬妥送。

三、所谓同人会又起纠纷。报纸日日宣传,公司不发一言,弟甚觉不平。适张庭桂君来信,又为若辈说话。弟遂将此间所不敢言、不肯言者,借题发挥。今寄呈印稿一分,并来信呈阅。(附朱君一信。朱君于去年八月间发行所打人时,甚为出力,并非亲自动手,恐无人肯告我公。)

四、闻仲明言运输日见艰难。弟记得约一二十年前,成都货物均由万县起挑。此时恐须恢复此种古旧运法,我想比汽车运费或可廉贱。乞酌候。

五、又闻仲明言,港馆地位极为拥挤,生意却不坏。近日中华在对门开设,门面较为宽广,云云。弟思港馆生意,近为公司一重要部分,营业旺而地位窄,必有被挤出之主顾,甚为可惜。乔迁不易。可否于学校丛集之处,设一支店,在九龙何如?虽有同行,未必专为我出力。姑陈所见,以备采择。

六、又闻仲明言,缩印《百衲本二十四史》,我兄已允用洋纸,前四史亦允留中缝,甚为欣慰。

七、公司向教部借印《元明杂剧》,由姜佐禹君初校。前经陈明,请王君九君主持校订之事,并有酬报。王君为当今曲学家之闻人,无如所校不免草

率,而姜君又自命不凡,好出主意,故意卖弄,致王君亦不免生厌。原书系用蓝色纸晒印,欲省工料,故字颇小。姜君用红笔,王君用墨笔,三色合成,令人目眩。弟迩来目力大差,稍稍多看,便生蒙障。此书竟无法复校。拟仍请君翁一力主持(去信力恳),不知能否做到。弟则恐无能为力矣。唯我兄鉴原之耳。

外附复伯嘉兄信,祈饬交。又附寄孙逵方信,祈饬附入号信寄去,费神之至。又附蒋仲茀君论函授应注重技能信五纸,祈核阅。敬颂潭福。晋叩老伯母大人痊安

弟张元济顿首
(1940年)元月二十一日

【37】 岫庐先生阁下:叠奉一月十九日又三十一日两次手教,藉悉老伯母大人福体康复,我兄每月绝食数次,体重减而精神倍增,欣慰无似。承示与劳工代表折冲经过,并统筹各馆临时加薪办法,又设法领得外汇并开设九龙支店,打通内地运输。苦心孤诣,尤深佩慰。《衲史》缩印方法已请拔翁转告印厂及英桂君。《太平御览》前月即属英桂估价,迟迟始行交到,分估六开、九开两种,即九开售价亦不能与市上木板书竞争。鄙见印成恐无销路。已将估单送与拔翁阅看,请其径寄台阅。现在虹口开放,存板或能取出,彼时再行斟酌,但原料日益加贵,此真大不得了之事。现在《衲史》既经决定缩印,石印部暂时有事可做。即用洋纸印刷,英桂言石印机亦未尝不可做。弟意选用版本较清朗者用石印机,字小或不甚清楚者用胶板机。如是亦是调剂之一法,未知卓见以为何如?前闻仲明兄言,尊意拟仍发本馆股东借息三厘,此亦无可如何之事。如去年报告办就,望早日发下,以便召集董事会议决,早发,稍解贫困股东之急。余事续布,敬请老伯母大人福安,并颂潭吉。

弟张元济顿首
二十九年二月十九日

外寄小婿信一件,祈饬便中附去。

【38】 岫翁台鉴:兹有事奉达如下,伏乞垂詧:

一、香港文化展览会开幕,报载有"编行书"(必系"偏行"之讹)全集,此即金堡所撰(弟寄去中堂幅,亦此君所书)。前清末年,上海曾有不全本出版,全集从未见过。弟访之已久,但不知是否完全,内容如何,卷帙多少,底

子是否清楚,写本是否不劣?拟请吾兄就近一看。如果有印行之价值,且有销路,可否与书主一商(只能送书若干部,或日后版税,祈卓裁。本馆亦谋流通而已,非谋利也。)。又见有屈翁山所著之书(已忘其名,报已失。),如亦未印过,能同时印行,可称双善。弟无时不在筹画救济石印工荒,故以奉渎。

二、奉馆杨君,近能发奋自新,有数万金汇到沪馆,此由我兄不念旧恶,感格所致。拔翁亦时加抚慰,且托人设法指示汇款方法。杨君亦能力图晚[挽]羞。鄙意我兄最好寄与数行,加以奖勉,似与该馆前途必有裨益。乞酌裁。

三、舍内侄许宝骏在浙江大学化学系毕业(前曾译有关于人造丝约十万言一书,由本馆出版。),辑译《桐油之化学与工业》一书,约有十余万言,拟托公司出版,抽取版税。兹寄上全目及绪论,有无可以印行之价值,敬乞裁定示复。如不愿承印,即请将该全目、绪论发还为幸。专此。敬请
老伯母大人福安,并颂阖潭安吉。

弟张元济顿首<br>二十九年二月二十七日

【39】 兹将蔡孑翁善后管见开列如下,祈鉴詧,并乞代陈蔡夫人,更与治丧处诸君子商定。

运柩回绍兴,此时断做不到。即运回上海,亦无停厝之处。即可觅得尺寸之地,亦甚危险。华人所办公墓,此时均不能通行,唯有工部局虹桥路公墓可以任便出入,但非耶教不能购地入葬。鄙见只有在港暂行浮厝,但地土卑湿,数年之后不知能否迁出?

蔡夫人不知有无回沪之意?港地戚友无多,过于岑寂,且语言亦不方便。鄙见拟劝其回沪。此时觅屋颇难,但孑翁前在海格路之屋,此时尚用蔡氏名义转租与何德奎君,第二层楼仍为蔡氏用堆什物,不收回何氏所租之屋,恐不敷用。如需收回,必须速告何君,属其觅屋。此事亦非旦夕可能办到。该屋月租已加至二百余元,现亦售与他人,下月租约满期,闻尚须加租。蔡夫人如嫌贵,需另觅屋者,则更宜从速设法。

张元济<br>二十九年三月六日

【40】 岫翁台鉴:本月五日得电,告知蔡孑翁噩耗,次日即复一函,计荷

督及。中有托转致蔡夫人各事，未知曾否代达？见报知崔翁灵柩昨日已移厝东华义庄，想系暂停而非浮葬。运沪一节此时只可从缓。沪地殡仪馆虽多，然房屋毗连，火患最为可虞，务请切告蔡夫人为幸。又上海旧屋是否有回居之意？中多周折，另纸开陈，亦祈阅过转致。如无忌世兄已来港，则请招来告之，兄可不劳驾往面蔡夫人也。又有馆事二则列下：

一、本公司借发股息，鄙见本届仍以三厘为宜，亟宜早日开董事会。望将去年报告及议案从速发下为盼。

二、重印《太平御览》，鄙见市价甚廉，本馆定价难与竞争。前函曾经详陈，未蒙示复。兹有管见：此书外间有木板，《丛刊》又已印过（似系子部），清代亦尚有二、三刻，现时亦可见，卷帙甚繁，需要不广，不如《册府元龟》较为有望。虽有明末清初三木板书，然甚少。买一抄本非数百金不办。本馆前曾照存宋本有五百余卷，余以明末板配足。此时不必遽印，但工人无事之时，可令先行制板，将来视可以出书之时再行印刷。如此则既救工荒，而工资亦不虚糜。弟最虑者，印成之书不销，既耗工料，尚须装箱存栈，实太不合算耳。如何之处，祈核夺见示。

弟张元济顿首<br>二十九年三月十一日

请转达蔡夫人各节，并祈速示回音。

蔡氏所租之屋，现租与何德奎君（蔡氏留用弟二层楼）。前日小儿树年往访何德奎君，极为客气。据云去年自十一月起加租十五元，理应由原租人及分租人各认其半，但现在崔翁已故，未便多渎，即由何氏全数担任。

现在该处房产已经易主，改由通和洋行经租。前订租约于四月满期，闻通和洋行有加租之说。蔡氏是否仍愿留用？如仍分租一层与何氏，或全行收回，或另行全宅招顶，何氏均可遵命，但请早日通知。再蔡氏如须继续租约，应从速与通和洋行接洽。加租一节，是否可以承认？多少有无限数？何君与该洋行亦相识，可以代为介绍。统祈决定办法。

张元济拜托<br>（1940年）三月十一日

【41】岫翁如晤：昨由馆转到十三日手书，藉悉我兄为崔翁善后事筹画辛劳。生死交情，至堪钦佩。弟于本月十一日又上一函，详述小儿往访何德

奎君所谈情形，计此时当可达览。十三日来示所开各节，兹将管见奉达如下：一、该处房屋现已易主，与浙江兴业银行无关。经租者为通和洋行。顷已托丁榕律师介绍，由小儿径往接洽。能否不加租，殊无把[握]。何德奎君前云与通和洋行相识（见本月十一日弟去信），如受蔡夫人之托，伊亦可前往与商，或介绍接洽。今蔡夫人既有属何君担任全租或退租之意，未便再以此事相托，故改托丁律师。二、商令何君担任全租一层，恐不易办。沪上租屋现例，确有小租或顶费，但只能订于议租之初，而不能于半途增加。何君前告小儿，本有蔡宅如须收回，伊当另迁之说，并云去岁十一月加租，原应蔡宅与伊各认一半，因崔翁已故，未便启齿，即由伊全认之言。据此两端，似欲令其担任全租，恐办不到。或转而为退租。我兄已函托柏丞兄转达，稍缓弟当与柏丞接洽。三、如何氏退租，蔡夫人不欲回沪，只可另行分租。分租并不难，难于有可靠之人。若登报招徕，来者不知为何许人，设或不妥，竟将蔡氏所存什物完全运出，我辈亦无从知悉。此亦极为可虑之事。若觅一可靠之人，则必须熟人介绍，不知何时方能觅得。未觅得前，蔡氏须每月空贴房租（现租每月二百二十元），未免太不合算。故鄙意总欲劝蔡夫人挈其子女回沪。从前去港，系因崔翁不便留沪。蔡夫人素无政治气味，就令是非纷纭，亦不至有所沾及。且蔡氏在港，亦无甚多亲朋，言语风俗种种不便，即为房屋一项计算，亦以回沪为便。统祈转达为幸。

弟张元济顿首

（1940年）三月二十一日

敬再启者，前日与拔翁公致一电，昨晨即得哿日复电，谨译悉，并即转送拔翁阅看。兹再将以前数函奉商馆事列举于下，乞示复。（弟六、七、八、九项可请交伯嘉兄办理。）奉馆杨德范君颇有自新之意，请嘉勉。即请伯兄先行见复。

一、股东在外扬言要求增加借息。鄙见为公司计，似不宜多过三厘。

二、杨惺吾《水经注》印刷事，公如往重庆，务祈与书主（闻现归教育部）从速商定。工友事少人多，虚耗工料，实属危事。

〇三、胡文楷君所编《名媛文苑》，拟即退还，务请与港处诸人接洽。如胡君有信径商，万勿两歧。

四、屈翁山《偏行堂集》有印行之价值否？如有，能借印否？此次广东文献展览,有无他种可以借印、希望可销之件?

五、前条展览会早已闭幕,前托蒋慰堂带去出品,务乞觅妥便带回。如一时无便,祈饬管员慎重保存,勿令受潮湿。

△六、影印《辛稼轩词》,早经陈明。弟约夏剑丞君帮忙校勘,费去心力不少。现已印齐。据云专候尊处定价,于前月通告,将及一月,尚无回信。已屡次催询,乞属李伯嘉兄从速办理。

△七、现拟石印《宛陵集》。记得前曾奉告,此书为海内孤本,为宋代大家,毫无时间性。前经夏剑翁详校,且早已做成传真(在"八·一三"前),现亦拟付印。此后尚有数种旧书,均择其卷帙不多,可望有销路,且可常销者,月出一种,或两月出一种。此种书定价极为简单,请吾兄授权与驻沪办事处,免得书经印成,搁置不订,久候定价,致多窒碍。

八、《太平御览》难销,改制《册府元龟》。专制版,不印书,只能救一部之工荒。可行否?

九、弟所编《中华民族的人格》,上海各报自动提倡,颇有销路。请港处亦设法推销。应付广告费,由弟承认。

弟张元济再启

(1940年)三月二十一日

【42】 岫庐吾兄惠鉴:昨晨肃上一函,由馆附呈,计先到。蔡氏住宅今再托宝骅君面陈,弟并属其劝夫人返沪。今晨得十五日手教,谨诵悉。昨函奉询各节列入四、五、八、九条者,均已奉示。并闻《稼轩词》定价亦知照到沪处矣。副笺拟为雀兄集教养基金十万,古道热肠,至堪敬佩。公司赠款,因雀兄现任公司董事,拟于董事会提出。来示所举理由因系再启,弟不便出示同人,恐拔翁必询及正信,其中有涉及仲明云云,亦不能示之,故并此副信亦只好藏过。请公即将此副信列入下次正信之内,以便出示拔翁,并提董会。企盼无似。敬请老伯母大人福安。舍内侄许君拟往唁蔡夫人,乞派人导往为托。

弟张元济顿首

(1940年)三月二十二日

【43】 岫庐先生阁下:本月廿一日肃复寸函,至廿二日因内侄许宝骅去港之便,又托带一函。闻台从于廿五日赴渝,则前两函或恐未能达览,然想

港处必能转递到渝也。至廿五日奉到廿一日手书,并去年营业、开销报告,暨借息提议案,均敬悉。先是去电云纠葛之语,系闻有艾墨樵之侄孙有邀集股东公函,要求本届多借股息之事。要求原可拒绝,但不免又要接见,要谈话,要答复。故欲亟开董事(会),将三厘之数先行发表,以为先声夺人之计。但至今艾君公信亦未来,然并非弟故托空言也。报告、提议到后即送公司打印。一经打印,则无人不知。股东当可安心,且或不至再存奢望。弟初意亦拟早发股息,但公司存钱无多。现拟定下月初开董会。董会会后一个月发息,庶公司之气可以少舒。兹尚有数事奉达如左:一、杨氏《水经注》影印事乞于晤见教育部中人或傅孟真等即与商定石印最好(至大只好缩大四开,照原式似不宜),如必欲铅印亦无不可。二、陈仲恕女公子所编家事教科书一部早出,再版多次。尚有一部经陈君托弟催问,据复称,由教部审查耽阁。本馆购入已经数年,成本搁置非小。陈女士现在上海担任教会四大学校合设之家事讲席,前书屡经再版,续编当有销路。乞便中一催教部,并求体恤商艰。三、弟所撰《中华民族的人格》,际此人格隳落之时,或可为少年之药石。近来上海各报颇加鼓吹,有中丞公学已选为学生读物。公晤学界中人必多,乞赐以嘘拂,似于德育上不无裨育[益]。登本馆杂志所有费用应由弟承认。四、《偏行堂集》曾否查明,可否印行,书主能否借印?此次广东文化展览会中类似之书有否?鄙见窃以为无时间性而又为普通人可看之书,于此时较宜,故贡此壤流之见也。五、《太平御览》承示作罢。前函所言,将《册府元龟》仅制版,不印书,可行否?六、《稼轩词》定价知照已到。弟索阅发书单,见沈馆无有云奉尊处知照。此等书不涉政治,乞与变通。七、崔清献录、澹归字均已收到。

再,蔡夫人属商租屋事,已经与一函,托伯嘉兄转送,并托录副呈览,恕不另陈。弟迩来时患胸膈胀闷,日有数次,已积两旬,近日稍减,亦衰老之征也。手布。敬颂台安。

弟张元济顿首
(1940年)三月二十八日

再,尊意拟厚赠蔡雀翁一事,廿二日去函,请来正式信,拟提出董会。如尊函未来,弟在董会暂勿提。又及。黄任之、张君劢、王亮畴、邹韬奋诸君乞为我致候。

【44】　岫庐先生：前月廿一日复上一函，廿二日内侄许宝骅去港，又托带呈一信，均详述蔡宅事。乃前日得廿五日将赴渝前来书（剪报已收到），均未接到，恐已转至重庆矣。廿八日又寄上一函，内附径寄蔡夫人信（托伯嘉转交），详述海格路住宅一切办法。前两信虽已转渝，得见此信，亦可接洽。此信并托伯嘉兄派人录呈一分，计荷垂詧。蔡夫人先欲向何氏加租，吾兄廿五日来信言已劝阻，与弟廿八日去信所言相合，此事可以解决矣。吾兄因赴渝会之便，先约陕、万、成、黔、滇各馆经理至渝，商定嗣后供给方法，并整理渝厂。奔走贤劳，至佩至念。兹有馆事四则奉达如左：

一、借印《也是园元明杂剧》，本馆与教育部驻沪代表订立契约"于收到后一年内分期出版"云云。后半部于去年八月收到，自当以八月起算。全书抄本之中，因抄手文理太浅，讹字百出，且款式亦太不整齐。故请海内曲学专家王君九代为校订。先由姜佐禹初校，校后寄与王君复订。王君亦已年近七旬，且有病，不能过于仔细。有时复校寄还上海之稿，仍有疑义，尚须往复详商。平沪睽隔，因是又有耽搁。姜君近又复发旧疾，诸事又有积滞。弟于词曲完全外行，且缩印样本希图节省，字迹太小，弟迩来因目力不及，竟致无从效力（看不到三、四页，辄觉昏花。）。前经陈明，知邀鉴及。近已发排，将排成样本寄与王君阅看。王君复称照所排格式，依现在定价，恐全部须在六十元以上。据伊所见，恐难销售。弟以为所见极是，故现拟改排（已排者不过一种做样子）。现又发生分集为难问题（详见弟前月廿一日寄王君信，今附去存稿，乞詧阅。），似不能不整部同时出版，则定价与分期出版者更有不同。现在正在详细筹画。拟改原定之三、四字号为五、六号，并改用洋纸，已属厂中详细筹估，异日再行奉达。惟改分期出版为整部出版，则八月之期断来不及。拟请吾兄乘在渝之便，与教部说明，展期至本年年底。本馆印售，亦甚愿早日出书，收回成本，无如为事势所限。此意教部当亦明了。展期之事应双方备具正式公函，务祈注意。原订契约，另纸录呈。

二、杨惺吾注《水经注》甚望吾兄在渝与部中及有关之人如傅孟真辈商定如何印行之法，最好全数由公家担任。必不得已，本馆可担任若干。我兄必有善策，兹不赘陈。前函亦已屡陈矣。

三、尤望吾兄在渝能多拉些代印工作。石印尤要。

四、残宋本《宛陵集》虽不全，然为本国内所无之本。弟与同人分别详校。全书约四百页，拟即付印。此外照存各书，检查可以石印者，现时均不宜印。工荒可虑，奈何奈何。

余事续布。敬颂台安。渝馆同人均此问候。

如晤黄任之、张君劢、傅孟真、王亮畴、邹韬奋诸君子，祈代问讯。

弟张元济顿首<br>二十九年四月二日

【45】 岫庐先生台鉴：本月十三日闻台从返港，即肃上一函。前日沈百英君去港，又托带致《偏行堂集》一部、林琴南《浅深递进国文读本》一部，又蒋仲莆君所拟补习国文意见书等，一切详致伯嘉信中，计先后可以达览。昨日接筱电，为股东联益社电请加发股息事，谨已译悉。董会系十七日召集，得电时尚在上午，细绎来电"暂勿发表"之语，似有通融之意。弟以为公司财政窘迫至此，断难迁就。拔翁意亦甚坚决。午后复接该社来信，今以附陈。开会时，弟将该社来信提出，翰卿主改为五厘，拔翁答复如此则公司现有之存款一扫而空。鲍君亦称难于筹措。丁斐章主张断然停止。寄顾、凤石折衷其间，主从我兄原议，仍借三厘。遂以多数决定。今日亦已答复王完白、董景安二君（该社来信具名者）（复信录稿呈阅）。昨日开会时，寄、凤二君以公司开销如此钜大，战局复将延长，循此以往，公司必不能支持，金称亟宜设法自救。弟向来意见主张节约，冀可维持生命，拖过难关。现在欧战扩大，拖字决恐不能行。拔、庆二君于财政方面甚为焦急。彼此睽隔，又不能当面晤商，因此昨日竟不能成睡。神疲目瞀，不能再述。顺颂潭福。晋叩老伯母大人福安。

弟张元济顿首<br>二十九年四月十八日

昨日董事会议事录，当由沪处详陈，不赘述。排印《元明杂剧》样张请即核定发下。又展期出版事，请速与部中商定。济又托。

【46】* 再密启者：庆林昨日谈及，杨君守仁** 向来景况甚窘，近来存款忽焉加增。旋闻人言，进货有舞弊情事，且通同者不止一人。渠又言曾得兄信，谓某货（渠曾指出，弟已忘记。）原系六元，忽长至十三元。其时兄正在渝，或即由此发生，云云。拔翁亦有所闻，今晨见告，人心难测，况当生计极艰之时，诚不敢谓其必无。既有所闻，理合上达，务祈密查，冀得水落石出，

无任企祷之至。岫庐先生再鉴。

　　　　　　　　　　　　　　　　弟张元济顿首
　　　　　　　　　　　　　　　　二十九年六月七日

＊此信应为同日张元济致王云五信（已编入本书第1卷第213页）之副笺。
＊＊《张元济致王云五的信札（一九三七年至一九四七年）》所载是信手迹影印件，此字仅见"亻"。现据该书排印件录出。

　　　　　　　　　　　　　　　　　　　　　　　　——编者

【47】　岫翁如晤：返沪后于本月七日肃上一函，在寓径发。至十日又寄上《宝礼堂宋本书录》四本，计当先后到达。兹有近事奉达如下：

　　一、本月十二日至翰卿寓中晤谈。先略述港馆、厂营业及我兄对于馆事之辛劳，并处置之大要，略述一番。最后告以本年股东借息，伊提出五厘之说，我兄颇为赞成，惟董会业经决议，且经宣布，无可更动，只要国内外无大变动，明岁拟如其所请，提出议案。渠闻言似颇感动。此意未告知拔翁。

　　二、庆林辞职信，弟属仲明送还，并亲致两函挽留。据仲明来言，该信往返数次。最后庆林声言，公司如必将该信退回，伊只可将信登报。弟思不如先开董事会（伊信本致董会），将此事本末报告。昨日午后开会，庆林亦到。弟将其所以辞职缘由暨吾兄所言之进货、人事两项范围，并属代表竭诚挽留之意，申述一遍。庆林亦自行声辨［辩］。在座诸君一致劝其打消辞意，有责其不应者，亦有加以抚慰者。弟复言吾兄谆属申明极端信任，并云"断不能允其辞去"，而庆林始终坚持，谓去志已决，断难更变。董会今日仍拟去信慰留，并将伊原信缴去。但弟默察其词意，似无可转圜，且看如何变化，再行奉达。鄙意暂时只可悬宕。好在人事方面，小事可由久芸办理，大事由吾兄主持。至于买纸之事，吾兄尽管不认其辞职，仍旧托伊办理。但在此时期之内，所有因公事之函电，仍请并列拔、庆二人之名。如进货之事，庆林置之不理，拔翁必能奉达，彼时只可请吾兄在港办理。

　　三、同人会之要求，虽赵君业已接受我兄所定之办法，但弟恐赵君无力控制，难免发生事变。今将该会印刷品两纸奉上，祈詧入。闻史、赵、顾诸君今日由港启程回沪，预定此信到日，沪处有无风潮，可见分晓。如果怠工，鄙意极宜抓住机会，不可放松。一面由兄申明此次与代表议定顾全同人生计，代表亦经接受，公司能力已尽，无可再加等语，剀切劝告，同时以此文字登报布告；一面再电达沪处，怠工期内，薪工照扣，如有被迫非出自愿者，向本公司顾问律师处声明,在未复工照常办事前一律给半薪。电文语意必须十分切实,以防拔可、仲明诸君再有通融。此等函电,务请并列拔、庆二人之名。弟必将拔、庆二人态度随时迳行电达。如需请伯嘉来时,弟必先行电告。得弟电后,拟请先来一电,仍并列拔、庆二人之名,略谓馆事纠纷,拟派李君来沪襄同处理等语。敬陈管见,藉备裁酌。

四、昨日董事会议案,仲明当必寄上。可否请吾兄亲书数行与庆林,述明极端信任,一切已托敝人代达,同处漏舟,竭诚挽留,务望打销辞意等语。是否可行,亦乞裁酌。

五、德国战事日见优胜。港地前途如何?甚为悬念。敬颂台安。晋叩伯母大人福安。

弟张元济顿首<br>二十九年六月十四日

【48】 再,杨氏《水经注疏》稿,拟重写付照,当由丁英桂君往请傅纬平君先行试校两册,预备将来钞写之时,请其照料校阅。不意丁君往商之时,未曾说得明白,傅君竟在原稿上动笔,而弟所欲藉之考验之终义,反未能确实答复。幸动笔不多,将来只可向傅孟真君道歉。现在已指明办法,请傅君复校,校出之后,只可由弟复看,看傅君能否胜任。故用原书影印,或重写付照,现在尚未能决定。此上岫庐伯嘉两兄同鉴。

弟张元济顿首<br>二十九年六月二十九日

【49】 岫庐先生如晤:前月廿二日、二十八日迭上两函,计先后达到,甚盼示复。月之一日,奉到前月廿六日手书,并《广东丛书》契约暨书单,均敬悉,当送拔翁察阅,即交丁君英桂考虑一切。鄙见所选各书均可照印,不须商改。其他有应行询问之件,业与丁君讨论一过,属其逐条开出,均系关于施行之事,当由沪处另复。契约中第八条为本馆增印给与版税应订契约。鄙见增印与否,及印数多少,均应由本馆自定,缘弟一集所收之书,均甚冷僻,弟认为必无销路也。另附复玉虎兄一信,未封口,祈阅过饬送。其中关涉制版各节,系由丁君核估,打出副页呈上,藉备参考。近日渝港航空,尚能依期开行否?本馆邮包尚能寄出否?多数不能寄,少数能接受否?均祈示

悉为荷。敬叩伯母大人福安,并颂潭祉。

弟张元济顿首

二十九年七月四日

附呈手工毛边两面印刷样张一纸,乞詧阅。

【50】 岫庐先生阁下:六月廿一日复上一电,文曰:"电悉。决不敷衍,函详。济。"次日即发上一函,挂号直寄。廿八日又寄一信。本月四日又寄一信。昨日得电示,文曰:"上月养函未到,请续示。云。"此必系接到前月廿八日或本月四日之信,方知有廿二日之信也。养函承廿一日去电"不敷衍"之语,所以不即召集董会者,系欲赚得庆林自愿回任协理之信。信中并催问答复前次董会询问各分馆损数,并结算之报告,拟同时开会。(弟亦不愿多开董事会也。)无如期望多日,杳无回音,各方面议论纷纷,乃于本月五日函达拔翁即开董会,系于昨日午后举行。庆林回任协理之事业已通过,翰卿并云仍照经理待遇,正与尊旨相合。又补助同人子女教育费,弟原定是日提出董会复议,嗣思时局如此严重,公司是否能生存,尚在不可知之数,故改计不提。拟具一电,文曰:"养、俭两函想达,久未得复。庆回协理。系开董会议答[决]。又暂停补助教育费,因时局太劣,难支持,俭函曾陈管见,且沪款渐竭,拟照停,勿提复议。济。庚。"拟稿后交拔翁阅看。拔意费仍照发,不提复议,将来请董会追认。弟亦不便坚持己见,允将原电撤回。拔嗣与史、黄二人晤谈。史图敷衍目前,赞成照发;黄主仍提复议。拔又来商,弟因有俭函所陈之意见,不愿为此矛盾之事,于是拔定自行提出,昨日董事会亦已通过,采纳拔之意见。特将经过情形奉达。据久芸来告,得港处信,赶装印机赴赣开设分厂。究竟*时可以运到,到后能否如意印书,印成能否畅行内地,均在不可知之数。又闻昨得港电云,运道略通,将来能否不再阻塞,能否畅通,亦均在不可知之数。前月二十八日去信,谓此却是公司一种整理机会,若长此拖延,恐终有干涸之日。不早图维,难免成不起之 *,现在如何入手,吾兄必有荩筹。弟姑陈管见如下:一、慢性:先将无紧要工作之部分,只*半日,仍发全薪,逐渐扩充,以做到留工极少之人为止。第二步,减发半薪,只做四分之一之工,或竟全不做。第三步,全停,发给退职金。二、急性:除留极少数人员办事外,沪港一律停业停工,发给退职金。退职金之外,尚须发还储蓄及存款,其数恐甚不少。即存款未必全提,然欲办理此事,至

少恐非现款二百万元不可。现在财政恐已不甚容易，就算有钱，而沪处诸公均非能办理此事之人。清夜思之，真觉不寒而栗。未知吾兄有何良策？甚望见示。拔翁身体甚差，精神甚不贯串，殊为可忧。闻港地迁徙者甚众，上海房价又长，蔡孑民夫人行止何如？甚为悬系。其海格路之房屋，幸为留存，即归来亦尚勉可栖止也。闻航空暂停，确否？外附寄小婿孙逵方信，祈附便寄渝转致。至感。敬叩老伯母大人福安，并颂潭祉。

弟张元济顿首
二十九年七月十日

　　昨翰卿在董会席上，言庆回协理，仍照经理待遇。弟认为此系加增协理薪水，并非仍送代理经理薪水。顷庆林来力辞，弟即以上文之言答之。渠言协理薪水不应由董会提出。弟答以此与议准辞退代理经理连类而及。渠云有信致尊处。特函陈，备察。

弟济又启
二十九年七月十日

\* 原信手迹影印件，此三处缺字。——编者

【51】　岫庐先生有道：前月三十一日肃上寸函，内附致伯嘉兄信一纸，又孙逵方信一件，托附寄渝馆转交，计荷垂詧。本月初奉到前月廿九日手书，尚未裁复，昨又奉到七月五日（"七月"想系"八月"之误）续示，均谨诵悉。贱体仰荷垂注，不胜感谢。弟于前月中旬因饮食不慎染恙，至今已将一月，而肠胃、脚力尚未复元，或系年衰体弱所致。然不久必可恢复，幸祈释念。学武世兄过访两次，未能延接，甚为歉疚，南行过港，想晤及矣。抄示为京华书局事致史、黄二君信稿，亦经诵悉。史君致力于人事，只能在范围之内尽其职守，而欲其肆应旁及，筹画未来，则其才识尚有未逮。仲明行事，前函已言之，兹不赘述。此间局面，公即不目睹，亦可想见其情景矣。承示近又领到外汇数目，此非仰仗鼎力，断难获得。弟恐招各方面嫉忌，绝不向任何人言及，想荷鉴许。至储蓄准备一事，以前寄顾亦曾提过，渠盖鉴于通一信托公司自身被控数年几至破产之痛苦，故为此忧患之言。彼时不过闲谈，并未成立，此次复行提出，斐章从旁赞助，且加评论。当时所拟办法，弟亦知是自骗自，并无实效，然依照办理，于公司目前亦不至有何窒碍。且董事中，翰卿蓄意捣乱，遇事挑剔，凤石亦偏向彼方。庆林迩来趋向可以想见。拔翁遇

事,默无一言。徐、丁二君,有时尚能主持正论,体谅办事人之为难,加以疏解。故弟拟乘此联络,接受其所提方法。来示称另拟有效方案数种,提出讨论。鄙见似可不必。盖此事本不求其有效也。若另提方案,各董于公司情形本甚隔膜,恐不免横生议论,反致不妙。不若顺水推舟,就此了结。伯嘉来沪,代表吾兄出席,说明公司损失及核算详情,至所欣盼。至于储蓄准备一事,最好以轻描淡写出之,不必著意,未知卓见以为何如。此间一切情形。伯嘉能在此详加察度,于公司前途必有裨益。于其来时,可否于代表出席报告损失之外,兼畀以调查沪厂实际情状之名,同时发表,可以免去各方之种种揣测。又周莲仙诬蔑伯嘉事,亦可乘其来沪,当李、鲍之前向莲仙面加诘责,使彼不敢再造谣言。俟伯嘉反港以后,再予莲仙处分。敢贡管见,伏候卓裁。因来信有"伯嘉中旬来沪"之语,故今晨发去一电,文曰:"歌函悉。请伯候复信到后再行。济。"想邀鉴及。

伯母大人近体想甚康适。是否仍寓澳门,抑已返港?敬念无似。外附致孙逵方信一件,乞便中附入渝馆号信转递。至恳至恳。专此奉达,敬颂台安,并祝潭祉。

弟张元济顿首
(1940年)八月十日

再孙逵方拟托在香港购药(渠另有信寄尊处),购到之后,如无妥便,一面告知,一面暂存本馆。渠当托便人来取。属为陈明,谨代祈恳。

弟元济又及

【52】 岫庐先生阁下:敬启者,本馆承印杨守敬君《水经注疏》,原拟据原稿石印,但因篇幅过多,曾经伯嘉兄建议,拟改行款重写缩印,可以节省页数不少,并制成样张一页交到沪处。尊意拟请傅纬平君先校一过,再行发写,当由丁英桂君面托傅君试看两册。校毕送来,经弟复阅,有许多疑问。逐条开列,再送傅君详阅。交还后粗看一过,似可依照傅君所拟继续进行,预备重写,并属丁君制备格纸。前日弟又取该书复看,发觉傅君所拟删节、补校办法,终难彻底,且有未能妥洽之处,缘原稿有旁注、有眉批各节,最为纠葛。查所批、所注按语,或云据大典本,或云据明抄本,或云据黄本,有时用守敬名,有时用会贞名,有时又于二人之外改用"子奎"二字,又用朱笔将"子奎"二字涂去,又注明先生"未见大典本、明抄本,不得属之先生",云云。

致　王云五

此当是会贞语气（见第一册第十七页）*，然则眉批、旁注，必系会贞所加。但傅君校出所引《大典》各点（即据本馆重印之本，《大典》只此一部，并无别本。），又不相符，似此则会贞亦非真见大典本。然则所批所注，不妨照傅君所拟，酌加删节，但其中亦有许多文字却有关系，删节亦属不妥。又所据明抄本，不知为何本，无从比对。此姑不论。所据黄本，世间固有其书，未必不可访借，但全部逐条复阅，再加以所引《大典》，亦非经年累月不可，且原书涂改，甚为紊乱（因此之故，即完全照原书影印，恐亦不妥。），恐非傅君目力所及，即令可以全部看完（是否妥洽，尚不可知），以傅君之薪水计之，恐亦在数千金以上。全书印价，本馆所收不过数千元，乃赔垫之数，有过而无不及，似不值得。且傅君所校就前二本之成绩观之，实有未能尽信之处，将来恐反受书主之责备。弟亦无此精力再为相助。（去年建议借印《元明杂剧》，虽请王君九君担任校阅，适值姜佐禹君多病，原书亦实在错误甚多，不易整理。王君究系外人，许多不能解决之处，仍须归于敝处。弟与王君为此书往来之信，已积至两本之多。弟目力大逊，精神不济，将来出版，必有许多缺点，且恐不免错误。每一思及，时深悚惧。）再四思维，觉杨氏此书照原稿石印，或重写照相，均有难于办理之处。盖此书实系未成之稿，必须先行整理一过，方可印行也。弟深愧未能相助，谨特陈明，伏祈察核。至傅君已校之二册，又被动笔涂改，本馆对书主亦有不易交代之处。此实由丁君交去之时，未能详细说明，有欠周到。此节当由丁英［君］自行陈明，恕不备述。专此布达，敬颂台安。

弟张元济顿首

再《元明杂剧》现已发排。弟意尽十一月排完，尽年内出版。前经丁英桂君约估全书页数，略计成本，仲明已经寄呈左右。是书应否发售预约，抑或出版之后发售特价？统祈核示。又本月十一日、廿二日来示，已收到，谨悉一切，伯嘉先生均此。

二十九年八月二十八日

\* 此处似脱半个括弧。——编者

【53】　岫庐仁兄台鉴：本月十二日为杨氏《水经注疏》事，承十日去电详上一函，计荷垂詧。前于两日，叠奉本月十日、十二日两次手教，并录示傅斯年君二十八年（想是二十九年之误）四月八日之信，均谨诵悉。奉复如左：

一、发还同人长期储蓄尾数，及限制同人存款额数事，昨招拔翁来寓，出示大函，并请与庆林商酌，报告董事会，限制存款额数。拔翁属庆林与仲明商定办法。现已定本月廿三日召集董会。吾兄所给两次附启各二页，均当同时提出。所有会议情形，当由仲明陈报。

二、分馆损失报告及一般报告，当于廿三日提复董会。一般报告记录，当遵两次来示办理。至翰卿前此调查资产约计盈亏之语，本系请当局办理，弟前月三十日去函所陈，拟对应策云，不过姑陈管见，藉备采择。我兄以为理由充分，但云不便答复董会。拔翁于此等事，言之恐其不能详尽。弟当作为在港与兄讨论结果，代为陈述。

（约 1940 年 9 月中旬）*

*《张元济致王云五的信札（一九三七年至一九四七年）》一书中，未见是信手迹影印件。现据该书排印文字录出。信中"弟当作为在港与兄讨论结果，代为陈述"语，显见书于 1940 年 6 月张元济赴港之后。又"现已定本月廿三日召集董会"语，是信当书于该次董事会之前不久。查《商务印书馆董事会会议记录簿》（稿本，商务印书馆藏），第 443 次董事会于 1940 年 9 月 23 日举行。由此推定是信书写年、月。——编者

【54】　馆厂被灾后，承示善后办法，并示知增印邮票事，闻之甚慰。

《（元）明杂剧》排印事，弟当随时督促，冀勿误展改本年年底出版之期，可请*。承示勿售预约，出版后再售特价，甚善甚善。

孙逵方托购西药，屡渎清神，不胜感悚。药价港币七十余元，已如数*沪处。专此敬谢，敬叩*万福，并颂潭安。

兄昆仲已否抵渝？途中想甚安吉。甚念甚念。

弟张元济顿首<br>二十九年九月二十日

*此三处手迹影印件缺字。——编者

【55】　岫庐先生阁下：本月廿日肃复一函，由馆附呈，计先递到。廿三日开董事会，当将寄下损失报告及一般报告全部宣读，并将分年表传观。各董均认为明晰详尽，至为欣慰。弟复依照本月廿日去函所陈，作为在港与兄讨论结果。战事未结束前，资产实难调查情形，申述一过，亦深为谅解。翰卿并有公道话，谓际此艰难时期，公司比在战前反能减少债负二百万元，实属不易，（于一般报告中减少用纸一项，亦甚为赞许。）等语。至发还长期储蓄尾数，改定活存限额，约可减少三十余万元。所有余款，拟以发行房地、现金若干，作为准备。提出之后，亦经通过，惟同人正在提出要求，公司同时发

还长储尾数,必误认公司以此为搪塞之用,反生枝节。当与庆、拔二君商议,察看情形,暂缓实施,并对董会声明。合并奉达。至一切详情,当由仲明报告。又小婿孙逵方为友治病,需用神经系梅毒西药,港埠适值缺乏,顷已在沪购到。现由舍亲吴哲明夫人乘裕生轮船来港之便,托其带上,送至尊处,候逵方托便人来港领取。到时乞饬交为幸。费神之至。弟近体日衰,两脚无力,夜眠不宁,恐为年龄所致。处兹乱世,亦只可听之而已。专此。敬颂台安。

弟张元济顿首
(1940年)九月二十五日*

再,公共租界电车罢工业已五日。昨日公共汽车继之,今日法界两项(电车及公共汽车)亦同起响应。闻继起者尚属不少。近来米价每石贵至七、八十元,燃料、房租无不增长。"食"、"宿"两字,月得百元者,亦实有不能维持之苦。在其下者,更可想见。故其势甚易蔓延。瞻望前途,不寒而栗。

* 是信不署书写年份。"作为在港与兄讨论结果"语,当在1940年6月张元济赴港之后;"廿三日开董事会",当为1940年9月23日商务印书馆所举行的第443次董事会议。——编者

【56】 岫庐先生阁下:前月二十日、廿五日叠上两函。前答复为印杨氏《水经注》稿,及报告廿三日开董会议事情形,计荷詧及。昨晚得冬电,知将复设星洲分馆,属开董会议定。遵即知照拔、庆二君,定于本月五日召集。缘近日此间大雨,又值高潮,全市泛滥,行路大为不便,恐各董惮于涉水,只能迟延两日,但不知是日水势能否退尽。如仍未退,或尚须展期耳。拔翁出示手书,仲明给与津贴甚为允当。惟所管事太多,难免照顾不到。拔、庆二君屡以为言,即如前此董事会提出调查损失事,弟记得去年我兄曾有详细报告,并录在议事录,而渠竟未带会(拔翁云,先亦属其带会。),致各董疑为三年损失从未报告一次,增出无数口舌,此亦由于伊事过多之故。拔翁又不添人相助。弟认为不妥,故特奉达。外附复伯嘉兄信一件,祈转交。敬颂台安。

弟张元济顿首
(1940年)十月三日

再,仲明兼任文仪公会主席,常常出外开会。该会文件颇繁,常有人携至馆中,请其披阅、盖章,竟坐在伊办事桌旁。此大不便之事。弟与拔翁屡

劝其辞去（庆林告我，亦常劝之。），而伊意不欲，固由于急公好义，然实近于舍己益人。迩来公司艰难，应行改变之事甚多，而有待于筹画者，亦非易易。弟每至公司，见其案头堆积无数事件，又有若干人向伊问事，络绎不绝。即日常公事，恐已不免贻误，又焉能再为未雨之绸缪乎？鄙意应亟劝其辞去文仪公会主席，不必再为人作嫁，并添一、二得力助手，否则将来难免不至有所陨越，亦非所以爱仲明也。急切上陈，伏祈鉴察。

弟元济再启
二十九年十月三日

【57】 岫庐先生阁下：本月三日复上寸函，五日开董事会，决如尊议通过，复设星洲分馆。翌日复上一电，计先后达览。昨日复奉到五日手书，谨诵悉。五日董事会纪录，仲明当已抄呈，兹不赘述。弟二次临时加薪发表后，自然暂时安静。当时租界中形势却甚严重，此间无一肯负责、有担当之人，亦属无可如何之事。发还长期储蓄尾数及限制活存，尊意认为可以施行，想已径达沪处。弟亦已将尊意达知拔翁矣。舍亲张君小棠请为其外孙女补厂工之缺，蒙慨允，甚感。小婿孙逵方在港购药，屡费清神。近由沪地购得之药，托吴哲明夫人带去，此在港求之而不可得者。知已送到，并蒙代存。乞饬切勿受热。琐渎惶悚。贱体蒙注，极感，近亦乞灵于药物，不知结果如何耳。复请老伯母大人福安，并颂潭福。

两位世兄安抵渝中，甚慰。前托学武世兄带去药物，小女来信已收到。属谢。

弟张元济顿首
二十九年十月十二日

迩来内地运输如何情形，乞属承管人见示大概，至盼至盼。

【58】 岫庐先生阁下：本月六日肃复寸函，计荷垂詧。瀛眷当经到达，途中安善，欢叙一堂，至为企念。慕周至今未到，想在中途有所阻滞，甚矣行路之难也。前因侄孙女欲在内地谋生，曾函恳提挈，计已达到。渠在约翰大学毕业，专习经济、会计，英文亦尚通顺，不知我兄能为汲引否？渠将由内地前来，或到在此信之前，亦未可知。到后必来晋谒，务乞予以教诲，指示一切，并为之介绍于载生、志希诸君。二君于弟亦极相关爱也。再，渠所携旅费无多，并祈酌与接济，将来由弟拨还。种种拜托，无任感戴之至。贱体日

就衰羸,此间无淑可述。专此。敬颂潭安。

弟张元济顿首<br>三十一年六月二十七日

【59】 岫翁台鉴:前得四月十二日手书,曾于六月六日肃复寸函,至二十七日又去一信,均由逵方转呈,计当达到。前日获诵五月十九日续示,知瀛眷已安抵彼都,至为欣慰。慕周兄至今未到,想在中途阻滞。前日又得久芸五月十七日来信,谆谆于奉职他处同人之眷属。据仲明言,曾收过二十八方,陆续照拨各人家属,从未短少。至六月底止,全数用完云。尚有十方未到,不知何时可到,且恐未必能到,则此后亦正为无米之炊耳。此间无淑状可言,同人存款必须急速归还,承兄关怀,至为感幸。此间亦竭力设法,但谋事在人,成事只可听天耳。子民夫人挈其子女仍在港中,闻苦不堪言。弟去信劝其来沪,无复音。兄与伯嘉诸君通信时,请为设法救助。舍侄孙女尚未成行,蒙垂爱,极感。贱体日就衰颓,步履尤惫,幸眠食尚好,可祈勿念。手复。敬颂潭福。久兄均此不另。

弟张元济顿首<br>(1942年)七月八日

【60】 岫翁清鉴:久未通问,伏想兴居安善为颂。闻内地物价日益高昂,生计甚艰。我兄经营店务,备极劬劳。弟等公同商酌,应请就近每月加支战时津贴壹千元,以今年元月为始,聊尽微意。伏祈勿却为幸。专此。顺颂潭安。

弟 李宣龚 时在红十字病院*<br>张元济 同启<br>三十一年十一月十八日

*李宣龚系本人亲笔签字,"时在红十字病院"亦李手迹。——编者

【61】 岫翁鉴:此间水尽山穷,无法维持。欠同人数十万必须发还,否则不堪设想。乞速设法救济。本月十七日去信想达。

菊<br>(1943年)三月二十三日

【62】 云翁如见:久未通问。闻有远行,比已遄返,途中想甚安吉,至为驰念。此间店务尚勉可支持。庆兄病体亦尚能挣扎,过得一日是一日。傅、

巧二君相助为理，甚得力。二君均经弟力留，想兄定能慨谅也。弟今年七十有八，惟恃笔墨度日，目前尚可支持，过此则不可知矣。幸贱体尚能耐劳，足纾廑注。兹有渎者：附上与适之一函，内附舍侄孙女祥保一信，敬祈取阅，阅后设法妥速转递，并欲借重鼎言，致适之数行，乞其坚约翁君相见，将去信面交，并剀切晓谕，无论如何必索一回信，总望或有挽留。此亦为家长者之痴心也。我兄仁慈，故敢为此可怜之女子吁求拯救。此信恐被浮沉，阅数日后尚有同样之信递达左右。如此信先到，逆料转递之后必能达到，则第二信即投诸字簏可耳。再，翁君在美住址，伊有至戚夏邦瑞，住在重庆沙坪坝松林坡五十四号。如无不便，乞派人前往问明，说明缘由，夏君如肯相告，则函达适之，转信时较便易也。琐琐奉渎，无任感悚。敬颂起居安吉。

弟张元济顿首<br>三十三年五月三十一日

【63】 再，闻国民大会展至明春举行，重选代表。如果有其事，则收复区内必须平等相视。此亦《大公报》所言，勿失尽人心之意，想兄必能体会及之也。再上岫庐吾兄清鉴。

弟张元济顿首<br>三十四年十月十八日

【64】 岫翁再鉴：自日寇开衅以来，弟生计大受窘迫。小儿在新华银行，月入甚微。弟以卖文鬻字藉作补助。初时颇思推至内地，嗣以汇兑、邮寄种种梗阻，遂为作罢。今幸障碍已除，颇思实行，已托季芸舍亲代查在渝鬻书市价。寄到数种，可以参考。季芸告我陪都人士云集，弟料亦当有半年局面，颇思稍稍招徕，藉维生活。但在渝市价，比之弟在沪所取有天渊之别，兹姑拟定润例（随函附上）两种，分为甲、乙，说明如下：

甲、系全国通用。在自由区则加邮费、汇费，照润例再收一倍，而小婿逵方则以为施之重庆，尚属太廉，招人轻鄙，且有故意攘夺买卖之嫌，谆属另定，即下文之乙种，而甲种则专用之于收复区。

乙、则用之于重庆，如成都、贵阳、昆明、西安、兰州可以推行，则亦用之。

以上两种，究以何者为宜，乞吾兄酌度当地情形，代为决定。决定之后即托渝厂代为印刷，惟形式又分为A、B两种：

A、照甲种原式，惟加入"另收邮递及汇兑费，照润例再加一倍"及各收件处字样。

B、改用乙种,用介绍人语气,略述弟自战争起后蛰伏海隅,生活艰困,专以卖文鬻书度日,并及其籍贯、科第年齿。至介绍诸人,首须借重大名,此外如黄任之、吴稚晖、张君劢、张伯苓、沈衡山、俞大维、马寅初、陈光甫、罗志希均可邀请列入。但闻有不在渝者,只可撤去,亦不必全邀。少则四人,至多六人,应如何取舍,亦祈吾兄选定,代为转约。

至收件处,拟请渝馆为总代理,不知能邀允许否?以上各节裁决后,均乞谕知季芸遵行。一切琐事,均托季芸料理,不敢多费清神也。博爱干冒,无任感悚之至。专此。祗颂冬祺。

弟张元济顿首
(1945 年)十月二十七日,第二次

【65】 岫庐先生有道:本月十九日肃上寸函,为拔翁令坦王君一之事,有所陈请,计荷垂詧。先是奉到本月六日惠函,作前书时竟未忆及,耄荒可愧。兹特补复如下,并致歉忱:

一、前贡狂言,恳乞止酒,仰蒙采纳,为之起舞。

二、寄下凌君竹铭为舍侄树源事复函,业经阅悉。陈君伯庄处并蒙函催,尤深感幸。舍侄处亦经告知矣。

三、前托沈君恒带去之信,内附与小女一函,并无要言,到不到毫无关系,请释念。

四、前拟将鬻书事推至内地,蒙允邀集友人代订润例,至深感荷。前函所举诸人有他适,未在渝者,自应撤除。

再,报载中共之事再接再厉,且言延安重心已移张家口,咄咄逼人。奈何奈何。专此。祗颂潭福。

弟张元济顿首
(1945 年)十一月二十三日

【66】 岫翁先生阁下:本月十八日肃复寸函,托季芸代呈,计荷垂詧。近日阅报知公为协商事甚忙。此时不敢以节劳相请,惟有祝康强逢吉,堪克服此大难耳。前月,李伯翁见告,俞镜清已调沪馆,以其旧属周某继任杭馆经理。嗣镜清来,自陈在杭馆尚无溺职,且乱时曾为公司保留资产,不知何以反受撤职处分。弟劝以静候复命。询诸李伯翁,则云确曾解到售去收存

旧教科书价款数百万元，又言尚有一节，甚为难得，并未售过联合出版公司之教科书，云云。弟意我公正筹复兴，必有所以调用之由。前日镜清又来敝寓，具陈杭馆业经交替，已蒙擢任总馆秘书，惟沪地食用甚费，且携眷来沪，迁移家具甚属不赀，在公司数十年，不忍轻离，但为生计所迫，实属为难。弟当竭力劝阻，并言我公明于用人，必有借重之处等语。又闻张雄飞君言，杭州盐业银行正在延揽，相待较优。弟思镜清在公司甚久，素无过误，且能于乱时为公司保留大批旧书，可售钜价，不无微劳，又有忠贞之操，与随波逐流者不同，似当仰邀褒奖。公司现当力谋复兴，事极繁剧，而旧时得力之人多有离去者。瞻望前途，殊为焦急。镜清如无他过，可否请我公特予慰留，并畀以较高名义，兼使其生活安定。弟敢断言，必尚能为公司效力也。我公国事贤劳，本不当以此等琐事相渎，惟知我公正筹复兴，用人实关紧要，故敢冒昧上言，务祈鉴宥。贱体尚未就痊，不能久坐，甚以为苦，希望天暖后或可复元。知念附陈，敬颂潭福。

弟张元济顿首

（1946年）元月二十三日

【67】 岫庐先生阁下：本月四日肃复寸函，托史久翁附呈，计荷垂詧。所陈各节想邀默许，欣幸无既。近读报纸，知参政会又在开会，我兄周旋其间，贤劳可想，不审起居何如？至为驰念。李伯翁见告，大驾于来月中旬可以莅沪，闻之为之距跃三百。公司董事会已于本月廿一日召集，我兄提议垫发去年股息每股百元，已如尊旨通过。一切当由伯翁详陈，想蒙鉴及。丁斐章兄女公子及其婿思赴美国游学，属代请鼎力为之设法，谨将原信呈览。闻政府迩来限制极严，不知伊二人能合格否？请领护照应用何种方法？又闻游学期间之经费需有的确之保证，不知伊所称储存之数可以符合否？统祈鉴核示复为幸。贱体不过尔尔，幸眠食尚好，足纾廑注。专此。敬请台安。

弟张元济顿首

（1946年）三月二十八日

【68】 岫庐先生阁下：三月廿八日肃上寸函，报闻议决垫发股息事，计荷詧及。兹有渎者：李拔翁有女适王一之者，近闻在荷兰病逝，其昆弟行秘不使知，恐其向兄处托询外部，特来请同守秘密。拔翁年逾七旬，只此一女，客死异国，而其婿又不得自由，其外孙亦无消息。想吾兄闻之亦为之怜悯

也。近日会议不知如何贤劳？务望珍重。本月中旬，想可东下。时日愈近，瞻望益切，言不尽意。又前请久芸兄代陈许季芸，请留渝，缘来沪不能生活，无屋可住，又无长物也。想蒙鉴及。

弟张元济顿首
（1946年）四月三日

【69】　岫庐先生大鉴：前日辱枉临，晤谈两次，公之爱公司者至深且远，非可以言语称谢也。别后即电久芸，云已出门，上灯后与伯嘉、仲明同来弟寓，言与拔翁同在仲明处相见，筹商办法。拔翁意仍坚执，诸人谓所拟薪津加给清单业经分洽各部，等于公开，若发表改动，拔翁私易近人，同人必纷往诘。拔翁心中不以为然，必致无法应付，伊等亦无从赞助。伯、久两君均谓惜乎时间已迟一日。我公具此热忱，而拔翁无此勇气。弟见局势已成，无可挽回，因思于无办法之中，另筹一办法，以副我公之意于万一。公所虑者两层：一、底薪过高，二、开支太大。而于第一层尤视为根本之害。因拟将底薪压低，而于现所改定之办法增加倍数，以相凑合。诸君认为可行。前者对折，后者增倍。在拔翁所许与同人者并未减少，而我公所致虑者亦可略有补救。昨晨拔翁来寓，以此告之，亦无异议，并闻已有信上达左右矣。伯、久两君想亦必有信详陈，藉释悬注。此距我公可拟挽救方法相去甚远，公司前途危险甚大。能否捱过，殊不可知。惟有力尽人事，以待天命耳。前夕终宵未能安睡，精神甚惫，此信直至今日始得写竣，迟延甚歉。专此。敬颂台安。

弟张元济顿首
（1946年）六月四日

附呈舍侄树源一信，祈詧及。

【70】　岫庐吾兄有道：本月四日肃上一函，由南京分馆转呈，计荷垂詧。公司前途极为艰难，拔翁高年病体，断难久羁，诚如尊指，继任之人非与公司关系甚深，且为内外所属望者，恐不能胜任愉快。再四思维，杨君端六于二十年前在公司改革会计制度成绩甚著，为众周知，且于学界上亦甚有地位。前承示，亦在筹度中。因患高血压，恐不能担任。与李、夏二君商酌，亦颇赞成，云可先去一信劝驾。弟已去函商恳。务祈我兄拨冗，为作数行，借重鼎言，或有希望。明日星期，不审仍能驾临上海否？甚为

企望。专此。即颂台安。

弟张元济顿首<br>
（1946年）六月八日

【71】 岫庐先生有道：敬启者，顷小儿树年归，传述尊谕，视如子侄，殷殷垂诲，渠亦深为感动。弟再四思维，若仍违命，实大负我兄教爱之至意。惟有求多方训诲，俾资遵守，并令其加意勤慎，勉竭驽骀，藉答知遇。至渠在新华十有余年，志莘兄相待极厚，一旦离去，不无依恋之思。是则甚难为怀耳。余由树年面陈，不赘述。专此。敬请大安。

弟张元济顿首<br>
（1946年）六月十六日

【72】 岫庐先生阁下：敬启者，上海时疫医院，每岁开诊，全恃捐款，弟均为之募捐。去年蒙公向纺建公司募得五百万元。今岁业经开院，送到捐册，需款更钜，劝募益难。公虽不在其位，然此系公益之举，可否借重鼎言，为之呼吁。倘蒙慨允，敢祈缮具一函致该公司董事会，即交李伯翁带回，由弟将捐册附入，同时送去。如有不便，尽可作罢。弟因不敢强求也。专此。祇颂台安。

弟张元济顿首<br>
（1946年）七月三日

【73】 岫庐先生有道：报称南京酷暑，我兄国事贤劳，起居何如？甚念甚念。前日得贵会秘书室函，通知上海时疫医院捐款业经知照束总经理伤拨，至感盛意。顷已函达医院派员持据前往领取矣。拔可兄令坦王君一之桥梓之事，弟叠次函托钱阶平大使探问，为之代谋。近又接得一信，一之复有所请。其弟直士以其外孙尚无归国消息，亦无亲笔书信，仍拟隐瞒。除由弟再函钱大使，请其谆劝王氏二子速通音信，稚者即行乞假归省外，谨将原信呈阅，乞乘王君雪挺赴欧之便，请其援手。倘一之得早日释放，或可挈其幼子内渡。拔翁虽丧其女，犹得见其婿、孙之面，当可早舒哀怀也。钱信阅过仍恳发还，无任企祷。报称贵部将统制物价，此或因时制宜之策，然我国警政不修，恐难效法美邦，且恐启无数贪人进益之路。未知卓见以为何如？专此布达，顺颂台安。

弟张元济顿首<br>
三十五年七月十九日

再,前三日港厂旧工三十余人来馆滋扰,竟将久芸殴打,却系轻伤。警察局虽将滋事工人捕押,亲诣久芸,劝其不必追究,久芸亦已应允。拔翁面告,昨访吴国桢,全系一套敷衍话,拔翁甚为胆怯。闻久芸亦亟图了结,料去不过将钱来晦气。赵高良事已一误在前,此次若再误于后,前途不堪设想。我公一去,公司将亡。奈何奈何。再上岫庐先生大鉴。

弟张元济顿首
(1946年)七月十九日

【74】　岫庐吾兄有道:盛暑,旬余未晤,伏维兴居安吉为颂。近因国际关系,我国将与日本恢复贸易,并先选派工商界钜子前往考察,藉资操纵。友人杨君树勋,曩在美国留学十有余年,于化学极有心得。曾入纽约洛克斐罗研究院力求深造,归国而后先后任北平协和医学院教授暨中央研究院研究员,抗战军兴,在上海创设杨氏化学治疗研究所,独力经营,制成药品二十余种,颇见称于医界。尝与弟谈及,谓吾国工业与其取资欧美,不如师法东瀛,问道已经不为无见。近闻中央政府将有选派对日贸易考察团之举,颇思厕身其间,藉充实验。闻此事由财、经二部主持。如杨君者,在吾国学术、实业界中实为不可多得之人,吾兄佐治中枢,倘为推毂,必能不负使命,且可为国家增一有用之才。谨附呈杨君履贯一纸,伏候裁察。再,政府如不能遍给公费,杨君并可自备资斧。合并代陈。又前蒙致书于中央纺建公司,为上海时疫医院募款,即将尊函于前月十一日转去,迄今未得复音,仍祈鼎力吹嘘,无任企祷之至。专此。顺颂台祉。

弟张元济顿首
(1946年)八月四日

【75】　岫翁鉴:推荐考亭事,弟意务期必成。万一布雷复信有为难,仍乞鼎力。再,下星期公如适有事不能来沪,可于本月十九或二十日与弟一信,俾先期通知拔翁,作为征其同意。至廿四或廿五日即开董会,正式提出,未知尊意以为何如。再,黄仲明交来拟改公司章程,弟意一提更改章程,必有若干股东要求增股,此事为短见者所乐闻。故鄙意不如不提,索性明年一同修改。黄稿并新《公司法》一并呈阅。所改亦无甚关系也。肃此。敬颂暑安。

弟张元济顿首
(1946年)八月十日

【76】 岫庐先生：牯岭之行，想已遄返，唯途中起居安吉为念。现定本月廿四、五日开董事会，决定开股东会日期。台从能于何日莅沪？（何日何时返京，并乞示及。）可以到会，乞指示，以便通告。考亭事亦祈即赐数行，盼切。顺颂台安。

弟张元济顿首

（1946年）八月十九日

【77】 岫庐先生如晤：阅报知兄已由牯岭返京，伏想起居安吉。承示股东会宜早开，因报告稿迟延。其稿知已呈览，现拟定本月廿四日（礼拜六）、廿五日（礼拜日）开董事会，决定开股东会日期。兄于何日可以在沪到会，乞速示，以便通告。考亭事当可定议，至今未奉明示，尤为翘盼。昨交逯婿带呈一函，后伊改期，故特函达，统祈赐复。盼切盼切。

弟张元济顿首

（1946年）八月二十日

【78】 岫庐先生大鉴：前月廿六日造府奉诣，未晤，托致经农兄一信，面交学哲世兄代呈，谅荷携交，不知经兄何时可来，至为翘企。前次董事会后，弟属丁英桂君将议决要事往告高、徐诸君。均甚赞成。惟徐凤翁问，经翁是否现兼光华大学校长。弟云前未闻知。又问是否名誉职。弟云想当如此。乞兄于便中赐复数行，以便出示徐君，并盼以徐君之意转达经兄，为荷。近日沪上对于馆事颇有谣言，但望其非自内发生耳。本周末，想莅沪，再面谈。专此。祗颂暑安。

弟张元济顿首

（1946年）九月一日

【79】 岫庐先生有道：兹有复朱经翁一信，敬祈带京转致（乞封送）。前呈股东会报告全稿，想蒙核定。万一尚未核阅，甚望早日寓目，将未妥处指出，以便改定付印。又本月廿九日开股东会，不知能否枉临？倘能抽身，极盼到会。朱经翁来沪之前，务望将馆中内情及应兴革之事。尽量告知。编审事尤为重要，周颂久兄人甚稳练，甚望其能复返也。未审尊意以为何如？贱体尚未复元，不克趋候。专此。敬颂台安。

弟张元济顿首

（1946年）九月九日

【80】 岫庐先生阁下:昨奉本月十三日手教,祗诵悉。股东(会)报告稿一纸蒙发还,遵即改正付印。经农兄已来,十四日偕拔可、伯嘉二君到公司与重要职员一晤,但未视事。拔翁认为交卸先是得经兄允许复信。弟即请公司正式宣布,并通告各公馆矣。开股东会前尚须开董事会一次,拟于本月廿一日或廿二日举行,未知我公何日来沪,乞先期见示(开会宜在何日,亦乞示。),以便通告。拔翁已提出辞去经理,拟即于董事会推定继任之人,自以伯嘉为宜。弟见经兄时,拔翁均在座,故弟未提及,乞公先征其同意。廿一、二日董事会期,经翁能来最好,否则即可由弟提出。伯嘉云已得经翁同意。又,前次公在沪时未知曾否约傅卿面谈?筱芳并未辞职,此时亦只能推人代理。傅卿在此时是否可以提出,抑须暂缓,亦请我公与经翁商定,候其定夺。黄君仲明如何位置,亦乞与商。并以以前情事告之。再经翁初到,馆事多未接洽,必待伯嘉多多赞助。七联事必须请其减少。至七联改组公司,亦盼速成,趁经翁在南京,亦可与有关各家商之。统祈示复遵行。昨日约在沪董、监公谦经翁,并邀重要职员作陪,除翰翁患腹疾,寄翁忙参议会未到,余均在座,同作主人,甚形欢恰。专此布达,敬颂台安。

弟张元济顿首<br>(1946年)九月十五日

【81】 岫庐先生阁下:敬启者,前日本公司董事会通过各事:一、允拔翁辞职,致送酬金如我公所议;二、以伯嘉先生继任;三、撤销馆务会议。昨请伯翁报闻,计蒙詧及。兹有致经翁一信,祈阅过,饬送,并允代为封口。又闸北总厂藏板房业经敌伪产业管理处发还,本公司亦已缴过第一期价款八百余万,但从前日寇所设碾米厂后归海军部又粮食部接收,粮食部现在置之不管,其中所贮碾米机件不少,高价召买,亦无人承受。务祈鼎力设法,令其早日解决,俾公司得以实行收用。专此奉恳,敬候起居。

弟张元济顿首<br>(1946年)九月二十四日

【82】 岫庐先生阁下:敬启者,公司旧同人陶惺存先生物故多年。其子公衡人甚笃实,于学业上亦有根柢,近日来沪过访,称驻英使馆商务参赞现尚未派定何人。闻该职系由贵部遴派,属为说项。谨将交到履历附呈,敬祈詧核。如资格尚无不合,可否列入选择之列?并属其趋谒,听候察验。临颖

无任企祷之至。祗颂台安。

弟张元济顿首<br>(1946年)十月十六日

【83】 岫庐先生大鉴：敬启者，前日肃上寸函，为陶公衡世兄有所陈请，由南京分馆转呈，计荷垂詧。昨李伯嘉先生告知孙邅方小婿，我公将于贱辰享以酒食。此何时世？何敢以此幻沧浮生扰及良朋。已请伯翁转致尊府作罢，并乞我公收回成命，弟当心领盛意。届时如仍见贶，只可缺席璧还。陈明在先，务祈鉴宥。专此敬颂台安。

弟张元济顿首<br>(1946年)十月十八日

【84】 岫庐先生阁下：昨晨晤谈，至午后始归。展诵手教，乃蒙锡以锦屏，胪陈吉语，奖勉逾格，拜诵增惭。既荷匪颁，只得拜领。谨率儿孙遥叩致谢。附陈小柬，伏乞垂鉴。肃此。祗颂台安。

弟张元济顿首<br>(1946年)十月二十八日

【85】 岫庐先生阁下：本月十六日肃上寸函，托伯嘉转交，续电尊府，知不来沪。伯嘉昨晚去南京，想经面呈矣。五联事因中华内讧，大有波折。傅卿昨已乘机去港，行前二日，曾至弟处，言语凄凉，别时甚有可怜之色。谆谆属弟转请吾兄为之拯援，谨为代达。想经农、伯嘉到京，必能互商妥善方法也。昨阅《大公报》载有《我国沦陷区日人所作经济调查工作》一文（兄如未见此文，乞取一阅。），作者为郑伯彬，纪述颇详。据称约有百二十种，从事者约有二百人，其记有册数者，已有八十二册，且多已编印发行。弟意此等文件，必为贵部接收，实比何等物资更为宝贵。如未经取到，务乞从速追查，勿令散失。其已经印行者，可否代取一分畀与东方图书馆，不胜企祷之至。专此。敬请台安。

弟张元济顿首<br>(1946年)十一月十九日

【86】 岫庐先生大鉴：前日惠临，晤谈为快。国定教科书鄙见宜即停止承印。前日匆匆未及面陈。兹有与经农兄一信，敬祈阅过转致，并恳鼎力协助经兄，使本馆退出七联。此事关本公司存亡，故敢奉渎。务祈鉴督。再，

舍亲谢舜年昆季为其慈亲称庆,欲乞鸿文,以增光宠。倘蒙俯允,当代请费范翁秉笔。敬候示遵。专此。敬颂台安。

弟张元济顿首
(1946年)十一月二十七日

【87】 岫庐先生有道:敬启者,前日李伯翁来寓,谈及内地有经解雇而尚未断绝之工人又来纠缠,云有二百余人之多。中华书局有同等之事,经社会局调解,每人或给与五十万元,或给与廿七万元,或给与廿三万元。本馆恐被援例。来商办法。弟于公司迩来财政来源去脉均不贯串,且此等工人纠葛是否确有理由,个中曲折亦不明了,故未敢遽下断语。因请其赴南京一行。如可与经农兄商妥最好,但恐其病尚未全愈,不宜扰以馆事,只可请吾兄与以指示,俾有遵循。伯翁称此事如须解决,恐须付出四、五千万,又云现在存钱甚少,难免有不能付薪水之一日。弟闻之不禁毛发悚然。弟意工潮层出不穷,最好硬挺,但以前办法已铸成大错,此时自更难办到,弟唯有劝其格外收紧,否则但图目前之清静,无异于饮鸩止渴也。未知卓见以为何如?再,上次港厂短工纠葛,弟再三属令王君巧生不必过问,不意言不见听,遂致种种贻误,悔莫能追。弟已谆劝伯翁,此次切勿再令巧兄参与,并乞我兄再为谆告。再,公司财政窘迫,唯有开源节流。先言节流,收回旧工厂藏版房,近又支出将四千万,闻杭州迎紫路馆屋,政府又令缴价四千万,伯翁云正在磋商。弟已劝其缓付,想政府不能因此没收也。至于开源,唯有速行理清存货,分别出售。弟昨日又往武定路栈房察看,存书存纸,真不算少,尚有机器什物,甚为凌乱,必须赶紧清厘,方能知备付预约者若干,可以出售者若干。至于人手不敷,亦属实情。弟前建议多招高级练习员生,以资应付,甚望公司能早日采用也。理清存货,设法售去,实为公司救急之唯一方法。但就目前情形观之,正恐遥遥无期耳。又经农兄被派为某项考试官,至少恐有一月、半月之淹留。鄙意拟请吾兄劝其辞去,弟未便与言,故敢奉渎。琐琐上达,惶悚无似,敬请台安。

弟张元济顿首
(1946年)十二月十一日

【88】 岫庐先生:敬启者,前承面示,拟托于主教斌、吴公使经熊设法移调拔翁外孙王君回国,仍入天主教修道院清修,属将王君洋文姓名及所隶道

院所在地,兹已抄到。又其异母兄王文曾往视其弟于所居道院(王一之则尝对人言,不欲见其子王川。),其人在巴黎,有职业,甚明白,或有需用之处,故并将其洋文姓名及寓址抄呈,统祈詧核。再,王川回国如需用钱,李氏家族可以担任,合并陈明。又,任心白兄有与公信,属为代呈,一并附上。其人能舍身公益,殊可敬慕,想吾兄亦必乐为之助也。专此布达,顺颂台安。

弟张元济顿首
(1947年)元月十六日

【89】 岫庐先生大鉴:前日与经农兄通电话,以为台从周末必来上海,亟思一晤。讵知贤劳,竟未能来,怅望无似。兹有渎者,比邻韦君前日来访,因其子韦潜光拟托名受聘赴美就学,并交来美国惠利司登保险公司来信两件,托为奉询此等行为应向贵部申请,不知能否合例?应用何种手续?今将该英文信两件寄呈,敬乞台核。又有陶君公衡为公司旧同事陶惺存故人之子,且为廉吏之裔(故粤督陶模之孙也),迫以家贫失业,属代求提挈,畀以枝栖。*将其履历附呈,不知能予以位置否?如蒙玉成,均所感荷。然如无可为谋,即祈转属书记分别赐复数行,俾得答复。无任感悚,顺颂台安。

弟张元济顿首
(1947年)三月三十日**

* 手迹影印件此处缺一字。
** 原信不署书写年份。朱经农于1946年9月任商务印书馆总经理,此信书写日期当在其后。

【90】 岫庐先生有道:国府改组,倍仰贤劳。伏维起居安善,至为驰系。本公司同人待遇自改照生活指数计算后,均略有增加。闻在中级者较优。独朱经翁于最后一次计算,比旧时办法反略有所减(实得一百四十八万余)。鄙意现在物价大涨,本年一月四日吾兄枉临,拟将经翁暨李、史诸君特支津贴月五十万元,伯嘉四十万元,久芸、傅卿各三十万元,现已隔四月,情形又不相同,极应增加。鄙意自五月分起各增一倍(但不知特支之数骤增有无窒碍?此外有何办法?亦乞酌示。),未知卓见以为何如?谨乞核复,速示。再久芸代理筱芳经理一职已于两礼拜前函告我兄,后数日开董事会通过发表。弟意公司开支固宜撙节,而重要职员薪水宜稍从宽。惟有竭力开源,不患无所抵补。所期者同人能益加发奋耳。与伯嘉通(信)时,乞鼓励之。至恳至恳。昨与学哲兄通电,知台从一时不能来

沪，故特函陈。顺颂台安。

弟张元济顿首<br>（1947年）五月三日

【91】 岫庐吾兄有道：昨奉到本月十二日快函手示，谨诵悉。即送交陶公衡世兄。渠午后来寓，称极感盛意，已发信商诸现在南京熟人，借用一榻之地，但成否殊难预料，请勿发聘书，未得书来而寓所无着，致成僵局。一俟寓所觅定，即行前来面领聘书等语。谨代陈复，伏祈鉴督。再，指数解冻，工人可大声欢呼，而产方必倍受压迫。昨李伯嘉君来言，本公司薪水一项即须增加百分之八十，全公司月须发薪约十三亿，云云。他家亦可想而知。如何得了！如尚未明发，可否请稍缓，将过若干数目以上折扣计算仔细妥筹，否则产方无法支持，工人亦与主俱毙也。手复。祗颂台安。

弟张元济顿首<br>（1947年）五月十四日*

\* 是信不署书写年份。内容与第90信紧接。——编者

【92】 岫庐吾兄阁下：久未奉教。比闻兼任国大代表会议主席，想见贤劳，不审起居何如，至为驰念。兹有陈者，族弟香池在战前与知友数人在上海闸北经营兴业磁砖股份有限公司，薄负时誉。"八·一三"之役遭敌摧毁。国土重光，力谋复业。曾向善后救济总署申请救济，当邀核准，配售现代式每八小时能制砖十万块之全副机器设备，并与行总签订合约，依期付款，从未愆误。不意联总因有他种原因，竟将该项全副设备两次削减，以致运华机件残缺不全，无法运用。虽呈由行政院核准，向中央银行购结美汇十五万元，俾供配齐全副设备之需，但美国承制厂商忽称涨价。计除已经核准购结之美汇十五万元外，尚缺十六万元有奇，而运费、关税等项尚不在内。此项所需美汇全无着落。该公司遭此意外，真有进退维谷之象。若竟弃置不问，则已集之资金全付东流。该商等财力有限，瞻望前途，不堪设想。此等未竟之事，系为善后事业委员会所辖，该公司曾于本月沥陈经过、困难情形，恳祈维护。知弟与我公有旧，属为再进一言，深虑前上呈文壅积，不易径达左右，并交到副本全分，属为代递。其中另有与联总署长鲁克斯君信，又美国承制厂商复信各一通，为前上呈文中所未具。特再附陈，藉备参核。弟查阅该公司建议两项，其弟一项所拟方法化无用为有用，一转移间，且可使废于半途

之事业卒底于成,诚为一举两利之事。我公素以恤商惠工为志,用敢上渎,务祈俯赐鉴督,鼎力扶持,不胜感企之至。再,国大会议结束后,台从当可莅沪稍稍休息,尚有无数事欲一谈也。临颖企望,不尽欲言,顺候道履,统维垂詧。

弟张元济顿首<br>三十七年四月二十九日

【93】　岫庐先生大鉴:奉本月六日手教,谨诵悉。我公饥溺为怀,舍身救世,兼有改革不成,负责引退之言,此岂常人所能几及,钦响无既。弟所望于我公者,不在补苴罅漏,而在于大改革。民困极矣,非痛下刀圭,不足以起此痼疾。此两年来,政府之统制亦可谓竭尽能力矣,而其成效已可大见。有人以外国亦施统制为言,然彼之法律、政治及其人民之程度,岂我国所能仿佛? 鄙见凡与民争利之事,宜先择一、二最大者,先行改革,以示与民更新。即如管理外汇一事,头痛医头,脚痛医脚,究竟有何益处? 何妨即告废止。政府只将不可进口之外国货严定限制(现在外国货满布市上,市政府竟思禁止尼龙丝袜,岂不可笑?),其余一切听民自为,我想走私、黑市之市必行大减,而厂商因不能取得原料,移设香港之事,亦可中止。弟于此事素未研究,此不过就其表面言之。然物极必反,今则极多为反矣。虽然知之非艰,行之维艰。今之靠统制吃饭者,不知有几千万人。一闻此信,必来死力与争。非大仁大勇如我公者,弟固不愿与之言也。昨日李拔翁来言,林琴南先生遗妾居北平,困苦万状,有子不能仰事,仅赖所生女稍稍接济。其三女亡矣,我公培植其四女莹有上我公一函,并附英文一稿,可藉察其程度。弟与琴翁亦系旧交,谬敢代呈。如能手援,固所深感。若有为难,不妨拒却。拔翁与弟均不愿强求也。再自公复出,有不少亲故来托干求。可否乞书数行,说明一切谢绝,弟即可持以示人。倘蒙俯允,不胜感谢。专此。敬候起居。

弟张元济顿首<br>(1948年)六月十一日*

　　* 是信不署书写年份。王云五于 1946 年 5 月 15 日、1948 年 6 月 5 日先后出任国民政府经济部长、财政部长职。按此信内容,应书于某次任新职之后。信中"此两年来,政府之统制亦可谓竭尽能力矣"语,显见书于 1948 年而非 1946 年。——编者

# 致 王云五 江畬经

【1】（上缺）

二、何氏之书，其集部及丛书，弟已逐部注明刷印情形、用纸质地，及□慕轩人姓名（初着手时，此节漏去，后始思得，已大半遗忘矣。），子部正在开办，此时弟为《丛刊》及古本《史记》事，甚难分身。拟请馆中同人继续依例办理，庶免□延。祈酌行。

王岫庐 江伯训 先生

张元济

十六年一月二十三日

又，何氏经、史、子三部目录三本一并送去。其集部及丛书目一册则存在馆中也。复上

伯训先生史席

弟张元济顿首

十六年一月二十三日

鄙意分类编目必须注明收书年月日，此层亟须改良。祈酌。

## 致 王云五 李宣龚

【1】 敬启者,昨在于君右任席上遇陕西考查教育六人,寓麦加圈惠中旅馆,定于今日下午三点十五分钟火车到杭州(请查,时刻或有错误,恐刻、分稍差耳。)。诸人从未到过,人地生疏,拟请函托俞经理到城站招待。各人均穿西装,坐三等车,惟彼此均不认识,最好请杭馆派人携带旗帜等以便接洽。发信恐来不及,最好先发长途电话,如不通,即请发一电。即在参观学校之时,亦请俞君招呼为幸。弟顷已去快信,但恐到杭投递不及,故特奉托。此上

岫庐
拔可 两兄同鉴

弟张元济
二十四年三月二十五日

## 致 王文韶 葛正卿等浙籍京官

【1】* 北京王中堂、葛尚书、陈、沈、胡侍郎暨同乡诸公均[钧]鉴：昨日会议，公认汤寿潜为总理、刘锦藻为副。浙路决意自办，不附洋股。至苏杭甬草合同，应请一并声明作废。

（1905 年 7 月 25 日）**

\* 是电载 1905 年 7 月 26 日《中外日报》，该报刊登之标题为"在沪浙省绅商致同乡京官电（为全浙铁路事）"电文末注云："（衔名同上，不重录）"即衔名同 1905 年 7 月 25 日致清政府外务部电。

\*\* 是电拍发日期，参见 1905 年 7 月 25 日致清政府外务部电末编者注。

——编者

## 致 王 佐 臣

**【1】**<sup>*</sup> 佐臣先生大鉴：久疏赡晤，恒切翘思。日前接奉一月五日惠书，适因事出门，昨归始得展诵，裁答有稽，甚歉甚歉。就维新年迪吉为颂。承示敝分馆吴君渔荃向尊处所请购地一节，敝处亦得有吴君来信商议，已于函复吴君时属其面陈一切，即祈台端鉴洽，为荷。承情感谢。专此，复颂春祺。

弟张<br>十四年一月十三日

\* 信稿系他人笔迹。信稿右上角有张元济亲笔批注"照打两分"，左下角有张元济亲笔批注"照缮，张元济，14/1/13"。信稿"住址"栏内有"汉口分馆送"字样。——编者

# 致 邓 青 山

【1】 邓青山致张元济信* 及张元济批注

菊生仁兄先生大鉴：径启者，敝院承鼎力劝援，得募大款，感激何似。惟此款不必汇寄敝处，兹附上美丰银行存款壹纸，填妥送交该行存乞可也。贵友冯君近日体气甚好，病亦甚有进步。毋念为企。此请
道安

邓青山顿首

附上美丰存款单壹纸。①

张元济批注：
① 18/11/7 复，并附去 250 元美丰银行收条一纸。

* 邓青山致张元济信均采用"江西牯岭中华普仁医院及肺病疗养院笺"。——编者

【2】 邓青山致张元济信及张元济批注

菊生先生大鉴：承鼎力所募捐款贰百伍拾元正，已收到。谢谢！正式收条俟捐本寄下时，当按捐册开发也。冯君近状颇好，体重日加。知注特闻。此请
道安

邓青山顿首

（1929 年）十一·十八①

张元济批注：
① 18/12/2 去信问国甥病情，并寄美丰银行十一月廿八日壹百元收条。

【3】 邓青山致张元济信及张元济批注

菊生老先生台鉴：令亲冯君数日来饮食减少，精神甚微，脉亦无力。看来恐凶多吉少，特此豫闻。现商务书馆纪君亦在山，设不豫，青山及纪当能办理。一切勿念。草此。
即请
大安

邓青山拜

（1930 年）四月廿一号①

张元济批注：

① 19/4/23 复。19/6/13 去一信，托葛子欣君带交。内有美丰收据一百五十。

【4】 邓青山致张元济信及张元济批注

菊生老先生台鉴：惠书并捐册皆收到。敝院承先生热心劝募此巨数，敝人实代敝院感激之至。现已收到四千余元，尚有二千余元未收到。目的数恐难达到，想八、九千元当不难也。将来如何进行，再行函达。令甥冯君病体又复原如前数日矣。不过身体太亏，复原实不易也。专此。即请
大安

邓青山拜

（1930年）九月十八日①

张元济批注：

① 商务馆收据、叶葵初收据均于 19/9/23 用馆回单簿送。刘翰怡又（收据）于 19/9/24 又（用馆回单簿送）。刘希向一分、李煜堂一分，因邓君未签名盖章，寄还请补。19/9/24 复。

## 致 史 久 芸

【1】 前数日承示《二刻拍案惊奇》有缺字,已抄录,托平馆向北平图书馆查补。弟随即缮具介绍平馆往见赵斐云君信,乞其与以便利。此信由出版科寄平。又闻伊见思君本月九日来沪,乞即飞函属其速往查校,于来沪日带还。是为至要。
久芸仁兄台鉴

弟张元济<br>三十六年十一月三日

【2】 复陆征祥信事,逾两旬,何以杳无消息?弟无以对人。请查问。
再上
久芸先生

张元济再启<br>三十七年七月五日

## 致 朱 希 祖

【1】 再承示，贵校学生需用冯讷《古诗纪》一书，甚为迫切，嘱敝馆照前影《元曲选》式缩印。即贵校学生约可购二百部等情，到沪后当嘱印刷所详细核估，拟用毛边纸照前印《元曲选》式（即普通所谓六开）缩印。如尊处能预约二百部，每部定价七元，先收四元，价款到后敝处即可开印，约四个月内可以出书。如预约不满二百部，只可作罢。再如能茇订三百部，每部可减为六元，仍先收四元。如茇购四百部，每部可减为五元，先收三元。敝馆现在印刷甚忙，惟屡承阁下及马幼翁谆嘱，敝馆有补助文化之责，不敢不勉。以上办法实为代印性质，如何之处，敬祈核示。再，敝馆现存有最精初印明版一部，用以影印，必能合用。合并奉闻。

张元济再启

（1919年）十二月六日*

\* 是信录自1919年12月11日《北京大学日刊》，据以确定书写年份。——编者

【2】 朱希祖致张元济信及张元济批注

菊生先生左右：此次过沪，两次晋谒，畅谈甚快。委代购乾隆刻本《二南训女解》四册，洋十六元，要否？① 成化本《宋史》② 现确查缺《本纪》卷二十三至二十九共七卷，又缺《列传》卷一至八共八卷，两共缺十五卷，中经学人略用墨笔点记③，颇似统计，不恶不俗，似明人手笔，亦不甚多。现磋商减至三百六十元，共一百五十八册。如合用，乞示知，各将全书寄来。专此。敬颂道安。

弟朱希祖敬上

（1934年）\*四月十五日

张元济批注：

① 此行天头批注：请代购。

② 旁注：不知印本如何。

③ 此行天头批注：请索动笔最多者数册寄下一阅。

\* 是信书写年份据1934年5月1日张元济致朱希祖信确定。——编者

【3】 奉四月二十九日手教，谨诵悉。《二南训女解》四册顷已奉到，镌

印俱精,甚感盛意。《宋史》四册亦阅过,印本甚迟,视涵芬楼现存两部均不及,将来不能参备影印之用。遵属即速寄还,仍托南京分馆缴上,敬乞察收。费神,不胜感谢。大著《史学丛著》敝同人拟乞借阅全稿。如蒙允许,甚幸。《鲁之春秋》稿,我兄欲假阅并为撰序,容即转商李君。内子久病,近极危迫,不克多述。《山海关志》单购,若干?乞探示。

二十三年五月一日

【4】 朱希祖致张元济信及张元济批注

菊生先生左右:暑假中曾托何伯丞先生转呈《鲁之春秋》序及校记,想已达览。大驾想已旋沪。十四日拟来府请益①,祈速赐示,以定行止。专此。敬颂道安。

弟朱希祖敬上<br>十月十日②

张元济批注:

① 午后四、五句钟尤便。

② 23/10/11 复。

【5】 奉十一月二十七日手教,谨诵悉。大稿亦收到,遵即转致敝馆总经理王君。顷得复信,谨附呈,并附印就契约两纸,乞察核。《伪齐录》可从容校阅,不必亟亟。发还王渔洋撰《彭茗斋传》已检得,果在小册抄本中。

二十三年十一月三十日

【6】 逷先先生阁下:前日枉临,晤谈甚快。以病齿未能诣答,殊为歉仄。大著二种均即转送敝馆主者,得复谓"同人传观,均甚钦佩,极愿印行。可用四号字排成四开版式,与国立编译馆所著各书同。出版后按定价以版税百分之十五奉酬"等语,谨代达,统祈察核,示复为幸。《皇明经世文编》书极难得,同人等均未见过,拟请转商书主,将全书目录及在前正文一、二册寄下一阅,再行决定。无任祷盼之至。专此布复,即颂俪安。

二十四年一月二十三日

【7】 日前奉到一月二十四日手复,诵悉。承示尊著《伪楚录辑补》、《伪齐录校证》二书拟得售稿之费以酬写官,并可将《伪齐录》原文字数除去不算,具感雅意,当即转致馆中主者。据谓近来此项书稿多用版税办法,尊书

印成后仍拟抽奉版税,未能遵酬稿费,属为婉达。大稿仍当暂存,尊意如以为可行,当再试排版样呈阅。又《皇明经世文编》书因名贵而价值过昂,现在财力艰难,一时亦无力购致[置],有负介绍盛意,并属致歉,特并奉陈,均希鉴詧。

二十四年一月二十八日

住址　南京太平桥南八号

【8】　朱希祖致张元济信及张元济批注

菊生先生左右①:接读大札,已阅旬余,未曾奉复,甚歉。拙作《伪楚录辑补》、《伪齐录校证》可照抽版税办法出版,唯尚祈暂行寄回从事修改,再行寄上。续《四部丛刊》本年何时起出版?最好先将重要必印书目先开出数种,其他随时顺便出版。例如《宋大诏令》等大都颇希望早日出版,有数种书虽系宋元版而学术上似少价值者,以少印为宜。颇有多人对上期丛刊有不满者,故敢以奉告刍荛之献,想必乐闻也。专此。敬颂道安。

弟朱希祖敬上
二月十二日②

张元济批注:

① 信端批注:复信乞饬打三分,打出后连此信乞代呈岫庐、拔可两翁一阅,以打样两分发下,署名封发。张元济托。24/2/15。

② 信末批注:24/2/14 到,次日复。

【9】　逖先先生阁下:岁转春回,伏维潭第万福。昨得本月十二日手教,谨诵悉。大著两种允照版税办法出版,遵即转致敝馆主者,并请将原稿寄还,敬候台从修改竣事发还,再行排印。承询《四部丛刊》续编第二期出书时期,现在尚未能定,大约早则四月,迟则七月。本届拟出之书自当编定书目,先期刊布。宋刻《太平御览》及《罪唯录》今岁在必出之列。《宋大诏令》颇多讹字,尚须校勘,承属早出,当赶办,以答盛意。至去岁所出第一期书凡七十五种,中有六十八种本编在当年拟出书目之内,其增出七种《龙龛手鉴》、《礼部韵略》、《梦溪笔谈》、《龟溪集》则曾编入预备次年拟出之书,又《先天集》、《茗斋集》、《吴骚合编》则为续增,皆世所罕见之本。又《预约发行简章》第五条载明"续有所得,随时编入,如认为急要,则提前出版";第六条载明"得以预备明年续出之书酌为更换"各等语,似无不合之处。如有人道及者,

尚祈代为剖析，无任感荷。近购得邑人遗著《蛩吟小草》一种，著者为朱光昭字小䎹，刊于嘉庆二十五年，其子名右贤，出嗣敖姓，入四川籍者，似为我兄族人，邺架如未有之，当以奉赠。再《皇明经世文编》未知为何人所得，并乞见告。专此。敬颂台安。

二十四年二月十五日

【10】*　（上缺）兄曾见过否？兹有商者：桂卿先生四子临侯与兄为僚婿。其女宗桓适嘉兴夏氏，其父母皆物故矣，近来上海见弟，据称其夫（入赘于朱氏）名文镳，字炳炎，民国十六年毕业于清华学校，即赘于其家，结婚一月，旋赴美国密西根留学，所习者经济科。数年前，临侯逝世，彼时炳炎亦已毕业，宗桓速之归国已有日矣，嗣忽来有信（下缺）

（上缺）兄与有渊源否？桂卿先生孙辈几无一人能自立者。宗桓夫家如是，母家又如是身世，然闻其幼时未入学校，所受教育殊浅薄，今年已三十有九，补习恐亦不易。临侯身后萧条，其夫又远出不返，察其景况，必甚艰苦，最好先谋一事，姑自餬口。弟拟为之学校谋一国语教员，然上海人多于卿，殊难有成，不知南京有机会否？炳炎举动至为可疑，宗桓每说及，泪流不止。弟只得告以事未致□，不无一线希望。此亦无聊之慰藉也。报称施使有回国之说，又思托其相识之人请其代探踪迹，如炳炎所称确系实（　）**，即请其挈同归国，畀其三等舱位，抵国以后再由戚族筹还。现姑作此想，尚未觅得何人。宗桓与贤伉俪谊属至戚，用敢渎陈。至如何援手，无从弟之赘陈也。（下缺）

二十五年五月四日

　　* 是信现存两页信纸，为作者手写信稿。内容系指同一件事，但两页似不相贯。前页右侧由作者旁注"寄朱逖先，此系弟二页。25/5/4"，后页右侧旁注"25/5/4日托公司转宁馆"。

　　** 此处信稿疑漏一字。——编者

【11】　奉本月九日手教，谨诵悉。附下致王岫庐兄信遵即转致。弟行年七十，自顾一切幼稚，何敢言寿。岫兄此举，弟曾闻之，欲通信阻止，再四追询，秘不以姓名相告。今奉来书，乃知曾以相渎，甚为不安，务请辍笔，勿重弟咎。我兄有所撰著，本以启迪来学，世人极以先睹为快，但乞勿为弟而发，幸甚幸甚。孝辕先生《唐音统签》世间只知有戊、癸二集，今为我兄发见全书，真是意外之事。甲、乙、丙、丁既有刻本，何以绝无流传？不知刊于何时、何地？《戊签》杨序仅言宣子念斋承先剞劂，岂即此功未及半之本乎？承

商准故宫当局可以印行,自是盛举。属由商务印书馆出版,业已转达。唯有先决条件二:甲、《戊签》仅属晚唐,合之《癸签》,凡二百九十七卷。敝处一部装成五十八册,平均每册以六十页计,当得三千五百页,其他七百有三卷未知有若干页?如过于繁重,且有《全唐诗》在前,恐有不易销售之虑。乙、故宫借印书籍向来索酬甚重。此书用途较窄,即令卷帙不至过多,而酬报匪轻,亦觉不胜担负。甲项情形已函托北平敝分馆就近调查,至乙项未知吾兄在北平时曾否与故宫当局谈及?有何具体办法?再此书如可印行,全书必须寄至上海照相。以上各节统祈我兄出闱以后逐项见示,至为祷盼。宗桓甥女前日来见,一切已面告矣。姑太太阃福。

二十五年九月十四日

【12】 遜先先生有道:奉本月二十日书,知有访碑之行,不克来沪。良觌中阻,怅望无似。《旭楼丛刻》稿本六册先已由邮局递到,展阅一过,斐然可诵,具征家学渊源。(中缺戊寅、己卯、庚辰三年,起天启丁卯,迄康熙癸丑)来示属售版权,遵即转送敝公司,俟有复信再奉达。承示茗斋先生生卒年分,至感。渔洋撰传带堂堂各文集中,未知见于何书?尚乞查示。弟近辑茗斋诗集,前后仅缺三年,当先生廿五至廿七岁,莞补恐复无望。此书出版年谱,当可增益不少。(下缺)

## 致 朱 梅 森

**【1】**<sup>*</sup>　梅森仁兄大鉴：顷奉旧历十一月二十六日惠复，诵悉。贵友杨君愿以款项存付敝馆，重承谆属，即经商之同人，勉为通融收受。惟定期年息六厘，如得贵友同意，即乞转致，将该款迳汇上海棋盘街敝发行所出纳科。俟收到后该科自当以一切手续及存款凭单寄奉也。专此。顺颂台祺。

弟张<br>十三年十二月二十四日

\* 是信稿系他人起草，末有张元济朱笔批注"照缮。张元济"，信稿"地址"栏内有"无锡广勤纺织有限公司"字样，信稿右上角有"归卷"字样。——编者

## 致 任 绳 祖

【1】 示敬悉，来件均收到。君翁寄来《杂剧》序言打稿，示见吾兄所指"推"字改作"顺"，原本有加三字，均极是。请知照丁君为幸。又君翁去年十二月十二日致弟信片，廿五收，本月一日、三日致弟两信现存馆中，请一律发下，以便粘册，将来事毕后亦仍交公司存卷也。复上
心白任兄台鉴

弟张元济顿首<br>三十年二月二十八日

【2】 昨示祗悉。附去《元明杂剧》编目三叶，系请寄与王君九先生，以备移动次序之用。去信末尾已经叙明丁英桂君不需此也。务乞从速发寄，千万勿延。又附表一页打错，请属照样重打为幸。此上
心白仁兄台鉴

弟张元济顿首<br>三十年四月九日

【3】 昨得李伯嘉兄信，转达岫公之意，谓《鼎峙春秋》可以印行。弟去信并未留稿，原估价单亦未发还（请向出版科索取交下。），请将最近议及拟印此书关系文件（务乞检齐，旧卷除外）并影存北平图书馆藏本清样交下复阅，以便决定。此上
心白仁兄台鉴

弟张元济顿首<br>三十年十一月二十五日

抄目全分已由港寄还。

## 致 刘 伯 峰

【1】* 伯峰先生大鉴：奉二月五日惠翰，展诵谨悉。敝馆对于旧书罕见者，极思流通。十余年来，未敢稍懈。最近复辑《四部丛刊》续编（暨影印《四库全书珍本》）**，甫经开印。辱承关爱，许以珍藏秘籍相假，曷胜感幸。开示各书，均极精美。惟有色笔批校之本，必须套印，前偶为之，未能惬意。兹先选定六种，别纸开呈，可否请将首册先行寄示？如摄影制版无甚障碍，足以仰副盛意者，再求续寄全书。摄照时于（下缺）

\* 信稿右下部有张元济批注：照打。张元济。23/2/8。信稿右上部有王云五批注：菊公核定。云。

\*\* 此括号为张元济所加，意为括号内文字应作修改。信稿天头有张元济批注：《四库珍本》不当云"辑"，昨请□叙，非□□也。

# 致 刘 宝 书[*]

【1】 藜仙先生大鉴：本年一月十六日接奉上年十二月三十日惠函，辱荷注存，奖饰逾量，读之惶悚。敝馆于二十一年八月即将四川路办事处取销，迁至河南路敝发行所恢复营业。书来万里，时越一年，未误洪乔，此为本耳。敝馆复业后对于固定职志为全国赞助教育，发扬文化，与当局在事诸君群策群力，逐次进行，今已渐有成效，而东方图书馆关系重要，同人等既不甘任其湮没，又承各界责望指导，亦于去秋组立复兴东方图书馆委员会，延聘国内外名流共同集事。兹将此事发起及会议章程之一切印刷品检取全份，另邮呈览，当足为大雅告慰，尚希有以教之。承示藏有抄本《聊斋》十册，拟属印行。商之馆中主者，以此时赶印大部书籍，工作正繁，且尊示书已缺少两册，未为完全，印出后亦难得销路，以此不克承命。至吕晚村《四书语录》等书，未尝无流传价值，但敝馆既无暇付印（下缺）。

(约1934年初)

[*] 刘宝书，字藜仙。是信据他人以毛笔起草之信稿，信稿端"收信人"栏记"刘宝春"，误。又"地址"栏记"成都老玉沙街十号"。因信稿残缺，未见书写日期，信中有"亦于去秋组立复兴东方图书馆委员会"语，按东方图书馆复兴委员会设立于1933年4月29日，故是信当书于1934年，又是信复年初收到刘来信，应推定书于1934年初。——编者

# 致 刘 承 幹

【1】 刘承幹致张元济函及张元济批注

菊生老伯大人尊鉴：顷由敝申号附到手示，敬悉。拙书已蒙返璧七种，何汲汲如此？至若施君永高自美来函，询及拙刻，侄计与施君判袂，倏已年余，续得约有十余编。扬州已刻未印者，约又数种，本拟凑集二十帙，奉求长者转寄美洲，为该藏书楼之赠。今施君不远万里，拳拳下询，俟返沪后，当赶促印齐①，托为转寄。收值则断不敢也。莫干之游，侄满拟借居皋庑，领域清凉世界，忽晤莹照开士，敦劝改就普院[陀]，至再至三。因于月之八日，偕二、三同志，乘新宁绍班轮来山，下塌报本堂小住。禅林暮鼓晨钟，别饶风味；山峦环海，如在画图。连日出游，亦颇愉快。②出月初，返棹甬江，尚拟作天童之游。天童幽胜甚于此间，吾乡周梦坡学博亦拟俟侄到甬，函招同游。长者素嗜游山，蜡履同登，其有意乎？③设如赞同，乞先示知，俾侄启程之前预函奉约。前此莫干之说，仰承慨假高斋，虽负山灵，而盛情则感深镂刻。敬谢敬谢。④江亢虎先生夙耳其名，极深景慕。俟侄返旃，谨当略赠拙刊，修士相见礼。晤为道念，乃叩尚助。谨复。敬请台安。伏希垂詧。

世愚侄刘承幹顿首<br>（1920年）六月廿一日*

张元济批注：

① 当先代述雅意。

② 甚美甚美。

③ 极拟追随，惟建筑宗祠，正欲动工，同时须回里察视一切。承招只可谢谢。

④ 天潼归后，如游兴未阑，仍可一往。舟车极便。山中气候清淑，甚相宜也。

\* 原信不署书写年份。张元济批注中"建筑宗祠"，系1920年事。——编者

## 致 许 绍 棣

【1】 樵子先生大鉴:敬复者,奉本月二日公函,并附件,谨悉贵署拟举行本省文献展览会,以元济为设计委员。自惭谫陋,且远居省外,不敢膺此重任,惟管蠡所及,仍当上陈,藉襄盛举。手复。祗颂台祺。

张元济顿首<br>(1936 年)五月六日*

\* 原信不署书写年份,浙江省文献展览会于 1936 年举办。——编者

# 致 孙 壮

【1】 西安之游,乐不启苦,所增人兴趣者只有古迹,但一片萧条残破景象,令人为之不怡。沅叔《秦游日记》道及城南韦曲、杜曲如何秀美,未免言过其实。华岳确是雄秀可观,值得一游。但沿途庙观无一可观者。西安碑林,确是辕迹,其他不过凭吊之资耳。

(1935 年 5 月)*

* 是信录自孙壮《商逸日记》,稿本。书写年月据《商逸日记》推定。——编者

【2】 孙壮致张元济信及张元济批注

菊翁先生台鉴①:荷奉二月四日手覆,拜悉。以卧病,迟迟未覆,至罪。刻顽躯渐痊,惟食眠尚不能复元,故精神仍疲倦耳。荷承示借故宫博物院之《山海经》及《切韵》二书,刻由敝同事闻政兄与森玉先生接洽,假到《山海经》书一、照片七十四页、书二百五十四页,又《切韵》照片四十二页,另为邮呈。该院公函亦附上,祈查收示复为荷。又据赵斐云兄云,我公有函借《四库》本《野菜博录》卷二、三各一本,其中缺叶三纸已照《丛刊》本大小照存,容后寄上。此复。敬叩道安。

弟孙壮顿首
二十五年二月十四日

① 张元济于信端批注:岫、拔翁台阅:承印合同应如何订定,乞饬办。见该院来信,定稿后乞先发下一阅。

张元济 25/2/20

# 致孙毓修

【1】 星如先生：昨奉片示。怔忡非小疾，公何至患此？曾赴柯师处诊视否？系念之至。维乞加以珍卫。

弟元济顿首<br>二年六月二日

【2】 元板《四书拂经尘》，张侗初太史著，图说终有长方栏内书四行，文如左：

兹集系张太史搜穷二首，博采娜嫒，上稽坟典，下辑考工，俾学者开卷了然，即古人左图右书之意，大有裨于举业也。有翻刻者虽远办洽\*

孙星如先生

弟元济手上<br>八年九月九日

\* 着重号为原件所有。——编者。

## 致 李亚农 徐鸿宝

【1】 <sub>亚农</sub><sub>森玉</sub>先生同鉴：孟实甫君来，奉手教，谨悉。拟捐赠书凡十一种（内中原缺一本，已详昨日清单）均点交孟君带呈，即乞詧收为幸。携去包袱两方，有便发还。敬颂台安。

张元济谨上
（1952年）七月二十三日*

\* 原信不署书写年份，现据第[2]信确定。——编者

【2】 <sub>亚农</sub><sub>森玉</sub>先生大鉴：奉廿五日手教，谨悉捐献各书十一种，计一〇八册，已荷詧存。其中《涉园丛刻》续编声明缺去一册，顷已觅得。谨呈上，仍恳詧收，发交图书（馆）配入原书之后，俾成全璧，无任感荷。又掷还孟君携去包书包袱两方，已收到。谢谢。敬颂台祉。

张元济谨上
一九五二年七月二十六日

## 致李宣龚

【1】 拔可吾兄惠鉴：出版科得故宫博物院来信，为重印《郡斋读书志》交涉，拟具复函送来，属弟阅看。全不能用。乃请该科派人来寓面谈。前日丁英桂君来此，当面告以应如何措词。昨由丁君拟具复信，送稿来阅，仍不能用。弟已重拟，今呈上，祈核定。公司记室人才如此空乏，公等未免太苦。鄙意应请俟岫兄归后，妥商寻访合式人才，免致因此多所损失，未知卓见以为何如？专此。即颂台安。

弟张元济顿首<br>二十一年十二月十三日

【2】 拔可吾兄惠鉴：昨往送陶兰泉行。兰泉交所刻印书目一册，属转呈，乞詧入。并属转致吾兄，允为介绍至各大分馆，直接寄售，甚感荷。到津后，当径寄并再与兄通信。谨达。即颂台安。

《明斋集》*后跋，今日可排成，由制版厂送呈清样，乞鉴之。

弟张元济顿首<br>二十三年十二月十七日

* 此信录自 Google 网站"张元济信札"搜索所载文字。信中《明斋集》系《茗斋集》之误。1934年12月，张元济正主持《四部丛刊·续编》之出版，《茗斋集》正在排样。(参见 1934 年 12 月 1 日、12 月 8 日致丁英桂信，载本书第 1 卷第 51、52 页) ——编者

【3】 外呈上银币拾元、致伯恒兄信一件，乞转交分庄科附寄，为荷。拔兄台鉴

弟张元济顿首<br>二十四年十月十一日

【4】 马相伯先生追悼会，报称已定于本月廿九日。《年谱》稿据张君云，今日可以交到。请谆属出版科赶速排印，限十夕出版。我等为工人谋事，工人亦应为公司出力也。昨以花木五盆寄存温室，上扰，感悚。此上拔可吾兄台鉴

张元济顿首<br>二十八年十二月九日

致　李宣龚

公司收付各表,昨托仲明兄转呈,计荷詧及。

□中堂旧椠已肃清否？念念。

【5】　昨示敬悉。君翁所撰序文"北平图书馆购得"云云,不如迳行删去,可不必再询教部,免生枝节。至应送君翁酬赀,当地既不用法币,折数寄零,殊觉过薄。只可改送联币。此亦意外之损失也。请于弟去信中"法币"字旁改为"当地通用银币",仍乞裁酌。史久兄已来过,岫翁既不欲宣布,只可照办。覆上

拔可吾兄台鉴

弟张元济顿首

三十年二月二十七日

【6】　昨奉示复,谨诵悉。蒋、姜二君事,昨久芸、仲明二君均以如何优待未得港处复讯为辞。鄙见不宜再拖。此极小事,吾兄何妨即予解决。在馆人员优待送薪三个月,则在馆外者降一等亦无不可,未知尊见以为何如？蒋君经手事件初时由弟接洽,兹附去一信,请詧阅。如无不合,即乞饬馆员打存,并发下一分。原信封送。以后手续即请从速施行。此上

拔可吾兄台鉴。

弟张元济顿首

三十年三月八日

## 致 杨 士 琦

（1862—1918），字杏城，安徽泗州人，历任清政府商部右丞、商部实业高等学堂监督等职。

【1】 杏城仁兄年大人阁下：俗尘碌碌，末由趋谒。伏维动定绥愉，敬颂敬颂。前四年弟在南洋公学选派赴美游学生严锦荣，去冬曾上书杏荪侍郎，谓今夏可伦比亚学校卒业，可得政治学博士名号，拟再赴德国游学一年，以扩闻见，业经核准有案。昨得渠信，云将以西历五月杪起程，为时甚促，又未知南洋公学改隶大部之后如何情形，故未具禀，属弟代领川资及学费半年，以便成行。该生学谊兼至，素所敬爱，且为弟旧时选派之生，忝有一日之长，自应据情代达，务恳饬将所请各款即日汇寄 C. Y. Yen, Columbia University, New York，并祈示知兑得金数及汇出时日，俾便作复，不胜感祷之至。肃此。敬颂台安。

年小弟期张元济顿首<br>四月初四日<br>（1905年5月7日）*

\* 原信不署书写年份。署名前"期"字表示作者此时正值兄张元煦病故后服丧期间，即1905年。——编者

# 致 吾 鸿 墀

（1870—1942），字少汀，浙江海盐人，省官立法政学堂毕业，曾任县、省公职，张元济元配吾夫人之弟。

【1】 吾鸿墀致张元济信及张元济批注

　　菊生姊丈大人阁下：昨奉惠翰，敬悉壹是。去春古历十二月中姊丈得孙之庆，弟以时促，不及备札，只以薄敬捌枚并孙、何二婿处菲分及函，嘱托便友于十二月二十前带申，交由儿子家驹敬呈。奈家驹适因公，偕同事有巴蜀之行。行前因预备一切，而竟搁未敬呈，值至月初始晋谒面呈，殊属疏忽已极。顷已函责。幸属至戚，尚不见哂。区区薄敬，转荷函谢，抱愧无既。孙、何二处谢柬亦交去。古贤胡公孝辕事，前得东海公碑志于初，今得姊丈保存于后，伟力丰功，群仰不已。余如东城至新桥一带亦获免致纷扰，邑人士日口碑载道，企何如云。姊丈七十论文伟册，孙等于图书馆中获瞻尊伟册，恭诵再三，欣羡不已。姊丈之寿，较诸世俗之毫无品学、称觞自扰而志寿高出万万矣。远近推崇，钦仰不已，欣何如之。小孙用福前荷介绍，报考商务[①]，奈川时运不齐，一再致误。本届夏季如须招考，还祈于贵馆人事科转托，试前先行示知，备免日促而致误。如须补报名单，伏乞公便，即为询明示知（报名格式单均乞取示），以便补报。屡渎日感尚立，敬请台安。并颂潭福。文郎仲穆均此。

弟吾鸿墀谨上<br>（1937年）四月八日

　　① 张元济批注：26/4/12致信史久芸询问，属有考期先迳函海盐该生住址，通知本人。

## 致励乃骥

【1】 奉手教,展诵藉悉先生戢隐邱园,以教育英才为己任,甚盛甚盛。敝馆影印国藏善本,去岁以战事陡作,在南京摄照,仅成数种,亦已停辍,不知何时始能了此愿也。宋某之罪,上通于天,又岂仅抑书南迁一事已耶?令友许君大著序例、目录已送敝公司审阅,复信称无力购印,亦系实情。原信附呈,同深歉疚。

二十七年十月二十六日

# 致 吴 元 枚

【1】 张元济在吴元枚来信上的批注

（编者按：吴元枚民国十三年十二月三十日来信共四页，采用"汉口后城马路商务印书馆启事用笺"信纸，Google网站所载原件照片仅见第四页，有"此地应否积极进行，五日当可奉到复电，而尚来得及也"等语。）

张元济批注：

总虑其有不正当之处，难免日后发生纠葛。鄙意目前既不能用，须待三年，总可另觅。至李煜堂之地，此时全无把握，并注。

张元济<br>十四年一月三日

## 致 吴 在 章

【1】 吴在章致张元济信及张元济批注

菊生先生著席[①]：久隔清辉，良深企仰。辰维道履绥嘉，至以为颂。敬启者，去冬承惠假[②]尊处涵芬楼所藏《佛祖历代通载》一书，极为名贵，如借荆州。阅者特别郑重，浏览至今，乃获归还。书共十四本，谨以原璧奉赵，即祈察收。有劳清神，至深感谢。肃此。敬颂道安。

吴<sub>制</sub>在章谨启<br>十月五日

张元济批注：
① 信纸右侧批注：岫庐先生台阅。张元济。23/10/6。
② 原书送上，请饬检收，并代复一信。元济。

## 致 吴 保 初

(1869—1913),字彦复,安徽庐江人,官刑部山东司、贵州司主事。

【1】 彦复仁兄大人阁下:前日奉复一函,计荷詧入。台从行期果定何日?弟拟初六日午前诣谈,想彼时尚未能首途也。译署传补,困于奔走,亟欲走访,故尔迟迟。乞假骡子,不知能邀俯允否?示悉为幸。敬请
台安

弟张元济顿首\*
(1897年11月)

\* 是信无书写年、月、日。"译署传补"指作者于1897年10月中、下旬入总理各国事务衙门(即译署)任章京。同年吴保初因上疏言政,为尚书刚毅所嫉,辞职出京,侨寓沪渎。——编者

## 致 何 炳 松

（1890—1946），浙江金华人，字柏丞。史学家，曾任商务印书馆编译所长。

【1】　柏丞先生台鉴：昨晚归寓稍迟，送还衣物一包，计蒙詧入。去岁记有王静庵遗集本馆曾与其后嗣订立承印契约，其门人吴鼎[其]昌号子馨亦曾商请本馆酌给津贴，俾将全书重行整理，记所请者为二百元。后来此事如何交涉？契约是否在总务处？与吴君往来函件有无遗失？能否追忆概略？明日到善后处乞见示，并祈拟致吴君信，仍践前约。未审尊见以为何如？

弟张元济顿首
二十一年三月二十七日

## 致邹尚熊

【1】 尚熊兄：近日病体已痊愈否？甚念。前托北平分馆代买白纸殿板《康熙字典》乞□行兄催，嘱速购，购到先以二、三册由航空寄来（余由普通轮递）。首册无用，可用普通法寄。

张元济又启<br>三十六年十二月十六日

## 致 张 叔 良

【1】 此项信封*未知邮局如何章程？贵科想必办过。敬祈示悉为幸。
张叔良先生台鉴

张元济
二十六年六月二十五日**

\* 该信封系上海邮政局印制，贴邮票处方框内印有"请勿贴邮票，邮费归商务印书馆付"，收信人为"河南路二百十一号，商务印书馆上海发行所"。

\*\* 信后有毛笔书写的一段文字：已将发行所所编中英文各一种及办法二纸一并送去。26/6/26 上午。无署名,可能系张叔良所书。

——编者

## 致 张 美 翊

【1】 让三先生：前日聆教，极快。顷冯玉翁来，出示手书，藉悉一切。查原约，中途停译译费按十分之八致送。当时解释的系专指承译人一面而言，此为合同通例。贵公学今以经费支绌，停译，自系迫不得已，无可勉强，惟已译书稿似应照约支付。本月续交一册，当时并未先行知照，似难退回，应请一并照付。又去年八月十三日昭扆面告地志应编中西名表，已与玉翁约定千字二元，现在停译，似亦应将已编字数照付。弟非不知贵公学经费为难，然事系在前约办，现在亦只可照约了结。弟系原经手人，故敢越陈。伏祈垂詧为幸。专此。敬请台安。

弟张元济顿首<br/>二月初十日

再，译院现有补付各款，应由贵公学照付，又移交时检验一切，执事云应酌送酬金，属为代拟。兹特一并开列于左，祈酌行。

  帐房 拟请送半月薪水 十元

  抄写 去年总报移交清册 等 拟请赠二元

  仆人 搬移物件 闻已给过一元五角 拟请补给一元五角

又夏地山末次由日本寄来译稿，邮费八角五分，法令全书去年十、十一、十二三个月份书价四角一分五厘。以上两款夏地翁于本年正月十六日开报，均系日银，应请补发。

  再颂

台安

弟张元济顿首<br/>二月初十日<br/>（1903年3月8日）*

\* 是信不署书写年份。据内容，当书于作者甫辞南洋公学译书院职，与张美翊办完移交手续不久，即1903年春。此时袁世凯停拨南洋公学常年经费，致使公学经费困难，与信中所言吻合。

——编者

# 致 陆 征 祥

字子欣,清末外交官

【1】 陆征祥致张元济信及张元济批注

　　菊生先生阁下①:海牙相逢,三生有幸。嗣后东西奔驰,良晤无缘,然敬仰之私未尝或释于怀也。遥想道祺增绥,为无量颂。祥猥以先室培德病中许以入院修道,聊表二十七年相互为命,相待之诚,故于去岁将先室灵柩移葬比都,即入圣唐特莱修院。先在院中迎宾馆住宿,以资试习,继以入请愿班实习,业于前月十四日蒙院长允准,依据教廷定律行洗足礼 即耶稣生时与门徒所行之洗足礼(二千年之古礼),正式收入,归修士学习班学习。祥来院前后七阅月,幸赖先人(先祖、先父均系教友)积德,先室默启,饮食起居均能习惯,院规恰能遵守合格,精神加健,记忆力亦渐渐回复,故补习辣丁文尚有进步,谅以后当不致另生困难,堪慰锦注耳。兹有恳者:《本笃会修院院规》及《圣本笃本记》现已觅得英文译本二册,祥意亟愿译成中文,装订成小册,分赠中国同僚、亲友,俾知该会源流。特将二书邮寄尊处,敬恳长者分神,代为计划办理,并恳将译费、印费 乙千或二千部用布装订 所需时期预估清单示知为祷。②至恳。叨在同乡,用敢渎神。临颖神驰,不尽欲言。专此。祗请台安。

乡愚弟陆征祥拜启
二月二日

　　附呈拙照二纸,一为公教学生所摄及本笃遗像,哂存作念。

祥又及

　　张元济批注:

　　① 信端批注:总务处台鉴。此信仍请发还。

　　② 此引号为张元济加注。引号上方空白处批注:请就处照打三分,一送印刷所,一送编译所,请其会商示复,其一则存尊处。张元济。17/2/23。

　　张元济批注旁有他人批注:已打出,原信奉还。倬注。17/2/24。

**【2】** 子欣仁兄大人阁下：海天暌隔，想望为劳。日前接奉二月二日惠函，远蒙存注，至感至慰。贤嫂夫人仙逝，想暌万里，竟未闻知，一束生刍，莫由致奠，尤深惭愧。近知我兄于已安窀穸后即经移居道院，受法精修，因之视听益见聪明，可胜企仰。寄示照片二帧，肃瞻起敬，心向往之，又附下《本笃会修院院规》、《圣本笃本纪》英文各一册，亦谨收悉。承属交由敝公司代为译印，以广流传，弥佩盛意，当即转交，并已由主其事者分别核办，另行具函奉复，伏希鉴核示遵，为荷。专此布谢，敬颂道安。

张元济

十七年三月九日*

\* 打字信稿末左侧空白处有作者以毛笔批注：已辞退商务职务，仅充董事。——编者

# 致 陈 鸿 周

(1867—1948),字渭渔,浙江平湖人,清末、民初官吏。

【1】 渭渔仁兄大人阁下:闽沪相违,时深驰系。春来正拟肃候,乃辱先施,感荷之至。敬维升华日茂,履蒱时绥,耳熟循声,心仪藻颂。弟养疴藏拙,建树毫无,但一息尚存,未敢自废耳。因与同志诸君编辑教科图籍,冀于学界稍助壤流,未卜教育前途,能否裨补万一。闽垣设有分馆,各种书籍完备,售价从廉,以便闽中学堂就近采购一切。惟祈鼎力提倡,逾格关垂。风便尚乞惠以教言,俾资循率,不胜感祷之至。专此复颂春祺,诸惟察照不宣。

愚弟张元济顿首
(约1906年7月)* 廿三

* 原信不署书写年月,据以下理由可推定大致书写时间:一、1906年6月张元济以养疴为由,辞清政府学部职,返回上海商务印书馆继续从事教科书编纂工作;二、1906年商务印书馆开设福州分馆;三、此时陈鸿周在福州任候补知县、学务公所主任科员,主管教科书事,此信意在推介商务版教科书。——编者

【2】 渭渔仁兄大人阁下:前展惠书,有稽裁复,瞻言雅望,思与歉俱。比维文祉绥和,潭祺安吉,至颂为慰。弟于去春有环球之行,自欧而美,稍就各国教科实地观察,其余政治、风俗,则耳剽目击,感触弥多。途次亦尝略有记述,而归时适已岁晚,俗尘坌集,摆布未遑,迄未得闲诠次,碌碌可想,殆未足为从者告也。羽鳞有便,尚祈频惠德音,为荷。专此。敬请台安,惟希爱照不具。

愚弟张元济顿首
(1911年)*

* 是信无书写年月日。"弟于去春有环球之行",系1910年事。——编者

【3】 渭渔仁兄大人阁下:久未晤谈,伏维起居安吉为颂。儿子树年完娶,辱承厚贶,碌碌尚未诣谢,顷奉手教,藉悉尊状,代为扼腕。属致吴绚兄

函,极应遵办,惟此展转请托之事,措词既难,且亦难生效力。如绷兄现为省长,自可陈书,否则吾兄与绷兄有年世谊,因久未往来,托弟致辞温说,于事亦顺。今俱不然,甚有为难,未能应命,尚祈鉴谅。好在孙慕翁已有一书,当不至无效也。手复。顺颂台安。

弟张元济顿首<br>(1926年)十一月廿二日*

\* 原信未署书写年份。"儿子树年完娶"系 1926 年 11 月 10 日事。——编者

【4】 渭渔仁兄阁下:前日辱荷枉临,以脚力软弱,不克下楼,致失迎迓,悚歉无似。垂询贱辰,当命仆人代陈。届期一无所事,不敢惊动。蒙赉珍品,并属璧还,未荷收回,启视乃系印章,已镌贱名,只得拜领。惟受此嘉贶,殊觉不安耳。肃此布谢,祗颂台安。

世兄均此道谢。

弟张元济顿首<br>(1936年)十月十八日*

\* 信中"贱辰",约指 1936 年 11 月 11 日张元济七十寿辰。可据以确定书约年份。——编者

【5】 渭渔仁兄阁下:前日得赴告,惊悉吾兄有西河之痛,曷胜怆感。惟念芝兰玉树,森立阶前,稍有折损,依然枝叶繁茂。务望达观,强自排遣,无任企祷。专此奉唁,敬候起居。

弟张元济顿首<br>(1940年)十月三十一日*

\* 原信不署书写年份。陈鸿周三子旸若逝于 1940 年 10 月 1 日。——编者

【6】 渭渔仁兄阁下:久未晤教,伏想兴居纳福为颂。昨世兄过访,弟适患感冒,未克下楼,致失迎迓,歉仄无似。交到蔡君尚思《中国思想历史研究法提要》一册。弟于此种学术全系门外汉,恐无以答蔡君之下问,致贻羊公之羞。弟今年时患感冒,且俟大痊,再约期与蔡君相见何如?手布。祗颂台安。世兄均此。

弟张元济顿首<br>(约1943年)八月二十七日*

\* 书写年份据陈左高先生回忆。信中"世兄"即陈左高。——编者

【7】 渭渔仁兄大人阁下:前日承枉顾,适婴小极,失迓歉歉。玉照留此

多时,久未报命。顷写成二诗,复涂鸦于上。芜劣不堪,惶悚无既。专此呈览,敬颂俪安。

弟张元济顿首

(1944年)五月十二日*

\* 是信未署书写年份。2000年第2期《学林纵横》载陈左高《张元济佚札(五通)》,对此信所作注解中,录入张元济诗作两首,即编入本书第4卷第128页之《为陈渭渔题小像》。据诗稿手迹原件,创作日期为1944年3月18日,故是信应书于1944年。——编者

## 致陈肇祺

【1】 两承枉顾,失迎甚歉。留示诵悉,仰见阁下留意流录之学,至深钦佩。弟于敝馆出版之事不复与闻,已将大函转寄王君云五,请其迳复左右。

二十七年十月十二日

## 致 金 武 祥

【1】 驾临,聆教甚畅。天色渐霁,即拟解维。允代购书,无任欣忭。另纸开列,敬恳购存,归来走领。该价如干,容缴。谨叩桂生表舅大人午安。

甥期张元济顿首

(1904 年秋)*

* 原信不署书写日期。署名前"期"字表示兄亡故后服丧期间,即 1904 年。是年秋,作者与柯师太福医师同游曲阜、泰安。据以推定书写时间。——编者

## 致 周 名 辉

【1】 名辉先生阁下：昨春邮书，敬承遥旨。尊著《汉书古字疏证》重缉本、《方言》二种，属商敝馆出版。淬扬国故，振导学风，仰企名山，曷胜感何。遵已转交馆中同人酌计。据谓国难严重，一切原料飞涨，凡收印外稿之举被累停止，深愧未能接受。至从前出版者，系分售稿与版税办法，临时订立契约，并无专章，附此复闻，敬希（下缺）。

（编者按：此信稿右侧有下列批注）

地址栏：湖南茶陵城外南陵书屋

李宣龚批注：此函已示周颂久，据云在长沙并不知有此人。柱尊尚无复信。

张元济批注：已有回信。照缮。29/3/11

紫色印戳：已缮。

# 致赵万里

【1】* 斐云先生大鉴：久违雅教，遥想起居胜常为慰。敝馆此次被日军炸毁，损失殊重，唯对于旧日商妥承印各书，若能复业，仍想勉力设法出版。前承惠允整理之静安遗集，关系学术甚钜，愿早日出书，未知何日可以就绪？再静公曾为蒋孟苹君编辑藏书目录，其书大多归于涵芬楼，四年之前，曾检取二、三千册寄存金城银行库中，其余尽付一炬，言之痛心。现拟编一目录，留待后来记念。尊处当有存稿，极思乞假一阅。倘蒙俯允，曷胜感幸。承假校本《水经注》，于战前二月亦已移存银行库中，未被毁，足慰□存。现时无暇校阅，遇便即行寄缴。又借去段氏校本《广韵》，幸逃劫火，校阅既毕，即望掷还。琐琐奉陈，诸希亮鉴，顺颂文祉。

张○○
二十一年三月二十八日

信稿天头有张元济批注：

赵君之号记忆未确，查明再打印。已打印正本存元济处，查明赵君之号即复。张元济。21/3/28

* 此信稿见于商务印书馆往来信件登记单。信稿前尚有以下一段文字，其中"受信人"、"去信人"、"事由办法"及缮写日期均为紫色戳记：

受信人　赵万里　北平

去信人　菊翁

事由　办法　询问静安遗集如整理就序，本馆仍愿承印，内中有所编蒋氏书目否？乞先检寄一阅。并通知承借校本《水经注》未毁，留便即缴。前假《广韵》如已用毕，并乞赐还。

此函请菊翁核定后签字发出。求。21/3/28

中华民国廿一年三月廿八日已缮
——编者

## 致 赵 凤 昌

（1856—1938），字竹君，江苏武进人，曾为张之洞幕僚，清末民初政坛人士。

【1】 竹君先生惠鉴：顷谈为快。命拟电稿，勉强握笔，终觉词费，祈痛加裁正为幸。长沙善化处已托人专发密码，庆邸处亦托人直达，特不知有效否耳。代垫《商律》价银叁圆五角，谨缴上，乞查收。敬请
年安

愚弟张元济顿首
十二月三十日
（1904年2月15日）*

附　件

谨拟电稿呈政

俄日战罢，各国必踵开维也纳柏林大会。我不预筹，必被屏居局外，尽失主权。似宜承美宣保我地，速派专使赴各国，请俟战结至京开会，议保东方太平。自我倡议庶可预会建言（下缺）

* 1904年日俄战争爆发后，张元济与赵凤昌、吕景端等人紧急磋商，深恐日后各国大会媾和，置我国于局外，致主权尽失。并拟请盛宣怀约端方、吕海寰等联合奏请清政府早为预备。（参见侯宜杰《二十世纪初中国政治改革风潮》，人民出版社1993年版，第46页）张元济致赵凤昌第[1]至[6]信，即书于此期间。

【2】 竹君先生执事：昨谈后归寓，客来不绝，委拟电稿，直至夜深始成，不克送阅。昨又接毗陵侍郎一信，兹复去一函，并附电稿，祈先核阅，再请加封饬送。鄙见时至今日，各国于我国情势无不窥透，故倡议开会一节，不如开诚布公，或能稍动各国之听。至举行新政权，系急抱佛脚，然亦有表里相应之道，似不可缺。朝廷真有悔祸求生之意，何事不可举行？若犹未能，则仍是讳

疾忌医,必至无可救药。未审贤者以为然否？肃此。敬请台安。

弟张元济顿首
正月望
(1904年3月1日)

【3】 午后得孝章信,呈阅。专使既分正副,正可分道扬镳。但孰先孰后,应视俄事起后各国于我离合变化如何,方能定夺。我辈无从悬揣,然不可不向邸枢声明,免其疏忽。日兵战胜,我往收地自守,恐无此便宜。邀请各国公议,亦不过藉以抵拒战胜之国,免其偏重,再启争端耳。鄙见如是。已据此意复孝章并告。即请
竹君先生大人台安

弟张元济顿首
正月十七日
(1904年3月3日)

【4】 竹君先生执事：昨承代复鄂电,感甚。所商一节,已函达孝章,尚未得其复讯也。拟稿已默出,饬人录呈一分,乞詧核。专此。敬请台安。

弟张元济顿首
正月二十三日
(1904年3月9日)

再,前见报载,沪道有饷银百万解京,改由陆路北上,未知此款是否额定？抑系临时提取？是否各省摊解？抑系由沪道就他项拨出？如系就他项拨出,究系何项下？弟于此事颇为不解,亟欲一究其详。阁下闻见较广,祈得便探示为幸。此中颇有机缄也。

弟元济又启

【5】 竹君先生执事：前日奉复示,敬悉。渎神,感谢不尽。北洋练兵经费是否新增？抑系不止此数？有人谓此系筹备西行旅费,然则前此固未有也。昨得孝章复信,呈阅,不必掷还。宝观詧昨来寓见访,适外出未遇,晤时尚乞代为婉辞。专此。敬请台安。

弟张元济顿首
正月二十六日
(1904年3月12日)

致　赵凤昌

【6】　竹君先生大人阁下：顷接毗陵侍郎来书，有属转致语。兹将原函呈览。精琪条陈，弟处原有一册，兹亦送去，乞留阅。此事理蕴至深，且素未研究，何敢妄参末议，惟有乞公应诏而已。专此。敬请台安。

　　　　　　　　　　　　　　　　　　　　弟张元济顿首
　　　　　　　　　　　　　　　　　　　　二月初四日
　　　　　　　　　　　　　　　　　　　（1904年3月20日）

【7】　竹君先生执事：久未晤谈，比想起居佳善。明日午刻奉约驾临万年春一叙。已约蛰仙、季直诸君子畅谈也。敬请台安。

　　　　　　　　　　　　　　　　　　　　弟期张元济顿首
　　　　　　　　　　　　　　　　　　　　八月初一日
　　　　　　　　　　　　　　　　　　　（1904年9月10日）*

* 第[7]至[9]信署名前"期"字，表明书于兄张元煦1904年7月23日病故后一年服丧期内。——编者

【8】　竹君先生大人阁下：前日奉示，敬悉。顷在《中外日报》馆，颂穀兄得信，江督于本日因病出缺，疑尚未确，属弟转询。执事如有所闻，敬祈示悉为荷。肃此。敬请台安。

　　　　　　　　　　　　　　　　　　　　弟期张元济顿首
　　　　　　　　　　　　　　　　　　　　九月二十二日
　　　　　　　　　　　　　　　　　　　（1904年11月10日）

【9】　竹君先生阁下：昨谈为快。记得新疆巡抚（总在前年秋冬去年之春）奏改疏勒、莎车、温宿三州为府，暨增设十余州县，有一折稿，未知见于何处，遍觅不得。我公博闻多识，敢以奉询。伏祈指示，倘许假阅，尤为感荷。敬请台安。

　　　　　　　　　　　　　　　　　　　　弟期张元济顿首
　　　　　　　　　　　　　　　　　　　　十月二十六日
　　　　　　　　　　　　　　　　　　　（1904年12月14日）

【10】　竹君先生有道：许久未见，伏维起居康胜为颂。赵君心壶，办事颇为勤恳，撰述亦能合格。试办将及一月，可以定局。嗣后每月敬奉备敬叁拾元。惟前日心兄因病请假旋里，病势似不甚轻。深望其早日痊愈，可以复来。即祈转述，并代致候为幸。专此，敬请台安。

弟张元济顿首

三月二十四日

(1909年5月13日)*

*《商务印书馆编译所人员名册》(稿本,商务印书馆藏)记载:赵瑛,字心壶,赵竹君介绍,己酉年三月初一到所。可据以确定是信书写年份。——编者

【11】 竹君先生有道:久未晤谈,伏想起居安善为颂。我公奔走国事,贯澈始终,实堪钦佩。弟匿迹阛阓,以左右望而罔市利,实做一贱大丈夫。公得毋不屑教诲否?敝馆搜集新国名人影片,刊印发行,独缺季直,殊以为憾。想尊处当必有之(如亦无之,拟求代乞一幅。弟与通函,久无复信矣。)。敢乞借用,决不损失也。敬颂台安。

弟张元济顿首

(1912年)*正月廿四日

*原信不署书写年份。商务印书馆编印"新国名人影片",当在1912年中华民国临时政府成立之初。时张謇(季直)出任南京临时政府实业部长。——编者

【12】 竹君先生赐鉴:昨奉电示,知花匠已代觅得,极感。鄙意只要能勤恳、服从、有阅历,每月工资八元殊不贵也。祈转属阴历二月朔日到工为幸。本馆新出《辞源》样张,谨先呈览。务祈不吝教诲。世兄博览多识,亦甚愿得其品评,藉知青年人之观念。此书销于学生者必为一大家,故亟欲得一标准也。肃此。敬颂早安。

弟张元济顿首

(1915年)*三月十一日

*《辞源》于1915年出版。信中"祈转属阴历二月朔日到工为幸",可见书写此信之年,阳历3月11日在阴历二月初一日之前。核查日历,1915年恰好符合。于是可确定此信书写年份。——编者

【13】 竹君先生有道:奉示祗悉。绝处逢生,在个人已为幸事,何况一国。恢复约法,顷见某君致饮冰电,当局已可照办。大局或可稍定也。世兄译稿已奉到,容拜读。肃颂台安。

弟张元济顿首

(1916年)*六月十二日

*1916年6月,袁世凯卒,黎元洪就任大总统。各方力促恢复约法,为当局接受。据此确定是信书写年份。——编者

【14】 竹君先生阁下:前日承枉顾,失迎甚歉。闻尊处今秋菊花盛放,天霁当专诚诣访,一瞻东篱秋色。上海莳花会欲募集会员,谋斯事之进步。

每届开会时均遇公于会中,检阅会籍,未见大名。如愿预会,谨当介绍。肃此。祇颂台安。

世兄均候。

弟张元济顿首
(约 1916 年)* 十一月七夕

\* 原信无书写年份。1916 年前后,张元济多次参观上海莳花会组织的花展,并参展。参见张树年《我的父亲张元济》,东方出版中心 1997 年 4 月版,第 46 页。据此,大致确定是信书写年份。——编者

【15】 竹君先生有道:晨从电话得聆训诲,甚佩。所事蒙代谋,极感。承垫发电费计银币捌元四角四分八,兹送还,乞誊收为幸。敬颂午安。

弟张元济顿首
六年二月十六日

【16】 竹君先生有道:昨日送还电报费八元有奇,计荷誊入。晨起家人来告,谓昨晚弟就寝后有电话来,往听而铃已止。想系尊处所发。弟竟未闻知,甚以为歉。有美籍印度学者达士曾著一文,极论中国加入协约之危险,颇有与先生之言相发明者,在敝馆印就。兹送去四分,乞省览,并转送同志为幸。敬颂晨安。

弟张元济顿首
(1917 年)* 二月十七日

\* 是信内容与第[15]信紧接,据以确定书写年份。——编者

【17】 竹君先生有道:昨在亮畴处相遇,因有他约,未获畅谈,甚以为歉。黄君旧稿阅过,谨缴还,乞誊收。黄君甫出学校,文字已能臻此境,亦不易得。问诸鲍君,谓制造一部已延定施君,拟不添聘。敝处现颇编译德文书,仅有一人担任,殊苦不给。拟约黄君到编译所办事,担任编译及校改德文书,并备本公司电工机械之顾问。每月致送薪水陆拾元〔敝处定章,每月除礼拜日休息外,另有例假四日。如照常办事,则按日增薪,计四日可得捌元。〕不供膳宿。如肯俯就,拟先行试办数日,统祈转达。如何之处,敬乞示复为幸。专此奉恳。祇颂台安。

弟张元济顿首
(1917 年)* 二月十九日

\* 原信不署书写年份。张元济 1917 年 2 月 17 日日记(载本书第 6 卷第 157 页)有赵竹君介绍黄异入馆任事之记载。——编者

【18】 竹君先生有道：今晨肃上一函，计荷垂詧。达士博士所著小论顷又取得十册，谨送去，即祈詧收，分致同志为幸。星老已有回信，言印文襄公全集事已转致君立，不知道生有信奉复否？专此。敬颂晚安。

弟张元济顿首
（1917年）*二月十九夕

　　*是信不署书写年份。关于达士论著事，与[16]信紧接，可据以确定。——编者

【19】 竹君先生有道：昨晚归寓，诵手教。谨悉文襄集既欲用木版，敝处自无能代办，然可制纸版。如收藏得法，亦可留一、二十年。若铸成铅版，则寿必逾于梨枣。敝处近更制仿宋字模，更为古雅，似不让于彫本也。能否再商，乞核。即颂台安。

弟张元济顿首
（1917年）*三月十三日

　　*原信不署书写年份。出版张之洞全集事，与[18]信相贯，可据以确定。——编者

【20】 竹君先生有道：昨承电示，许君溯伊已来，嗣傍晚已经晤面。文襄全集排印事，据述此时尚难定局。姑拟定版式、价格，归再与君立商也。知系廑注，谨以奉告。前礼拜六日，承属铅版价款无庸遣送，迨弟到公司时业已无及，未能如命，愧歉之至。敬颂台安。

弟张元济顿首
（1917年）*六月五日

　　*出版张之洞全集事，与[19]信相接，据以确定书写年份。——编者

【21】 竹君先生有道：昨承枉顾，甚快闻绪论也。此数十年中，名公钜卿公所与交接者众，其言行有关国故者曷笔而书之（如昨谈徐、姚诸君之事均甚有致），亦必传之著述也。也兄诗稿，谨读一过。弟于此道，茫无所知，故不敢有所臧否。惟既承下问，就弟所见，似微有未甚经意之处。昔欧阳文忠作文既毕，贴之墙壁，坐卧观之，必改正尽善。此最可学。质之世兄，以为何如？稿册缴上。敬颂晨祉。

世兄均候

弟张元济顿首
（1918年）*四月八日

　　*原信无书写年份。信端"昨承枉顾"与张元济1918年4月8日日记（载本书第6卷第357页）记赵竹君昨日来访相符。可据以推定。——编者

【22】竹君仁兄大人阁下：久未奉教，伏想起居安吉为颂。承示旧书四种，《庄子》断非元本，然却非明末所印。汪小米跋决是赝鼎。原书不过两册，全以衬纸取盈，所值似不能过十元。余三种印本尚好（然非罕见），然均系衬装。至昂者拟每册一元，低者半元。别纸注列，仍祈核定。敝馆近印《四部丛刊》，均为必读之书，所选俱属善本，约以三年出齐，分六批付书，明春可出第一批，同时发售预约，价在五、六百元之间，黄纸者尚较廉，刻尚未定。书目一册附去，敬祈教示。各部均有增减，集部尤甚。此目不能认为定本也。专此布复，祗颂台安。

世兄均候

弟张元济顿首

（1919年）\* 九月二日

\* 信中有《四部丛刊》"明春可出第一批，同时发售预约"语。查《四部丛刊》第一期出书及发售预约系1920年事。据以推定是信书写年份。——编者

【23】竹君先生阁下：奉手毕，展诵敬承。吴兴姚氏，名门世德，咫进晋石，辉映后先。曾几何时，遗书散佚。前日获见兹稿，弥深感喟。嗣诵校签，知经雠对。人生鸿雪，每难忘怀。况在文字，其味尤永。故敢介之左右，俾免飘堕。今诵来书，喜归邺架。良朋手泽，少年心力，兼而有之，珍重可想。蒙示将检其未见刊本者为付剞劂，既完故人未了之愿，更为嘉惠来学之资。旷世高怀，式深企仰。近日晤叔雍世兄于寿圣庵，谈及兹事。因苏估尚未送到，急思快睹，谆谆见属。崇文念旧，此等风谊，求之近今，何可多得？同深钦慕。天寒岁暮，伏维珍卫。

世兄均候

弟张元济顿首

（1927年）\* 十二月二十六夕

\* 原信不署书写年份，现据张元济1928年1月7日致刘承幹信（载本书第1卷第438页）确定。——编者

【24】竹君先生有道：日前趋晤，获聆畅论。均安之理，识解莹沏，钦佩无似。承假《性理注释》、《五功释义》合印，展读一过，亦生平未见之书也。谨缴还，乞詧入。专此。祗颂道安。

弟张元济顿首

十一月二十八日

【25】 竹君先生：前日奉电教，属查之件已托东方杂志社友检寻，云不可得。复信呈览。近日时局仍复混沌，令人闷损。世兄归未？甚念。敬颂台安。

弟张元济顿首<br>十二月二十日

【26】 竹君先生惠鉴：晨间畅谈为快。《玉楼惨语》小说稿已与同人阅过，拟酬润资壹百廿元，约计共五万字有奇。是否可让，敬祈核示。令媛英文函据同人意见，拟登入《学生杂志》。如以为可行，乞示知汉文名字及所在学校英文名称，以便登载。余稿缴奉，乞詧收。敬请台安。

弟张元济顿首<br>元月十八日

【27】 竹君先生有道：春寒殊甚，伏维珍卫咸宜，至以为念。顷接奉馆来信，称已将大札代投，而张君殊多推托，其意殆别有为难（或有隐情）之处。谨将敝分馆经理来信呈阅。看来只可作罢矣。原信仍乞掷还为幸。即颂台安。

弟张元济顿首<br>二月二十九日

【28】 竹君先生有道：久未晤，伏维起居安吉为颂。顷由奉馆附到张君一信，因未封缄，已擅取阅。其云在京排印，大约仍系托辞，否则京都印局与上海印局固无安危之别也。未知尊意以为何如？张信附呈，即祈检收。敬颂台安。

弟张元济顿首<br>三月二十五日

【29】 竹君先生惠鉴：久未晤，伏维起居纳福为颂。顷归寓，展诵手教并书单，谨悉。各书价均不昂，有数种尤廉。《宋百家诗》存且不易得也，东雅堂《韩文》素称善本，初印版阔者市价可值七、八十元，尊处拟十六元，似太少。原单并书附缴。敬乞詧存。肃复。祇请大安。

世兄均候

弟张元济顿首<br>元月十四日

【30】 竹君仁兄大人阁下：归寓诵手示，谨悉。各书检阅一过，就原目附具管见，仍祈鉴定。肃此。祗颂台安。

世兄均此

弟张元济顿首<br>九月二十日

## 致 赵守钰等

【1】 筹募陕灾急赈游艺会赵守钰等致张元济函及张元济批注

谨启者,此次敝会为陕灾筹款,蒙沪上热心善士慷慨输捐,在陕灾民得藉以生死肉骨,义粟仁浆,功德殊伟。惟因灾区广大,饥饿之民翘首待哺者,为数尚多。现又蒙海上电影明星及票界名宿,联合举行会串。此为游艺方面空前未有之盛举,不可多得之机会。此次为陕灾请命,联合表演,既可使诸君尽观赏之娱,又能成救灾盛举。久仰台端对于慈善,素抱热忱,兹特奉上门券廿张,乞为推销,余存之票可于五月十二日照退。惟能多销一票,即能多救一命。务恳鼎力赞助,共济灾急。敝会在拜恳之余,并先代千万灾民叩谢也。专此。敬颂

善安。①

筹募陕灾急赈游艺会赵守钰等谨启<br>二十年五月六日

张元济批注:
①信由商务交到。覆以离馆已七年,挂号退还。20/5/8。

# 致 赵 叔 雍

（1897—?），江苏武进人，赵凤昌子，词人，金融、实业界人士。日伪时期入政界。

【1】 叔雍仁兄世大人阁下：连日头痛，未出门，公司送到手教并《明人词目》，均诵悉。承惠近刻数种，拜领谢谢。敝处所藏明人集，检得张芳洲、曹淳村两家（小传别纸录呈），均附有诗余。兹先送呈，计各一册，敬祈督入，即付写官录存。又朱朴西村词，是否就嘉靖刻本录出，仅《风入松》、《念奴娇》两阕？弟处藏有传钞足本，增出《风入松》、《满江红》、《水调歌》、《蝶恋花》、《西江月》（二阕）六首，惟阙去一叶，致弟一、弟四均不全，而二、三且仅存其目。尊处所钞如尚未有此，乞示知，当抄呈。东方及涵芬两处所藏明人集必有在百五十家之外者，容属检查，但新购何、蒋二氏之书均待整理，尚乞宽假时日，再行报命。所示词目，如需用，当先送还。最好乞别写一分付馆员收存备用，更为便利。敬候裁示。专此。即颂著祺，晋叩侍福。

弟张元济顿首

（1926 或 1927 年）＊ 五月六日

＊ 致赵叔雍第[1]至[5]信，内容相贯。第[1]信有"但新购何、蒋二氏之书均待整理"语，查涵芬楼购扬州何秋辇藏书为 1925 年初，购蒋氏密韵楼藏书为 1926 年初，故上述信件可能书于 1926 年或 1927 年。——编者

【2】 叔雍世兄清鉴：奉示谨悉。掷还《芳洲词》、《淳村词》两册亦收到。《淳村词》原系抄本，蒙代勘正讹字，感荷之至。惟卷下第二十二叶第二行《蝶恋花》第五首"检点"作"简点"，想系避怀宗之讳。第二十五叶《西平乐》"呼朋击鲜朝舞杯枝"，"鲜"字似应断句，"朝"字应属下句。第二十九叶《望梅》第三首"笑击毬僻洗"，似当作"澼"，不作"僻"，仍乞纠正。《朱西村词》补录三首，别纸呈上，乞督入。词目一册，遵示暂留，当交图书馆员代为查检。顷复阅一过，知《芳洲词》尊处原已抄得此书，刊本极罕见，未知录自何处，希

见告。手复。顺颂侍祺。

弟张元济顿首

（1926 或 1927 年）五月十二日

【3】 叔雍仁兄世大人阁下：前日奉手教，谨诵悉。属查明人词，兹就东方图书馆原有各书中检得十种，别纸录呈（蒋、何两家书尚未查），敬祈詧入。如需抄录，乞选定开示。倘有专用格纸，并乞发下，当托人代抄也。专此。祗颂侍福。

弟张元济顿首

（1926 或 1927 年）六月二日

【4】 叔雍仁世兄阁下：前属代钞明人词十种，顷由图书馆中江伯训兄交到，原信随抄件一卷交上，即乞詧收为幸。专此。顺颂著祺，并祝侍福。

弟张元济顿首

（1926 或 1927 年）六月二十四日

【5】 叔雍世兄：奉于教，谨悉。钞币三圆收到，容转交。收条属径呈。何氏书不久可检齐，蒋氏书尚需时日也。复颂文祉，晋叩侍福。

弟张元济顿首

（1926 或 1927 年）七月八日

【6】 叔雍仁兄世大人阁下：奉手教，谨诵悉。承惠《况舍人证璧集》，拜领谢谢。《晴雪雅词》为先六世叔祖思邑公所刊，选阅者为公之业师许蒿庐先生，全书凡四卷。此书极罕见，弟处只有一部，谨以呈阅，可以得其梗概。先族祖又辑有《词林纪事》，弟以原刊景印，顷甫竣工，附呈一部，伏祈莞纳。近来久未购书，去腊患流行感冒，不能出门户者一月有余，即东方图书馆亦许久未到矣。手复。祗颂文祉，晋叩侍福。

弟张元济顿首

（1927 年）* 三月七日

《词林纪事》有黄白纸两种，如嫌白纸不便加墨，请发还，当以黄纸者易奉。又启。

\* 张元济《影印清道光乙未夏重修本〈词林记事〉跋》撰于 1926 年 10 月 15 日，（载本书第 93 页）《词林记事》印成当在此后不久。据以推定是信书写年份。——编者

【7】 叔雍仁兄世大人阁下：昨奉手教，谨悉。掷还《晴雪雅词》、《嘉郡

先哲书目》,均收到。委查涵芬楼所藏善本词选、词谱,容即转达主者。郑君振铎甚罕见,附去介绍信一件,倘移驾枉商,必更便。许蒿庐先生海宁人,而居于园花镇者也。手复。敬叩侍福,兼贺岁厘。

弟张元济顿首
(约 1929 年)* 元月二十九日

\* 第[6][7]两信就借还《晴雪雅词》事内容相贯,因 1928 年 1 月郑振铎不在国内,张元济不可能在此时介绍赵叔雍去见郑,故推得此信约书于 1929 年。——编者

【8】 叔雍仁兄世大人阁下:奉手书,承教极感。景祐本《汉书》无目,是否佚去,抑本来不具,不可知。据他本补入,迹似近妄,故宁守不知阙如之谊。至于自序,则固有《传》之第七十下矣。《四库提要》多与旧本相凿枘,难以并行。如覆殿本,则诚不可缺也。手复。顺颂侍祺。

弟张元济顿首
(1930 年)* 八月二十三日

\* 第[8]、[9]两信不署书写年份。据内容,应书于《百衲本二十四史》第一种出版《景印景祐刻本汉书》刚面世不久,即 1930 年 8 月。——编者

【9】 叔雍仁兄世大人阁下:奉昨日手教,祗悉。指示周详,感幸何极。《宋史》固有目录,元末明初之版即残阙,亦尚易访求。《明史》仍用殿本,此为近刻,更无虑矣。《百衲本》所选《史记》、《后汉书》、《国志》,均有目录,惟《汉书》甚为别致。卷末有总目三行,似当时固无分目,不然何必于卷末重述之耶?尚有颜师古《叙例》一篇,此亦无之。汲古阁本从宋本出,亦无之。以此例彼,固不能断其必为残俟也。《四部丛刊》各书初版颇有佚去序目者,嗣经觅得,再版时均已补入。景祐虽旧刊,世间未必无弟二部。异日相逢,或有完璧之望。我兄见闻所及,并祈留意。手复。敬叩侍祺。

弟张元济顿首
(1930 年)八月二十五日

【10】 叔雍仁兄世大人阁下:前荷枉存,获聆教益,欣快之至。承假《庆氏印谱》,展阅一过,藉饱眼福。惠赐万不敢领,谨奉璧,伏祈詧入。敬叩侍福,并颂著祺。

弟张元济顿首
五月十五日

【11】 手示并阙霍初兄信均悉,已经查明可抄之件不少,当径复霍兄

也。此复。即颂

叔雍仁世兄侍安。

弟张元济顿首

十月二十二日

## 致 查 丰 诒

【1】 查丰诒致张元济函及张元济批注

菊生先生世大人惠鉴：久疏问候，时切怀思。忆自丁卯秋间在功德林会晤后，匆匆已五载矣。家严今年八十有四，转瞬阳历元旦，即为八十五岁，幸尚康好。弟仰事俯蓄，惟恃砚田。今岁天灾兵祸，市面影响所及，不无减色。兹有书画同人合组之助赈廉价券，寄上五张，每张五元，务乞鼎力推销。净尽知感知扱。此券定国历十二月底结束。弟每日下午在陈列书画处招待也。专此。即请
大安。
家严命笔问候

查丰诒顿首[1]<br>（1931年）十二月廿六日[2]

张元济批注：
[1] 字烟谷。
[2] 20/12/28 覆。挂号退回，两门外西林路三兴里七号。

## 致 胡 适

**【1】** 胡适致张元济信及张元济批注

菊生先生：我译的白朗宁的诗，只有二篇曾发表过，今抄出奉上。尚有一篇，系早年用古文译的，一时检不出了。

又闻一多、徐志摩二君有译白朗宁夫人的情诗[①]二篇，闻君译了二十一首[②]，徐君作解释，皆甚用功，也送上。

胡 适<br>十九年七月十三日

张元济批注：
① 见《新月》第一卷第一号。
② 见《新月》第一卷第一、二号。

## 致 胡敦复 胡端行 杜定友

【1】 胡敦复、胡端行、杜定友致张元济信及张元济批注

敬启者，本校图书馆*创立迄今已越十有六载。当时建筑费用泰半赖校友向各界募捐而来，始获观成。只以近顷中西图书增加甚多，书库不胜载重，且有濒于倾危之势。爰拟继续募款，添建书库。惟兹事体大，端赖众擎。夙仰阁下誉望素隆，登高而呼，响应自易。拟恳台衔列入发起人，以资提倡。谨函奉达，至祈慨允，并希赐复是荷。

胡敦复　胡端行　杜定友敬启①

张元济批注：

①23/7/19复。已为东方出名向各省呼吁，不便为无餍之求，不克附骥。

*指交通大学图书馆　——编者

## 致柳诒徵

【1】 翼谋先生阁下：酷暑困人，伏维动定纳福为颂。弟于前月离沪到此小住。昨由上海商务印书馆转到本月七日手教，展诵谨悉。《南词定律》向为研究词曲家参考必需之书，承命列入《四部丛刊续编》，并以贵馆珍藏康熙原刊慨假，曷胜欣幸，极应遵办。惟出版至速须在明年，摄照却不亟亟。借书手续，容再请示。手复。敬颂台安。

再，前蒙代（校）《二皇甫集》，知所据者为明正德本，但未识为何人所刊，全书共有若干家？便中乞见示。渎渎感悚。

弟张元济谨启<br>（1934年）八月二十日*

* 是信及附件书写年份，由姜庆刚考定，参见姜庆刚《张元济与柳诒徵通信》，载《出版史料》2008年第2期，第37页。

## 附1 柳诒徵致张元济信

菊生先生惠鉴：展读八月十三日手书，祗悉履候绥愉，为深颂慰。弟于前月中旬赴庐山一行，月初始返京，致稽作答，歉甚。《南词定律》荷允收入《四部丛刊续编》，曷胜欣幸，摄照手续应候尊处何时需要再商洽办理。询及前代校《二皇甫集》，系依据明正德本，全书名《唐人小集·三十四家》，袁翼刊。其《王昌龄诗集》后有跋语云："刻唐诗凡数家，而此尤可喜云。正德己卯，乡贡进士勾吴袁翼题。"又《李颀诗集》后跋云："予藏是诗讽诵日久，不觉心契，遂为刻而藏之。正德己卯四月十日。"合以奉闻。专复。敬颂撰绥。

弟柳诒徵谨启<br>（1934年）九月四日

# 致 冒 广 生

【1】 鹤亭仁兄世大人阁下：前在京一晤，匆匆未及畅谈。承宠招，极拟趋陪，藉得多聆教益，惟已与居停高君约定望日同赴太原，不能改期，只得心领。知单到时，适未在寓。次日侵晨即行，又不及函谢。顷至太原，抽闲书此，藉伸谢悃，兼颂起居多福。

弟张元济顿首<br>七月十七日<br>（1911年9月9日）*

荔圃先生处，在京时竟未往拜，尤为歉仄，并乞道谢。

\* 原信不署书写年份。作者于辛亥年七月十五日（1911年9月7日）自北京至太原。——编者

【2】 鹤亭仁兄世大人阁下：送上《涉园丛刻》一部，敬乞詧存。吾两家二百余年之旧谊所以能绵延勿替，亦此文字之力也。台从去沪有日，明晚七句半钟，在敝寓薄具菲酌，奉约驾临一叙，千万勿却。专订，敬颂旅祺。

弟张元济顿首<br>（1913年）二月十二日*

敝寓在劳合路长吉里二三七号

\* 作者1911年5月至1914年1月寓上海劳合路长吉里。《冒鹤亭先生年谱》（冒怀苏编，学林出版社1998年5月版）载，冒1913年正月自北京赴温州任职。可推得此时途经上海，与作者晤面。——编者

【3】 鹤亭仁兄有道：久未握晤，时殷怀想。前命题先德巢民先生小像，迟迟未缴，至为悚歉。顷已撰成小记，谨以底稿呈阅，并祈削正。其中名讳及其他所述各节，容有舛误，并求指正发还，当即写奉。后开各节，统祈指示。顺颂著祺。

嵩少先生官居何职？

巢民先生母太夫人系出某氏？

哲斋先生是否讳澧？记是昆仲三人。与先君同官者似有二、三人，名号都不复省忆。前见门簿有讳保泰者，未知与哲斋先（生）是否昆弟行？

弟张元济顿首<br>（1946年）十二月四日*

\*《题冒巢民先生小像》初稿成于 1946 年 11 月 3 日,据以推定是信书写之年份。——编者

【4】 鹤亭吾兄惠鉴:昨承枉顾,失迎,甚歉。闻贵体全瘳,欣慰无似。《韫光楼印谱》二册呈阅,尽可从容展览,不必亟亟掷还。前日阅某报载有《秋阳曝书记》,称有《谷园印谱》半部,诩为罕见,因知许氏为名篆刻也。专此布谢,敬候起居。

弟张元济顿首<br>十一月一日

## 致 袁 世 凯

（1859—1916），字慰庭，河南项城人，清末、民国政要。

【1】 北京内阁袁总理大臣鉴：报载元济补学部副大臣。宗旨不合，不敢承受。既承雅意，愿进一言：人心如此，大势已去，全局安危，系公一人。若必强行遏抑，不特祸国殃民，即为皇室计，亦何必争此虚位，以贻无穷之奇祸。事机危迫，望速断行。张元济叩。

(1911年12月22日)*

* 1911年12月23日《申报》以《张元济致袁世凯电》为题，刊载是电文，但无发电日期。《郑孝胥日记》（中华书局1993年版第1373页）载，是年12月22日所记有"报言，十一月初二日奉旨：'内阁请简学部副大臣，张元济著补授学部副大臣。钦此。'"语，可推得12月22日作者接获此项消息，即复电辞。——编者

# 商务印书馆致袁同礼[*]

## 代拟致袁守和君信

　　△△[**]先生大鉴：敬启者，前月二十一日肃上一函，计蒙垂詧。近奉贵院十二月四日复信，援据原定合同第十一条"应否再版，双方协定"之语，称业已将原书定为《天禄琳琅丛书》第二辑之一种，不允敝馆重印，似有误会，且亦与原定合同多所未合。敝馆已另具复函附呈台阅，敬乞转致，并祈鼎力斡旋，无任感荷。专此奉达。顺颂大安。①

　　① 信稿上有张元济批注：
　　再发孙伯恒先生一信，所有复该院函及致袁君函，统托伯恒先生面致。所有原订合同亦乞抄寄孙君为要。

张元济<br>二十一年十二月十三日

　[*] 此题为编者所加。以下"代拟致袁守和君信"为信稿原有。
　[**] △△旁有他人加注"守和"两字。

——编者

# 致 袁 翰 青

【1】 翰青先生大鉴：前日肃上寸函，知荷詧及。年家子龚安庆君（寓愚园路六〇八弄七七号）交来曹恭翊君所著《历史释疑类编》稿本，系目录及内容第九章，问本馆能否代为出版。弟答以此事由编审部主持，今故呈上。鄙见本馆出版重点专于科技，历史既在所覆，且历史文字尤难措词，故此书之出版极少希望。请台阅后如何决定，请依尊旨交总处秘书代弟拟复，直接与龚君。脱稿后将信稿交弟一阅，再行缮发。是为至感。闻台从将与久芸兄同返都门，弟迎送两亏，惄歉无似。专此。顺颂旅祺。

弟张元济顿首<br>（1952年）十二月十七日*

\* 原信不署书写年份。1950年代初，袁任商务印书馆总经理兼编审部长，史久芸任商务驻京办事处主任。是信"闻台从将与久芸兄同返都门语"，又1952年12月24日张元济致郑振铎信（本书第2卷第520页）有"敝同人史久芸君亦曾传达雅意"语，说明是年12月史自京来沪，而现存史久芸1953至1955年日记（稿本），各年12月均无来沪之记载。为此推得是信当书于1952年。——编者

## 致聂缉椝

【1】聂中丞钧鉴：报载美领照会商会，浙路事，有只认商会不认他绅，并请商会绅士照行之说。事关全省，商会岂能专主？杭绅已经拒绝，廷翰等亦不承认。乞公主持。

同乡京官代表　孙廷翰　沈卫　张元济　汪康年<br>日本留学生代表　何燏时<br>（1905年7月23日）*

\* 此电载1905年7月24日《中外日报》，据以推定拍发日期。该报刊载时标题为"京官及留学生代表人致浙抚电"。——编者

## 致 徐 宗 泽

【1】* 润农先生大鉴：敬复者，奉到本月十日惠书，藉悉贵书楼有藏明末清初耶稣会士译著提要，拟发交敝馆印售，至感盛意。当属敝馆派员晋谒，面承指示，归述壹是。经在事诸君会商，佥以际此时局，敝馆处境困难，未敢承命，容俟市面稍有转机，再行效劳，云云。谨为面陈接洽，据请代复，无任悚歉之至。专此。敬颂道安。

弟张<br>二十六年四月十九日

\* 是信稿系他人起草，张元济作较多修改。"地址"栏内有"徐家汇天主堂藏书楼，挂号"字样，并有"中华民国二十六年四月廿日"及"已缮"紫色戳记。信稿右下角有张元济亲笔签名。
——编者

## 致 高 凤 谦

【1】　午后到青年会,拔可出示蔡君上其信,谨呈阅。与伯恒昨信大略相同。适之处弟拟复一信,明日再缴。此上梦旦吾兄台鉴。

弟张元济
二十一年一月十二日

## 致 曹 冰 严

【1】 续编目录所列各书，仅仅足敷两年之用。此编并未完全，即如各经单疏，十三经早不能全。但据所知者，尚有《易经》、《书经》、《诗经》、《春秋左传》、《公羊传》、《穀梁传》、《礼记》、《尔雅》八种。现只访得五种，尚有三种未曾觅得。此外如明、清两朝人集部之著名者，均未列入。因涵芬楼藏本均已被焚，现在尚未访到。将来如有所得，随时补入，有急需者并可提前印行。顾客如家有藏书可以借印者，并望代为访求。

（1934年）*

\* 是信转录自曹冰严《张元济与商务印书馆》。书写年份据曹文确定。——编者

# 致 盛 宣 怀

【1】 杏孙先生大人赐鉴：前上两函，谅邀伟照。大沽战后，北事毫无确信。各国调兵未集，想亦不妄动。——昨得友人信，言中朝士夫以此益信义和团为可恃。井蛙堂燕，可哀孰甚。昨各报言合肥相国并不北上，其说信否？译院新成《步兵射击教范》一书（每部售价二角五分，前表未列，发寄时请饬补入），兹以一部呈览。分赠各督抚书十二封（前已开清单，兹不赘），又粤督署王君得胜一分，一并奉呈，统祈詧入为幸。专此。敬颂台祺。

张元济拜上

（光绪二十六年五月）廿七日 *

（1900 年 6 月 23 日）

\* 原信不署书写年、月。据内容，当书于清光绪二十六年五月二十一日八国联军攻陷大沽炮台至七月二十一日攻陷北京城之间。又因《步兵射击教范》一书及八国联军炮轰大沽事与 1900 年 6 月 14 日、18 日致盛信紧接（见本书第 3 卷第 201 页），故推定书于农历五月。——编者

【2】 北京法华寺盛宫保鉴：昨日寓沪全浙绅商集议，所有苏杭甬铁路，已经筹款自办。怡和之草合同，自应作罢，乞即照办。\*

（1905 年 7 月 25 日）\*\*

\* 是电载 1905 年 7 月 26 日《中外日报》，该报刊登之标题为"寓沪浙省绅商呈盛大臣电（为全浙铁路事）"电文末注云："（衔名同上，不重录）。"即衔名同 1905 年 7 月 25 日致清政府外务部电。

\*\* 是电拍发日期，参见 1905 年 7 月 25 日致清政府外务部电末编者注。

——编者

## 致 韩 靖 盦<sup>*</sup>

【1】 靖盦先生有道：奉读十三日环答，敬悉萱闱福荫，喜庆骈臻，至为欣慰。台从欲就近以侍奉承欢，至情至性，鄙事转觉未便相强。惟师范习字一科，得公担任，尤觉相宜。所拟编教授法甚属紧要。敝处久思编辑，正苦无从着手，将来承让版权，甚感。但编辑大意还乞方家拟定见示，为荷。并承允讲席得暇，代编教科，尤所感幸。俟有相宜之事，当即求教也。铃木君理科稿寄到后，即将润资寄杭，仍请转致。沈叔翁在此甚得力，蒋竹翁、富敏翁均属代致拳拳。专此。复颂侍福。

弟元济顿首<br>六月十五日<br>（1907年7月24日）

 * 是信录自浙江图书馆所藏原件，无收信人姓氏，无书写年份。据信中"沈叔翁在此甚得力"语，可推得沈由收信人介绍入商务印书馆编译所。查编译所人员名册，沈秉钧，号叔和，光绪三十三年三月廿六日到所，介绍人韩靖盦。由此，两者均可确定。——编者

## 致 蒋钟麟等七人

【1】敬复者:顷奉本日致总务处公函,信面上系鄙人姓名。展诵敬悉。此次同人要求条件,敝处已于本月二十一日请庄伯俞、盛同孙两先生与代表五人详细解释,不意未蒙谅解,甚为婉惜。昨日并无派李君伯嘉为代表之事,郑君亦不知为何许人。来示云云,更觉莫名其妙。至昨日开特别董事会,业经详细报告,各董事以为诸同人要求各条,有属于不可能者,有出于误会者,故在今日各报上再为说明,并切望诸同人于明日复工,想蒙鉴察。此复蒋钟麟、顾炳山、汪沛贞、张守仁、陆定华、娄大本、吴雨生诸先生台鉴。

张元济顿首
(1925年12月23日)*

* 1925年12月24日《时报》以《公司要人复职工会、工会函》为题,刊载是信,但无书写日期。此则消息前后有商务印书馆职工罢工之多次详细报道。据该报报道,可推定书写日期。——编者

## 致 鲍 庆 林

（？—1944），浙江鄞县人，鲍咸昌子，时为商务印书馆代理经理。

【1】 昨承抄示蔡、李、史三君近日所支赴港或往返船价清单，谨已阅悉。史君回沪乘裕生轮，费七十余元，尚不为过，惟去港乘亚洲皇后船，单开＄六八·四九，恐系美金，而非法币。应合法币若干元，请查明见示。弟窃有陈者，现在国难何等重大，我公司何等艰难，凡我同人应如何卧薪尝胆，刻苦自励，以尽国民之职责，以图公司之复兴。外邮不过两日之程，此两日中即稍窘困，亦何至不能忍受？蔡、李二君香港一行，盘费花至九百余元，史君所费，恐亦不赀，弟闻之不胜骇异。岫庐先生于八月恢复原薪以后，即辞去月支夫马费二百元，正是节约自守、整躬率物之意。凡属公司高级职员，均应效法。嗣后公司职员有滥支公用款项者，请我兄严行驳斥。如以事涉重大，即祈陈明拔翁办理。所有英、法、义、荷、美五国邮船，自弟二等至末等船价，昨晤徐百齐兄，已托代为探听，并祈接洽。如有公司高级职员滥支船价之事，弟今日已函告岫庐先生，请其核办矣。*

（1939年9月16日）

\* 录自张元济亲笔抄件。该抄件为1939年9月16日张元济致王云五信之附件，抄件右端有"致鲍庆林君信，28/9/16"，末端有"再，此信内□有内封，祈注意。"均张元济手迹。——编者

# 致 鲍 兴 珩

【1】 子刚先生阁下:敬启者,民国三年□杭馆购入旧旗营地产五亩四分四厘。同有二亩系阁下认购,作价一千四百元,至民国五年翰卿先生与阁下议定,阁下自行备付一千元,其余四百元暂行转归总馆,将该地作抵,免取利息,限一年之内归还。翰卿先生于五年四月十一日有信奉复在案。但此四百元直至七年份分发股息时,由股务处强行扣还,遂于是年将地二亩划归尊处。乃查近来两年红帐,该项地基仍照原价三千八百一十八元八角八分结算,附注"民国五年四月十一日收回",阁下仅四百元。所有阁下自行备付之一千元何以不收入帐上?此一千元究竟何时付乞,付于何人之手,有无收备?乞查之。究竟于何年何月收回,是否红帐错误,务祈即日查明示复。再,该地尚有立界筑笆等项杂费,阁下应行摊派之一部分已否拨还?于何时收回帐上?亦祈明示。再,该地所有历年完纳钱粮执照,统祈检出寄下一阅,不胜祷盼之至。即颂台安。

张元济

十一年六月四日

【2】* 子刚先生台鉴:前日接奉十月三日复书,并附下令亲王君所同租地大概办法一纸,均已敬悉。杭桓地基本公司刻下不欲出售。** 令亲既有意建屋为条件,初当可以租赁。唯期限似嫌过长,可否改为十年;租金照原价百分之十二,亦觉太少,可否改为每亩壹百五十元?以上两项如有商允之余地,则目前可以拟订草约。至约满续租一层,俟届时再议,不能预受束缚。如何之处,乞即转询见示为幸。

  * 此信稿为商务印书馆总务处致鲍兴珩(子刚)信,由他人起草,张元济作较大修改。原信稿有"受信人鲍;住址杭馆;去信人总;日期(不署年份)十月七日"字样。信末有张元济亲笔签名,并"照缮"二字。
  ** 以下为张元济亲笔改定之文字。

——编者

# 致 鲍 咸 昌

【1】 咸昌先生台鉴：前日承函商添造玻璃盖顶，外罩铁丝网房屋一所，弟等均以为诚不可缓，即请饬匠估造。图样并地形图各一张仍送上，请詧收为荷。专颂大绥。

高　张<br>六年十月五日

【2】 敬启者：前日承交下□与闸北工程局订立电气合同底稿，业已阅过。□附管见数条，当交陈铭兄转呈，并将意见告知，谅蒙察及。惟据陈君言，闻闸北已有自办电气之动议，此事若成，万一电不足，本公司影响匪细。鄙意自行发电，不可不早为估计，而合同之内，鄙意应请加入一条，即声明日后闸北自办电气公司，电力不敷供给，本公司仍可有权与工部局接电，云云。此虽意外之事，然不能不防，万一竟有此事，而公司自备电厂于事实上又不相宜，则舍此一途，别无他法。故此时不能不预留地步。再煤价以捌两为标准，□工部局原合同减去十分之二，是不啻每度增加电费一分。鄙意以为不可不争，即该局第一次来稿亦以十两起算，何得半途遽改？陈君谓该局自称与工部局订立合同，以捌两为低价，又称合同约定互相秘密不能示人，不可信也。事关公司大局，不惮渎陈，尚祈注意。

十一年五月五日*

\* 打字信稿右下角批注：面交鲍先生，张元济。——作者

## 致 潘 宗 周

（1856—1939），字明训，广东南海人，经商。藏书家，宝礼堂主人。

【1】 明训先生大鉴：久未奉教，伏维起居多福为颂。前为商务印书馆校印黄善夫本《史记》，因有残阙，除由东瀛补配外，复蒙慨借六卷，俾成完璧。仰荷盛意，感何可言。荏苒数年，该书顷已出版，谨特检呈壹部，伏希莞纳，兼布谢忱。敬颂台祉。

张

二十五年十一月二十六日

## 致 戴 孝 侯

（1901—2002），商务印书馆编辑。

【1】 敬启者：《幼童文库》前日李伯翁交到存版清单，弟已按单将敝处所存各本检出，共三十七册。今呈上，乞詧入。（存书悉依原单次序排好，请按单照收。如一抖乱，则又须整理一番矣。）原单同时附上。敝处所检呈亦均加点为记。但原单有一书名前后两见者（原书只有一册，并无两册），又有书名不尽同者，点收时务祈留意。再敝处尚有三十六册，为原单所无，故未呈上，亦附去一单。如需用，示知续呈。又前日会议席上，闻有人言图书室存有一全分。果有此事，当初送往南京陈列，何必向敝处取用？究竟何如，乞询明见示。此上
孝侯仁兄台鉴

弟张元济顿首<br>三十七年四月二日

【2】 前夕奉示谨悉。《幼童文库》三十六册照单检呈，即乞詧收为幸。检查存版完毕后，全书即乞发还。乞转达王雨楼兄为要。复上
孝侯仁兄台鉴

弟张元济顿首<br>三十七年四月七日

【3】 承假阅《万有文库》第二集目，谨缴上，乞詧入。尊处如有《正言报》，闻本月六日副刊有涉及鄙人与广学会一文，乞检出，畀下一阅。琐渎歉悚。此上
孝侯仁兄台鉴

弟张元济顿首<br>三十七年四月十八日

## 致 竹 怀

【1】 昨托伯训先生求代撰《南洋中华团体史志序》,今日获见大稿,捧读甚佩。感谢,感谢。敬颂

竹怀先生著祺

弟张元济顿首

(1929年)五月十七日*

* 原信不署书写年份,现据作者致郭锦芳、杨炳南信(本书第 3 卷第 142 页)确定。——编者

## 致 翔 卿

【1】* 翔卿先生阁下：奉三月二十六日惠书，敬悉一是。诸荷关注，感佩莫名。本公司再遭国难，损失之重，殆难数计。二十六年度之帐因上海厂栈及各分支馆之陷于战区者资产无法查明，以致无从结算。经董事会议决，延缓召集股东会，并垫发股东利息三厘。台端名下应得之息曾由尊阃在沪就近领取，当时曾有董事会通告奉达，计荷垂察。至去岁情形，仍与二十六年度无异，上海厂栈虽有一部分幸得保存，各地分、支馆继续沦陷，如汉口、广州、南昌等处均为平时营业较盛之区，所受损失甚重，加以梧州、贵阳、衡阳分、支馆之被炸，长沙分馆、分厂之被焚，受损尤钜。今后情形，益为艰困，能维持至如何地步，殊难预测。同人等惟有竭其所能，勉力以赴而已。至于二十七年度之帐，依然无法结算，日前董事会议决本届股东常会仍行延缓召集，并援照上年成例，再垫发股东利息三厘，所有详细情形董事会另有通告，除寄达尊府外，兹再附呈一纸，敬祈察核，仍恳随时赐教，俾有遵循，无任感祷之至。肃复。祗颂台安。

二十八年五月二日

* 打字信稿右侧有作者以毛笔批注：来信送公司归卷。——编者

## 致 上杉伯爵

**【1】** 上杉先生爵座：笺敬久疏，恒殷企仰。伏维宏猷彪炳，景福骈臻，式如远颂。前回商务印书馆景印宋椠黄善夫本《史记》，残缺半部曾乞德富苏峰、黑井悌次郎先生转恳借补，仰荷玉成，嘉惠艺林，同深感篆。兹全书业已出版，谨寄奉印本两部，伏乞莞存，为荷。专肃布谢，敬颂勋绥。

二十五年十一月二十七日

## 致卫礼贤

（Richard Wilhelm,1873—1930），
德国来华传教士、汉学家。

【1】 卫礼贤致张元济函及张元济批注
　　菊生先生惠鉴：前奉十二月二十三日手教，并蒙惠赐特别廉价券第340号一纸，感谢无已。惟敝院董事未蒙见许，实为遗憾。惟得诸承协助，则先生虽非敝院董事，而敝院之受先生之赐，故匪浅鲜也。关于万国报纸展览会事，详情当函贵馆交通科。如能于寄来之四种杂志外，更寄若干种，则尤为感激。尚恳时惠教言，俾有遵循是幸。专此敬复，并请道安。
　　　　　　　　　　　　　　　　　　　　　　　　卫礼贤谨上
　　　　　　　　　　　　　　　　　　　　　　　　三月五日
　　张元济批注：请总务处阅过转寄庄伯俞先生阅看，请查照前次复信代拟回信。张元济。17/3/27。
　　李宣龚批注：龚。17/3/28。
【2】 礼贤先生台鉴：昨奉三月五日还云，敬悉董事一席，业承赐允作罢，至为感幸。万国报纸展览会敝国部分，贵院不辞劳瘁，以征集自任，钦佩莫名。敝馆敢不勉力赞助，惜以时促道远，筹办已虞不及，当嘱敝馆交通科量为照办。知注敬告，并颂台安。
　　　　　　　　　　　　　　　　　　　　　　　　谨启
　　　　　　　　　　　　　　　　　　　　　　　　十七年三月三十日

# 致 长尾槙太郎

（1864—1942），即长尾雨山，曾任商务印书馆编辑。日本汉学家、书法家。

【1】 雨山先生阁下：阔别多年，又碌碌，久疏笺讯，至念至歉。伏维撰著康愉，履候绥吉，定如所颂。弟频年以读书雠校自娱老境，愧无善状可告。前在贵邦西京借得珍本《搜神秘览》、《太平御览》等书，当摄影时，诸承照料，极为感谢。今书已印成，特将此二种各检一部邮呈惠誉。松浦嘉三郎先生闻在长春担任教授，昨亦属由敝分馆转询，容俟得复，另行笺候。专此布奉，敬颂颐安。

二十五年二月二十日

【2】* 雨山先生大鉴：敬启者，二月二十日曾寄寸函，附呈《搜神秘览》、《太平御览》各一部，当邀察及。自春徂夏，执讯久疏，比维潭居履候，顺序增绥，慰如所颂。曩承指导，在东福寺所藏先文忠公所著《中庸说》，商借影印，至为衔感。今已印成，谨呈上原板并缩印各一部。又先著尚有《孟子传》同时覆印，一并奉呈，统付邮筒，藉供雅鉴。即希惠纳，为荷。专此布候，敬颂台祺。

二十五年八月八日

\* 录自打字稿。又见张元济亲笔批改之毛笔信稿，内容相同，日期署二十五年八月六日，地址栏内有"日本京都市西洞院丸太汀上"字样。——编者

# 致 长泽规矩也

【1】 前月神田鬯庵去欧洲,道出上海,询知起居违和,正深驰系,适诵二月十九日手教,如亲丰采。书法奕奕有神,贵体想早康复,欣慰无既。承示静嘉堂藏残宋刊《周益公集》又元刊《东京梦华录》,诸桥博士快诺假我景照,均赖先生玉成之力,至为感谢。又承寄示贵国自制 Nagative Paper 书影数纸,业已由敝馆翻印,甚为合用。今附呈翻印样张一叶,即祈台阅。樽井照相师仍可为我担任,尤深欣幸。宋刊《周益公集》敝邦久佚,亟愿流通;《东京梦华录》如原书不至模糊,亦拟借印。既荷先生暨诸桥博士美意,特许敝馆印行,拟即请樽井照相师为敝馆摄影。惟先生近日移居神奈川县,未必常到东京,兹参照曩时所订合同,仍请先生代表,其他一切均由樽井照相师与敝馆直接,所有膳费、邮费均由照相师自己担负,惟东京至静嘉堂藏书处每日往返一次之电车费,未知如何办理?并祈核示。该合同稿请与樽井照相师商定(应否呈送诸桥博士一阅,请酌夺。),即祈发还,由敝馆缮正呈上,同时应预付照相费若干,亦祈示悉,拟先付给贰百元,未知可否?再有请者,敝馆藏有元刊《济生拔萃》,与静嘉堂藏本相同,敝处所藏缺去《铖经节要》、《洁古云岐铖法》、《洁古家珍》、《保婴集》四种,敝国各公私藏家无可借补,拟同时向静嘉堂影印,冒昧致诸桥博士一函,可谓无厌之求,并乞先生善为说辞,无任感荷。至足利学校所藏宋刊《注疏》亦可商议,闻之极为忻幸,容与敝馆同人商定,再奉复。敝藏《文选》一卷,兹将卷首、卷尾摄影各一幅另封寄呈,即乞詧入。承示有书店愿购买,但书店恐非自己收藏,不能出善贾[价?],敝意拟缓商。专此布复,敬颂著祺。

二十四年三月七日

【2】 本月八日曾复寸函,计蒙察及。顷又得三月六日手书,谨诵悉。德富苏峰先生所藏宋刊《北磵诗集》,承代商允借影,感幸何极。其补抄之叶,能以五山覆刊本配入,至为佳妙。将来与樽井照相师订立合同之后,即乞约同樽井氏前往商借,用八切片(每叶四拾钱)摄照,为荷。肃此布复,顺颂台祺。

二十四年三月十一日

【3】长泽先生惠鉴：奉三月廿一日大函，知前上两缄均蒙察入，并承示与槚井照相师订定各节，费神至感。所有市外往来车费或宿费等均如尊示，由敝馆致送。兹将合同缮就两份，即祈鉴核。宇野博士蒙代请作证人，至为衔感，统乞分别转交签字盖章，以一份付槚井君收执，一份发还。另附呈上海银行第一八二三四号日金贰百圆汇票一纸，又托照书籍四种清单一纸，亦祈交与槚井君查收。另寄谢宇（野）博士信一件，并希代递。琐琐上渎，无任铭感。专此布复，并谢。敬颂台祺。

二十四年三月二十八日

计附上　合同两份　书名清单一纸　汇票一纸　致宇野君函一件

【4】长泽先生惠鉴：前奉四月十二日大片，祗悉一一。履候嘉胜，慰如所颂。槚井技师承照《周益文忠公集》相片业已寄到壹批，唯其中一百五十八叶所照尺寸较之原订为短，未能合同。唯因此书系向静嘉堂书库借照，若频频请借，未免过于烦渎，且为数尚属不多，拟由敝处自行改照，但此一百五十八叶拟减付每页贰拾钱，未知尊意以为然否？兹详复槚井君一函，寄请察阅后再转致槚井君，或有未明了之处，并恳加意指导。另附副稿一份，藉备存查。《周集》尚在接照，另如《北磵诗集》、《东京梦华录》、《济生拔萃》三种想亦在次第进行，务祈谆嘱槚井君，所有照片尺寸务必依照此次去信办理。在每一部中不可稍有歧异。又俟《周集》照竣之后，请转嘱先照《济生拔萃》，余二书依次续照。至槚井君此次寄来照片应付半价，计日金贰百贰拾贰圆肆角，如数汇奉。附上汇票一纸，到请察收转交。屡渎仁神，无任感谢。专此。敬颂大安。

二十四年六月十一日

【5】（上略）昨自牯岭旋沪，奉读八月一日惠函，并附合同一份，收证六纸，均敬悉。敝处摄照各书诸费仁神，至深纫感。槚井照相师上次所照《周益文忠公集》，内有一百五十八叶尺寸未依规定，仰荷转商减付工资，并得槚井氏之允认，又承示及所缺《周集》两叶，允俟下次登库之际补照，补寄《北磵集》亦俟苏峰先生返京即可开照。屡屡奉渎，益滋歉惭。前商补照元刊《济生拔萃》之四种，尚未得诸桥博士允诺，遵再附致一函，敬祈就便转交，并乞

婉达，至为感祷。台从近来常在何所？学业想益精进，无任企仰。何日重游敝邦，尤深翘盼。（下略）*

二十四年九月十九日

* 信端、信末"（上略）"、"（下略）"字样系打字信稿原有。——编者

【6】 长泽先生大鉴：九月十九日寄上寸函，度已久蒙察及。比维履候清嘉为颂。弟前向诸桥辙次先生商，向静嘉文库借照《济生拔萃》中之《针经节要》、《洁古云岐针法》、《洁古家珍》、《保婴集》四书。昨得诸桥先生十月十九日来信已承允诺慨借，并属弟即函告阁下，商量将以上四种书摄照，意甚可感。兹将复函附呈鉴核，转交，其书敬乞约技师往静嘉堂文库借出付影寄下，无任祷企。专此布恳，敬颂台祺。

附复诸桥先生信一片。

二十四年十月三十一日

【7】 昨诵邮便叶书，谨悉一是。《武经七书》、《清明集》（借自静嘉堂）、《乐善录》（借自东洋文库）、《搜神秘览》（借自崇兰馆，狩野博士介绍）、《太平御览》（借自图书寮、东福寺及静嘉堂文库）已先后出书。应赠送藏书者及赞助诸君子，敝处均已预备。正拟邮寄，忽奉手教，知各处执事人更换，允为转交，不胜感荷。唯事过繁杂，先生又移居神奈川县，往返东京殊不便，故不欲多渎。兹先开呈清单，敬祈察阅，如有可以直接邮寄之处，仍乞开示居址，由敝馆交邮局迳递。单上所列居址如有变动，亦乞示知。其或有居处无定者，当仍托转交。再，图书寮寮头应否赠送《太平御览》一部，亦祈酌示，并以其姓名及住所示我为幸。承惠《书志学》依次收到，感拜嘉惠。《北碉诗集》不日照成，甚欣慰。静嘉堂医书数种，明春再照相不迟也。琐琐渎神，无任感悚。

寄赠阁下书五种，即日交邮局寄上，乞莞纳为幸。

二十四年十二月三十日

## 附　赠书清单

宇野哲人博士　《武经七书》《清明集》《乐善录》《搜神秘览》
　　住东京小石川区高田老松町十一

诸桥辙次博士　《武经七书》《清明集》《乐善录》《太平御览》
岩崎男爵　静嘉堂文库主人　同上五种　东京市外玉川砧村静嘉堂文库
帝国图书寮　《太平御览》　所在不详,但知为宫城内,乞详示。
东洋文库　《乐善录》
石田幹之助　同上　　　所在不详,乞示。

【8】* 长泽先生大鉴:奉诵一月十八日惠函,敬悉一一。欣审新祺迪吉,如颂为慰。前呈书单仰承指示周详,尤为感荷。谨就尊意略为变更。至上次印出各书,中华学艺社方面虽有赠书之计画,唯自郑心南、马宗华[荣]二君相继离沪,深恐社中无专责之人,漏送在所不免。兹由敝馆一律补送,以答雅谊。附呈清单壹份,敬祈察存。尊寓现移外县,有劳跋涉,总觉不安。赠书各处既蒙开示住所,均拟分别直接交邮局递寄。再《百衲本二十四史》数年前出版之《三国志》借自帝室图书寮,《陈书》借自静嘉堂,当时均送交中华学艺社,郑、马二氏均在社中任事,万一未曾赠送,亦乞见示,以便补奉。再,我兄处如有未曾赠送之书,亦祈告我,万勿客气。屡渎清神,弥增惭感。专此。敬颂台安。

二十五年二月六日

附清单壹份。

* 他人毛笔旁注:日本神奈川县叶山町崛内森户。——编者

【9】 长泽先生大鉴:昨奉二月十二日惠函,敬悉一一。承询示上次印出之《群经音辨》等书,已由中华学艺社赠送,嘱勿复寄,并蒙示及借影《济生拔萃》即可寄下,至以为感。《廿四史》第五期书出版虽已逾月,适值旧历年终,馆员较为忙冗,应呈尊处一部,甫于本日邮寄。至静嘉堂及诸桥、宇野两博士赠书日内亦即发递。前承示及橘井、铃木二君住址,一住世田谷区上马町二丁目一二〇四,一住淀桥区上落合一丁目四二四。来示注有"地名变更"四字。是否从前不住彼处,现甫移居之意?敬祈明示,以便通邮。李拔可兄前寄《圣遗诗》,仰荷分别转赠,嘱笔致谢。专此。敬颂台安。

二十五年二月二十日

【10】 长泽先生大鉴:叠奉三月二日、三日两惠函,藉知月前寄赠诸桥博士暨岩崎男爵书籍均已达到,因值二公他出,仰荷代留转致,至以为感。又寄赠根津、饭田二氏书籍,邮递稍缓,续奉二氏复信,知亦均邀察收矣。前

得二月二十六日手教,转达橘井先生之言,谓图书寮不日改组,敝处如有借照之书应速申请。谨查寮中藏书有宋刊《集韵》、宋刊《游宦纪闻》、元刊残本《类编花果卉木全芳备祖》前后集,颇思借照。如照相价格无所增加,一切仍照去年三月所订合同办理,拟请代制申请书呈上寮头,允许后即行着手。又《济生拔萃》中借照四种,前承示及不久可以照出,甚盼早日寄示。琐琐渎神,无任感祷之至。专复。祗颂台安。

二十五年三月十四日

【11】 前月偕友人赴四川,登峨嵋山,至本月二十七日始返沪。展诵六月十三日片示,又十六日惠函,始悉内野皎亭先生之书未能保藏于其家,甚为惋惜。辱承指示,属为选购,并蒙开示贵邦文及欧文通讯住址,并编定书名番号,适弟远行,失此机会,有负盛意,并劳先生盼望,惜憾之下,尤深惭悚。

宋刊《宛陵集》一书未知为何人所得?标价几何?便中乞示悉为幸。《北硐诗集》、《济生拔萃》中四种照片均已收到,容另复。专此布谢,敬颂台安。

弟张元济顿首<br>二十五年六月二十九日

【12】 长泽先生大鉴:本年三月七日、六月二十九日迭寄两缄,计荷台察。昨接槫井照相师六月十五日来函,并寄到《北硐诗集》照片壹百玖拾陆叶,《济生拔萃》中书四种,计柒拾肆叶,均照收无误。申请书合计共为壹百零捌圆,应付半数,计日金伍拾肆圆,购就上海银行汇票一纸,附请察收转交。前恳转向图书寮借景宋刊《集韵》、宋刊《游宦纪闻》、元刊残本《类编花果卉木全芳备祖》前后集等书,想蒙商借就绪,并仍委托槫井君接续摄照矣。诸渎清神,感谢不尽。专此。敬颂大安。

槫井先生代为致候,恕不另复。

二十五年七月三日

【13】 长泽先生大鉴:日前接奉七月一日片示,又同月二十五日复函,并附下槫井照相师精算书、领受证各壹份,经复核无讹。惟《周益文忠公集》内有壹百伍拾捌枚未照规定尺寸,上年八月一日曾奉函示,谓已商诺槫井,每页减付贰角,共计应扣叁拾壹圆陆角,扣除外,实存壹百叁拾柒圆捌角,祈再察核。前项找价拟即付清。特购就上海银行日金汇票壹纸,又收付清单一份,一并附请察收,转交。至借照图书寮之书,尚须与铃木重孝氏接洽。

如有困难，即请作罢。另呈新印先人遗著《中庸说》大本壹部，又缩本《中庸说》、《孟子传》各壹部，敬乞莞纳。外致宇野、诸桥、铃木、橘井诸公及图书寮各函，并附致分送各书清单，统祈费神分别转送，拜托至感。再内野氏所藏残本《宛陵集》为文求堂所得，未知已售出否？售价几何？并祈见示为幸。专此布渎，敬颂台祺。

二十五年八月七日

【14】 长泽先生大鉴：昨奉八月二十日复函，敬悉种切。寄送诸友书籍，承代分致，不胜感谢。借景图书寮善本蒙续与铃木先生商酌，尤深衔感。景宋残本《公羊单疏》已交邮局寄呈一部，至祈莞纳。承惠图书寮宋本书影，网罗无遗，自系蔚然大观。一俟递到，除展读外，并即交与东方图书馆什袭珍藏，备供众览。先此布谢，祗颂台安。

二十五年八月三十一日*

* 另见张元济亲笔批改之毛笔信稿，内容相同，日期置二十五年八月二十九日。——编者

【15】 奉到九月八日邮便叶书，捧诵藉悉寄呈景印《公羊单疏》已荷察入。承惠图书寮书影两部已收到，不胜感谢。近又寄去《中庸说》、《孟子传》各一部，托转送德富苏峰氏。兹有信一件，亦祈代致。琐琐屡渎，惶悚无似。

二十五年十月二日

【16】* 十月二日曾寄一缄，并附致德富先生一函，外附先著《中庸说》、《孟子传》各一部，谅邀察收转致。敝馆景印黄善夫本《史记》，悉仗鼎力，克底于成。该书业已出版，谨寄奉壹部，至祈莞纳。此书昔年曾赖德富苏峰、黑井悌次郎二氏转向上杉伯爵** 补景六十卷，始成完璧。今各拟赠送，不敢屡渎左右。但二氏及上杉伯邸住所未知所在，敬祈先生明示，当将谢函及书籍直寄。又前拟借影图书寮宋刊《集韵》、宋刊《游宦纪闻》、元刊残本《类编花果卉木全芳备祖》前后集，奉示因有困难，须与铃木重孝君商议，不知能邀允许否？并祈示悉为幸。朔风戒寒，伏祈珍卫。

二十五年十一月二十八日

* 打字信稿右侧有作者亲笔批注两项：
请心白先生阅后发还。
另呈长泽君来信，并樽井收条，请呈王、李二公阅过，收条交会计科。信录出归卷，原信发还。
张元济<br>二十六年三月十九日

** 在德富苏峰等三人姓名上方天头处有作者亲笔批注两项，三人姓氏旁加有墨圈：

敝处并无存底，请将去信补发备查。

未蒙发下，仍乞检示。

张元济<br>二十六年三月二十九日<br>——编者

【17】 长泽先生大鉴：昨奉三月十四日手书，就谂编整宣勤，弥深企仰。唯承示意绪欠佳，不知何所枨触，殊念念也。前呈《史记》一部，知蒙哂纳，续寄四部，亦荷转呈苏峰先生分别持赠，屡渎仁神，且感且悚。附下樽井写真馆领收书，已交主管部存查。叠蒙惠寄《书志学杂志》，按期展读，至纫雅谊。数年前在静嘉堂文库假印残宋刻《新唐书》，近甫印就，谨呈壹部，至祈惠存。《百衲本二十四史》校订数年，业已完全出版，藉可告慰锦注。前承谆命在贵国借印之书应赠图书寮一部，此书亦已迳寄，合并陈明。再拟借影图书（寮）宋刊《集韵》，又《游宦纪闻》，元刊残本《类编花果卉木全芳备祖》不知尚有希望否？然如有不便，则亦不敢强求。闻今夏有游沪之兴，届时极盼贲临，藉叙数年契阔也。专此。祗颂台安。

二十六年三月二十四日

【18】 长泽先生大鉴：时事至此，无可告语，故久未通讯。比想动定休嘉，至以为颂。前年敝馆筹印元刊《济生拔萃》中有四种缺佚，曾奉烦清神，代向静嘉堂文库商借摄入，俾成完本，具感盛意。刻已景印出版，谨寄赠一部，计十册，至祈莞纳，另一部并致诸桥先生信，并祈转致，为荷。专此。祗候台安。

二十七年五月四日

## 致 冈根守坚

日本京都东福寺主持僧人

【1】 敬启者,前承宝刹以珍藏之宋本《太平御览》慨借与敝邦上海商务印书馆影印。一瓻之惠,价等连城,无任感谢。今已由该馆印竣出版,特检一部,伏祈赐詧,不足以酬垂爱同文之意也。专此布谢,敬颂新祺。

二十五年二月二十日*

* 打字信稿右侧有作者亲笔批注:冈根守坚,京都东福寺。——编者

【2】 冈根上人座下:昨奉惠寄邮片,辱蒙存问,甚感甚感。溽暑渐消,比维梵课清严,兴居多吉,企颂无似。曩承惠假珍藏宋刻残本先文忠公所著《中庸说》,实拜嘉惠。兹已出版,谨呈两部,又同时与所著《孟子传》合印缩本,亦并各呈一部,统希赐纳,藉供雅鉴。区区之忱,匪足以云酬答也。专此奉布,敬颂法喜。

二十五年八月十日

## 致 石田干之助

(1891—1974),日本东洋文库创办人,首任主管,日本大学教授。

【1】 石田先生大鉴:远隔芝宇,引企为劳。比维兴居增邕,定符忭颂。中华学艺社前恳贵文库慨借宋刊《乐善录》,委交商务印书馆出版,顷已印成。谨特检呈一部,妥邮寄奉,藉答雅谊,至祈鉴纳,为荷。专此。敬颂台祺。

二十五年二月十一日

# 致 石 田 馨

【1】 石田馨来信(摘译)及张元济批注

石田馨来信摘译：

前此发刊《金泽文库丛书》，诸承照拂，至感。

影照贵书，需费不少，乞先示知费用。

另封送呈图版一套，务乞赐收。

张元济批注：

① 信端批注：求译示大意，空文不必译，元济拜托。

② 信末批注：24/12/8复。

前日本友人欲辑其本国所藏唐代写本《文选》，弟曾购得一卷，为彼邦所知，属印寄首尾数行。石田君已寄来覆印所寄尾页一纸，函中即指此事。

## 致 石黑文吉

【1】* 石黑文吉先生阁下:谨复者,前月奉到昭和二年九月大函,敬悉前田侯爵克绳祖武,加惠士林,慨出珍藏,影印行世,并颁到《重广会史》上帙一部,开缄展诵,知是书刊印迄今已阅八百余载,在敝国久经亡佚,今得藉贵国鼎力,得以复见于世,盛德大业,钦仰无穷。宠贶遥颁,莫名感谢。敝族远祖宋谥文忠公著有《横浦先生文集》,自明季覆印之后三百年来,亦已绝版,在敝邦之内素称罕见。近由敝人用明本覆印,谨寄呈二部,一乞代呈前田侯爵,一以奉赠阁下。尊经阁琳琅万卷,决不重此区区,匪敢云报以琼瑶,不过聊将微悃而已。再,尊经阁藏书如刊有目录,可否乞惠颁一部?冒昧陈请,无任悚惶,伏乞亮詧。敬颂台安。

张元济<br>十七年元月二十三日

* 信稿住址栏内注有:"日本东京市本乡区本富士町二番地育德财团代表"字样。——编者

## 致 吉川幸次郎

【1】 善之*先生大鉴：久疏笺讯，暑气渐阑，伏审兴居佳胜，定洽颂忱。弟海上侨居，碌碌如昨。兹又印成先人遗著《中庸说》、《孟子传》两书，各检一部，奉呈雅鉴，即希惠存。又同样各一部，敬求转送东方文化学院京都研究所收入，藉供众览。琐费仁神，感谢之至。专此布悃，祇颂台祺。

二十五年八月十日

\* 吉川幸次郎，字善之。——编者

# 致 宇野哲人

(1875—1974),中国哲学史专家,文学博士。

【1】 宇野先生大鉴:远违霁采,戋敬久疏,驰念之怀与时俱积。比维道履安吉,定纾颂忱。兹启者,敝馆近由长泽规矩也先生介绍槫井照相师在贵邦摄照借影古书数种,订有合同,并代恳先生作证,已蒙惠允,至为感幸。今将合同托长泽先生送请盖章签字。琐事上渎,无任铭感。专肃布谢,敬颂台祺。

二十四年三月二十七日*

*信稿右下有"此信附入长泽函内寄去"字样。——编者

【2】 宇野先生大鉴:久疏笺敬,恒切驰思,辰维履候绥吉,定如远颂。兹敬启者:前承贵邦诸友好代借珍本书籍,由中华学艺社委托敝馆影印,仰蒙盛意,鼎力玉成,实深感幸。今印成出版者计有《名公书判清明集》、《乐善录》、《武经七书》、《搜神秘览》、《太平御览》,兹各检呈一部。又前岁印成《群经音辨》、《饮膳正要》、《东莱先生诗集》、《平斋文集》、《梅亭先生四六标准》、《山谷外集诗注》六种,曾托中华学艺社赠呈。近始闻知并未递到,并各补呈一部。区区微意,伏乞鉴存,为荷。专此布达,敬颂台祺。

张元济拜启

二十五年二月十日

【3】 宇野先生大鉴:久疏笺敬,恒切驰思,辰维履候绥吉,定如远颂。兹敬启者:前承贵邦诸友好代借珍本书籍,由中华学艺社委托敝馆影印,仰蒙盛意,鼎力玉成,实深感幸。今印成出版者计有《名公书判清明集》、《乐善录》、《武经七书》、《搜神秘览》、《太平御览》,兹各检呈一部。区区微意,伏乞鉴存,为荷。专此布达,敬颂台祺。

二十五年二月十八日

【4】 宇野先生大鉴:敬启者,前奉复音,藉悉所呈《名公书判清明集》、

《乐善录》、《武经七书》、《搜神秘览》、《太平御览》等书已蒙鉴察。暑阑入秋，伏审兴居清吉为颂。兹续呈上新印先人遗著《中庸说》、《孟子传》各一部，仍托长泽规矩也先生转达尊斋，即希鉴纳，并祈时惠教言，无任企盼。专此布奉，敬颂台祺。

二十五年八月七日

【5】* 宇野先生道席：秋间曾邮奉一函，附赠先著《中庸说》、《孟子传》各一部，想邀玄督。比维起居佳胜，著述贤劳，至以为念。敝馆近年景印宋黄善夫刊本《史记》，顷已出版，谨赠一部，上娱邺架，伏乞督存。兹有魏应麒君留学贵邦，有志深造，拟于明年入(下缺)。

(约1936年11月)

* 是信稿残缺，未见书写日期。介绍魏应麒入东京帝国大学留学，参见1936年11月26日致盐谷温信。——编者

【6】 宇野先生大鉴：前托魏应麒君代呈一缄，并另寄黄善夫本《史记》壹部，旋接魏君函告，知邀察纳。魏君获隶程门，仰承推爱，尤深铭感。前在静嘉堂文库借影残宋刊《新唐书》，诸纫雅谊，其书昨甫出版，谨呈一帙，致祈莞纳，并希时惠教言，至所企盼。专此奉布，祇颂台安。

二十六年三月二十四日

## 致 杉荣三郎

日本宫内省图书寮寮头

**【1】** 杉先生大鉴：远睽芝采，恒切葭思。比维履祺增绥，企颂为慰。前由中华学艺社乞借贵寮所藏宋蜀刻本《太平御览》，委由敝馆出版，中有残阙，续向贵邦东福寺、静嘉堂借补，复以喜多村直宽氏之景宋聚珍本配入，幸成完璧。诸纫雅谊，感非言喻。顷已出版，谨特检呈壹部，聊将微意，伏祈鉴存。专此布候，敬颂台祺。

二十五年三月四日

## 致 饭田良平

日本静嘉堂文库司书

【1】 饭田先生大鉴：远企清辉，时殷驰溯，就维履候多胜为颂。前承贵文库慨借珍藏《武经七书》、《名公书判清明集》及《太平御览》之一部，分畀由中华学艺社委交商务印书馆先后出版。秘笈流传，实拜嘉惠。谨各检呈一部，统乞莞纳，为荷。专此。祗颂台安。

二十五年二月二十日

【2】 饭田先生大鉴：睽违芝宇，结想为劳。比维履候嘉胜，定符远颂。前蒙贵文库惠借残宋刊《新唐书》，昨甫印就，谨由邮便寄呈一帙，至祈莞纳，为荷。专此。祗颂台安。

二十六年三月二十四日

## 致 松浦嘉三郎

【1】 松浦先生大鉴：睽别有年，时殷驰系，久拟修笺奉候，以未识停云所在，怅望莫名。昨始由奉天敝分馆询知主讲大同，道履康吉，至为欣慰。弟杜门养拙，乏善可陈。前荷盛情，在贵国借取宋本《太平御览》、《搜神秘览》二书，并承代托技师料量摄照，至今纫感不忘。今二书已付印出版，特各检一部，迳行邮奉，聊备鉴赏，伏希察存，不足以酬高谊也。专肃。敬颂台祺，诸希亮照。

二十五年二月二十日

【2】* 松浦先生大鉴：前奉三月初二环示，备承奖饰，且感且惭。六月徂暑，伏维履候清吉，慰如所颂。前在京都东福寺借影先著《中庸说》，极感盛意，荏苒数年，顷甫印成原版、缩印本两种。兹各检奉一部。又有先著《孟子传》亦属宋刊，虽已残缺，已为人世孤本，顷亦同时付印，并呈一部，藉供雅鉴，聊伴芜函，至祈惠纳，为荷。专此布候，敬颂台祺。

二十五年八月八日

\* 录自打字稿。另见张元济亲笔批改之毛笔信稿，日期署二十五年八月六日，地址栏内有"长春永昌胡同二八八号大同学院"字样。——编者

## 致　服部宇之吉

（1866—1939），日本著名汉学家，曾任东京帝国大学教授、代校长，东方文化学院院长。

**【1】** 服部先生大鉴：久别光仪，并疏笺讯。海天驰溯，结想弥殷。暑阑渐凉，伏审襟宇清和，履祺增胜，定如所颂。弟淞滨侨寓，读书自娱，碌碌无可称述。兹有先人遗著《中庸说》、《孟子传》两种印行出版，特各检一部，藉呈雅鉴，聊媵芜函，即希惠察，为荷。专此布候，敬颂台祺。

二十五年八月十日

## 致 岩井大慧

【1】 岩井先生大鉴:远隔芝宇,引企为劳。比维兴居增邕,定符忭颂。中华学艺社前恳贵文库慨借宋刊《乐善录》,委交商务印书馆出版,顷已印成。谨特检呈一部,妥邮寄奉,藉答雅谊,至祈鉴纳,为荷。专此。敬颂台祺。

二十五年二月十一日

【2】 岩井先生大鉴:奉三月五日手教,知所呈影印《乐善录》已登邺架。辱承垂谢,弥觉汗颜。惠赐《文库纪要》第七卷一册,业由邮局递到。大著纯用欧文,愧未能读,当与识者共赏之。谨谢盛意。前蒙惠定《百衲本二十四史》一部,附示清单,当向敝馆询明,知尊处所收十四种实因灾后展缓,分为四期出版。去岁续出第五期,为《隋书》、《南、北史》、《元史》。因曾氏系在北平分馆定购,辗转寻查,致多延滞。今承下问,已属即日封寄,至祈检晋。尚余《史记》、《新、旧唐书》、《旧五代史》、《宋史》、《明史》四\* 种,今岁当可蒇事也。涵芬楼《直省志目》殊为疏略,乃承齿及,甚以为愧。今全部尽化劫灰矣。贵文库所编全目,定为大观,曷胜企仰。手复布谢,敬颂台祺。

二十五年三月十三日

\* 打字信稿原文如此。——编者

## 致 岩崎小弥太

(1879—1945)，日本实业家，三菱财团首脑，静嘉堂文库创办人。

【1】 岩崎先生爵前：笺敬久疏，恒殷企仰。伏维增祥益祜，慰如远颂。前承雅谊，慨借贵文库珍藏善本，畀与中华学艺社影印流通，嘉惠士林，同深感荷。兹有《武经七书》《名公书判清明集》二种由同社交商务印书馆印行，同社又借印图书寮宋刊《太平御览》中有残阙，复蒙盛意，许以贵文库藏本补配，近已先后出版。仰企云情，同声称颂。谨各检呈两部，藉答盛贶。另有《搜神秘览》《乐善录》两书，亦借自贵邦藏弆之家，顷已印成，并各赠呈一部，奉托诸桥博士转致，统祈莞纳，为荷。专肃。敬颂勋祺。

二十五年二月十八日

## 致 泽村幸夫

**【1】** 泽村先生大鉴：久别光仪，并疏笺讯。海天驰溯，结想弥殷。暑阑渐凉，伏审襟宇清和，履祺增胜，定如所颂。弟淞滨侨寓，读书自娱，碌碌无可称述。兹有先人遗著《中庸说》、《孟子传》两种印行出版，特各检一部，藉呈雅鉴，聊媵芜函，即希惠察，为荷。专此布候，敬颂台祺。

二十五年八月十日

## 致 狩野直喜

（1868—1947），日本著名中国学者，东京帝国大学教授，东方文化研究所所长。

【1】 狩野先生大鉴：远睽芝采，恒切葭思，伏维履祺增胜，企颂为慰。前承鼎力在崇兰馆福井氏处借得宋本《搜神秘览》一书，付敝邦上海商务印书馆影印，俾广流传，嗣又向东福寺补照《太平御览》，并承指导，不胜铭感。兹二书均已印就，谨各检呈一帙交邮寄上，即乞鉴存。另奉《搜神秘览》两部，并祈转致福井氏鉴纳，费神尤荷。专此布达，敬颂台祺。

二十五年二月二十日

【2】 狩野先生大鉴：前奉三月初三日台函，备荷注存。藉知附呈之《太平御览》等书已邀察及。另附福井氏《搜神秘览》两部亦承转致，心感无既。溽暑渐阑，伏维兴居清吉，慰如所颂。前在东福寺借景先文忠公遗著《中庸说》，仰承指示，感篆殊深。顷已出版，谨呈一部，同时与所著《孟子传》缩印一并各呈一部，聊伴荒函，藉雅鉴\*，至希赐察，为荷。专此，敬颂台祺。

二十五年八月十日

\* 打字信稿此句疑漏字。——编者

## 致 施 永 高

Walter Tennyson Swingle,(1871—1952),美国植物学家,美国农业部图书馆负责人,国会图书馆人士。

【1】 接二月二十五日信,诵悉。属购各省府县志书虽时价增加,仍照旧进行,自当遵办。寄来坎纳来目录一册业已收到,即将去年所交一册寄还。唯直隶省宣化县、江苏省元和县、山东省邱县、四川省崇宁县旧目内已经×去而新目反无之,未知何故?又河南省旧目有南阳府,无南县,新目反是,想系笔误,望查明见示。又敝处近在北京代购到各志计 * 种,均系按照旧目采买,其中有 * 种在新目中已经用红笔×去,想必系 Mr. O. F. Cook 为尊处代购,但敝处先未知悉。兹附去一单(A),请与寄还之旧目一查便知。现姑与原店商量退还,但恐其未必见许,不知尊处能照收否?敝处久已将旧目各省除广东外抄寄各省分馆,一时不及通知,恐将来不免有与新目重复者。另有 * 种同时在京买来,其书稍有损坏,容修好再寄上。兹先将清单(B)寄上,乞查收。嗣后如尊处转托他人代买,务祈先行示知,指明某省除出,如广东省之例,庶几可免重复耳。安徽、湖北两省通志,敝处遵为访求。安徽已购得一部,价四十元,唯湖北极不易,敝处亦未购得。去年在京见一部,印刷极不佳,非二百元不售。以其价昂,故只可不买。后不久闻有他人买去矣。《大清一统志》殿本最好之纸闻须四、五百元,次者亦在二百元以外。广东翻版亦壹百余元,尚有石印缩本,则字迹甚小,价亦较廉,每部不过 * 元之谱。如欲购何种,乞示知,当为代办。阁下明岁来华,闻之甚喜,倘能成行,望先期见告。

九年四月十六日

* 信稿中共有四处空格。第四处空格天头有作者批注:请托韦荣甫君代查。——编者

## 附件1　施永高致张元济函[*]

菊生先生伟鉴：敬启者，敝图书馆荷蒙先生代为搜集大批志书，甚为感激，虽价目似乎昂贵，但仍请继续收买，而以府志、县志为最要。弟深喜科克君(O. F. Cook)亦曾为敝图书馆购买湖南府县志多种。兹附奉新坎纳来(Kenneley)目录一册，敝处所已有各志均经注明。前留尊处注有记号之坎纳来目录一册已不适用，请即寄还为荷。弟现拟购安徽、湖北两省通志，不识先生能以何价代为购到《湖北通志》？弟悉外间甚少，但尊处或有出售。又《大清统一志》[**]恐有数种，如请代购佳本一册，约需价几何？亦望一并示知。先行奉恳，不日容再续闻。弟深望来年得再来华一行，但未知能否成为事实耳。专此。顺颂公绥。

弟施永高谨启<br>1920年2月25日

[*] 信端注明"译美国图书馆施永高君致张菊翁原函"。信函右侧有张元济批注："1920/2/25 来"。

[**] 原文如此。——编者

【2】[*]　施先生阁下：敬启者，今致书于左右，先向先生请罪，即叠次接先生来信，均未答复，至为抱歉。缘去秋因事入京，又在本籍建筑阖族祖祠，常常回里；先生信中所言之事又非他人所能代办，而余又不能自缮英文。有此种种原因，致未能即时答复，总祈先生原宥。

寄来 Two Complete sits[**] of the list of gazetteers in the Library of Congress Collection 及历次寄来之 supplement up to January 1921 均已收到。

先生要续买丛书，余当属上海书店开出所有丛书清单，并托北京分馆转托相识之书店照同样开出[***]，随后寄上。但恐所开条件如先生一千九百二十年十二月十一日来信所举各节不能一一开列清楚耳。先生所编之丛书目录如已编成，甚盼见示。

本馆影印《学海类编》比原书较小。原书甚不易得，敝馆故影印，预约黄纸五十元，现售七十元，白纸预约六十元，现售八十元。贵馆需购用，乞示知。

本馆出版《涵芬楼丛书》，仅出五种，书甚平常，故不寄去。至《涵芬楼秘笈》已出第三集至第九集，又有《宋人说部》，均有名之书，已出二十余种，均属同时寄去。已知照发行所，并将书交由敝公司发行所制成布套寄去，并开

致　施永高

发单奉阅。

《四部丛刊》出版,因外国经寄售书店尚未商定,国内定购者纷纷而来,所印仅一千部,不敷销售,故英文传单虽已印好,未敢寄奉。今承先生定购,至为感谢,惟是书分六期出版,大约一千九百二十二年十一月方能出完。第一、二期已出之书亦已售完,现在再版四百部,唯第三期书总印一千四百部,于一次印成,故先生此时定购第三期书反可先取,而第一、二期之书必须再版印成,随后陆续交付。兹寄去目录一本,内附第一期详细书目,又第二期详细书目一张,并英文传(单)说明书一分,统祈詧入。但有一事,先生属代制布套,甚觉为难,缘此书并不依照目录次序出版(请看第一、二期详细书目便知),如将已出之书先做布套,则将来全部出完,所有经、史、子、集次第必致错乱。若一种一套,则未免费钱太多,且有种一册者或两册者,亦不好看。敝处商量再四,尚未有妥善办法。可否俟全书出齐,按照经、史、子、集次序排好,制成布套,再行寄去?乞示知。

是书白纸者预约价墨银五百元,印书根三十二元,现因第一次预约期满,改为六百元,连书根在内。但先生定购可以仍照第一次预约例,收墨银五百三十二元,唯寄费不在内。\*\*\*\* 即祈将书价汇下,当将预约券寄奉。

《廿四史》已全数售完。此书系用乾隆四年殿板影印,现不再版,无以应命,甚为歉仄。但敝馆欲搜集更精之旧本(合宋、元、明、清四朝之板)另印一部,此时尚未十分决定,将来决定影印之时再行奉告,但书价必须增加,总在一百五十元以上,缘收罗旧本甚为不易也。

敝馆现又印一种丛书,名曰《续古逸丛书》,均用宋本影印。第一种为《孟子》,共七本;第二种为《庄子》,共五本。已经出书。用最上等之中国纸印刷,书之尺寸为 $9\frac{1}{2} \times 15\frac{5}{8}$,每部定价十四元,无折扣。第三种为《说文解字》,第四种为《曹子建集》,现在正在印刷中,尚未定价。先生如欲购买,乞即示知,缘影印无多,购者甚众也。

敝馆出版书目及传单已属该主任随时寄奉,并将大名列入 mailing list 矣。

寄还《安徽通志》十二包已经收到。退还原售书之书店不可能办到,即由敝馆收回另售可耳。\*\*\*\*\*\*

属代买志书极思遵办。\*\*\*\*\*\* 仆为敝公司附设之图书馆收买已久,亦甚注意，但有三难：一、吾辈已购得种数不少，所缺各种均甚罕见；二、现在书价甚昂（但现在金价甚贵，在贵国视之，或未必觉其价昂）；三、敝公司分馆职员能明白旧书者甚少，欲其审查该种志书为何时所印、为何人所纂、有无缺少，殊难胜任。因此三难，故恐不易报命。鄙意只可将尊处所未有者开单，令各分馆采购，或可买得若干种。若于贵馆已有之志书而欲买其另一种 Edition 者，则恐办不到，反致错误。此事只可由鄙人自己为先生留心。今年拟再往北京或赴广东，彼时代为采买。在上海亦当代留意。云南、福建两省各志书极不易买，与贵馆未有之府志均当留意收买。

Mr. Djian mun-Ling 现在北京大学校代理校长，其人并不藏书。另有敝友蒋君梦苹，藏旧书甚多，志书亦不少。其人生存，并无出售书籍之事。

《湖北通志》极不易得，敝处图书馆亦未有。先生出价墨银二百元，恐买不到。能再增加否？《江苏通志》要否？乞示下。本年二月二日来信不甚明析，故再问明。殿板《一统志》亦甚少见，容为留意。

《元一统志》(Yuan I tung chik) 从前钱大昕曾见之，不知后来何以散佚？各家藏书均无此书，唯常熟县瞿氏有抄本数卷，为蜀省均州一卷、房州一卷、通安州一卷、鄜州二卷、葭州三卷。尊外如欲得之，可以托人抄出，乞示知。贵馆所有直隶六卷将来望用照相法影寄一分，即彼此交换，何如？

另编《四库全书》目录，敝处有此意，然迄未能办理，因能办理此事之人都无余暇也。敝国政府拟将此书全部影印，因财政困难，难于实行，欲委敝公司代印。因工事过钜，不敢担任。此书全部约略估计，至少须售墨银三万元，恐能购者亦甚少也。

《增订丛书举要》系在江西用活字印行，手工甚劣，并无清楚之本，故不敢代买。山西省之《植物名实图考》(Chih Wu Ming Shih Tu Kao) 去年九月二十五日来信属买十部，久未办奉。现在尚要买否？乞示知再办。

先生所订定植物拉丁名称甚盼见示。

刘翰怡(Liu Han-ye)允将续印之书送先生。张钧衡(Chang Chuen-Hun)亦允将《撑是居丛书》所缺一种送上。但均未送来。

张元济

十年三月二十一日

再，\*\*\*\*\*\*\*购买志书一事，有他处代君购买，故敝处代买有时不免重复。迨敝处寄到美国，尊处查出，如不退还，尊处留之无用，如再退还，隔时已久，敝处亦不能退还原店，事属两难。此事有何法可以解决，并乞斟酌见示。\*\*\*\*\*\*\*\*

张元济<br>十年三月二十四日

\* 信稿右侧空白处有张元济亲笔批注：请汪康年先生转交李渭林先生译成英文。施君名姓、住址原文附阅。张元济。10/3/21。按：汪康年早在1911年逝世，此处恐系"汪诒年"之误。

\*\* sits，恐系 sets 之误。

\*\*\* 此处信稿天头张元济批注：10/3/23 函托京馆，书目同时寄去，并告韦荣甫。

\*\*\*\* 此处信稿天头张元济批注：已知照定书柜。

\*\*\*\*\* 此致信稿天头张元济批注：已送本公司图书馆。10/3/23。

\*\*\*\*\*\* 此段文字天头有张元济批注2处：①此事未办。②将来要除去安徽、江西。

\*\*\*\*\*\*\* 此页信稿右侧空白处有张元济批注：李渭林先生，请将此纸另译一纸，附入施君信内。

\*\*\*\*\*\*\*\* 信稿末尚有张元济批注：右致施永高君附笺。此稿与英文稿不同，后有更改。

# 致盐谷温

(1878—1962),博士,日本中国文学研究者,东京帝国大学教授。

【1】 盐谷先生道席:日久未作笔谈,敬想起居佳胜,箸述贤劳,定符远颂。弟丹铅犹昔,无淑状可言。前曾辑印先著《中庸说》、《孟子传》二种,谨各奉赠一部,上备玄览。兹有魏君应麒,留学贵邦,有志深造,拟于明年入东京帝国大学文学部研究院,益有慕真学明师之故。特为函介,乞予训导一切,以副成德达材之教,无任纫感。专肃布达,敬颂教安。

二十五年十一月二十六日

## 致 荻野仲三郎

【1】* 荻野先生大鉴：远睽雅教，笺讯久疏，仰企之余，弥殷驰念。比维履祺安吉，动定咸绥，至为忭颂。曩在故友山本条太郎氏席上获聆教益，并蒙致书京都东福寺冈根上人借影所藏先文忠公遗著《中庸说》，当邀慨允，心感无既。荏苒数年，顷始印就，并成原版、缩本两种，谨各检呈一部，又先著尚有《孟子传》，虽系残本，惟自宋迄今，从未覆版，顷亦同时印出，并呈一部，藉供清鉴，聊伴荒函，至希惠纳，为荷。专此布候，敬颂台祺。

二十五年八月八日

* 录自打字稿。另见张元济亲笔批改之毛笔信稿，署二十五年八月六日，地址栏内有"东京市外阿佐ケ谷小山四十二番地"字样。——编者

## 致 根津信治

日本静嘉堂文库执事

【1】 根津先生大鉴：远企清辉，时殷驰溯，就维履候多胜为颂。前承贵文库慨假珍藏《武经七书》、《名公书判清明集》及《太平御览》之一部，分畀由中华学艺社委交商务印书馆先后出版。秘笈流传，实拜嘉惠。谨各检呈一部，统乞莞纳，为荷。专此。祗颂台安。

二十五年二月二十日

【2】 根津先生大鉴：睽违芝宇，结想为劳。比维履候嘉胜，定符远颂。前蒙贵文库惠借宋刊《新唐书》昨甫印就，谨由邮便寄呈一帙，至祈莞纳，为荷。专此。祗颂台安。

二十六年三月十四日

## 致 原亮三郎 山本条太郎

【1】　原山本先生阁下：敬启者，久未通讯，悬想为劳。秋风荐爽，伏维起居纳福，敬颂敬颂。加藤君莅沪以后，一切事务均托代为陈述。因由性懒，亦因事繁，以致久未作书通候，想二公必能谅之也。幡孙君来，道及二公关垂夏粹翁事，同人无不钦佩。幡孙君又告印锡翁，谓本公司如留加藤君在沪办事，可有裨益。此固元济等之所甚愿，惟始闻加藤君言，春间为二公代表来沪，不过数月句留，即复归国。恐金港堂有重要事务须待加藤君整理，故不敢谬焉陈请。今一闻幡孙君之言，不禁喜出望外。查本馆教科书籍出版日多，分馆已及二十余处，某书广销，某书难售。若不调查明晰，以定编译之方针，于营业至为危险。且教科书籍尤宜随时改良、修订。一切排印、制本，编译所与印刷所交涉之事，至为纷繁。分春议设出版部，专司此事，而主持无人，迄未能办理就绪。加藤君才长心细，在金港堂尤有经验，任以此事，最为相宜。故弟与夏、高诸君商定，即延请加藤君在编译所管理出版部事务，兼调查各种书籍销路之升降赢绌。以加藤君之富于经验，此事必优为之。每月致送薪水式百元。戋戋之数，诚知过于菲薄，惟公司中人数既多，不能不略有比例。果能营业盛旺，利益增进，将来分派花红，当尚可少有津贴。此中为难情形，想二公定能鉴及也。惟出版事务，端绪甚繁，非将一切规则暨与各部关系之事一一厘定，未易收效。即调查书籍销路之事，旧时虽有各种表册可以循用，而布置未能周密，机关未能圆活，其有待于改良者正复不少。闻加藤君言，因有翻印国定教科书一事，来月必当归国等语。此间事方着手，诸事均未整理就绪而遽然中止，他人必无从继续。若数月之后仍由加藤君复来办理，则时移事易，情形已大不相同，必致前功尽弃，且凡举办一事，不勤则已，既勤则必求其前进，迄于有成，若半途中辍，于事机大有障碍。故弟一闻加藤君之言，即请其婉商原翁，别倩一人办理。翻印国定教科书之事，毋遽促加藤君归国，俾得留沪，徐徐布置。想其信函必已达到。务求原翁俯允，并恳山本先生从旁赞成，公司当获益不浅也。贱体迩来尚能耐劳，

惟脑力终逊，时患失眠，颇欲俟馆事少闲，再谋数月之休养，但不知此愿何日偿耳。手此。敬颂台安。

张元济顿首
己酉七月廿六

小谷学士暨亮一郎仁兄均此致意。夏、高诸君均笔附候。

# 致 铃木重孝

日本宫内省<br>图书寮事务官

【1】 铃木先生大鉴：远睽芝采，恒切葭思。比维履祺增绥，企颂为慰。前由中华学艺社乞借贵寮所藏宋蜀刻本《太平御览》，委由敝馆出版，中有残阙，续向贵邦东福寺、静嘉堂借补，复以喜多村直宽氏之景宋聚珍本配入，幸成完璧。诸纫雅谊，感非言喻。顷已出版，谨特检呈壹部，聊将微意，伏祈鉴存。专此布候，敬颂台祺。

二十五年三月四日

【2】 铃木先生大鉴：敬启者，前奉复音，知所呈《太平御览》已蒙察及。炎暑乘时，伏维履候佳胜为颂。近日续印先人遗著《中庸说》、《孟子传》顷已出版，今检原版《中庸说》一部，缩本《中庸说》、《孟子传》各一部，谨托长泽先生代为转致，伏希鉴纳，并希惠教不遗，是所企祷。专此布奉，敬颂台祺。

二十五年八月七日

## 致 高仓克己

**【1】**<sup>*</sup>　高仓先生大鉴：敬启者，兹由敝馆发行所转示大函，藉谂执事于京都大学展观近卫文库时，见有宋刊本《乐书》一种，首尾完全无阙，备承指示，无任感谢。查《乐书》，敝馆现尚未觅到宋本，执事所见之书，未知可否商借景印？得便如蒙就近查示，尤深感荷。专肃。敬颂大安。

二十六年一月二十八日

　　* 是信打字信稿右侧有他人以毛笔批注：高仓克己，日本京都市左家区净土寺西田町六；左侧有王云五批注：菊翁：本函已寄发，敬呈□□一分。云。——编者

# 致　诸桥辙次

【1】　诸桥先生大鉴：久疏笺敬，恒切翘思，春气始和，伏维起居休畅为颂。弟日事丹黄，藉以娱老。前托长泽规矩也先生代商，拟借静嘉堂珍藏残宋刊《周益公集》及元刊《东京梦华录》两书影印，昨得长泽先生函，知承鼎诺，欣喜过望，即复函请其转邀技师趋前摄影。抑尚有请者，敝馆藏有元刊《济生拔萃》，与静嘉堂藏本相同，惟缺去《针经节要》、《洁古云岐针法》、《洁古家珍》、《保婴集》四种，在敝国公私藏家均无可借补，不得已再为无厌之请。如蒙慨允，同时付影，则拜贶弥厚，感荷无既。专此肃恳布谢。敬颂台祺。

二十四年三月八日

【2】　诸桥先生大鉴：笺讯久疏，恒以为念。日前归自牯岭，接奉长泽规矩也先生八月一日惠函，述悉弟三月七日所上一缄早蒙誉入，并承慨借静嘉堂珍藏《周益公集》、《东京梦华录》两书已摄照寄沪，感非言喻。唯另恳补照《济生拔萃》内所缺《针经节要》、《洁古云岐针法》、《洁古家珍》、《保婴集》四种，在敝邦公私藏家已难物色，素仰嘉惠同文之盛意，不得已再以奉渎，仍乞俯允借予摄照，俾敝邦久亡之帙得以流传，皆先生之所赐与者也。临颖瞻企，无任钦迟。专此奉恳，敬颂台祺。

二十四年九月十九日

【3】　诸桥先生大鉴：秋风送爽，伏维起居清吉为颂。昨奉十月十九日手书，展诵祗悉。《济生拔萃》中之《针经节要》、《洁古云岐针法》、《洁古家珍》、《保婴集》四种为敝邦久佚之书，恳祈俯允摄照，俾便印行，以饷学界。今承鼎诺见饷一鸥，并属即致函长泽先生商量照相之事，具征发扬古籍，垂顾同文之盛意，至为感荷。长泽先生处已专函请其即日转约技师诣前从事。屡相惊扰，无任悚惶。特此肃谢，敬颂台祺。

二十四年十月三十一日

【4】　诸桥先生大鉴：上年十月二十九日布奉寸缄，托长泽规矩也先生转呈，谅蒙察及。春日载阳，伏维兴居增祜，定如所颂。前承惠借珍本与中

华学艺社影印，嘉惠同文，至深铭感。先后由同社委交敝馆出版，近日出版有《武经七书》、《名公书判清明集》二种，为贵文库所藏善本，又图书寮所藏《太平御览》宋刊本中有残阙，并蒙慨借补配，另有《搜神秘览》、《乐善录》亦假自贵邦藏弆之家。兹均印竣，谨各检呈一部，敬祈莞纳。《武经七书》、《清明集》、《太平御览》三种各两部，《搜神秘览》、《乐善录》各一部并信一函，恳祈转致岩崎男爵。费神尤感。专此布候，敬颂台祺。

二十五年二月十八日

【5】 诸桥先生大鉴：二月十八日曾上寸缄，附呈《乐善录》、《武经七书》、《名公书判清明集》、《太平御览》、《搜神秘览》各一部，想蒙察入。比维暑候佳胜，慰如所颂。兹又印成先人遗著《中庸说》、《孟子传》两书，特各检一部，托长泽先生转致，即希鉴纳。《中庸说》为贵邦京都东福寺所藏，敝国久已无传。今蒙借印，甚可感也。专此奉布，敬颂台祺。

二十五年八月七日

【6】 前月蒙惠赐景印宋刻《唐百家诗选》全部，因贱躯有采薪之忧，尚未陈谢，比又奉十二月十六日手书，并承续赐《静嘉堂丛书》之一景宋本《皇朝编年纲目备要》一部两套，拜领之下，开函捧读，印本精美，无异真迹，谨当什袭珍藏，永志嘉惠。同时又承寄赠东方图书馆同书一部，亦已转交，同深感谢。星迴岁转，倏又一年，伏维履端集庆，无任颂祷之至。

二十五年十二月二十三日

【7】 诸桥先生大鉴：前奉惠书，并示大作，佩诵之余，即经肃复，谅邀台察。近接长泽先生函告，藉知贵文库又征集大宗贵邦文字书籍，珍藏宏富，尤深钦仰。前蒙惠假残宋刊《新唐书》，因校订需时，昨甫出版。兹由邮便寄上一部，敬乞莞存。另附两部，并祈代呈岩崎爵座，兼致谢悃，为荷。专此。祗颂春祺。

二十六年三月二十四日

## 致 黑井悌次郎

【1】 黑井先生大鉴：笺讯久缺，时殷企念。近维起居休畅，闻望交隆，定符臆颂。五载以前，因商务印书馆景印宋椠黄善夫本《史记》缺去约六十卷，仰蒙雅谊，代向上杉伯爵邸中借补，俾成全璧，嘉惠同文，欣感无既。荏苒数载，顷始获得全书出版。谨呈壹帙，伏希莞存。上杉爵邸中亦已另寄两部，合并陈明。专此布谢，敬颂台安。

张<br>二十五年十一月二十七日

# 致 榑 井

> 日本榑井写真馆主人，照相师。

【1】 榑井先生台鉴：本月四日接尊处摄照《周益文忠公集》相片第一批，请求书一份，祗悉。昨又由邮局交到《周集》相片四盒，当即详细点收，共计壹千壹百拾贰枚，查请求书内原开一千一百十七枚，想系笔误。至照费按合同规定，应续寄该相片价款之半数，计日金贰百贰拾贰元肆角，已请长泽先生转交。又查合同第一条第二项规定，八切者有字之处最低不得过五英寸八分之一。此次寄来相片内有一百五十八叶均不足五英寸八分之一，其最低者仅有四英寸八分之六，未能合用。原拟请尊处重照，诚恐向静嘉堂书库重复借书，不免烦渎，而尊处亦受损过巨，拟由敝处自行改照，所有此次长度不合之一百五十八叶其照费拟减付每叶贰拾钱，藉以略补敝处改照之损失。至于未照竣之《周集》及其他各书，均请改照长度伍英寸捌分之叁，其阔度半页仍不得过肆英寸捌分之叁（倘遇原书版框较阔，依照上述长度照出后而其阔度超过四英寸八分之三者，则应以阔度肆英寸捌分之叁为准，长度不妨稍短），因原合同所订长度伍英寸捌分之壹仍觉略低，务请注意照办。余请长泽先生转达，即颂大安。

二十四年六月十一日

# 致 德富苏峰

即德富猪一郎(1863—1957),日本著名评论家,新闻记者。

【1】 苏峰先生大鉴:前年东游贵国,归后曾于上年三月初肃寄寸函。岁月如流,又更裘葛,伏维道履清胜,定洽颂忱。弟杜门读书,愧无淑状。曩者有搜印旧本正史之愿,访求积十余年,先后得宋、元佳椠甚多,今已校订蒇事,付商务书馆分期影印。谨呈见本一册,义例具详叙言,乞赐览观,加以指教。又新印宋本《论语注疏》一部,亦祈哂纳。均托由贵社驻沪记者泽村先生寄上,至祈察收为荷。德邻在望,时锡箴言,尤所感幸。专此。敬颂著祺。

弟张元济顿首<br>十九年五月二十九日

【2】 苏峰先生大鉴:五月二十九日泐奉寸函,并附呈影印宋本《论语注疏》,托贵社驻沪记者泽村氏代为寄上。续又呈奉新印宋景祐本《汉书》一部,又前承属代抄宋刊《国朝诸臣奏议》三卷,亦在北平友人处觅得刊本。泽村氏传谕属为代购,并承发下书值华银百圆,如数收到。原书一册亦托同氏邮呈,计均先后达览。敝馆影印《百衲本二十四史》所用《史记》,系用宋黄善夫本。但就国内搜求所及,尚缺六十卷之谱。闻贵国米泽旧藩主上杉伯爵府中存有黄刻完全宋本《史记》,谅曾阅及。拟乞代为询问,其书是否尚存?可否通假?便中示知。渎神至感。专此。敬颂台祉。

张元济顿首拜启<br>民国十九年十月三日

【3】 苏峰先生大鉴:十月廿三日肃上芜函,谅尘记室。前周获读贵报,谬蒙嘉许。一经品题,声价十倍。公谊私情,两深铭感。宋刻黄善夫本《史记》一书承向上杉爵邸商借摄影,业蒙慨诺,至为欣幸。寄示写真三叶,虽加有句读附注,将来制版尚可修正复原。敝处共缺六十余卷,容即另开详单,

托长泽文学士邀同特约写真技师造谒,乞为转介上杉爵邸,以便摄影,并恳向爵前谨伸谢意,仰仗鼎力,俾宋刻腐史得成全璧,为《百衲本二十四史》生色不少,嘉惠同文,不特元济私人感戴已也。元济自前月初偶沾微恙,近稍就痊,堪以告慰。朔风多厉,望为道珍重。专此。敬颂台祺,诸希亮鉴。

张元济谨启
十九年十二月九日

郑君贞文附笔问候。

【4】 苏峰先生大鉴:海天暌隔,音敬久疏,驰系之私,时萦梦毂。清和布令,伏审履候多绥,定符企颂。前以求借上杉伯爵所藏南宋黄善夫本《史记》,俾补完敝处残帙,影印行世。仰蒙先生转商黑井大将代为请愿,得承慨允。此皆由鼎力在前,故能得玉成于后。追维盛意,感戢莫名。今其书已摄影蒇事,即可付印,以同文之秘笈,拜嘉惠而流通,亦敝国学界所欣幸不置也。专此陈谢,敬颂台祺,诸希雅照。

张元济顿首拜上
二十年六月十日

【5】 阔别数年,时深企仰,比维著述日新,起居多福,定如下颂。元济钻研故纸,无淑可陈,近印成先文忠公遗著《中庸说》、《孟子传》两种,特恳长泽规矩也先生代呈,伏乞莞纳。

二十五年十月二日

【6】* 苏峰先生大鉴:前月二日肃上一缄,并附呈先人遗著《中庸说》、《孟子传》两书,谅邀垂詧。比来霜晴气淑,遥祝颐养增绥。五载以前,曾乞转商上杉伯爵,补借宋椠黄善夫本《史记》六十卷,畀与商务印书馆影印流传。敝邦久佚之本,获成完璧。嘉惠同文,良非浅鲜。荏苒数载,顷始将全书印成。谨呈一部,伏希莞纳为幸**。专此布谢,敬颂颐绥。

二十五年十一月二十六日

\* 信稿地址栏内有"长泽君转"字样。
\*\* 此处天头有任心白批注:"书直寄。任心白谨注。"

——编者

## 致 橘井清五郎

【1】 橘井先生惠鉴：春日载阳，伏维道履嘉胜。前由中华学艺社乞借贵寮所藏宋蜀刊本《太平御览》，委由敝馆出版。中有残阙，复借得贵邦京都市东福寺及岩崎氏静嘉堂文库所藏残本参配。尚缺二十六卷，以景宋聚珍本补入，幸成完璧。顷已出版，谨检呈壹部，伏乞莞存。再，此书月前即拟邮呈，因接长泽先生函告，藉悉尊寓地名更改，深恐误投，特又续询长泽先生，顷得复函，谓街番略有更动，地址则仍旧，稍致稽延，甚以为歉，合并陈明，统维鉴谅。专此布谢，敬颂撰祺。

二十五年三月四日

【2】 橘井先生大鉴：三月四日曾上寸缄，附呈《太平御览》一部，想蒙察及。比维暑候佳胜，慰如所颂。兹托长泽先生代为转致新印先人遗著大本《中庸说》一部，缩本《中庸说》、《孟子传》各一部，敬祈赐鉴，为荷。专此布奉，顺颂台祺。

二十五年八月七日

## 致上海市人民政府文化局

【1】 亡友叶景葵与元济等以私人力量创办合众图书馆,搜集历史参考之图书约二十四万册,金石拓片万余种,自置基地并建馆舍,冀成一专门性之图书馆,艰辛经营十有四载,规模粗具。若欲扩而充之,以配合国家大规模建设,则非同人绵薄所及。兹经我会第十四次临时会议决议呈献贵局,俾得大事发展。特推董事徐森玉、顾廷龙为代表,协商移交手续,即希查照赐复为荷。此致
上海市人民政府文化局

上海市私立合众图书馆董事长张元济<br>一九五二年十二月十五日

【2】 兹接沪化社二(53)字第二四七九号大函,敬悉我馆捐献业经同意,无任欣感。惟本会十四次临时会议有一决议如下:

捐献时有两事请求:(一)本馆与叶宅所订租地合同继续履行;(二)本馆图书尽可能不予分散,以保持为参考便利而搜集的系统。

此为本会代表捐款赠书各家之深切愿望,尚祈俯准所请,惠予赐复为荷。此致
上海市人民政府文化局

上海市私立合众图书馆董事长张元济<br>一九五三年四月二十五日

# 致上海市地方协会特种委员会

**【1】** 上海市地方协会特种委员会致张元济信及张元济批注

菊生先生大鉴：前承惠捐国币贰百圆，声明用于华北救济事业。兹以红十字会连日派队北上救护，需费甚亟，用将该款转送该会收用，似于尊旨尚相符合。随函附奉该会收据一纸，即乞詧收。并将本会所制临时收据掷还①为荷。敬颂大安。

附收据。

上海市地方协会特种委员会启<br>廿六年八月九日

张元济批注：

① 次日备信缴去。

## 附1 中国红十字会总会正式收据 No. 1076

今收到张菊生大善士国币贰百元正（指助救护经费）。除登报征信外，特给收据为凭。

副 会 长　刘鸿生<br>常务理事　闻兰亭<br>常务监事　黄涵之<br>中华民国念六年八月七日

## 附2 上海市地方协会特种委员会致张元济信

菊生先生大鉴：接奉十三日大函，又荷惠捐救济费壹百圆。仰见高谊，公私感篆。容俟依照尊旨转送救济委员会领用外，特先由会制奉临时收据，即希詧存，敬鸣谢悃。专颂

大安。附收据。

上海市地方协会特委会启<br>廿六年八月十三日

# 致上海市图书馆

【1】 上海市图书馆致张元济信及张元济批注

径启者，案查本馆依据董事会决议，拟订大批购入图书办法七条暨附表二种，油印分别函送征求意见在案。兹该项办法亟待决定。请于三日内赐覆，以便汇送市府核办。是所企盼。此致
张董事元济

上海市图书馆<br>启（1936年）九月二日①

张元济批注：
① 赞同。25/9/3复。

【2】 上海市图书馆致张元济信及张元济批注

径启者，顷准上海市政府机要室通知，奉市长谕：图书馆董事会成立会及第一次常会日期，定三月十三日（星期六）下午三时在图书馆举行等因，相应录达。即祈查照为荷等因，准此，用特函达。即希台端准时出席为荷。此致
张董事菊生

上海市图书馆启　馆长洪逵<br>二六·三·八①

张元济批注：
①因赴周氏题主，先一日函达，请王岫翁代表。26/3/12

# 致上海市政府

【1】 上海市政府公函及张元济批注

上海市政府公函　　字、第7882号

查本市图书馆业已正式成立,原有本市图书馆临时董事会亟应改组为本市图书馆董事会,以资策进。素仰台端提倡社会教育事业,夙著懋勋。兹特奉聘为上海市图书馆董事会董事。尚祈惠允俯就。至纫公感。此致
张元济先生

市长吴铁城<br>中华民国二十五年十一月廿四日①

张元济批注：

① 廿七日覆。奉本月廿四日第七八八二号公函,辱命元济为上海市图书馆董事会董事。事关文化,自当勉竭所知,谨随众君子之后,稍效壤流之助。专覆。

# 致上海贫儿院

【1】 上海贫儿院致张元济信及张元济批注

菊生先生大鉴：久疏教益，良深企念。敬启者，尊保院生黄文荣入院以来已经四载。历承捐助教养费每年四十元，至为感谢。敝院近以百物腾贵，经济益形竭蹶。尊处本年份之教养费业已届期，为特奉上收据，敬乞惠赐来手，毋任感祷。专此。祗颂善祺

上海贫儿院谨启<br>中华民国十九年六月十六日①

张元济批注：
① 同日付讫。给浙江兴业银行支票。张元济记。

# 致《广东丛书》编印委员会

**【1】**《广东丛书》编印委员会致张元济信及张元济批注

菊生先生台鉴：《广东丛书》底本，业经完全送往贵馆驻港办事处，计承台洽。此书定价既昂，深恐有碍销路，不知尚有低估[①]否？兹有恳者，查《丛书》第一集，除梁朝钟无像外，余均附有传像。惟各底本间有本有像传者，应如何去取编次？因底本已交尊处，无从悬拟，拟请台端费神，就近指示办妥[②]，不胜感何。关于定印四百部之印费，经于本月五日送往贵馆港办事处矣。顺此奉知，并颂著安。

《广东丛书》编印委员会启

（1940年）九月十一日[③]

再各底本缺页之钞补[④]，不知已竣事否？潘宅藏书曾否借得？[⑤]并以为念。

张元济批注：

① "低估"二字旁由张元济作△△记号。

② "指示办妥"旁由张元济作△△△△记号。

③ 张元济于信末批注：29/10/10 附复在叶玉翁信，声明不另复。

④ "补钞"两字右旁由张元济作△△记号。

⑤ 张元济批注：此事由我办。

## 致日本东洋文库

【1】 敬启者，五载以前，鄙人曾至贵文库观书，获见宋刊《乐善录》，嗣由中华学艺社恳祈借影，仰蒙慨允。今同社委由敝馆出版，特属检呈一部，妥邮寄上，藉供插架，并致谢忱，至祈赐鉴为祷。专此布奉，伏维台察。
此上东洋文库

二十五年二月十一日

## 致日本京都帝国大学文学部

【1】 前蒙颁赠贵部景印《讲周易疏论家义记》、《经典释文》、《汉书·扬雄传》旧写本残卷三种，一昨又承续赐景印写本《文选集注》两函。叠蒙嘉贶，不胜感谢。人间秘籍，久叹沈薶。今得贵邦景印流通，实为艺林盛事，曷胜欣羡。兹谨呈景印先始祖《横浦先生文集》，又先六世叔祖所辑《词林纪事》各一部，聊为酬答，伏乞莞存。

二十五年元月二十日

【2】* 顷由邮局递到贵部景印古写本《文选集注》第五、六集，合共两函。远承嘉贶，谨当什袭珍藏，永志厚意。专肃布谢，伏维垂鉴。

二十五年七月十五日

再启者，上海商务印书馆景印明《永乐大典水经注》一部，此书中经散佚，而首尾完具，良非偶然。敬乞玄评，藉答雅谊。伏祈哂存是幸。再颂学祉。

张元济<br>二十五年七月十八日

* 是信打字信稿右侧有作者以毛笔批注：京都帝国大学文学部。——编者

## 致日本宫内省图书寮

【1】* 敬肃者：凤造鸿都，弥殷蚁慕，贮琅環之珍秘，分光耀于同文，引领翘瞻，曷胜仰忭。前由中华学艺社乞借贵寮所藏宋蜀刻本《太平御览》，委由商务印书馆出版，中有阙卷，续向贵邦京都市东福寺及岩崎氏静嘉堂文库所藏参配，仍缺二十六卷，复以景宋聚珍本补入，以成完璧。兹已印竣，谨特检呈两部。尚有《武经七书》、《名公书判清明集》、《乐善录》、《搜神秘览》等四种均皆假自贵邦公私藏弆之所。秘笈流传，为益至钜，并各检呈一部，统乞察存，并祈鉴定，无任感幸。专肃上启，敬颂春绥，诸维赐詧。

二十五年二月二十日

* 是信打字信稿第一页右侧有他人以毛笔批注：图书寮。——编者

【2】敬启者，前奉复示，藉悉所呈《太平御览》两部，《武经七书》、《名公书判清明集》、《乐善录》、《搜神秘览》各一部，已蒙赐察。兹又印成先人遗著《中庸说》，此书借自贵国京都东福寺，敝邦久佚，今获流通，实深感幸。谨检两部，托长泽先生代为转上，藉申曝献，伏希鉴纳，为荷。此上宫内省图书寮。

二十五年八月七日

【3】敬启者：去岁八月七日肃上一缄，邮呈先著《中庸说》两部，计已早邀赐览。曩年在贵邦静嘉堂文库借影残宋刊《新唐书》，昨甫印就。谨由邮便寄呈壹帙，至祈察纳，为荷。此上宫内省图书寮。

二十六年三月二十四日

# 致中华国货维持会

**【1】** 中华国货维持会致张元济信及张元济批注

径启者,敝会执委会决议聘任各界名流为名誉会董,以冀合作进行,登高提倡。经奉暑字第四六〇五号聘函壹件,谅登记室。迄今多日,未蒙见复,殊为企念。兹遵第二十九次执委会议决,再函奉询,希即示复,以利进行为荷。此上
菊生先生

中华国货维持会秘书处<br>中华民国十九年十月一日①

张元济批注：
① 19/10/3 复,补述前函云云。

# 致中国博物馆协会

【1】 中国博物馆协会致张元济信及张元济批注

敬启者,敝会于五月十八日在北平正式成立。同人等以先生赞扬文化,海内同钦,公推先生加入发起人之列。庶几登高一呼,群谷响应。倘承惠允,并希见复为荷。此致
菊生先生

中国博物馆协会谨启<br>(1935 年)五月廿七日[①]

附缘起、组织大纲各一份

张元济批注:
① 北平陟小门大街三号 24/6/10 覆允。

# 致 沪西慈善团＊

**【1】 沪西慈善团致张元济信及张元济批注**

珠生＊＊大善长先生台电：谨启者，积德家庆，广种福田。而常乐为善者昌，大收良果以无穷。盖扶危济贫，长亨富贵。明去暗来，不落虚空。现瞬冬令，又届年常，施衣给米，亟应早为筹备。敝团虽赖常捐以维持，时虞不足，全仗解囊而乐助，事方有济。慨善门难以独开，望事擎易举。同人等广施有心，实际乏力，以冀集腋聚沙，毋求点石成金，惟祈大善长发周急之慈悲，施当厄之仁愿，随心乐助，是所深祷，并附奉米票五拾张，尚请代办散放。幸甚此请。并附衣票拾纸。

善安。

名正萧［肃］

如蒙捐助棉衣，无论新旧，乞祈送至敝团，转解灾区，而并不派人登门劝募，亦请注意及祷。①

＊据沪西慈善团函所附来名片，该团董事部由徐春荣、程祝苏、黄金荣、杜月笙等组成，主任徐良钰。

＊＊原函系铅字排印，台头毛笔填写。"珠生"，恐为菊生之误。

张元济批注：

① 18/12/11 挂号退还。西门唐家湾天佑坊。

# 致 国 讯 社

【1】 国讯社致张元济信及张元济批注

　　菊生先生有道：敬恳者，敝刊发行以来，瞬阅五年。诸承爱护，行销日广，感激至深。现为力求充实、增进效能起见，经理事会之议决，敦聘顾问数位，俾得常承教益，以谋改进。吾公道德文章，夙为同人钦仰，拟恳屈就鄙社顾问，并祈南针时锡，以匡不逮。无任感幸。专布。敬颂道安。①

国讯社　常务理事黄炎培　江恒源　徐采丞<br>总经理杨卫玉　谨启

附组织大纲、理事名单、顾问名单各一份

中华民国廿六年五月廿六日发

张元济批注：
① 复允。26/5/28

# 致重修天一阁委员会

【1】 重修天一阁委员会致张元济信及张元济批注

菊生先生执事：昨、前两岁，叠上三书，并天一阁捐册、纪念册，亮达钧览。①天一、尊经两阁修移落成，其后左右新筑墙垣，嵌以宁波府学碑碣七十四方，阙门拟署"明州碑林"。方欲增建围廊及管理室，奈所集之款寥寥无几。阁中书目，去冬编写过半，以天寒中辍，近将赓续从事。比以工程、编目、修书，需费甚殷，定五月三十一日为捐款结束之期。务望勉力劝募，集成之款及捐册一同汇寄。不胜引领待命之至。专此布陈。敬叩
起居

重修天一阁委员会常务委员

陈宝麟　叶谦谅　冯贞群　陈如馨(代)　赵家荪(代)

同　启<br>二十五年五月二十日

张元济批注：

① 25/5/24 覆。因东方图书会[馆]复兴，同时求助于人，难并行。徼还捐册第一四〇号。捐十元，翌日送上海北京路四明银行。

## 致造纸工业原料联购处

【1】* 兹将家藏自刊本《词林纪事》、《横浦文集》售给贵处，计重伍百伍拾玖市斤，计伍拾伍萬玖千元。此请造纸工业原料联购处台照。

张菊生**

一九五二年七月五日

\* 此信系毛笔书写，非张元济笔迹。信纸右上角贴有中华人民共和国印花税票四枚，左上角有钢笔书写"淮海中路善钟路1285弄24号"字样。信内币值为旧人民币。
\*\* 署名后钤有"张印元济"红色方章。

——编者

# 致浙江省教育厅

【1】 浙江省教育厅致张元济信及张元济批注

径启者:本省定期举行文献展览会。前经本厅敦请台端担任设计委员在案。兹定于本月廿四日(星期日)上午九时在杭州市大学路省立图书馆召开第一次会议。敬希准时莅会,共策进行,无任翘企!此致
张菊生先生

浙江省教育厅启<br>(1936年)五月九日①

张元济批注:
①赴蜀,不克到。25/5/16复。

【2】 敬复者,奉本月九日公函,谨悉本省文献展览会定于本月廿四日举行第一次会议。元济因有四川之行,即日首涂,不克与会,甚为歉疚,尚祈鉴宥。此上
浙江省教育厅台鉴

张元济拜启<br>(1936年)五月十六日*

* 原信未署书写年份。1936年作者有四川之行。——编者

## 致《清词钞》编纂处

**【1】**《清词钞》编纂处朱彊邨等致张元济信及张元济批注

盖闻词学之兴,原于《风》、《骚》。《金荃》一集,始号专家;《花间》十编,爰掺选政。自宋迄明,声学大昌,专书踵出。《中兴绝妙》之编,《群英草堂》之集,《花庵》、《四水》之所搜疏,凤林、汲古之所鸠刻,莫不津逮学林,炳麟艺苑。爰暨清代,缥缃益富。《历代诗余》之选,列于官书;《四朝词综》之篇,汇为巨制。晖丽万有,皋牢百昌。发潜德之幽晖,恢大晟之宏绪,裒集之富,视前代且犹过焉。惟是三百年间,文运昌明,才俊踵系。人歌井水之词,家宝石帚之集。康乾之际,趋步南唐,咸同以来,竞称北宋。藏山待后,悉为乐府之雅词;断代成书,尚阙声家之总集。华亭词雅之编,长水名家之辑,以及粤西词见金陵词抄。浙西六家之书,常州三人之作,或意存乡献而仅及偏隅,或取备医中而但征伦好。譬诸绝潢断港,未臻溟涬之观;片石单椒,难语嵯峨之状。风流澌灭,识者恫焉。同人生当叔季,矜服前修,慨小雅之将亡,幸英尘之未沫,思集众制,勒为一书。敬维菊生先生,词林哲匠,学府宗师。志发幽光,有君子当仁之责;家藏秘帙,多人间未见之书。兹特公推为本处编纂,尚冀时贶教言,共襄盛举。他山攻错,有待宏裁。赤水求珠,期无遗宝。庶几观成刳剽,考千秋得失之林;附庸诗歌,备一代风俗之史。

|   |   |   |   |   |
|---|---|---|---|---|
| 朱彊邨 | 金甸丞 | 徐积余 | 程十发 | 林铁尊 |
| 夏剑丞 | 陈彦通 | 吴湖帆 | 董绶经 | 易由甫 |
| 潘兰史 | 易大庵 | 冒鹤汀 | 邵次公 | 袁伯夔 |
| 周梦坡 | 周梅泉 | 陈鹤柴 | 赵叔雍 | 谭篆卿 |
| 况又韩 | 刘翰怡 | 黄公渚 | 叶玉甫 | 同　启① |

张元济批注:

①万不胜任。东方书以改编目录,一时恐不克应命(指搜辑材料言)。张元济覆。18/11/29。

# 致清政府外务部

【1】 北京外务部王爷、中堂诸位大人钧鉴：昨日寓沪全浙绅商集议全浙铁路，议定自办，不附洋股。苏杭甬草合同，恳请主持饬废。谨先电达。浙江京官代表孙廷翰、沈卫、张元济、汪康年，留学生代表何燏时及寓沪绅商王存善、沈敦和、严信厚、庞元济、李厚祐、施则敬、周晋镳、沈能虎、徐尔谷、夏曾佑、朱佩珍、张美翊、谢纶辉、虞和德、樊棻、徐棠、孙思敬等一百六十人公具。

（1905 年 7 月 25 日）*

* 是电载 1905 年 7 月 26 日《中外日报》，该报刊载之标题为"寓沪浙省绅商呈外务部电（为全浙铁路事）。"电文端言"昨日……"，系 7 月 24 日事，据以确定是电拍发日期。——编者

# 致福建涵江火灾善后委员会

【1】 福建涵江火灾善后委员会致张元济信及张元济批注

菊生先生勋鉴：敬肃者，敝会前以涵市火灾奇重，不得已而有征求书画办理善后之举。数月以还，极蒙南北诸善长赞许，所锡作品名贵异常。惟因水灾、国难迭起，各方寄件延缓，收数未齐。近月沪战乍兴，弗克前往展览，至为憾事。曾经常会议决，除仍肃笺虔催未到作品外，即将已收书画四千〇百余件先行在本埠公开展览售券。一面推广征求，再当前诣沪上展览，次及星加坡，以符定例。月前赤匪陷漳，闽南震动，敝会曾将所征作品运往省垣保存。现漳城已告克复，十九路军陆续开抵下游，人心大定。除亟运回征品、重行筹备展览外，一面仍广征求，以期多得作品，藉策善后。素仰我公艺苑先导，海内钦迟，前缘无法通讯，兹经查悉尊址，用特将会启寄呈察阅。万乞俯悯浩劫，拨冗挥毫①，捐助若干，迅赐掷下，共襄善举，藉慰群望，灾黎感且不朽。附奉邮票代洋纸墨费二元、邮费一元，计邮票三百分②，即请查取，将下联附条填还，以凭记帐。不胜盼祷之至。再敝会现为亟于展览，欲图寄件便捷起见，惠捐作品请照书信寄双挂号邮下，幸勿用印刷品名义，以免积压延滞。是为至嘱。肃此祗叩
勋安

福建涵江火灾善后委员会谨启

附会启一册、书画券样一纸、邮票叁百分正。惠件请于接信后一个月前寄下为荷。

张元济批注：
①素不善书，绘事更非所长。
②21/10/29 挂号寄还。

# 无收件人[*]

【1】 书已阅过,纸色不同,印刷亦差,且画本有朱笔圈点、勾勒,此亦无有,配合不上,应退还。

张元济<br>一九五一年十月五日

[*] 此信原件照片可从 Google 网站"伊见思"名下查得,无收件人姓名。原信书写在一个旧信封背面,邮票上有北京日戳及上海落地戳。由此推得收信人很可能是商务印书馆北京分馆经理伊见思。——编者

# 诗　文

## 孙廷翰　沈卫　张元济　汪康年启事[*]

(1905 年 7 月 24 日)

　　寓沪浙籍官绅士商公鉴：浙路关系全局，定于本月二十二日假泥城桥洋务局集议一切，已请同乡王、沈、严三观察登报通知，届时务请惠临见教。恐未周知，特再奉告。

浙江同乡京官代表　孙廷翰　沈卫

张元济　汪康年　同启

(原载 1905 年 7 月 24 日《中外日报》)

[*] 文题为编者所加。——编者

# 汪康年　张元济　夏曾佑　叶瀚之声明[*]

(1905 年 8 月 16 日)

　　浙江同乡公鉴：昨日本埠之《上海泰晤士报》登载仆等于浙江铁路有私向日本领事商借洋款之事，其中情节全属捏造。仆等已将此事交哈华托律师办理，并由日本领事松冈君函令该报馆更正。又闻同乡连君横即连文澂拟即据该报所言遍发传单。似此举动，则该报论说之由来及连君命意之所在，可以不言而喻。除函达连君外，特此登报声明。

　　附致连君函

　　孟清仁兄大人阁下：今日《上海泰晤士报》论说所引日本领事报告中言浙江铁路一事，谓弟等潜与日本领事交涉，谋借外款。该报所言全属虚妄，业经交哈华托律师办理，并由日本领事松冈君函令该报馆更正。惟闻阁下将据此报译发传单。果有此举，则惟阁下受其责任。特预声明，伏祈垂照。

汪康年　张元济　夏曾佑　叶瀚同顿首
(原载 1905 年 8 月 16 日《中外日报》)

[*] 文题为编者所加。——编者

# 汪康年　张元济　夏曾佑　叶瀚之告白[*]

（1905年9月5日）

　　浙江同乡公鉴：六月廿二日浙人为全浙铁路之事曾假洋务局开会集议，事为全浙同乡所公认，各无异议。不料连横即连文澂于六月□□[**]日刊发传单，反对廿二日所开议会。康年等当时尚冀连君悔悟，不即根究。不意连横七月十六日又刊布传单，据《上海泰晤士报》已经更正之论说，谓康年等四人有向日本领事借款造路之事。当蒙京官代表孙、沈两太史于十七日午刻在一枝香招集同乡严小舫、王子展、沈仲礼、周金箴四观察暨连横及康年等四人面相诘问。当时问答之语，撮其大要，附记于后：

　　七月十七日午刻，孙问清、沈淇泉两太史约严、王、沈、周四观察，连横及康年等于一枝香午馔。既就席，沈淇泉宣述此席招客之旨为《上海泰晤士报》论说登有康年等四人私与日本人借款造路一事，此事必当查究。旋诘问康年等四人。康年等言实无此事，且《泰晤士报》业经两次更正。连横自言："此事得诸我所派之秘密侦探。"问侦探何人，则云不便言明。连横又言："余见《泰晤士报》后并未刊发传单，后以康年等四人有信挟制，故始刊发。"元济驳云："十五日午刻汝在一品香五号房宴客时，已有欲发传单之言。"连遂自认："余曾对汪叔明有此语。"连旋又言："余前告沈淇泉，闻有谣言汪、张、夏、叶有在六三亭与日本会议之事。"沈淇泉问："有何凭据？"连云："并无凭据。"周金箴言："某日连君来谈，云闻有汪、张等在六三亭借款之谣言。余问有凭据否？连云无凭据。"周言毕，瀚即起问连横曰："然则无一凭据乎？"连云："然。"连旋又言："余所闻之谣言，只有崛扶桑所登《时报》之凭证。余无凭证。"旋出《时报》示众人，即起欲行。众人止之。连又言："昨日《泰晤士报》更正之事余并未见。"王子展云："但问借款之事如有确据，则应汪、张、夏、叶四君当其责任；如无确据，则连君应当将乡里如是重大之事，尚无确据，遽尔宣布之责任。"沈淇泉又问连："究竟有无凭据？"连云："余已寄信东洋，不数日间即可得之。"沈又语连云："今日之事，以有确据为主。总须俟日本信到。

如有的据,则攻汪、张四人,我必表同情;如无的据,则请不必开会,以致牵动大局;如始终竟无的据,则请孟翁登报声明,并发传单,自任误听人言之咎。"元济诘问:"汝所发传单,有'张某口称同乡京官代表'之语,是非攻余而何?"孙问清言:"举汤、刘之语,系余首先发表。"连云:"既如是言,则余愿以误听人言,登报声明。"沈淇泉云:"今日之言,可以登报。"康年请在座诸君须定何者为实在凭据。王子展云:"私人之信,不足为据。应以日本外部有无公文为证。"于是同乡诸君公决连往日本调查,自今日起,以两礼拜为限,逾限即作无据论。连又言现在据《泰晤士报》,并无别项确据。应以两礼拜为期,前往日本切实调查西八月二号署日本总领事松冈有无报告日本外部公文,言汪、张、夏、叶四人向日人借款造浙江铁路之事。以日本政府公文为凭,如有确据,汪、张、夏、叶愿比照律例重办,如无确据,则连应照例反坐,皆由同乡举告。后元济问王子展云:"连欲以崛扶桑在《时报》更正之文为余等与日人秘密交涉之据,是否可以作准?"同乡诸君公议,不得以崛扶桑登报表白之信为秘密交涉之据。康年等据沈淇泉"今日之言,可以登报"之语请将拟定办法,登报布告全浙同乡。在座诸君皆言不必。元济即言:"如此应向连约定,调查期限未满之前,凡关浙路之事,彼此皆无举动。"连允改期开会。康年复语在座诸君:"凡有关浙路大局之事,《南方报》论说及记载、新闻、个人告白,均应由连担其责任。"后同乡公议,调查限内应由连孟青担该报议论、纪载及涉及汪、张、夏、叶他事之责任。《中外日报》亦同此责任。惟《泰晤士报》更正一条及日本领事更正之告白不在此例。议定以后即于所载当场问答纸上由各人亲笔签字,交沈淇泉太史收存。此七月十七日在一枝香初次集议一切情形也。

至本月初一,限期已满。复蒙京官代表孙、沈两太史于初二日午刻在一枝香招集同乡王、严、周三观察,沈仲礼观察因病未到,并邀连横及康年等四人,照十七日原议请连横交出凭据,而连横托故不到,并言凭据非至公堂,不能出示。同乡诸君已照十七日原议"逾限不能交出凭据,作无据论",登报声明。康年等恐十七日之原议阅报诸君尚未周知,今特择要节录,藉供众览。至于曲直是非之所在,想诸君亦当共鉴也。

汪康年　张元济　夏曾佑　叶瀚同白
(原载 1905 年 9 月 5 日《中外日报》)

\* 文题为编者所加。
\*\* 此处□□为原文所有。——编者

## 在江浙闽皖赣湘鄂粤桂九省政学商界
## 欢迎江浙铁路代表会上的演说词*

(1907 年 12 月 22 日)

今日承诸君子开欢迎会,十分光宠,感谢之至。元济抱病五月,禁谷食亦已三个月,以病躯膺此重任,对于诸君子欢迎,尤为惭悚。本不能多说话,但既蒙诸君盛意,不敢不略抒意见,请教请教。

铁路在土地上,同血管在人身上,其关系紧要,正是一样。铁路为立国的第一要政,尽人皆知,无侍赘述。五十年来,世界铁路之发达,不可思议。我们在睡梦中毫无知觉,毫无布置,以致外人乘虚而入。此原是我国民自误,不能怪人。如今醒悟过来,实已悔之无及了。外国人在中国办铁路,有东三省铁路,有胶济铁路,有京汉铁路,有道清铁路,有沪宁铁路,有广澳铁路,有九广铁路,有龙州铁路,有滇越铁路;其已定草合同者有津浦铁路,浦信铁路。俄、德、英、法、日本无一国不有铁路利权。我们试取中国地图一看,二十二行省中,盛京、吉林、黑龙江、直隶、山东、山西、河南、安徽、江苏、湖北、广东、广西、云南,无一省无外国所办之铁路,所未到之处不过陕西、甘肃、新疆、四川、江西、浙江、福建、贵州八省。自粤汉赎回以后,湖南一省总算收回,亦仅仅九省而已。外国人在我们中国所得的铁路利权也真不少了。

我们国民起先原是执迷不悟,不知道要办铁路,不肯出银。空穴来风,国家自然无法抵制。现在我们都醒悟过来,都愿为国家保全利权,为自己保全生计。仅仅就留下的几省自己造路已极可怜悯(拍掌),若是徒托空言,并无实在的办法,我们也是对国家不住(拍掌)。现在江浙两省人民都愿节衣缩食,凑集资本,造成此路,甚至下流社会亦纷纷将做手艺、卖力气的钱来买铁路的股份,此岂不更可怜悯(拍掌)?我们总望国家体会我们一点忠爱的真心同我们艰难的情形,尽力维持。或者中国将来的实业渐渐可以发达,我们四万万人或者在此物竞剧烈场中还有生存的希望(拍掌)。至于外交,则我以此与,彼以此报,方是真心的交际。我们中国和外国订立的条约,别的且不说,就是关涉商务的,如限制税权,如内河行轮,如设厂制造,近来种种的开矿造路的合同,那一件不是优待外国人的?我们到外国去那有对等国优待的权利(拍掌)?我们工人到外国去,并不是谋干什么大商业、大利权,不过是做苦工,寻些衣食,他们还要禁止我们(拍掌)。就如英国、坎拿大、澳大利亚,都不免有此等苛例。现在我们也不想到外国去与他们外国争什么权利了,即此二十二行省一片地上,我们四万万人既经托生于此,即不能不就此地上自谋生活。究竟我们还是主人,作客的总应为主人少留地步。我们也不想全收回外国人已占之利权,但愿将外国人所留下的几省给我们四万万人稍稍经营实业,岂不是让之又让?苏杭甬铁路我们已经建筑多时,若是还要夺去,为英国想,未免迫之太甚,论世界的公理也未免说不过去(拍掌)。外国人说我们拒绝借款是排外仇洋。如上所言,何尝是排外?何尝是仇洋(拍掌)?不过想保全自己的权利、自己的生计(拍掌),缩之又缩,减之又减,于十分之中不过想留下三、四分。若是这些还不许我们自己保存,噫!造物的仁慈,世界的公理,都可没有了!以上所言,未必尽能达意,惟盼在座诸君代为传布。或者政府知道两省人民的苦心,俯为保全此路;或者外人知道两省人民无非按着正道公理而行,不至过于相逼,从此可以中外相安,此则元济等祷祝不置者也(拍掌)。

(原载 1908 年 1 月 8 日《时报》)

\* 文题为编者所加。《时报》原题为《江浙代表在北京欢迎会演说词》,其下有《许九香先生演说》、《张菊生先生演说》、《杨翼之先生演说》三小标题。本文全录《张菊生先生演说》。——编者

## 记江浙代表第一次与外部问答语*

(1907 年 12 月 25 日)

十一月廿一日下午两点钟到外部见那、袁、梁、联、汪五堂及邹、胡、高三丞参,并梁、陈、世、曾四丞参。

那先作慰劳语。

袁问:南方情形如何?尚安静否?

张答:幸托庇,尚安静。因江督转大部十月初四电有为难情形尽可由来京人员详细陈述,大部力任斡旋。两省人民甚感大部俯从舆论,故不致另生枝节,决令代表入京,将两省舆情上达。可否准□等将两省民情上达?

袁、那云:尽可详细陈述。

张答:两公司奉旨商办,苏定南北两线,浙定全省,为国家保全路权,入股甚为踊跃。自闻英人逼借洋款之信,甚为惊惶,各处开会拒款,甚有以身殉路者。后因空言拒款,无实力维持,不足为国家之后援,遂定议入股。虽下流社会之人,无不缩衣节食以入股。

袁云:外间情形亦已知道。此案自二十四年以来直至如今,头绪非常繁杂。法已想尽,语已说尽,总是通不过去。诸位试看档案,筹一办法,本部自当竭力维持。

许答:英人当于盛限六个月时迅速勘办,两省人民尚可无话说。自两省奉旨商办后,英亦未认真。请问现在浙已费去五百余万,苏已费去三百余万,忽于路成之后欲夺两省路权,所以民情不服。

王答:两公司股东及两省人民举某等为代表,令陈明遵旨商办,不借外款之意。档案所载,无非大部为难情形。某等亦已略知。总求大部竭力斡旋,且档案已有无空隙,大部当已深知,局外人断不能如大部之明断。

袁云:我们事忙,不能将档案细看。本部现在实无法可想。请各位想一对付外人之法,再行斟酌办理。

许答:十月初四日大部电招代表入都询问两省舆情。某等以为大部欲借舆情不顺,对付英使。

袁云:此等话已向英使说过,但英使仍然坚执。

许答:英人逾限不办,实系自误。故银公司年会报告云云。

张云:外间有倡不卖英货,不装怡和船,以谋抵制者。两公司力任其责,多方劝喻,民心始稍定。故两公司地位实有上下交迫之势。

袁云:我亦知道年会报告,但朱尔典云,我为公使,事既由我办理,必由我作主,他人之语一概不能作准。英使既如此决绝,昨又到部,直至天黑方去。英使甚至询问中国政府究竟能否管理百姓云云。

孙答云:苏杭甬档案与两省自办之理各为一事,管理百姓与借款又各为一事,不能混在一起。现在自己有款,可以无庸借款。

袁云:如有十万精兵,可以强硬手段对付英使。

杨答:想来英使断不能因一商人之故而伤两省人民之感情。今银公司自愿通融,大部可乘机与英使情喻理遣,告以英国在中国商务最大,与江浙感情又最好,如一味坚执,固非江浙及中国大局之福,恐亦非英人之福。且此事发始于廿四年,是年七月初五英窦使函致总署索修五路,但七月初八日总署盛大臣函云:英商怡和递说帖,要求广浦信及苏杭甬。盛大臣即得接信后与廖浙抚商议后再报总署。可见银公司与盛大臣开议在先,英窦使与总署交涉在后。是根本实系商人与商人之事,无与于国际交涉。本年九月梅尔思对汪大臣亦云此议不成恐将变为国际交涉,由公使与贵部开议。可见其始本非国际交涉。

袁云:现在事甚为难,诸位总必细看档案,想一方法才好。

张云:正惟为难,愈必求中堂、宫保俯念两省舆情,竭力斡旋,且宫保在北洋,外交之难十倍百倍于此者,宫保已了却不少。此事乎似也不值甚么。

袁云:外间事皆一条鞭,内里事头绪纷繁,实在无法可想。

许云:此事延宕如是之久,英使所以藉口,若能斩截早了,亦不致如是为难。仍请中堂、宫保竭力斡旋。

袁云:可不是如此。诸位既来,总须先看档案,再商办法。

孙答:此刻两省所办系奉旨商办全省之路。档案所载系苏杭甬之事,本不相涉,即看亦属无用。

袁答云:档案下半截所载均与两省全路有关涉,故必须细看。

各代表答：中堂、宫保既谆令阅看档案，亦无不可。如有一得之见，当开列手折呈阅。如仍无法想，惟有仍仰仗中堂、宫保主持。

那、袁云：本部决不推辞，并非诸位一来，即推在诸位身上。如无法可想，再行商酌。

袁云：恐我们所想之法，外间仍不能照行。

张云：宫保如有定见，可吩咐代表，代表当为转达。

袁云：请先看档案。如有不明，可询问诸丞参。

许云：外间亦知大部为难情形。张协理謇似为调停之计，曾有商借商还之说，一时众论哗然，大受击刺。民心之固结可知。

（原载 1908 年 1 月 15 日、16 日《时报》）

\* 此文为张元济、孙廷翰作为浙路代表，许鼎霖、王同愈、杨廷栋作为苏路代表应清政府外务部召，进京面谒外务部堂官与商拒借英款时谈话记录。"那"即外务部会办大臣那桐，"袁"即外务部尚书袁世凯，"联"为外务部左侍郎联芳，"梁"为外务部右侍郎梁敦彦，"汪"为汪大燮。其余五姓氏即为上述五代表。上海图书馆藏排印线装本《代表函电录要》，封面有张元济在书名前以毛笔题写"江浙士民会争苏杭甬铁路事"十二字，排印线装本末附有毛笔抄件一份，无题，内容与《时报》所载本文相同，但个别文字有差异，此处不一一注明。张元济（无年份）八月十二日致顾廷龙信曰："弟曾参加争回苏杭甬铁路建造权，曾以《与袁那问答》抄本呈阅。"（本书第 3 卷第 46 页第 62 信）即指是文。——编者

# 松坡图书馆筹办及劝捐简章[*]

(1916年12月)[**]

一、本馆设筹办处,由发起人公推筹办主任一人,主持筹办一切事宜。由筹办主任指推筹办员若干人,分任筹办事宜。

二、本馆大略计划:拟在上海购地二十亩内外,中建图书馆及蔡公祠,外为公园,树蔡公铜像。所筹经费,先尽购地建造之用,次以购置图籍,若有余款,得由同人决议划出若干为蔡公遗孤教养费。

三、本馆建筑聘用外国技师,采择最新图式,于防火及通风、光线等,务十分注意。初办时,规模不求太大,惟仍度留余地,备扩充之用。

四、本馆藏书分本国书,外国书两大部。本国书凡四库所有者,务设法以次搜罗完备。除购置外,有以家藏善本惠赠者,最所欢迎。外国书英、法、德、俄、日文分橱庋藏。各种科学、文学之名著,广为采置。其新出版者,随时购取。

五、中外书之分类编目,皆分请专门家任之,务便查览。

六、本馆除藏书外,凡蔡公遗书、遗墨、遗物,别设一室宝藏之。

七、凡捐款贮存上海中国银行及浙江兴业银行。

八、凡捐款除直交筹办处外,其经收各机关列下:

一、上海时事新报馆;

一、上海商务印书馆及各省分馆;

一、上海中华书局及各省分局;

一、本筹办处临时委托之机关。

九、凡捐款收到后,由筹办主任署名盖印发回收证,即将芳名及所捐数目登报。

十、捐款开支,于本馆落成时,将大数登报,将细数刊印征信录,赠捐款人。

十一、捐款奖励规则如下(捐书价值与捐款相当者其奖励同一):

一、凡捐款在十元以上者,除泐石外,加赠蔡公遗著一种。

一、凡捐款一百元以上者,除泐石及赠送遗著外,加赠蔡公遗像银质纪念章。

一、凡捐款五百元以上者,除泐石外,加赠蔡公全集及蔡公遗像金质纪念章。

一、凡捐款一千元以上者,除泐石及加赠外,仍将玉照、台衔汇悬阅览室。

一、凡捐款万元以上者,除泐石及加赠外,仍将玉照、台衔专悬礼堂。

一、凡经手募捐之额倍于自捐者,适用前项之奖励。(例如经手募捐百元以上者,除泐石外,加赠蔡公遗著一种,余类推。)

筹办主任　梁启超
筹办员　(以姓字笔划简繁为次)
何澄一　李湛阳　周善培　周宏业
陈敬第　袁思亮　张元济　张嘉森
郑　浩　蒋方震　蒋希召　刘　垣
薛颂瀛

(转录自《中国古代藏书与近代图书馆史料(春秋至五四前后)》,李希泌、张椒华编,中华书局1982年版)

\* 本文由梁启超执笔起草。

\*\* 本文不署撰文年月日。《梁启超年谱长编》(丁文江、赵丰田编,上海人民出版社1983年版,第800页)1916年12月条,有下述记载:"十二月,先生为纪念蔡松坡计,发起倡办松坡图书馆于上海。"

——编者

## 寿康有为六十诞辰

(1917年2月26日)*

形其量者沧海,
何以寿之名山。

(转录自《民国名联》,梁申威主编,<br>山西古籍出版社2003年1月版)

* 撰写年份据作者日记确定,参见本书第6卷第161页。——编者

## 挽姚明辉母周太夫人联

（1923 年 2 月*）

诰封夫人姚母周夫人灵鉴

方七旬，犹侍奉慈姑，七庆华堂辟呭，孙曾承德庇；

隔一岁，遽皈依大士，一坛香火降临，仙佛迓灵舆。

侍生张元济顿首拜挽

（录自姚明辉辑、张元济题签《吴兴墨宝》，1942 年影印本）

* 原件未署创作日期。周太夫人病逝于壬戌十二月二十日，即公元 1923 年 2 月 5 日，据此考定是联撰于 1923 年 2 月。——编者

## 在《华中营业股份有限公司营业项目》上的批注[*]

(1926 年 8 月 25 日)

股东张澹如介绍,汉口分馆建筑该公司愿为计画承揽。

张元济<br>十五年八月二十五日

(录自原件照片,载孔夫子旧书网站)

[*]《华中营业股份有限公司营业项目》系蓝色铅字排印件,印有该公司董事长张澹如,董事张石铭、高观四、李孤帆、庾宗淮,总经理李孤帆等人姓名及公司经营项目。——编者

## 题田挹珊《机丝夜月图》*

（约 1927 年）

丹青一幅妙当时，手泽珍藏永孝思。
越女秦娥托瑶绪，吴衣曹带写琼姿。
宋元粉本古犹见，改费风流今在兹。
名画摩抄重回溯，细吟金缕杜秋词。
图端有先生自题金缕曲词。
奉题
挹珊先生遗墨《机丝夜月图》

海盐张元济
（录自手迹影印件）

* 诗题为编者所加。创作年份据《机丝夜月图》上章梫等数人丁卯年题诗之年份推得。
——编者

# 林畏庐先生遗族教育费募集办法

(1931年10月)*

畏庐先生文章道德,世所共知。晚岁以译书作画自给。每日操作辄十数小时。然急人之急,如恐不及。今先生没已数年,遗孤未成立者尚有六人。同人等为募集教育经费,俾得竟其所学。兹将办法列后,想诸君子风义照人,定必乐予赞助。临启无任企盼之至。

|  |  |  |  |  |
|---|---|---|---|---|
| 朱古微 | 陈伯严 | 张菊生 | 冒鹤亭 | 陈石遗 |
| 林诒书 | 沈鲁青 | 郑苏戡 | 杜慎臣 | 杨幼京 |
| 林知渊 | 郑在我 | 陈伯炅 | 高叔钦 | 郭筱麓 |
| 董季友 | 林子有 | 陈任先 | 李承梅 | 萧质卿 |
| 梁众异 | 曾镕浦 | 林子忱 | 周熙民 | 陈杰士 |
| 方韵松 | 黄步琼 | 林亮生 | 江伯训 | 高梦旦 |
| 郭民原 | 王石孙 | 萧叔宣 | 沈昆三 | 陈夙之 |
| 郑葆湜 | 卓君庸 | 李律阁 | 刘少颖 | 陈石舫 |
| 林守畏 | 李拔可 | 谨启 |  |  |

一、募集时期以三个月为结束。

一、经募者将所募之姓名、数目,每半月互相通知,以便接洽,或交上海收款处汇转。

一、所募款项随时汇交下列收款处:

北平　商务印书馆孙伯恒先生　中国实业银行卓君庸先生

天津　商务印书馆周少勋先生

上海　英美烟公司沈昆三先生　商务印书馆李拔可先生

福州　中国银行郭舜卿先生　商务印书馆沈来秋先生

一、启事所列发起人系仓卒接洽,诸多遗漏。望各就所知随时补入,并希互相知照。

一、管理基金办法俟结束后公同商议。

（录自排印件）

\* 原件无日期。但有张元济批注手迹："送壹百元。20/10/14"据此考定为 1931 年 10 月。

——编者

# 在商务印书馆信件批核单上之批注三件

（编者按：商务印书馆信件批核单为印制之表格，栏目文字及线条均红色。此三件表格内文字为他人用毛笔填写。张元济所作批注第一件采用墨笔，第二、三件采用朱笔，王云五所作批注采用黑色墨水笔。）

## 一

（1932年12月3日）

来信人　上海市通志馆
地　址　萨坡赛路二九一号
来信日期　廿一年十一月廿九日
来信编号　61693
受信人　公司
事　由　贵馆所办东方图书馆极有价值，本市通志上值得详细记载。附上调查表两纸，希立即填寄。
　　　　《东方图书馆概况》一书请速赐一册。如不能见赠，亦请暂借一用，用过立即奉还。
核示办法：① 依《被熠记》填就草稿后请菊、梦两公核定，再行正式缮复，如何？
　　　　　② 请梦翁核示。

（签名）\*　21/11/30

鄙见请菊、梦两公阅后再发。\*\*

张元济批注：东方图书馆与涵芬楼似应稍为画分，另拟草稿，看定再誊正，何如？

张元济　21/12/3

\* 核示办法标注①、②两项者系用黑色钢笔书写，有核示人签名，但无法辨识。似非王云五签名。
\*\* 此项批注系用毛笔书写，无核示人签名，似李宣龚笔迹。

——编者

## 二

(1934年9月2日)

来信人　刘伯峰

地　址　济南省城院后河北辽宁会馆

来信日期　廿三年三月卅一日

来信编号　26175

受信人　(空白)

事　由　一、奉上《吴骚合编》三册,《居易堂》五册,《隶释》六册,《食宪临秘》三册,计共十七册,乞詧收。

　　　　二、印成后,拟每种抽赐三十部。

　　　　三、尚有《明刊西厢》①、《欣赏编》②拟另商印行。

附　件　附书十七册。

核示办法　一、已知照丁英桂先生预备摄印。③

　　　　二、前函即指每种印出后抽赠叁拾部。④

　　　　三、候菊公批示。⑤

张元济批注：

①亦拟从缓。

②此书鄙人有完全者,请婉谢。

③暂留总管理[处],明日午后当来看。

④此层请王李两先生接言。

张元济　23/9/2

王云五批注：

⑤(原件左下角)照办。云。

## 三

(1934年10月30日)

来信人　卢锡荣　张国幹

地　址　（无）

来信日期　廿三年十月廿九日

来信编号　（空白）

受信人　（空白）

事　由　奉上古物陈列所宋版书目一件，请赐省察。如属可印，当呈请部长派员接洽。至于条件可照贵馆与教育部所订契约办理。

（地址栏内有毛笔填写）一、抄本不批印行，二、宋版有○者　种可印，惟单印恐流行不广，拟归入《四部丛刊》印，如同意，请将首二册寄示，以便商定。

核示办法

　　王云五批注：写本恐无甚用处，宋本已印入《四部丛刊》正续编者，已有若干种。其他不能自成系统，如单独刊行，恐销路不明。并入《四部续刊》，但前途为面子计，或未必允许。如何？祈

　　菊翁核示。

　　张元济批注：惟《秘殿珠林》、《石渠宝笈》两书请查。如未有人印过，或尚可印。诚然，即有未印者，亦多无可取之者。可否请将所谓宋版书籍（汲古阁本亦列入宋板）钫打三分，只要书名、册数，交下，由元济批注，以备尊处拟复。

张元济　23/10/30

（录自孔夫子旧书网站所载原件照片）

## 山深岁寒图[*]

（1932 年）

壬申夏，余来牯岭逭暑，昭扆先生继至。其后词蔚亲家亦来同居客邸。余三人年皆六十有六。胜缘难得，因摄此影，以识鸿爪。

菊生张元济

（录自孔夫子旧书网所载实物照片）

---

[*] 1932 年"一·二八"事变，商务印书馆上海总厂及东方图书馆全毁。作者参与善后，至是年夏渐感体力不支，遂至江西庐山休养、避暑，邀亲家葛嗣浵、老友伍光建相伴。是文为作者在三人于庐山合影照片两侧之题辞，题为原有。另据作者儿媳葛昌琳回忆，上世纪 30 年代在作者上海极司非而路寓所内，曾挂有此三人合影照片，而作者之题辞为"仙山重逢"。——编者

## 为《四库大辞典》题辞

（1932 年）

杨家骆著　四库大辞典
若网在纲,有条而不紊。

海盐张元济题<br>
（录自《四库大辞典》,中国图书大<br>
辞典编辑馆 1932 年 9 月初版发行）

## 筹备梁燕孙先生纪念事物启

(1933年4月)

民国二十二年四月九日梁燕孙先生卒于沪。同人等追思先生服务于国家、社会凡数十年,平生抱负蕴蓄甚宏,而事绩之表著于外者,亦复不可胜计,亟宜有所表彰记载,以资矜式而垂不朽。兹拟于上海设立先生纪念事物筹备会,至少先集款十万元,陆续举办下列各事:

一、编辑全集及言行录;

二、设置纪念学校及教育公益基金。

以上各节现拟先从集资入手。凡我同人愿致送此项用款者,不拘多寡,请惠交各地交通银行,汇寄本会,以资应用。至尊意对于用途办法有何卓见,尚盼不吝指示,以便提高。附具简章,请为察照是荷。又燕老平生言行事迹,并盼就所知详示,以便汇编。余颂

公安

再此系第一次同人发起,倘荷赞同加入者,当再叙列台衔。

| 发起人 | 段祺瑞 | 唐绍仪 | 罗文幹 | 施肇基 | 黄 郛 |
|---|---|---|---|---|---|
| | 王克敏 | 许世英 | 顾维钧 | 王正廷 | 王宠惠 |
| | 杨永泰 | 黄炎培 | 朱启钤 | 李宗仁 | 王揖唐 |
| | 曹汝霖 | 唐生智 | 熊希龄 | 章士钊 | 吴光新 |
| | 朱庆澜 | 龚心湛 | 汤 漪 | 温宗尧 | 何 东 |
| | 陈锦涛 | 叶恭绰 | 李思浩 | 钱永铭 | 曾毓隽 |
| | 冯耿光 | 王荫泰 | 施肇曾 | 吴鼎昌 | 叶景葵 |
| | 张寿镛 | 屈映光 | 梁鸿志 | 陈炳谦 | 张嘉璈 |
| | 虞和德 | 陈光甫 | 黄广田 | 汪有龄 | 陈廉伯 |
| | 卢学溥 | 杜 镛 | 宋汉章 | 张 寅 | 徐寄庼 |
| | 贝淞荪 | 郑润琦 | 任凤苞 | 黎照寰 | 胡 筠 |
| | 李 铭 | 郑洪年 | 傅宗耀 | 胡祖同 | 张元济 |

| | | | | |
|---|---|---|---|---|
| 谢天锡 | 何丰林 | 林康侯 | 史量才 | 唐寿民 |
| 叶扶霄 | 秦润卿 | 徐新六 | 章 祜 | 姚 煜 |
| 周作民 | 熊少豪 | 吴蕴斋 | 史久光 | 刘展超 |
| 陈 介 | 陈翊周 | 劳敬修 | 张恩锽 | 韩宾礼 |
| 陈福颐 | 邹敏初 | 黄慕松 | 简东浦 | 邓彦华 |
| 李右泉 | 陈善明 | 郑铁如 | 周寿臣 | 甘翰臣 |
| 陶 瑗 | 王承祖 | 杨德森 | 李承翼 | 萨福楙 |
| 陆兴祺 | 陈 艺 | 张名振 | 赵叔雍 | 关赓麟 |
| 罗雪甫 | 黄赞熙 | 章佩乙 | 罗旭和 | 区慕颐 |
| 董显光 | 林梓浩 | 谢作楷 | 陈焕之 | 杨敦甫 |
| 钟文耀 | 王世澂 | 赵庆华 | 俞 棪 | 陆仲安 |
| 吴 徵 | 赵灼臣 | 郭靖堂 | 邓瑞人 | 林振耀 |
| 陈佐璇 | 梁蕚联 | 敬 启 | | |

## 梁燕孙先生纪念事物筹备会简章

一、本会专为筹备梁燕孙先生纪念事物而设,暂设办事处于上海泗泾路二十七号大陆实业公司内。

二、本会设干事若干人,由发起人公推,办理会务;并由干事中互推常务干事七人,主持日行事务。

三、下列各项由干事大会议决,交常务干事执行:

甲、款项之收集、保管、支配;

乙、事业之举办;

丙、物品之购置;

丁、其他事项。

以上每项得临时另推专员办理。

四、本会办事细则另定之。

代收款处

上海黄浦滩交通银行　上海泗泾路念七号本舍　南京城内中正街交通银行　北平西河沿交通银行　天津法租界交通银行　汉口第二特别区交通

银行　青岛中山路交通银行　沈阳小南门内交通银行　广州十三行上海商业银行　大连大山通交通银行　香港大道中六号同德公司

（录自排印件）

## 挽陈宝琛联[*]

（1935 年）

弢庵世伯大人灵鉴

天意靳期颐，为悯老臣心独苦；

人亡知殄瘁，忍看奇局事无涯。

世侄张元济顿首拜挽
（录自抄件）

[*] 题为编者所加。陈宝琛逝于 1935 年 3 月 5 日，据以确定撰写年份。——编者

# 王一亭先生祭文[*]

(1939年1月22日)

　　维中华民国二十八年一月二十二日,各参加团体代表颜惠庆、施肇基、叶尔恺、沈卫、张元济、施兆曾、秦锡田、虞和德、闻兰亭、刘翰怡、黄庆澜、林祖潜、关炯之、赵锡恩等谨以香花致祭于王一亭居士之灵曰:呜呼,能仁设教,万善之端,瘁躯体而不惜,等怨亲而齐观,功德水能救火,波罗蜜必先檀,化业果为妙树,登道岸为涅槃。在昔祖师,承能仁之教者,大都如是。今我一亭大居士,凤禀慧根,广施仁术,内行敦笃,外相庄严,其于佛化,尤能超乎言象之表,而以救护众生为心。观其治己,则凡人世之爱憎嫉妒、攀缘驰逐之念,一扫而空;及其待人,则励私德、慎公务,孜孜焉忘寝食寒暑,凡有一毫之利于人者,行之必力,不以一己得失而生趋避,诚所谓解丛缚而溥慈愿者矣。即书画余艺,亦复气概峥嵘,毫光璀灿,一纸流传,众争宝贵,生平事迹之在人耳目者,匪楮墨所能罄。今同人设会以致追悼,其词曰:仁为己任,死而后已。儒佛道源,本无异旨。公居廛市,深契佛理。多生熏习,菩提种子。莲心湛洁,不为泥泞。浊劫梦纠,不虑尘累。拯灾恤难,大裘广被。远近同伦,颂声竞起。自公视之,祇尽践履。太虚廓然,略无忧喜。境不转心,心无所倚。天地蘧庐,万物一指。泛海归来,平安苊止。清静愿主,法源澈底。撒手西归,解说丛委。达人大观,原无生死。缁素同悲,惊闻遐迹。后有来者,咸深景企。尚飨。

(录自1939年1月23日《申报》)

[*] 文题为编者所加。——编者

# 邱吉尔《第二次世界大战回忆录》第三册校勘记录[*]

（1948 年 8 月 28 日）

邱氏大战回忆录第三册

| | | | |
|---|---|---|---|
| 350 | 十一行 | 一百〇五万人 | 五字似误[①] |
| 355 | 十七行 | 违别了、 | 似不必顿 |
| 363 | 四行 | 可以用以 | 上以字似衍 |
| 383 | 十四行 | 对自己的采位 | 二字有无错误[②] |
| 386 | 十五行 | 东西 | 似可改用事件二字，以前屡见[③] |
| 396 | 十四行 | 这艘有力的军 | 下似脱舰字 |
| 393 | 八行 | 们我又以为司比号 | 二字应 ∽ |
| 409 | 七行 | 予严重的损害 | 似脱以字 |
| 419 | 十七行 | 必须正面面对 | 下面字似衍 |
| | 廿一行 | 将变成成毫无用处 | 下成字似衍[④] |

张元济<br>三十七年八月二十八日

①他人以蓝黑墨水钢笔批注：不误。
②他人以蓝黑墨水钢笔批注：地位。
③他人以蓝黑墨水钢笔批注：改为方案。
④文末，他人以蓝黑墨水钢笔批注：余已照改。

（录自手稿）

[*] 文题为编者所加。——编者

## 悼唐玉虬夫人钱珊若[*]

（1955 年春）

湖水湖风吹鬓丝，　文澜阁上简同披。
荆川年谱流传日，　须记蛾眉助纂时。

海盐张元济年九十一[**]
（录自唐玉虬撰辑《怀珊集》，1955 年排印本）

[*] 原诗无题，集于《怀珊集》"悼诗"部分。诗题由编者所加。
[**] 原文如此。1955 年作者应八十九岁。

——编者

## 翁同龢像题辞

翁文恭公遗像

　　　　　　　　　　　门下士张元济敬题
　　　　　　　　　　　（录自原照影印件）

# 珂罗版《沈文肃公和林夫人遗像》题辞[*]

沈文肃公暨林夫人遗像

后学张元济敬题

（录自孔夫子旧书网所载原件照片）

---

[*] 文题为编者所加，题辞不署题写年月日。沈文肃公为沈葆桢，林夫人为沈葆桢夫人林普晴。——编者

## 在凌福兴求职简历上的批注*

姓名　凌福兴

籍贯　上　海

年龄　拾五岁

教育程度　提篮桥惠民路国民学校六下

地址　安国路 288 弄 7 号

张元济批注：可由敝寓代转，如有机会可收学徒时，幸勿以鄙人所荐有所偏向。

张元济

□年□月二十日**

（录自孔夫子网站所载原件照片）

\* 文题为编者所加。
\*\* 原件破损，年、月已缺失。

——编者

# 附 录

# 附录一  张元济年表

张元济先生,字筱斋,号菊生,浙江省海盐县人。
父张森玉,字云仙,号德斋,曾任广东会同、陵水县知县。母谢氏,祖籍江苏武进。

### 1867年(清同治六年  丁卯)  一岁

10月25日(农历九月二十八日)  生于广州。时兄元煦三岁。

### 1869年(清同治八年  己巳)  三岁

8月11日  妹元淑生。

### 1872年(清同治十一年  壬申)  六岁

5月4日  弟元瀛生。

### 1873年(清同治十二年  癸酉)  七岁

入塾。先后师从孙钺、汤海帆、朱艺亭、马沄、陈楚白、范鸿浩及姨丈刘允中。

### 1879年(清光绪五年  己卯)  十三岁

从谢榴生读。
秋,乡试榜发。父取广东闱墨,讲解陈伯陶所作文,意在激励先生发愤读书,求取功名。先生"自揣,他日余亦必为此娱吾亲。"

父以海盐张氏先代著书、藏书等事相告,又言螺浮公(张惟赤,1615—1676)"直言敢谏,有奏议《入告编》行于世,汝年既长,宜取而习之。"

先生关心粤地风俗,熟操粤语。

## 1880 年(清光绪六年　庚辰)　十四岁

父襄理陵水县知事,离广州赴任。

母携子女自粤返海盐,购虎尾浜陈宋斋旧宅。母倩人稍事修葺,亲手油漆门窗。母治家勤俭,生活安定。

## 1881 年(清光绪七年　辛巳)　十五岁

春秋暇日,"偕群从昆季出城访涉园废址"。涉园为螺浮公引疾归里后,拓城南大白公(张奇龄,1582—1638)读书处所成。时早已荒芜。"至则林木参天,颓垣欲堕,途径没蓬蒿中;小池湮塞,旁峙坏屋数椽,族人贫苦者居焉。"祖上所刻之书,"则渺不可得"。

12 月 24 日　父病殁于陵水县任所。

## 1882 年(清光绪八年　壬午)　十六岁

家境渐衰。母与元淑以针黹所入维持生计。

就读于查济忠师。

冬　母、兄赴粤,扶父柩归葬海盐翠屏山。

## 1884 年(清光绪十年　甲申)　十八岁

应县试,入县学。

5 月　与兄同赴嘉兴,应府考。得中秀才。

## 1885年（清光绪十一年　乙酉）　十九岁

约是年　假得《人告编》，"开卷庄诵，乃知吾螺浮公立朝大节，有非常人所能及者。"先生"于是益晓然于致君泽民之道，而憬然于吾父诏以诵习之意。"

## 1886年（清光绪十二年　丙戌）　二十岁

聘同邑朱福诜为师。母及全家生活省俭，以仅有少许积蓄为先生聘请名师。

## 1888年（清光绪十四年　戊子）　二十二岁

继续就读于朱福诜师。

先生除攻读儒家经典之外，刻意搜求、研读乡邑先辈著述，如彭孙贻《茗斋集》、彭孙遹《松桂堂集》等。

## 1889年（清光绪十五年　己丑）　二十三岁

9月　赴杭州参加乡试。

10月9日　榜发，中式第十名举人。同科中式者有汪康年、蔡元培、吴士鉴、徐珂、汪大燮等。

冬　娶吾氏夫人（1866—1892）。吾氏夫人系同邑国学吾乃昌之女。"余初娶于吾氏，妇来归时，逮事余母，能尽妇职，治家尤勤俭。余母以为贤，谓'得于家教者深'。"

## 1890年（清光绪十六年　庚寅）　二十四岁

赴省城复试，受知于吴县潘祖荫。

## 1891年（清光绪十七年　辛卯）　二十五岁

应徐琪（花农）学使之邀赴粤，旋返海盐。

## 1892年（清光绪十八年　壬辰）　二十六岁

3月4日　吾氏夫人难产，母子双亡。

春　进京参加壬辰科会试。

4月4日至4月12日　会试三场。

5月7日　榜发，中式第四十七名贡士。

5月10日　于保和殿复试。

5月22日　于保和殿殿试。

5月26日　新贡生胪传，先生得中二甲第二十四名进士。同科有吴士鉴、陈伯陶、汤寿潜、蔡元培、尹昌龄、叶德辉、唐文治、沈宝琛等。

5月29日　朝考。

6月8日　光绪皇帝引见新进士。

6月18日　先生被授予翰林院庶常馆庶吉士。

9月2日　弟元瀛病殁。

9月20日　先生"归自京师"，作《祭四弟文》，痛悼胞弟。

## 1894年（清光绪二十年　甲午）　二十八岁

5月19日　翰林院庶常馆散馆考试。

6月1日　光绪帝谕旨：张元济（等人）俱著以部属用。先生遂任刑部贵州司主事，六品衔。

9月25日　向蔡元培借《乾隆府厅州县图志》。是年下半年，先生在京与蔡过往频仍。

是年　奉母入京。

## 1895年（清光绪二十一年　乙未）　二十九岁

4月13日　娶继配许氏夫人。许氏夫人名子宜,已故兵部尚书许庚身幼女。婚后住北京西皇城根灵清宫许宅。

4月　甲午战争,中方战败。先生等人"从睡梦里醒过来,觉得不能不改革了。"

下半年始　文廷式、黄绍箕、汪大燮等常聚会于陶然亭,议论朝政。先生亦经常参与。

冬　与陈昭常、张荫棠、夏偕复等结为健社,"约为有用之学"。

## 1896年（清光绪二十二年　丙申）　三十岁

4至5月　聘教习,学习英文。

4月　赴津接岳母回京。约此时,结识严复。

8月　应总理衙门章京试,以第一名成绩被记名。

10月　结识黄遵宪。

## 1897年（清光绪二十三年　丁酉）　三十一岁

年初　与陈昭常等筹设西学堂。

2月　西学堂开学。"学舍规模粗具,同人欢忻踊跃。"致书汪康年,托在沪采购图籍。

6月15日　致书汪康年,言"时至今日,培养人材,最为急务。"

6月　晤马建忠数次。

7月13日至24日　赴天津考察学堂。

8月24日、9月13日　致书汪康年,劝解汪与梁启超在《时务报》馆之争。

9月20日　为设立通艺学堂,呈文总理衙门。称"时事多艰,储才宜亟","来学者多系京员及性质聪颖之官绅子弟,其于中学均已具有规模。现在定立课程,先习英文暨天算舆地,而法俄德日诸国以次推及。其兵农商矿格致制造等学,则统俟洋文精熟,分门专习。"呈文附通艺学堂章程、读书规约、图书馆章程。

10月上旬　林旭来访。

10月中旬　入总理各国事务衙门,为章京,管理文书档案。时光绪帝喜读新书,总理衙门责成先生负责采办。

## 1898年(清光绪二十四年　戊戌)　三十二岁

6月13日　徐致靖上《密保人才折》,保荐康有为、黄遵宪、谭嗣同、张元济、梁启超五人。

6月16日　光绪帝于颐和园召见。先生陈述通艺学堂办学情况,"首请坚定立志,勿淆异说;次则延见群臣,以宣抑滞;再次则设馆储才,以备咨询。"

6月底　上谕"岁科各试,一律改试策论",废除"八股"。先生力劝康有为出京办学,待人材辈出,新进盈廷之时,变法可迎刃而解。康不从。

9月5日　上光绪帝折,提出设议政局以总变法之事、融满汉之见、通上下之情、定用人之格、善理财之策等项主张。上谕:张元济折留中。

9月18日　严复应先生邀,来通艺学堂讲授《西学门径功用》。

9月18日　上光绪帝折,言新设矿、路、农工商等新政衙门"亟宜慎选贤能",提出建议。

9月21日　政变发生。先生受"革职永不叙用"处分。

10月27日　离京,经天津,赴上海。寓上海虹口西华德路隆庆里。

## 1899年(清光绪二十五年　己亥)　三十三岁

3月24日、29日　致严复书,讨论翻译事。

4月3日　致盛宣怀书,接受聘请,出任南洋公学译书院主事职。不久即到职。

4月28日　致南洋公学总理何嗣焜书,呈所拟译书院试办章程。提出译书院"现有兵书均为学堂教授之本,译之无甚用处",拟请人翻译日本《法规提要》。

5—6月　参与《张氏族谱》修订,与族人九人合署《宗谱告成跋》。

6—11月　与严复多次书信往返,询问《原富》译稿情况。先生拟以银两千两购该书译稿。

11月27日　在沪会见内藤湖南,作笔谈。

11月30日　严复致先生书,允将其《原富》译稿交由南洋公学译书院出版。

是年　南洋公学译书院出版严复译《支那教案论》。

约是年　商务印书馆主人夏瑞芳因承印南洋公学译书院译印书籍,与先生定交。

## 1900年(清光绪二十六年　庚子)　三十四岁

3月底　严复抵沪,晤先生。

6月18日　致盛宣怀书,提出"现在事变更急,似宜速与各省有识督抚联络,亟定大计,以维持东南大局。"

6月27日　母谢太夫人病故。

7月26日　出席正气会成立会。正气会后改名自立会。

7月29日　自立会第二次集会。会长容闳提名先生与孙宝瑄掌会计。两人皆坚辞不就。

8—9月间　在沪求见李鸿章。

10月　内藤湖南以《溃痈流毒》抄稿四卷见赠。

12月　英国亚当·斯密著,严复译《原富》甲部由南洋公学译书院出版发行。

是年　聘伍光建为南洋公学译书院编外译员。

## 1901年(清光绪二十七年　辛丑)　三十五岁

3月1日　何嗣焜病故。先生任南洋公学代总理。

3月20日　南洋公学附属小学开学。先生拟定附属小学试办章程及经费预算表,随呈文致送盛宣怀。

4月13日　为南洋公学添设特班呈盛宣怀文。先生亲拟《南洋公学特班章程》。不久获盛核准。

5月7日　蔡元培抵沪,访先生。

5—6月间　主持特班招生。聘蔡元培为特班总教习。

7月　因与公学监院福开森意见不合,辞代总理,仍归译书院。

9月16日　致严复信,请为商务印书馆《华英音韵字典集成》序。

10月5日　致盛宣怀书,阐述对普及教育的见解。

10月8日、13日　与蔡元培、温宗尧、赵仲宣、杜亚泉商议创办旬报事。旬报拟名"开先"。后改为《外交报》。

本年秋　先生与沈曾植谈翻译《日本法规大全》事。

本年　入股商务印书馆。

本年　为严译《原富》编中西编年及地名、人名、物义诸表。

## 1902年(清光绪二十八年　壬寅)　三十六岁

1月4日　《外交报》创刊。先生撰《叙例》,提出"文明排外"观点。

3月4日　《外交报》壬寅第一号刊载《伯尔尼公约》汉译全文。

3月　在上海《教育世界》发表《答友人问学堂事书》,提出"无良无贱、无智无愚、无长无少、无城无乡,无不在教育之列"的普及教育观点。

4月　《外交报》第八、九期载严复《与〈外交报〉主人书》,驳"文明排外"说。

4月　呈盛宣怀文,提出"译书院樽节办法"。

8月19日　汪凤藻转达盛宣怀照会,派雷奋、杨荫杭、杨廷栋三人到译书院任事。

8月　商务印书馆于上海北福建路设印刷所,于棋盘街设发行所。应夏瑞芳邀,先生先后在长康里、唐家弄筹设商务印书馆编译所,"余与约,吾辈当以扶助教育为己任。"

11月17日　访郑孝胥,"谈南洋公学事"。

11月 《原富》全书出齐。

本年 邀徐珂编《外交报》。与马相伯"谈泰西科学之盛"。经严复介绍,结识爱尔兰籍医师柯师太福,遂成至交。约是年迁居长康里194号。

本年末 辞南洋公学译书院职。

## 1903年(清光绪二十九年 癸卯) 三十七岁

2月(农历正月) 入商务印书馆,任编译所长。编译所设于上海蓬路。

2—3月 端方、岑春煊分别邀先生外出任职,均谢辞。

4月 商务印书馆出版《历史丛书》,先生为其中《埃及近世史》作序。

7月15、21日 租界当局开审章炳麟,先生前往旁听。

7月16日 蒋维乔被聘为编译所常任编辑员,是日到馆晤先生。

8月 商务印书馆编译所编纂《高等小学中国历史教科书》出版,先生作序。

9月24日 女树敏出生。

12月 聘请高凤谦(梦旦)入馆,任国文部长。"余既受商务印书馆编译之职,同时高梦旦、蔡子民、蒋竹庄诸子咸来相助。"

12月 商务印书馆为出版严复译《社会通铨》,与严签订合约。规定稿主与印书人各自权益及责任,先生以"在见"身份在合约上签字。

## 1904年(清光绪三十年 甲辰) 三十八岁

1月18、19、27日 与高凤谦、蒋维乔、小谷重、长尾槙太郎商编教科书,商定小学国文教科书体例。

1月30日 编译所讨论清廷《小学堂章程》。

2月2日 又与高凤谦等会议教科书稿。"张先生对编好这部国文教科书尤为苦心孤诣。他在开始编写前即郑重指出,吾人不能闭门造车。此书将要行销全国,适合于全国小学之用,故需多方接触,多向教育界人士请教,多问多听,集思广益。"

2月11日、3月1日、3月3日 迭致盛宣怀书,阐述对日俄战争爆发后形势的看法。

2月中旬　就日俄战争爆发后形势与对策，先生与张美翊、赵凤昌、吕景端等紧急磋商。

3月11日　由先生与夏瑞芳提议，商务印书馆《东方杂志》创刊。

3月30日　与高梦旦、蒋维乔商习字帖编写体例。

4月8日　《最新国文教科书》第一册出版，"未及五、六日而已销完四千部。现拟再版矣。"

6月初　与张謇、汤寿潜、张美翊、许鼎霖等连日会议，决定敦请瞿鸿机倡导立宪。

7月23日　兄元煦病殁于先生长康里寓所。

9月　由徐隽编纂，先生与杜亚泉校订《最新初等小学笔算教科书》第一册出版。

10月　偕柯师太福登泰山、谒孔林。

11月　先生编纂《最新初等小学修身教科书》第一册出版。由徐隽编纂，先生与杜亚泉校订《最新初等小学笔算教科书教授法》第一册出版。

12月　先生决定接受盛宣怀提议，由商务印书馆聘请留日学生翻译南洋公学译书院未译完之《日本法规大全》。

12月　由谢洪赉编纂，先生与杜亚泉校订《高等小学用理科教科书》出版。日本小川银次郎编《最新中学教科书西洋历史地图》经先生校订出版。

12月　杜亚泉应先生邀，入商务印书馆理科部。

是年　商务印书馆创立编译所图书室，后更名涵芬楼。

# 1905年（清光绪三十一年　乙巳）　三十九岁

年初　与高凤谦商定《日本法规大全》体例。

1月　先生编纂《最新初等小学修身教科书教授法》第一册出版。

3月31日　出席商务印书馆股东会议。

4月　由谢洪赉编纂，先生与长尾槇太郎校订《最新高等小学地理教科书》出版。由先生书写《习字帖》第一册出版。

5月25日　与汤寿潜、夏曾佑、张美翊致函沪宁铁路总办沈敦和，提出浙江铁路集资自办。

6月　拜访颜惠庆,请为商务印书馆编《英华大辞典》。

8月20日　商务印书馆速成小学师范讲习所开学,宗旨为"以简易方法讲习各学科,以养成小学教员之用"。先生与蔡元培、杜亚泉、高凤谦等担任教职。

本年　拟《对版权律、出版条例草稿意见书》。

# 1906年(清光绪三十二年　丙午)　四十岁

1月10日　谕旨"准学部奏,张元济准其开复原职。"

1月底至2月12日　去海盐。

3月10日　出席商务印书馆股东会议。

3月14日　与蒋维乔、严练如往视务本女塾等五校。

3月18日　离沪入京。

3月31日　到学部供职,为"参事厅行走"。与罗振玉起草学部文牍。

4月4日、6日　访学部侍郎严修。

约4月20日前　外务部奏调。上谕"外务部员外郎张元济兼归学部差遣。"

4月　以归安陆氏皕宋楼书拟售与日本人事禀报学部尚书荣庆,请由政府收购,作为京师图书馆之基础。荣庆未予答复。

4月　在学部期间,起草《关于学费标准致学部堂官书》、《奖励捐款兴学议》等文牍十一件。

6月4日　外务部堂谕,"著派张元济为提调",筹办储才馆。

6月　撰《条陈外务部事宜稿》等文牍。

6月13日　谒严修,具呈告假。遂离京。

6月23日　抵沪。

8月　约请严复为《外交报》撰《论英国宪政两权未尝分立》文,于第153至158期连载。

9月24日　郑孝胥与刘厚生、沈友卿创议成立宪政研究公会,是日访先生及高凤谦,邀入会。两人皆诺。

9月下旬　去海盐,提议暂停高等小学堂,先设劝学所,资遣师范,广开蒙学。

10月26日、27日　赴杭州,出席商办浙江省铁路有限公司股东会第一次会议。先生多次发言,并当选为查帐人。

11月30日　北上入都。

11月　高凤谦介绍陆尔奎,经先生同意后聘入编译所政法部,后主持字典部。

12月8日　谒严修。谓南洋兴学办法宜慎。

12月16日　预备立宪公会成立于上海。郑孝胥为会长,张謇、汤寿潜为副会长。先生与夏瑞芳、陆尔奎、孟森、印有模、李宣龚、陶葆霖等皆为会员。

# 1907年(清光绪三十三年　丁未)　四十一岁

1月12日　谒庆亲王奕劻。

1月15日　与刘子楷向严修辞行,旋赴天津。

1月　先生与高凤谦、蒋维乔编纂《高等小学用最新国文教科书》第一册、第二册出版。另撰《详介》四册,供教师参考。

2—3月　为海盐办学事,与谈庭梧、徐用福等频频通信。

3月15日　子树年出生。

3月20日　致书沈缦云,为沈介绍孙毓修入馆事。

3月中下旬　具呈外务部,恳请开缺。

5月　去海盐,视察学堂,主持海盐劝学会议,拟海盐《劝学员之职务》等文件。

5月10日　商务印书馆举行股东会,先生首次当选为董事。

6月　蒋维乔编纂,先生与高凤谦校订《初等小学用简明国文教科书》第一册出版。戴克敦等编纂,先生与高凤谦校订《女子国文教科书》第一册出版。

8月11日　清廷上谕授邮传部左参议。上书请代奏开缺。

9月22日　赴杭出席浙江教育会成立大会。先生被推举为会长,后未就。

10月19日　邮传部奏准开缺先生左参议职。

10月—12月上旬　多次参加浙江各界拒借外款大会,并积极集民资修筑沪杭铁路。

12月10日　先生与孙问清、王胜之、许鼎霖分别代表浙江、江苏两铁路公司晋京,向外务部那桐、袁世凯等官员反映"拒借外款"之民情。

12月16日至次年1月14日　在京从事"拒款"活动。

是年　约请林纾编选《中国国文读本》,约请伍光建以白话文译外国小说。主持商务印书馆第一届学徒考试。《日本法规大全》出版。

## 1908年(清光绪三十四年　戊申)　四十二岁

1月26日　自京返沪。

5月5日　出席商务印书馆股东会议。

5月13日　请蒋维乔编初等小学历史教科书。

5月17日　于寓所宴编译所同事高凤谦、蒋维乔、庄俞、孙毓修等,"畅饮剧谈至十时始散"。

5月19日　请蒋维乔编本国乡土历史、地理。

5月26日　邝富灼应先生邀,入馆任英文部主任。

7月11日　起程赴日本。

7月13日至10月1日　游日本长崎、广岛、大阪、奈良、西京、东京、箱根等地。在日期间,参观高等工业学堂、早稻田大学图书馆,会晤中日学界人士。

8月31日　致高凤谦、陶保霖、杜亚泉书,对清政府宣布预备立宪表示欣喜,并嘱着手编译政法书籍。

10月7日　返沪。

是年　《辞源》编纂工作始,陆尔奎主持,先生为50名编纂人之一。

是年　与陈叔通订交。

是年　由先生、陶保霖、陈承泽校订《立宪国民读本》出版,上下两册,各40课,介绍宪政国家政体、社会、经济基本知识。

## 1909年(清宣统元年 己酉) 四十三岁

3月 在《教育杂志》刊登为涵芬楼收购古籍之广告。

3月 严复于沪上交到《法意》译稿。

3月 介王蕴章入商务印书馆编译所。

4月15日 出席商务印书馆股东会议。先生当选为董事。先生提议添收股份五万元。

4月27日 出席商务印书馆董事会议,当选为主席。

5月1日 主持高凤歧(啸桐)追悼会。

5月25日 致蔡元培书,附寄1000马克汇票。次日收到蔡元培《伦理学原理》书稿,是书不久即由商务出版。

5月 由汪荣宝编著,先生校订《中学中国历史教科书》出版。

7月17日 致缪荃孙书,拟借抄南京江南图书馆所藏丁氏八千卷楼书。是年,与缪荃孙商影印古籍事。

7月31日 清政府准度支部奏,拟遴派先生为度支部咨议官。后先生未赴任。

8月 由先生与高凤谦校订,戴克敦等编纂《初等小学简易国文教科书》全套六册出版。

8月 尚公小学兼办商业学校,先生任校长。

9月 为涵芬楼购入顾氏谀闻斋藏书。

10月 赴山东泰安、江苏淮安等地,登览名胜,并购得古书数种。

12月20日 致孙壮信,曰"近颇思搜集宋元精椠本为世所罕见者,用石印出版。"

是年 致蔡元培书,托在德代觅与中国历史相关之图画,摄成照片,拟编为画册。

## 1910年(清宣统二年 庚戌) 四十四岁

1月11日 出席商务印书馆董事会议,提出修改花红分配办法。

1月29—30日　返海盐。

本年初　爱国女学校组成校董会,先生列名。

3月17日　启程作环球之游。

3月28日　抵新加坡。

4月3日　在槟榔屿晤康有为。

5月2日　抵荷兰鹿特丹。

5月4日　抵伦敦。

5月30日　到爱尔兰都柏林,参观大学校和造船厂。

6月上旬　返伦敦。在英调查教育。

6月24日　致沈曾桐书,言考察英国强迫教育事。

7月上旬　离英抵布鲁塞尔。在比期间多次参观世界博览会。参观弱智学校。

7月23日　抵荷兰。

7月30日　抵柏林。在德参观盲童学堂、幼稚园、顽钝辅助学堂、聋哑学堂、莱比锡印刷品陈列所。对德国职业教育感受颇深。

8月　致郑孝胥、印锡璋、高凤池信,就夏瑞芳因上海钱庄倒帐,造成公司巨额损失事,提出己见。

8月　致夏瑞芳、高凤池信,言朗曼书店寄售、欧洲新式印刷机、与美国Ginn书店业务各事。

9月6日　抵布拉格。

9月7日　抵维也纳。在奥参观国民小学。

9月14日　抵布达佩斯。在匈参观布达佩斯补习学校。

9月24日　赴瑞士。在瑞士参观苏黎世美术院。

10月3日　抵意大利米兰。

10月7日　抵罗马。在罗马参观残废顽钝学校。

10月18日　抵巴黎。

10月26日　参观法国国家图书馆,观馆藏敦煌文物。

10月27日　《东方杂志》刊载先生撰《中国出洋赛会预备办法议》。

10月30日　抵伦敦。

10月　商务印书馆成立师范讲习社,先生与严复等共七人为发起人。

11月5日　参观大英博物馆图书馆,观馆藏敦煌文物。

11月9日　登轮赴美。

11月中旬　抵纽约。在纽约时,参观幼儿审判所及幼童犯罪学堂。

11月25日　访《纽约先驱报》。出席留学生大会并演讲,主旨为"由吾中国人自己传教"。

12月上旬　赴华盛顿、芝加哥。先生在美时晤冯如。

12月下旬　登轮回国。

本年　由先生与徐仁镜校订,谢洪赉编纂《高等小学最新中外地理教科书》出版。

# 1911年(清宣统三年　辛亥)　四十五岁

1月中旬　抵神户。晤梁启超。在日时尝晤汪大燮。

1月18日　返上海。

1月21日　为编译所同仁作环游一夕谈。

3月25日　《东方杂志》载刊先生所撰《环游谈荟》。《法政杂志》创刊,先生为发起人之一,"冀以普通政法知识灌输国民",约请梁启超撰写叙言。

4月22日　出席商务印书馆股东常会,报告上年营业情形。

5月　《时事报》、《舆论报》合并为《舆论时报》,更名为《时事新报》,先生与高凤谦等参与组织。

5月　校张惟赤著《入告编》,由商务印书馆排印。

约5月　迁寓上海劳合路长吉里237号。

6月20日　清政府学部奏设中央教育会,张謇为会长,先生与傅增湘为副会长。

6月29日　应邀为寰球中国学生会作考察欧美小学教育报告。

6月　为浙江法学学会出版《法学协会杂志》作序。

7月5日　离沪赴京。

7月15日　中央教育会议开幕。

7月17日—8月14日　出席并主持中央教育会会议17次,通过《国库补助小学经费案》、《义务教育章程案》等多个议案。

7月　撰《海盐张氏涉园丛刻跋》。

8月11日　发起成立中国教育会,制订章程,并被举为会长,伍光建、张謇为副会长。

8月　上庆亲王奕劻手折。

7—8月　在京期间,多次往琉璃厂等书肆,为涵芬楼购入古籍一批。

9月8—12日　往太原寻访古籍,无所获。

9月下旬　返沪。

10月18日　先生与高凤谦"拟将今年革命事实作革命纪发售"。

11月4日　上海光复。先生率家中男丁剪辫。

11月上、中旬　作为浙江省代表,参与发起组织全国会议团。后汤寿潜以浙省军政府名义委任先生赴鄂出席各省代表会议,先生坚辞,即不再与问此事。

12月21日　清廷内阁授先生学部副大臣职。先生即致电袁世凯称"宗旨不合,不敢承受。"

12月22日　严复、傅增湘来沪,访先生。

是年　主持辑印《海盐张氏涉园丛刻》。

是年末　为夏瑞芳投机失败,造成商务印书馆财务困难,多次致函日本金港堂合资人原亮三郎,山本条太郎,提出疏解办法。

是年末　商务印书馆出版《大革命写真画》、辛亥革命领袖像、《痛史》等。

# 1912年(民国元年　壬子)　四十六岁

是年初　邀包天笑入商务印书馆。

1月　傅增湘到涵芬楼观书,先生接待。

1月31日—2月6日　赴海盐。

1月　各种《最新教科书》出版订正版,先生参与校订。

2月11日　致山本条太郎信,认为经夏瑞芳以公司款投机橡皮股票失利后,必须更改公司章程,划分董事及经理权限,订立管理银钱出入规则。

2月13—15日　偕傅增湘赴南京购书,在宁访蒋维乔。

3月2日　蒋维乔来访,为蔡元培向商务印书馆借支教育经费。

4月　由庄俞、沈颐编纂,先生与高凤谦校订《初等小学用共和国新国文(春季始业)》出版。

5月　请吴步云编英文教授书,与伍光建谈编成语词典。

6月8日　出席商务印书馆股东常会,报告上年营业情况。

6月16日　访郑孝胥,请暇日共商公司进行之策。

6月　经先生、高凤谦校订,《高等小学用共和国新国文》、《新历史》教科书出版。

9月　《商务印书馆新字典》出版,编纂人为陆尔奎、蔡文森、傅运森、方毅、张元济、沈秉钧、高凤谦七人。出版2月后,销售4万部。

11月　约徐善祥编《矿物学》、丁文江编《动物学》。

11月28日　示郑孝胥北京新购《永乐大典》。

本年　先生提议由恽铁樵任《小说月报》主编。由张士一编,先生与邝富灼校订《英华会话合璧》出版。

本年始　先生锐意为涵芬楼收集全国方志。至1932年,共得2600余种,25600余册。

## 1913年(民国二年　癸丑)　四十七岁

1月4日　商务印书馆领导人会议收回日人股票事。

1月　商购宋景祐本《汉书》、《津逮秘书》、《学津讨原》等善本古籍。

3月16日　拟商务印书馆"保护作工孕妇"议案,附"女工保产章程"。

4月5日　请孙毓修主编《少年杂志》、《少年丛书》、《童话》,与高凤谦商定稿酬办法。

4月19日　出席商务印书馆股东常会,当选为新一届董事。

8月25日　致蔡元培书,代表商务印书馆与蔡约定,蔡再次赴欧期间,以每日半日时间编写书稿,商务每月致送稿酬二百元。

9月4日　致蔡元培书,约请编师范、中学用书。

9月12日　致熊希龄信。熊邀先生任教育部长职,先生坚辞。言"无论从何方面着想,终不能不从教育入手。财政固根本问题,而教育则根本中之根本也。"

9月某日　为涵芬楼收购古籍。一日某书估送来古籍内暗藏炸弹,先生幸未打开书包。次日凶手陈子范将书包取去,炸弹自爆,陈炸毙。

10月28日　致张謇书,详述对于中国参加世界博览会之意见。

12月20日　晚宴黄远庸、孟森等。

夏瑞芳任总经理期间,"先生主管编译所事务,每天从编译所出来后,必到发行所核阅文书信稿,至晚上七、八点钟为止。"

## 1914年（民国三年　甲寅）　四十八岁

1月6日　商务印书馆与日本金港堂签订终止合办合同。夏瑞芳、福间甲松为双方股东代表,先生为保证人之一。

1月7日　出席商务印书馆董事会议,向董事报告公司与日本股东签约及应付款等情。

1月10日　夏瑞芳在上海河南路商务印书馆发行所门口遇刺身亡。先生与夏同行,半途因故折返二楼,幸免于难。

1月11日　商务印书馆董事会举行紧急会议,推印有模为总经理、高凤池为经理。

1月中旬　迁居上海极司非而路40号。

1月31日　出席商务印书馆特别股东会,作关于收回日本股份之报告。

4月1日　《教育周报》载先生《贫困之教育》文。

5月9日　出席夏瑞芳追悼会。

5月11日　出席商务印书馆股东常会。先生作上年营业情形报告及关于增股议案之报告。

6月24日　托傅增湘在京为涵芬楼购《永乐大典》三册。

6月26日　陆费逵、范静生等邀先生与蒋维乔同商修改国文教科书事。

夏　录用胡愈之为编译所练习生。

10月2日　蔡元培《哲学发凡》书稿编竣,邮寄先生。

11月　康有为赠排印本《戊戌奏稿》，先生为之撰跋。

本年　邀陈叔通入商务印书馆。

## 1915年（民国四年　乙卯）　四十九岁

4月上中旬　傅增湘来沪，与先生"沪滨小叙"。

4月下旬　梁启超返粤途中过沪，寓先生宅中。

5月19日　致傅增湘书："本馆拟印旧书，以应世用。拟定名《四部举要》。"（后更名《四部丛刊》）

5月24日　严修访问商务印书馆，先生与高凤谦导观全厂。

5月29日　出席商务印书馆股东常会，先生报告上年营业情形。当选为新一届董事。

7月　商务印书馆成立函授学社英文科，先生兼任社长。

10月　《辞源》出版。《辞源》编纂工作"是张元济先生积极倡导的。他早年在学习英语之时就注意到西欧各国都早有辞书之类的出版发行，而我国尚无这类辞书。……张元济先生即请陆尔奎先生主其事，并请高梦旦、庄百俞等各部主任共同负责编纂。"

11月18日　出席商务印书馆特别董事会。因印锡璋病故，举高凤池暂代总经理。

本年　陈叔通入商务印书馆，经考察，建议设立总务处，以协调编译所、发行所、印刷所工作，获先生同意。总务处由陈叔通、盛同孙主持。

本年　《中国人名大辞典》编纂工作始，先生为23名编委之一。

## 1916年（民国五年　丙辰）　五十岁

1月15、17日　分两次以先生名义、用公司款项交付钮永建银洋五千元，表示对孙中山"党人捐款"的支持。

2月起　多次亲自关心、协商购买瑞典、日本等国纸张。

2月　收到林纾译稿三种。选定《欧洲名画集》稿。

3月3日　梁启超南下赴滇助蔡锷反袁过沪。先生往访，曰："行后津门眷属仍寓彼处,我当尽我之力。……如有缓急,自当相助,可请放怀。"

3月25日　通告各分馆,帝制取消,应推广共和教科书。

4月2—9日　赴杭州。

4月18日　出席商务印书馆董事会议。会议决定高凤池任总经理,先生任经理。

5月6日　出席商务印书馆股东常会,报告上年营业情形,作关于推广保险议案报告。

5月9日　与陆尔奎商,拟请谢观编《医学辞典》。是年,先生多次提出应缩减分馆。

5月17日　提议收歇湖州等五处分馆。

6月7日　催印梁启超《国民浅训》2万部。致梁书,索其所著《袁世凯之解剖》稿。

7月25日　孙中山、廖仲恺等至商务印书馆,先生接待,陪同参观印刷所。

8月1日　先生提出《初等国文》用白话编。

8月上旬　沈德鸿(雁冰)由孙壮介绍来见先生,先生接待后安排其至编译所英文部任事。

9月　由先生发起,并委托孙毓修主持之《涵芬楼秘笈》第一集出版。至1921年共出10集。

10月16日—11月4日　偕傅增湘、蒋维乔游浙江雁荡、天台。

12月6日　与杜亚泉商请寿孝天编《数学辞典》。

12月14—22日　赴海盐、杭州。

12月26日　决定购入黄炎培《新大陆之教育》书稿上、下册。

本月　由先生等八人校订,范祥善等十五人编纂《国民学校教员用共和国教科书新国文教案》第一至六册出版。

## 1917年(民国六年　丁巳)　五十一岁

1月19日　拟聘徐新六入馆,高凤池不允。先生曰:"公罕与外接,此间人尤不悉外事,故取材之路甚狭。"

2月10日　致高凤池书,阐述对公司人才问题之看法。

2月　师范讲习社发布第二次发行新体师范讲义简章,先生与严修、郑孝胥、张謇、蔡元培、梁启超等26人为发起人。

3月19日　中华书局王仰先约先生、高凤池、李宣龚商谈中华与商务合并事。时中华经营不善,拟并入商务,此后双方多次商谈,终未果。

3月22—30日　印刷所工人罢工。先生与商务领导层多次商议处理办法。

5月6日　中华职业教育社成立。先生与黄炎培、蔡元培、马相伯、严修等48人为发起人。

5月19日　出席商务印书馆股东常会,报告上年营业情形,并当选为新一届董事。

5月22—27日　赴杭州。

6月12日　因林纾近来小说译稿多草率,告蒋维乔"稿多只可收受,惟草率错误应令改良。"

6月27日　先施公司聘先生为参事。

7月9日、10日　告高凤池,柜台上有人私售私货,必须严查;总馆同人宕帐必须禁止。

9月21—30日　赴汉口调查造纸厂情形。

10月12日　致高凤谦书,提出"《小说月报》不适宜,应变通"。

10月　提出分馆宜削减存货数,继又提出裁撤分馆之计划。

11月7日　与蔡元培往来书信,商为北京大学研究会合办杂志及翻译英文文学书、出版法文读本等事。

11月　拟《国文函授高等讲义》、《国文函授初级讲义》编纂意见。

本年　由先生策划《香港读本》、《国文读本》各6册,送香港教育司审定后出版。

## 1918年(民国七年　戊午)　五十二岁

1月14日　鲍咸昌报告以五千元购入大折书机。先生言"绝对赞成。此外有可省工缩地者,亦应随时采办。"

2月21日　议定以1150元购入《资治通鉴》等三部宋版书。

3月24日　拟定《中国人名大辞典》编纂原则。

4月13日　出席商务印书馆股东年会,报告上年营业情形,并当选为新一届董事。

4月16—25日　偕夫人、子女赴杭州。

5月18日起　为影印《道藏》事,与上海白云观方丈多次联络。后因该观道人索求过巨而未果。

6月13日　离沪北上。经南京时购方志数种。

6月15—19日　于天津访梁启超、李家驹。

6月20日　到北京,与孙壮谈北京分馆营业事。

7月9日　赴北京大学,晤蔡元培、陈独秀、胡适、朱希祖、马幼渔等。共商一、世界图书馆事;二、编辑教育书事;三、改订本版教科书事。

在京期间,访伍光建、孙宝琦、傅增湘、章士钊、沈尹默、林纾、林长民、蒋百里、严复、熊希龄、宝熙等。

7月11日　因李宣龚患急病,返沪探视。

7月19日—8月26日　偕夫人、子女再上北京。期间游览名胜多处,并往琉璃厂等处访购古籍。又与傅增湘商影印《道藏》事。

9月9日　与高凤池等商定商务印书馆总务处、发行所新章程。

9月21日　致高凤池信,认为公司高层人员子弟不宜聘入。

9月27日　辞编译所长职,由高凤谦接任。

本年　先生编《戊戌六君子遗集》出版。先生撰序,深切怀念二十年前一同参与维新变法之志士。

## 1919年(民国八年　己未)　五十三岁

1月　为筹集《四部丛刊》各书底本,与刘承幹、傅增湘多次书信往返;派孙毓修赴南京江南图书馆了解藏书情况;与郑孝胥、高凤谦商《四部丛刊》选用书目。

2月5日　提议"拟分设印刷局于香港"。此后,与鲍咸昌等多次商议。

2月26日　与蔡元培签订《北京大学月刊》出版合同。

2月28日—3月2日　赴邓尉观梅。

3月10日　与鲍咸昌商《道藏》、《四部丛刊》印刷事宜。

是年春　叶德辉过沪,先生与商《四部丛刊》出版事宜。

4月14日　婉拒《孙文学说》之出版。

4月26日　出席商务印书馆股东常会,报告上年营业情形,当选新一届董事。

4月　为上海书业商会拟呈教育、农商、外交三部文。

5月1日　晤胡适,希望介绍北京"有学识优美之士",投稿或编译书籍。

5月9日　先生于当天日记记述："是日因书业商会议决表抵抗日本及对于北京学生敬爱之意,停业一日。"

5月24日　与高凤谦、陶保霖商定,由陶接办《东方杂志》。

5月　主持商务与美国金恩出版公司签订翻印并销售其出版物之合同。

7月7日　与高凤谦、鲍咸昌等商定影印及预约购买《四部丛刊》办法。

7月31日　拟定影印《四部丛刊》校印办法。

8月　决定出版《续古逸丛书》。

9月14日　拟就《进货规程》及单据格式。

10月9—13日　偕叶德辉、孙毓修赴常熟罟里访瞿启甲,观铁琴铜剑楼藏书。

10月28日　与陶保霖等商定,《东方杂志》由陶接任,杜亚泉专管理化部。

10月30日　与陶保霖、江翥经商:一、共和国春季《初小国文》生字加注音字母;二、将该《国文》略修,译成白话;三、新体《国语》速出完;另拟编国语词典及文法。

11月7—16日　赴京,吊唁高而谦。在京期间与高凤谦等商编译所改良事宜,又赴北京大学访胡适。

11月22—23日　赴杭,为瞿鸿机送葬。

11月26日　告邝富灼,"将英文对译各书近于会话者,应汇齐,分别缓急改译白话。"

12月　与朱希祖通信,商刘半农为商务编译稿件事。

12月　《续古逸丛书》第一种《宋椠大字本孟子》出版。

## 1920年(民国九年　庚申)　五十四岁

年初　发起续修《张氏族谱》事。

2月8日　与高凤谦商设工人公共浴场、暑雨休息室,改良厂内厕所等事。

2月9日　同意高凤谦在京与蔡元培、蒋百里、胡适所拟编译《二十世纪丛书》办法。

2月17日　与高凤谦商编白话词典。

3月13日　梁启超到商务,与先生等商编新丛书事。

3月26日　为购上海南京路土地事,与高凤池发生争执。午后董事会议上,先生提出辞(经理)职。

4月10日　出席商务印书馆董事会特别会议,决定设立监理,由高凤池与先生担任。决定鲍咸昌为总经理。先生撰《草拟公司组织机构之意见》。

5月3日　致梁启超书,商聘柏格森来华讲演及共学社编译垫款办法各事。

5月8日　出席商务印书馆股东常会,报告上年营业情形。当选为新一届董事。

5月20—24日　赴扬州,观何氏藏书。

5月　梅兰芳应李宣龚邀,来商务印书馆影戏部拍摄戏曲片《春香闹学》、《天女散花》。先生前往观看。

6月25日—7月2日　为修建张氏宗祠事赴海盐,后又赴杭州。

6月　《四部丛刊》第一期书58种,338册出版。

8月9日　蔡元培介绍罗家伦任馆外编译,次日先生寄去馆外编译工作条件。

8月13日　与高凤谦等商定修改及排印《韦氏字典》办法。

9月19日　应潘宗周邀,观宝礼堂藏宋版书。

9月21—25日　赴海盐。

10月1日　与谢燕堂详算《四库全书》印刷成本。

10月5—31日　赴北京。在京与孙壮、郑禹商北京分馆各事。访叶恭绰、朱启钤,谈影印《四库全书》事。访蔡元培,谈印《越缦堂日记》事。经蒋百里介绍,晤郑振铎、耿济之,商出版新文学杂志事。

11月5—23日　为张氏宗祠落成赴海盐。在宗祠落成典礼上朗读祭文。

11月下旬　与高凤谦商定请沈雁冰主持《小说月报》。

12月9日　致梁启超书,告以梁著《清代学术概论》已付印。并言"讲学社"聘欧、美学者来华演讲,已与商务同人商定,每年资助讲学社五千元,演讲稿由商务出版。"此次罗素讲稿即照此办法办理。"

本年　聘杨端六入商务印书馆。以后先生请杨主持改革商务会计制度。

## 1921年(民国十年　辛酉)　五十五岁

1月3日　与高凤池商定聘郭秉文入馆后工作安排。

1月　撰《夷坚志》跋。

2月1日　在商务印书馆董事会议上提出"将公益基金专办公共图书馆"。

2月5日　访王国维,王赠写印《切韵》及影印五代雕板佛像。后又与王通信商《四部丛刊》选用书目。

3月24日　拟定购入江阴缪氏藏书办法。

3月25—29日　赴杭。

4月2—16日　赴海盐扫墓。

4月19日　在会议上提出(如南洋兄弟烟草公司)"此等大宗印刷总望设法招徕。"

4月中、下旬　高凤谦受先生委托,进京邀胡适南来主持商务编译所。

5月14日　出席商务印书馆股东常会,当选为新一届董事。

5月15日　致胡适书,诚邀其来商务主持编译所。

6月21日　出席商务印书馆第263次董事会议,黄炎培提议多编常识书籍等项建议,先生发言表示赞同。

6月21日　与葛嗣浵、金兆蕃发起续辑《槜李文系》。

7月16日　胡适抵沪,应邀到商务印书馆考察。先生等至车站迎接。次日商务宴请胡适。

8月　胡适推荐王云五以自代。先生与王晤谈,王允任编译所副所长。

9月17日　偕邝富灼离沪赴京。在京期间与美国教育家孟罗晤谈教科书编写等事。与傅增湘商影印《道藏》。与梁启超商谈共学社书事。

9月28日　患病住院。

10月23日　返沪。

11月7—14日　赴海盐。

11月13日　阅王云五提出编译所改进计划,先生对此计划决定接纳,并极力支持。

11月28日—12月4日　赴湖州、长兴。

12月20日　在商务印书馆董事会议上讨论在粤设印刷分厂事。

## 1922年(民国十一年　壬戌)　五十六岁

1月16日　出席商务印书馆董事会第268次会议。一、议决自本月起,聘王云五为编译所长;二、议决设立公用图书馆委员会,张元济、高凤谦、王云五为委员,并决定经费事项;三、黄炎培提议为小学图书馆捐书,先生发言赞同此议。

1月　杨端六提出商务印书馆新会计制度实施,改革获得成功。

3月14日　启程赴广东、香港,调查在粤、港设印刷厂事。

3月16—30日　先后到香港、广州、三水、韶关多处察看土地,了解地价。参观广东高等师范学校,游览黄花冈七十二烈士墓。

4月3日　到公司报告赴粤、港调查情况。主张"粤省印刷分厂在广州先行租屋开办,至永久计划则以九龙、香港为宜。"

4月3—15日　赴海盐扫墓。期间偕海盐张氏族人赴海宁谒张氏始祖文忠公(张九成)墓。

4月20日、21日　陈宝琛到沪,先生与沈曾植、李宣龚、高凤谦等设宴款待。

4月30日　出席商务印书馆股东常会,通过增资至500万元的议案。当选为新一届董事。

5月7日　胡适等创办《努力周报》出版,先生等商务领导表示支持。

5月15日　赴嘉善,贺钱绍桢七十寿。

7月1日　偕庄俞赴济南,出席中华教育改进会第一届年会,晤蔡元培、胡适、萧友梅、陶行知、张伯苓等。

7月9日　抵天津。晤罗振玉、严修。

7月12日　抵北京。在京期间祭奠严复,晤胡适、朱希祖、汪大燮、傅增湘等。拟请萧友梅编小学唱歌书。

7月26日　返沪。

8月23日　丁文江访先生,商修订地图、为发掘史前遗存筹募资金事。

9月10日　致鲍咸昌书,重申主张公司重要职员子弟不宜入公司任事。

10月1日　出席商务总务处会议,讨论寄售陈独秀著作事,因各人意见不一,未果。

11月16—18日　返海盐。

11月　由先生等发起流动图书馆,曾赴浙东、浙西等地,是月又赴淮扬、苏常各邑大镇。

12月11日　与赵尔巽、康有为、张謇等共13人撰发《重印正统〈道藏〉缘起》。

本年　助张宗祥钞补文渊阁《四库全书》。

## 1923年(民国十二年　癸亥)　五十七岁

1月　撰《四部丛刊刊成记》。

2月—6月　先生汽车司机之甥乐志华被外籍雇主诬陷,遭租界巡捕房非刑拷打。先生联络宁波同乡会,发动捐款,聘请律师,终在上海租界内为乐志华伸冤。

3月1日　《四部丛刊》(初编)全书出齐。

5月6日　出席商务印书馆股东常会。董事会据先生意见提出股息公积办法。要点为"公司嗣后遇有盈余,分派股息至一分以上时,应酌量提存股息公积。"会上争议颇激烈,经修正后始获通过。当选为新一届董事。

5月23日　致傅增湘书,告以《道藏》已开印,印一百部。

6月至10月　美国米林公司控商务印书馆侵权,要求禁止商务出售商务版《韦氏大字典》。先生十分重视此案,请王显华、丁榕办理,经会审公廨多次开庭,原告被驳回,但商务因被指侵其商标,须赔偿银一千五百两。

7月10日　在苏州出席蔡元培、周峻婚礼。

10月1日　介伍联德入商务印书馆。

10月16日　出席商务印书馆第287次董事会,决定购入上海天通庵路厂房,该厂房以后成为商务印书馆第五印刷所。

10月30日—12月2日　为在香港设印刷厂,与高凤池赴港。购定砵典乍街26、28号地,办理相应手续。

本年　撰《拟制新式排字机议》。

## 1924年(民国十三年　甲子)　五十八岁

2月26日　出席商务印书馆董事会第291次会议,通过在港注册开设印刷局,与香港分馆合并另组公司案。

3月4日　致朱希祖书,托访购海盐先辈遗著。

3月17日　蔡元培自德国寄先生《简易哲学纲要》稿。

3月　先生建议借印文渊阁《四库全书》,高凤谦进京洽办运书事宜。后因北洋政府阻挠,未果。

4月13日　出席商务印书馆股东常会,当选为新一届董事。

4月18日　印度诗人泰戈尔抵沪,上海二十余团体假东方图书馆新厦举行欢迎会。先生出席。

4月下旬　赴海盐、杭州。

6月上旬　偕葛嗣浵赴杭州,整理《槜李文系》稿。

7月11日　赴上海总商会出席中国工程学会年会开幕礼并演讲,曰

"深愿此后人材辈出,……于保存吾国固有精神文明之外,发展物质之文明,成功世界上一种特别文明。"

7月15日　出席商务印书馆董事会第296次会议,议定图书馆办事章程。先生等五人当选为董事,王云五为馆长。

8月19日　出席商务印书馆第297次董事会会议,议决于京、津、汉、宁、杭、港分馆及京华、香港印刷厂改用新会计制度。

约本年　杨小仲提出商务电影部改革书面意见,先生认为中肯。杨遂自编、自导《醉乡遗恨》一剧获好评,促成商务扩大、改组电影部。

本年　江浙军阀间战争频发,先生虑有不测,将涵芬楼所藏善本古籍择其优者,移存租界内金城银行保管库。

# 1925年(民国十四年　乙丑)　五十九岁

1月2日　致蔡元培书,拟为罗家伦筹措回国川资,并邀罗来商务编译所任事。

1月上旬　赴扬州,购何氏藏书。

2月12日　致刘承幹书,托代向清史馆借钞方志。

3月19日　致傅增湘书,请其代为购入吕无党抄本《刘后村集》。该书有张氏先人题写墨迹。

4月19日　出席商务印书馆股东常会,当选为新一届董事。

4月28日　出席商务印书馆董事会第304次会议。先生称:"扶助教育更有一种办法,即高等学术之书。他家力量所不能出版者,本馆可以多出。欧美名著现已译成多种,尚应继续进行。现在编译百科全书,一、二年后当可出版。"

5月　与吴士鉴等联名上书浙江省教育厅长,请继续抄校文澜阁《四库全书》。

6月3日　全公司下午及次日停业,抗议租界当局制造"五卅"惨案。郑振铎等创刊《公理日报》,商务给予经济上支持,先生、高凤谦、王云五各捐助100元。

6月至10月　叶恭绰致先生电,重提《四库全书》影印事。商务派李宣龚进行洽谈,先生与叶恭绰、章士钊、李宣龚、傅增湘、孙壮等函电往返不断,终于与教育部签订影印《四库全书》合同。10月中,江浙战争爆发,无法保证书籍运输安全,功败垂成。

7月　柯师太福病逝,葬于上海静安公墓,先生为撰墓志铭。《翁文恭公日记》影印出版,先生撰跋。

8月22—28日　全馆罢工。先生等与劳方多次谈判,签订复工协议。先生对和平解决工潮甚为欣慰。

11月3日　傅增湘以200元为先生购入吕无党手抄本《金石录》。

12月8日　出席商务印书馆董事会第310次会议,先生就增设人事股、影片部另组公司、购买政府公债等项发言。

12月22—25日　全馆罢工。先生力主和平解决。最终达成复工协议。复工后先生往医院慰问受伤工友。

本年　影印明万历刻本《横浦先生文集》竣,先生有校勘记。

本年　应吾氏夫人弟鸿墀请,撰岳父吾乃昌传。

## 1926年(民国十五年　丙寅)　六十岁

1月　为涵芬楼购入蒋氏密韵楼藏书,书价16万两。在商务印书馆总务处第696次会议上,先生发言,认为影印旧书系公司营业之一种,又影印之后,原书尚在,其本来价值不减,将来如有必要,仍可售去。

1月9日　撰《告窆为吾夫人》,号召破除迷信,提倡薄葬。

2月6日　吾氏夫人安葬于海盐由先生倡导设立的张氏公墓。

2月14日　致胡适书,言《水经注》、《永乐大典》等书事。

3月22日　致蔡元培书,"拟奉约一叙,对于中国劳工问题欲有所请教也。"

本年春　撰《东方图书馆概况·缘起》。

4月18日　致商务印书馆管理扶助同人子女教育基金委员会书,将早年因病假应扣而实际未扣之薪水移赠该会。

4月25日　出席商务印书馆股东常会,当选为新一届董事。常会通过《修改股息公积办法案》,实际否定先生1923年所提《股息公积办法》。先生十分气愤。

4月26日　向商务印书馆董事会提交辞职书。

5月2日　出席东方图书馆开幕仪式。

4月—7月　商务印书馆董事会、上海及京、津等地股东、商务各部门、各地分馆等纷纷拜访或致函先生,请打消辞意。先生未允。

6月4日　罗家伦自巴黎致先生书,随寄《思想自由史》译稿。

7月21日　商务印书馆董事会特别会议,同意先生辞监理职。

8月5日　出席商务印书馆董事会特别会议,被推选为主席。

8月8日　出席商务工会等五团体举办庆祝公司成立30周年大会,代表公司讲话,称"劳资之怨,在西方尚未解决,不过西方不能解决之问题,难道不可在东方先行解决?难道不可在本馆先行解决?解决之途径,不外诚意合作。"

8月21日　复王云五书,对王所拟编译所规划作三点补充。

9月18日　主持商务印书馆董事会特别会议,讨论并决定香港分厂在九龙购地案。

9月26日　致朱希祖书,告以辑印古本正史,"弟从事于此几及十年,近渐就绪,拟即开印。"

11月10日　为子树年、媳葛昌琳主持婚礼。

12月12日　伍光建致先生书,言《十九世纪思想史》译稿已分批寄商务编译所。

是年冬　重印《四部丛刊》始。

是年　影印清道光版《词林纪事》竣,先生撰跋。

## 1927年(民国十六年　丁卯)　六十一岁

1月1日　赴苏州,接受东吴大学授予荣誉文学博士学位。

1月上旬　傅增湘为先生购得涉园旧藏宋刊本《纂图互注荀子》、《纂图互注南华真经》,先生为两书撰跋。

1月21日　致傅增湘书,谓"吾辈生当斯世,他事无可为,惟保存吾国数千年之文明,不至因时势而失坠,此为应尽之责。"

2月19日　主持商务印书馆董事会第322次会议,讨论职工会加入全市总罢工事。最后总结谓:"此次罢工完全为对外之事,鄙意惟有忍耐、和平,认清同人之意为要。"

2月　得徐恕让售明彭孙贻《茗斋集》手稿本。

3月19日　主持商务印书馆董事会第323次会议,讨论并议决收束国光影片公司。

5月1日　出席商务印书馆股东常会,当选为新一届董事。会议对是否保留股息公积发生争执,最后仍通过先生相关提案。

7月　胡适定居上海,寓先生对门,两人过往甚密。

8月　请高凤谦进京,向清宫借影宋本《郡斋读书志》。

8月13日起　昆曲"传"字辈青年演员在徐园连演72场,先生常去观赏。

8月　托黄炎培在大连图书馆查阅、抄录涵芬楼所缺方志。

10月17—23日　遭绑匪劫持,终"以一万元了结"。先生在盗窟赋诗十首,记叙遭绑经历。后先生感叹曰:"呜呼!谁实为之而使之至于此哉!"

11月　访瞿启甲,商借善本书,并于14日签订《商务印书馆向常熟瞿氏铁琴铜剑楼租印善本书合同》。

本年　校勘《夷坚志》毕,撰是书编辑例言、校勘记及跋。

## 1928年(民国十七年　戊辰)　六十二岁

是年　继续校勘《魏书》、《宋书》、《陈书》、《南齐书》等史籍。

1月　辑编查荩卿师《寄庑楼诗》排印出版,并撰跋。

4月　辑编《涉园丛刻续编》印竣。

5月13日　出席商务印书馆股东常会,当选新一届董事。

10月15日—12月2日　以中华学艺社名誉社员名义,偕郑贞文访日。在东京、京都等地观静嘉堂、宫内省图书寮、东洋文库、东福寺等处所藏中华古籍,晤内藤湖南、长泽规矩也、诸桥辙次、盐谷温等汉学家。所见珍本,均作详细记录,商借部分中国国内失传珍本摄影,辑入《四部丛刊》、《百衲本二十四史》等书。

本年　应先生约请,吴梅选编所藏古剧本152种,定名《奢摩他室曲丛》,第一、二集年内出版。

## 1929年(民国十八年　己巳)　六十三岁

1月25日　主持商务印书馆董事会第339次会议,同意高凤谦辞职。

2月17日　上海各界在静安寺公祭梁启超,先生与陈三立主祭。

1月—3月　与马宗荣频频通信,请马在日本商借珍本古籍,并设法就地摄影。

4月上旬　赴苏州访书。

5月12日　出席商务印书馆股东常会,当选为新一届董事。

5月　撰《〈南洋中华团体史志〉序》。

6月2日　致胡适书,索《新月》杂志载胡撰《人权与约法》。

6月　校勘《四部丛刊初编》最后数种书籍。

7月初　偕儿女赴庐山避暑,勾留两月,期间校书不辍。

11月21日　主持商务印书馆董事会第367次会议,讨论鲍咸昌治丧与抚恤事宜;又讨论第四印刷所失火情况及善后办法。

12月　先生与夏筱芳访王云五,邀王回商务任总经理。

12月　《中华学艺社辑印古书》之一,影印宋刻本《论语注疏》出版。

本年　撰《重印〈四部丛刊〉刊成记》,详述重印本变更底本、补正缺佚、新增序跋及校勘记等情形。

## 1930年(民国十九年　庚午)　六十四岁

1月5日　出席鲍咸昌追悼会,高凤池与先生介绍鲍氏生平。

1月23日　主持商务印书馆第369次董事会会议,决定选任王云五为总经理。"王君出洋考察事可以照办,但请王君将出洋期间力为缩短。"

1月　趁丁文江赴黔之便,托代东方图书馆搜集贵州方志。

3月　撰《影印〈百衲本二十四史〉缘起》。《百衲本二十四史》发售预约。计划自1930年至1933年分4期出书。

4月16日　读胡适《中古哲学史》稿。

5月25日　出席商务印书馆股东常会,当选为新一届董事。

5月31日　主持商务印书馆董事会第373次会议,决定由先生、高凤池等五人组成公司章程修改委员会。

7月　先生请无锡国学专修学校校长唐文治介绍毕业生数人来商务从事《衲史》校勘工作。唐介绍王绍曾等三人,得到先生首肯。

8月　商务于先生寓所附近租屋设立"校史处",汪诒年、蒋仲茀为正副主任。校稿最终由先生定稿。是月,《百衲本二十四史》第一期景印宋景祐本《汉书》出版。

约11月中旬　罹病住院约一月。

## 1931年（民国二十年　辛未）　六十五岁

1月6日　赴中国科学社明复图书馆参观中国书版展览会。涵芬楼亦有善本书参展。

1月15日　致傅增湘书,告以在日本借得黄善夫本《史记》,不日即可摄照。是则《史记》成为"全宋本"。

3月　商务印书馆修改公司章程委员会经五次会议议定修改草案,提交董事会、股东年会讨论通过。

5月24日　出席商务股东常会,当选新一届董事。

5月　受聘中华职业教育社永久社员。

8月16日　为张树年赴美留学撰《旅学弦韦——给年儿》

8月　《衲史》第二期《后汉书》等五种出版。

10月　参与发起为林纾遗属募集教育经费并捐款。

11月　染血痢,来势甚剧,住院数周。

12月　蔡元培遭人殴伤,先生前往蔡宅探视。

## 1932年（民国二十一年　壬申）　六十六岁

1月20日　致傅增湘书,言"比来校印《衲史》,终日伏案,尚觉不给,真有愈做愈难之势。……然既已担任,不能不拼命为之。"

1月29日　日军飞机轰炸上海宝山路商务印书馆总厂,总管理处、第一、二、三、四印刷厂全毁。

1月30日　主持商务印书馆董事会紧急会议,王云五报告日机轰炸情形。

2月1日　日本浪人纵火焚毁东方图书馆。先生面对满天纸灰,悲愤交加,潸然泪下。下午主持董事会紧急会议,议决上海总馆及下属机构停业,总馆全体同人停职;总经理、经理辞职。成立善后办事处,王云五、李拔可、鲍庆林为常务委员,后又举先生为委员长。

2月13日　致胡适书,言"商务印书馆……设竟从此澌灭,未免太为日本人所轻。兄作乐观,弟亦不敢作悲观也。"

3月上旬　先生与商务印书馆善后办事处同人连日勘视被毁总厂。

4月5日　与张耀曾、黄炎培、史量才等联署发表致国民政府"歌电",坚辞出席"国难会议"邀请。

4月9日　主持商务印书馆董事会第390次会议,报告善后办事处工作情况,据勘察,综计损失1633万元;秋季用教科书分交北平、香港两厂印刷。

6月初　身体不适,赴庐山牯岭休养。在庐山拜会蒋介石,言及海盐城内修筑公路事。

7月10日　出席商务印书馆股东常会。议定将普通公积133万元悉数弥补亏耗,减少资本250万元。先生当选为新一届董事。

7月15日—8月26日　赴庐山牯岭。依据俞大维从德国带回的一批太平天国文献照片,校补《太平天国诗文钞》。

9月4日　主持商务印书馆临时股东会,资本减少为300万元,决定修改公司章程。

9月上旬　于上海极司非而路寓所重设校史处。

9月上旬　赴庐山,贺陈伯岩八十寿诞。

10月26日　返沪。

11月3日　赴上海辽阳路印刷厂视察《衲史》毛样印刷情况。

11月6日　主持商务印书馆股东临时会议,通过9月4日会议所提各议案。

本年　着手编著《涵芬楼烬余书录》。

## 1933年(民国二十二年　癸酉)　六十七岁

1月　继续清查《衲史》版片存毁情况。

2月初　赴杭州,阅看浙江图书馆藏书。

3月26日　主持商务印书馆股东常会,当选为新一届董事。

3月28日—4月1日　赴嘉兴,与甲申府考同年二十余人集会,"联旧谊,叙幽情"。

4月5日　为恢复东方图书馆,率先捐款一万元。

4月29日　主持商务印书馆董事会第409次会议,核议东方图书馆复兴委员会章程,决定先生任该委员会主席。

6月7日　主持东方图书馆复兴委员会第一次会议,推定4位外籍委员。

7月13日　致袁同礼书,就袁关于影印《四库全书》未刊本时以善本代库本的意见,提出不同见解。

9月3—16日　偕夫人赴庐山。在山期间,由俞大维陪同拜晤蒋介石,希望蒋氏干预,"开禁"《生活周刊》。

11月11日　主持女树敏、婿孙逵方婚礼。

12月　《百衲本二十四史》经历国难中断之后继续出版第三期《宋书》等四种。撰《记影印描润始末》。

12月下旬　赴杭州四日,观文澜阁《四库全书》。

## 1934年(民国二十三年　甲戌)　六十八岁

1月中旬起　许氏夫人病重。

1月　经一年准备后,《四部丛刊》续编开始出书,本月出版《群经音辨》等8种,47册。

4月1日　主持商务印书馆股东常会,决定恢复股本350万元。当选为新一届董事。

5月2日　许氏夫人病故。

6月16—18日　偕全家赴海盐,安葬许氏夫人。先生诵读祭文,再次提倡移风易俗,节俭薄葬。

6月　代商务印书馆购入清廷供奉曹泌泉藏昆曲曲本71种。

7月10日—9月29日　赴庐山牯岭,邀葛嗣浵、伍光建同往。在山校书,未尝停歇。

10月4日　主持商务印书馆董事会第420次会议,通过王云五提议总管理处改革方案。

10月8日　出席德国捐赠东方图书馆书籍赠受典礼,并讲话。

11月24日　出席商务发行所举办幼童智力竞赛给奖典礼。

12月29日　致侄张树源书,言"我因年终结束出书,忙冗不堪言状。昨日业已赶完,稍可停顿,幸身体尚可支持。"

本月　《四部丛刊》续编80种,500册出齐。先生即着手准备再出《四部丛刊》三编。

本年　先生与王云五商议编辑一部"丛书之丛书"。选定宋、元、明、清著名丛书100部,去其重复,共得4100种,定名《丛书集成》。先生多次审核编目,并担任断句校审之复审工作。

本年　《张氏族谱》印成。

# 1935年(民国二十四年　乙亥)　六十九岁

本年　继续校勘《衲史》尚未出版诸史及《四部丛刊》三编各书。

3月7日、8日　致长泽规矩也、诸桥辙次书,商借影照静嘉堂文库藏《济生拔萃》等典籍。

3月31日　主持商务印书馆股东常会,决定恢复股本400万元。当选为新一届董事。

3月　编定《丛书集成初编》全目。

4月4日　致葛嗣浵书,言编《丛书集成》"思每一丛书撰一提要",向葛商借《艺海珠尘》等书。

4月16日　致张树源书,言"我近为公司编《丛书集成》目,忙冗至不堪言,幸身体尚好,可勿念。"

4月25日—5月16日　偕葛嗣浵、叶景葵等游西安、咸阳、华山、洛阳、郑州。

6月6日　出席法国公益慈善会捐赠东方图书馆书籍赠受典礼,并讲话。

6月10日　上海市图书馆加聘先生为临时董事会董事。

6月18日　王云五、李拔可、夏鹏致书先生,因先生主持编校《衲史》、《四部丛刊》等书,为公司"纯任义务,不下十年",决定每年奉酬四千元。先生将支票退回。

7月23日—9月16日　携侄孙女祥保、孙女珑赴庐山牯岭。

10月　《四部丛刊》三编第一期《尚书正义》等8种50册出版。先生撰《辑印〈四部丛刊三编〉缘起》。

12月　《百衲本二十四史》第5期《隋书》等4种出版。《续古逸丛书》第43种《永乐大典本水经注》出版,先生撰跋。

本年　先生与李宣龚约请卢前整理涵芬楼所藏怀宁曹氏曲本70种。

# 1936年(民国二十五年　丙子)　七十岁

2月21日　致丁英桂书,言"右目酸痛流泪,即往访医。医嘱勿看书"。

3月29日　主持商务印书馆股东常会,决定恢复股本450万,当选为新一届董事。

4月　傅斯年向先生提议,出各国立机关善本,"成一丛书,分集付印",后该书定名《国藏善本丛刊》。

5月29日—6月27日　偕高凤谦、李拔可游重庆、成都、乐山、峨嵋。

6月　《续古逸丛书》出书5种。

7月　《四部丛刊》三编共70种,500册出齐。

9月13日　出席高凤谦追悼会,代表董事会致悼词。

11月11日　先生七十诞辰。蔡元培、胡适、王云五发起征集论文,编成《张菊生先生七十生日纪念论文集》。

11月10—13日　赴杭州。在杭期间数次赴浙江省图书馆参观全浙文献展览。

11月26日　上海市政府撤销上海市图书馆临时董事会,组成正式董事会,聘蔡元培为董事长,先生等为董事。

12月1日　为祝贺先生七十寿辰,商务印书馆出版王云五、傅纬平主编《中国文化史丛书》。

12月　《百衲本二十四史》出版《史记》等6种。

约年末　先生赴苏州监狱探望沈钧儒等七君子。

# 1937年(民国二十六年　丁丑)　七十一岁

1月9日　赴海盐,谒胡震亨墓,后撰文、上书,呼吁政府予以修复。

3月　《百衲本二十四史》最后一种《宋史》出版。

4月14—16日　赴南京,观故宫博物院藏书。

5月9日　主持商务印书馆股东常会,决定恢复股本500万元。当选为新一届董事。

5月30日　赴海盐,出席澉浦医院落成典礼。

5月　先生编著《中华民族的人格》出版。

6月11日　赴苏州,旁听七君子第一次开庭审判。

7月2日　《国藏善本丛刊》第一辑50种提要、编印缘起、凡例撰成刊出,后因抗战爆发,该书出版被迫中止。

7月6日　《大公报》刊登先生致该报记者函,力主严办贪官污吏。

8月2日　致张寿春(伯苓)电,声讨日寇炸毁南开大学,言"吾不信我中华民族终长此被人蹂躏也。"

8月24日起　与黄炎培、叶恭绰、王造时、王志莘、张耀曾、胡政之、颜惠庆等组织聚餐会,数日一聚,议论战局,交流信息。聚餐活动持续至1938年4月。

9月10日　撰《我国现在和将来教育的职责》,提出"我们的教育不要贵族化,要贫民化;不要城市化,要乡村化;不要外洋化,要内地化。"

约10月下旬　在枪炮声中,连日赴沪西叶景葵寓所整理其藏书。叶由此萌生设立图书馆以保护各私家藏书之设想。

12月10日　主持商务董事会第431次会议,讨论王云五自港来信提议,总管理处迁长沙,在沪、港各设办事处。经详细讨论后议决通过,作为暂时办法。因上海及各地厂栈、分馆在战区内,无法确计毁损情况,决定年终暂不结账。

## 1938年(民国二十七年　戊寅)　七十二岁

4月15日　主持商务印书馆董事会第432次会议,因去年终暂不结账,决定今年不举行股东常会。

6月4日　访潘承厚,获见也是园古今杂剧32册。

6月9日　郑振铎致先生信,告以已为某国家机构购得也是园元明杂剧。此后半年内,先生与郑为出版元明杂剧事,多方联系,终获成功。

7月1日　主持商务印书馆董事会第433次会议,决定预垫股息三厘。

8月22日　致王云五书,告以正编辑《通用名词习语浅释》,"搜集旧小说及各省方言及俗谚之书,复参以平日见闻所积,数月以来,已辑得数千条。"此书后未能出版。

9月25日　出席徐新六追悼会及出殡仪式。

9月　先生著《校史随笔》出版

## 1939年(民国二十八年　己卯)　七十三岁

1月　因家庭经济拮据,售去极司非而路40号住宅。

3月　先生受潘明训委托,为潘氏藏书编定《宝礼堂宋本书录》,是月由商务印书馆印行。

3月8日　租赁霞飞路1285弄24号住宅,是日迁居。

4月　与叶景葵、陈陶遗发起筹建合众图书馆。

5月25日　致顾廷龙书,请来沪主持合众图书馆馆务。

下半年　组织抄校《元明杂剧》,请王季烈主校,先生亦参与校勘和审定。

本年底　由郑振铎发起,先生与何炳松、张寿镛等数次联名致电重庆当局有关部门,要求拨款抢救流散古籍。

## 1940年(民国二十九年　庚辰)　七十四岁

1月15日　蒋复璁邀郑振铎、先生等商定购书原则,张寿镛主其事,先生鉴定版本,何炳松、张寿镛保管经费。

1月　选送家藏澹归和尚手书立轴及涵芬楼藏书一种,参加在香港举办的广东文献展览会。

4月初　先后出席合众图书馆发起人会、董事会。

5月18日—6月4日　只身乘船赴港,与王云五商谈馆务及商议印行《广东丛书》、《孤本戏曲丛刊》等事。

6月起　叶恭绰等发起编印《广东丛书》,拟由商务印行。先生与叶书信往返,商议选定书目及选用版本等事。

7月14日　偕树年拜访英驻华大使寇尔。

10月5日　主持商务印书馆董事会第444次会议,决定恢复新加坡分馆。

12月1日　患急性前列腺炎,住院手术。

## 1941年(民国三十年　辛巳)　七十五岁

2月14日　出院,返寓休养。

3月—4月　将自藏宋版《荀子》等善本古籍售予文献保存同志会。

4月23日—10月6日　分批将历年收藏嘉兴、海盐先贤著述,张氏先人著述及刊印、评校、藏弆典籍捐赠合众图书馆。

5月　续售家藏善本古籍六种与文献保存同志会。

8月　《孤本元明杂剧》出版。

12月27日　召集商务印书馆董事谈话会,鲍庆林报告日军封闭发行所、工厂、栈房等情况。

本年　汪精卫托人自南京带沪《双照楼诗集》,赠送先生,并嘱先生复函。先生不予理睬。

## 1942年(民国三十一年　壬午)　七十六岁

7月　售去本人收藏旧墨一批。
10月28日　应顾廷龙请,为顾氏先人所藏《秀野草堂图》题跋。
10月30日　主持商务董事会第448次会议,讨论公司损失情形。
本年某日　两名日本军官驱车至先生寓所,送上名片求见。先生即书"两国交兵,不便接谈"拒之。

## 1943年(民国三十二年癸未)　七十七岁

1月18日　致顾廷龙书,言"弟为生事所迫,妄思鬻书为活。附呈润例数纸,敬乞介绍……。"
5月　重订《鬻书润例》。
6月12日　伍光建病故。先生书挽联。
7月　孙壮病故,先生赋七绝四首《挽孙伯恒》。

## 1944年(民国三十三年　甲申)　七十八岁

是年　继续卖字鬻文度日。
2月　妹元淑病故。
7月19日　主持商务董事会第456次会议,报告鲍庆林代经理病故,决定韦福霖等四襄理升协理,韦任代经理;上海办事处成立总务会议,韦福霖、丁英桂等五人为成员,韦为主席。
10月　请丁英桂等查明仓库所存《四部丛刊》零种,设法补配,所缺可向宁、杭分馆调集,或在外采购。"事属可能,亦可稍助收入。"

## 1945年(民国三十四年　乙酉)　七十九岁

7月28日　汪伪浙江省长傅式悦托人约请先生为题图卷,并赠巨额润资。先生坚拒之。

8月—9月　与王云五多次书信往返,请王早日返沪,主持商务印书馆复兴大计。

9月15日　主持商务印书馆董事会第460次会议。李泽彰自渝来沪,报告后方公司经营情况。先生提议"本馆复兴计划拟由本会授权王总经理全权办理",提议沪处由李泽彰主持,上年议决设立"总务会议"废止。议决通过。

## 1946年（民国三十五年　丙戌）　八十岁

1月25日　致胡适书,言"弟在此抗战期间,杌陧之甚,殆不堪言。天佑我国,幸闻胜利。此非我国之胜利,实世界人类之胜利也。"

5月上旬　王云五自重庆来沪,访先生。

5月20日　主持商务董事会第463次会议。王云五请辞总经理职,议决同意。议决李宣龚代总经理,于总管理处设馆务会议,协助总经理处理公司重要事务。

5月　合众图书馆董事会改选先生为董事长。

7月　胡适自美回国过沪,访先生。先生拟聘其任商务印书馆总经理,胡谢辞,举朱经农。

8月　《广东丛书》第一集出版。

8月25日　主持商务印书馆第464次董事会议,议决聘朱经农为总经理。

9月29日　主持商务印书馆股东临时会议,代表董事会向股东作《九年来之报告》。当选新一届董事。

本年　将海盐虎尾浜祖宅借与县立初级中学使用。

## 1947年（民国三十六年　丁亥）　八十一岁

2月　撰《新治家格言》。增订《中国历代世纪歌》。

4月18日　主持商务印书馆董事会第467次会议,提议史久芸为代经理,设立善本书保管委员会。议定先生任该委员会主任,负责接受原存金城银行及他处分存之涵芬楼善本古籍。

6月3日　与陈叔通、唐文治等十位70岁以上老人联名上吴国桢、宣铁吾书,呼吁"将被捕学生先行释放"。

9月10日　主持商务印书馆董事会第468次会议,议决在台北购屋,设立台湾分馆。

10月26日　主持商务印书馆股东年会。

11月15日　中央研究院发布院士候选人名单,先生列人文组候选人。

12月21日　主持商务印书馆股东临时会,当选为新一届董事。

## 1948年(民国三十七年　戊子)　八十二岁

1月1日　于《大公报》刊登《丁亥岁杪时事杂咏》诗一组。

2月2日　致罗家伦书,为《东方杂志》追悼甘地专号组稿。

4月　当选中央研究院院士。

5月—7月　为翻译出版《邱吉尔回忆录》,多次与朱经农、史久芸通信。

6月21日　与唐文治联名致吴国桢公开信,支持交大学生反对美国扶日游行。

9月22—26日　由树年陪同赴南京,23日出席中央研究院第一次院士大会,发表演讲,呼吁和平,反对内战。

11月13日　主持商务印书馆董事会第481次会议,议决同意朱经农辞总经理职,聘夏鹏为总经理;聘谢任冰为代经理。

12月19日　主持商务印书馆股东常会,当选为新一届董事。

## 1949年(己丑)　八十三岁

1月19日　主持商务印书馆董事会第484次会议,因夏鹏坚辞,议决聘任陈懋解为总经理。

1月30日　李宗仁派甘介侯来访,请先生赴北平与中共方面会谈。次日复李宗仁书,表示"不克膺此巨任。"

3月　由先生节选《节本康熙字典》由商务印书馆出版。

4月初　胡适赴美前来访,先生"劝以研究学术,异日回国,仍可有所匡助。"

5月7日　叶景葵病故。事前先生与李宣龚赴合众图书馆,就经费无着事安慰顾廷龙:"一切事情由我们负责,请放心。"

5月17日　树敏、孙逵方携女离沪赴港。

6月初某日　陈毅偕周而复来访。

6月15日　陈毅、饶漱石邀集上海耆老座谈,先生应邀出席。

6月26日　约公司工会筹备委员七人来寓茶叙,商谈业务改进事。

7月27日　与陈懋解合署上陈毅市长呈文。

8月3—5日　作为出版界代表,出席上海市第一次各界人民代表会议。

8月25日下午　陈云来寓访先生。

9月6日　离沪赴北平,出席中国人民政治协商会议第一届全国代表大会。

9月11日　周恩来至六国饭店访先生。

9月19日　毛泽东邀先生与程潜等游天坛。

9月30日　当选为中国人民政治协商会议第一届全国委员会委员。

10月1日　登天安门城楼,出席开国大典。

10月10日　朱德至六国饭店访先生。

10月11日　应邀赴中南海毛泽东住所晤谈,共进晚餐。

在京期间　晤胡愈之、郑振铎、陆定一,谈出版事;晤侨界委员,商华侨教科书编写事。

10月21日　返沪。

12月5—11日　出席上海市第二届各界人民代表会议。在闭幕式上致辞。

12月14日　出席董必武召开的座谈会,先生在会上发言。

12月15日　主持商务印书馆第489次董事会会议。

12月19日　饶漱石邀集在沪华东军政委员会委员座谈,先生出席。

12月25日　在商务印书馆工会成立大会发言时中风。

## 1950年（庚寅） 八十四岁

5月7日 出院返寓养病。因罹有左半身不遂之后遗症,从此长期卧床。

## 1951年（辛卯） 八十五岁

5月 撰宋本《金石录》跋,古体诗《西藏解放歌》。

5月 先生著《涵芬楼烬余书录》由商务印书馆出版。

6月2日 商务董事会举行第505次会议,通过先生等提议,将馆藏21册《永乐大典》捐献国家。

8月29日 致毛泽东书,提出西藏和平解放后,首都宜特设西藏语文学校,宜编辑藏文常识之书等四项建议。一周后毛泽东即复函,言"建议各事都好,编藏文小册子尤为急需,已告有关机构加力办理。"

8月 将海盐虎尾浜故宅捐赠海盐县立中学。

## 1952年（壬辰） 八十六岁

1月—2月 为商务馆事,与陈叔通多次书信往返。

5月15日 陈叔通、李维汉、章乃器来访。

5月16日 在寓所卧室主持合众图书馆董事会临时会议,商议馆务。

8月 将家中所藏清初龚鼎孳、孙承泽手书屏条捐赠国家文物管理委员会。

9月 李宣龚病故,先生闻讯恸哭不已,撰挽诗六首。

10月(或11月)某日晚 李维汉、周而复来访,告以各省拟设文史研究馆,请先生出任上海市文史研究馆馆长。

12月 撰《追述戊戌政变杂咏》七绝十八首,首皆有注,详述戊戌维新各事。

## 1953年（癸巳） 八十七岁

1月14日　毛泽东签署中央人民政府任命书，任命先生为华东行政委员会委员。

2月　核定并签署《私立合众图书馆捐献书》。

3月31日　上海市人民政府第16次会议决定设置上海市文史研究馆，聘任张元济为馆长。

5月9日　沈钧儒来访，合影两帧。

5月11日　致翦伯赞书，为《中国近代史资料丛书》提供鸦片战争、戊戌变法史料。

11月—12月　与周汝昌通信，讨论《续琵琶记》。

## 1954年（甲午） 八十八岁

9月1日　当选为第一届全国人民代表大会代表。

## 1955年（乙未） 八十九岁

7月　为陈叔通八十寿辰，书写"寿"字一幅。

## 1956年（丙申） 九十岁

5月　致蒋介石书，劝其效法钱镠，"默察时势，首先效顺。"

7月29日　《新闻日报》记者陆诒来寓采访。

10月29日　中共上海市委、市政府领导来寓祝先生九十寿诞。李维汉致电祝贺。

商务印书馆为祝贺先生九十寿诞，邀郑振铎、沈雁冰、郭沫若、沈钧儒、吴湖帆等四十余人撰文、题辞、作画，作品汇集成两巨册。

## 1957年(丁酉)　九十一岁

7月　先生著、顾廷龙编《涉园序跋集录》由上海古典文学出版社出版。

8月1日　撰《续古逸丛书》最末一种《宋本杜工部集》跋。是书12月出版。

夏　病重,住入上海华东医院。

## 1958年(戊戌)　九十二岁

1月20日　国务院科学规划委员会聘请先生为该会古籍整理出版小组委员。

3月23日　陈叔通、黄炎培至医院探望先生。

4月22日(或23日)　周恩来至医院探望先生。

## 1959年(己亥)　九十三岁

3月　当选为第二届全国人民代表大会代表。

8月14日　在上海华东医院逝世。

# 附录二　张元济著作（专著、文集、书法作品）出版情况

1.《中华民族的人格》　商务印书馆1937年5月第一版　平装本　约4万字

2.《校史随笔》　商务印书馆1938年11月第一版　铅字直排　线装本　2册　7.3万字

3.《宝礼堂宋本书录》　商务印书馆1939年2月印行　铅字直排　线装本　4册　约13万字

4.《李村墓表》　叶恭绰撰文　张元济书　商务印书馆1948年12月出版

5.《涵芬楼烬余书录》　商务印书馆1951年5月出版　铅字直排　线装本　5册

6.《涉园序跋集录》　顾廷龙编　上海古典文学出版社1957年7月出版　15.6万字

7.《校史随笔》　附于台湾商务印书馆1969年台一版《百衲本二十四史》之后

8.《涉园序跋集录》　台湾商务印书馆1979年9月出版

9.《张元济书札》　商务印书馆1981年6月出版　22万字

10.《张元济日记》　商务印书馆1981年9月出版　73.5万字

11.《张元济傅增湘论书尺牍》　商务印书馆1983年10月出版　29.9万字

12.《宝礼堂宋本书录》　江苏广陵古籍刻印社1984年10月出版　署潘宗周　张元济合著　线装本　4册

13.《张元济诗文》　商务印书馆1986年10月出版　29.8万字

14.《中华民族的人格》　香港商务印书馆1987年10月香港第一版

15.《校史随笔》　商务印书馆1990年1月影印第一版

16.《张元济书札（增订本）》　张树年　张人凤编　商务印书馆1997年12月出版　101.9万字

17.《校史随笔》 上海古籍出版社1998年12月出版 全书12.6万字

18.《百衲本二十四史校勘记·史记校勘记》 商务印书馆1997年12月出版 誊清稿影印本 20万字 王绍曾 杜泽逊 赵统整理 顾廷龙审定

19.《百衲本二十四史校勘记·汉书校勘记》 商务印书馆1999年5月出版 10万字 誊清稿影印本 王绍曾 王承略 邵玉江整理 顾廷龙审定

20.《百衲本二十四史校勘记·后汉书校勘记》 商务印书馆1999年5月出版 16万字 誊清稿影印本 王绍曾 刘心明 刘祥伯整理 顾廷龙审定

21.《百衲本二十四史校勘记·三国志校勘记》 商务印书馆1999年5月出版 15万字 誊清稿影印本 王绍曾 程远芬 赵统整理 顾廷龙审定

22.《张元济日记》 河北教育出版社2001年1月出版 张人凤整理 85.5万字

23.《百衲本二十四史校勘记·南史校勘记》 商务印书馆2001年10月出版 11.5万字 誊清稿影印本 王绍曾 王承略 邵玉江整理 王绍曾审定

24.《百衲本二十四史校勘记·宋书校勘记》 商务印书馆2001年10月出版 16万字 誊清稿影印本 王绍曾 程远芬 赵统整理 王绍曾审定

25.《百衲本二十四史校勘记·南齐书 梁书 陈书校勘记》 商务印书馆2001年10月出版 16万字 誊清稿影印本 王绍曾等整理 王绍曾审定

26.《百衲本二十四史校勘记·隋书校勘记》 商务印书馆2001年10月出版 9.5万字 誊清稿影印本 王绍曾 程远芬 赵统整理 王绍曾审定

27.《百衲本二十四史校勘记·魏书校勘记》 商务印书馆2001年10月出版 16.1万字 誊清稿影印本 王绍曾 杜泽逊 邵玉江整理 王绍曾审定

28.《中华民族的人格 附:张元济抗日时期著作选辑》 张人凤辑 辽宁教育出版社2003年1月出版 17万字

29.《张元济古籍书目序跋汇编》 张人凤编 商务印书馆 2003 年 9 月出版 89 万字

30.《百衲本二十四史校勘记·旧唐书校勘记》 商务印书馆 2004 年 4 月出版 29.5 万字 誊清稿影印本 王绍曾 傅根清 赵统整理 王绍曾审定

31.《百衲本二十四史校勘记·新唐书校勘记》 商务印书馆 2004 年 4 月出版 27.7 万字 誊清稿影印本 王绍曾 程远芬 赵统整理 王绍曾审定

32.《百衲本二十四史校勘记·新五代史 金史校勘记》 商务印书馆 2004 年 4 月出版 14.9 万字 誊清稿影印本 王绍曾等整理 王绍曾审定

33.《百衲本二十四史校勘记·宋史校勘记》 商务印书馆 2004 年 4 月出版 60.1 万字 誊清稿影印本 王绍曾 王承略 赵统整理 王绍曾审定

34.《张元济致王云五的信札(一九三七——一九四六)》 王学哲编 台湾商务印书馆股份有限公司 2007 年 5 月出版

35.《张元济全集》第 1 卷 书信 商务印书馆 2007 年 9 月出版
36.《张元济全集》第 2 卷 书信 商务印书馆 2007 年 9 月出版
37.《张元济全集》第 3 卷 书信 商务印书馆 2007 年 9 月出版
38.《张元济全集》第 4 卷 诗文 商务印书馆 2008 年 12 月出版
39.《张元济全集》第 5 卷 诗文 商务印书馆 2008 年 12 月出版
40.《张元济全集》第 6 卷 日记 商务印书馆 2008 年 12 月出版
41.《张元济全集》第 7 卷 日记 商务印书馆 2008 年 12 月出版

42.《艰苦奋斗的岁月(1936——1948)——张元济致王云五的信札》 王学哲编 台湾商务印书馆股份有限公司 2009 年 8 月出版

43.《张元济全集》第 8 卷 古籍研究著作 商务印书馆 2009 年 12 月出版

44.《张元济全集》第 9 卷 古籍研究著作 商务印书馆 2010 年 10 月出版

45.《张元济全集》第 10 卷 古籍研究著作 商务印书馆 2010 年 12 月出版

# 附录三　张元济主持或参与编辑的主要书籍目录(不含教科书)

1.《日本法规大全》　商务印书馆1907年出版　线装本80册

2.《海盐张氏涉园丛刻》　张元济辑　1911年海盐张氏排印线装本

3.《新字典》　陆尔奎　张元济等七人编辑　商务印书馆1912年9月出版

4.《辞源》　陆尔奎　张元济等五十人编辑　商务印书馆1915年10月出版

5.《中国名胜第八种·孔林》　张元济　孙毓修　郁厚培　吕颐等编　商务印书馆1916年11月出版

6.《涵芬楼秘笈》　张元济　孙毓修等编　共十集　商务印书馆1916年至1926年影印排印出版　北京图书馆出版社2000年11月影印出版

7.《戊戌六君子遗集》　张元济编　商务印书馆1918年1月出版

8.《续古逸丛书》　张元济主编　商务印书馆1919年至1957年出版　共47种　影印线装本　江苏广陵古籍刻印社1993年12月缩影出版　江苏古籍出版社2001年10月重版

9.《〈四部丛刊〉目录》　商务印书馆1919年排印(版本样张影印)线装本

10.《四部丛刊》　张元济主编　商务印书馆1920年4月至1922年10月出版　共323种　2100册　影印线装本　1926年至1929年再版更名《四部丛刊初编》　共323种　2112册　上海书店1989年重版　台湾商务印书馆1979年重版

11.《海盐张氏宗祠各种规则》　海盐张氏宗祠排印线装本

12.《越缦堂日记》　李慈铭著　张元济编　商务印书馆1920年起出版　影印线装本

13.《中国人名大辞典》　臧励和主编　张元济等23人编纂　商务印书馆1921年出版　上海书店1980年重版　商务印书馆1998年影印第一版

14.《槜李文系》续辑　张元济　葛嗣浵　金兆蕃主编　稿本　上海图书馆藏

15.《道藏》《续道藏》　张元济　傅增湘主持辑印　商务印书馆1923年至1926年影印出版

16.《翁文恭公日记》　翁同龢著　张元济主持编印　商务印书馆1925年7月出版

17.《词林纪事》　张宗橚著　1926年张元济据道光乙未夏重修本影印

18.《夷坚志》　张元济辑校　商务印书馆1927年6月出版

19.《海盐张氏涉园丛刻续编》　张元济辑　1928年4月海盐张氏排印线装本

20.《陈伯商师遗诗》　张元济　吴士鉴合编　1930年3月印行

21.《〈百衲本二十四史〉预约样本》　商务印书馆1930年排印（版本样张影印）本　1934年3月重订本

22.《百衲本二十四史》　张元济主编　商务印书馆1930年至1937年出版　影印线装本　24种　820册　1958年商务印书馆缩印本　台湾商务印书馆1970年代影印出版

23.《四部丛刊续编》　张元济主编　商务印书馆1934年出版　影印线装本　共80种　500册　台湾商务印书馆1981年影印重版　上海书店1986年重版

24.《张氏族谱》　1934年海盐张氏印行

25.《四库全书珍本初集》　中央图书馆筹备处辑　张元济主持辑印　商务印书馆1934年至1935年出版　共231种　2000册

26.《〈百衲本二十四史〉跋文样张》　商务印书馆1935年印行　线装本

27.《〈四部丛刊〉三编预约样本》（附初编、续编目录）　商务印书馆1935年10月排印（版本样张影印）本

28.《丛书集成初编》　王云五主编　商务印书馆1935年至1937年出版

29.《四部丛刊三编》　张元济主编　商务印书馆1935年10月至1936

年7月出版　影印线装本　共70种　500册　台湾商务印书馆1981年影印重版(与《四部丛刊续编》合称《四部丛刊广编》)　上海书店1986年重版

　　30.《国立北平图书馆善本丛书》第一集　谢国桢辑　张元济主持编印　商务印书馆1937年排印出版

　　31.《景印元明善本丛书十种》　商务印书馆辑　张元济主持编印　商务印书馆1937年至1940年影印出版

　　32.《孤本元明杂剧》　张元济主编并复校　商务印书馆1941年8月排印出版　1957年11月中国戏剧出版社据商务纸型重印　1977年12月台湾商务印书馆台一版

　　33.《广东丛书》(第一辑)　广东丛书编委会编印　叶恭绰　张元济主持编印　商务印书馆1941年至1946年出版　影印排印本

　　34.《节本康熙字典》　张元济节选　商务印书馆1949年1月出版　2001年12月影印重版

　　35.《二十五史》　张元济编校　浙江古籍出版社1998年5月出版(自《史记》至《明史》,采用《百衲本二十四史》本缩印)

　　36.《外交报汇编》　张元济主编　国家图书馆出版社2009年6月出版

## 附录四　张元济参与编纂、校订的商务印书馆版教科书目录

1. 中国历史教科书　2册　1903年5月初版　商务印书馆编译所编纂　张元济撰序

〔据原书〕

2. 最新初等小学国文教科书　10册　1904年3月至1905年11月初版　蒋维乔　庄俞　杨瑜统编纂　小谷重　长尾槙太郎　高凤谦　张元济　蔡元培校订

〔据原书〕

按：1933年《第一次中国教育年鉴》载《教科书之发刊概况》称,是书编辑为高凤谦、张元济、蒋维乔、庄俞。吴研因《旧中国的小学语文教材》(载《文史资料选辑》总第140辑,中国文史出版社2000年2月版)亦有相同记述。是书1906年经清政府学部审定,1907年重版起更名《学部审定初等小学用最新国文教科书》。

3. 最新初等小学国文教科书教授法　10册　1904年8月起陆续出版　蒋维乔　庄俞编纂　小谷重　长尾槙太郎　高凤谦　张元济校订

〔据《东方杂志》第四卷第四号所载广告〕

按：《东方杂志》第四卷第四号所载广告称《最新初等小学国文教科书》及其《教授法》"为福建高凤谦、浙江张元济、江苏蒋维乔诸君悉心编纂"。

4. 最新初等小学笔算教科书　5册　1904年9月至1905年4月初版　徐隽编纂　杜亚泉　张元济校订

〔据原书〕

按：是书1906年经清政府学部审定,1907年重版起更名《学部审定初等小学用最新笔算教科书》。

5. 最新初等小学笔算教科书教授法　5册　1904年9月至1905年春初版　徐隽编纂　杜亚泉　张元济校订

〔据原书〕

6. 最新初等小学修身教科书  10册  1904年11月至1906年2月初版  商务印书馆编译所编纂  蔡元培  高凤谦  张元济校订

〔据原书〕

按:1933年《第一次中国教育年鉴》载《教科书之发刊概况》称,是书编纂人为张元济等

7. 最新初等小学修身教科书教授法  10册  1905年1月至1906年3月初版  商务印书馆编译所编纂  蔡元培  高凤谦  张元济校订

〔据原书〕

按:《东方杂志》第四卷第四号刊载商务印书馆广告称,《最新初等小学修身教科书》及其《教授法》各十册、五彩挂图二十幅"为浙江蔡元培、福建高凤谦、浙江张元济诸君编辑"。

8. 最新初等小学修身挂图  20幅  高凤谦  张元济编纂

〔据商务印书馆宣统二年《书目提要》〕

9. 最新初等小学地理教科书  4册  1905年6月初版  谢洪赉编纂  张元济  长尾槙太郎  徐仁镜校订

〔据原书第一、四册〕

10. 习字帖  10册  1905年4月至1909年6月初版  张元济  唐驼  汪洵  钮家鲁  何维朴  严复书

〔据原书〕

11. 初等小学简明国文教科书  8册  1907年6月至1911年7月初版  蒋维乔编纂  高凤谦  张元济校订

〔据书目文献出版社《民国时期总书目·中小学教材卷》,以下简称《民国时期总书目》〕

12. 初等小学用简明中国历史教科书  2册  1908年10月初版  蒋维乔编纂  高凤谦  张元济校订

〔据《民国时期总书目》〕

13. 初等小学堂用女子国文教科书  8册  1907年6月至1908年8月初版  戴克敦等编纂  高凤谦  张元济校订

〔据原书第七册及《民国时期总书目》〕

14. 简易国文教科书  6册  1909年8月  蒋维乔等编纂  高凤谦

张元济校订

〔据原书〕

15. 订正初等小学用最新国文教科书　10册　1912年1月订正出版　蒋维乔　庄俞编纂　高凤谦　张元济校订

〔据原书第七册及《民国时期总书目》〕

16. 订正初等小学用最新国文教科书教授法　10册　蒋维乔　庄俞编纂　高凤谦　张元济校订

〔据民国4年4月印行《教育部审定公布商务印书馆图书目录》〕

17. 订正初等小学最新修身教科书　10册　1912年1月订正出版　商务印书馆编译所编纂　高凤谦　张元济校订

〔据《民国时期总书目》〕

18. 订正初等小学最新修身教科书教授法　10册　高凤谦　张元济编纂

〔资料来源:同16〕

19. 订正初等小学最新笔算教科书　4册　徐隽编纂　张元济　杜亚泉校订

〔资料来源:同16〕

20. 订正初等小学最新笔算教科书教授法　4册　徐隽编纂　张元济　杜亚泉校订

〔资料来源:同16〕

21. 订正初等小学最新中国历史教科书　2册　1912年1月订正出版　姚祖义编纂　夏曾佑　张元济校订

〔据民国4年3月20日订《商务印书馆图书要目第一》〕

22. 订正初等小学最新中外地理教科书　4册　谢洪赉编纂　张元济　徐仁镜校订

〔资料来源:同16〕

23. 订正初等小学最新中外地理教科书教授法　4册　谢洪赉编纂　张元济　徐仁镜校订

〔资料来源:同16〕

24. 订正简明国文教科书　8册　1912年1月订正出版　戴克敦等编

纂　高凤谦　张元济校订

〔据《民国时期总书目》〕

25. 国民学校用订正简明国文教授法　8册　1912年1月订正出版　刘传厚等编纂　张元济等校订

〔据民国5年4月1日订《完全华商商务印书馆图书目录第一》〕

26. 初等小学订正简明中国历史教科书　2册　1912年1月订正出版　蒋维乔编纂　高凤谦　张元济校订

〔资料来源:同21〕

27. 初等小学订正简明中国地理教科书　2册　1912年1月订正出版　谢观编纂　高凤谦　张元济校订

〔资料来源:同21〕

28. 订正国民学校用女子国文教科书　8册　1912年订正第一版　蒋维乔　戴克敦　庄俞编纂　高凤谦　张元济校订

〔据原书〕

29. 初等小学用共和国教科书新国文(春季始业)　8册　1912年4月至6月初版　庄俞　沈颐编纂　高凤谦　张元济校订

〔据原书〕

30. 初等小学校用共和国教科书新国文(乙种)秋季始业三学期用　8册　1912年12月至1913年1月初版　庄俞　沈颐编纂　高凤谦　张元济校订

〔据《民国时期总书目》〕

31. 初等小学校用共和国教科书新国文(甲种)春季始业　8册　庄俞　沈颐编纂　高凤谦　张元济校订

〔据《民国时期总书目》〕

32. 初等小学单级修身教科书(甲编)　18册　1913年12月初版　王凤歧　秦同培　费焜编纂　陈宝泉　庄俞　高凤谦　张元济校订

〔据原书第一册及同16书之资料来源〕

33. 初等小学单级国文教科书　12册　1913年12月初版　庄适　郑朝熙编纂　庄俞　陈宝泉　高凤谦　张元济校订

〔资料来源:同16〕

34. 初级习字范本  2册  约1915年初版  张元济编纂

〔资料来源:同25〕

35. 立宪国民读本  2册  1908年初版  商务印书馆编译所编纂  张元济校订

〔据商务印书馆广告〕

36. 订正立宪国民读本  2册  1908年初版  商务印书馆编译所编纂  张元济  陶葆霖  陈承泽校订

〔据原书〕

37. 高等小学用最新国文教科书  8册  1907年1月起初版  张元济  高凤谦  蒋维乔编纂

〔据原书〕

38. 高等小学用最新国文教科书详解  8册  张元济  高凤谦  蒋维乔编纂

〔据商务印书馆宣统二年第十二版《中国历史教科书》上册封底广告〕

39. 高等小学用最新理科教科书  4册  1904年12月初版  谢洪赉编纂  杜亚泉  张元济校订

〔据原书第一册及《民国时期总书目》〕

40. 最新高等小学地理教科书  4册  1905年4月初版  谢洪赉编纂  长尾槙太郎  张元济校订

〔据原书〕

41. 高等小学用简明国文教科书  8册  1910年初版  蒋维乔编纂  高凤谦  张元济校订

〔据《民国时期总书目》〕

42. 高等小学最新中外地理教科书  4册  1910年至1911年初版  谢洪赉编纂  徐仁镜  张元济校订

〔据商务印书馆宣统三年正月初版《简明笔算教科书》封底广告〕

43. 订正高等小学最新国文教科书  8册  1912年1月至5月订正出版  张元济  高凤谦  蒋维乔编纂

〔据《民国时期总书目》〕

44. 订正高等小学最新修身教科书  4册  1912年1月订正出版  张

元济　高凤谦编纂

〔资料来源：同21〕

45. 订正高等小学简明国文教科书　8册　1912年3月订正出版　蒋维乔编纂　高凤谦　张元济校订

〔据《民国时期总书目》〕

46. 订正高等小学简明中国历史教科书　2册　蒋维乔编纂　高凤谦　张元济校订

〔据《民国时期总书目》〕

47. 订正高等小学女子国文教科书　4册　庄俞等编纂　高凤谦　张元济校订

〔据《民国时期总书目》〕

48. 高等小学用共和国教科书新国文甲种春季始业　6册　1912年6月至8月初版　庄俞　沈颐编纂　高凤谦　张元济校订

〔据原书〕

49. 高等小学用共和国教科书新国文秋季始业三学期用　6册　1913年1月初版　樊炳清　庄俞编纂　高凤谦　张元济校订

〔据《民国时期总书目》〕

50. 高等小学用共和国教科书新历史甲种春季始业　6册　1912年6月初版　傅运森编纂　高凤谦　张元济校订

〔据原书〕

51. 高等小学用共和国教科书新历史秋季始业三学期用　6册　1913年1月初版　傅运森编纂　高凤谦　张元济校订

〔据《民国时期总书目》〕

52. 教育部审定女子高等小学用新国文　6册　1912年11月初版　庄俞编纂　高凤谦　张元济校订

〔据《民国时期总书目》〕

53. 最新中学教科书西洋历史地图　一册　1904年12月初版　〔日〕小川银次郎编纂　张元济校订

〔据《民国时期总书目》〕

54. 中学中国历史教科书（本朝史讲义）　3册　1909年6月初版　汪

荣宝编纂　张元济校订

〔据《民国时期总书目》〕

55. 中学校用共和国教科书修身要义　2册　1913年7月、12月初版　樊炳清编纂　张元济　高凤谦　庄俞　蒋维乔校订

〔据原书〕

56. 中学校用共和国教科书国文读本　4册　1913年8月　许国英编纂　张元济等校订

〔据《民国时期总书目》〕

57. 英华会话合璧　1册　1912年初版　张士一编纂　张元济　邝富灼校订

〔据商务印书馆民国二年1月第17版《高等小
　　学用共和国教科书新国文》第五册封底广告〕

58. 国民学校春季始业教员用共和国教科书新国文教案　8册　1916年12月至1917年3月初版　范祥善　施毓麟等15人编纂　张元济　高凤谦等8人校订

〔据原书〕

59. 初等小学校用共和国教科书新修身　8册　1912年出版　沈颐　戴克敦编纂　高凤谦　张元济校订

〔据商务印书馆广告〕

60. 订正初等小学最新中外地理教科书教授法　4册　谢观编纂　高凤谦　张元济校订

〔据商务印书馆广告〕

# 附录五　尚待查找的张元济著作

1.《百衲本二十四史校勘记·晋书校勘记》
2.《百衲本二十四史校勘记·北齐书校勘记》
3.《百衲本二十四史校勘记·周书校勘记》
4.《百衲本二十四史校勘记·北史校勘记》
5.《百衲本二十四史校勘记·旧五代史校勘记》
6.《百衲本二十四史校勘记·辽史校勘记》
7.《百衲本二十四史校勘记·元史校勘记》
（以上均稿本。据王绍曾《百衲本二十四史整理缘起》）
8.《〈邵亭知见传本书目〉批注》　稿本
（据顾廷龙《张元济访书手记辑录》《出版史料》1991年第2期）
9. 唐写本《说文解字》题跋　手跋
（据严绍璗《在杏雨书屋访国宝》　2000年7月5日《中华读书报》）
10. 明末刻本《杨大年先生武夷新集》跋
（据《中国古籍善本书目》第24卷，第5页）
11. 海盐张氏涉园钞本《游燕草》跋
12. 海盐张氏涉园钞本《高阳诗草》、《高阳遗诗》识语
13. 手稿本《程济的从亡随笔》识语
（以上三种据《海盐张氏涉园藏书目录》，上海私立合众图书馆1946年编印）
14. 南宋三山黄唐本《礼记正义》校勘记
（是书有江苏广陵古籍刻印社1986年10月重印本。潘世兹《弁言》称："明训公复取阮氏校勘记及历年不同版本与黄唐本反复雠校，并蒙张菊生世伯朝夕切磋，验其异同得失，几至废寝忘餐，综得前人所忽者不下数千条，成《礼记正义》校勘记》上、下卷。"又称："曩者，是书之成篇，端赖菊生世伯弗辞劳瘁，悉心教正，先君未敢掠美，特乞一并署名。无如固辞不许。"鉴于重印本署"潘宗周撰，南海潘氏宝礼堂镂板"，故不收入《张元济全集》。)

15.《在馆日记》,起光绪二十九年丙辰二月至壬戌九月,民国元年,一本）　稿本

（据张元济《在原东方图书馆送回寄存物件清单上的批注》）

16. 致潘景郑信 16 件

（据潘景郑《跋张菊生丈遗札》,载《寄沤賸稿》,潘景郑著,齐鲁书社 1985 年 12 月出版）

17.《中英商约驳议》

（据孙宝瑄《忘山庐日记》,上海古籍出版社 1983 年 4 月出版,第 743 页）

18.《大同为共和真理》,在大同学院毕业会上之演说

（据《张元济日记》1916 年 6 月 27 日条）

19.《张镕西先生纪念刊征文启》　张元济、颜惠庆等署名

（据《蔡元培日记》1938 年 11 月 25 日条）

# 附录六　张元济 1941 年捐赠上海私立合众图书馆书籍目录[*]

**海盐张氏涉园藏书目录卷一**

　　经部

　　　　易类

　　　　　　传说之属

虞氏易消息图说初稿一卷　　清嘉兴胡祥麟（仁圃）撰　　清同治十一年吴县潘氏刊本（滂喜斋丛书之一）　一册

需时眇言（一名）易学十卷　　清桐乡沈善登（谷成）撰　　清光绪二十八年豫恕堂刊本　十册

　　　　书类

　　　　　　传说之属

禹贡通解一卷　　清携李邵璸辑　　旧钞本　一册

　　　　　　文字音义之属

尚书隶古定释文八卷　　清嘉兴李遇孙（庆伯）撰　　清嘉庆九年内弟马锦刊本　二册

　　　　诗类

　　　　　　传说之属

陆堂诗学十二卷总论一卷　　清平湖陆奎勋（聚缑）撰　　清康熙五十三年精刊本　四册

毛诗明辨录十卷　　清秀水沈青崖（艮思）撰　　清乾隆十四年刊本　四册

学诗详说三十卷学诗正诂五卷　　清平湖顾广誉（惟康）撰　　清光绪三年刊本　十册

　　　　礼类

礼记之属（大戴记）

**戴礼绪言四卷**　清平湖陆奎勋（聚缑）撰　小瀛山阁刊本　一册

春秋类

左传之属（传说）

**春秋左氏传贾服注辑述二十卷**　清嘉兴李贻德（次白）撰　清同治五年刊本　六册

公羊之属（传说）

**公羊墨史二卷**　明檇李周拱辰（孟侯）撰　清光绪元年重补刊本（周孟侯全书之一）　二册

**公羊臆三卷读公羊注记疑三卷**　民国平湖张宪和（闻惺）撰　民国十□年刊本　四册

穀梁之属（传说）

**春秋穀梁经传补注二十四卷首一卷**　清嘉善钟文烝（朝美）撰　清光绪十四年南菁书院刊朱印本（皇清经解续编之一）　八册

总义之属（传说）

**春秋义存录十二卷首一卷**　清平湖陆奎勋（聚缑）辑　清康熙四十年刊本　四册

**春秋平义十二卷**　清秀水俞汝言（右吉）撰　民国十八年刊本（檇李丛书之一）　四册

**春秋四传纠正一卷**　清秀水俞汝言（右吉）撰　民国十八年刊本（檇李丛书之二）　一册

**春秋集义十二卷**　清桐乡周斡辑注　清咸丰四年砚华堂刊本　四册

四书类

论语之属（传说）

**论语孔注辨伪二卷**　清嘉兴沈涛（西雝）撰　清同治中吴县潘氏刊本（功顺堂丛书之一）　一册

四书之属（传说）

**四书朱子语类三十八卷**　清桐乡张履祥（考夫）石门吕留良（晚村）摘钞　清康熙四十年南阳讲习堂刊本　八册

**四书讲义困勉录三十七卷续困勉录六卷** 清平湖陆陇其（稼书）辑 清平湖陆公镠（蒿庵）编 清康熙三十八年受业席永恂刊本 十六册

**四书讲四十卷** 清携李金松（仞直）撰 清康熙三十一年刊本 十二册

　　孝经类
　　　　传说之属

**孝经注疏大全一卷孝经论题标准一卷小学衍义六卷续小学六卷首一卷** 清禾郡叶铃（果山）撰 清康熙二十九年事天阁刊本 三册

**孝经通释十卷** 清嘉善曹庭栋（六圃）撰 清乾隆二十一年刊本 三册

　　小学类
　　　　字书之属（说文）

**说文古本考十四卷** 清嘉兴沈涛（西雝）撰 清光绪十年吴县潘氏滂喜斋刊民国十八年潘承弼修版校补印本 八册

**说文辨字正俗八卷** 清嘉兴李富孙（芗沚）撰 清嘉庆二十一年校经庼刊本 四册

**说文佚字考四卷** 清嘉兴张鸣珂（公束）撰 清光绪十三年豫章刊本（寒松阁全集之一） 一册

　　　　字书之属（字典）

**艺文备览十二集一百二十卷** 清嘉兴沙木（青岩）集注 清嘉庆十一年刊本 四十八册

　　　　字书之属（训蒙）

**增订仓颉篇三卷** 清携李陈其荣（桂庼）增订 清光绪十五年石埭徐士恺刊本（观自得斋丛书之一） 二册

　　经总类
　　　　石经之属

**石经补考十二卷** 清嘉兴冯登府（云伯）撰 清道光元年至八年刊本卷七至十二仁和魏氏补抄本 六册 钞本有清魏锡曾手

校并跋

　　　传说之属

十三经旧学加商二卷　　清嘉善吴修祜（杏墅）撰　　清光绪十五年木活字排印本　一册

　　　目录之属

经义考三百卷总目二卷　　清秀水朱彝尊（锡鬯）编　　清乾隆二十年德州卢见曾校刊本　四十八册

　史部

　　　正史类

史记正讹五卷　　清嘉兴王元启（惺斋）撰　　清光绪十六年广雅书局刊本（广雅书局丛书之一）　二册

后汉书注又补一卷　　清嘉兴沈铭彝撰　　清光绪十三年广雅书局刊本（广雅书局丛书之一）　一册

三国志证闻三卷　　清嘉兴钱仪吉（衎石）撰　　清光绪十一年江苏书局刊本　二册

　　　纪事本末类

平定粤匪纪略十八卷附记四卷　　清秀水杜文澜（小舫）撰　　清同治八年群玉斋木活字排印本　十册

　　　别史类

元秘史李注补正十五卷　　清秀水高宝铨撰　　清光绪二十八年刊本二册

　　　杂史类

甲乙杂著一卷　　明携李孙肩（梅溪）撰　　清光绪间会稽赵氏刊本（仰视千七百二十九鹤斋丛书之一）　一册

野获编三十卷　　清秀水沈德符（景倩）撰　　清同治八年姚德恒重校补刊本　二十册

　　　史钞类

南史识小录十四卷北史识小录十四卷　　清钱塘沈名荪（涧芳）清秀水朱昆田（文盎）同编　　清钱塘张应昌（甫仲）补正　　清同治十年武林吴氏清来堂刊本　十二册

以上摘句

**增定二十一史韵四卷首一卷末一卷续编四卷**　明古鄩赵南星（梦白）编　清携李仲弘道（开一）增续　清康熙中兰雪堂刊本　十册

**韵史二卷**　清秀水许遯翁撰　清秀水朱玉岑补　清光绪五年秀水汪涟刊本　一册

以上启蒙

传记类

年谱之属

**太常公年谱一卷**　清嘉兴钱泰吉（警石）辑　清光绪三十年十世孙志澄刊本　一册

**张杨园先生年谱一卷**　清桐城苏惇（厚子）重编　清同治三年钱塘丁氏重刊本（当归草堂丛书之一）　一册

**钱文端公年谱三卷**　清嘉兴钱仪吉（衎石）编　清嘉兴钱志澄增订　清光绪二十年刊本　三册

**警石府君年谱一卷**　清嘉兴钱应溥（子密）编　清同治三年刊本　一册

**桐溪达叟自编年谱一卷**　清桐乡严辰（缁生）撰　清光绪十四年刊本　一册

**疑年赓录二卷**　清嘉兴张鸣珂（公束）撰　清光绪二十四年寒松阁刊本（寒松阁全集之一）　一册

**疑年赓录二卷**　清嘉兴张鸣珂（公束）撰　清光绪二十四年寒松阁刊本（寒松阁全集之一）　一册

日记之属

**味水轩日记八卷**　明秀水李日华（君实）撰　民国十二年吴兴刘氏嘉业堂刊本（嘉业堂丛书之一）　六册

家谱之属

**永宇溪庄识略六卷首一卷**　清嘉善曹庭栋（六圃）撰　清乾隆三十年刊本　二册

总录之属（通录）

碑传集一百六十卷末二卷　清嘉兴钱仪吉（新梧）辑　清光绪十九年江苏书局刊本　六十册

　　　　以上通代

鸳湖求旧录四卷　民国嘉兴朱福清（仙槎）编　民国八年刊本　二册

嘉湖征献录五十卷外纪六卷　清秀水盛枫（丹山）辑　民国二十年刊本（携李丛书第二集之一）　八册

　　　　以上郡邑

　　　总录之属（专录）

鹤征录八卷首一卷　清嘉兴李集（敬堂）辑　清嘉兴李富孙（芗沚）遇孙（庆伯）续辑　清嘉庆二年漾葭老屋刊本　四册

鹤征后录十二卷首一卷　清嘉兴李富孙（芗沚）辑　清嘉庆十四年刊本　六册

　　　　以上文苑

碧血录五卷　清秀水庄仲方（芝阶）撰　清光绪八年上海同文书局石印本　五册

　　　　以上忠义

国朝画征录三卷续录二卷　清秀水张庚（浦山）撰　清□□间覆乾隆刊本　四册

艺林悼友录初集一卷二集一卷　清秀水郭容光（肖雷）撰　清光绪十八年铁如意室刊本　二册　民国九年吴光栋手编目录

寒松阁游艺琐录六卷　清嘉兴张鸣珂（公束）撰　清宣统二年刊本（携李丛书之四）　二册

　　　　以上艺术

　　　载记类

越绝考上篇　民国石门徐益藩（一骊）撰　民国二十六年排印本（国立中央大学浙江同学会会刊抽印本）　一册

东藩纪要十二卷补录一卷　清平湖薛培榕（梅溪）撰　清光绪八年排印本（申报馆丛书之一）　四册

　　　地理类

山川之属(山)

**乍浦九山补志十二卷九山游草一卷** 清乍浦李确(潜初)辑 民国七年里人集赀刊本 三册

专志之属(寺观)

**龙井见闻录十卷附宋僧元净外传二卷** 清钱塘汪孟锅(康古)撰 清乾隆二十七年刊本 四册

专志之属(园亭)

**竹垞小志五卷** 清仪征阮元(伯元)订 清嘉兴杨蟠桐乡汪嘉谷元和蒋征蔚等编 清嘉庆三年七录书阁刊本 四册

专志之属(书院)

**仁文书院志十一卷** 明古相州岳元声(友乐)撰 明万历三十□年刊本 一册

杂记之属

**鸳鸯湖櫂歌一百首一卷鸳鸯湖櫂歌八十八首和韵一卷续鸳鸯湖櫂歌三十首一卷** 清秀水朱彝尊(锡鬯)撰 清嘉兴谭古璁(舟石)和并续 清乾隆四十年朱芳衡写刊本 二册

**东畲杂记附幽湖百咏一卷** 清秀水沈廷瑞(东瑜)撰 清秀水沈涛(西雝)沈梓(北山)编 清光绪十三年刊本 一册

**当湖竹枝词一卷** 清当湖陆棋斗(拙轩)撰 清嘉庆二十三年餐秀书屋精刊本 一册

**乍浦集咏十六卷** 清平湖沈筠(实甫)撰 清道光二十六年刊本 四册

**南湖百咏一卷** 清嘉兴吴莘恩(聚泉)撰 清同治五年小鲍庵刊本 一册

**新州竹枝词二卷** 清嘉善孙福清(稼亭)等撰 清同治十三年新州官署刊本 二册

**枫溪櫂歌一卷附杂咏一卷** 清嘉善程兼善(达青)撰 清光绪二十年刊本 一册

游记之属

**庐山纪游一卷** 清海宁查嗣琏(夏重)撰 清刊本 一册

总录之属

**帝舆合览二卷** 清嘉兴何炳（杏江）撰 清道光十一年王店何氏敬慎堂刊本 四册

方志之属

**乌青镇志十二卷** 清溧阳董世宁纂 民国七年据清乾隆二十五年刊本重排印 二册

**盛湖志三卷** 清盛湖仲沈珠（孺文）撰 清盛泽仲周霈（前邨）补辑 清乾隆三十五年刊本 四册 某氏手补及民国陶葆廉红笔校语

**盛湖志十六卷首一卷末一卷盛湖志补四卷** 清盛湖仲廷机（支仙）辑 清仲虎腾补 民国九年刊本 八册

**濮川所闻记六卷续记二卷** 清桐乡金淮（晓澜）濮承钧（政衡）濮璜（雖宣）岳洙传（鲁源）撰 清嘉庆十九年刊本 四册

附 **垩训朴语一卷** 清桐乡陈其德（太华）撰

**濮院志一卷** 清屠莼渚撰 寿竹亭抄本

**濮院志三十卷** 民国嘉兴夏辛铭（颂椒）撰 民国十六年刊本 六册

政书类

仪制之属

**临水尊经阁祀典录二卷** 清秀水金衍宗（岱峰）辑 清咸丰三年瓯江学舍刊本 一册

以上祭祀

**帝王庙谥年讳谱一卷** 清桐乡陆费墀（丹叔）撰 清同治八年铁如意室重刊本 一册 封面题识似清归安吴云手笔

以上谥讳

**纪元通考十二卷** 清秀水叶维庚（雨坨）撰 清同治十年孙男重刊钟秀山房本 六册

以上纪元

奏议之属

**陶勤肃公奏议遗稿十二卷首一卷** 清秀水陶模（方之）撰 民国

十三年兰州肃武将军公署排印本　十册
　　　目录类
　　　　方志之属

**平湖经籍志八卷**　民国平湖陆惟鉴（清澄）撰　民国二十七年求是斋刊蓝印本　二册
　　　　类录之属

**嘉兴藏目录不分卷**　清朱茂时茂暻同编　民国九年北京刻经处刊本　一册
　　　　题识赏鉴之属

**曝书杂记三卷**　清嘉兴钱泰吉（警石）撰　清同治七年重刊本（甘泉乡人稿之一）　四册
　　　金石类
　　　　总类之属

**金石屑四卷附编一卷**　清嘉兴鲍昌熙（少筠）撰　清光绪三年刊本　四册
　　　　　以上图象

**观妙斋金石文考略十六卷**　清嘉兴李光暎（子中）撰　清雍正七年精刊本　八册

**清仪阁金石题识四卷**　清嘉兴陈其荣（桂庼）编　清光绪二十年石埭徐士恺刊本（观自得斋丛书之一）　四册
　　　　　以上题跋

**金石学录四卷补一卷**　清嘉兴李遇孙（庆伯）撰　清道光四年刊本　二册
　　　　　以上传记
　　　　石之属

**金石综例四卷**　清嘉兴冯登府（云伯）撰　清道光七年刊本　二册
　　　　　以上义例
　　　　　郡邑之属（文字）

**常山贞石志二十四卷**　清嘉兴沈涛（西雝）撰　清光绪二十年云

溪精舍翻刻本　十册

**括苍金石志十二卷续四卷**　清嘉兴李遇孙（庆伯）撰　清海昌邹伯森（殷甫）校补　清光绪元年重刊本处州府署藏板　六册

### 子部

#### 儒家类

##### 理学之属（濂洛关闽）

**朱孝定先生编年毋欺录三卷**　清嘉兴金吴澜（胪青）编　清光绪六年嘉兴金氏刊本　三册

##### 修治之属（纂集）

**最乐编正集六卷续集二卷**　明嘉兴高道淳（采菽）辑　清嘉善钱煐（蔚宗）续辑　清青浦许宝善（穆堂）增订　清乾隆二十七年刊本　一册

**程式编四卷**　清嘉兴沈应彤（味蔗）编　清嘉兴沈廷飏（砚农）增辑　清道光二十九年刊本　一册

**人范六卷**　清平湖蒋元（大始）辑　清光绪二十六年江南格致书院刊本　二册

**求己录三卷**　民国秀水陶葆廉（拙存）编　清光绪二十六年刊本　三册

##### 考订之属

**柚堂笔谈四卷**　清秀水盛百二（秦川）撰　清乾隆三十四年刊本　二册

#### 道家类

##### 玄言之属

**玉堂校传如岗陈先生二经精解全编九卷**　明秀水陈懿典（孟常）撰　明万历间刊本　十六册

#### 杂家类

##### 杂考之属

**交翠轩笔记四卷**　清嘉兴沈涛（西雝）撰　清光绪间贵池刘世珩刊本（聚学轩丛书第四集之一）　二册

**怀小编二十卷**　清秀水沈濂（莲溪）撰　清咸丰四年始言堂刊本

六册
>  杂说之属

**瑟榭丛谈二卷** 　清嘉兴沈涛（西雝）撰　清道光二十五年刊本
二册
>  杂述之属

**镫窗琐话八卷** 　清秀水于源（辛伯）撰　清道光二十七年序刊本
四册

**柳隐丛谭四卷** 　清秀水于源（辛伯）撰　清咸丰二年刊本　二册

**述闻琐记约钞一卷** 　清嘉善吴修祜（杏墅）撰　民国十年钞本
一册
>  杂纂之属（摘粹）

**蕉窗必读十卷** 　清携李陈宗泗（杏传）辑　清康熙四十九年刊本
二册
>  小说类
>  　笔记之属（杂事）

**遗珠贯索六卷** 　清秀水张纯照（葵圃）撰　清嘉庆二十三年刊本
四册

**牧庵杂纪六卷** 　清平湖徐一麟（牧庵）撰　清同治七年居易山房刊本　四册

**煮药漫钞二卷** 　清嘉兴叶炜（松石）撰　清光绪十七年金陵刊本
一册
>  笔记之属（闲情）

**燕山外史注释八卷** 　清秀水陈球（蕴斋）撰　清永嘉傅声谷（若骎子）注　清光绪五年刊本　四册
>  历数类
>  　算数之属（算术）

**古筹算考释六卷** 　民国桐乡劳乃宣（玉初）撰　清光绪十二年完县官舍刊本　六册
>  艺术类
>  　书画之属（品题）

画竹斋评竹四十则一卷　　清嘉兴符曾（幼鲁）撰　　手稿本　　一册
　　清蒋式理民国叶景葵手跋
　　　　以上画
　　　　书画之属（谱帖）
芥子园画传五卷　　清秀水王槩（安节）等编　　清康熙十八年刊本
　　五册
芥子园画传二集八册　　清秀水王槩（安节）等编　　清康熙四十年
　　刊本　八册
芥子园画传三集四册　　清秀水王槩（安节）等编　　清康熙四十年
　　刊本　四册
芥子园画传四集四卷　　清丹阳丁皋（鹤洲）著　　清嘉庆二十三年
　　刊本　四册
　　　　附　图章会纂一卷续纂印论一卷　　清湖上李渔（笠翁）辑
筠碧轩遗稿一卷　　清嘉兴陈艳玉绘　　清光绪八年刊本　　一册
　　　　附　悼亡妇陈安人诗一卷　　清孙麟瑞撰
　　　　以上画
　　　　谱录类
　　　　　　草木之属
槜李谱一卷　　清嘉兴王逢辰（芑亭）撰　　清咸丰七年竹里槐华吟
　　馆王氏刊本　一册
　　　　方技类
　　　　　　杂病之属
张仲景金匮要略论注二十四卷　　清槜李徐彬（忠可）撰　　清康熙
　　十年刊本　六册
　　　　　　专科之属（眼）
银海指南四卷　　清桐乡顾锡（养吾）撰　　清同治六年扫叶山房刊
　　本　四册
　　　　　　疮疡之属
疡科选粹八卷　　明秀水陈文治（岳溪）辑　　明崇祯元年刊本　　八
　　册

妇科之属

女科经纶六卷　　清携李萧埙（赓六）撰　清光绪十六年扫叶山房
刊本　四册

医案之属

古今医案按十卷　　清嘉善俞震（东扶）辑　清吴江李龄寿（辛坨）
重辑　清光绪九年吴江李氏重刊本　十册

类书类

类编之属

三才汇编六卷　　清嘉善龚在升（闻园）辑　清嘉善顾珵美（光六）
增　清康熙五年刊本虞山古汲阁藏板　十册

集部

别集类

周秦汉之属（诗文）

离骚草木史十卷离骚拾细一卷　　明携李周拱辰（孟侯）注　清光
绪元年补刊本（周孟侯全集之三）　四册

唐代之属（诗文）

岁寒堂读杜二十卷　　清嘉兴范辇云（楞阿）辑　清道光二十六年
曾侄孙昭兴刊本　二十册

沈云卿集三卷　　唐内黄沈佺期（云卿）撰　明嘉靖间刊本　一册

明代之属（诗文）

土苴集二卷附录一卷　　明嘉善周鼎（伯器）撰　民国七年商务印
书馆排印本（涵芬楼秘笈第七集之一）　一册

屠康僖公文集（一名）太和堂集六卷附录一卷　　明携李屠勋（元
勋）撰　明万历四十三年曾孙豫顺重刊本（屠氏家藏二集之一）
六册

太史屠渐山文集（一名）兰晖堂集四卷附录一卷　　明携李屠应埈
（文升）撰　明万历四十三年曾孙绳德重刊本（屠氏家藏二集之
一）　四册

可经堂集十二卷　　明嘉禾徐石麒（宝摩）撰　清康熙五年刊本
六册

**魏子敬遗集八卷** 明嘉善魏学洢（子敬）撰 明崇祯元年刊本 二册

**恬致堂集残二十一卷** 存卷三至卷五卷十一至卷十三卷二十至卷二十二卷二十九至卷四十 明嘉禾李日华（君实）撰 明万历□□年刊本 存八册 民国张元济手跋

**苧庄集一卷** 明樵李沈章（宗玉）撰 清康熙四十三年孙男树兰重刊本 一册

**圣雨斋诗集三卷诗余一卷** 明樵李周拱辰（孟侯）撰 清道光三年重刊本（周孟侯全集之四） 二册

**问鱼篇二卷** 明樵李周拱辰（孟侯）撰 清道光三年圣雨斋重刊本（周孟侯全集之五） 二册

　　　附　附录一卷　清樵李周桂辑

　　清代之属（诗文）

**桃花溪叟集一卷** 清樵李施元章（广生）撰 清道光二十一年刊本 一册

**蒋石林先生遗诗三卷** 清秀水蒋之翘（楚墀）撰 清光绪二十二年刊本 一册

**留素堂诗集** 清秀水蒋薰（闻大）撰 清康熙间刊本 十二册

　　天际草四卷　偶然稿一卷

　　西庄集四卷　大石吟四卷

**话山文稿六卷** 清平湖陆洽原（话山）撰 清乾隆二十六年旌德刘圣立写精刊本 二册

**晚耘賸草残二卷** 存卷三卷四 清嘉善潘旋吉（履庄）撰 清刊本存一册

**鹿干草堂集十一卷** 清樵李屠廷桾（东蒙）撰 清康熙间精刊本 二册

**采山堂诗八卷** 清嘉兴周筼（青士）撰 清道光中王氏信芳阁木活字排印本 三册

**采山堂遗文二卷** 清嘉兴周筼（青士）撰 民国二十年刊本（樵李丛书之三）一册

周林於诗稿五卷词附　　清嘉兴周篁（林於）撰　　稿本　　二册

摛藻堂续稿四卷　　清休阳汪文柏（季青）撰　　清康熙二十年刊本
　　一册

清风堂文集二十三卷　　清秀水曾王孙（道扶）撰　　清康熙间刊本
　　十册

为可堂初集十卷　　清梅里朱一是（欠庵）撰　　清顺治十一年刊本
　　六册

袭紫楼诗集八卷　　清嘉兴李镜（明远）撰　　清康熙四十九年精刊
　　本　　一册

经纬堂文集十六卷诗集十卷　　清秀水杜臻（遇徐）撰　　清康熙间
　　男庭珠刊本　　十册

曝书亭集笺注二十三卷　　清秀水朱彝尊（锡鬯）撰　　清嘉善孙银
　　槎（竹尹）辑注　　清嘉庆九年刊本　　十二册

曝书亭集诗注二十二卷年谱一卷　　清秀水朱彝尊（锡鬯）撰　　清
　　嘉兴杨谦（子让）注　　民国十年嘉兴图书馆得原版汇印本　　十
　　册
　　　　附　曝书亭词注七卷　　清嘉兴李富孙（芗沚）注

东斋诗删一卷　　清嘉善魏允札（州来）撰　　旧抄本　　一册　　清吴
　　文刍民国张元济手跋

松阳钞存二卷　　清平湖陆陇其（稼书）撰　　清同治三年钱塘丁氏
　　重刊本（当归草堂丛书之一）　　一册

三鱼堂文集十二卷剩言十二卷　　清平湖陆陇其（稼书）撰　　清同
　　治七年武林薇署刊本　　七册
　　　　附　陆清献公年谱一卷　　清平湖吴光酉编

秋锦山房集诗十卷词二卷文十卷外集三卷　　清秀水李良年（武
　　曾）撰　　清乾隆二十四年男菊房刊本　　十册
　　　　附　录墼外言五卷　　清嘉兴李绳远（斯年）撰
　　　　　　香草居集诗五卷词二卷　　清嘉兴李符（分虎）撰

静观堂诗集二十一卷　　清石门劳之辨（介岩）撰　　清康熙四十一
　　年精刊本　　四册

小幔亭诗集二卷月中箫谱二卷　　清嘉善柯煜（南陔）撰　　清康熙
　二十四年刊本　　一册

黄叶邨庄诗集八卷续集一卷后集一卷附种菜诗一卷赠行诗一卷
　　清石门吴之振（孟举）撰　　清光绪四年六世孙康寿重刊本　　四
　册

黄叶邨庄诗续集一卷　　清石门吴之振（孟举）撰　　清乾隆二十一
　年侄景淳刊本　　一册

老云斋诗删十卷首一卷末一卷　　清当湖沈石负（集九）撰　　清乾
　隆六年男方蕙刊本　　二册

高户部诗一卷　　清嘉兴高以永（子修）撰　　清康熙三十四年男孝
　本刊本　　一册

樗冈聊宣稿十四卷　　缺卷三卷四　　清携李浦越乔（副工）撰　　清
　秀水杜庭珠（诒谷）编　　清刊本　　存二册

广居楼诗集六卷　　清秀水沈廷文（元洲）撰　　清道光十年刊本
　四册

云竹诗钞二卷　　清梅泾杨炜（赤雯）撰　　清康熙间刊本　　一册

南疑集七卷　　清当湖沈季友（南疑）撰　　清康熙间刊本　　二册

越州诗存十一卷　　清嘉兴戴彦镕（雪渠）撰　　清康熙四十□年刊
　本　　四册

研云堂诗六卷续集六卷　　清嘉善钱以垲（蔗山）撰　　清嘉庆十八
　年孙男清履重刊本　　四册

陆堂诗续集六卷　　清平湖陆奎勋（聚緱）撰　　清乾隆间刊本　　六
　册

瓦缶集十二卷　　清嘉兴李宗渭（秦川）撰　　清乾隆十六年刊本
　八册

云锦斋诗钞八卷　　清嘉兴沈廉（补隅）撰　　清乾隆三十年濮元芳
　刊本　　一册

西村诗草二卷耦渔词一卷　　清秀水邹天嘉（驾枚）撰　　清乾隆十
　二年片石山房刊本　　二册　　民国金蓉镜手跋

童初公遗稿一卷　　清秀水朱耒（象益）撰　　清嘉庆十五年钞本

一册　清张澹校改并手跋

**固哉叟诗钞八卷**　清嘉兴高孝本（大立）撰　清乾隆间毗陵吴令闻写同里金永昌刊本　四册

**乐志堂诗集四卷**　清嘉兴李明嶅（山颜）撰　清康熙三十七年刊本　四册　清光绪二十八年族孙兆熊签注

**待庐集三卷**　清平湖刘锡勇（研芬）撰　清乾隆二十一年宋景关刊本　一册

　　　附　云屋残稿一卷　清山阴徐士芳（洲若）撰

**东溪诗草四卷**　清嘉兴朱琪（珣叔）撰　清雍正十一年刊本　四册

**六峰阁诗稿四卷**　清秀水朱稻孙（稼翁）撰　清康熙五十七年精刊本　二册

**绿溪诗钞二卷**　清秀水祝维诰（宣臣）撰　清道光二十四年淳雅堂刊本　一册

**香树斋诗集十八卷**　清嘉兴钱陈群（集斋）撰　清乾隆十六年刊本　六册

**香树斋诗续集三十六卷**　清嘉兴钱陈群（集斋）撰　清乾隆十九年刊本　十册

**茹古阁集二卷**　清嘉兴李三才（兼之）撰　清乾隆三十八年刊本　一册

　　　附　树斋遗诗一卷　清嘉兴李四维（秉之）撰

**吞松阁集赋一卷诗十九卷文十六卷诗补遗二卷词附文补遗二卷**　清秀水郑虎文（炳也）撰　清嘉庆十四年男师亮等刊本　十六册

**梦墨轩诗钞八卷**　清梅里冯樽（鲍斋）撰　清嘉庆十四年孙男馨秦邮刊本　二册

**余香草堂集四卷诗三卷词附文一卷**　清嘉兴潘孝基（超宗）撰　清道光中子鸿谟等刊本　一册

**产鹤亭诗九卷**　清嘉善曹庭栋（六圃）撰　清乾隆七年至三十四年刊本　八册

产鹤亭诗三稿（一名）魏塘纪胜一卷　　清嘉善曹庭栋（六圃）撰　　清乾隆七年刊本　一册

谦斋诗稿二卷补遗一卷　　清嘉善曹庭枢（六芗）撰　　清乾隆九年刊本　一册

石斋诗钞一卷　　清嘉兴杨为裘（冶良）撰　　清乾隆三十三年男谦属方薰写刊本　一册

二守斋诗钞一卷　　清嘉兴李宗潮（坤四）撰　　清乾隆□□年刊本　一册　民国屈爔手跋

蕉园古今诗六卷　　清嘉兴王鸿宇（澂之）撰　　清乾隆五十四年刊本　一册

丁辛老屋集诗十卷词二卷　　清秀水王又曾（受铭）撰　　清乾隆五十二年鄢陵官舍刊本　四册

玉亭集十六卷　　清槜李吴高增（敂斋）撰　　清乾隆间刊本　八册

祗平居士集二十二卷　　清嘉兴王元启（惺斋）撰　　清嘉庆十七年刊本　四册

樸溪剩草二卷　　清嘉兴李隽（存草）撰　　清嘉庆二十五年男日华刊本　一册

　　　附　漱六轩诗草一卷　　清嘉兴李清华（湛园）撰

愿学斋文钞十四卷　　清嘉兴李集（绎初）撰　　清嘉庆二十四年万善堂刊本　二册

章北亭全集赋一卷诗三卷词一卷杂文二卷琐语一卷　　清嘉善章恺（虞仲）撰　　清嘉庆五年刊本　四册

孟亭居士诗稿四卷首一卷　　清桐乡冯浩（养吾）撰　　清嘉庆□年刊本　三册

雪杖山人诗集六卷赋一卷杂著一卷　　清秀水郑炎（清渠）撰　　清嘉庆六年男师尚刊本　八册

　　　附　友陶居士诗集一卷　　清姚江郑典（子韶）撰
　　　　　秦涛居士诗集一卷　　清秀水郑挺（不群）撰

清谷文钞三卷　　清秀水朱辰应（载坤）撰　　清秀水杨志麟（玉符）辑　　清嘉庆元年易鹤轩刊本　一册

石帆诗钞十卷　　清桐乡严光禄（石帆）撰　　清乾隆五十九年门人陈汝琇写刊本　二册

彡石斋集一卷　　清秀水汪又辰（希应）撰　　清嘉庆二十二年刊本　一册

兰韵堂诗集十二卷文集五卷经进文稿二卷御览集六卷　　清平湖沈初（云椒）撰　　清乾隆五十九年刊本　九册

清闻斋诗存三卷　　清嘉善周鼎枢（凝甫）撰　　清光绪九年归安姚氏刊本（咫进斋丛书之一）　一册

无补集文五卷诗九卷　　清嘉善何文焕（少眉）撰　　清嘉庆七年刊本　四册

壶山自吟稿三卷　　清秀水朱休度（介裴）撰　　清嘉庆三年刊本　二册

俟宁居偶咏二卷梓庐旧稿一卷　　清秀水朱休度（介裴）撰　　清嘉庆十七年邑后学辜启文写精刊本　三册

检斋诗集三卷　　清秀水陈经礼（庆旋）撰　　民国十九年孙男国华排印本　一册

检斋诗集三卷　　清秀水陈经礼（庆旋）撰　　民国十九年孙男国华排印本　一册

检斋诗集三卷　　清秀水陈经礼（庆旋）撰　　民国十九年孙男国华排印本　一册

麂山老屋诗集十六卷　　清秀水钱世锡（慈伯）撰　　清刊本　六册

西涧诗钞四卷　　清秀水祝喆（明甫）撰　　清道光二十四年淳雅堂刊本　二册

东轩诗钞一卷　　清语溪胡滢（远溟）撰　　清嘉庆八年刊本　一册

小隐山房诗钞　　清桐乡程纶（伯垂）撰　　清道光□□年刊本　二册

　苇村诗钞一卷　香园诗钞一卷

　雪篷剩草一卷　蠡勺偶存一卷

两山删余一卷浮航闲吟一卷梦庄剩稿一卷　　清桐乡程纶（伯垂）撰　　清道光□□年刊本　一册

又希斋集三卷诗余一卷　　清秀水沈范孙（又希）撰　　清咸丰三年沈氏始言堂刊本　　一册

白华堂文集二卷诗集八卷外集二卷　　清嘉兴王焯（少凯）撰　　清嘉庆十九年刊本　　二册

忍冬书屋初稿二卷　　清嘉兴田枌（頡云）撰　　清乾隆五十六年树荆堂刊本　　一册

雪泉诗存四卷附秋江倚櫂图题咏一卷　　清秀水张楷（端如）撰　　清乾隆五十八年刊本　　二册

海六诗钞六卷　　清嘉兴钟驾鳌（绳祖）撰　　清嘉庆□年刊本　　二册

雅宜偶存二卷　　清桐乡严大烈（春江）撰　　清嘉庆十五年刊本附吟秋馆诗存后

借秋山居诗钞八卷吹竹词一卷　　清秀水汪大经（书年）撰　　清嘉庆九年刊本　　二册

梧冈余稿三卷文集一卷　　清桐乡金集（凤坡）撰　　清乾隆六十年孙男以城刊本　　二册

青箱馆诗钞十三卷　　清嘉善沈丹培（绂堂）撰　　清道光十九年刊本　　二册

意香阁诗草偶存一卷词一卷　　清梅里李澧（篁园）撰　　稿本　　四册　　族孙男兆熊手跋

清琅室诗续钞一卷　　清秀水夏俨（守白）撰　　清嘉庆十一年门人孙墉刊本　　一册

桐溪草堂诗十卷文一卷　　清桐乡孙贯中（古杉）撰　　清嘉庆二十五年刊本　　四册

三香吟馆诗钞十卷　　清石门陈万全（绎勤）撰　　清同治八年孙男汝桢重刊本　　二册

晚晴轩稿八卷词一卷　　清秀水王复（敦初）撰　　清嘉庆元年刊本　　四册

秋门草堂诗钞四卷　　清嘉兴李寅熙（宾日）撰　　清嘉庆八年弟文熙刊本　　二册

婴山小园诗集十五卷鹤厂词一卷　清平湖张诚(希和)撰　清嘉
　　庆二十二年刊本　四册
胥园诗钞十卷诗余一卷　清秀水庄肇奎(胥园)撰　清长洲顾曾
　　(少卿)编选　清嘉庆十七年刊本　六册
圣禾乡农诗钞四卷　清秀水沈珏(景崖)撰　清光绪十年从孙宗
　　济重刊本　一册
凝雪书屋诗集二卷　清嘉兴金永昌(醉墨)撰　清嘉庆十二年刊
　　本　二册
青芙蓉阁诗钞六卷　清桐乡陆元铉(乡石)撰　清嘉庆间刊本
　　四册
红蕉山馆集诗八卷词二卷　清嘉兴费融(草亭)撰　清嘉庆二年
　　刊本　四册
得荫轩剩稿二卷　清嘉兴郑湘(融川)撰　清道光十二年刊本
　　一册
读画斋百叠苏韵别集四卷附刻一卷　清石门顾修(仲欧)撰　清
　　嘉庆十四年刊本　二册
菉厓诗钞三卷外集三卷　清石门顾修(仲欧)撰　清嘉庆十六年
　　刊本　四册
友渔斋诗集十卷　清嘉善黄凯钧(南薰)撰　清嘉庆十年刊本
　　二册
鲁石草堂集一卷　清秀水汪应铃(洽臣)撰　清道光五年刊本
　　一册
吟秋馆诗存一卷　清桐乡严宝传(少谷)撰　清嘉庆十五年刊本
　　一册
粤游草一卷　清平湖陈敦伦(一帆)撰　清光绪八年刊本　一册
莼渚诗钞二卷词附　清石门吴无忌(慎之)撰　清光绪十八年世
　　同堂重刊本(石门吴氏家集之一)　一册
思无邪斋诗钞八卷　清嘉兴蒋浩(充之)撰　清嘉庆二十四年刊
　　本　二册
卜砚斋集六卷　清秀水方泂(从伊)撰　清嘉庆二十年刊本　二

册

**岩客诗钞六卷**　清嘉兴朱桂（林一）撰　清乾隆五十二年刊本
　　二册

**通介堂稿八卷附题画诗二卷**　清嘉兴徐世钢（及锋）撰　清道光
　　□年刊本　二册

**石友山房诗集二卷**　清语溪胡枚（友邹）撰　清道光二年刊本
　　一册

**获庐诗钞一卷**　清嘉善朱澄（听秋）撰　清道光□年刊本　一册

**获庐诗钞一卷**　清嘉善朱澄（听秋）撰　清道光□年刊本　一册
　　缺张嵩年序及目录二页

**在山草堂诗稿十七卷**　清石门吴文照（褧堂）撰　清道光八年刊
　　本　四册

**烟霞万古楼诗残稿一卷**　清秀水王昙（仲瞿）撰　清道光二十六
　　年　寒松阁刊本　一册

**绿天书舍存草六卷**　清嘉兴钱楷（宗范）撰　清嘉庆二十三年刊
　　本　二册

**东望望阁诗钞二十卷**　清嘉善查奕照（丽中）撰　清道光二十四
　　年刊本　三册

**宝书堂遗稿六卷**　清秀水张翀（晴鹤）撰　清道光二十七年门人
　　陈若兰刊本　二册

**松风老屋诗稿十一卷诗余一卷**　清嘉善钱清履（竹西）撰　清嘉
　　庆十七年刊本　六册

**白鹄山房诗选四卷挂笠吟一卷骈体文钞二卷续钞二卷**　清武康
　　徐熊飞（雪庐）撰　清嘉庆二十年序骈文七年序续二十五年序
　　刊本　四册

**听雪斋诗钞四卷**　清嘉兴薛廷文（鲁哉）撰　清嘉庆□年刊本
　　二册

**醉墨斋吟稿三卷**　清樵李沈光春（山渔）撰　清道光二十二年男
　　涛刊本　二册
　　　附　**清芬阁吟稿一卷词附**　清鸳湖沈许英（梅村）撰

颐经堂经进文稿一卷骈体文钞二卷　清秀水沈叔埏（带湖）撰
　　清光绪九年刊本　一册
柘西草堂诗钞一卷续钞一卷　清平湖沈正楷（卡石）撰　清同治
　　二年刊本　一册
菊照山房近稿五卷　清携李岳鸿振（棪云）撰　清道光十七年岳
　　氏留荩堂刊本　四册
抱月轩诗钞四卷　清平湖陆树兰（西解）撰　清道光三年刊本
　　一册
密斋文集不分卷　清桐乡程同文（春庐）撰　清嘉庆□年刊本
　　二册
密斋诗存四卷文集不分卷　清桐乡程同文（春庐）撰　清道光九
　　年刊本　十册
证响斋诗集七卷诗余一卷　清桐乡蔡銮扬（浣霞）撰　清光绪五
　　年刊本　四册
芝省斋吟稿八卷　清嘉兴李遇孙（庆伯）撰　清嘉庆二十五年海
　　昌应烺粤东刊本　一册
一粟庐诗二稿四卷　清秀水于源（辛伯）撰　清咸丰二年序刊本
　　一册
维园诗钞一卷　清嘉兴杨建（芷亭）撰　清光绪十三年侄孙杨伯
　　润上海刊本　一册
闲云偶存四卷　清携李钱有序（恕堂）撰　清道光六年刊本　四
　　册
耨云轩诗钞四卷　清嘉兴马汾（澹于）撰　清道光二十七年刊本
　　二册
谱华吟馆诗钞一卷　清平湖崔廷琛（吟珊）撰　清光绪七年刊本
　　一册
小余香诗钞六卷　清嘉兴潘鸿谟（陛飚）撰　清嘉庆二十四年刊
　　本　二册
史山诗二卷　清嘉兴史璜（印怀）撰　清道光九年刊本　一册
寿春堂诗集四卷　清秀水沈天基（大京）撰　清乾隆三十三年婿

卞珩钞本　四册

拙守斋诗钞四卷诗余一卷文钞十卷　　清嘉兴李超孙（奉犀）撰　
清道光三年忆梅小筑刊本　二册

三亩草堂诗钞五卷　　清嘉兴邱光华（云复）撰　清嘉庆二十年刊
本　一册

茶声馆文集八卷首一卷诗集二十卷补遗四卷续补一卷　　清平湖
朱为弼（右甫）撰　民国五年侄曾孙景迈覆清咸丰二年刊本　
十册

金陀诗钞八卷　　清携李岳沄（云溪）撰　清道光元年刊本　二册

抱箫山道人遗稿二卷　　清嘉善陈鸿墀（范川）撰　清同治十一年
男宗亲刊本　二册

华陉吟馆诗钞二卷　　清嘉兴钱人杰（子仁）撰　清道光八年刊本
　一册

西江集八卷诗余附　　清石门吴凤征（舜仪）撰　清光绪十八年世
同堂重刊本（石门吴氏家集之一）　二册

诗娱室诗集二十四卷　　清嘉善黄安涛（霁青）撰　清道光十四年
刊本　六册

真有益斋文编十卷　　清嘉善黄安涛（霁青）撰　清道光二十三年
刊本　六册

息耕草堂诗集八卷　　清嘉善黄安涛（霁青）撰　清道光二十四年
刊本　四册

补读书斋遗稿十卷　　清嘉兴沈维𫓧（鼎甫）撰　清同治十年刊本
八册

丑石居遗诗（一名）乔阪遗诗一卷　　清秀水郑绪（乔阪）撰　清道
光十年侄照缮录清稿本　一册　清朱绶手书序钱瑶鹤手题诗

小云庐晚学文稿八卷　　清平湖朱壬林（礼卿）撰　清光绪二十七
年孙男仁积重刊本　二册

百药山房诗初集十卷　　清嘉善黄若济（兰舟）撰　清道光十年序
刊本　二册

刻楮集一卷旅逸小稿一卷　　清嘉兴钱仪吉（衎石）撰　清道光十

二年刊本　一册

衍石斋记事续稿十卷　清嘉兴钱仪吉（衍石）撰　清咸丰四年海昌蒋光煦刊本　六册

定庐集四卷　清嘉兴钱仪吉（衍石）撰　民国四年昆山李传元刊本　一册

衍石斋晚年诗稿五卷　清嘉兴钱仪吉（衍石）撰　民国二十一年秀水金兆蕃刊本　一册

揽青阁诗钞二卷梦春庐词一卷　清嘉兴李贻德（次白）撰　清同治六年刊本　二册

　　附　早花集一卷　清嘉兴吴筠（畹芬）撰

秋舫诗钞四卷　清平湖蒋沄（季云）撰　清咸丰五年受业彭崧毓刊本　二册

真息斋诗钞四卷续钞一卷　清桐乡陆费琚（春驷）撰　清同治九年陆费氏履厚堂重刊本　二册

鞠泉山馆吟稿六卷　清平湖林寿椿（雪岩）撰　清道光二十八年盛垌刊本　一册

小网川书屋诗初集二卷　清嘉善钟汪杰（元甫）撰　清咸丰六年刊本　四册

萍踪集六卷　清石门吴兰森（菊裳）撰　清咸丰二年刊本　一册

瓦釜集十二卷　清平湖高兰曾（楚芗）撰　清道光十九年刊本　六册

桂轩小稿二卷诗余一卷　清秀水朱仁荣（颂安）撰　清嘉庆十一年刊本　二册

木鸡书屋文钞四卷二集六卷三集八卷四集六卷五集六卷　清平湖黄金台（鹤楼）撰　清道光六年十二年二十三年咸丰元年同治十年刊本　五册

木鸡书屋文二集六卷　清平湖黄金台（鹤楼）撰　清道光十二年门人钟步崧刊本　一册

木鸡书屋诗选六卷　清平湖黄金台（鹤楼）撰　清道光二十五年九孙居刊本　一册

画理斋诗稿一卷　　清嘉兴沈珏(采石)撰　　清道光二十五年刊本
　　一册

华影吹笙阁遗稿一卷　　清吴县戴小琼(墨华)撰　　清道光二十五
　　年刊本　附画理斋诗稿后

十经斋文集四卷　　清嘉兴沈涛(西雝)撰　　民国□□年中国书店
　　景印本　一册

柴辟亭诗集四卷　　清嘉兴沈涛(西雝)撰　　清道光二十二年刊本
　　四册

瓯隐刍言二卷　　清秀水金衍宗(岱峰)辑　　清咸丰五年刊本　一
　　册

思诒堂诗稿十一卷诗余稿一卷　　清秀水金衍宗(岱峰)撰　　清同
　　治五年重刊本　四册

甘泉乡人稿二十四卷余稿二卷　　清嘉兴钱泰吉(警石)撰　　清同
　　治十一年重刊本　八册

　　　　附　警石府君年谱一卷　　清嘉兴钱应溥(子密)撰
　　　　　　四水子遗著一卷　　清嘉兴钱友泗(学源)撰
　　　　　　邻农偶吟稿一卷　　清嘉兴钱炳森(子方)撰

潄芳阁集十卷　　清平湖徐士芬(惺荃)撰　　清咸丰二年刊本　四
　　册

生斋诗稿九卷文稿八卷文稿续刻一卷　　清平湖方垌(子春)撰
　　清道光十九年刊文以下咸丰七年刊本　八册

　　　　附　寅甫日记一卷寅甫小稿一卷　　清平湖方金彪(寅甫)撰

生斋诗稿九卷　　清平湖方垌(子春)撰　　清道光十九年树玉堂刊
　　本　二册

知止斋诗二卷　　清平湖贾洪(蘅石)撰　　清道光五年序刊本　一
　　册

百廿虫吟一卷附和章一卷　　清平湖钱步曾(朋园)撰　　清道光四
　　年闻鹃楼刊本　二册

小海自定诗一卷黟山纪游一卷　　清桐乡汪淮(小海)撰　　清嘉庆
　　九年刊本　一册

莲溪先生文存二卷　　清秀水沈濂（景周）撰　　清光绪二年刊本
　一册

莲溪吟稿八卷　　清秀水沈濂（景周）撰　　清咸丰四年刊本　　二册

勺水集六卷　　清秀水周坤（乐泉）撰　　清咸丰四年闻湖晚香堂刊
　本　二册

始有庐诗稿八卷　　清秀水孙瀜（次公）撰　　清咸丰三年序刊本
　四册

养灵根堂遗集诗五卷补遗一卷词钞一卷杂文一卷　　清桐乡蔡鸿
　燮（芗延）撰　　清咸丰十年刊本　　一册

悔过斋未定稿七卷　　清平湖顾广誉（惟康）撰　　清咸丰七年序刊
　本　四册

悔过斋文集七卷附劄记一卷续集七卷补遗一卷　　清平湖顾广誉
　（惟康）撰　　清光绪三年朱之榛刊续集王大经刊本　　四册

小琅玕山馆诗钞十卷诗余一卷　　清桐乡严廷珏（比玉）撰　　清同
　治十二年申江榷署重刊本　　五册

　　附　写韵楼诗钞一卷　　清金陵王瑶芬（云蓝）撰　　清同治十年
刊本

绣佛楼诗钞一卷　　清魏塘金兰贞（纫芬）撰　　清同治十二年刊本
　一册

鹤斋存稿诗二卷赋一卷帖体诗一卷骈体文一卷词一卷文一卷
　清嘉兴张邦枢（中之）撰　　清道光二十一年淳雅堂刊本　　二册

守经堂诗集十卷附守经堂自著书目　　清平湖沈筠（实甫）撰　　清
　光绪十四年男炜重刊本　　四册

古琴楼诗钞二卷　　清平湖吴松（听涛）撰　　清道光二十八年序刊
　本　一册

躬厚堂杂文八卷诗初录四卷诗录十卷词录三卷　　清平湖张金镛
　（海门）撰　　清同治三年刊本杂文光绪四年刊本　　六册

　　附　梅花阁遗诗一卷　　清嘉兴钱蘐生（佩芬）撰

凝碧轩遗稿一卷　　清桐乡沈浩（梦花）撰　　清道光六年刊本　　一
　册

竹雨吟钞二卷　　清秀水姚吉祥（养恬）撰　　清同治八年男宝仪沪
　　城刊本　　一册
养素居诗稿初编一卷续编一卷　　清秀水董燿（枯匏）撰　　清光绪
　　十八年刊本　　二册
稻香楼诗稿（一名）世美堂集一卷　　清嘉兴张庆荣（稚春）撰　　清
　　咸丰八年男晋爕刊本　　一册
　　　　附　兰心阁诗稿一卷　　清嘉兴张朱莹撰
稻香楼诗稿一卷　　清嘉兴张庆荣（稚春）撰　　清咸丰八年男晋爕
　　刊本　　一册
　　　　附　兰心阁诗稿一卷　　清嘉兴张朱莹撰
湘碧堂诗钞四卷　　清桐乡孙墉（卤嵊）撰　　清嘉庆十三年刊本
　　二册
三分水集一卷　　清嘉兴富遇恩（念芸）撰　　清道光□年刊本　　一
　　册
哀生阁初稿四卷续稿三卷　　清平湖王大经（晓莲）撰　　清光绪十
　　一年刊本　　六册
续东轩遗集文三卷诗一卷　　清秀水高均儒（伯平）撰　　清光绪七
　　年刊本　　三册
息笠庵诗集六卷　　清嘉兴杨韵（小铁）撰　　清光绪八年沪城刊本
　　二册
逸子诗集八卷　　清秀水唐员（益之）撰　　清同治二年刊本　　二册
怀芬馆诗钞四卷　　清秀水姚仁瑛（子白）撰　　清光绪元年刊本
　　一册
味雪斋诗钞二卷　　清平湖郁载瑛（荻桥）撰　　清光绪八年刊本
　　附粤游草后
经古箧存草四卷　　清当湖叶廉锷（勤诹）撰　　清宣统三年男存养
　　刊本　　二册
不负人斋诗稿八卷　　清嘉兴王福祥（春渔）撰　　清同治五年序稿
　　本　　二册
自怡集十二卷　　清嘉兴吴锡麟（上麒）撰　　清嘉庆十二年惠连居

刊本　三册

岭南诗钞二卷　　清嘉兴吴锡麟（上麒）撰　　清嘉庆十□年惠连居
　　刊本　一册

绿芙蓉阁诗集四卷　　清秀水汪存（伯廙）撰　　清光绪五年汉阳张
　　锦华等精刊手写本　二册

范湖草堂遗稿六卷　　清秀水周闲（存伯）撰　　清光绪十九年刊本
　　二册

　　　　附　武功将军逸诗一卷　　清秀水周万清（春园）撰

斲研山房诗钞八卷　　清桐乡沈炳垣（晓沧）撰　　清道光六年序刊
　　本　二册

祥止室诗钞六卷　　清桐乡沈炳垣（晓沧）撰　　清道光十七年刊本
　　二册

湖海诗瓢一卷　　清桐溪张元吉（蓉镜）撰　　清光绪十九年木活字
　　排印本　一册

小匏庵诗存六卷附一卷　　清嘉兴吴仰贤（牧驺）撰　　清光绪四年
　　刊本　二册

学稼草堂诗草十卷　　清秀水陈嗣良（颂萱）撰　　清光绪八年刊本
　　四册

倚云楼古今体诗一卷试帖一卷诗余一卷　　清古魏塘金其恕（养
　　斋）撰　　清光绪六年兄澜刊本　二册

沾沾集一卷续一卷　　清桐乡严辰（缁生）撰　　清光绪八年刊本
　　一册

墨花吟馆诗钞十六卷　　清桐乡严辰（缁生）撰　　清光绪十五年刊
　　本　四册

餐花室诗稿十一卷诗余一卷　　清桐乡严锡康（伯雅）撰　　清咸丰
　　十一年序刊本　四册

灵素堂骈体文一卷诗钞四卷　　清嘉兴徐锦（兰史）撰　　清光绪十
　　二年刊本　一册

朱布衣诗选一卷　　清平湖朱锡山（鲁东）撰　　清咸丰三年重刊本
　　静安堂藏板　一册

汲庵文存六卷　清秀水杨象济（利叔）撰　清光绪七年刊本　四册

汲庵诗存八卷　清秀水杨象济（利叔）撰　清光绪八年刊本　四册

南归草一卷　清秀水杨象济（利叔）撰　清同治六年刊本　一册

邠农偶吟稿　清嘉兴钱炳森（子方）撰　清同治十一年刊本（甘泉乡人稿附）　一册

胜莲花室诗钞六卷　清魏塘陈翰芬（仲泉）撰　清光绪十八年刊本　一册

味某华馆诗初集六卷二集四卷　清秀水陈鸿诰（曼寿）撰　清道光三十年刊二集咸丰元年刊本　二册

金粟诗存一卷拾遗一卷　清嘉兴金光烈（佑人）撰　清道光□年刊本　一册

蹄涔集约钞一卷　清当湖俞铥（芷衫）撰　清道光十六年刊本　一册

春水船诗钞一卷补遗一卷文钞一卷附哀辞一卷　清平湖俞思源（原水）撰　父铥辑　清光绪十二年子桂徵重刊本　一册

西沤待商稿二卷　清嘉兴丁彭年（鹤俦）撰　民国五年葛嗣浵刊本　一册

田砚斋文集二卷　清嘉兴褚荣槐（二梅）撰　清光绪七年刊本　二册

衔屈鸣诗集二卷　清平湖黄福增（少瀛）撰　清光绪十三年刊本（求无过斋杂集第二种）　一册

　　附　绝命词　清平湖黄钟骏（宝臣）撰

　　　　悔游草一卷　清平湖黄佩芳（如香）撰

息养庐文集十一卷　清平湖徐锦华（秋宇）撰　清光绪二十五年族侄孙士琛宝善堂刊本　四册

嫩云楼诗钞四卷　清桐乡严锦（公绣）撰　清光绪二十五年桐乡严氏梧州刊本　四册

琴鹤山房遗稿八卷　清秀水赵铭（新又）撰　民国十一年弟子金

兆蕃刊本　二册

**紫茜山房诗钞四卷**　清平湖沈金藻（石生）撰　清咸丰六年刊本
一册

**香雪斋诗钞四卷**　清桐乡严钤（迪周）撰　清光绪十八年刊本
二册

**寒松阁诗八卷骈体文一卷续一卷词四卷**　清嘉兴张鸣珂（公束）
撰　清光绪三十二年汇刊本　四册

**辕下吟编一卷吴趋词钞一卷**　清嘉善吴绣虎（杏墅）撰　清光绪
中木活字排印本　一册

**蘦䕞山庄骈散芟存一卷**　清嘉善吴修祜（杏墅）撰　清光绪十年
木活字排印本　一册

**覆瓿草二卷**　清平湖刘其清（蕴山）撰　民国五年葛嗣浵刊本
一册

**清芬阁集十二卷**　清嘉兴朱采（亮生）撰　清光绪三十三年归安
赵滨彦排印本　八册

**潜园诗存四卷**　清平湖张天翔（梦龙）撰　清光绪二十五年刊本
二册

　　　　附　眷仙楼遗稿一卷刻翠集一卷　清平湖章韵清（兰言）撰

**蒙庐诗存四卷外集一卷**　清秀水沈景修（汲民）撰　清光绪二十
一年刊本　一册

**禅余吟稿一卷**　清当湖释隐禅撰　清同治二年刊本　一册

**绿芙蓉阁诗稿二卷**　清秀水汪大辰（枢侯）撰　清同治二年刊本
一册

**入山小草四卷**　清平湖张金澜（茗泉）撰　清同治四年味楳吟馆
刊本　一册

**宜琴楼遗稿一卷**　清桐乡严铖（指坤）撰　清光绪二十三年刊本
一册

**纫兰室诗钞三卷鲽砚庐诗钞二卷附鲽砚庐联吟集一卷**　清桐乡
严永华（少蓝）撰　清光绪十七年刊朱印本　二册

**南湖草堂诗集六卷**　清嘉兴杨伯润（佩甫）撰　清光绪八年男起

诚沪上语石斋刊本　四册

**青琅玕馆诗钞一卷**　清平湖何之鼎（咏华）撰　清宣统三年华云阁排印本　一册

**常慊慊斋文集二卷**　清平湖朱之榛（仲蕃）撰　民国九年东湖草堂刊本　二册

**澄清堂诗存四卷**　清平湖范祝崧（云鄂）撰　清咸丰十年序刊本　二册

**碧梧红杏山房诗钞二卷楹帖一卷**　清桐乡陆费燮（子豫）撰　清光绪二十七年男垓刊本　二册

**宝文堂遗稿二卷丛篠庵画跋一卷**　清平湖陆修洁（子廉）撰　清光绪十五年同邑徐文勋刊本　一册

**得秋山馆诗钞二卷**　清石门吴朔（初白）撰　清光绪十八年世同堂重刊本（石门吴氏家集之一）　一册

**养心光室诗稿八卷**　清嘉善顾福仁（静厓）撰　清光绪十三年刊本　二册

　　　　清代之属（词）

**东溪草堂诗余一卷**　清携李朱茂暊（子蓉）撰　清康熙□年刊本　一册

**曝书亭词注七卷**　清嘉兴李富孙（芗沚）撰　清嘉庆十九年校经庼刊本　八册

**意香阁词二卷**　清梅里李澧（篁园）撰　清嘉庆三年序刊本　二册

**南田词三卷**　清嘉兴王启曾（宝所）撰　清嘉庆□年刊本　一册

**种芸仙馆词四卷**　清嘉兴冯登府（云伯）撰　清道光十四年刊本　一册

**吉雨词稿二卷**　清秀水朱声希（廉夫）撰　清道光二十年木活字排印本　一册

**采香词四卷**　清秀水杜文澜（小舫）撰　清咸丰十一年曼陀罗华阁刊本　一册

**苏庵诗余五卷**　清秀水唐埙（益庵）撰　清同治十二年平阳张启

煊刊本　四册

稻香馆粲香词四卷补遗一卷　清嘉兴方受毂（耕花）撰　清光绪十二年刊本　二册

井华词二卷　清秀水沈景修（汲民）撰　清光绪二十五年刊本　一册

　　现代之属（诗文）

海日楼诗二卷　民国嘉兴沈曾植（子培）撰　民国□年刊本　一册

澄湖遗老集诗四卷续集诗三卷词一卷　民国秀水金蓉镜（香严）撰　民国二十年刊本　三册

安乐乡人诗四卷药梦词二卷　民国嘉兴金兆蕃（篯孙）撰　民国二十年刊本　二册

　总集类

　　诗编之属（断代）

明诗综一百卷　清秀水朱彝尊（锡鬯）辑　清康熙四十四年白莲泾刊本　三十六册

　　诗编之属（通代）

咏物诗选八卷　清嘉善俞琰（长仁）辑　清雍正二年宁俭堂刊本　四册

乐府正义十五卷首一卷　清嘉兴朱乾（柜堂）撰　清乾隆五十四年刊本　六册

　　诗编之属（郡邑）

梅里诗钞二十一卷　清嘉兴李光基（奕庵）撰　清康熙二十一年刊本承雅堂藏板　十册

梅里诗辑二十八卷续十二卷　清嘉兴许灿（衡紫）编　清嘉兴沈爱莲（远香）续编　清道光三十年嘉兴县斋刊本　二十四册

洛如诗钞六卷　清秀水朱彝尊（锡鬯）选　清康熙四十七年尊道堂刊本　二册

珣溪诗荟十三卷　清阙名辑　旧钞本　二册

桐溪诗述二十四卷　清仁和宋咸熙（小茗）辑　清嘉庆二十五年

桐乡学署刊本　八册

**闻湖诗续钞七卷**　清吴江李王猷（显若）纂　清咸丰四年刊本
二册

**耆旧诗存四卷**　清平湖沈筠（实甫）选　清海盐徐圆成（古春）订
清光绪元年刊本　一册
　　愚泉诗选一卷　清海宁陈文藻（愚泉）撰
　　心葭诗选一卷　清平湖刘东藩（星阶）撰
　　春林诗选一卷　清平湖陆镕（廷冶）撰
　　霞梯诗选一卷　清嘉兴金大登（第人）撰

**硖川诗钞二十卷词钞一卷**　清硖川曹宗载（桐石）辑　清光绪十
八年双山讲舍刊本　六册

**硖川诗续钞十六卷词续钞一卷**　清硖川许仁沐（壬伯）蒋学坚（子
贞）同辑　清光绪二十二年双山讲舍刊本　六册

**竹里诗萃十六卷**　清闻川李道悠（子远）编　清光绪二十一年蒋
氏十咏庐刊本　四册

**续檇李诗系四十卷**　清平湖胡昌基（云伫）辑　清宣统三年刊本
二十册

　　　　诗编之属（氏族）

**新安先集二十卷**　清平湖朱之榛（仲蕃）辑　清同治十三年苏州
刊本　八册

**同怀忠孝集**　清桐乡严辰（缁生）辑　清光绪十年刊本　一册
　　清啸楼诗钞一卷　清桐乡严谨（叔和）撰
　　含芳馆诗草一卷　清桐乡严徽华（穉芗）撰

**归来吟二卷**　清桐乡劳乃宽（偶庵）乃宣（玉初）撰　民国五年刊
本　一册

　　　　诗编之属（杂录）

**东湖倡和集一卷**　清平湖陆莱（乂山）等撰　清康熙二十四年刊
本　二册

**竹林唱和诗残十六卷**　存卷一至卷六卷八卷九卷十一卷十二卷
十四至卷十七卷二十二卷二十三　清檇李盛远（宜山）等撰

清康熙四十一年刊本　　四册

**同声集**　　清梅里丁芸（砚畔）辑　　清乾隆五十七年刊本　　一册

　　墨农诗草一卷　　清梅里丁芸（砚畔）撰

　　水山诗草一卷　　清梅里陈秀（兰仙）撰

　　溪南诗草一卷　　清梅里毛琳（补衮）撰

**鸳湖唱和诗集三卷**　　清嘉兴金永昌（际和）辑　　清嘉庆□年刊本　　一册

**秋鞠百咏一卷**　　清秀水屠璜（小吕）辑　　清嘉庆十九年刊本　　一册

**涉趣园倡和集十卷首一卷附涉趣杂吟及涉趣十咏**　　清嘉善杨堃（雨苍）编　　清嘉庆二十一年萃一草堂刊本　　六册

**鸳水联吟十六集**　　清嘉兴岳鸿庆（余三）编　　清道光二十一年刊本　　四册

**观水唱和诗四卷**　　清平湖郁载瑛（伯尊）编　　清咸丰二年刊本　　一册

**喜雨集四卷外编一卷**　　清秀水陈鸿诰（曼寿）编　　清咸丰三年味某华馆刊本　　一册

**珠台九老会唱和诗一卷**　　民国当湖钱世钟（仲毓）辑　　民国六年刊本　　一册

　　　　以上唱和

**白醉题襟集四卷首一卷末一卷附草堂自记一卷草堂题赠一卷草堂杂咏一卷**　　清秀水王相（惜庵）编　　清道光六年刊本　　六册

　　　　以上会社

**曝书亭著书砚题辞一卷**　　清嘉兴方惟祺（莲卿）编　　清咸丰元年刊本　　一册

**汪柯庭汇刻宾朋诗**　　清练江汪文柏（季青）辑　　清康熙三十一年自序刊本　　四册

　　题照集一卷　　唱和诗一卷　　汤饼辞一卷　　同心言初集一卷二集一卷　　宠砚录二卷　　西河慰悼诗二卷补遗一卷　　花屿嘤鸣一卷

椿馆摭怀一卷　　清秀水陈昌焌（爱庐）辑　　清道光三年刊本　　二册

采菊思亲图题辞一卷　　清古槜李曹咸熙（荠荎）编　　清光绪二年刊本　　一册

迎旭斋图题辞一卷松风堂读书图题辞一卷　　清嘉兴曹咸熙（荠荎）编　　清光绪七年桂林刊本　　一册

槜李曹氏图册合刻　　清槜李曹咸熙（荠荎）辑　　清光绪九年桂林刊本　　一册

　　松风舞鹤图题辞一卷　　滮湖渔隐图题辞一卷　　授经教子图题辞一卷　　采菊思亲图题辞一卷

龙湖槜李题词一卷　　清嘉兴李培增（泉石）辑　　清光绪二十八年刊本　　一册

　　　　以上题咏

辇下送行诗十二卷补遗一卷　　清秀水杜臻（肇余）编　　清康熙三十九年刊本　　一册

　　　　以上送行

　　　文编之属（断代）

金文雅八卷　　清秀水庄仲方（芝阶）编　　清光绪十七年江苏书局刊本　　四册

国朝骈体正宗续编八卷　　清嘉兴张鸣珂（公束）辑　　清光绪十四年寒松阁刊本　　八册

　　　文编之属（郡邑）

当湖文系二十八卷　　清当湖朱壬林（礼卿）编　　清光绪十五年刊本　　十二册

当湖诗文逸二十二卷　　民国平湖张宪和（闻惺）编　　民国十七年刊本　　八册

新溪文述八卷　　民国桐乡郑之章（折三）辑　　民国十九年新滕通俗图书馆排印本　　二册

　　　文编之属（氏族）

朱子论定文钞二十卷　　清石门吴震方（青坛）辑　　清康熙四十二

年精刊本延陵家塾藏版　十册
　　　词编之属（通代）
**词综三十六卷**　清秀水朱彝尊（锡鬯）编　清休宁汪霦（晋贤）增定　清乾隆九年汪孟锅补刊本　十二册
**词林纪事二十二卷**　清海盐张宗楠（詠川）辑　民国十四年海盐张氏影印清道光十五年重修本　十册
　　　附　乐府指迷一卷　宋张炎（玉田）撰
　　　　　词旨一卷　宋陆韶（辅之）撰
　　　　　词韵考略一卷　清海宁许昂霄（蒿庐）辑
　　文评类
　　　评论之属（诗）
**静志居诗话二十四卷**　清秀水朱彝尊（锡鬯）撰　清嘉庆二十三年扶荔山房刊本　十六册
**小匏庵诗话十卷**　清嘉兴吴仰贤（牧驺）辑　清光绪八年刊本　二册
　　　以上通评
　丛书部
　　类刻类
　　　经部之属
**春水船易学**　清嘉兴方本恭（鼎篆）撰　清嘉庆二年刊本　四册
　　象数述四卷　内经述一卷　算术述一卷　等子述一卷
**绎圣二编**　明吴门周从龙（彦云）撰　明万历三十九年序刊本　二册
　　大学遵古编一卷　中庸发复编二卷
**郑氏遗书**　清秀水王复辑　清偃师武忆（虚谷）校　清嘉庆五年刊本　一册
　　五经异义一卷　郑志三卷补遗一卷　发墨守一卷　起废疾一卷　箴膏肓一卷
　　　史部之属
**逊国逸书四种**　明嘉善钱士升辑　明崇祯十七年刊本　三册

致身录一卷　明东吴史仲彬撰

挌膝录四卷　明刘琳(玉海子)撰

从亡随笔一卷　明朝邑程济撰

黄陈报冤录一卷(缺)

　　附　程济的从亡随笔一卷　民国绩溪胡适(适之)撰　手稿本
　　　民国张元济题识

　　郡邑类

梅会里三家诗　清南溪杨世清(彦渊)编　清乾隆间刊本　一册

　菊墅诗钞　清嘉兴朱翰宣(王路)撰

　北舫诗钞　清嘉兴陈源(自天)撰

　蕉园诗钞　清嘉兴王鸿宇(澂之)撰

槜李遗书　清槜李孙福清(稼亭)编　清光绪四年孙氏望云仙馆刊本　二十四册

　巽隐先生文集　明桐乡程本立(原道)撰

　黑蝶斋词一卷　清平湖沈岸登(覃九)撰

　紫桃轩杂缀三卷又缀三卷　明槜李李日华(君实)撰

　秋锦山房词一卷　清嘉兴李良年(武曾)撰

　耒边词二卷　清嘉兴李符(分虎)撰

　几亭外书　明嘉善陈龙正(几亭)撰

　　举业素语一卷　家矩一卷

　延露词三卷　清海盐彭孙遹(羡门)撰

　柘西精舍词一卷　清平湖沈皞日(融谷)撰

　漫游小钞一卷　清嘉善魏坤(禹平)撰

　藏密斋书牍一卷　明嘉善魏大中(孔时)撰

　老老恒言五卷　清嘉善曹庭栋(六圃)撰

　圣雨斋诗集三卷　明槜李周拱辰(孟侯)撰

　瓜田画论一卷　清秀水张庚(浦山)撰

　敝帚斋余谈一卷　明秀水沈德符(景倩)撰

　山静居画论二卷　清石门方薰(兰士)撰

　三鱼堂剩言十二卷　清平湖陆陇其(稼书)撰

柚堂续笔谈三卷　清秀水盛百二（秦川）撰

杨园先生未刻稿十二卷　清桐乡张履祥（考夫）撰　清海宁陈敬璋辑

鲍庐诗话三卷　清嘉兴沈涛（西雝）撰

拙宜园词二卷　清海盐黄宪清（韵珊）撰

曝书亭外集八卷　清秀水朱彝尊（锡鬯）撰

复小斋赋话二卷　清嘉善浦铣（柳愚）撰

鸳湖櫂歌一百首一卷　清秀水朱彝尊（锡鬯）撰

贤已编六卷　清嘉善黄安涛（霁青）撰

续鸳湖櫂歌一百首一卷　清秀水朱应麟（梧巢）撰

薇云室诗稿一卷　清嘉善周之镆（研芬）撰

**檇李丛书第一集**　民国秀水金兆蕃（篯孙）等辑　民国二十年刊本　八册

　　春秋平义十二卷　清秀水俞汝言（右吉）撰

　　采山堂遗文二卷　清嘉兴周赟（青士）撰

　　春秋四传纠正一卷　清秀水俞汝言（右吉）撰

　　寒松阁游艺琐录六卷　清嘉兴张鸣珂（公束）撰

氏族类

**秀水王氏家藏集**　清秀水王相（惜庵）辑　清咸丰六年刊本　六册

　　清贻堂存稿四卷附录一卷　清仁和王益朋（鹤山）钱塘王琦（琢崖）辑

　　兰堂剩稿一卷　清秀水王锦（绚尚）撰

　　憺园草二卷补遗一卷外集一卷　清钱塘王铮（铁邪）撰

　　清贻堂剩稿一卷　清桐乡王士骏（逸仲）撰

　　清贻堂剩稿一卷　清钱塘王琦（琢崖）撰

　　桔香堂存稿二卷　清秀水王澄（清宇）撰

　　偷闲集剩稿一卷　清秀水王霱（介庵）撰

　　清闺遗稿一卷　清秀水吴宗宪撰

　　安流舫存稿二卷　清秀水王璋（啸峰）撰

　　絮华楼存稿三卷　清秀水王桢（狮岩）撰

　　复初集剩稿一卷　清秀水王玑（象天）撰

鹅溪草堂存稿六卷　清秀水王元鉴(抑斋)撰

**秀水王氏家藏集残**　清秀水王相(惜庵)辑　清咸丰间刊本　存一册

清贻堂剩稿一卷　清桐乡王士骏(逸仲)撰

复初集剩稿一卷　清秀水王玑(象天)撰

清贻堂剩稿一卷　清钱塘王琦(琢崖)撰

偷闲集剩稿一卷　清秀水王霱(介庵)撰

安流舫存稿二卷　清秀水王璋(啸峰)撰

**海盐张氏涉园丛刻**　民国海盐张元济(菊生)辑　清宣统三年排印本　八册

入告编四卷　清海盐张惟赤(螺浮)撰

退思轩诗集一卷　清海盐张惟赤(螺浮)撰

扣腹斋诗钞四卷诗余二卷　清海盐张宗松(青在)撰

赋闲楼诗集一卷　清海盐张胎(皓亭)撰

藕村词存一卷　清海盐张宗楠(詠川)撰

贽谷诗选一卷　清海盐张芳湄(葭士)撰

涉园题咏一卷　清海盐张鹤徵(选岩)辑

**咏史绝句合钞二卷**　清嘉兴吴受福(珽轩)编　清光绪十六年刊本　一册

苏门山人登啸集诗钞一卷　清嘉兴吴昌荣(啸江)撰

莲鹭双溪舍遗稿诗文钞一卷　清嘉兴吴国贤(玖芸)撰

**三朱遗稿**　清嘉兴杨柏润(南湖)编　清光绪十五年刊本　一册

政和堂遗稿一卷　清嘉兴朱广川(松溪)撰

膻仙吟馆遗稿一卷诗余一卷　清嘉兴朱嘉金(曼翁)撰

清芬馆词草一卷　清嘉兴朱光炽(昌甫)撰

　　独撰类

**杨园先生全集**　明嘉兴张履祥(考夫)撰　清兴国万斛泉(清轩)编　清同治十一年永康应宝时刊本　十六册

杨园诗文集二十四卷　读史等笔记一卷　近鉴一卷　补农书二卷　问目一卷　言行见闻录四卷　备忘录四卷　丧葬杂录一

卷　愿学记三卷　经正录一卷　近古录四卷　训门人语三卷
读易笔记一卷　初学备忘二卷　训子语二卷

　　附　**张杨园先生年谱一卷**　清桐城苏惇元（厚子）重编

**一隅草堂集**　清秀水计楠（寿乔）撰　清嘉庆元年刊本　八册

握兰初稿选二卷　惕庵草一卷　梦香阁诗一卷　秋雪舲小牍二卷　桑梓吟二卷　采雨山房诗一卷　如如居近草一卷　惕庵杂录一卷　古桃州寓草二卷　俶月龛草一卷　十砚楼杂录一卷　牡丹谱一卷　云归草一卷　金粪花馆诗二卷　萆庐小著二卷　菊说一卷

**一隅草堂集**　清秀水计楠（寿乔）撰　清嘉庆二十五年刊本　四册

富春游草一卷　睦州寓草一卷　如如居近草一卷　惕庵草一卷　萍泛草一卷　梅花城梅花杂咏一卷　云归草一卷　采雨山房诗一卷　还山草一卷　梦香阁诗一卷

**一隅草堂集**　清秀水计楠（寿乔）撰　清嘉庆间刊本　二册

握兰初稿一卷　十国杂事诗一卷　桑梓吟一卷续一卷　鈖花馆诗一卷　竹平安斋诗一卷

　　附　**适新草一卷**　清孙古杉撰

**小灵兰馆家乘**　清嘉禾范玉琨（吾山）撰　清道光二十五年刊本　五册

安东改河议三卷　马棚湾漫工始末一卷　佐治刍言一卷

**最乐亭三种**　清嘉兴朱福清（仙槎）撰　民国六年刊本　五册

最乐亭诗草二卷　求旧续录四卷　鸳湖求旧录四卷

**桐乡劳先生遗稿**　民国桐乡劳乃宣（玉初）撰　民国十六年桐乡卢学溥刊本　十二册

韧叟自订年谱一卷　义和拳教门源流考一卷　拳案杂存二卷　韧叟诗文附词八卷　奉禁义和拳汇录一卷　新刑律修正汇录一卷

## 海盐张氏涉园藏书目录卷二

  经部

    易类

      传说之属

**易疑二卷图说一卷附系辞下传一卷**　明海盐陈言（献可）撰　明万历四十六年序刊本　四册

**易学参说内编一卷外编一卷**　清武原冯昌临（与肩）撰　清初刊本　一册

**易卦玩辞述二卷**　清海盐陈说撰　清康熙五十一年信学斋刊本　四册

**易汉学举要一卷**　清海盐张鼎（守彝）撰　别下斋钞本　一册

    书类

      传说之属

**尚书禹贡图说一卷**　明海盐郑晓（澹泉）撰　孙男心材辑　清道光元年海宁马锦重刊本　一册

**禹贡分笺七卷**　清海盐方溶（蓉浦）撰　清嘉庆二十四年银花藤馆刊本　二册

    诗类

      传说之属

**诗经述四卷**　清海盐陈说撰　清康熙间信学斋刊本　二册

**二南训女解四卷**　清海盐王纯（中园）撰　清嘉庆二十一年海盐朱锟书漱经西偏精刊本　四册

    礼类

      礼记之属（大戴记）

**夏小正注四卷**　清海盐李聿求（五峰）撰　清嘉庆间虎溪山房刊本　一册

    春秋类

      左传之属（传说）

**春晖楼读左日记一卷春秋列国战守形势一卷**　清海盐张鼎（守

彝)撰　民国二十五年乌青卢氏排印本　一册
　　附　张铭斋先生年谱一卷　民国乌青卢学溥(鉴泉)撰
　　　　四书类
　　　　　　论语之属(逸文)
论语逸编十二卷　明海盐钟韶(牙室)撰　明天启三年跋旧钞本
　二册
　　　　小学类
　　　　　　字书之属(说文)
说文解字十五卷　汉汝南许慎(叔重)撰　宋广陵徐铉(鼎臣)校
　明汲古阁刊本　十六册　清张燕昌依宋本校　民国张元济跋
　　　　　　以上传说
　　　　　　字书之属(字体)
六书通十卷　清海盐毕弘述(既明)撰　清康熙五十九年刊本
　五册
六书通摭遗十卷　清海盐毕星海(蓝原)辑　清嘉庆六年基闻堂
　刊本　四册
　　　　　　韵书之属(集韵)
叶韵考正十六卷　清海盐朱履中(玉堂)辑　清嘉庆九年小酉山
　房刊本　二册
叶韵考正残七卷　存卷一至卷七　清海盐朱履中(玉堂)辑　清
　嘉庆九年小酉山房刊本　存一册
　　　　经总类
　　　　　　文字音义之属
群经字考十卷　清海盐吴东发(侃叔)撰　清嘉庆十一年刊本
　六册
群经字考残三卷　存卷三至卷五　清海盐吴东发(侃叔)撰　清
　刊本　存一册
　　史部
　　　　正史类
后汉书儒林传补二卷　清海盐李聿求(五峰)撰　清嘉庆间虎溪

山房刊本　一册

### 纪事本末类

平寇志十二卷　清海盐彭孙贻（羿仁）撰　民国十九年北平图书馆排印本　三册

### 杂史类

靖海纪略四卷　清盐官曹履泰（大来）撰　清道光中海昌蒋氏刊本（别下斋丛书之一）　一册

湖西遗事一卷虔台逸史一卷　清海盐彭孙贻（羿仁）撰　钞本　一册

客舍偶闻一卷　清海盐彭孙贻（羿仁）撰　柘柳草堂钞本　一册　民国张元济跋

山中闻见录十一卷　清海盐彭孙贻（羿仁）撰　民国十三年上虞罗氏刊本（玉简斋丛书之一）　四册

### 传记类

#### 事状之属

海盐吴中丞贞肃司马三公传一卷　清钱塘梁同书（山舟）书　民国十四年上海商务印书馆景印本　一册

#### 年谱之属

郑端简公年谱八卷　明海盐郑履淳（叔初）编　明隆庆三年刊本　四册

吴忠节公年谱一卷　清海盐吴蕃昌（仲木）撰　清初刊本　二册

紫云先生年谱一卷　清海盐何聚仁（本之）辑　海盐张氏涉园钞本　一册

疑年录四卷续疑年录一卷　清嘉定钱大昕（辛楣）编　清海盐吴修（子修）校并撰续编　钞本　二册

#### 志录之属

三迁志十二卷　清海盐吕元善（冠洋）辑　清康熙六十一年刊本　四册

刘邑侯惠盐治录残一卷　存卷一　明海盐吴㙃辑　明崇祯十五年刊本　存一册

家谱之属

海盐王氏家乘一卷　民国海盐王敬烈（伯勋）辑　民国二十六年
　　排印本　一册

　　　　以上谱牒

彭氏旧闻录一卷太仆行略一卷　清海盐彭孙贻（羿仁）撰　手稿
　　本一册　□世鉴跋

先德录续一卷　清海盐曹□□辑　海盐张氏涉园钞本　一册

　　　　以上杂录

　　　　总录之属（通录）

近代名臣言行录十卷　明海盐徐咸（东滨）撰　明嘉靖十一年刊
　　本　二册

昭代名人尺牍小传二十四卷　清海盐吴修（子修）辑　清光绪七
　　年杭州亦卤斋刊本　一册

从政观法录三十卷　清海盐朱方增（寿川）辑　清道光十年刊本
　　六册

辛壬殉难录一卷　清海盐朱泰修（镜香）编　手钞本　一册

　　　　以上断代

两浙名贤录六十二卷　明东海徐象梅（仲和）撰　清光绪二十六
　　年浙江书局重刊本　六十二册

海盐文献志二十卷　明沂阳王文禄（世廉）辑　海盐张氏涉园钞
　　本　六册

物望志十四卷　明西蜀刘尧珍编　明海盐陆梦鸾定　明海盐徐
　　昌治校　明崇祯十六年序刊本　四册

节孝备採二卷附载一卷　清海盐方莲徵（蘋亭）撰　清乾隆五十
　　二年刊本　一册

海盐红羊殉难录一卷　阙名辑　钞本　一册

　　　　以上郡邑

　　　　人表之属

嘉靖元年浙江乡试题名录一卷　阙名辑　明嘉靖元年浙江官刊
　　本　四册　民国张元济跋　按海盐郑晓中式是科第一名

嘉靖二年会试登科录一卷　明全州蒋冕（敬之）等编　明嘉靖二年官刊本　一册　民国张元济跋　按海盐郑晓联捷是科第十四名

　　载记类

后梁春秋二卷　明海盐姚士粦（叔祥）撰　明万历三十五年刊本　二册

　　地理类

　　　水道之属（郡邑）

重筑孙家堰案一卷　清海盐陈翘辑　清乾隆三十五年刊本　一册

海盐县新办塘工成案三卷　清成都汪仲洋撰　清道光四年刊本　三册

横桥堰水利记一卷附泖河案牍一卷　清海盐徐用福（次云）撰　清光绪二十四年排印本　一册

　　　山川之属（山）

乍浦九山补志十二卷九山游草一卷　清海盐李确（潜初）撰　民国七年里人集资重刊本　三册

　　　专志之属（寺观）

金粟寺志续集一卷　阙名撰　旧钞本　一册

　　　杂记之属

鸳鸯湖櫂歌一卷　清海盐陆以诚（和仲）张燕昌（芑堂）同撰　清乾隆四十年刊本　一册

永安湖纪游诗一卷　清海盐陈敬璋（半圭）辑　清嘉庆九年虎溪山房刊本　一册

　　　附　秦溪櫂歌一卷　清海盐李聿求（五峰）撰

武原竹枝词一卷　清海盐朱恒（春树）撰　清咸丰六年巢云书屋刊本　一册

嘉府典故纂要八卷续编八卷　清海盐王惟梅（逊斋）辑　旧钞本　五册

西域考古录十八卷　清海盐俞浩（湛持）撰　清道光二十七年自序刊本（波月堂杂著）　八册

方志类

**嘉靖海宁县志九卷附录一卷**　明麻城蔡完（古亭）修　明海盐董穀（碧里子）撰　清光绪二十四年平湖许仁沐集赀重刊本　二册　民国张元济跋

**校正朝邑志一卷**　明五泉韩邦靖（汝庆）撰　清海盐杨志梁（履廷）校　清乾隆三十九年海盐杨氏刊本　一册

政书类

通制之属

**文献通考纂二十四卷**　宋鄱阳马贵与（端临）撰　明海盐胡震亨（孝辕）纂　明崇祯十六年刊本　六册

奏议之属

**郑端简公奏议十四卷**　明海盐郑晓（澹泉）撰　海盐张氏涉园据隆庆刊本传钞　六册

**楚台疏略十卷**　明海盐彭宗孟（孟公）撰　钞本　十册

**西台奏议一卷黄门奏疏二卷**　清海宁杨雍建（白西）撰　清道光二十五年海宁杨氏述郑斋重刊本　二册　民国张元济题识

杂录之属

**旧典备征五卷**　民国海盐朱彭寿（小汀）撰　民国二十五年排印本（寿鑫斋丛记之一）　二册

目录类

特编之属（检目）

**樵李文系目录八十卷**　阙名编　民国张元济手钞本　四册

金石类

总类之属（目录）

**金石录补残八卷**　存卷九至卷十六　清昆山叶奕苞（九来）撰　清海盐李一徵手钞本　存一册

总类之属（图象）

**金石契五卷**　清海盐张燕昌（芑堂）撰　清嘉庆元年刊本　六册

金之属（文字）

**商周文拾遗三卷**　清海盐吴东发（侃叔）撰　民国十二年中

国书店石印本　一册

### 石之属（文字）

**石鼓文释存一卷附释存补注一卷**　清海盐张燕昌（芑堂）撰　清光绪二十八年贵池刘世珩翻刻本　一册

**山樵书外纪一卷**　清海盐张开福（石瓟）撰　清光绪三十四年涇阳端方刊本　一册

**瘗鹤铭考补一卷附校勘记**　清大兴翁方纲（覃溪）撰　民国丹徒陈庆年（善余）校　清光绪三十四年涇阳端方刊本　附山樵外书后

## 史评类

### 论事之属

**删改史论二卷附国朝制书一卷**　明海盐郑晓（澹泉）辑　明万历三十四年重刊本　二册

# 子部

## 儒家类

### 教学之属（专著）

**丰山黄氏规约一卷续议规约一卷**　清海盐黄仙根（曾若）撰　清道光二十九年三水吟榭刊本　一册

### 教学之属（纂集）

**敬业编一卷**　清海盐张鼎（守彝）编　海盐张氏涉园钞本　一册

### 修治之属（专著）

**清夜钟一卷**　清海盐陆尔发（明久）撰　清同治六年海盐陆氏恒吉羊斋刊本　一册

## 道家类

### 玄言之属

**含真录十二卷附载迕言一卷**　清海盐徐德瑜（不瑕）撰　清乾隆十八年刊本　十二册

## 杂家类

### 杂考之属

**吕氏笔记一卷**　明海盐吕兆禧（锡侯）撰　明万历十九年海盐姚

士粦校刊本　一册

**宜圃随笔一卷**　清海盐高亮采（宜圃）撰　海盐张氏涉园钞本
一册

　　　杂说之属

**余庵杂录三卷**　清海盐陈恂（子木）撰　海盐张氏涉园钞本　一
册

　　　杂述之属

**枣林外索一卷**　清盐官谈迁（孺木）辑　钞本　一册

**山居杂著四卷**　清海盐朱承钺（保甫）撰　稿本　一册　民国张
元济跋

　　　杂纂之属（摘粹）

**东方先生类语十六类**　明海盐朱维陛辑　明刊本　二册

**圣学真诠二卷前编一卷首一卷末一卷附录二卷**　清海盐顾德咸
（蓉浦）撰　清缮稿本　二册

　　小说类

　　　笔记之属（杂事）

**安乐康平室随笔六卷**　民国海盐朱彭寿（小汀）撰　民国二十九
年排印本二册

　　　笔记之属（异闻）

**搜神记二十卷后记十卷**　晋新蔡干宝撰　后记晋浔阳陶潜（渊
明）撰　明海盐胡震亨（孝辕）虞山毛晋（子晋）同订　明万历三
十一年刊本（秘册汇函之一）　八册

**录异记八卷**　蜀栝苍杜光庭撰　明海盐胡震亨（孝辕）虞山毛晋
（子晋）同订　明万历三十一年刊本（秘册汇函之一）　二册

　　历数类

　　　天文之属

**甈史四卷**　明海盐钱琦（东畬）撰　旧钞本　二册

　　　算数之属（几何）

**句股引蒙一卷象限线度一卷**　清海昌陈訏（言扬）辑　清康熙六
十一年刊本　二册　按訏移籍海盐

　　　　术数类

　　　　　形法之属（相墓）

**地理辨正疏五卷首一卷末一卷**　清海盐张心言（绮石）撰　清道光九年培杏书屋刊本　四册

　　　　艺术类

　　　　　书画之属（品题）

**青霞馆论画绝句一卷**　清海盐吴修（子修）撰　清道光四年自序刊本　一册

　　　　　书画之属（谱帖）

**飞帛录二卷**　清吴趋陆绍曾（白斋）海盐张燕昌（芑堂）同辑　海盐黄锡蕃（椒升）参订　清嘉庆九年劈荔轩刊本　二册　民国张元济跋

　　　　谱录类

　　　　　器物之属

**金粟笺说一卷**　清海盐张燕昌（芑堂）撰　钞本　一册

**端石拟三卷**　清海盐陈龄（介亭）撰　影钞乾隆九年刊本　一册

**陶说六卷**　清海盐朱琰（桐川）撰　清乾隆三十九年新安鲍廷博刊五十二年海盐黄锡蕃跋印本　二册

　　　　　草木之属

**淡巴菰百咏一卷题辞一卷**　清海盐朱履中（玉堂）撰　清嘉庆二年小酉山房刊本　一册

　　　　方技类

　　　　　总录之属

**医学总论一卷附一卷**　清海盐陆汝衔（芥山）撰　清光绪二十一年海宁钱保塘清风室刊本　一册

　　　　　伤寒之属

**伤寒分经十卷**　汉南阳张机（仲景）撰　明西昌喻昌（嘉言）注　清海盐吴仪洛（遵程）订　清乾隆三十一年自序刊本（吴氏医学述第五种）　六册

　　　　　专科之属（痘疹）

冯氏锦囊秘录痘症全集十五卷杂症大小合参二十卷杂症痘疹药
　　性主治合参十二卷首二卷　　清海盐冯兆张（楚瞻）撰　　清康熙
　　四十一年刊本　　二十册
冯氏锦囊秘录痘症全集十五卷杂症痘疹药性主治合参十二卷首
　　一卷　　清海盐冯兆张（楚瞻）辑　　清康熙四十一年刊本　　八册
　　　　疮疡之属
毓德堂医约疡科治法一卷　　清平湖沈保铭（怡荟）撰　　清海盐徐
　　圆成（古春）辑　　清光绪十五年男天麟刊本　　一册
　　　　药学之属
本草从新十八卷　　清海盐吴仪洛（遵程）撰　　清光绪七年恒德堂
　　重刊本　　六册
　　　　方书之属
成方切用十二卷首一卷末一卷　　清海盐吴仪洛（遵程）辑　　清乾
　　隆二十六年硖川利济堂刊本（吴氏医学述第四种）　　八册
　　　　杂录之属
医略四卷　　清海盐钱一桂（东堂）撰　　清嘉庆二十三年慎余堂刊
　　本　　三册
歌方集论四卷附人身谱一卷　　清海盐祝源（春渠）撰　　清光绪八
　　年刊本　　四册
　　　释教类
　　　　支那撰述之属（经疏部）
金刚经会解了义二卷附心经解一卷　　清海盐徐昌治（觐周）撰
　　民国八年丰山徐氏义庄刊本　　一册
妙法莲华经卓解七卷　　姚秦释鸠摩罗什译　　清海盐徐昌治（觐
　　周）注　　民国十一年裔孙文弼重刊本　　三册
　　　类书类
　　　　专编之属
岁时藻玉八卷　　清海盐崔应榴（西畴）撰　　清刊本　　一册
　　　集部
　　　　别集类

### 唐代之属(诗文)

杜诗通四十卷　　清海盐胡震亨(孝辕)撰　　清康熙间刊本　　十二册

六宜楼杜诗选不分卷附诗学源流一卷论杜一卷　　清海盐钱镐(涧迴)撰　　手稿本　　四册

读杜随笔四卷　　清海昌陈讦(言扬)撰　　清雍正十年松柏堂刊本　　二册　　清冔孙其善九世孙宜绳民国张元济跋

李诗通二十一卷　　明海盐胡震亨(孝辕)撰　　清顺治七年刊本　　八册

顾华阳集二卷补遗一卷　　唐海盐顾况(逋翁)撰　　清咸丰五年双峰堂重刊本　　二册

### 宋代之属(诗文)

彝斋文编四卷补遗一卷　　宋海盐赵孟坚(子固)撰　　民国三年吴兴刘氏嘉业堂刊本(嘉业堂丛书之一)　　一册

### 宋代之属(词)

玉笥山人花外集一卷补遗一卷　　宋山阴王沂孙(碧山)撰　　清道光十五年海盐张开福重印知不足斋所赠刊版本　　一册

### 明代之属(诗文)

嗜泉诗钞一卷附录一卷　　明海盐李璋(政虹)撰　　清乾隆二十二年九世孙士锜天润堂重刊本　　一册

大复山人诗集精华录八卷诗话一卷　　清海盐吴宁(子安)编　　清乾隆五十年刊本　　二册

端简郑公文集十二卷　　明海盐郑晓(澹泉)撰　　明万历间刊本　　民国张元济跋　　八册

郑端简公策学六卷　　明海盐郑晓(澹泉)撰　　明万历三十三年孙男星材浙西武原存政楼重刊本　　六册

衡门集十五卷　　明海盐郑晓(澹泉)撰　　海盐张氏涉园据福州龚氏藏本传钞　　十三册

碧里鸣存一卷　　明海盐董穀(雨湖)撰　　明嘉靖间刊本　　一册

碧里鸣存一卷　　明海盐董穀(雨湖)撰　　海盐张氏涉园钞本　　一

董汉阳碧里后集鸣存一卷　明海盐董穀（雨湖）撰　明嘉靖四十四年从侄鲲刊本　一册

董汉阳碧里后集鸣存一卷　明海盐董穀（雨湖）撰　海盐张氏涉园钞本　一册

董汉阳碧里后集达存二卷疑存一卷杂存一卷附豢龙子一卷　明海盐董穀（雨湖）撰　明嘉靖间刊本　三册

钱永川集八卷　明海盐钱芹（懋文）撰　明万历六年存雅堂刊本　四册

钱永川集八卷　明海盐钱芹（懋文）撰　海盐张氏涉园据明万历刊本传钞　四册

钱临江先生集十四卷附录一卷　明海盐钱琦（东畬）撰　明万历三十二年子蕃刊本　四册

东畬先生诗选一卷　明海盐钱琦（东畬）撰　明锡山俞宪（是堂）选　据盛明百家诗传钞本　一册

云邨先生文集十四卷　明海盐许相卿（寒翁）撰　明万历□年明德堂刊本卷一至卷二钞补　七册

　　附　先谏议云邨府君遗事一卷　子闻造撰
　　　　贲隐存编一卷　壻徐禾编

击辕草六卷　明盐官钱蕃（懋穀）撰　明万历三十□年刊本　二册

承启堂全集诗七卷文二十卷附录一卷　明海盐钱薇（懋垣）撰　明万历四十二年次男端映刊清初印本　十册

　　　　附　侍御公奏疏一卷松龛存稿一卷　明海盐钱嘉徵（孚于）撰　曾孙燔烽辑

方洲先生集二十六卷读史录六卷　明海盐张宁（靖之）撰　明海昌许清编　海盐张氏涉园钞本　十二册

西村诗集二卷补遗一卷　明海盐朱朴（元素）撰　明万历二十九年修补嘉靖三十一年刊本　二册　民国张元济跋

西村诗集二卷补遗一卷　明海盐朱朴（元素）撰　清乾隆三年重

刊本　一册　清吴骞民国张元济跋

朱西村诗稿全集八卷诗余一卷　明海盐朱朴（元素）撰　玄孙婿
范希仁选　钞本　四册　民国张元济跋

研宝斋遗稿十二卷　明海盐刘世教（少彝）撰　明天启六年刊本
四册

西皋集存逸十卷　明海盐钟梁（西皋）撰　明崇祯元年孙男祖保
复初堂刊本　四册

钟贵溪先生四体诗集一卷　明海盐钟夏（时叔）撰　明复初堂刊
本　一册

从吾道人诗稿二卷　明海盐董沄（复宗）撰　影钞明崇祯刊本
一册

达隐先生独醉庵集六卷补遗一卷　明海盐朱元弼（良叔）撰　明
刊本　二册

达隐先生独醉庵集六卷补遗一卷　明海盐朱元弼（良叔）撰　明
天启元年钟祖保序刊本　二册

水月轩漫吟稿残三卷　存卷二至卷四　明武原徐月汀（湛虚）撰
明刊本　存一册

宝拙堂遗稿一卷　明海盐郑时敏（愚公）撰　影钞清康熙刊本
一册

谷水集二十二卷　明海盐胡夏客（宣子）撰　清海盐陈光绎（谦
山）笺　清康熙十八年精刊本　十二册

嬾园诗存一卷　明海盐谢锡教（洪伯）撰　清乾隆三十年七世孙
渐刊本　一册

赤城山人稿残三卷　存卷九至卷十一　明海盐胡震亨（孝辕）撰
明刊本　存一册

宦游稿一卷归田稿一卷续稿一卷　明海盐徐咸（东滨）撰　明天
启元年刊清乾隆四十九年南州草堂补刻传文印本　四册

宦游稿一卷归田稿一卷续稿一卷　明海盐徐咸（东滨）撰　旧钞
本　二册

苋园集三卷　明盐官陈梁（则梁）撰　海盐张氏涉园钞本　一册

浪吟二卷曹方城疏草一卷　明武原曹履泰（大来）撰　海盐张氏涉园钞本　一册

徐忠烈公集三卷邮葬录一卷　明海盐徐从治（肩虞）撰　男复贞辑　清康熙三十四年刊本　四册

　　　附　南窗新记一卷　明济南秦梦皋撰

徐忠烈公遗集二卷　明海盐徐从治（肩虞）撰　清光绪十三年裔孙圆成重刊本　一册

吴忠节公遗集六卷　明海盐吴麟徵（圣生）撰　清康熙五十五年曾孙正心刊本　四册

西斋净土诗三卷附录一卷　明释梵琦（楚石）撰　清光绪九年海盐天宁寺重刊本　一册

　　　明代之属（制艺）

明彭孟公先生万历庚子浙江乡试卷　明海盐彭宗孟（孟公）撰　手写正本　一册　民国张元济跋

明彭德符先生万历乙卯科朱卷　明海盐彭长宜（德符）撰　科场原卷本　一册　民国张元济跋

　　　清代之属（诗文）

祇欠庵集文七卷诗一卷　清海盐吴蕃昌（仲木）撰　清刊本　四册

茗斋集不分卷　清淮南彭孙贻（羿仁）撰　手稿本　十二册　第三册岭上吟清李确手书序并评第十二册末诗余民国江阴谢善诒用别下斋本校　卷首民国朱希祖张元济跋

彭茗斋诗不分卷　清海盐彭孙贻（羿仁）撰　胥溪陆大成手钞本　一册

茗斋诗稿不分卷　清海盐彭孙贻（羿仁）撰　旧钞本　四册

茗斋诗七言律一卷　清淮南彭孙贻（羿仁）撰　旧钞本　一册

彭羿仁先生诗一卷　清海盐彭孙贻（羿仁）撰　钞本　一册

茗斋百花诗二卷　清海盐彭孙贻（羿仁）撰　清康熙间刊本　二册

茗斋百花诗二卷　清海盐彭孙贻（羿仁）撰　清康熙间刊本　一

册

茗斋杂著不分卷　　清海盐彭孙贻（羿仁）撰　　旧钞本　　三册

厣园文集四卷补遗一卷诗前集一卷后集一卷续集一卷七言杂咏一卷梅花百咏一卷九山游草一卷　　清海盐李确（潜夫）撰　　民国八年上虞罗氏排印本（明季三孝廉集之一）　　四册

　　　　附　梅花集句十首　清海盐李耀撰

弗过轩诗钞七卷　　清海盐杨雍建（以斋）撰　　海盐张氏涉园钞本　　二册

容庵存稿三卷孤臣述一卷容庵附录二卷　　清海盐许令瑜（容庵）撰　　旧钞本　　二册

云涛散人集六卷诗余一卷　　清海盐贺炳（松庵）撰　　清康熙八年序刊本　　一册

逃荠诗草十卷　　清海盐徐豫贞（沧浮）撰　　清康熙中思诚堂刊本　　二册

沧浮子诗钞十卷　　清海盐徐豫贞（沧浮）撰　　清康熙间刊本　　二册

皆春堂诗集七卷　　清海盐俞兆曾（大文）撰　　清康熙间刊本　　四册

淳村诗集七卷拾遗一卷文集一卷拾遗一卷词集二卷年谱一卷　　清海盐曹元方（介皇）撰　　海盐张氏涉园钞本　　十二册

周灪岳诗稿不分卷　　清海盐周福柱（灪岳）撰　　稿本　　二册

廉让堂诗集三卷　　清海盐曹三才（希文）撰　　海盐张氏涉园钞本　　一册

清啸堂集七卷　　清海盐叶耕（蓑翁）撰　　清康熙十九年序刊本　　二册　　民国张元济跋

雪芽诗选二卷　　清海盐朱丝（以陶）撰　　清康熙三十□年刊本　　一册

皆山堂诗钞一卷词附　　清海盐万高芬（豫章）撰　　清康熙四十四年刊本　　一册

俯浦诗钞二卷　　清海盐马世荣（焕如）撰　　清乾隆三年孙男维翰

刊本　一册
　　　附　绚园遗稿三十首　清海盐马洪灿（绚园）撰
完璞堂吟稿一卷　清海盐冯汝麟（趾祥）撰　清乾隆六年精刊本
　一册
澹虑堂遗稿四卷补遗一卷　清休宁汪栋（峻堂）撰　清乾隆八年
　刊本　二册　民国张元济题识　按栋入海盐县学
松桂堂全集三十七卷南泩集三卷延露词三卷附松桂堂删诗一卷
　　　清武原彭孙遹（羨门）撰　清乾隆八年刊本　删诗民国顾廷
　龙据手稿录补　八册
抱山诗钞四卷　清海盐张云鹤（紫田）撰　清乾隆十七年精刊本
　二册
可与诗选一卷　清海盐朱权（仲谋）撰　清乾隆二十五年刊本
　一册
可与诗选一卷　清海盐朱权（仲谋）撰　旧钞本　一册
洒亭诗选一卷　清海盐朱谟烈（丕光）撰　清乾隆二十五年刊本
　附可与诗选后
洒亭诗选一卷　清海盐朱谟烈（丕光）撰　旧钞本　附可与诗选
　后
笠亭诗集十二卷　清海盐朱琰（桐川）撰　清乾隆三十九年精刊
　本　六册
水云集一卷　清释海盐源瀚（觉海）撰　清乾隆四十一年刊本海
　盐金粟寺藏板　一册
蜚英楼诗存一卷　清海盐富禧（凝斋）撰　清乾隆四十二年孙灏
　精刊本　一册
石壑诗草一卷　清海盐陈阿宝（石壑）撰　清乾隆四十九年精刊
　本　民国张元济题识　附高阳诗草后
石壑诗草一卷　清海盐陈阿宝（石壑）撰　海盐张氏涉园钞本
　民国张元济题识　附高阳诗草后
高阳诗草一卷高阳遗诗一卷　清海盐许栽（敬堂）撰　清乾隆四
　十九年刊本嘉庆十年吴本履续刊本　一册

高阳诗草一卷高阳遗诗一卷　清海盐许栽（敬堂）撰　清海盐张氏涉园钞本　一册　民国张元济题识

吴氏鼗音三卷　清海盐吴宁（榕园）撰　清乾隆四十九年自序刊本　一册

寅谷诗钞一卷　清海盐蒋泰来（寅谷）撰　清乾隆五十三年平湖徐志鼎刊本　一册

　　　附　玉雨词一卷　清平湖徐志鼎（春田）撰

寅谷诗钞一卷　清海盐蒋泰来（寅谷）撰　民国张元济手钞本　一册

春星草堂诗稿八卷　清海盐吴熙（太冲）撰　清乾隆间海盐张慎写刊本　二册　民国张元济跋

灯庵遗诗三卷补遗一卷　清海盐吴文晖（翼万）撰　清乾隆间俚龙辅写刊本　二册

　　　附　鲍斋诗钞二卷补编一卷　清海盐吴以敬（悝仲）撰

白沃山房诗二卷　清海盐马纬云（依墀）撰　清乾隆间刊本　一册

陆太冲诗一卷　清海盐陆以谦（太冲）撰　手稿本　一册

太冲诗钞十五卷　清海盐陆以谦（太冲）撰　清朱光暄十三古印斋钞本　三册　民国张元济跋

东亭诗选残二卷　存卷一卷二　清海盐董潮（东亭）撰　清乾隆间精刊本　一册

东皋杂钞三卷　清海盐董潮（东亭）撰　清嘉庆中南汇吴氏刊本（艺海珠尘之一）　一册

红豆诗人诗钞不分卷词钞一卷　清海盐董潮（东亭）撰　钞本　二册　清朱琰评校

红豆诗人集十八卷漱花集诗余一卷　清海盐董潮（东亭）撰　清道光十九年从子敏善刊本　四册

蒙斋先生残稿三卷　清海盐崔学泗（庆源）撰　子应榴钞本　一册

歌风堂诗钞二卷　清海盐朱焕（南菽）撰　清嘉庆元年序精刊本

山左纪行草一卷　　清海盐曹森（翠堂）撰　　清嘉庆元年刊本　　一册

居易居小草三卷思亭近稿一卷　　清海盐吴修（子修）撰　　清乾隆六十年自序刊本　　一册

思亭近稿一卷　　清海盐吴修（子修）撰　　清嘉庆元年刊本　　附永安湖纪游诗后

湖山吟啸集一卷　　清海盐吴修（子修）撰　　清嘉庆十年自序刊本　　一册

吉祥居存稿四卷　　清海盐吴修（子修）撰　　清道光五年自序刊本　　一册

香杜草二卷二集四卷三集一卷　　清海盐任昌运（种海）撰　　清嘉庆七年静读斋精刊光绪二十一年曾孙贤印本　　四册

玉树斋诗稿一卷　　清海盐陈廷献（铦斋）撰　　清嘉庆九年刊本附永安湖纪游诗后

渔璜诗四卷　　清海盐吾祖望撰　　清嘉庆间刊本　　一册

银花藤馆诗集十卷　　清海盐黄仙根（曾若）撰　　清嘉庆九年精刊本　　二册

银花藤馆诗集十卷　　清海盐黄仙根（曾若）撰　　民国十四年张元济手钞本　　二册

宦楚吟稿一卷　　清海盐孙廷权（天衡）撰　　清嘉庆十年刊本　　一册

　　附　立峰诗存一首　　清海盐王显一（鼎调）撰

小信天巢诗钞十八卷　　清海盐陈石麟（宝摩）撰　　清嘉庆十一年刊本　　七册

黼斋诗钞一卷　　清海盐孙映煜（黼斋）撰　　清嘉庆十八年爱山居刊本　　一册

尊道堂诗钞二卷　　清海盐吴东发（侃叔）撰　　清嘉庆十八年刊本　　一册

　　附　诗画巢遗稿一卷　　清海盐吴本履撰

朴泉吟稿一卷　清海盐赵淳履（竹亭）撰　手稿本　一册

卷石山馆诗一卷　清海盐赵淳履（竹亭）撰　清嘉庆廿二年序稿本　一册　按即朴泉吟稿清本

榕园吟稿十卷　清海盐吴应和（子安）撰　清嘉庆间刊本　二册

榕园吟稿十二卷　清海盐吴应和（子安）撰　清嘉庆二十四年刊后印本　二册　民国张元济跋

双桥居诗草四卷赋草一卷　清海盐钱一桂（东堂）撰　清嘉庆二十四年自序刊本　二册

春山诗存四卷　清海盐朱瑞椿（春伯）撰　清嘉庆二十四年刊本　二册

笠渔偶吟稿一卷　清海盐朱和春（笠渔）撰　旧钞本　一册

石窗山人诗稿六卷　清海盐胡焯（亦昭）撰　海盐张氏涉园钞本　一册

面圃轩集一卷　清海盐崔应榴（秋谷）撰　稿本　一册

吾亦庐初稿一卷　清海盐崔应榴（秋谷）撰　稿本　一册

吾亦庐文稿不分卷　清海盐崔应榴（秋谷）撰　拜经楼钞本　四册　清吴骞校签民国张元济题识

醉月楼诗词稿不分卷　清海盐张纮（云村）撰　稿本　十五册

意钓山房诗钞一卷　清海盐陈震省（健斋）撰　稿本　一册　男榦手题刻书小启

抱膝小草一卷　清海昌陈讦（言扬）撰　手稿本　一册

出岫小草一卷　清武原朱秀钟撰　稿本　一册

饯月楼诗稿一卷　清海盐曹庭筠（笠渔）撰　稿本　一册

苓山堂诗历不分卷　清海盐黄仙苓（山鳌）撰　稿本　一册　民国张元济跋

桑桥诗稿一卷　清海盐孙□撰　稿本　一册

醉红山馆吟草一卷　清武原何豫培撰　钞本　一册

指马楼诗钞三卷　清海盐朱冠瀛（紫仙）撰　钞本　民国张元济手校　三册

小于舟诗草四卷　清海盐吴超（秋浦）撰　钞本　二册

雪溪山楼诗集二卷　清海盐陈敬祉(红泉)撰　钞本　一册

雨香小草一卷　清海盐萧应樾(桂岩)撰　钞本　一册

游燕草一卷　清海盐沈曾懋(敏斋)撰　海盐涉园张氏钞本　一册　民国张元济跋

春华秋实之斋诗集三卷诗余一卷　清海盐朱文珮(慕陔)撰　钞本　二册

　　　附　画兰室遗稿一卷　清钱塘潘佩芳撰

香雨轩吟草一卷慕轩西江游草三卷平昌游草一卷进献迎銮监官竹枝词一卷　清海盐朱孙垣(婴玉)撰　海盐张氏涉园钞本　三册

　　　附　小珊公行略一卷　清海盐朱昌颐撰

治经堂诗集十二卷　清海盐朱锦琮(瑞方)撰　清道光四年序刊本　六册

八铭堂诗稿四卷　清海盐吴懋政(兰陔)撰　清道光八年刊本　一册

挹翠楼诗草二卷　清海盐陈履亨(春萼)撰　清道光十年木活字排印本　一册

抱朴居诗选一卷　清海盐吴武曾(云峤)撰　钞本　一册

绿蕉馆诗钞四卷　清海盐陈景高(筠珊)撰　清同治十三年刊本　二册

倚云楼遗草一卷附录三卷　清海盐朱美英(蕊生)撰　清道光十八年序刊本　一册

墨麟诗卷十二卷　清海盐马维翰(墨麟)撰　清道光中孙男纬云重刊本　四册

画梅庐吟稿一卷　清海盐赵莲(凌洲)撰　稿本　一册

梦梅轩诗草三卷　清海盐赵衡铨(权三)撰　钞本　一册

半村诗稿四卷　清海盐顾升诰(少眉)撰　清咸丰四年泊志堂刊本　一册

不秋草堂诗草一卷　清海盐顾燮纶(磊亭)撰　清咸丰五年刊本　一册

疏影山庄吟稿一卷　　清海盐徐人杰（蝶庄）撰　　清咸丰九年孙男师谦刊本　一册

听秋馆吟稿十九卷　　清海盐朱承钺（保甫）撰　　手稿本　四册

听秋馆吟稿六卷　　清海盐朱承钺（保甫）撰　　清光绪十六年刊本　二册

佩韦斋外集一卷附寄奴城竹枝词一卷　　清海盐朱承钺（保甫）撰　　钞本　一册

鹤天鲸海焚余稿六卷　　清海盐朱昌颐（正甫）撰　　清同治五年德馨堂刊本　四册

潄红山房诗集四卷　　清海盐何岳龄（衡山）撰　　清同治十二年刊本　二册

小梅花馆诗集六卷词集三卷　　清海盐吴廷燮（彦宣）撰　　清光绪四年重刊本　四册

自得斋吟草一卷　　清海盐徐槐廷（云鹤）撰　　清光绪六年男用仪刊本　一册

妙吉祥室诗钞十三卷诗余一卷杂存一卷　　清海盐朱葵之（乐甫）撰　　清光绪十年古义安郡署刊本　六册

寿闲斋吟草八卷　　清海盐朱葵之（乐甫）撰　　清光绪十年古义安郡署刊本　二册

竹南精舍诗钞四卷　　清海盐朱泰修（镜芗）撰　　清光绪十二年刊民国四年侄安松补刊本　二册

碧城诗钞十二卷碧城杂著三卷　　清海盐俞功懋（慕白）撰　　清光绪十三年刊本　五册

子明遗诗一卷　　清海盐朱修（子明）撰　　清光绪十五年刊本　一册

碧琅玕馆诗钞三卷　　清海盐朱炳清（小泉）撰　　清光绪十六年刊本　一册

晚翠楼诗钞四卷　　清海盐朱炳清（小泉）撰　　清光绪间刊本　二册

风雨对吟斋诗钞四卷诗余一卷　　清海盐任端良（心庄）撰　　清光

绪十八年男方玷刊本　二册

**求闻过斋文集四卷诗集六卷**　清海盐朱方增（虹舫）撰　清光绪二十年刊本　五册

**契菊晏如室诗草一卷**　清海盐张德明（宣甫）撰　清光绪二十一年排印本　一册

**健初诗钞四卷附文钞一卷**　清海盐朱光暄（晴岚）撰　清光绪二十二年十三古印斋刊本　二册

**双桂堂诗存四卷**　清海盐支清彦（少鹤）撰　清光绪二十四年刊本　二册

**退耕堂诗集十卷诗余一卷**　清海昌陈希敬（脊甫）撰　清光绪二十八年男赓笙刊本　四册

**徐忠愍公家书一卷碑传一卷附次云徐公碑传一卷**　清海盐徐用仪（吉甫）撰　清海盐徐士瀛辑　清宣统二年刊本　一册

**清邃堂遗诗六卷**　清海盐颜宗仪（雪庐）撰　民国三十二年孙男家骥大海明月楼精写石印本　二册

**梦鹿庵文稿一卷**　清海盐朱丙寿（英父）撰　民国九年仿宋排印本　一册

**榆荫山房吟草四卷**　清海盐朱丙寿（英父）撰　民国十一年海盐朱希祖刊本　三册

**卧梅庐诗存二卷诗余一卷**　清海盐徐师谦（冲甫）撰　民国九年孙男宝炘刊本　一册

**荷香水亭吟草一卷己壬丛稿一卷**　清海盐徐森（树百）撰　民国九年男宝炘刊本　一册

**补梅居士诗选四卷**　清海盐张谦（地山）撰　民国十三年张元济手钞本并跋　一册

**寄虎楼诗一卷诗余附**　清海盐查济忠（荩卿）撰　民国十六年受业张元济排印本　一册

**寄虎楼诗一卷诗余附补遗一卷**　清海盐查济忠（荩卿）撰　民国十六年海盐张氏排印本补遗张元济辑手钞并跋　一册

清代之属（词）

茗斋诗余二卷　　清海盐彭孙贻（羿仁）撰　　清道光中蒋氏刊本（别下斋从书之一）　一册

病梅楼词一卷香雪词余一卷　　清海盐朱冠瀛（紫仙）撰　　钞本　二册

铿尔词二卷　　清海盐彭贞隐（玉嵌）撰　　海盐张氏涉园钞本　一册

　　　附　虹屏近稿一卷　　清沈彩撰

对山诗余别集四卷　　清海盐马青上（悔游）撰　　旧钞本　一册

　　　清代之属（制艺）

颜宗仪大考卷　　清海盐颜宗仪（雪庐）撰　　清刊本　一卷

　　　现代之属（诗文）

壶隐诗钞二卷词钞一卷　　民国海盐崔宗武（骥云）撰　　民国八年仿宋排印本　一册

瓦鸣集一卷　　民国海盐朱笏廷（揩卿）撰　　民国十一年仿宋排印本　一册

复安室诗稿不分卷附手札　　民国海盐朱福诜（桂卿）撰　　钞本　二册

饮中半士诗钞四卷诗余一卷　　民国海盐徐元湝（筱谱）撰　　民国十六年排印本　二册

　　　总集类

　　　赋编之属（律赋）

国朝律赋拣金录初刻十二卷　　清海盐朱一飞（玉堂）编　　清乾隆五十七年博古堂重刊本　四册

　　　诗编之属（断代）

唐音戊签二百一卷　　明海盐胡震亨（孝辕）编　　清康熙二十六年南益堂刊本　五十册

唐音癸签三十三卷　　明海盐胡震亨（孝辕）编　　明刊本　八册

唐试律笺二卷附试律举例一卷　　清海盐朱琰（桐川）笺　　清乾隆二十三年明德堂精刊本　二册

唐省试诗十卷附类书春东陆秋西陆考误一卷　　清东海陈讦（言

扬)笺评　清乾隆间刊本　六册

宋十五家诗选十五卷　清海盐陈玘(言扬)辑　清康熙三十二年刊本　八册

皇明风雅四十卷　明海盐徐泰(丰厓)编　明嘉靖三年刊本　十二册

明诗选七卷　清海盐彭孙贻(羿仁)辑　稿本　四册　清张开福民国张元济跋

明人诗钞正集十四卷续集十四卷　清海盐朱琰(桐川)编　清乾隆二十五年樊桐山房刊本　八册

明人诗钞正集十四卷续集十四卷　清海盐朱琰(桐川)编　清乾隆二十五年刊后印本　八册

　　诗编之属(通代)

道家诗纪四十卷　(缺卷一至十一卷十七至廿三)　清海盐张谦(云槎)辑　稿本　存六册

　　诗编之属(郡邑)

金华诗录六十卷外集六卷别集四卷　清海盐朱琰(桐川)辑　清乾隆五十年金华府学刊道光廿五年张正业堂修补本　十六册

浙西六家诗钞六卷　清海盐吴应和(榕园)清海昌马洵(小眉)同选　清道光七年紫微山馆刊本　六册

马嗥诗钞十二卷　清海盐李仙根(蒿园)编　海盐张氏涉园钞本　十一册

方壶合编二卷　清海盐萧应椌(雨芗)辑　清道光十年刊本　一册

　　诗编之属(氏族)

胥溪朱氏文会堂诗钞八卷　清海盐朱美镠(念珊)辑　清咸丰元年胥溪朱氏刊本　四册

胥溪朱氏文会堂诗钞八卷　清海盐朱美镠(念珊)辑　海盐张氏涉园钞本　民国张元济题识　四册

海盐徐氏诗十卷　清海盐徐骓(古春)辑　清咸丰二年孚嘉书屋刊本　二册

乐安传家集五卷补遗二卷　　清海盐任兆麟宗延宗璷宗珊文化同辑　海盐张氏涉园钞本　四册

　　　　诗编之属(闺秀)

宫闺百咏四卷　　清海盐陈其泰(琴斋)辑　清道光二十五年海盐陈氏桐华凤阁刊本　二册

　　　　诗编之属(杂咏)

兰言集一卷　　清海盐李应占(蘅斋)辑　清嘉庆二十四年刊本　一册

海壖唱和诗五卷附录杂文一卷　　清成都汪仲洋(少海)辑　清道光四年刊本　四册

小桃源室联吟诗存一卷　　清海盐徐元章(侣梅)辑　清同治五年刊本　一册

小桃源室联吟诗存一卷　　清海盐徐元章(侣梅)辑　清同治五年刊民国九年印本　一册

小桃源室再续联吟草一卷　　清海盐徐元章(侣梅)辑　稿本　一册

　　　　以上唱和

小瀛洲十老社诗六卷附图　　清海盐钱孺穀(幼卿)辑　清顺治六年刊本　二册

　　　　以上会社

贞义诗文集不分卷　　清海盐徐升贞(君阶)辑　清康熙三十年刊本　二册

嘉禾题咏录一卷　　清海盐令嘉鱼张宗轼(柳溪)辑　清嘉庆十九年啸月山房刊本　一册

　　　　以上题咏

旧雨集七卷　　清海盐马维翰(墨麟)辑　清康熙间孙男纬云刊本　二册

武原舆颂一卷续刻一卷　　阙名辑　清乾隆二十二年刊本　一册

胥桥送行诗一卷　　阙名辑　清乾隆四十四年精刊本　二册

汉州赠言集一卷　　清海盐黄华镐辑　清光绪十年刊本　一册

附录六　张元济 1941 年捐赠上海私立合众图书馆书籍目录　　　681

　　以上赠送
　　　文编之属（断代）
**汉魏六朝女子文选二卷**　民国海盐张维辑　清宣统三年海盐朱
　是刊本　一册
　　　文编之属（通代）
**续文选三十二卷**　明平原汤绍祖（公孟）撰　明万历三十年希贵
　堂刊本　十二册
**续文选十四卷著作人姓名录一卷**　明海盐胡震亨（孝辕）撰　明
　刊本卷九至卷十二钞配　八册
　　　文编之属（郡邑）
**盐邑艺文前编甲集二卷乙集二卷**　明黄冈樊维城（亢宗）选　海
　盐张氏涉园钞本　二册
**盐邑艺文续编甲集二卷乙集一卷**　清海盐陈□□辑　旧钞本
　二册
　　　文编之属（氏族）
**听雨轩文存三卷**　清海盐陈其旋（子迪）其镕（子耀）鸾镳（子瑛）
　撰　民国十七年陈德球排印本　一册
　　　文编之属（杂录）
**海盐阖县历科试卷不分卷**　民国海盐张元济（菊生）辑　汇装刊
　本　四册
　　以上制艺
　　文评类
　　　律谱之属（词）
**榕园词韵一卷发凡一卷**　清海盐吴宁（榕园）编　清乾隆四十九
　年冬青山馆刊本　一册
　　　评论之属（诗）
**澉浦诗话二卷**　清海盐吴文晖（翼万）撰　清嘉庆四年族孙本佺
　写精刊本　二册
　　附　**续澉浦诗话四卷**　清海盐吴东发（侃叔）撰
　　以上通评

## 丛部

### 集类

**嘉禾八子诗选**　清长洲沈德潜（归愚）嘉兴钱陈群（香树）同选　清乾隆二十四年精刊本　四册　清李兆熊跋　按刊成四家

　　笠亭诗选二卷　清海盐朱琰（笠亭）撰
　　东亭诗选二卷　清海盐董潮（东亭）撰
　　春桥诗选二卷　清桐乡朱方蔼（春桥）撰
　　厚斋诗选二卷　清嘉兴李旦华（厚斋）撰

**和声唱和诗**　清海盐冯元正（悔初）辑　清乾隆十七年刊本　二册

　　江草集一卷　清古盐徐中道（符亭）撰
　　其生诗草一卷　清古盐陈绍观（顗孚）撰
　　不虚斋诗一卷　清古盐钱元昌（益羽）撰
　　鉴斋诗草一卷　清古盐徐藻（掞如）撰
　　芸斋诗草一卷　清古盐徐观文（丽天）撰
　　师范诗草一卷　清古盐吴越望（愫斋）撰
　　曙春诗草一卷　清古盐张霱（广涵）撰
　　荪香诗草一卷　清古盐徐兰（玉庭）撰
　　慕闲诗草一卷　清古盐冯存（熊占）撰
　　刘云诗草一卷　清古盐冯来霈（时霖）撰
　　金愚诗草一卷　清海盐朱韦益（春卿）撰
　　牧余诗草一卷　清古盐冯元正（悔初）撰

**谷湖联吟**　阙名辑　清乾隆间写刊本　一册

　　拾余偶存一卷　清海盐顾升诰（半村）撰
　　借薇山馆诗一卷　清古盐张森书（沁梅）撰
　　渔亭小草一卷　清盐官陈敬（绍裘）撰
　　挹翠山房小草一卷　清海昌蒋赐勋（仲卿）撰
　　桐石山房诗一卷　清武原崔以学（苍雨）撰
　　花事草堂学吟一卷　清盐官蒋光煦（爱筼）撰

**诗学津逮**　清海盐朱琰（桐川）辑　清乾隆二十五年刊本　四册

诗品三卷　梁长社钟嵘(仲伟)撰

谈艺录一卷　明吴县徐祯卿(昌谷)撰

二十四诗品一卷　唐虞乡司空图(表圣)撰

艺圃撷余一卷　明太仓王世懋(敬美)撰

诗式一卷　唐释皎然撰

古夫于亭诗问一卷　清长山刘大勤问新城王士祯(贻上)答

沧浪诗话一卷　宋邵武严羽(仪卿)撰

白石道人诗说一卷　宋鄱阳姜夔(尧章)撰

　　杂纂类

　　　明代之属

**邱陵学山残**　明海盐王文禄(世廉)辑　明隆庆间刊本　存二册

廉矩一卷　明海盐王文禄(世廉)撰

经世要谈一卷　明晋安郑善夫(继之)撰

传习则言一卷　明余姚王守仁(伯安)撰

海樵子一卷　明端溪王崇庆(德徵)撰

新论一卷　明甘泉湛若水(元明)撰

客问一卷　明吴县黄省曾(勉之)撰

后渠庸书一卷　明洹野崔铣(子钟)撰

拟诗外传一卷　明吴县黄省曾(勉之)撰

阴阳管见一卷　明怀庆何瑭(粹夫)撰

吴风录一卷　明吴县黄省曾(勉之)撰

蜩笑偶言一卷　明莆阳郑瑗(仲璧)撰

理生玉镜稻品一卷　明吴县黄省曾(勉之)撰

俨山纂录一卷　明上海陆深(子渊)撰

　　　现代之属

**静园丛书**　民国海盐沈光莹(听笙)编　民国七年仿宋排印本 十六册

籀史一卷　宋丹阳翟耆年(伯寿)撰

端石拟三卷附藜阁十砚铭一卷　清海盐陈龄(介亭)撰

竹垞小志五卷　清嘉兴杨蟠桐乡汪嘉穀元和蒋徵蔚同编

尊道堂诗草二卷　清海盐吴东发(侃叔)撰

诗画巢遗稿一卷　清海盐吴本履(少芸)撰

飞白录二卷　清吴趋陆绍曾(白斋)海盐张燕昌(芑堂)撰　清海盐黄锡蕃(椒升)订

清仪阁杂咏一卷　清嘉兴张廷济(叔未)撰

骨董十三说一卷　明华亭董其昌(香光)撰

玉记一卷　清澄江陈性(原心)撰

匋雅二卷　民国江浦陈浏(寂园)撰

郡邑类

**澉川二布衣诗**　清海盐吴宁(榕园)辑　清乾隆四十九年精刊嘉庆十年续刊印本　一册

石銮诗草一卷　清海盐陈阿宝(石銮)撰

高阳诗草一卷高阳遗诗一卷　清许栽(敬堂)撰

**澉川二布衣诗**　清海盐吴宁(榕园)辑　海盐张氏涉园钞本　一册

石銮诗草一卷　清海盐陈阿宝(石銮)撰

高阳诗草一卷　清海盐许栽(敬堂)撰

**武原先哲遗著初编**　民国海盐谈文红(麟祥)辑　民国十年仿宋排印本　二册

近青山草堂诗初稿一卷　清海盐张鼎(铭斋)撰

昔巢先生遗稿一卷　清海盐吴凤前(昔巢)撰

蜀游存稿一卷　清海盐陆汝衔(芥山)撰

一炉香室诗存一卷　清海盐李承煮(存希)撰

东海鳏生词钞一卷　清海盐查润身(德甫)撰

养性读书斋诗存一卷　清海盐黄国瑚(问竹)撰

茧室遗诗一卷　清武原徐振常(吟舫)撰

指马楼词钞一卷　清海盐朱冠瀛(紫仙)撰

环绿轩词选一卷　清武原沈德麟(虹夫)撰

瓦鸣集一卷　清武原朱笏廷(缙卿)撰

氏族类

**小峨嵋山馆五种**　清海盐马国伟（应篪）用俊（履常）同辑　清嘉庆十八年棣园刊本　五册

　　白洋里墓田丙舍录二卷附录一卷　清国伟辑

　　鄂桦联吟处题赠录二卷续录二卷　国伟辑

　　抱朴居诗二卷续编二卷　清海盐马绪（鉴操）撰

　　鄂桦联吟稿

　　　愚庵初稿一卷存稿一卷续稿一卷　国伟撰

　　　少白初稿一卷存稿一卷续稿一卷　用俊撰

**小峨嵋山馆五种**　清海盐马国伟（应篪）用俊（履常）同辑　清嘉庆十八年棣园刊本　四册　民国张元济题识

　　白洋里墓田丙舍录二卷附录一卷　国伟辑

　　鄂桦联吟处题赠录二卷续录二卷续刻一卷　国伟辑

　　鄂桦联吟稿

　　愚庵初稿一卷存稿一卷续稿一卷遗稿一卷　国伟撰

　　少白初稿一卷存稿一卷续稿一卷漫稿一卷率稿一卷　用俊撰

　　鹄峙小稿一卷　清海盐马贻孙（穀士）撰

　　金陵怀古十首　清海盐马岩臣（小融）撰

**慎行堂三世诗存**　民国海盐徐宝炘宝华辑　清咸丰至民国刊本　三册

　　疏影山庄吟稿一卷　清海盐徐人杰（蝶庄）撰　咸丰八年刊

　　卧梅庐诗存二卷诗余一卷　清海盐徐师谦（冲甫）撰　民国九年刊

　　荷香水亭吟草一卷己壬丛稿一卷　清海盐徐森（树百）撰　民国九年刊

**桂影轩丛刊**　民国海盐谈文炘（麟祥）辑　民国十一年谈氏仿宋排印本　一册

　　英甫遗诗一卷　清海盐谈庭梧（英甫）撰

　　桂影轩笔记一卷　清谈庭梧（英甫）撰

　　凤威遗稿一卷　清海盐谈文炘（凤威）撰

　　云芝遗诗一卷　民国海盐谈沈云芝撰

　　梦石未定稿一卷　民国海盐谈文炘（麟祥）撰

　　独撰类

明代之属

**吾学编**　明海盐郑晓（澹泉）撰　明万历二十七年重刊本　二十四册

大政记十卷　建文逊国记一卷　同姓诸王表二卷传三卷附异姓三王传孔氏世家　异姓诸侯表二卷传二卷　直文渊阁诸臣表一卷　两京典铨表一卷　名臣记三十卷　建文逊国臣记八卷　天文述一卷　地理述二卷　三礼述二卷　百官述二卷　四夷考二卷　北虏考一卷

清代之属

**石鼓读七种**　清海盐吴东发（侃叔）撰　民国十五年陈氏慎初堂石印本　一册

石鼓释文考异一卷　石鼓文章句一卷　石鼓辨一卷　石鼓鉴一卷　石鼓释文考异或问一卷　石鼓尔雅一卷　叙鼓一卷

**曲台四书辑注**　清海盐顾宗伊（觉庄）辑注　清道光二十八年手稿本　四册

孔子三朝记辑注五卷　曾子古本辑注五卷　子思子遗编辑注三卷　荀子新书辑注四卷

**倚晴楼全集**　清海盐黄燮清（韵甫）撰　清道光至光绪间刊本　十六册

倚晴楼诗集十二卷　咸丰七年刊

倚晴楼诗续集四卷　同治九年刊

倚晴楼诗余四卷　同治六年刊

倚晴楼七种曲

　　茂陵弦二卷　道光十六年刊

　　帝女花二卷　同治四年重刻

　　脊令原二卷　道光十六年刊

　　鸳鸯镜一卷　道光十六年刊

　　凌波影一卷　道光十六年刊

　　桃溪雪一卷　道光廿七年刊

　　居官鉴二卷　光绪七年刊

国朝词综续编二十四卷　同治十二年刊

## 海盐张氏涉园藏书目录卷三

　　史部

　　　　地理类

　　　　　　山川之属（山）

**崆峒山志二卷**　清海盐张伯魁（春溪）纂修　清同治十一年本山太和宫刊本　四册

**崆峒山志二卷**　清海盐张伯魁（春溪）纂修　清同治十一年本山太和宫刊本　二册

　　　　　　杂记之属

**桂林风士记一卷**　唐莫休符撰　明钞本　一册　清张载华题记　民国杨守敬及前人签校　有张印载华（白文）佩兼（朱文）涉园（朱文）松下藏书（朱文）藏印

　　　　　　方志之属

**徽县志八卷**　清海盐张伯魁（春溪）纂修　清嘉庆十四年刊本　四册　民国张元济跋

　　　　政书类

　　　　　　奏议之属

**入告初编一卷二编一卷三编一卷**　清海盐张惟赤（螺浮）撰　清顺治十八年刊二编康熙五年刊三编康熙三十一年刊本　四册

**入告初编一卷二编一卷三编一卷**　清海盐张惟赤（螺浮）撰　清嘉庆二十三年玄孙逢泰补刊印本　四册　民国张元济手补龚鼎孳序文

　　　　目录类

　　　　　　家藏书目之属

**清绮斋藏书目四卷**　清海盐张宗松（青在）编　裔孙元济手钞本　二册

　　　　金石类

　　　　　　石之属（文字）

**妙喜泉铭**　宋盐官张九成（子韶）撰并书　宋绍兴二十七年刻石

近拓本　一张

**集部**

别集类

魏晋之属（诗文）

**陶靖节集十卷**　晋浔阳陶潜（渊明）撰　明万历十五年休阳程氏刊本　四册　清张宗柟手录查慎行校民国张元济跋　有宗柟手勘（白文）欧舫珍藏（朱文）藏印

唐代之属（诗文）

**李义山诗集注三卷诗谱一卷**　唐河内李商隐（义山）撰　清吴江朱鹤龄（长孺）笺注　清康熙中金陵叶永茹刊本　八册　清张宗柟校订　有涉园（朱文）藏印

宋代之属（诗文）

**王荆文公诗笺注五十卷**　宋临川王安石（介甫）撰　宋鴈湖李壁（季章）笺注　清乾隆六年海盐张宗松校刊本　八册

**无垢张状元心传录十二卷**　宋盐官张九成（子韶）撰　甥于恕编　明钱功甫影宋钞本　二册　明朱子赤题识

**横浦先生文集二十卷**　宋盐官张九成（子韶）撰　门人郎晔（晦之）编　明万历三十三年新安吴惟明刊本　五册　民国张元济跋

附　**无垢先生横浦心传录三卷横浦日新录一卷**　甥于恕编　民国傅增湘张元济校

**施先生孟子发题**　宋海昌施德操（彦执）撰　宋海昌郎晔（晦之）编

**横浦家传一卷**　任棻撰

**横浦先生文集二十卷**　宋盐官张九成（子韶）撰　明万历四十二年方士骐重刊本　六册　民国傅增湘张元济校

附　**横浦家传一卷**　任棻撰

**横浦先生文集十四卷**　宋盐官张九成（子韶）撰　清康熙二十三年裔孙鸣皋重刊本　四册　民国傅增湘校

附　**横浦家传一卷**　任棻撰

　　　　无垢公遗迹一卷　　十五世孙鸣皋辑
　　　　　宋代之属（词）
梦窗甲稿一卷乙稿一卷丙稿一卷丁稿一卷补遗一卷　　宋庆元吴
　　文英（梦窗）撰　　明汲古阁刊本（六十名家词之一）　　四册　　清
　　张宗楳补钞甲乙稿　　有藕村（朱文）情之所钟（白文）藏印
　　　　　元代之属（诗文）
龟巢稿九卷词一卷补遗一卷　　元武进谢应芳（子兰）撰　　清道光
　　二十五年族孙兰生重刊本　　四册　　民国张元济题识　　按子兰
　　为菊生先生太夫人之十八世从祖
贞居先生诗集七卷补遗二卷附录二卷　　元钱塘张雨（伯雨）撰
　　清光绪二十三年丁氏八千卷楼重刊本（武林往哲遗书之一）
　　四册　　民国张元济据元本手校
　　　　　清代之属（诗文）
茗斋诗初集一卷　　清海盐彭孙贻（羿仁）撰　　清嘉庆十四年海盐
　　张伯魁刊本　　一册
茗斋诗初集一卷　　清海盐彭孙贻（羿仁）撰　　清嘉庆十四年海盐
　　张伯魁刊本　　一册
徐苹村全稿　　清吴兴徐倬（方虎）撰　　清康熙四十七年精刊本
　　十册　　民国张元济题识　　按方虎为菊生先生六世伯祖南坨公
　　配徐孺人之祖
　　修吉堂文稿八卷　　燕台小草一卷　　苹蓼闲集二卷　　汗漫集二
　　卷　　鼓缶集三卷　　应制集三卷　　甲乙友钞一卷　　野航集二卷
　　寓园小草一卷　　梧下杂钞二卷　　黄发集二卷　　水香词二卷
　　耄余残沜二卷
南陔堂诗集十二卷　　清德清徐以升（阶五）撰　　清乾隆间精刊本
　　四册　　民国张元济题识　　按阶五为南坨公内侄
射山诗选一卷　　清海宁陆嘉淑（冰修）撰　　清嘉庆十四年海盐张
　　伯魁刊本　　一册
射山诗选一卷　　清海宁陆嘉淑（冰修）撰　　清嘉庆十四年海盐张
　　伯魁刊本　　一册

退思轩诗集一卷　　清海盐张惟赤（螺浮）撰　　清嘉庆四年来孙赐珍写刊本　一册

　　　附　赋闲楼诗集一卷　　清海盐张脂（嵪亭）撰

退思轩诗集一卷　　清海盐张惟赤（螺浮）撰　　清嘉庆四年来孙赐珍写刊本　一册

扣腹斋诗钞四卷　　清海盐张宗松（青在）撰　　孙保增等刊本　二册

海盐张东谷先生遗墨一卷　　清海盐张柯（东谷）撰　　一册　墨迹

　　　附　张含广先生手札一通　　清海盐张宗柟（含广）撰

海盐张东谷先生遗墨一卷　　清海盐张柯（东谷）撰　　民国十四年族孙元济石印本　一册

竺嵒诗存不分卷　　清海盐张赐采（竺岩）撰　　稿本　二册

寄吾庐初稿选钞四卷　　清海盐张伯魁（春溪）撰　　清嘉庆十三年门人程显德等刊本　四册

寄吾庐初稿选钞四卷　　清海盐张伯魁（春溪）撰　　清嘉庆十三年门人程显德等刊本　二册　附民国张元济手钞徽县志所载诗五首

寄吾庐初稿选钞四卷　　清海盐张伯魁（春溪）撰　　清嘉庆十三年门人程显德等刊本　民国张元济手补卷一卷二　二册

行余集二卷　　清海盐张邦庆（友门）撰　　清道光八年玉燕居刊本　一册

半农草舍诗草选存三卷诗词未选稿二卷　　清海盐张廷栋（文圃）撰　　清同治五年稿本　五册

瑞芍轩诗钞四卷词稿一卷　　清仁和许乃毅（玉年）撰　　清同治七年刊本　二册　民国张元济题识　按玉年为菊生先生外舅祖

　　　清代之属（词）

藕村词存一卷　　清海盐张宗柟（詠川）撰　　清嘉庆二十二年外孙陆光宗刊本　一册

　　　清代之属（制艺）

张侗孩联捷新稿一卷　　清海盐张惟赤（螺浮）撰　　清康熙□年大

白居刊本　一册
　　总集类
　　　诗编之属（断代）
才调集十卷　　蜀韦毂撰　　明万历间钱功甫等校正重修沈雨若刊
　本　十册　　长水沈宝莲录何焯校　　清张宗松题识
唐人诗选不分卷　　清花溪许昂霄（蒿庐）选　　门人张宗楠（詠川）
　张载华（芷斋）辑　　宗楠手钞并校本　　四册　　民国张元济跋
　有张印载华（白文）佩兼（朱文）藏印
宋诗钞一百六卷　　清石门吴之振（孟举）清石门吕留良（晚村）同
　选　　清海盐张宗柟（含广）补目　　清康熙十年吴氏鉴古堂刊本
　二十册　　张宗楠手写目录并录陆辛斋评点　　民国张元济跋
　有鸥舫珍藏（朱文）藏印
　　　诗编之属（氏族）
张氏艺文诗集　　明海盐张亶龄（孺伯）辑　　明刊本　　一册
　　桂桓公诗集一卷　　明海盐张大有（思谦）撰
　　华胄公诗集一卷　　明海盐张季文（质怀）撰
张氏先世诗集不分卷　　清海盐张朎（竹庄）辑　　旧钞本　　一册
　　　诗编之属（杂录）
涉园修禊集一卷　　清海宁吴骞（查客）辑　　拜经楼钞本　　一册
涉园题咏一卷附永安湖秋泛诗一卷　　清海盐张惟赤（螺浮）辑
　清嘉庆十一年张慎写涉园刊本　　一册
涉园题咏一卷　　清海盐张惟赤（螺浮）辑　　清嘉庆十一年张慎写
　涉园刊本　　一册
涉园图咏手卷　　清海盐张柯（东谷）辑　　民国海盐张元济（菊生）
　续辑　　墨迹　　一卷
　　　以上题咏
　　　文编之属（郡邑）
盐邑艺文续钞附补编残稿不分卷　　清海盐张朎（竹庄）编　　旧钞
　本　　一册
盐邑艺文续钞附补编残稿不分卷　　清海盐张朎（竹庄）编　　民国

□年钞本　一册

　　　　文编之属（氏族）

**张氏阖族历科试卷**　民国海盐张元济（菊生）辑　清同治光绪间试艺朱卷汇装本　一册

　　　　词编之属（通代）

**词林纪事二十二卷**　清海盐张宗橚（詠川）辑　清乾隆四十年海盐张氏涉园刊本　六册　民国张元济跋

　　　附　乐府指迷一卷　宋临安张炎（玉田）撰

　　　　　词旨一卷　宋陆辅（辅之）撰

　　　　　词韵考略一卷　清花溪许昂霄（蒿庐）撰

**晴雪雅词四卷**　清花溪许昂霄（蒿庐）选　清乾隆四十六年海盐涉园张氏刊本　二册

　　　文评类

　　　　评论之属（诗）

**带经堂诗话三十卷**　清海盐张宗橚（含广）编　清乾隆二十五年海盐张氏刊本　六册

**初白庵诗评三卷**　清海盐张载华（芷斋）辑　清乾隆四十二年婿萧嘉植刊本海盐张氏涉园观乐堂藏版　三册

　　　　以上通评


## 海盐张氏涉园藏书目录卷四

　　经部

　　　诗类

　　　　传说之属

**毛诗指说一卷**　唐成伯瑜撰　旧景钞通志堂经解本　一册

　　有古盐张氏（白文）松下藏书（朱文）甚欲读书奈嬾何（白文）藏印

**诗本义残八卷**　存卷一至卷八　宋庐陵欧阳修（永叔）撰　旧景钞通志堂经解本　附毛诗指说后　有张印载华（白文）佩兼（朱文）藏印

**毛诗名物解二十卷** 宋仙游蔡卞（元度）撰 旧景钞通志堂经解本 一册 有张印载华（白文）芷斋图籍（朱文）古盐张氏（白文）松下藏书（朱文）藏印

**诗说一卷** 宋淮阴张耒（文潜）撰 旧景钞通志堂经解本 附毛诗名物解后 有张载华印（白文）乌夜邨农（朱文）藏印

**诗疑二卷** 宋金华王柏（鲁斋）撰 旧景钞通志堂经解本 附毛诗名物解后 有张印载华（白文）金篆皂清好读书（白文）藏印

礼类

仪礼之属（图说）

**仪礼图十七卷旁通图一卷** 宋秦溪杨复（信斋）撰 元延祐前刊明正德六年至十六年补刊印本 八册 有芷斋图籍（朱文）古盐张氏（白文）松下藏书（朱文）张印载华（白文）佩兼（朱文）藏印

小学类

字书之属（训蒙）

**急就篇一卷** 汉史游撰 唐万年颜师古注 监泉书室蓝格钞本 一册 清嘉庆五年吴县孙衡校北宋本 一册 有张印载华（白文）佩兼（朱文）松下藏书（朱文）芷斋图书（朱文）藏印

史部

正史类

**荆川先生批点精选汉书六卷** 明毗陵唐顺之（荆川）评选 明嘉靖间刊本 三册 民国张元济跋 有海盐张氏研古楼藏书（白文）藏印

编年类

**资治通鉴纲目集览五十九卷** 宋新安朱熹（元晦）撰 元慈湖王幼学（行卿）集览 宋遂昌尹起莘（耕道）发明 明新安汪克宽（德辅）考异 元至顺元年魏氏仁实书堂刊明初修补本钞补五卷 六十册 明崇祯元年剞生题识 有吟庐图籍（朱文）涉园主人（朱文白文）涉园（朱文）藏印

别史类

**东都事略一百三十卷**　宋眉州王偁（季平）撰　清覆宋眉山程舍人宅刊本　八册　有松下藏书（朱文）张印载华（白文）佩兼（朱文）藏印

**唐余纪传十八卷**　明吴兴陈霆（声伯）撰　旧影钞明嘉靖二十三年水南书院刊本　八册　清道光二十六年德清沈阆崐跋　有涉园（朱文）张印载华（白文）芷斋图籍（朱文）古盐张氏小白珍藏（朱文）藏印

金石类

总类之属

**隶续残三卷**　存卷五至卷七　宋鄱阳洪适（景伯）撰　影元钞本　存一册　民国十二年山阴蔡元培跋　有清绮斋书画记（朱文）藏印

以上文字

**金石录三十卷**　宋东武赵明诚（德父）撰　清康熙四十年石门吕无党手钞并校后六卷吕氏后人分钞本　四册　民国张元济跋　有古盐张氏（朱文白文）松下藏书（朱文）嘉穀（朱文）农师（白文）藏印

以上题跋

史评类

论事之属

**唐史论断三卷**　宋阳翟孙甫（之翰）撰　旧钞本　一册　有古盐张氏（白文）松下藏书（朱文）芷斋图籍（朱文）张印载华（白文）佩兼（朱文）研古（白文）乌夜邨农（朱文）藏印

子部

儒家类

宋以前儒家之属

**纂图互注荀子二十卷**　周赵人荀况撰　唐杨倞注　宋刊本　六册　民国张元济跋　有张印载华（白文）芷斋图籍（朱文）藏印

道家类

玄言之属

**纂图互注南华真经十卷**　缺第八卷　周蒙人庄周撰　晋河南郭
　象(子玄)注　唐吴县陆德明(元朗)音义　宋刊本　存五册
　民国张元济跋　有张印载华(白文)芷斋图籍(朱文)藏印
　　杂家类
　　　杂述之属

**春明梦余录七十卷**　清北平孙承泽(退谷)撰　清乾隆十三年古
　香斋刊袖珍本　二十四册　有张印载华(白文)涉园(朱文)藏
　印
　　　杂品之属

**负暄野录二卷**　宋长乐陈槱撰　明隆庆五年叶恭焕用嘉靖十八
　年官文纸手钞本　一册　民国张元济跋　有张印载华(白文)
　涉园(朱文)芷斋图籍(朱文)藏印

**云烟过眼录四卷**　宋吴兴周密(公瑾)撰　明华亭陈继儒(仲醇)
　订　明秀州沈德先(天生)校　明万历三十四年绣水沈氏尚白
　斋刊本(宝颜堂秘笈之一)二册　有宗楙之印(白文)一字思盫
　(朱文)古盐张氏(白文)藏印
　　小说家类
　　　笔记之属(杂事)

**唐摭言残七卷**　存卷九至卷十五　唐琅琊王定保撰　清乾隆二
　十一年德州卢氏刊本(雅雨堂藏书十种之一)　存一册　有上
　下千古(朱文)诚印(白文)季和(朱文)意华山房(朱文)乐无事
　日有喜宜酒食(朱文)海盐张氏清绮斋藏书(朱文)藏印

**北窗炙輠录二卷**　宋海宁施德操(彦执)编　旧钞本　一册　民
　国张元济手跋　有芷斋图籍(朱文)张印载华(白文)佩兼(朱
　文)涉园(朱文)松下藏书(朱文)研古(白文)藏印
　　　笔记之属(琐语)

**清异录二卷**　宋新平陶毂(秀实)撰　清康熙中古盐官陈世修潄
　六阁刊本　二册　民国张元济题字　有古盐张氏(白文)宗楙
　之印(白文)一字思盫(朱文)藏印

**表异录二十卷** 明昆山王志坚（淑士）撰 清康熙四十七年古盐官陈世修漱六阁刊本 二册 民国张元济题字 有古盐张氏（白文）宗楙之印（白文）一字思嵒（朱文）藏印

　　术数类

　　　　六壬之属

**都天大六壬总真秘诀一卷** 阙名撰 旧钞本 一册 有古盐张氏小白珍藏（朱文）藏印

　　艺术类

　　　　书画之属（品题）

**铁网珊瑚十二卷** 明吴郡朱存理（性甫）撰 旧钞本 十册 有古盐张氏小白珍藏（朱文）涉园主人鉴藏（朱文）藏印

　集部

　　别集类

　　　　周秦汉之属（诗文）

**楚辞集注残一卷** 存卷一 宋新安朱熹（元晦）集注 明初黑口本 存一册 有古盐张氏（白文）宗楙（白文）詠川（朱文）藏印

　　　　唐代之属（诗文）

**王摩诘集二卷** 唐祁人王维（摩诘）撰 明嘉靖江都黄埻东壁图书府刊本 四册 民国张元济跋 有元龙（白文）雨岩（朱文）藏印

**卢户部诗集十卷** 唐河中卢纶（允言）撰 明钞本 二册 有松下藏书（朱文）古盐张氏（白文）芷斋图籍（朱文）张印载华（白文）佩兼（朱文）涉园（朱文）友千古娱永日（朱文）委怀在琴书（朱文）藏印

**李文公集十八卷** 唐成纪李翱（习之）撰 明嘉靖二年鄞都黄景夔刊本 一册 民国高尚同张元济跋 有松下藏书（朱文）芷斋图籍（朱文）佩兼（朱文）元龙（白文）雨岩（朱文）张印载华（白文）藏印

**樊川文集二十卷外集一卷别集一卷** 唐万年杜牧（牧之）撰 明嘉靖间覆宋刊本 十册 有古盐张氏（白文）宗楙之印（白文）

一字思嘼（朱文）藏印

　　宋代之属（诗文）

**河东柳仲涂先生文集十六卷**　宋河东柳开（仲涂）撰　旧钞本
一册　有芷斋图籍（朱文）张印载华（白文）佩兼（朱文）藏印

**黄太史精华录残二卷**　存卷一卷二　宋天社任渊选　明弘治十六年刊本　存一册　有古盐张氏（白文）坚斋（朱文）宗梼之印（白文）一字思嘼（朱文）藏印

**山谷老人刀笔二十卷**　宋豫章黄庭坚（鲁直）撰　明初刊本　二册　有芷斋图籍（朱文）古盐张氏（白文）松下藏书（朱文）张印载华（白文）佩兼（朱文）藏印

**淮海集四十卷后集六卷长短句三卷**　宋高邮秦观（少游）撰　明嘉靖十八年刊本　六册　民国张元济跋　有元龙（朱文）鲁良父（白文）松下藏书（朱文）芷斋图籍（朱文）张印载华（白文）佩兼（朱文）藏印

**乐静先生李公文集三十卷**　宋巨野李昭玘（成季）撰　旧钞本　二册　有海盐张氏研古楼藏书（白文）张印载华（白文）芷斋图籍（朱文）晓堂（朱文）研古楼钞本（白文）佩兼（朱文）古盐张氏（白文）松下藏书（朱文）藏印

**刘给谏集五卷附录一卷**　宋永嘉刘安上（元礼）撰　旧钞本　一册　有吟庐图籍（朱文）藏印　按原题左史集误今正

**刘左史文集四卷附录一卷**　宋永嘉刘安节（元承）撰　旧钞本　一册　有吟庐图籍（朱文）藏印

**浮溪文粹十五卷附录一卷**　宋德兴汪藻（彦章）撰　明正德元年西充马金刊本　二册　有张印载华（白文）芷斋图籍（朱文）佩兼（朱文）藏印

**孙尚书内简尺牍编注十卷**　宋晋陵孙觌（仲益）撰　门人李祖尧注　明嘉靖三十六年云间顾名儒建阳刊本　六册　民国张元济跋　有古盐张氏（白文）宗梼（白文）詠川（朱文）藏印

**白石诗钞一卷词钞一卷**　宋鄱阳姜夔（尧章）撰　清武唐吴淳还（连侬）编　清康熙间精刊本　一册　张宗梼补叶　清蒋确民

国张元济跋　有芷斋图籍（朱文）张印载华（白文）佩兼（朱文）藏印

**沧浪先生吟二卷**　宋樵川严羽（仪卿）撰　明正德十五年昆山令赵郡尹嗣忠重刊本　二册　民国张元济跋　有松下藏书（朱文）古盐张氏（白文）芷斋图籍（朱文）藏印

　　元代之属（诗文）

**栲栳山人集三卷**　元余姚岑安卿（静能）撰　旧钞本　一册　有芷斋图籍（朱文）古盐张氏（白文）松下藏书（朱文）藏印

**江月松风集十二卷补遗一卷**　元钱塘钱惟善（思复）撰　旧钞本　一册　民国张元济跋　有张印载华（白文）佩兼（朱文）松下藏书（朱文）古盐张氏（白文）芷斋图籍（朱文）藏印

　　明代之属（诗文）

**陶学士先生文集二十卷事迹一卷**　明当涂陶安（主敬）撰　明铅山张祐（天益）编　明弘治十三年刊本　六册　有芷斋图籍（朱文）张印载华（白文）佩兼（朱文）古盐张氏（白文）松下藏书（朱文）藏印

**苏平仲文集十二卷**　明金华苏伯衡（平仲）撰　明永嘉林与直编海盐张氏研古楼钞本　十册　有研古楼钞本（白文）松下藏书（朱文）春玙鉴赏图书（朱文）藏印

**槎翁文集十八卷**　明泰和刘嵩（子高）撰　明嘉靖元年吉郡太守徐士元刊本　六册　有涉园主人鉴藏（朱文）鹴亭主人审定（朱文）藏印

　　清代之属（诗文）

**燕京杂诗一卷**　清海宁查嗣瑮（查浦）撰　清康熙中刊本　一册　有宗楠之印（白文）一字思禺（朱文）古盐张氏（白文）藏印

**湛园未定稿不分卷**　清慈溪姜宸英（西溟）撰　清康熙二十年刊本　一册　有芷斋图籍（朱文）张印载华（朱文）佩兼（朱文）藏印

**一鹤庵诗五卷**　清扬州郭元釪（于宫）撰　清康熙四十年吴郡邓明玑刊本　一册　有古盐张氏（白文）宗楠（白文）詠川（朱文）

藏印

　　总集类

　　　文编之属（断代）

**宋文鉴残六十九卷**　存卷一至卷二十三卷六十三至卷一百八
　宋金华吕祖谦（伯恭）奉敕编　明嘉靖八年晋藩养德书院刊本
　存十二册　有古盐张氏（白文）宗楠（白文）詠川（朱文）藏印

**明文授读六十二卷**　清余姚黄宗羲（梨洲）选　清康熙三十八年
　四明张氏味芹堂刊本　三十册　有古盐张氏（白文）宗楠之印
　（白文）一字思嵒（朱文）藏印

　　　文编之属（通代）

**六家文选六十卷**　梁兰陵萧统撰　唐江都李善吕延济刘良张铣
　李周翰吕向注　明嘉靖间吴郡袁氏仿宋刊本　二十册　有张
　印芳湄（朱文）古盐张氏（白文）宗楠（白文）詠川（朱文）藏印

　　＊1941年，张元济以所藏浙江嘉兴府先哲著述476部、1822册、海盐县先哲著述355部、1115册、海盐张氏先人著述、刊印、评校、藏弆书籍104部、856册及石墨、图卷各1件先后捐赠上海私立合众图书馆。合众图书馆于1946年10月编印此目，名《海盐张氏涉园藏书目录》，第一卷为嘉兴先哲著述，第二卷为海盐先哲著述，第三卷为海盐张氏先人著述及刊印、评校之书，第四卷为张氏旧藏书籍。此书目从一个侧面反映出张元济古籍收藏、研究情况，故作为附录编入本书。——编者

## 附录七　张元济传记和研究专著文集目录

编者按：本目录含辑入各种人物传记集，篇幅在万字以上的张元济传记。

1.《近代出版家张元济》　王绍曾著　商务印书馆 1984 年 11 月出版　103000 字

2.《The Life and Times of Zhang Yuanji》(1867—1959)（英文版）　叶宋曼瑛著　商务印书馆 1985 年 4 月出版　339000 字

3.《大变动时代的建设者——张元济传》　汪家熔著　四川人民出版社 1985 年 4 月出版　147000 字

4.《张元济》　郑学益撰　辑入《中国近代民族实业家的经营管理思想》　云南人民出版社 1988 年 6 月出版

5.《开辟草莱的出版家张元济》　柳和城　陈梦熊撰　辑入《中国企业家列传(2)》　经济日报出版社 1988 年 10 月出版

6.《张元济轶事专辑》　浙江省海盐县政协文史资料工作组 1990 年 1 月编印

7.《张元济》　李德征撰　辑入《中国近代企业的开拓者》（上册）　山东人民出版社 1991 年 6 月出版

8.《张元济》　王震　贺越明撰　辑入《中国十大出版家》　书海出版社 1991 年 11 月出版

9.《张元济年谱》　张树年主编　柳和城　张人凤　陈梦熊编著　商务印书馆 1991 年 12 月出版　718000 字

10.《从翰林到出版家——张元济的生平和事业》　［新西兰］叶宋曼瑛著　张人凤　邹振环译　商务印书馆（香港）有限公司 1992 年 1 月出版

11.《张元济轶事专辑》之二　浙江省海盐县政协文史资料工作委员会 1992 年 3 月编印

12.《一代名人张元济》　王英编著　济南出版社 1992 年 4 月出版　85000 字

13.《扶助教育兴中华——中国近代出版家张元济》 李德征撰　辑入《中华魂丛书爱国卷》 山东人民出版社1992年8月出版

14.《张元济传》 王寿南撰　辑入《国史拟传》第4辑　台北国史馆1993年6月编印

15.《张元济：振兴民族出版业的编辑家》 李明山撰　辑入《中国近代编辑家评传》 河南大学出版社1993年7月出版

16.《现代出版楷模张元济》 董进泉　陈梦熊撰　辑入《中国大资本家列传》(第9册)　时代出版社1994年5月出版

17.《仁智的山水——张元济传》 吴方著　上海文艺出版社1994年12月出版　179000字

18.《仁智的山水——张元济传》 吴方著　台湾业强出版社1995年2月出版　179000字

19.《张菊生先生年谱》 张人凤编著　台湾商务印书馆1995年5月出版　250000字

20.《智民之梦——张元济传》 陈建明著　四川人民出版社1995年7月出版　206000字

21.《近代出版家张元济》(增订本)　王绍曾著　商务印书馆1995年8月出版　158000字

22.《张元济传》 柳和城著　南京大学出版社1996年9月出版　266000字

23.《张元济评传》 张荣华著　百花洲文艺出版社1997年3月出版　190000字

24.《我的父亲张元济》 张树年著　东方出版中心1997年4月出版　190000字

25.《中国新式出版业的开拓者》 郑一奇撰　辑入《民国著名人物传》(4)　中国青年出版社1997年11月出版

26.《纪念出版家张元济先生诞辰130周年文集》 浙江省海盐县政协文史资料委员会1998年2月编印

27.《智民之师·张元济》 张人凤著　山东画报出版社1998年10月出版　2001年9月第2版　160000字

28.《人淡如菊·张元济》 李西宁著　山东画报出版社 1998 年 10 月出版　64000 字

29.《张元济·书卷人生》 周武著　上海教育出版社 1999 年 5 月出版　164000 字

30.《杰出的出版家夏瑞芳、张元济》 吴广义　范立新撰　辑入《中国民族资本家列传》　广东人民出版社 1999 年 8 月出版

31.《人淡如菊·张元济》 李西宁著　中华书局(香港)有限公司 1999 年 11 月出版　64000 字

32.《海盐张氏、张元济与张氏后人》 郑宁撰　辑入《藏书世家》　上海人民出版社 2002 年 2 月出版

33.《张元济,书卷中岁月悠长》 汪凌著　大象出版社 2002 年 9 月出版

34.《近代出版人的文化追求》 汪家熔著　广西教育出版社 2003 年 6 月出版

35.《出版巨擘——张元济传》 张学继著　浙江人民出版社 2003 年 11 月出版　225000 字

36.《张元济》 冯春龙撰　辑入《中国近代十大出版家》　广陵书社 2005 年 11 月出版

37.《出版大家张元济——张元济研究论文集》 浙江海盐政协文史委　张元济图书馆编　学林出版社 2006 年 1 月出版

38.《中国现代出版事业的先驱——张元济》 孟宝棣撰　辑入《春风桃李——从交通大学走出的文化名人》　上海交通大学出版社 2006 年 3 月出版

39.《我的父亲张元济》 张树年著　百花文艺出版社 2006 年 6 月出版　210000 字

40.《文化巨子张元济》 任士英撰　载《学苑春秋——20 世纪国学大师档案》　河南人民出版社 2006 年 11 月出版

41.《张元济研究文集》 张人凤著　上海辞书出版社 2007 年 9 月出版

42.《张元济研究论文集——纪念张元济先生诞辰 140 周年暨第三届学术思想研讨会论文集》 张元济研究会　张元济图书馆编　中国文史出版社 2009 年 8 月出版

## 附录八　张元济研究主要参考书籍一览

1.《鶼居日记》《退庵日记》　蒋维乔著　1903年起　稿本　上海图书馆藏

2.《商办浙江全省铁路有限公司股东会第一次议事录》　中合印书公司1906年代印　线装本

3.《商务印书馆书目提要》　商务印书馆1910年排印本

4.《南洋公学大事记　姓名录》　1916年排印本

5.《东方图书馆概况》　商务印书馆1926年3月排印本

6.《最近三十五年之中国教育》　商务印书馆1931年9月编印

7.《上海商务印书馆被燬记》　商务印书馆1932年7月编印

8.《One Year of Rehabilitation of the Commercial Press Ltd.》　潘光迥著　商务印书馆1933年1月印行

9.《东方图书馆纪略》　东方图书馆复兴委员会1933年8月编印

10.《第一次中国教育年鉴》　1933年11月排印本

11.《张菊生先生七十生日纪念论文集》　蔡元培　胡适　王云五主编　商务印书馆1936年印行　又编入《民国丛书》(第二编)　上海书店1990年12月出版

12.《海盐张氏涉园藏书目录》　上海私立合众图书馆1946年10月编印　线装本　又编入《张元济古籍书目序跋汇编》(附录之一)　商务印书馆2003年9月出版

13.《中国人民政治协商会议第一届全体会议纪念刊》　中国人民政治协商会议第一届全体会议秘书处编　1950年新华书店发行

14.《中国近代史资料丛刊·戊戌变法》　中国史学会编　上海神州国光社1953年9月出版　上海人民出版社1957年再版

15.《中国现代出版史料》　张静庐辑注　中华书局1954年12月出版

16.《张菊生先生九十生日纪念册》　二卷　稿本　1956年编集　上海图书馆藏

17.《书林清话》 叶德辉著 古籍出版社 1957 年 1 月出版 中华书局 1983 年重印

18.《中国出版史料》补编 张静庐辑注 中华书局 1957 年 5 月出版

19.《中国近代出版史料》 张静庐辑注 中华书局 1957 年 12 月出版

20.《戊戌变法档案史料》 国家档案局明清档案馆编 中华书局 1958 年 8 月出版

21.《光绪朝东华录》 中华书局 1958 年 12 月出版

22.《戊戌变法人物传稿》 汤志钧著 中华书局 1961 年 4 月第 1 版 1982 年 6 月增订版

23.《听雨楼随笔》 林熙著 香港上海书局 1961 年出版

24.《岫庐八十自述》 王云五著 台湾商务印书馆 1967 年 7 月出版 节录本 上海人民出版社 2007 年 9 月出版

25.《清季的立宪团体》 张玉法编著 中央研究院近代史研究所 1971 年 4 月出版

26.《商务印书馆与新教育年谱》 王云五著 台湾商务印书馆 1973 年 3 月出版

27.《梁任公先生知交手札》 沈云龙主编 文海出版社 1974 年 12 月出版

28.《岫庐已故知交百家手札》 王云五主编 台湾商务印书馆 1976 年 10 月出版

29.《岫庐最后十年自述》 王云五著 台湾商务印书馆 1977 年 7 月出版

30.《La Commercial Press de Shanghai, 1897—1949》 [法国] Jean Pierre Drege 著 法国公学高等汉学研究院 1978 年出版 中译本 李桐实译 商务印书馆 2000 年 8 月出版

31.《胡适往来书信选》 中国社会科学院近代史研究所中华民国史组编 中华书局 1979 年 5 月至 1980 年 8 月出版 中华书局香港分局 1983 年 11 月繁体字版

32.《明清进士题名碑录索引》 朱保炯 谢沛霖编 上海古籍出版社 1980 年 2 月出版

33.《艺风堂友朋书札》 顾廷龙校阅 上海古籍出版社 1980 年 10 月至 1981 年 2 月出版

34.《商务印书馆图书目录》(1897—1949) 商务印书馆 1981 年 5 月编印

35.《辛亥革命浙江史料选辑》 浙江人民出版社 1981 年 8 月出版

36.《我走过的道路》(上) 茅盾著 人民文学出版社 1981 年 10 月出版

37.《论严复与严译名著》 商务印书馆编辑部编 商务印书馆 1982 年 6 月出版

38.《中国文献学》 张舜徽著 中州书画社 1982 年 12 月出版

39.《忘山庐日记》 孙宝瑄著 上海古籍出版社 1983 年 4 月至 1983 年 9 月出版

40.《梁启超年谱长编》 丁文江 赵丰田编 上海人民出版社 1983 年 8 月出版

41.《中国善本书目提要》 王重民著 上海古籍出版社 1983 年 8 月出版

42.《胡适之先生年谱长编初稿》 胡颂平编著 联经出版事业公司 1984 年 5 月出版 1990 年 11 月校订版

43.《蔡元培全集》 蔡元培著 高平叔编 中华书局 1984 年 9 月至 1989 年 7 月出版

44.《戊戌变法史》 汤志钧著 人民出版社 1984 年 11 月出版

45.《唐文治年谱》 苏州大学校史办公室 1984 年 12 月编印

46.《胡适日记》 胡适著 中华书局 1985 年 1 月出版

47.《黄炎培年谱》 许汉三编 文史资料出版社 1985 年 8 月出版

48.《文献学论著辑要》 张舜徽选编 陕西人民出版社 1985 年 8 月出版

49.《交通大学校史》 交通大学校史编写组编 上海教育出版社 1986 年 1 月出版

50.《严复集》 严复著 王栻编 中华书局 1986 年出版

51.《叶景葵杂著》 叶景葵著 顾廷龙编 上海古籍出版社 1986 年 1 月出版

52.《中国丛书综录》 上海图书馆编 上海古籍出版社 1986 年 2 月出版

53.《汪康年师友书札》 上海图书馆编 上海古籍出版社 1986 年 2 月至 1989 年 12 月出版

54.《艺风老人日记》 缪荃孙著 北京大学出版社 1986 年 4 月出版

55.《交通大学校史资料选编》 交通大学校史撰写组编 西安交通大学出版社 1986 年 5 月出版

56.《中国近代学制史料》第 1 卷下册 华东师范大学出版社 1986 年 6 月出版

57.《商务印书馆大事记》 商务印书馆 1987 年 1 月出版

58.《商务印书馆九十年》 商务印书馆 1987 年 1 月出版

59.《清代起居注册》 联经出版事业公司 1987 年 2 月出版

60.《张元济友朋书札》 张树年编 上海古籍出版社 1987 年 3 月出版 线装本

61.《清实录》第 56、57 册 中华书局 1987 年 5 月出版

62.《王云五先生年谱初稿》 王寿南编著 台湾商务印书馆 1987 年 6 月出版

63.《实用编辑学概要》 俞润生著 天津人民出版社 1987 年 12 月出版

64.《近代名人手札真迹——盛宣怀珍藏书牍初编》第一册 王尔敏 陈善伟编 香港中文大学出版社 1987 年出版

65.《郑振铎年谱》 陈福康编著 书目文献出版社 1988 年 3 月出版

66.《中国历史文献学》 杨燕起 高国抗主编 书目文献出版社 1989 年 9 月出版

67.《严修年谱》 严修自订 高凌雯补 严仁曾增订 齐鲁书社 1990 年 1 月出版

68.《中国编辑史》 姚福申著 复旦大学出版社 1990 年 1 月出版 2004 年 6 月修订版

69.《蔡元培张元济往来书札》 林庆彰编 中央研究院中国文哲研究所筹备处 1990 年 6 月印行

70.《中国出版史》 宋原放 李白坚著 中国书籍出版社 1991 年 6

月出版

71.《中国出版简史》 吉少甫主编 学林出版社1991年11月出版

72.《商务印书馆九十五年》 商务印书馆1992年1月出版

73.《海盐县志》 海盐县志编辑委员会编 浙江人民出版社1992年3月出版

74.《抢救祖国文献的珍贵记录——郑振铎先生书信集》 刘哲民 陈政文编 学林出版社1992年8月出版

75.《张元济蔡元培往来书信集》 张树年 张人凤编 商务印书馆(香港)有限公司1992年10月出版

76.《翻译家严复传论》 高惠群 乌传衮著 上海外语教育出版社1992年10月出版

77.《中国译学理论史稿》 陈福康著 上海外语教育出版社1992年11月出版

78.《中国近代文学大系·书信日记集》(1840—1949) 郑逸梅 陈左高主编 上海书店出版社1992年12月出版

79.《近现代上海出版业印象记》 朱联保著 学林出版社1993年2月出版

80.《二十世纪初中国政治改革风潮》 侯宜杰著 人民出版社1993年4月出版

81.《当代中国的出版事业》 王子野主编 当代中国出版社1993年8月出版

82.《出版史研究》第一至六辑 叶再生主编 中国书籍出版社1993年10月至1998年2月出版

83.《郑孝胥日记》 中国历史博物馆编 劳祖德整理 中华书局1993年10月出版

84.《近现代中国出版优良传统研究》 中国出版科学研究所科研办公室编 中国书籍出版社1994年1月出版

85.《浙江出版史研究——民国时期》 寿勤伟著 浙江大学出版社1994年2月出版

86.《中国文献学新编》 洪湛侯著 杭州大学出版社1994年5月出版

87.《书和人和我》　陈原著　三联书店 1994 年 7 月出版

88.《郑振铎传》　陈福康著　北京十月文艺出版社 1994 年 8 月出版

89.《无地自由·胡适传》　沈卫威著　上海文艺出版社 1994 年 10 月出版　2005 年 10 月安徽教育出版社增订版

90.《胡适遗稿及秘藏书信》　耿云志编　黄山书社 1994 年 12 月出版

91.《民国时期总书目·中小学教材卷》　书目文献出版社 1995 年 2 月出版

92.《影印善本书序跋集录》(1911—1984)　北京图书馆善本组编　中华书局 1995 年 4 月出版

93.《梁启超知交手札》　国立中央图书馆特藏组编　国立中央图书馆 1995 年 6 月出版

94.《江苏图书印刷史》　张志强著　江苏人民出版社 1995 年 12 月出版

95.《陈原出版文集》　陈原著　中国书籍出版社 1995 年出版

96.《黄昏人语》　陈原著　上海远东出版社 1996 年 3 月出版

97.《江苏出版大事记》　倪波　穆纬铭　张志强主编　江苏人民出版社 1996 年 8 月出版

98.《胡适书信集》　耿云志　欧阳哲生编　北京大学出版社 1996 年 9 月出版

99.《光绪宣统两朝上谕档案》　中国第一历史档案馆编　广西师范大学出版社 1996 年 10 月出版

100.《中国近代教科书发展研究》　王建军著　广东教育出版社 1996 年 11 月出版

101.《罗家伦先生年谱》　刘维开编著　近代中国出版社 1996 年 12 月出版

102.《罗家伦先生文存，附编师友书札》　中国国民党中央委员会党史委员会 1996 年 12 月编辑出版

103.《蔡元培全集》　中国蔡元培研究会编　浙江教育出版社 1997 年 1 月至 1998 年 11 月出版

104.《陈原散文》　陈原著　浙江文艺出版社 1997 年 2 月出版

105.《商务印书馆百年大事记》　商务印书馆 1997 年 4 月出版

106.《铁琴铜剑楼研究文献集》　仲伟行　吴雍安　曾康编　上海古籍出版社 1997 年 7 月出版

107.《嘉兴市志》　嘉兴市志编纂委员会编　中国书籍出版社 1997 年 12 月出版

108.《盛宣怀实业朋僚函稿》　王尔敏　吴伦霓霞合编　香港中文大学 1997 年出版

109.《郑振铎日记》　郑振铎著　卢今　李华龙编　山西教育出版社 1998 年 1 月出版　又收入《郑振铎全集》　花山文艺出版社 1998 年 11 月出版

110.《蔡元培年谱长编》　高平叔编著　人民教育出版社 1998 年 2 月出版

111.《维新派与近代报刊》　徐松荣著　山西古籍出版社 1998 年 2 月出版

112.《上海市闸北区志》　上海市闸北区志编纂委员会编　上海社会科学院出版社 1998 年 3 月出版

113.《仲可随笔》　徐珂著　中共中央党校出版社 1998 年 3 月出版

114.《上海巨商演义》　暮长啸撰　广州出版社 1998 年 3 月出版

115.《蔡元培先生年谱》　王世儒编著　北京大学出版社 1998 年 5 月出版

116.《冒鹤亭先生年谱》　冒怀苏编著　学林出版社 1998 年 5 月出版

117.《江苏翻译出版史略》　邹振环著　江苏人民出版社 1998 年 5 月出版

118.《商务印书馆一百年》　商务印书馆 1998 年 5 月出版

119.《叶德辉书话》　叶德辉著　钱谷融编校　浙江人民出版社 1998 年 7 月出版

120.《中国近代社会思潮》　吴雁南　冯祖贻等著　湖南教育出版社 1998 年 8 月出版

121.《出版纵横》　宋原放著　上海人民出版社 1998 年 9 月出版

122.《商务印书馆史及其它——汪家熔出版史研究文集》　汪家熔著　中国书籍出版社 1998 年 10 月出版

123.《胡适文集》 胡适著 欧阳哲生编 北京大学出版社 1998 年 11 月出版

124.《上海人民代表大会志》 蔡秉文主编 上海社会科学院出版社 1998 年 12 月出版

125.《书局旧踪》 郭汾阳 丁东著 江西教育出版社 1999 年 1 月出版

126.《百年收藏——20 世纪中国民间收藏风云录》 宋路霞著 复旦大学出版社 1999 年 2 月出版

127.《雪堂自述》 罗振玉著 江苏人民出版社 1999 年 3 月出版

128.《中国出版文化概观》 李白坚著 广西教育出版社 1999 年 4 月出版

129.《历史文献》第 1 辑 上海图书馆历史文献研究所编 上海社会科学院出版社 1999 年 4 月出版

130.《文献家通考》 郑伟章著 中华书局 1999 年 6 月出版

131.《从印刷作坊到出版重镇》 吴相著 广西教育出版社 1999 年 9 月出版

132.《上海通史》 熊月之主编 上海人民出版社 1999 年 9 月出版

133.《王云五评传》 郭太风著 上海书店 1999 年 9 月出版

134.《两个日本汉学家的中国纪行》 〔日〕内藤湖南 青木正儿著 王青译 光明日报出版社 1999 年 9 月出版

135.《历史文献》第 2 辑 上海图书馆历史文献研究所编 上海科学技术文献出版社 1999 年 11 月出版

136.《中国科学翻译史》 李亚舒 黎难秋著 湖南教育出版社 2000 年 2 月出版

137.《历史文献》第 3 辑 上海图书馆历史文献研究所编 上海科学技术文献出版社 2000 年 4 月出版

138.《晚清西方地理学在中国》 邹振环著 上海古籍出版社 2000 年 4 月出版

139.《戊戌维新与近代中国的改革》 王晓秋主编 社会科学文献出版社 2000 年 5 月出版

140.《蔡元培书信集》 高平叔 王世儒编 浙江教育出版社 2000 年

5月出版

141.《文化的商务》 王建辉著 商务印书馆2000年7月出版

142.《清史编年》(第11、12卷) 中国人民大学清史研究所编 中国人民大学出版社2000年8月出版

143.《初期商务印书馆研究》 [日本]樽本照雄著 [日本]清末小说研究会2000年9月出版 2004年5月增补版

144.《商务印书馆——民间出版业的兴衰》 杨扬著 上海教育出版社2000年11月出版

145.《历史文献》第4辑 上海图书馆历史文献研究所编 上海科学技术文献出版社2001年1月出版

146.《中国藏书楼》 任继愈主编 辽宁人民出版社2001年1月出版

147.《中国出版史料(现代部分)》 宋原放主编 山东教育出版社2001年4月出版

148.《历史文献》第5辑 上海图书馆历史文献研究所编 上海科学技术文献出版社2001年8月出版

149.《面壁斋研书录》 张志强著 江苏教育出版社2001年9月出版

150.《胡适日记全编》 胡适著 曹信言整理 安徽教育出版社2001年10月出版 联经出版公司2004年5月繁体字版

151.《北京戊戌变法史》 刘高著 北京燕山出版社2001年11月出版

152.《严修日记》 严修著 南开大学出版社2001年12月出版

153.《汪康年:从民权论到文化保守主义》 廖梅著 上海古籍出版社2001年12月出版

154.《中国近代现代出版通史》 叶再生著 华文出版社2002年1月出版

155.《顾廷龙文集》 顾廷龙著 北京图书馆出版社 上海科学技术文献出版社2002年7月出版

156.《中国近代版权史》 李明山著 河南大学出版社2003年5月出版

157.《郑孝胥的前半生评传》 徐临江著 学林出版社2003年7月出版

158.《近代上海散文系年初编》 胡晓明主编 上海教育出版社2003年7月出版

159.《严复年谱》　孙应祥编著　福建人民出版社 2003 年 8 月出版

160.《严复大传》　皮后锋著　福建人民出版社 2003 年 10 月出版

161.《上海近代教育史(1843—1949)》　陈科美主编　上海教育出版社 2003 年 12 月出版

162.《现代出版产业发展论》　于友先著　苏州大学出版社 2003 年 12 月出版

163.《20 世纪中国的出版研究》　张志强著　广西教育出版社 2004 年 1 月出版

164.《历史文献》第 6 辑　上海图书馆历史文献研究所编　上海古籍出版社 2004 年 2 月出版

165.《启迪民智的钥匙——商务印书馆前期中学英语教科书》　张英著　中国福利会出版社 2004 年 3 月出版

166.《晚清图书馆学术思想史》　程焕文著　北京图书馆出版社 2004 年 4 月出版

167.《盛宣怀年谱长编》　夏东元编著　上海交通大学出版社 2004 年 4 月出版

168.《严复集补编》　孙应祥　皮后锋编　福建人民出版社 2004 年 7 月出版

169.《历史文献》第 7 辑　上海图书馆历史文献研究所编　上海古籍出版社 2004 年 7 月出版

170.《二十世纪图书馆与文化名人》　陈燮君　盛巽昌主编　上海社会科学院出版社 2004 年 7 月出版

171.《出版家王云五》　徐有守著　台湾商务印书馆 2004 年 7 月出版

172.《历史文献论丛》　王世伟主编　上海社会科学院出版社 2004 年 9 月出版

173.《顾廷龙年谱》　沈津编著　上海古籍出版社 2004 年 10 月出版

174.《中国出版史料(近代部分)》　宋原放主编　湖北教育出版社 2004 年 10 月出版

175.《宪政救国之梦——张耀曾先生文存》　张耀曾著　杨琥编　法律出版社 2004 年 11 月出版

176.《历史文献》第 8 辑　上海图书馆历史文献研究所编　上海古籍出版社 2004 年 12 月出版

177.《在历史缝隙间挣扎——1910—1920 年间〈小说月报〉研究》　柳珊著　百花洲文艺出版社 2004 年 12 月出版

178.《Gutenberg in Shanghai：Chinese Print Capitalism 1876—1937》〔美国〕Christopher A. Reed 著　UBC Press　2004 年出版

179.《戊戌变法史事考》　茅海建著　三联书店 2005 年 1 月出版

180.《目录版本校勘学论集》　王绍曾著　上海古籍出版社 2005 年 1 月出版

181.《商务印书馆与近代知识文化的传播》　李家驹著　商务印书馆 2005 年 2 月出版

182.《中国旧书业百年》　徐雁著　科学出版社 2005 年 5 月出版

183.《古籍印本鉴定概况》　陈正宏　梁颖著　上海辞书出版社 2005 年 6 月出版

184.《嘉业堂主人刘承幹传》　项文惠著　浙江人民出版社 2005 年 7 月出版

185.《20 世纪中国著名编辑出版家研究资料汇辑》(1)　宋应离　袁喜生　刘小敏编　河南大学出版社 2005 年 9 月出版

186.《历史文献》第 9 辑　上海图书馆历史文献研究所编　上海古籍出版社 2005 年 11 月出版

187.《商务印书馆与中国近代文化》　史春风著　北京大学出版社 2006 年 1 月出版

188.《郑振铎日记全编》　郑振铎著　陈福康整理　山西古籍出版社 2006 年 1 月出版

189.《三个世纪的跨越——从南洋公学到上海交通大学》　盛懿　孙萍　欧七斤编著　上海交通大学出版社 2006 年 3 月出版

190.《上海交通大学记事(1896—2005)》　上海交通大学校史编纂委员会编　上海交通大学出版社 2006 年 3 月出版

191.《忠信笃敬——何炳松传》　房鑫亮著　浙江人民出版社 2006 年 4 月出版

192.《出版与近代文明》　王建辉著　河南大学出版社 2006 年 4 月出版

193.《清末小说研究集稿》　［日本］樽本照雄著　陈薇监译　齐鲁书社 2006 年 8 月出版

194.《想像现代性——革新时期的〈小说月报〉研究》　董丽敏著　广西师范大学出版社 2006 年 8 月出版

195.《浙江藏书史》　顾志兴著　杭州出版社 2006 年 10 月出版

196.《宽容与理性——〈东方杂志〉的公共舆论研究（1904—1932）》　洪九来著　上海人民出版社 2006 年 11 月出版

197.《商务印书馆研究论集》　［日本］樽本照雄著　［日本］清末小说研究会 2006 年 12 月发行

198.《上海中华职业教育社志》　《上海中华职业教育社志》编纂委员会编　吴仲信主编　上海古籍出版社 2007 年 4 月出版

199.《燕山楚水》　内藤湖南著　吴卫峰译　中华书局 2007 年 5 月出版

200.《商务印书馆 110 年大事记》　商务印书馆 2007 年 5 月出版

201.《勇往向前——商务印书馆百年经营史（1897—2007）》　王学哲　方鹏程著　台湾商务印书馆股份有限公司 2007 年 5 月出版

202.《夏敬观年谱》　陈谊编著　黄山书社 2007 年 6 月出版

203.《水流云在——张元济孙女的自述》　张珑著　上海远东出版社 2007 年 8 月出版

204.《沈曾植年谱长编》　许全胜编著　中华书局 2007 年 8 月出版

205.《缘督庐日记》第四册　叶昌炽著　王季烈整理　北京图书馆出版社 2007 年 9 月出版

206.《文献学专题史略》　高尚榘主编　齐鲁书社 2007 年 12 月出版

207.《中国近代科技出版史研究》　冯志杰著　中国三峡出版社 2008 年 1 月出版

208.《民族魂——教科书变迁》　汪家熔著　商务印书馆 2008 年 3 月出版

209.《翰苑吟丛》　上海市文史研究馆编　上海辞书出版社 2008 年 4 月出版

210.《中国出版史》　吴永贵主编　湖南大学出版社 2008 年 8 月出版

211.《黄炎培日记》 黄炎培著 中国职业教育社出品 中国社会科学院近代史研究所整理 华文出版社 2008 年 9 月出版

212.《中国出版通史》第 7 卷、第 8 卷 汪家熔 王余光 吴永贵著 中国书籍出版社 2008 年 12 月出版

213.《品牌之道——商务印书馆》 杨德炎 王涛主编 商务印书馆 2008 年 12 月出版

214.《钏影楼回忆录》 包天笑著 中国大百科全书出版社 2009 年 1 月出版

215.《张元济往来书札》之一、之二、之三 陈正卿等整理 《上海档案史料研究》第三、五、六辑 上海三联书店 2007 年 8 月 2008 年 11 月 2009 年 3 月出版

216.《商务印书馆一百一十年》 商务印书馆 2009 年 7 月出版

217.《商务印书馆——中国图书馆发展的推手》 蔡佩玲著 台湾商务印书馆 2009 年 9 月出版

218.《罗家伦先生文存补遗》 罗久芳 罗久蓉编辑校注 台湾中央研究院近代史研究所 2009 年 12 月出版

# 附录九　张元济研究论文、史料评介、回忆文章举例

1.《张元济》　沃丘仲子撰　《现代名人小传》　崇文书局1918年出版　中国书店1988年8月重印

2.《苏杭甬路始末记》　汪康年撰　《汪穰卿笔记》　汪康年著　商务印书馆1926年8月出版

3.《菊老被绑记》　芳撰　1927年10月24日《商工周刊》

4.《张菊生先生述略》上下　直权撰　1946年11月29日30日《新闻报》

5.《读张菊生先生〈刍荛之言〉》　费孝通撰　《中建》第1卷第8期（1948年10月北平版）　又载《费孝通文集》　费孝通著　群言出版社1999年10月出版

6.《八三老人张元济》　高汾撰　1949年9月25日《大公报》

7.《张菊生（元济）靠拢的前前后后》　陈敬仁撰　《自由中国》第3卷第4期（1950年8月）

8.《戊戌维新人物记——张元济》　竺公撰　《畅流》第5卷第4期（1952年）

9.《访九十老人张元济先生》　陆诒撰　1956年7月31日《新闻日报》

10.《张元济先生二三事》　陆诒撰　1956年8月2日《新闻日报》

11.《贺张菊生九十生日》　陈叔通撰　1956年11月2日《文汇报》

12.《记张菊生先生张元济》　蜕园撰　1959年10月10日《循环日报》

13.《张菊老与商务印书馆》　王云五撰　《传记文学》第4卷第1期（1964年1月）

14.《我所知道的商务印书馆编译所》　郑贞文撰　《文史资料选辑》第53期（1964年3月）

15.《张菊生与商务印书馆》　朗毅撰　《古今谈》第18期（1966年8月）

16.《张菊生、王云五与商务印书馆》　林斌撰　《畅流》第40卷第7期

(1969年11月)

  17.《张元济先生传略》《中国近代学人像传》初辑　大陆杂志社编印　1971年9月出版

  18.《张元济传》　刘绍唐撰　《传记文学》第24卷第1期　台北《传记文学》杂志社1974年1月出版

  19.《张元济传》　刘绍唐撰　《民国人物小传》卷一　台北《传记文学》出版社1975年6月出版

  20.《纪念张元济先生》　恽茹辛撰　《东方杂志》复刊第9卷第5期(1975年11月)

  21.《王云五、孙壮、高梦旦、张菊生——商务印书馆的领导人物》　顾沛君撰　《出版与研究》第31期(1978年9月)

  22.《商务印书馆编译所生活之一》　茅盾撰　《新文学史料》1978年第1期　又载《出版工作》1978年第17期　《新华月报》(文摘版)1979年第1期　《商务印书馆九十年》　商务印书馆1987年出版

  23.《开辟草莱的人——读茅盾同志的回忆录纪念张元济先生》　刘春亭撰　《出版工作》1979年第4期

  24.《回忆商务印书馆》　胡愈之撰　北京《文史资料》1979年4月号　又载全国政协《文史资料》第61辑　《商务印书馆九十五年》　商务印书馆1992年出版

  25.《试论张元济先生对我国文化事业和目录学的贡献》　王绍曾撰　1979年6月《山东省图书馆学会学报》　又载《目录版本校勘学论集》　王绍曾著　上海古籍出版社2005年1月出版

  26.《记张元济先生在商务印书馆办的几件事》　王绍曾撰　《学林漫录》初集(1980年6月)　又载《商务印书馆九十五年》　商务印书馆1992年出版

  27.《张元济与商务印书馆》　曹冰严撰　上海《文史资料选辑》1980年第4期　又载《商务印书馆九十年》　商务印书馆1987年出版

  28.《读邹韬奋致张元济信有感——纪念韬奋同志诞辰八十五周年》　陆诒撰　《解放日报》1980年11月3日

  29.《回忆张菊生先生二三事》　顾廷龙撰　《1980中国出版年鉴》

(1980年12月),又载《商务印书馆九十年》 商务印书馆1987年出版

30.《涵芬楼和东方图书馆》 汪家熔撰 《图书馆学通讯》1981年第1期

31.《我在商务印书馆的四十年》 黄警顽撰 《文化史料》第2期(1981年11月) 又载《商务印书馆九十年》 商务印书馆1987年出版

32.《从天一阁说到东方图书馆》 赵万里撰 《中国古代藏书与近代图书馆资料》 中华书局1982年2月出版

33.《松坡图书馆筹办及劝捐简章》 梁启超撰 同上引书

34.《张元济与新文化运动》 ［新西兰］叶宋曼瑛撰 张珑 张人凤译 《图书馆杂志》1982年第2期

35.《回忆张菊生先生》 江辛眉撰 《学林漫录》第5集(1982年4月)

36.《重读张元济著〈中华民族的人格〉及其题辞》 陈梦熊撰 《图书馆杂志》1982年第2期

37.《张元济致书蒋介石》 陈潮撰 《解放日报》1982年4月29日

38.《〈张元济日记〉和文学研究会发起的经过》 ［日］青野繁治 《中国文艺研究会会报》第34期(1982年5月)

39.《张元济致鲍咸昌函 附:先父张元济不准我进"商务"》 张元济 张树年撰 《人物》1982年第3期 又载1982年5月25日《文摘报》

40.《商务两耆宿——高梦旦和张元济》 郑逸梅撰 《清娱漫笔》 上海书店1982年6月出版

41.《"庐山把晤"的事实经过》 张树年撰 1982年6月3日《解放日报》

42.《爱国出版家张元济》 汪守本撰 《人物》1982年第4期 又载《编辑杂谈》第3集 北京出版社1985年9月出版

43.《从〈张元济日记〉中的一些记载看茅盾〈我走过的道路〉》 周佳荣撰 《抖擞》第50期(1982年7月)

44.《〈张元济书札〉读后》 周采泉撰 《读书与出版》第218期(1982年7月12日)

45.《读蔡元培张元济通信有感》 牟小东撰 《学习与研究》1982年8月

46.《张元济口试》 黄炎培撰 《八十年来》 黄炎培著 文史资料出版社1982年8月出版

47.《张元济在匪窟吟诗》 伍稼青撰 《民国名人逸事》 台北文镜文化事业有限公司1982年10月10日发行

48.《张元济先生生平述略》 鲍翔麟 杨光涛撰 《海盐文艺》1982年11月

49.《郭沫若与张元济的交往》 陈梦熊撰 1982年11月17日《文汇报》

50.《关于张元济题辞中的日期问题》 包楠生 陆典 陈梦熊撰 《图书馆杂志》1982年第4期

51.《郭沫若与张元济的通信和赋诗》 陈梦熊撰 《资料与研究》总第67期(1982年12月)

52.《商务印书馆今昔》 高崧撰 《出版史料》第1辑(1982年12月) 又载《商务印书馆九十五年》 商务印书馆1992年出版

53.《出版界逝世人物志》 汪守本撰 《1982中国出版年鉴》 中国出版工作者协会编 商务印书馆1982年12月出版

54.《张元济亲笔题辞的一本通俗读物——〈中华民族的人格〉书话》 陈梦熊撰 《古旧书讯》1982年第2期

55.《藏书、校书、印书的张元济》 苏精撰 《传记文学》第40卷第1期(1982年)

56.《张元济涉园》 苏精撰 《近代藏书三十家》 台湾传记文学出版社1982年出版 增订本 中华书局2009年4月出版

57.《内藤湖南同张元济的一次会晤》 J. A. Fogel撰 《现代亚洲研究》第16卷第3期(1982年)

58.《张元济晚年写于〈可爱的中国〉卷首的题辞》 熊融撰 《古旧书讯》1983年第1期

59.《〈中华民族的人格〉书外谈朏——介绍张元济与胡适生前的三次通信》 陈梦熊撰 《古旧书讯》1983年第2期

60.《蔡元培与张元济交往琐记》 牟小东撰 《学林漫录》第7集 中华书局1983年3月出版

61.《编辑、作者、稿酬、版税历史由来小议》 吉少甫撰 《编辑杂谈》第 2 集 北京出版社 1983 年 4 月出版

62.《张菊生和他的长随老张》 谢菊曾撰 《十里洋场的侧影》 花城出版社 1983 年 4 月出版

63.《记张元济先生》 鲍翔麟 杨光涛撰 《南湖》1983 年第 2 期

64.《读张元济先生〈中华民族的人格〉又一题辞》 韦少波撰 《社会科学》1983 年第 5 期

65.《回忆商务印书馆》 陈叔通口述 史久芸等记录 《文化史料》第 6 辑(1983 年 6 月) 又载《出版史料》1987 年第 1 期 《商务印书馆九十年》 商务印书馆 1987 年出版

66.《海盐名人张元济》 何成穆撰 《嘉兴师专学报》(社会科学版)1983 年第 1 期

67.《爱国出版家张元济》 景秋 翔麟撰 《浙江画报》1983 年第 6 期

68.《甘氏所藏三十卷本〈金石录〉流落始末》 甘焕撰 《文教资料简报》1983 年第 6 期

69.《张元济家教有方》 杨成其撰 《伦理学与精神文明》第 5 期(1983 年 10 月) 又载 1983 年 11 月 20 日《海盐科技报》

70.《张元济与〈四库全书〉》 庄葳撰 《书林》第 5 期(1983 年 10 月)

71.《张元济晚年写于〈可爱的中国〉卷首的辞》 陈梦熊撰 1983 年 10 月 25 日《解放日报》

72.《〈外交报〉、〈东方杂志〉》《辛亥革命时期期刊介绍(三)》 丁守和著 人民出版社 1983 年 11 月出版

73.《我和商务印书馆》 叶圣陶撰 《出版史料》第 2 期(1983 年 12 月) 又载《商务印书馆九十年》 商务印书馆 1987 年出版

74.《张元济之子张树年先生来信摘要》 张树年撰 《嘉兴师专学报》1983 年第 2 期

75.《尊老敬贤,赤诚相见——回忆毛主席和先父的交往》 张树年撰 1983 年 12 月 26 日《解放日报》

76.《宋刻〈礼记正义〉与宝礼堂》 潘世兹撰 1983 年 12 月 27 日《新民晚报》

77.《关于毛泽东致张元济的信》 顾岩撰 1983年12月29日《解放日报》

78.《张元济和图书馆》 盛巽昌撰 《青海图书馆》1984年第1期

79.《张元济》 《浙江人物简志》(下) 浙江人民出版社1984年4月出版

80.《张元济对教育的贡献》 杨成其撰 《教育文摘》1984年第4期

81.《〈四部丛刊〉与张菊老》 高震川撰 1984年4月22日《解放日报》

82.《张元济与通艺学堂》 贾平安撰 《历史教学》1984年第8期

83.《看似容易却艰辛——记张元济先生主持的古籍影印工作》 汪家熔撰 《古籍整理出版情况简报》1984年9月

84.《戊戌变法运动中的张元济》 贾平安撰 《济宁师专学报》(社会科学版)1984年第4期

85.《蔡元培与张元济》 高平叔撰 《民国档案》1985年第1期 又载《蔡元培张元济往来书札》 台湾中央研究院中国文哲研究所筹备处1990年6月印行 《商务印书馆九十五年》 商务印书馆1992年出版

86.《论张元济》 李侃撰 《历史研究》1985年第1期 又载《近代传统与思想文化》 李侃著 文化艺术出版社1990年9月出版 又载《李侃史论选编》 李侃著 中华书局2002年4月出版

87.《张元济和图书馆事业》 汪家熔撰 《图书馆学通讯》1985年第2期

88.《古籍整理出版的巨人张元济》 江辛眉撰 《编辑记者一百人》 学林出版社1985年3月出版

89.《涉园主人》 黄裳撰 《珠还记幸》 三联书店1985年5月出版 2006年4月修订本

90.《贺张元济先生九十寿庆》 邵力子撰 《邵力子文集》 傅学文编 中华书局1985年8月出版

91.《卓越的出版界先驱——张元济》 汪守本撰 《博览群书》1985年第8期

92.《开辟草莱的人》 吉少甫撰 《中国出版工作》1985年第11、12期 又载《书林初探》 吉少甫著 上海三联书店1995年8月出版

93.《张元济与汪精卫》 牟小东撰 1985年11月5日《人民政协报》

94.《忆我老师张元济先生》 汤笔花撰 1985年11月12日《上海政协报》

95.《邹韬奋狱中致先父张元济书简》 张树年撰 《出版史料》第4期(1985年12月)

96.《茅盾致张元济的信札和祝辞》 熊融撰 《出版史料》第4期(1985年12月)

97.《跋张菊生丈遗札》 潘景郑撰 《寄沤賸稿》 潘景郑著 齐鲁书社1985年12月出版

98.《用人问题上的真知灼见——读〈张元济书札〉》 牟小东撰 《红专》1986年第1期 又载《群言》1986年第2期

99.《张元济两次晋见毛主席和书信来往》 张树年撰 《统战工作史料》第5期(1986年1月)

100.《A Hidden Chapter in Early Sino-Japanese Cooperation：The Commercial Press-Kinkôdô Partnership》 ［新西兰］叶宋曼瑛撰 《The Journal of International Studies》1986年1月 汉译《早期中日合作中未被揭开的一幕——一九〇三年至一九一四年商务印书馆与金港堂的合作》 张人凤译 《出版史料》1987年第3期

101.《赠张菊生》 陈叔通撰 《百梅书屋书存》 中华书局1986年1月出版

102.《张元济维新思想述评》 贾平安撰 《学术月刊》1986年第2期

103.《读蔡元培 张元济往来书札》 牟小东撰 《明报月刊》1986年第3期 又载《蔡元培张元济往来书札》 台湾中央研究院中国文哲研究所筹备处1990年6月印行

104.《谈张元济传记——〈大变动时代的建设者〉》 白化文撰 1986年3月7日《人民政协报》

105.《从〈张元济日记〉谈商务印书馆》 林熙撰 《大成杂志》第105期 又载《出版史料》总第5、6、7期(1986年6月、12月、1987年3月)

106.《张元济与合众图书馆》 顾廷龙撰 《出版史料》总第5期(1986年6月) 又载《顾廷龙文集》 顾廷龙著 北京图书馆出版社 上海科学

技术文献出版社 2002 年 7 月出版

　　107.《张元济主持的古籍影印工作》　汪家熔撰　《出版史料》总第 5 期(1986 年 6 月)

　　108.《张元济　李伯元与〈绣像小说〉》　[新西兰]叶宋曼瑛撰　《出版史料》总第 5 期(1986 年 6 月)

　　109.《郭沫若与张元济互赠的诗》　卜庆华撰　《出版史料》总第 5 期(1986 年 6 月)

　　110.《中国新式出版业中开辟草莱的人》　汪家熔撰　《编辑家列传》(一)　中共中央宣传部出版局编　北京大学出版社 1986 年 8 月出版

　　111.《略谈张元济的人才观——"商务"早期成功的诀窍》　陈江撰　《编辑之友》1986 年第 7 期

　　112.《张元济与涵芬楼》　郑伟章　李万健撰　《中国著名藏书家传略》　书目文献出版社 1986 年 9 月出版

　　113.《张元济与早期共产党人》　邹振环撰　《上海文史资料选辑》(六)　1986 年 10 月出版

　　114.《张元济与共学社》　邹振环撰　《档案与史学》1986 年第 4 期

　　115.《两种张元济传记简评》　柳和城撰　《读书》1987 年第 1 期

　　116.《张元济研究概述》　邹振环撰　《浙江学刊》1987 年第 1 期

　　117.《李宗仁致张元济的一封信》　陈江撰　1987 年 1 月 7 日《团结报》

　　118.《从戊戌期间的张元济看中国的开明知识分子》　[新西兰]叶宋曼瑛撰　《中国文化研究集刊》第 4 集　复旦大学出版社 1987 年 1 月出版

　　119.《耕犁千亩实千箱——张元济的理想和实践》　陈江撰　《编辑之友》1987 年第 2 期

　　120.《商务印书馆九十年》　陈原撰　1987 年 2 月 10 日、11 日《人民日报》　又载《1988 年中国出版年鉴》

　　121.《张元济先生和〈百衲本二十四史〉》　文伟撰　1987 年 3 月 21 日《团结报》

　　122.《张元济及其"涉园"》　晓羽撰　1987 年 3 月 14 日《文汇读书周报》　又载 1987 年 3 月 29 日《文摘报》

123.《张元济先生二三事》 赵而昌撰 1987年5月28日《新民晚报》

124.《张元济图书馆在浙江开馆》 石四维撰 《瞭望》(海外版)1987年第6期

125.《关于张菊生先生》 张子文撰 《传记文学》第15卷第6期(1987年6月)

126.《怀念张元济先生——写在张元济图书馆开馆的日子里》 王自强撰 1987年7月5日《海盐科技报》

127.《〈张元济日记〉是怎样保存下来的?》 陈江撰 《编辑之友》1987年第4期 又载《青少年日记》1987年9月号

128.《面向世界,振新吾国——张元济先生前期的出版活动》 陈江撰 《出版工作》1987年第7、8、9期

129.《文化根基与百年大业——张元济图书馆落成礼后记》 怀土撰 《书海》第14期(1987年7月)

130.《张元济》 申畅撰 《中国目录学家传略》 中州古籍出版社1987年7月出版

131.《张元济提倡薄葬》 柳和城撰 1987年8月8日《新民晚报》

132.《张元济和李宗仁》 陆忠华撰 1987年9月27日《解放日报》

133.《张元济增订的〈中国历代世纪歌〉》 柳和城撰 《古旧书讯》1987年第5期

134.《张元济先生为〈同舟〉题词》 钱普齐撰 《出版史料》1987年第3期

135.《张元济与涉园》 顾志兴撰 《浙江藏书家藏书楼》 浙江人民出版社1987年11月出版

136.《陈毅与张元济》 任关华 陆广田编著 《全国文摘精华》 知识出版社1987年11月出版

137.《张元济生平简介》 上海市文史馆办公室撰 《史料选编》第2辑 上海市文史馆 上海市人民政府参事室文史资料工作委员会 1987年12月编印

138.《精于治学,严于律己》 戴广德撰 同上引书

139.《深切怀念张元济先生》 孙诗圃撰 同上引书

140.《中西文化交流的开拓者》 王国忠撰 同上引书

141.《忆先严任上海市文史馆馆长前后的几件事》 张树年撰 同上引书

142.《游天坛毛主席谈论变法 回饭店张元济对比今昔》 孙连全撰 《统战工作500例》（上） 展望出版社1987年12月出版

143.《〈中华民族的人格〉的编写背景》 汪家熔撰 《书海》第16期（1987年12月）

144.《从黄荛翁到张菊老——150年来版本学的纵深进程》 胡道静撰 《古籍整理出版情况简报》1987年12月20日 又载《出版史料》1988年第1期 又载《版本学研究论文选集》 书目文献出版社1995年11月出版

145.《张元济与戊戌维新》 汤志钧撰 《社会科学战线》1988年第1期

146.《毕生致力于文化出版事业的张元济》 山令 禹羽 项锷撰 《中华爱国先辈故事》（五） 少年儿童出版社1988年1月出版

147.《十位爱国老人营救被捕学生》 方行撰 《上海文史资料选辑》第58期 上海人民出版社1988年1月出版

148.《张元济发展出版事业的经验——读〈张元济日记〉》 陈左高撰 《古旧书讯》1988年第1期

149.《论张元济的编辑活动——兼谈在文化史上的影响》 刘光裕撰 《出版史料》1988年第1期 又载《编辑学论稿》 刘光裕著 山东教育出版社1989年7月出版

150.《要重视对我国文化传播事业的研究——张元济诞生120周年学术讨论会侧记》 赵春祥撰 《出版史料》1988年第1期

151.《〈宝礼堂宋本书录序〉简介》 张树年撰 同上引书

152.《新旧交替时期两位学人的探讨——从张元济 胡适往来信札谈起》 ［新西兰］叶宋曼瑛撰 《出版史料》1988年第1期至1989年第3、4期合刊连载

153.《张元济"及身已见太平来"》 陵平撰 1988年3月7日香港《新晚报》

154.《照片引出的佳话》 王英撰 1988年3月13日《新民晚报》 又

载《毛泽东轶事》 董志英编 昆仑出版社 1989 年 3 月出版

155.《近代出版家张元济的经营管理思想》 郑学益撰 《江淮论坛》1988 年第 2 期

156.《张元济建公墓主薄葬》 王英撰 1988 年 5 月 15 日《嘉兴报》

157.《张元济与毛泽东的交往》 王英撰 1988 年 6 月 25 日《浙江日报》

158.《张元济与光绪帝之间的一段轶事》 王英撰 1988 年 8 月 6 日《团结报》

159.《张元济与严译名著》 柳和城撰 《古旧书讯》1988 年第 4 期

160.《张元济讨论会、武原镇、张元济图书馆》 ［日本］利波雄一撰 《野草》第 42 期(1988 年 8 月 1 日)

161.《张元济与〈日本法规大全〉》 柳和城撰 《出版史料》1988 年第 3、4 期合刊(1988 年 9 月)

162.《张元济辞商务印书馆监理的前前后后》 张人凤撰 同上引书

163.《张元济早期民主思想及其裂变》 赵春祥撰 《上海大学学报》(社会科学版)1988 年第 4 期

164.《张元济的出版宗旨和他的教育思想》 柳和城 陈梦熊撰 同上引书

165.《张元济郭沫若交往》 王英撰 1988 年 11 月 8 日《团结报》

166.《张元济主张禁止黄色电影和书刊》 张鸿基撰 《民国春秋》1989 年第 1 期 又载 1989 年 4 月 20 日《文摘报》

167.《两代学人，一对挚友——张元济与胡适的交往》 柳和城撰 《安徽师范大学学报》第 17 卷第 1 期(1989 年 1 月)

168.《试论张元济的思想和事业》 刘光裕撰 《编辑学刊》1989 年第 1 期 又载《编辑学论稿》 刘光裕著 山东教育出版社 1989 年 7 月出版

169.《毛主席邀张元济同游天坛》 萧新祺撰 1989 年 2 月 15 日《北京日报》

170.《张元济是不是"通儒"?》 刘光裕撰 《出版史料》1989 年第 1 期

171.《五四时期的商务印书馆》 李德征撰 《文史哲》1989 年第 3 期

172.《在文学巨匠与出版家之间》 王英撰 1989 年 5 月 16 日《人民

政协报》

173.《毛泽东与戊戌科状元》 贾思楠撰 《毛泽东人际交往实录》江苏文艺出版社1989年6月出版

174.《侍先父菊生先生赴京参加开国大典》 张树年撰 《上海文史》1989年第2期

175.《爱国出版家张元济和邹韬奋的交往》 王英撰 1989年7月14日《联合时报》

176.《毛泽东与张元济》 王英撰 1989年8月29日香港《大公报》

177.《张元济和昆曲》 柳和城撰 《上海文化史志通讯》第5期（1989年9月）

178.《张元济请客》 柳和城撰 1989年10月31日《新民晚报》

179.《"商务"董事长张元济被绑票记奇》 柳和城撰 《上海滩》1989年第10期 又载《世纪大案》 汉语大词典出版社2001年4月出版

180.《张元济先生小传》 柳和城撰 《1988年中国出版年鉴》 中国书籍出版社1989年10月出版

181.《中国文化史上的一座丰碑》 刘光裕撰 同上引书

182.《中国近代出版经营管理的开拓者》 郑学益撰 同上引书

183.《一代出版家的风范》 沈飞德撰 1989年11月2日《文汇报》

184.《张元济和制版工人》 徐志放撰 1989年11月18日《新民晚报》

185.《〈百衲本二十四史校勘记〉必须得到重视》 王绍曾撰 《古籍整理研究学刊》1989年第6期 又载《目录版本校勘学论集》 王绍曾著 上海古籍出版社2005年1月出版

186.《张元济和蔡元培》 周简段撰 1989年11月29日香港《华侨日报》

187.《〈孙文学说〉在沪初版发行的前前后后》 邹振环撰 《史林》1989年第4期

188.《情深意挚戊戌两君子——记张元济与梁启超的交往》 王英撰 1989年12月8日《人民政协报》

189.《张元济盗窟赋诗》 宏图撰 1989年12月12日《团结报》

190.《张元济和他的科举挚友陈叔通》 王英撰 1990年1月17日《团结报》

191.《张元济与王宠惠》 柳和城撰 1990年1月31日《团结报》

192.《张菊生先生与昆曲》 柳和城撰 《大成》第194期(1990年1月)

193.《张元济慧眼识胡适》 王英撰 1990年2月21日《团结报》

194.《张元济与涉园藏书楼》 朱子撰 1990年3月7日香港《华侨日报》

195.《张元济一九四〇年的香港之行》 柳和城撰 《香港文学》1990年第3期

196.《张元济与〈中国近代史资料〉》 张人凤撰 《出版史料》1990年第1期(1990年3月)

197.《从一份地址看张元济与民国风云人物的交往》 柳和城撰 同上引书

198.《试评张元济主编的〈最新修身教科书〉》 仲玉英撰 同上引书

199.《两件从未发表过的珍贵史料——张元济胡适往来书信稿》 傅安明撰 《上海文史》1990年第1期

200.《张元济校史十五例》 王绍曾撰 《文献》1990年第2期 又载《目录版本校勘学论集》 王绍曾著 上海古籍出版社2005年1月出版

201.《张元济与南洋中华团体史志编纂处》 柳和城撰 1990年4月17日《马来西亚日报》

202.《商务印书馆与中国近代教育》 贾平安撰 《西南师范大学学报》(哲社版)1990年4月25日

203.《商务印书馆元老张元济与〈新治家格言〉》 张臻撰 《民俗文化研究通信》第16期(1990年4月)

204.《张元济与"党人捐款"》 柳和城撰 1990年5月23日《团结报》

205.《张元济与图书馆》 王清撰 《晋图学刊》1990年第2期

206.《读张菊老的一篇佚文和〈中国历史教科书〉》 柳和城撰 《出版史料》1990年第2期

207.《张菊生与周汝昌的一段翰墨缘》 柳和城撰 《大成》第199期

(1990年6月)

208.《张元济对出版事业的贡献》 汪家熔撰 《民主》1990年第7期

209.《张元济和李宗仁通信始末》 王英撰 1990年7月16日《团结报》 又载1990年7月14日《浙江日报》

210.《喜读〈张菊生与周汝昌的一段翰墨缘〉》 周汝昌撰 《大成》第201期(1990年8月)

211.《张元济与蔡元培》 王英撰 1990年9月15日《团结报》

212.《我国第一份版税合同和版税印花》 长洲 《出版史料》1990年第3期

213.《百衲本〈二十四史〉和〈校史随笔〉的学术贡献》 赵守俨撰 《古籍整理研究》1990年第5期 又载《赵守俨文存》 赵守俨著 中华书局1998年8月出版

214.《张元济与严复》 王英撰 1990年11月29日香港《华侨日报》 又载1990年12月美国纽约《侨报》 1991年3月20日《团结报》 1991年12月15日《中国新闻》

215.《张元济与傅斯年的交往》 柳和城撰 1990年12月1日《团结报》

216.《张元济与〈英译中国歌诗选〉》 邹振环撰 《出版史料》1990年第4期

217.《辛亥前后商务印书馆的〈法政杂志〉》 张人凤撰 同上引书

218.《一份最早抓全国翻译出版规划的建议书》 江阳撰 同上引书

219.《〈檇李文系〉续辑始末》 张人凤撰 《嘉兴教育学院学报》1990年第2期

220.《张元济编辑活动记略》 汪家熔撰 《中国现代著名编辑家编辑生涯》 丁景唐编 中国展望出版社1990年出版

221.《张元济献身文化事业》 陈左高撰 1991年1月4日香港《大公报》

222.《爱国老人张元济与陈毅的友谊》 柳和城撰 《上海文史》1991年第1期 《上海统一战线》1991年第1期摘登 又载《上海文史资料选辑》第68期(1991年11月)

223.《评〈蔡元培张元济往来书札〉》 陶英惠撰 《中国文哲研究通讯》第 1 卷第 1 期(1991 年 3 月)

224.《张元济〈宋书〉版式"五格"说质疑兼述"眉山七史"版本问题》 李国庆撰 《图书馆研究工作》1991 年第 1 期

225.《〈四部丛刊〉与〈四部备要〉》 王湜华撰 《中国出版》1991 年第 3 期

226.《张元济作的挽联》 王英撰 1991 年 4 月 10 日《新民晚报》

227.《张元济蒋复璁两次合作》 柳和城撰 1991 年 4 月 24 日《团结报》

228.《张元济 1928 年日本之行》 王英撰 《嘉兴社会科学》1991 年第 2 期

229.《张元济"鬻书为活"》 王英撰 1991 年 5 月 20 日《新民晚报》

230.《企业家与大学者》 杨玉玲撰 1991 年 6 月 6 日《解放日报》

231.《出版业先驱张元济》 王英撰 1991 年 6 月 8 日香港《华侨日报》

232.《张元济的〈西藏解放歌〉》 柳和城撰 1991 年 6 月 11 日《解放日报》

233.《张元济与〈翁文端公日记〉》 柳和城撰 《出版史料》1991 年第 2 期

234.《张元济与黄炎培办教育》 周简段撰 1991 年 7 月 7 日香港《华侨日报》

235.《张元济与吴稚晖》 柳和城撰 1991 年 8 月 24 日《团结报》

236.《出版家张元济》 陶继明撰 《海上名人录》 上海画报出版社 1991 年 8 月出版

237.《中国知识界的骄傲——读〈张元济年谱〉》 陈原撰 《读书》1991 年第 9 期 又载《新华文摘》1991 年第 11 期 又载《出版史料》1991 年第 3 期 又载《学海行舟人物》 太白文艺出版社 1995 年 3 月出版

238.《张元济年谱序》 顾廷龙撰 《出版史料》1991 年第 3 期 又载《顾廷龙文集》 顾廷龙著 北京图书馆出版社 上海科学技术文献出版社 2002 年 7 月出版

239.《张菊生先生年谱序》 王绍曾撰 《出版史料》1991 年第 3 期 又载《目录版本校勘学论集》 王绍曾著 上海古籍出版社 2005 年 1 月出版

240.《张元济年谱序言》 宋原放撰 《出版史料》1991 年第 3 期

241.《张菊生先生日本交游考》 李庆撰 同上引书

242.《张元济与〈续古逸丛书〉》 张人凤撰 同上引书

243.《一部校勘学和史学研究的力作——读〈校史随笔〉》 柳和城撰 1991 年 9 月 2 日《书讯报》

244.《张元济印〈四库全书〉》 周简段撰 1991 年 7 月香港《华侨日报》

245.《张元济与〈丛书集成〉》 柳和城撰 《文教资料》1991 年第 5 期

246.《论张元济的人才观和职业道德观》 杨成其撰 《嘉兴教育学院学报》1991 年第 1、2 期合刊

247.《忆陈毅与我的祖父张元济的交往》 张人凤撰 《上海党史》1991 年第 10 期 又载《陈毅与上海》 中共党史出版社 1992 年 9 月出版 又载《元帅交往实录系列·陈毅》 四川人民出版社 1993 年 7 月出版

248.《张元济与丁文江》 王英撰 1991 年 11 月 9 日《团结报》

249.《张元济发起修茸胡震亨墓》 柳和城撰 《嘉兴社会科学》1991 年第 4 期

250.《张元济与浙江保路运动》 陈念苏撰 同上引书

251.《商务印书馆创业诸君》 汪家熔撰 《江苏出版史志》1991 年第 3 期

252.《张元济论翻译》 陈福康撰 《中国翻译》1991 年第 6 期

253.《胡适与张元济》 李侃撰 《胡适与他的朋友》(二) 纽约天外出版社 1991 年 12 月出版 又载《李侃史论选编》 李侃著 中华书局 2002 年 4 月出版

254.《张元济和古籍影印》 邱平撰 《出版史料》1991 年第 4 期

255.《有关张元济跋两件及外交报章程》 汪家熔撰 同上引书

256.《商务印书馆校史处的回忆》 王绍曾撰 《商务印书馆九十五年》 商务印书馆 1992 年 1 月出版 又载《目录版本校勘学论集》 王绍曾著 上海古籍出版社 2005 年 1 月出版

257.《张元济与伍光建》 王英撰 1992年1月9日《新民晚报》 又载1992年2月19日《团结报》

258.《出版家张元济和翻译家严复》 杨忠学撰 《编辑学刊》1992年第1期

259.《黄炎培致张元济遗札》 承载等整理 《近代史资料》第80期（1992年1月）

260.《张元济和蔡元培——在传播西学的层面上》 陈原撰 《国际汉学》1992年2月号 又载《书与人与我》 陈原著 三联书店1994年7月出版 又载《陈原散文》 浙江文艺出版社1997年2月出版

261.《张元济参与中共开国建政》 王英撰 《广角镜》第233期（1992年2月） 又载1992年5月24日《中国新闻》

262.《〈孤本元明杂剧〉编印的前前后后》 柳和城撰 《出版史料》1992年第1期

263.《张元济和他的〈赴会日记〉》 柳和城撰 《上海统一战线》1992年第3期

264.《吴梅 张元济关于〈奢摩他室曲丛〉的通信》 柳和城撰 《南社研究》第2辑 中山大学出版社1992年3月出版

265.《Reformer helps Nation in a Pragmatie Way》 Shang Wu撰 1992年3月23日《China Daily》

266.《张元济爱护古籍与校印古书的功业》 林星垣撰 《图书馆杂志》1992年第2期

267.《淡泊轻利，公而忘私》 王自强撰 1992年4月18日《嘉兴日报》

268.《从翰林到出版家——介绍张元济先生的生平与事业》 林同撰 1992年4月20日香港《华侨日报》

269.《张元济学术讨论会在海盐举行》 凌志良 1992年5月5日《钱江晚报》

270.《张元济的几枚印章》 张人凤撰 《上海文史》1992年第1期

271.《张元济游历欧美见闻》 王英撰 同上引书

272.《张元济的一幅题辞》 柳和城撰 同上引书

附录九　张元济研究论文、史料评介、回忆文章举例　　　　733

273.《张元济和辜鸿铭》　柳和城撰　《上海滩》1992年第4期

274.《唯一参加过戊戌变法的政协委员》　水镜　《民国春秋》1992年第3期

275.《"〈积雪西陲〉一诗甚好"》　《毛泽东的人际世界》　红旗出版社1992年5月出版

276.《教育兴国:前辈的梦想和我辈的事业》　张谦　宋绍发撰　《历史的呼唤——纪念辛亥革命八十周年对台广播征文选》　浦江之声电台1992年5月编印

277.《张元济》　《浙江革命(进步)文化名人传略》　江涓主编　杭州大学出版社1992年5月出版

278.《张元济和〈永乐大典〉》　柳和城撰　《图书馆杂志》1992年第3期

279.《第二届张元济学术思想讨论会召开》　邱平撰　《出版史料》1992年第2期

280.《张元济和〈四部丛刊〉》　张人凤撰　《出版史料》1992年第2期

281.《"张元济精神"和中国近代化》　承载撰　1992年6月25日《社会科学报》

282.《为吾国人——张元济编辑思想探微》　孙鲁燕撰　《出版发行研究》1992年第4期　又载《近现代中国出版优良传统研究》　中国书籍出版社1994年1月出版

283.《原商务印书馆董事长被绑架前后》　王英撰　1992年7月6日《浙江日报》

284.《昌明教育,传播西学》　孙鲁燕撰　《编辑之友》1992年第4期

285.《张元济与商务印书馆》　王英撰　同上引书

286.《第二届张元济学术思想讨论会在海盐县召开》　邹振环撰　《中国出版》1992年第8期

287.《出版家张元济和藏书家刘承幹的交往》　柳和城撰　《浙江出版史料》第九期(1992年8月)

288.《张元济为〈太平天国诗文钞〉校正增补》　柳和城撰　《出版研究》1992年第4期

289.《集才·用才·育才——一代名人张元济先生小记》 吴盈飞撰 《人才开发》1992年第9期

290.《太平天国卷籍上的题词》 吴必发撰 《上海统一战线》1992年第9期

291.《务实、进取的文化巨匠——谈张元济主持商务印书馆30年》 刘光裕撰 《出版史料》1992年第3期

292.《启迪民智的目的,锐意革新的手段——略论张元济先生的编辑、经营管理思想》 林尔蔚撰 同上引书

293.《张元济与张元济图书馆》 王英撰 《嘉禾风情》 国际文化出版公司1992年9月出版

294.《侍先父张元济参加开国大典》 张树年撰 1992年9月30日《劳动报》

295.《爱国出版家张元济》 王健飞撰 《海盐人物春秋》 团结出版社1992年10月出版

296.《张元济与商务印书馆》 王遂今撰 《文化交流》第12期(1992年10月)

297.《商务印书馆与中国近代版权保护》 王清撰 《出版发行研究》1992年第6期 1993年第1期

298.《严复张元济版权思想初探》 王清撰 《法学杂志》1992年第4期

299.《张元济和两种版本的〈金石录〉》 张人凤撰 《出版史料》1992年第4期

300.《商务印书馆史事札记》 汪叔子撰 同上引书

301.《试论张元济精神》 王自强撰 同上引书

302.《张元济与〈外交报〉》 陈江撰 同上引书

303.《可信·全面·科学——〈张元济年谱〉评介》 张志强撰 1992年12月24日《光明日报》

304.《张元济是注重维新与务实的教育家——兼议张元济又是一位社会活动家、出版家》 吾用明撰 《杨浦教育学院院刊》1992年第2期 又载《出版大家张元济》 浙江海盐政协文史委等编 学林出版社2006年1

月出版

305.《陈毅与出版家张元济的交往》 王英撰 《情系中华》1993年2月 又载《中国统一战线》1993年第4期

306.《毛泽东与张元济》 孙琴安 李师贞撰 《毛泽东与名人》 江苏人民出版社1993年2月出版

307.《张元济在建国前后》 王英撰 《海峡两岸》1993年第2期

308.《张元济蔡元培来往书信集跋》 陈原撰 《编辑学刊》1993年第1期 又载《新华文摘》1993年第4期

309.《张元济与〈清仪阁所藏古器物文〉》 柳和城撰 《编辑学刊》1993年第1期

310.《张元济与罗家伦的交往》 柳和城撰 《团结报》1993年2月13日起至2月24日分4次连载

311.《毛泽东与张元济》 《毛泽东与党外人士》 河北人民出版社1993年3月出版

312.《张元济》 《上海近代藏书纪事诗》 周退密 宋路霞著 华东师范大学出版社1993年4月出版

313.《文化名人张元济》 徐肖冰撰 《嘉兴市革命文化史料汇编》 团结出版社1993年4月出版

314.《中国出版事业的先驱——海盐张元济先生》 孙尚志撰 《浙江月刊》第25卷第4期(1993年4月)

315.《张元济和〈百衲本二十四史〉》 张人凤撰 《编辑学刊》1993年第2期

316.《张元济的一封介绍信》 陈福康撰 同上引书

317.《中国近代文化史上的严复与张元济》 张荣华撰 《复旦大学学报》(社会科学版)1993年第3期

318.《张元济状告巡捕房》 柳和城撰 《上海滩》1993年第6期

319.《〈张元济蔡元培来往书信集〉校读记》 何广棪撰 《大陆杂志》1993年6月

320.《张元济关于"东南互保"的两封信》 柳和城撰 1993年6月5日《团结报》

321.《张元济与蔡元培》 唐振常撰 1993年7月10日《文汇读书周报》

322.《垂暮怀旧雨——王云五谈张元济》 杨光涛撰 1993年7月28日《团结报》

323.《张元济和康有为》 张晓唯撰 1993年8月7日、11日《团结报》

324.《商务印书馆与铁琴铜剑楼的合作》 张人凤撰 《江苏出版史志》1993年第2期

325.《历经沧桑见太平》 张树年撰 《毛泽东和党外朋友们》 邵康编 团结出版社1993年9月出版

326.《记毛泽东与张元济的交往》 张人凤撰 《毛泽东在上海》 中共党史出版社1993年10月出版 又载《肝胆相照见真情——老一辈无产阶级革命家与民主人士的交往》 中国文史出版社1999年9月出版

327.《从事推动人的近代化事业的一生——记近现代出版家张元济》 仲玉英撰 《浙江出版史料》第13期(1993年10月)

328.《张元济》 殷理田撰 《毛泽东交往百人丛书——民主人士篇》 山西人民出版社1993年10月出版

329.《张元济与林琴南》 张晓唯撰 1993年10月6日《团结报》

330.《张元济对白话文普及的贡献》 宋绍发撰 1993年10月9日《团结报》

331.《张元济：近代出版业的开创者》 启智撰 1993年11月21日《工人日报》

332.《张元济拒金斥汉奸》 陈梦熊撰 《世纪》1993年第3期 又载《政海拾零》 吴孟庆主编 上海辞书出版社2006年7月出版

333.《初期商务印书馆之谜》 [日]沢本郁馬撰 《清末小说》第16号(1993年12月)

334.《商务印书馆编译所考略》 汪家熔撰 《江苏出版史志》1993年第3期

335.《救国自强的终生事业——论张元济及商务同仁的出版思想》 汪家熔撰 《近现代中国出版优良传统研究》 中国出版科学研究所科研办

公室编　中国书籍出版社 1994 年 1 月出版

336.《昌明教育平生愿,故向书林努力来》　邱琼瑛撰　同上引书

337.《张元济的人才观和人才管理实践活动初探》　张人凤撰　同上引书

338.《超越市侩意识的文化品格——商务印书馆馆史的启示》　李瑞良撰　同上引书

339.《民有喉舌,国有聪目——记先严张元济与近代报业》　张树年撰　1994 年 2 月 1 日《海盐报》

340.《近代中国传媒事业的开拓者张元济》　陈原撰　《台港澳报刊动态》第 140 期(1994 年 2 月)

341.《一代出版名人——张元济》《中国老赢家秘籍》　温云荣等编　中国发展出版社 1994 年 2 月出版

342.《张元济与中日文化交流》　陈东辉撰　《近代史研究》1994 年第 2 期

343.《张元济》《北京出版史志》第 2 辑　北京出版社 1994 年 3 月出版

344.《涉园旧事》　宋路霞撰　1995 年 5 月 12 日香港《大公报》

345.《商务印书馆与近现代文化变迁(1897—1927)》　吴方撰　《上海文化》1994 年第 3 期

346.《张元济拒绝清东陵修复捐款》　柳和城撰　《上海滩》1994 年第 6 期

347.《毛泽东和张元济》《毛泽东和他的朋友》　边泽　肖东编著　浙江人民出版社 1994 年 6 月出版

348.《张元济》《中国教育大系·历代教育名人志》　湖北教育出版社 1994 年 7 月出版

349.《张元济卖字》　柳和城撰　《写字》1994 年第 4 期

350.《张元济庐山拜访蒋介石》　柳和城撰　《世纪》1994 年第 5 期　又载《政海拾零》　吴孟庆主编　上海辞书出版社 2006 年 7 月出版

351.《商务印书馆:现代中国的"模范实业"》　任之撰　《海上文坛》1994 年第 10、11、12 期

352.《二十四史的二百五十年版本史》 汪家熔撰 《出版史研究》第2辑(1994年11月)

353.《张元济与罗家伦》 柳和城撰 《中外杂志》第56卷第5期(1994年11月)

354.《读〈初期商务印书馆之谜〉后的补充与商榷》 张人凤撰 《清末小说》第17号 1994年12月

355.《江苏近世翻译史略》(第三章) 邹振环撰 《江苏出版史志》1994年第2期

356.《试论张菊生先生与旧式学者之区别》 李庆撰 《中国文化与世界》1994年 又载《出版大家张元济》 浙江海盐政协文史委等编 学林出版社2006年1月出版

357.《张元济》 黄裳撰 《名士风流》 张晓春等编 上海社会科学院出版社1995年1月出版

358.《商务印书馆与二十年代新文学中心的南移》 杨扬撰 《上海文化》1995年第1期

359.《张元济与涵芬楼》 尤钟麟撰 《图书馆研究与工作》1995年第1期

360.《张元济一身正气》 吕子韬撰 《世纪》1995年第2期 又载《政海拾零》 吴孟庆主编 上海辞书出版社2006年7月出版 文题更为《张元济赠联申正气》

361.《涉园旧事》 宋路霞撰 1995年5月12日《大公报》

362.《张元济访日二三事》 李长声撰 《编辑学刊》1995年第3期

363.《〈张元济传〉的启迪》 江曾培撰 1995年6月28日《新民晚报》

364.《大力传播新学,积极出版古籍——张元济编辑活动(一)》 严麟书撰 《出版研究》1995年第3期

365.《张元济与〈宝礼堂宋本书录〉》 杜泽逊撰 《文献》1995年第3期

366.《抗日战争时期的商务印书馆》 汪家熔撰 《编辑学刊》1995年第3期至1996年第1期连载

367.《高度负责求质量,一丝不苟为读者——张元济编辑活动(二)》

严麟书撰　《出版研究》1995 年第 4 期

　　368.《国难与商务印书馆》　周武撰　《档案与史学》1995 年第 4 期

　　369.《保全着民族固有的精神——张元济先生在抗战时期》　张人凤撰　《人物》1995 年第 5 期

　　370.《抗日战争上海"孤岛"时期的图书馆事业》　郑麦撰　《华东师范大学学报》(哲学社会科学版)　1995 年第 5 期

　　371.《张菊生先生年谱序》　罗久芳撰　《传记文学》1995 年第 10 期

　　372.《惟才、识才、爱才——张元济编辑活动(三)》　严麟书撰　《出版研究》1995 年第 5 期

　　373.《张元济和诸桥辙次》　陈原撰　[日]《シニカ》1995 年 10 月　又载《陈原散文》　陈原著　浙江文艺出版社 1997 年 2 月出版

　　374.《张元济东瀛访书》　柳和城撰　《上海滩》1995 年第 11 期

　　375.《张元济、汪兆镛往来书札》　张人凤辑注　《学术集林》第 6 集　上海远东出版社 1995 年 12 月出版

　　376.《张元济的出版经营思想——张元济编辑活动(四)》　严麟书撰　《出版研究》1995 年第 6 期

　　377.《记张元济与叶景葵的交往》　张人凤撰　《书与人》1995 年第 6 期

　　378.《商务印书馆、东方图书馆被毁纪实》　严俊伟撰　《上海文化史志通讯》第 39 期(1995 年 12 月)

　　379.《论宋版黄善夫本〈史记〉涵芬楼影印本的学术价值》　杜泽逊撰　《中国典籍与文化论丛》第 3 辑　中华书局 1995 年 12 月出版

　　380.《试论张元济遗稿〈三国志校勘记〉的学术意义》　程远芬撰　同上引书

　　381.《张元济图书馆与纪念室》　谷苇撰　1995 年 12 月 6 月《澳门日报》

　　382.《张元济佚文小识》　承载撰　《史林》1996 年第 1 期

　　383.《出版决策人》　王建辉撰　《编辑学刊》1996 年第 1 期

　　384.《张元济爱人才》　戴广德撰　1996 年 2 月 7 日《团结报》

　　385.《张元济》《中国管理通鉴·人物卷》　苏勇编　浙江人民出版

社 1996 年 3 月出版

386.《试论张元济的教育救国思想》 仲玉英撰 《高师教育研究》1996 年第 1 期

387.《康有为和张元济》 湛震撰 《东方文化》1996 年第 2 期

388.《名家与编辑》 王建辉撰 《编辑学刊》1996 年第 2 期

389.《张元济在近代语文新潮中的建树》 张荣华撰 同上引书

390.《陈独秀与商务印书馆》 沈寂撰 同上引书 又载《商务印书馆一百年》 商务印书馆 1998 年 5 月出版

391.《民族浩气长存,商务精神永驻——张元济故居访谈》 吴晓撰 1996 年 6 月 1 日《青年报》学生导刊

392.《近代修身教科书对学校德育教材建设的启示》 仲玉英撰 《浙江教育科学》1996 年第 4 期

393.《关于"编辑是什么"的演讲》 王建辉撰 《编辑学刊》1996 年第 4 期

394.《张元济与近代文化》 周武撰 《史林》1996 年第 3 期

395.《商务印书馆与二十年代新文学中心的南移》 杨扬撰 《转折时期的文学思想——茅盾早期文学思想研究》 杨扬著 华东师范大学出版社 1996 年 10 月出版 又载《月光下的追忆》 杨扬著 山东友谊出版社 1997 年 5 月 又载《商务印书馆一百年》 商务印书馆 1998 年 5 月出版

396.《一本破书,三种乐趣,张菊老跋商务珂罗版〈曼殊留影〉》 邓云乡撰 《博览群书》1996 年第 11 期

397.《张元济小传》 《上海图书馆事业志》 上海图书馆事业志编委会编 上海社会科学院出版社 1996 年 11 月出版

398.《张元济主持编写教科书》 张人凤撰 《浙江文史集粹》第六册 浙江文史出版社 1996 年 12 月出版

399.《中国出版界两巨头:张元济与陆费逵》 陈伟桐撰 《嘉禾春秋》第 2 辑 嘉兴市历史学会 嘉兴市地方志编纂室 嘉兴市图书馆 1996 年 12 月编印

400.《商务印书馆与中华书局的教科书战争》 [日]沢本郁馬撰 《清末小说》第 19 号(1996 年 12 月)

401.《引导舆论与权力制衡的追求——张元济与〈外交报〉》 张荣华撰 《编辑学刊》1996 年第 6 期

402.《天留一老试艰难——抗战胜利后的张元济》 周武撰 《档案与史学》1996 年第 6 期 又载《商务印书馆一百年》 商务印书馆 1998 年 5 月出版

403.《张元济和清末立宪运动》 承载 王恩重撰 《浙江大学学报》第 10 卷第 4 期(1996 年 12 月)

404.《张元济爱花木》 柳和城撰 1997 年 1 月 8 日《团结报》

405.《有品乃贫的张元济》 何频撰 1997 年 2 月 5 日《中华读书报》 又载《商务印书馆一百年》 商务印书馆 1998 年 5 月出版

406.《涵芬楼的文化名人》 陈应年撰 《纵横》1997 年第 2 期 又载《商务印书馆一百年》 商务印书馆 1998 年 5 月出版

407.《〈张元济年谱〉补正》 杨扬撰 1997 年 2 月 8 日《文汇读书周报》 又载《文学的年轮》 杨扬著 山花文艺出版社 2002 年 1 月出版

408.《先父张元济的最后十年》 张树年撰 1997 年 2 月 8 日《文汇读书周报》 又载《商务印书馆一百年》 商务印书馆 1998 年 5 月出版

409.《张元济三觅〈涉园图〉》 周续端撰 1997 年 2 月 15 日香港《大公报》

410.《张元济古籍编校出版方法浅说》 王灵善撰 《新闻出版交流》1997 年第 3 期

411.《点亮文化的出版家——我读〈张菊生先生年谱〉》 高大成撰 《文讯杂志》1997 年第 3 期

412.《发扬张元济精神》 林尔蔚撰 1997 年 4 月 29 日《海盐报》

413.《生活在叔祖张元济先生身边的日子里》 张祥保撰 载《我的父亲张元济》 张树年著 东方出版中心 1997 年 4 月出版

414.《忆祖父》 张珑撰 同上引书

415.《祖父张元济先生四十年代家庭生活琐忆》 张人凤撰 同上引书

416.《张元济先生年表》 张庆编 同上引书

417.《三个读书人,一部"书史"——商务印书馆创业百周年随想》 陈

原撰　1997年5月3日《文汇读书周报》　又载《商务印书馆一百年》　商务印书馆1998年5月出版

　　418.《先父张元济与图书馆事业》　张树年撰　1997年5月6日《海盐报》　又载《商务印书馆一百年》　商务印书馆1998年5月出版

　　419.《张元济——出版人的骄傲》　王国伟撰　1997年5月7日《中华读书报》　又载《商务印书馆一百年》　商务印书馆1998年5月出版

　　420.《难忘张元济》　王国伟撰　1997年5月13日《文汇报》

　　421.《张元济与黄炎培的师友情》　周续简撰　《中国新闻》第346期（1997年5月）

　　422.《张元济图书馆建馆十周年纪念会隆重举行》　凌志良撰　1997年5月27日《海盐报》

　　423.《随父亲张元济上庐山》　张树年撰　《世纪》1997年第3期

　　424.《张元济的思想及其渊源》　柳和城撰　《东方文化》1997年第3期

　　425.《为国难而牺牲，为文化而奋斗——抗日时期的商务印书馆》　张人凤撰　同上引书　又载《商务印书馆一百年》　商务印书馆1998年5月出版

　　426.《商务〈最新教科书〉的编纂经过和特点》　张人凤撰　《编辑学刊》1997年第3期　又载《商务印书馆一百年》　商务印书馆1998年5月出版

　　427.《黎明前后的商务印书馆》　汪家熔撰　《编辑学刊》1997年第3期

　　428.《商务印书馆百年回眸》　陈应年撰　《炎黄春秋》1997年第6期　又载《商务印书馆一百年》　商务印书馆1998年5月出版

　　429.《张元济与商务印书馆》　陈巧孙撰　《新文化史料》1997年第3期　又载《商务印书馆一百年》　商务印书馆1998年5月出版

　　430.《张元济图书馆庆祝建馆十周年》　顾其生撰　1997年6月13日《钱江晚报》

　　431.《张菊生奠定商务印书馆基石》　费企和撰　1997年7月11日[美国]《世界日报》

432.《陪陈原先生访问张元济图书馆》 俞子林撰 1997年7月12日《文汇读书周报》

433.《读张元济致罗家伦的信》 柳和城撰 1997年8月2日《团结报》

434.《大梦谁先觉》 何频撰 《书屋》1997年第4期 又载《商务印书馆一百年》 商务印书馆1998年5月出版

435.《张元济与柯师太福》 王英撰 1997年8月21日《南湖晚报》

436.《张元济》 《中国近代学人象传》初辑 江苏广陵古籍刻印社1997年8月出版

437.《张元济》 《百年树人——上海交通大学历任校长传略》 陈新华主编 上海交通大学出版社1997年9月出版

438.《文化界一座丰碑》 蔚明撰 1997年9月10日《新民晚报》

439.《张树年回忆父亲张元济绑票事件》 张树年撰 1997年9月24日《中华读书报》

440.《兴国祯祥见　老成今道新——纪念张元济诞生一百三十周年》 高锌撰 1997年10月15日《书法报》

441.《昌明教育平生愿，故向书林努力来——写在张元济诞辰130周年之际》 王蕾撰 《东方文化周刊》第42期(1997年10月24日)

442.《〈我的父亲张元济〉的史料价值》 张志强撰 同上引书

443.《永远的纪念》 纪红撰 同上引书 又载1997年5月5日《大众日报》

444.《张元济与近代辞书出版》 张荣华撰 《辞书研究》1997年第5期

445.《商务印书馆的创始人张元济——张树年先生忆父亲》 沈飞德撰 《上海航空》1997年第6期

446.《张元济印鉴》 《中国藏书家印鉴》,上海书店1997年11月出版

447.《张元济故居》 郁峰　沈飞德　沈惠民　薛顺生著 《上海名人故居沧桑录》 同济大学出版社1997年11月出版

448.《爱国文化名人张元济》 钱普齐撰 《闸北文史资料》第9期(1997年12月)

449.《张元济的出版人才思想》 王蕾撰 《编辑学刊》1997年第6期

450.《商务印书馆的〈最新初等小学国文教科书〉》 张人凤撰 〔日本〕《清末小说》第20号(1997年12月)

451.《近代中国出版业奠基人张元济》 张人凤撰 《世纪》1998年第1期

452.《图书馆界先驱——张元济》 顾其生撰 《古今谈》1998年第1期 又载《图书馆研究与工作》1998年第1期

453.《张元济暨后事后人》 张桂华撰 《街道》1998年第1期

454.《张元济在三十年代》 张人凤撰 《街道》1998年第1期

455.《先祖张元济参加开国盛典前后》 张人凤撰 《史林撷英》1998年第1期

456.《张元济·沈钧儒·七君子》 俞关庚撰 1998年2月20日《南湖晚报》

457.《信息时代的多元文化与我们的翻译事业》 陈原撰 1998年2月21日《文汇读书周报》

458.《重创与改制——民国创立前后的商务印书馆》 周武撰 《档案与史学》1998年第1期

459.《百年读史的思绪——商务印书馆的创业与中国近代史上的思想革新》 李思敬撰 《出版广角》1998年第2期 又载《商务印书馆一百年》商务印书馆1998年5月出版

460.《1921年的文人与图书出版业》 徐雁平撰 《东方文化》1998年第2期

461.《从古籍丛书看中日典籍交流》 陈东辉撰 《文献》1998年第1期

462.《读新近出版的两部张元济传记》 张志强撰 《编辑学刊》1998年第2期

463.《张菊生的纪念论文集》 徐雁平撰 1998年5月2日《文汇读书周报》 又载《东方文化》1998年第3期

464.《林纾铭文的铜墨盒》 柳和城撰 1998年5月8日香港《大公报》 又载1998年6月4日《解放日报》 又载《收藏历史——解放日报文

博文萃续编》 上海书店 2004 年 6 月出版

465.《张元济与五四新文化运动》 周武撰 《史林》1998 年第 2 期

466.《张菊生盗窟赋诗》 自在撰 《春游社琐谈》 北京出版社 1998 年 6 月出版

467.《〈张菊生先生七十生日纪念论文集〉续谈》 张人凤撰 《东方文化》1998 年第 4 期

468.《张菊生的纪念论文集续话》 张人凤撰 1998 年 7 月 25 日《文汇读书周报》

469.《徐用仪资助张元济》 程巢父撰 《东方文化》1998 年第 4 期 又载 1999 年 9 月 4 日《文汇读书周报》

470.《胡适、张元济往来书信六件》 《胡适学术往来书信选》 杜春和等编 河北人民出版社 1998 年 8 月出版

471.《张元济铜像揭幕仪式举行》 1998 年 9 月 16 日《文汇报》《新民晚报》《联合时报》

472.《从张元济到王云五》 李辉撰 《中国出版》1998 年第 9 期

473.《百年书香忆故人——纪念文化名人张元济先生诞辰 131 周年》 陈解生撰 1998 年 10 月 26 日《南湖晚报》

474.《略论严复与张元济——纪念戊戌变法百周年》 徐立亭撰 《黑龙江社会科学》1998 年第 5 期

475.《张元济咋成了富豪》 柳和城撰 1998 年 11 月 18 日《中华读书报》

476.《万里书缘"商务"牵》 张树年撰 1998 年 11 月 23 日《新民晚报》 又载《罗家伦与张维桢——我的父亲母亲》 罗久芳编著 百花文艺出版社 2006 年 1 月出版

477.《张元济后人张树年、张人凤谈戊戌维新与张元济》 海客撰 1998 年 12 月 11 日《文汇报》

478.《上海交通大学出版社的滥觞——南洋公学译书院》 陈先元撰 《上海交大高教研究》1998 年第 4 期

479.《〈校史随笔〉导读》 张树年 张人凤撰 载张元济著《校史随笔》 上海古籍出版社 1998 年 12 月出版

480.《张元济与鸦片战争文牍》 柳和城撰 《档案与史学》1998年第6期

481.《〈我的父亲张元济〉的史料价值》 张志强撰 1999年1月17日《大公报》

482.《商务印书馆与中国现代文学》 杨扬撰 《中国现代文学研究丛刊》1999年第1期

483.《商务三剑客》 胡根喜撰 《老上海不仅仅是风花雪月的故事》 四川人民出版社1999年2月出版 又载《老上海》 学林出版社2003年4月出版

484.《张元济的最后十年》 梧桐生撰 《民国文坛名流归宿》 邢建榕编 上海书店1999年3月出版

485.《张元济傅斯年往来书信的发现与研究》 周武撰 《档案与史学》1999年第2期

486.《五四和新出版——为五四运动八十周年而作》 王建辉撰 《出版广角》1999年第4期

487.《张元济致信蒋介石》 闻史撰 1999年5月15日《团结报》

488.《围城里的1949》 唐宁 解白桦撰 1999年5月28日《新民晚报》

489.《我编〈智民之师·张元济〉》 傅光中撰 《博览群书》1999年第6期

490.《智水人字瀑——张元济人之初》 吴继路著 《20世纪中国100位名人之初》(二) 贵州人民出版社1999年6月出版

491.《向南洋公学译书院学习什么》 周伯军撰 1999年7月17日《文汇读书周报》

492.《张元济为何不就京师大学堂总办》 郑宁撰 《读书》1999年第7期

493.《扶本固元——〈智民之师·张元济〉编后》 傅光中撰 《出版广角》1999年第7期

494.《张元济与南洋公学译书院》 陈先元撰 1999年8月4日《中华读书报》

附录九　张元济研究论文、史料评介、回忆文章举例　　　　747

495.《自强之道兴学为先——编〈智民之师·张元济〉有感》　傅光中撰　1999年8月17日《中国教育报》

496.《虽有甘结　并不甘心》　柳和城撰　1999年8月18日《中华读书报》

497.《张元济教胡适吃槜李》　凌志良撰　1999年8月20日《海盐报》

498.《近代出版家张元济公子张树年遵父训默默耕耘》　任珑撰　1999年8月27日［香港］《明报》　又载1999年8月28日、29日［澳大利亚］《自立快报》

499.《张元济和蔡元培的交谊与其教育救国之路》　王素洁撰　《东岳论丛》1999年第3期

500.《扶助教育为己任——张元济的教育思想和教育活动》　杨际贤撰　《中华百年教育家思想精粹》　中国盲文出版社1999年9月出版

501.《毛泽东与张元济的交往》　张人凤撰　《肝胆相照见真情——老一辈无产阶级革命家与民主人士的交往》　中国文史出版社1999年9月出版

502.《高燮、张元济往来书札八通诠释》　柳和城撰　《南社研究（七）》　香港天马图书有限公司1999年10月出版

503.《铁琴铜剑楼藏书活动系年述要（下）》　黄国光撰　《文献》1999年第4期

504.《〈中华民族的人格〉和张元济题辞》　张人凤撰　1999年10月10日《文汇读书周报》

505.《清绮斋与〈王荆公诗笺注〉》　柳和城撰　《书窗》1999年第4期

506.《清末民初中国学者的海外访书活动及其成就》　李培文撰　《中国典籍与文化》1999年第4期

507.《毛泽东第一次游天坛》　张广亮　《党的文献》2000年第1期　又载2001年4月13日《中国档案报》

508.《张元济与乡邦文献》　柳和城撰　2000年3月11日《联谊报》

509.《张元济辑印〈百衲本二十四史〉》　韩文宁撰　《民国春秋》2000年第2期

510.《从院士到学部委员》　谢泳撰　《老照片》第13辑　山东画报出版社2000年3月出版　又载2000年5月13日《文汇读书周报》

511.《张元济未刊跋文》 张元济撰 张人凤整理 注释 《学术集林》第17期 远东出版社2000年4月出版

512.《戊戌维新与张元济》 张人凤撰 《戊戌维新与近代中国的改革——戊戌维新100周年国际学术讨论会论文集》 王晓秋主编 社会科学文献出版社2000年5月出版

513. Erinnerungsgemeinschaften ［奥地利］Erich Pilz 撰 ［奥地利］《袖珍汉学》2000年第1期

514.《张元济与商务印书馆》 沈宗洲 傅勤撰 《上海旧事》 学苑出版社2000年6月出版

515.《兴国祯祥见,老成今道新——张元济逝世四十周年纪念》 高锌撰 2000年6月17日《团结报》

516.《张元济鲜为人知的出版贡献》 柳和城撰 2000年7月12日《中华读书报》

517.《千仞之冈,始于培塿——〈道咸之际外交公牍〉入藏记》 冯明珠撰 ［台湾］《故宫文物》第208期

518.《张元济西行》 刘诗平 孟宪实撰 《敦煌百年》 广东教育出版社2000年8月出版 又以《四海觅珍》为题载2000年8月16日《中华读书报》

519.《张元济先生关心青少年身心健康》 顾其生撰 2000年8月28日《海盐日报》

520.《张元济与郭沫若》 冯锡刚撰 《名人传记》2000年第9期

521.《南洋公学译书院》 邹振环撰 《译林旧踪》 江西教育出版社2000年9月出版

522.《商务印书馆历史经验谈》 陈万雄撰 《历史与文化的穿梭》 中国社会科学出版社2000年9月出版

523.《从〈张元济日记〉看商务印书馆的对外交流与合作》 叶新撰 2000年11月22日《中华读书报》

524.《张元济逸闻》 散木撰 2000年12月21日《当代家庭报》

525.《商务印书馆与麦克米伦出版公司早有来往》 叶新撰 《出版发行研究》2000年第12期

526.《张元济、夏瑞芳与〈绣像小说〉》 郭浩帆撰 《明清小说研究》2001年第1期

527.《张元济先生与海盐中学》 顾其生撰 2001年2月12日《海盐日报》

528.《陈云与我家两代人的交往》 张树年口述 柳和城整理 《上海滩》2001年第3期

529.《胡适与"中央研究院"院士选举》 沈卫威撰 《人物》2001年第3期 2001年4月21日《文汇读书周报》摘登

530.《张元济的〈刍荛之言〉》 顾其生撰 2001年3月2日《海盐日报》

531.《旧城改造推至城南,张元济骨灰应否迁葬?》 杨成其 2001年3月16日《海盐日报》

532.《寻访张元济墓地》 木子撰 2001年3月23日《海盐日报》

533.《出版当以扶助教育为己任——支撑张元济出版活动的教育思想》 汪家熔撰 2001年3月29日《中国图书商报》

534.《"不应再去惊动先生了"》 宋兵撰 2001年3月30日《海盐日报》

535.《张元济与〈中华民族的人格〉》 顾其生撰 2001年3月30日《海盐日报》

536.《张元济墓地处于规划控制范围边缘》 木子撰 2001年4月6日《海盐日报》

537.《相关部门达成共识,张元济墓地予以保护》 木子撰 2001年4月13日《海盐日报》

538.《上海出版百年历程》 邹振环撰 《档案与史学》2001年第2期

539.《五四时期的张元济与商务印书馆》 孙娟撰 《民国春秋》2001年第4期

540.《张元济先生的两封未刊信稿及其他》 李性忠撰 《图书馆杂志》第20卷第3期(2001年5月)

541.《戊戌到辛亥期间的张元济》 张人凤撰 《史林》2001年第2期

542.《南洋公学译书院拾零》 张人凤撰 《书与人》2001年第3期

543.《张元济,恢复涉园藏书,创办商务印书馆》 余章瑞撰 《藏书故事》 北京出版社 2001 年 5 月出版

544.《清末民初中国学者东瀛访书纪事》 宋庆森撰 2001 年 5 月 9 日《中华读书报》

545.《初见张菊老》 杨友仁撰 2001 年 6 月 29 日《新民晚报》

546.《郑振铎等人致旧中央图书馆的秘密报告》 陈福康整理 《出版史料》2001 年第 1 期　2004 年第 1 期　分两次刊登

547.《读〈百衲本二十四史校勘记〉》 徐有富撰 《古籍简报》2001 年第 8 期

548.《张元济向陈毅求援》 李西宁撰 2001 年 8 月 30 日《光明日报》

549.《张元济致书蒋介石》 顾其生撰 2001 年 9 月 28 日《海盐日报》

550.《张元济:第一件好事还是读书》 周荣撰 《20 世纪中华学人与读书》 上海科学技术文献出版社 2001 年 9 月出版

551.《张元济与"十老上书"》 顾其生撰 2001 年 11 月 2 日《海盐日报》

552.《张元济与东方图书馆》 顾其生撰 2001 年 11 月 29 日《海盐日报》

553.《试论敢为天下先的张元济先生——从整理〈百衲本二十四史校勘记〉重新认识〈百衲本二十四史〉的版本价值》 王绍曾撰 《文献学研究的回顾与展望》 台湾学生书局 2001 年出版　又载《中国典籍与文化论丛》第 7 辑　北京大学出版社 2002 年出版　又载《目录版本校勘学论集》 王绍曾著　上海古籍出版社 2005 年 1 月出版

554.《校勘学史上的一座丰碑——读〈百衲本二十四史校勘记〉》 徐有富撰 《文献学研究的回顾与展望》 台湾学生书局 2001 年出版　又载《文献学研究》 徐有富著　江苏古籍出版社 2002 年 3 月出版

555.《Zhang Yuanji in Shanghai: Von der Changzhilu indie Huaihai-lu》 [奥地利]Erich Pilz 撰　《China and her Biographical Dimensions》 2001 年

556.《Zhang Yuanji(1866—1959): A Bridge between East and West, Tradition and Modernity》 [奥地利] Erich Pilz 撰　《Asian and African

Studies》(Vol 1—2)2001 年

　　557.《涵芬楼主人对红学的兴趣》　周汝昌　2002 年 1 月 19 日《文汇报》

　　558.《评〈智民之梦——张元济传〉》　章宏伟撰　《出版文化史论》华文出版社 2002 年 1 月出版

　　559.《中国书业大劫难——商务印书馆暨东方图书馆被毁七十年祭》　方毓强撰　2002 年 2 月 1 日《文汇读书周报》

　　560.《张元济的编辑思想》　李艳撰　《出版科学》　2002 年第 1 期

　　561.《张元济传奇》　张人凤撰　2002 年 2 月 5 日《文汇报》　又载《下一个还是苹果》　文汇出版社 2004 年 1 月出版

　　562.《张元济编辑〈百衲本二十四史〉》　韩文宁撰　《民国春秋》2002 年第 2 期

　　563.《张元济与近代第一家大学出版机构》　冀丽萍撰　2005 年 5 月 15 日《中华读书报》

　　564.《编辑出版家张元济》　高生记　崔晓庆撰　《沧桑》2002 年第 5 期

　　565.《数人之功可供无穷之用——张元济〈百衲本二十四史校勘记〉评介》　陈应年撰　2002 年 5 月 29 日《中华读书报》

　　566.《张元济与陈独秀的一段交往》　朱洪撰　2002 年 6 月 1 日《团结报》

　　567.《张元济与东方图书馆》　周金保撰　2002 年 7 月 20 日《团结报》

　　568.《为什么要整理出版〈百衲本二十四史校勘记〉》　王绍曾撰　《江苏图书馆学报》2002 年第 4 期　又载《目录版本校勘学论集》　王绍曾著　上海古籍出版社 2005 年 1 月出版

　　569.《追寻合众图书馆二三事》　张人凤撰　《我与上海图书馆》　上海科学技术文献出版社 2002 年 7 月出版

　　570.《张元济家谱——浙江海盐张氏族谱》　王鹤鸣撰　《解冻家谱文化》　上海古籍出版社 2002 年 7 月出版

　　571.《半个世纪前的一本相册》　张人凤撰　《浦江同舟》2002 年第 7 期

572.《开辟草莱的人——张元济》 陈应年撰 2002年8月6日《中国图书商报》

573.《先祖父张元济出席开国盛典》 张人凤撰 《浦江纵横》2002年第5期

574.《郋园轶事——读叶德辉遗札》 梁颖撰 《藏书家》第6辑 齐鲁书社2002年10月出版

575.《被遮蔽的实践家》 汪凌撰 2002年11月1日《文汇读书周报》

576.《毛泽东致张元济的一封信》 殷之俊 胡志强撰 2002年11月22日《文汇读书周报》 又载2002年第6期《世纪》

577.《商务印书馆早期的〈最新初等小学笔算教科书〉》 郑宁 张人凤撰 [日本]《清末小说》第25期

578.《朱文钧与〈续古逸丛书〉》 柳和城撰 《图书馆杂志》2002年第12期

579.《商务印书馆之父——张菊生》 高拜石撰 《新编古春楼琐记》第3集 台湾正中书局2002年出版 作家出版社2003年出版简体字本

580.《张元济书写的习字帖》 柳和城撰 2002年12月30日《旧书信息报》 又载[日本]《清末小说から》第70期(2003年7月)

581.《〈张元济日记〉的旧版与新版》 张国功撰 2003年1月27日《旧书信息报》

582.《解放前教科书出版的竞争及其影响》 庞学栋撰 《出版发行研究》2003年第1期

583.《从涵芬楼到东方图书馆——上海名人与图书馆之五》 柳和城撰 《上海滩》2003年第2期

584.《1949年里的出版家张元济》 张国功撰 《东方文化》2003年第2期

585.《中国编辑观念的进化》 张聚光撰 《出版发行研究》2003年第3期

586.《〈夷坚志〉的版本研究》 张祝平撰 《古籍整理研究学刊》2003年第2期

587.《出版家张元济与上方花园》 黄国新 沈福熙撰 《名人·名

宅·轶事》 同济大学出版社 2003 年 4 月出版

588.《抗战后王云五与张元济往来函电述评》 郭太风撰 《档案与史学》2003 年第 2 期

589.《商务元老张元济》 郁乃尧撰 《人物》2003 年第 5 期

590.《吕无党抄本〈金石录〉》 王世伟撰 《藏书家》第 7 辑 齐鲁书社 2003 年 5 月出版

591.《潘景郑题识的〈四部丛刊续编草目〉》 柳和城撰 同上引书

592.《记出版界前辈张元济先生》 戴广德撰 《文史趣谈》 香港语丝出版社 2003 年 5 月出版

593.《张元济》 《上海交通大学校友院士风采录》第 2 卷 叶取源主编 上海交通大学出版社 2003 年 6 月出版

594.《论商务印书馆早期成功之道》 李映辉撰 《长沙大学学报》2003 年第 3 期

595.《试论严复的版权观》 杨冠英撰 《殷都学刊》2003 年第 3 期

596.《学学张元济》 耿法撰 2003 年 8 月 6 日《中华读书报》

597.《大事因缘,百年遂愿——商务印书馆与〈四库全书〉的影印传播》 王齐 卢仁龙撰 2003 年 8 月 13 日《中华读书报》

598.《商务巨擘,书林楷模——张元济》 李庆福撰 《毛泽东瞩目的现代名流》 长江文艺出版社 2003 年 8 月出版

599.《上方花园 24 号:张元济最后十九年》 沈飞德撰 《上海滩》2003 年第 8 期 2003 年 9 月 21 日《文汇报》摘登

600.《传承十余代 家藏成奇迹——张元济与涵芬楼》 黄玉淑 于铁丘撰 《趣谈中国藏书楼》 百花文艺出版社 2003 年 8 月出版

601.《商务印书馆与中国近现代期刊》 谢晓霞撰 《东方文化》2003 年第 5 期

602.《以"商务"为代表的中国现代出版家》 于友先撰 《出版史料》2003 年第 3 期 又载《现代出版产业发展论》 于友先著 苏州大学出版社 2003 年 12 月出版

603.《二十世纪后半期〈二十四史〉系列古籍整理出版述略及思考》 王素芳撰 《古籍整理研究学刊》2003 年第 5 期

604.《翁同龢日记删削改篡影印出版的真相》 谢俊美 李永福撰 《太原理工大学学报社科版》2003年9月

605.《张元济与〈节本康熙字典〉》 柳和城撰 2003年9月1日《清泉》

606.《曾被张元济关注的一部抄本〈读史方舆纪要〉》 刘应梅撰 《文献》2003年第4期

607.《张元济致陈乃乾书信十七通》 虞坤林整理 《文献》2003年第4期

608.《商务印书馆近代教科书出版探略》 史春风撰 《北京师范大学学报》(社会科学版)2003年第6期

609.《校勘学大师的悲哀》 柳和城撰 《东方文化》2003年第6期

610.《毛泽东与张元济》 孙琴安 李师贞著 《毛泽东与著名学者》人民文学出版社2003年11月出版

611.《张元济:传统与现代之间》 [奥地利]皮尔兹撰 邵建译 《史林》2003年12月

612.《张元济书劝蒋介石》 许懋汉撰 2003年12月20日《团结报》2004年1月9日《作家文摘》转载

613.《"合众"在"孤岛"崛起——上海名人与图书馆之十》 柳和城撰 《上海滩》2004年第1期

614.《呼唤出版领军人物》 朱永刚撰 《编辑学刊》2004年第1期

615.《非菊老莫属》 沈飞德撰 2004年1月31日《新民晚报》

616.《张元济厚待林琴南》 张晓唯撰 2004年2月5日《人民政协报》

617.《毛泽东主席提名张元济任文史馆长》 沈飞德撰 《浦江同舟》2004年第2期

618.《张元济上方花园校古书》 宋路霞撰 《上海老洋房》 上海科学技术文献出版社2004年3月出版

619.《张元济汇辑〈戊戌六君子遗集〉》 李福民撰 2004年4月6日《上海新书报》

620.《藏园日记钞》 傅增湘撰 傅熹年整理 《文献》2004年第2期

621.《张元济与上方花园》 沈福煦 沈燮癸撰 《透视上海近代建筑》 上海古籍出版社 2004 年 4 月出版

622.《古典文献学家王绍曾先生的学术成就和贡献》 王承略撰 《文献》2003 年第 2 期

623.《抄本〈清绮斋藏书目〉著录正误》 柳和城撰 《图书馆杂志》2004 年第 5 期

624.《故向书林努力来——张元济书法》 管继平撰 2004 年 6 月 20 日《上海书法通讯》

625.《张元济和康有为》 张晓唯撰 《文史知识》2004 年第 6 期 又载《旧时的大学和学人》 中国工人出版社 2006 年 6 月出版

626.《张元济的人格风范》 智效民撰 《胡适和他的朋友们》 云南人民出版社 2004 年 6 月出版 又载《中外书摘》第 12 期

627.《张元济故居》 《红色印痕——上海遗址百处》 中共上海市委党史研究室 上海市现代上海研究中心编 上海人民出版社 2004 年 6 月出版

628.《从〈张元济书札〉说起》 汪家熔撰 《出版史料》2004 年第 2 期

629.《商务印书馆对近代教科书出版的贡献》 宋军令撰 《编辑学刊》2004 年第 4 期

630.《张元济慧眼助友发财》 柳和城撰 《世纪》2004 年第 4 期

631.《张元济"小湖羊皮"争公道》 方一戈撰 《世纪》2004 年第 4 期

632.《二十世纪〈史记〉版本研究与回顾》 张兴吉撰 《文献》2004 年第 3 期

633.《张元济:永远在一个坐标轴上的出版企业家和图书馆学者》 朱守芬撰 《二十世纪图书馆与文化名人》 上海社会科学院出版社 2004 年 7 月出版

634.《张元济〈致汪康年书〉系年》 汤志钧撰 《历史文献》第 7 辑 上海古籍出版社 2004 年 7 月出版

635.《祖父张元济先生二三事》 张人凤撰 2004 年 7 月 25 日《新民晚报》

636.《清介淡如菊》 管继平撰 2004 年 8 月 6 日《新民晚报》 又载

《一窗明月半床书》 管继平著 中国文史出版社 2005 年 5 月出版

637.《张元济和昆剧传字辈》 柳和城撰 《大雅》第 34、35 期(2004 年 8 月、10 月)

638.《张元济教科书编辑思想浅析》 荣远撰 《出版发行研究》2004 年第 8 期

639.《商务印书馆与中国现代出版文化》 宋缨撰 《出版科学》2004 年第 5 期

640.《商务印书馆的涵芬楼》 吕长君撰 《出版史料》2004 年第 3 期

641.《积雪西陲一诗甚好——毛泽东与张元济》 尚同撰 《毛泽东与上海民主人士》 中央文献出版社 2004 年 11 月出版

642.《张元济直接参与编纂校订的商务印书馆版教科书有几种?》 张人凤撰 [日本]《清末小说》第 27 期(2004 年 12 月)

643.《1932 年"一·二八"中国典籍大劫难》 刘作忠撰 2005 年 1 月 22 日《中华读书报》

644.《张元济不可追》 张志强撰 《出版人》2005 年第 1 期

645.《我的爷爷张元济——访张人凤先生》 翁昌寿撰 《出版人》2005 年第 1 期

646.《张元济与林琴南》《康有为和张元济》 张晓唯撰 《今雨旧雨两相知——民国文化名人世事钩沉》 百花文艺出版社 2005 年 1 月出版

647.《张元济:及身已见太平来》 傅国涌撰 《1949 年:中国知识分子的私人记录》 长江文艺出版社 2005 年 1 月出版

648.《〈槜李文系〉回家了》等三篇 于能等撰 《南湖晚报》2005 年 3 月 24 日

649.《张元济与地方文献的收集、整理和出版》 刘应梅撰 《文献》2005 年第 2 期

650.《还我商务印书馆!还我东方图书馆!》 唐祖伦 陈默 祖丁远撰 《不屈的中国》 中国文联出版社 2005 年 6 月出版

651.《抗日战争胜利前后韦福霖致张元济信》 张人凤选辑 注释 《出版史料》2005 年第 2 期

652.《古籍研究的又一钜篇——读王绍曾先生〈目录版本校勘学论

集〉》　张人凤撰　2005 年 7 月 8 日　《文汇读书周报》

653.《国难时期的商务印书馆》　宋丽荣撰　2005 年 7 月 20 日《中华读书报》

654.《藏书家叶德辉尺牍三通》　李烨撰　《文献》2005 年第 3 期

655.《〈春秋繁露〉的宋本及明代传本》　崔富章　崔寿撰　《文献》2005 年第 3 期

656.《张元济高扬民族人格》　张人凤撰　《上海滩》2005 年第 8 期

657.《〈中华民族的人格〉的版本及其故事》　柳和城撰　《博古丛刊》第 8 辑(2005 年 8 月)

658.《商务与中华：中国近代出版的冠军与亚军》　王建辉撰　2005 年 9 月 21 日《中华读书报》

659.《"激情"的一生——理解陈原》　赵斌撰　2005 年 9 月 21 日《中华读书报》

660.《张元济》　熊尚厚撰　《中华民国史料丛编民国人物传》第 12 卷　中国社会科学院近代史研究所编　中华书局 2005 年 9 月出版

661.《张元济的一封轶札——兼谈南洋公学译书院"归并"说》　柳和城撰　《出版史料》2005 年第 3 期

662.《〈百衲本二十四史〉和〈衲史校勘记〉》　柳和城撰　2005 年 10 月 17 日《旧书信息报》

663.《商务：近代出版龙头企业》　柳和城撰　《上海滩》2005 年第 11、12 期

664.《中国学术评议空间的开创——以中央研究院评议会为中心》　张剑撰　《史林》2005 年第 6 期

665.《商務印書館関係資料いくつか》　[日本]沢本郁馬撰　[日本]《清末小说》第 28 期(2005 年 12 月)

666.《幽静美丽的上方花园与出版家张元济》　《上海名建筑志》　上海市地方志办公室编　上海社会科学院出版社 2005 年 12 月出版

667.《翰林从商：张元济的资源与实践(1892—1926)》　孙慧敏撰　《思与言》第 43 卷第 6 号

668.《父亲与他的恩人张元济》　罗久芳撰　《罗家伦与张维桢——我

的父亲母亲》,罗久芳编著　百花文艺出版社2006年1月出版

669.《南洋公学译书院史迹考》　张人凤撰　2006年3月8日《文汇报》　又载《苹果的报复》　吴芝麟主编　文汇出版社2007年5月出版

670.《交大沧桑风雨录》　盛懿　欧七斤　孙萍撰　《上海滩》2006年第4期

671.《天涯同道一至交——记蔡元培、张元济》《生命的故事》　福寿园陵园文化研究所编　百家出版社2006年4月出版

672.《〈伯尔尼公约〉在中国的早期传播》　邓绍根撰　《出版史料》2006年第2期

673.《李欧梦〈上海摩登〉对商务印书馆的论述商榷》　刘怡伶撰　《国家图书馆馆刊》2006年第1期

674.《张元济与东方图书馆》　凌晨撰　《图书馆研究与工作》2006年第1期

675.《图章里的中国身份——张元济：出版家的三重人格》　张泉撰　《生活月刊》2006年第9期

676.《郑振铎和"文献保存同志会"》　沈津撰　《书韵悠悠一脉香》沈津著　广西师范大学出版社2006年9月出版

677.《"译印西文地图公会"的地图出版》　傅良瑜撰　《出版史料》2006年第3期

678.《革命风暴中的商务出版物》　柳和城撰　《上海滩》2006年第10期

679.《新文化史的兴起》　周武撰　2006年11月19日《文汇报》

680.《商务印书馆的日本人投资者》　[日本]樽本照雄撰　[日本]《清末小说》第29号(2006年12月)

681.《从全国性到地方文化：1945至1956年上海出版业的变迁》　周武撰　《史林》2006年第6期

682.《他经历了五个时代》　徐冠群撰　《新民晚报》2007年1月27日

683.《商务印书馆的灵魂——张元济的故事》　史嘉年撰　《新民晚报》2007年2月3日

684.《张元济遗稿》　《鸿雪诗刊》2007年第1期

685.《略论近代出版家张元济在传承传统文化方面的贡献》 詹文君撰 《历史教学问题》2007 年第 1 期

686.《潘氏宝礼堂宋版书的命运》 宋路霞撰 《世纪》2007 年第 2 期

687.《涉园图咏》 郭立暄整理 《历史文献》第 11 辑 上海图书馆历史文献研究所编 上海古籍出版社 2007 年 4 月出版

688.《张元济：中国现代最大出版机构的缔造者》 《新华书摘（重庆书市特刊）》2007 年 4 月 25 日

689.《上海市档案馆所藏一封胡适佚札》 柳和城撰 《档案春秋》2007 年第 6 期

690.《张元济：为中国实业造一模范》 刘亚军撰 《上海新书报》2007 年 8 月 17 日

691.《郑振铎张元济携手保卫中华民族文献》 陈福康撰 《深圳商报》2007 年 9 月 2 日

692.《文史巨擘张元济》 吴孟庆撰 《世纪》2007 年第 5 期

693.《张元济给刘龙光的信》 朱农撰 《出版史料》2007 年第 3 期

694.《1946——1948 年间朱经农致张元济信》 张人凤辑注 《出版史料》2007 年第 1、2、3 期连载

695.《张元济：不可再现的高度》 徐百柯著 《民国的那些人》 中央编译出版社 2007 年 9 月出版

696.《极司非而路 40 号》 张珑撰 《温故》之九 广西师范大学出版社 2007 年 9 月出版

697.《张元济佚札六通》 陈左高撰 《上海文博论丛》2007 年第 3 期

698.《怀念中国近现代出版奠基人——写在〈张元济研究文集〉出版之际》 吴孟庆撰 《新民晚报》2007 年 9 月 30 日

699.《略谈张元济在校勘古籍文献上的成就》 刘平平撰 《图书馆研究与工作》2007 年第 3 期

700.《宋版〈愧郯录〉与张元济》 张建智撰 《文汇读书周报》2007 年 9 月 28 日

701.《张元济和郑振铎的交往与友谊》 陈福康撰 《文汇报》2007 年 10 月 8 日

702.《张元济与邹韬奋——一封关于"七君子"的佚简》 张人凤撰 《文汇报》2007年10月8日

703.《张元济培育商务文化奠基现代出版》 冯军撰 《中国新闻出版报》2007年10月12日

704.《张元济与罗家伦的书信交往》 宋丽荣撰 《中华读书报》2007年10月24日

705.《张元济,在出版中安身立命》 吴永贵撰 《光明日报》2007年12月15日

706.《以保中华数千年文明为应尽之责》 吴孟庆撰 《光明日报》2007年12月18日

707.《传统与现代在他身上达到奇妙的平衡》 杨德炎撰 《光明日报》2007年12月18日

708.《独立书评——读〈张元济全集·书信〉》 张稷撰 《中国青年报》2007年12月25日

709.《商务印书馆〈最新教科书〉日本校订人署名及其他》 张人凤撰 [日本]《清末小说》第30号(2007年12月)

710.《漫谈张元济与〈东方杂志〉》 洪九来撰 《文景》2007年第12期

711.《以文化为命脉,与时代同步趾》 陈绛撰 《出版博物馆馆刊》2007年第2期

712.《孤本〈雪庵字要〉的传世与流布》 柳和城撰 《出版博物馆馆刊》2007年第2期

713.《缅怀祖父,奉献社会》 张人凤撰 《出版博物馆馆刊》2007年第2期

714.《新发现张元济致严复信稿三件》 张人凤撰 《出版博物馆馆刊》2007年第2期

715.《网罗精英,任人唯才——浅谈张元济和邝富灼》 张英撰 [日本]《清末小説から》第88期(2008年1月1日)

716.《张元济的诗》 王留芳撰 《沈祖棻研究会会刊》第12、13期

717.《做张元济传人》 郝铭鉴撰 《编辑学刊》2008年第1期

718.《中国第一份正式版税合同》 杨建民撰 《中华读书报》2008年

1月30日

　　719.《张元济与〈济生拔萃〉》　柳和城撰　《藏书报》2008年2月11日

　　720.《张元济著作权辨正——也考〈宝礼堂宋本书录〉作者》　柳和城撰　《博览群书》2008年第3期

　　721.《张元济著〈丛书百部提要〉考》　柳和城撰　《出版史料》2008年第1期

　　722.《张元济为何倾注〈中华民族的人格〉》　傅国涌撰　《北京日报》2008年4月21日

　　723.《张元济与柳诒徵通信》　姜庆刚撰　《出版史料》2008年第2期

　　724.《韦福霖致张元济信续辑》　张人凤整理　《出版博物馆馆刊》2008年第1期

　　725.《传统精神缔造忘年知音——从胡适与张元济的交谊看近代新旧学人的契合》　谢慧撰　《学术月刊》2008年第7期

　　726.《〈涵芬楼集古善本〉问世前后》　柳和城撰　《藏书报》2008年8月18日

　　727.《忆祖父张元济二三事》　张人凤　《新民晚报》2008年8月24日

　　728.《戊戌变法期间光绪帝召见张元济》　茅海建撰　《社会科学研究》2008年第5期

　　729.《张元济的扶助教育思想探究》　凌晨撰　《图书馆研究与工作》2008年第3期

　　730.《合众图书馆创始考略》　王世伟撰　《历史文献研究》　国家图书馆出版社2008年10月版

　　731.《〈马相伯先生年谱〉背后的故事》　柳和城撰　《世纪》2008年第6期

　　732.《中央研究院第一届院士候选人提名探析》　郭金海撰　《中国科技史杂志》2008年第4期

　　733.《张元济涉园善本藏书钩沉》　柳和城撰　《天一阁文丛》第6辑

　　734.《张元济：学人有品格自高》　杨海亮撰　《中国青年》2009年第1期

　　735.《张元济与王云五——1948年开始的秘闻》　汪耀华撰　《编辑之友》2009年第2期

736.《张元济——中国出版第一人》（无作者名）《文汇报》2009 年 3 月 7 日

737.《(1988 年 8 月 9 日)陈原先生关于评价张元济的信》 刘光裕撰 《出版史料》2009 年第 1 期

738.《张元济致胡适一通书信的系年问题》 吴元康撰 《出版史料》2009 年第 1 期

739.《史久芸致张元济信札》(一)、(二)、(三)、(四) 张人凤整理 《出版史料》2008 年第 2、3、4 期 2009 年第 1 期

740.《〈史记〉校勘史述论》 安平秋 张兴吉撰 《文献》2009 年第 2 期

741.《合众图书馆的三位主要创办人——写在合众图书馆创办七十周年之际》 王世伟撰 《文汇读书周报》2009 年 4 月 24 日

742.《商务印书馆早期产业化运作的核心所在》 林君撰 《编辑之友》2009 年第 5 期

743.《让乳臭小儿理解平等》 张伟 黄薇 谢岚撰 《新闻晨报》2009 年 6 月 28 日

744.《政权更迭下的张元济》 黄艾禾撰 《中国新闻周刊》2009 年第 24 期

745.《张元济与顾廷龙交谊述略》 任雅君撰 《图书馆杂志》2009 年第 7 期

746.《解读 1949 年中共中央三份密电》 殷之俊 王海波撰 《世纪》2009 年第 4 期

747.《张元济：中国现代出版事业开辟草莱的人》 王英撰 《没有围墙的博物馆——海盐》 学林出版社 2009 年 8 月出版

748.《一部不该遗忘的古籍丛书——〈中华学艺社辑印古书〉考》 柳和城撰 《出版史料》2009 年第 3 期

749.《〈四部丛刊〉未刊书考略》 柳和城撰 《济南大学学报(社会科学版)》2009 年第 6 期

750.《张元济辞职风波始末》 仝冠军撰 《出版史料》2009 年第 4 期

# 编 后 记

上月,从上海图书馆善本室借得稿本《涵芬楼购书杂记》,内有不少是祖父张元济先生在辛亥前后为涵芬楼收购古籍所做的记录。从中抄录了多则祖父手书的记事,赶紧邮寄给本书责任编辑宋丽荣女士,请她赶在第10卷发稿之前编入全集。寄出稿件之后,就想到现在该是为本书写一个编后记的时候了。

50年前的这个月,祖父走完了他近一个世纪的生命历程。14日那天晚上,我与堂兄庆哥默默地侍立在上海华东医院他的病榻前,直到他停止呼吸。很惭愧的是那时我们对他的生平和事业了解得非常少。几十年以后,能担任他的遗稿的编辑工作,在当时更是不可想象的事。祖父逝世后不久,他的好友,我称呼为太老伯的陈叔通先生,打算为他出一本文集,文稿收集工作在一个极小范围内稍稍地、非常谨慎地进行着,然而即便如此,这本书还是因不容于社会的大气候而不了了之。改革开放之初的1981年,商务印书馆就出版了祖父的两册日记和一册书札。这在公开出版的史料还十分匮乏的时候,很快吸引了学术界、出版界的注意。后来,先父张树年先生以古稀之年,从事资料收集和整理,并主编了《张元济年谱》。他和商务老领导陈原先生都有这样一个目标,那就是先出单行本,积累到一定的规模,再出全集。2003年商务决定出版《张元济全集》,一是基于前20多年的累积已有相当的基础,二是着意于再花几年时间,作一次"最后冲刺"式的努力,力争再发掘一批资料,使全集所收史料的完整性更上一个台阶。

我大约是在上世纪80年代后期开始加入到张元济研究的队伍中来的。一开始,先从抄录资料做起。从公开出版的资料集着手抄录,可以逐渐熟悉祖父的用语习惯,同时学习怎样断句。至于辨识他的字迹的能力,则必须经过很长时间的实践,才会有所进步。祖父留下来的文字资料不能算多,与我10岁以前天天在他卧室兼工作室里看到的他终日伏案疾书的印象是不相称的。这大约有几个原因:一是他写的无数书信都分散到了各收信人之手,那是无法"回笼"的,为他人题写的诗句、书籍的序跋也大致如此。二是"文革"的破坏,就日记而言,他从1926年退休直到1949年患中风,每年一册日记,在1966年时被造反派撕成碎片,他们离去后,先父只拾得1937年的一些残帙(载本书第7卷)。顾廷龙先生还在被迫"接受再教育"时,目睹祖父1910年从国外各城市寄回上海家中厚厚一叠书写着行程和见闻的明信片被送去"废物利用"。三是他本人对私人档案也不怎么重视。记得我儿时常常向他讨一些纸张来写上几个字或画上几个图,今天想来,这些纸张的正面大多是商务的竖式红框线用笺,上面全是华文打字机打的字。因此,20多年来,千方百计收集他的文字,始终放在了第一位。例如1916年9月30日日记有"拟祝日送价告白、简章"语,果然被我在10月10日《申报》上找到商务的广告和预约简章(载第4卷第318页);而代表董事会在高梦旦追悼会上所致悼词(载第4卷第426页),其线索则来自蔡元培1936年9月13日的日记。再如严复在《原富·译事例言》中说明该书所附"中西编年"及"地名人名物义诸表"编订者为张菊生、郑稚辛。我向上海交大校史博物馆借阅了他们不久前刚收购到的《原富》初版本,但书后只有"中西编年";再从张元济图书馆借到商务版繁体字横排本,有"地名人名物义诸表",两者合成全文(载第5卷第261页)。可惜后者是第一次世界大战后的再版本,作过了少许修订。收藏类图书,乃至拍卖会场,都会有所发现。例如致梁鼎芬信(载第3卷第230页)就是我从北京一处拍卖会场逐字抄录下来的(拍卖品不准照相)。又如从《旧墨记》中不仅看到一封致钟器的信(载第2卷第590页),还通过出版社联系上了作者北京收藏家方继孝先生。方先生慷慨地将他收藏的致严复三件信稿复印给我,使《全集》填补了祖父与这位重要历史人物通信的空白(载第2卷第1页)。资料的收集,得到很多友人、单位的帮助:2007年初,上海电视台纪实频道拍摄《大师》系列片《张元济》时,制片人史嘉年小姐告诉我,上海档案馆新近开放了三卷商务老档案。在档案馆帮助下,找到了上百件祖父致朱希祖和为借影日藏中华典籍致日本藏书家的信。2007年秋出席香港商务110年馆庆活动时,遇见台湾商务总编辑方鹏程先生,后来承他送我一本刚出版的《张元济致王云五的信札》,这批抗日时期艰难岁月中的通信,是那一段历史的最好记录(以上两批信件均编入第10卷补遗部分)。柳和城先生在研究孙毓修史料时,发现孙氏主编《少年》杂志载有《环球归来之一夕谈》讲话记录稿（载第 5 卷第 164 页）以及其他多件文稿，立即复印给我。钱普齐先生赠我他所收藏的排印本《九年来之报告》（载第 4 卷第 448 页）。提供史料或史料线索的多位亲友、专家和许多单位，限于篇幅，不能一一道及，就在全书即将出齐之际，向他们一并表示深深的感谢。

祖父这一代人写信不署书写年份大约是他们的习惯。从时间分布看，书于清代及民国初年者，几乎都不署年份；从收信人群体分布看，致商务印书馆人士商谈馆务者，大多署年份，而交往密切、通信频频的友人、邻居，如蔡元培、胡适、张国淦等，则大多不署。他的不少诗文和古籍序跋也不署撰写日期。我初浅地认识到，作为历史文献，作为史学研究的基础素材，时间是一个极为重要的元素。将某个人物的多篇文字以时间为坐标串接起来，就可以看到这个人物思想的形成与变化，事业的兴盛与困顿，以及学术研究上的进展与成果的取得等等轨迹。从不同角度描绘出的多条轨迹曲线组合在一起，可以勾勒出一个活生生的人物立体的形象。相反，没有时间概念的孤零零的几篇文章，写得再好，充其量只是好文章而已，其作为历史文献的史料价值则大受损折。于是我在编这部书稿时尽力作了书写或创作年份的考订。现在看来，还是取得了一定成效。例如已出版第 1 至 3 卷 4475 件书信中，经过考订确定书写年份的就有 1001 件（有少量采用了他人考订结论），占全部信件的 22.3%，剩下无法考订者只有 241 件了。绝大部分诗文、古籍序跋的撰文时间也可以考订出来。

商务印书馆的历任领导，对张元济著作出版都十分重视。时任总经理的杨德炎先生经过反复研究，作出了出版全集的决定。我参加过一次由他主持的《张元济全集》编辑工作会议，从全书的出版计划到具体细节，他都考虑得十分详尽。以后几年中，只要按会议议定的办法去做，便感到顺手，中途没有搁浅或返工。在那次会议上，商务领导层同意把馆藏股东会、董事会记录簿内祖父的讲话、发言编入全集（载入第 4 卷），这是历经战祸与动乱得以幸存，且从未公开出版过的珍贵史料！商务安排了富有编辑工作经验、对馆史素有研究的宋丽荣女士担任全集的责任编辑。有一位称职的责编，是全集得以顺利出版的重要一环。宋女士踏实、细致，经常为了一个冷僻字，与我通电话、电子邮件进行商讨，大家分头查阅不同的辞书和原稿，最终取得一致的认识。还记得祖父1911至1912年致梁启超6信(第3卷第217页)原得之于一位友人给我的抄稿,1997年版《张元济书札》(增订本)即以此编入。一天,在新加坡国家图书馆华文参考阅览室书架上看到《梁启超知交手札》有此6信影印件,立即复印下来,经校对,发现抄稿错、漏多达24字。立即告诉宋女士,赶在付印之前纠正。这样临时增加内容、改正原稿文字的事多有发生,宋女士没有厌烦,都一一作了校补。在全集即将出齐之时,也对商务历任领导和宋丽荣女士表示深深的感谢。

限于编者的水平,一定还会有史料未被发现而失收;已收入的也可能有讹误之处,敬请读者予以指正。在已经出版的各卷中,发现几处错误,勘正于后,并向读者致歉。

## 第1卷

1. P.226,致王甲荣第[13]信月份应为元月。

2. P.478,致汤寿潜第[2]信日期应为26日。

3. P.500,致孙壮第[2]信日期应为16日。

4. 据新发现孙毓修日记《起居记》稿本及《童话》杂志原书,致孙毓修信4件日期重行考订如下:

  P.532,第[1]信日期应为1907年4月3日;

  P.533,第[5]信日期应为1909年1月12日;

  P.542,第[21]信日期应为1910年1月16日;

  P.559,第[123]信日期应为1909年1月16日。

## 第2卷

5. P.198,致汪康年第[37]信日期应为19日。

6. P.515,致郑孝胥、印有模、高凤池 第[1]信,书写时间应为1910年8月。因"橡皮股票"案发生,1910年7月20日(六月十四日)上海正元等钱庄倒闭,商务印书馆被倒欠大笔资金。作者在欧洲闻讯后致书郑孝胥等,当在次月。

7. 致胡适信：

P.537,第[6]信,年份应为1929年,是年泰戈尔赴加拿大,途经上海；

P.541,第[18]信,吴元康先生考订为1924年所书,见《出版史料》2009年第1期吴元康文；

P.545,第[36]信,P.547第[46]信,年份均应为1929年,因《三国志平话》是年初版；

P.547,第[45]信,年份为1929年,据《胡适年谱》。

## 第3卷

8. P.159,陶湘卒年为1940年。

9. P.182,收信人应为黄荫普。

10. P.521,致瞿启甲第[9]信,年份应为1927年,因《词林纪事》印成于1926年底。

张人凤

2009年8月于上海张元济故居